集成材建築物
設計の手引

日本集成材工業協同組合 編著

集成材と建築
構造用集成材
構造設計
防火設計
耐久設計
集成材建築事例

大成出版社

発刊に当たって

　我が国で最初の集成材建築物は1951年に建てられた森林記念館です。以来、現在まで一般の住宅から、工場、体育館、学校など集成材を使った様々な建物が建築されるようになってきています。

　しかしながら、集成材建築物を設計や施工するに当たっての指針や参考となるマニュアルの整備が十分でなく、設計・施工関係者等から、集成材の材料特性、集成材構造、耐火性能、耐久性などに関する問い合わせがあっても、体系的で分かりやすい指針やデータの提供がなかなかできない状況にあり、設計・施工関係者等が集成材を使った建築物の設計や建築を新たに計画しようとした場合、そこから前に進みにくく、躊躇するようなことも出てきています。

　1987年に建築基準法の改正と同施行令の改正があり、「大断面集成材等」を使ったいわゆる「大断面木造建築物」に関わる改正がなされ、これにより、大空間・大規模の木造建築物が比較的自由に建てられる道が開かれました。この時期に、財団法人日本建築センターから「大断面木造建築物設計施工マニュアル（1988年版）」が出されていますが、以来この種のまとまったものは出されていません。その間、木造建築物の防火や構造などに関する研究と技術開発が進み、それら成果が積み重ねられてきており、また、構造用集成材の日本農林規格の改正・統合や2000年の建築基準法の改正による性能規定化の導入などが行われてきています。一方では、国産材の資源が充実してきている中、地球温暖化防止の観点や資源の有効活用、健康面のニーズからも木造建築の促進が強く望まれるようになってきています。

　このような中、日本集成材工業協同組合では、昨年、国土交通省の「木造住宅・建築物等の整備促進に関する技術基盤強化を行う事業」により、「集成材建築物設計・施工マニュアル（報告書）」を作成しましたが、この成果を基に「集成材建築物設計の手引」として本書を発刊することと致しました。

　先述したように、この種のマニュアルや技術解説書は少なく、集成材の構造設計、防・耐火、耐久性といった分野までカバーし体系的に記述したものはほとんどないのが現状であり、「集成材建築物設計の手引」は、集成材建築物を手がけようとする設計者、施工者、部材供給者などにとって技術的な導入書・実務手引書として有効に活用できるものであると考えています。また、集成材に限らず木造建築物を手掛けたい設計者にとっても参考になるものであり、行政担当者、確認審査機関関係者なども含め広く利用していただけるものと考えています。

　おわりに、本書のベースとなった「集成材建築物設計・施工マニュアル（報告書）」の作成に多大なご尽力をいただいた「集成材建築物設計・施工マニュアル検討委員会」の委員各位に対し深く感謝致しますとともに、本書編集委員会の委員各位に対し厚く御礼申し上げる次第です。

　　平成24年3月

　　　　　　　　　　　　　　　　　　　　　　　　　　　　　日本集成材工業協同組合
　　　　　　　　　　　　　　　　　　　　　　　　　　　　　理事長　齋藤　敏

はじめに

　このところ、公共建築の木造化の推進など、木造建築、とくに中・大規模木造建築物の建設には、追い風が吹いています。そのような動きの中で、集成材建築物は、中心的な役割を果たすことが期待されています。しかし、木造で作ろうという施主や建設を計画する人達には、最近の木造でどんな建物ができるのか、まして集成材建築物とはどのようなものか、などの情報が不足しています。また、多くの設計者にとっても木造の知識が十分ではありません。このような状況から木造で作ることに関係者が二の足を踏む傾向にあります。

　集成材建築物となれば、ほとんど必然的に構造計算が必要ですが、これまで鉄筋コンクリート造や鉄骨造の計算には豊富な経験がある構造技術者も、木造となると大きなとまどいを感じています。木造あるいは集成材建築物と鉄筋コンクリート造や鉄骨造とは、構造計算の原理は同じでも、木材の力学的特性やそれを反映した計算法は、大きく異なるからです。また、防・耐火や耐久性にかかわることでは、意匠設計者も木造特有の知識が要求されます。

　この「手引」は、法令の解説書や、設計の手法そのものを示したマニュアルではありません。しかし、設計の実務に役立つことを念頭において、集成材建築の技術的な面である構造、防・耐火、耐久性について、詳しく解説したものです。この「手引」は、集成材建築に関して、第一線で活躍している研究者、技術者を総動員する形で作りました。集成材建築物の設計者にとって役に立つことはもちろん、その企画、施工、維持管理にあたる方々、さらに行政の関係者の方々が木造を理解するための参考になり、ひいては、木造建築の発展に寄与できることを期待しています。

　平成24年3月

編集委員会委員長
坂　本　　功

集成材建築物の例

◆学校

高山市立国府小学校南舎
（岐阜県高山市）
2009年竣工

◆幼稚園・保育園

学校法人白梅　会津保育園
（福島県会津若松市）
2011年竣工

学校法人飯能幼稚園
（埼玉県飯能市）
2003年竣工

◆スポーツ施設

大館市立第一中学校武道場
（秋田県大館市）
2010年竣工

埼玉県立武道館主道場
（埼玉県上尾市）
2003年竣工

浜松市立清竜中学校屋内運動場
（静岡県浜松市）
2006年竣工

◆医療施設

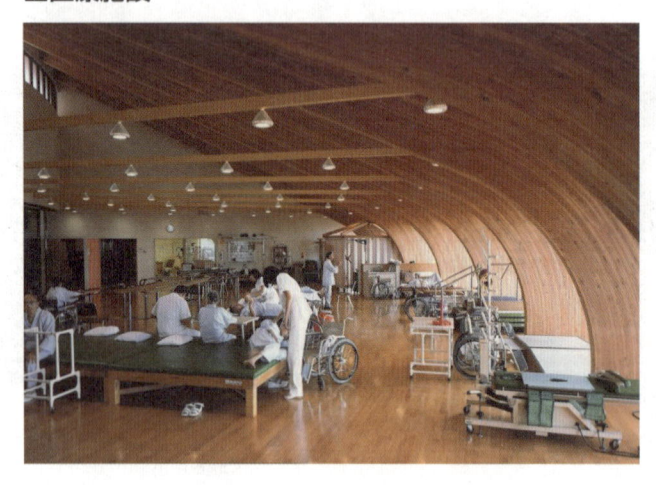

悠遊健康村病院リハビリ棟
（新潟県長岡市）
1997年竣工

◆展示施設

梼原木橋ミュージアム
（高知県梼原町）
2010年竣工
　　撮影　太田拓実

雲の上のギャラリー
（高知県梼原町）
2010年竣工
撮影　太田拓実

海の博物館（三重県鳥羽市）
1992年竣工

富士市歴史民俗資料館
（静岡県富士市）
1994年竣工

◆集会施設

環境省松本自然環境事務所
上高地ビジターセンター
（長野県松本市）
2001年竣工

◆共同住宅

県営住宅君石団地
（長野県岡谷市）
2009年竣工

◆事務所

林野庁森林技術総合研修所林業機械化センター事務所（群馬県沼田市）1996年竣工

◆駅プラットホーム

JR高知駅（高知県高知市）
2008年竣工

◆牛舎

熊本県農業研究センター草地畜産研究所畜舎
（熊本県阿蘇市）　　　　　　　　1992年竣工

◆ドーム

大館樹海ドーム（秋田県大館市）1997年竣工

◆事務所　木質耐火建築物

丸美産業株式会社本社ビル
（愛知県名古屋市）
2008年竣工

集成材建築物設計の手引 目次 CONTENS

発刊に当たって ……………………………………………………………………… i
はじめに …………………………………………………………………………… iii
集成材建築物の例 …………………………………………………………………… v

第1章
集成材と建築

1節　木材の特徴
1．木材の一般的な特徴 ……………………………………………………………… *2*
2．木材の組織および物理的性質 …………………………………………………… *3*

2節　集成材概説
1．集成材の特徴 ……………………………………………………………………… *6*
2．集成材の用途と種類 ……………………………………………………………… *7*
3．集成材の生産量 …………………………………………………………………… *8*

3節　集成材建築の沿革

4節　集成材建築の特徴
1．構造形式 …………………………………………………………………………… *16*
2．集成材建築の長所 ………………………………………………………………… *18*

5節　設計の考え方
1．意匠・構造設計の考え方 ………………………………………………………… *21*
2．防火設計の考え方 ………………………………………………………………… *26*
3．耐久設計の考え方 ………………………………………………………………… *35*

6節　施工に係わる留意点
1．製作要領書の作成 ………………………………………………………………… *40*
2．製品検査 …………………………………………………………………………… *41*
3．輸送計画 …………………………………………………………………………… *42*
4．建方要領書の作成 ………………………………………………………………… *42*

第2章
構造用集成材

1節　構造用集成材の定義
1．構造用集成材の規格 …………………………………………………… *46*
2．規格の変遷 …………………………………………………………… *54*

2節　構造用集成材の製造と特性
1．集成材の製造方法 …………………………………………………… *56*
2．構造用集成材の材料特性 …………………………………………… *63*
3．構造用集成材の信頼性 ……………………………………………… *70*
4．集成材の加工 ………………………………………………………… *76*

第3章
構造設計

1節　構造計画
1．木造建築の特徴 ……………………………………………………… *80*
2．構造形式 ……………………………………………………………… *81*

2節　構造計算のルート
1．構造計算ルートの概要 ……………………………………………… *85*
2．各計算ルート ………………………………………………………… *88*
3．併用構造（混構造） ………………………………………………… *90*

3節　集成材の基準強度・許容応力度
1．構造用集成材の基準強度の根拠 …………………………………… *93*
2．各種調整係数など …………………………………………………… *94*

4節　荷重
1．固定荷重 ……………………………………………………………… *99*
2．積載荷重 ……………………………………………………………… *100*
3．積雪荷重 ……………………………………………………………… *100*
4．風圧力 ………………………………………………………………… *100*
5．地震力 ………………………………………………………………… *101*
6．荷重・外力の組み合わせ …………………………………………… *102*

5節　鉛直荷重に対する計画
1．基本事項 ･･ 104
2．木質構造における計画の要点の概要 ･･･ 105
3．部材ごとの注意事項と検証方法の例 ･･･ 106
4．構造ごとの注意事項 ･･･ 108

6節　水平荷重に対する計画
1．基本事項 ･･ 110
2．集成材構造の耐力要素とその特徴 ･･ 112
3．耐力要素の配置計画、平面的な配置、立面的な配置 ･･････････････････････････ 113
4．接合部の設計方針 ･･･ 114
5．水平構面に必要な性能 ･･･ 114

7節　燃えしろ設計の計算
1．燃えしろ計算 ･･ 116
2．柱はりの継手および仕口の構造 ･･ 117

8節　部材の設計
1．集成材の有効断面 ･･･ 119
2．部材断面の応力検定 ･･･ 119
3．終局耐力 ･･ 124
4．曲げ部材のクリープ ･･･ 126

9節　接合部の設計
1．一般事項 ･･ 127
2．接合部の種類 ･･･ 127
3．曲げ降伏型接合（ボルト、ドリフトピン、ラグスクリュー） ･･････････････････････ 130
4．ジベル接合 ･･ 135
5．接合部におけるスリップと初期ガタ ･･･ 136
6．接合部の終局耐力と変形性能 ･･ 136
7．接合部のモデル化 ･･･ 137

10節　構造形式別の設計
1．構造形式別の設計 ･･･ 140
2．耐力壁付き軸組構造 ･･･ 140
3．木質ラーメン構造 ･･ 144
4．大屋根構造 ･･･ 147
5．併用構造（混構造） ･･･ 153

11節　各部構法
1. 壁面の設計 *161*
2. 2次部材の構法 *162*

12節　基礎の設計

第4章
防火設計

1節　防火規制の概要および防火設計上の要点
1. 防火規制の概要 *166*
2. 防火設計の進め方 *173*
3. 防火設計上、望ましい木質系建築物 *174*

2節　燃えしろ設計
1. 燃えしろ設計とは *177*
2. 材料・要求時間と燃えしろの値 *178*
3. 柱、はりの燃えしろ設計の進め方 *179*

3節　接合部の防・耐火設計
1. 接合部における防・耐火設計の技術的基準 *185*
2. 接合部の防・耐火設計例 *188*

4節　部位別防火設計
1. 間仕切り壁 *193*
2. 外壁 *195*
3. 軒裏構造 *199*
4. 床構造 *202*
5. 階段の仕様 *205*
6. 柱 *209*
7. はり *209*
8. 屋根（軒裏を除く） *210*
9. 大規模木造 *212*
10. 区画貫通 *213*
11. その他 *214*

5節　集成材による大空間建築物の性能的耐火設計
1. 概説 *222*

2．告示耐火性能検証法による耐火設計とその事例　223
　　3．大臣認定制度による耐火設計とその事例　227

第5章
耐久設計

1節　耐久計画
　1．耐久計画の基本手順　236
　2．目標耐用年数設定の基本方針　236
　3．耐久性を考慮すべき部位・部材と集成材の使用環境区分　237
　4．耐久性確保の基本方針　239
　5．維持保全・更新の容易性確保の基本　243
　6．維持保全計画の基本　245

2節　耐久設計上考慮すべき劣化とその発生機構
　1．干割れ・ウェザリング　247
　2．腐朽・蟻害　250
　3．鋼材部の錆　256
　4．異種材料間の接合部に生じる不具合　259

3節　干割れ・ウェザリングの抑制
　1．干割れ　263
　2．ウェザリング　266

4節　防腐・防蟻
　1．材料的対策　272
　2．構法的対策　278

5節　鋼材部の防錆
　1．材料的対策　291
　2．構法的対策　296

6節　維持保全・補修
　1．木部　299
　2．木部表面塗装部　310
　3．防錆した鋼材の保全　312
　4．異種材料間の接合部　315

第6章
集成材建築事例

集成材建築の事例 ……………………………………………………………………… *320*

付録
1. 集成材の日本農林規格 ……………………………………………………………… *364*
2. 材料、構造、耐久性関連　法令抜粋 ……………………………………………… *404*
3. 防・耐火関連　法令抜粋 …………………………………………………………… *422*

第1章
集成材と建築

1節 木材の特徴

1. 木材の一般的な特徴

本書で取り上げる集成材は、木材のひき板（ラミナ）を積層接着して製造されるものである。言うまでもなく、集成材は、原材料である木材の特徴を引き継いでいる。その上で、集成材は、木材の長所を活かしながら、なるべく短所を補うようにつくられている。

冒頭に、木材の一般的な特徴をひととおり概説する。

［1］軽い

木材は建築構造材料として、非常に軽量である。鋼材の比重がおよそ7.8、コンクリートの比重がおよそ2.3であるのに対し、木材の比重は、樹種によって異なるが1を超える（水に沈む）ものはわずかであり、建築で多用される針葉樹材では0.5程度である。

木造とすることにより建物が軽量化でき、地業や基礎が軽微なもので済む。また当然、生ずる地震力も小さい。

［2］強い

木材は、建築構造材料として十分な強度を有している。もちろん絶対的な強度は鋼材などに及ばないが、前［1］で述べた通り軽量であって建物に生ずる荷重が小さいため、十分に木構造が成立する。

重量当たりの強度（比強度という）で比べると、構造用の木材は鋼材にほぼ匹敵し、コンクリートをはるかにしのぐ。

［3］異方性がある

次の2で詳しく述べるように、木材には異方性がある。すなわち、方向によって物理的性質に著しい違いがある。

前［2］で強いと述べたが、それは概ね繊維方向の力に限られる。繊維直交方向の力に対しては著しく強度が低くなり、また割裂きなどの脆い破壊性状を示す。

［4］狂う

木材は、含水率の変化により、膨張、収縮を起こす。すなわち、寸法が狂い、著しい場合は割れを生ずる。また前［3］で述べた異方性について、木材の方向によって乾燥収縮の度合いが著しく異なるため、反り、ねじれなどの不整形の狂いを生じる。

[5] 腐る、虫が食う
木材は含水率が高い状態が続くと、腐りやすく、またシロアリの害を受けやすい。

[6] 燃える
燃えしろなど、木材の耐火性能は評価されるようになっているが、木材が可燃材料であることに変わりはない。高温にさらされると可燃ガスを発生し自然発火する。

[7] 欠点がある
木材は天然の生物材料であるため、強度や美観に悪影響を与える各種の欠点を含んでいる。節、丸身、腐朽、虫穴、割れ、曲がり、反り、ねじれ、欠け、きず、入り皮、やにつぼ、あてなどの欠点がある。

[8] 樹種によって性質が異なる
木材として利用される樹種に限っても、数多くのものがある。樹種により、物理的性能、耐久性、加工の容易さなどに大きな違いがある。建築の部位に応じて、適材適所で使い分けられる。

[9] ばらつきがある
木材は天然の生物材料であるため、たとえ同一の樹種でも、生育環境、樹齢などによる個体差が大きく、各種性能に著しいばらつきがある。

[10] その他
木材の建築材料としての特徴は以上のほかにも多くあるが、以下、項目のみ列記する。
- 美観に優れる。
- 触れたときに温かみがある。
- 転倒、衝突などに対する柔らかさ、弾力性がある。
- 一定以上の断熱性がある。
- 加工が容易である。
- 傷がつきやすい、摩耗しやすい。
- 生産時に要するエネルギーが少ない。
- 生育時に二酸化炭素を吸収し、木材として炭素をストックしている。

2. 木材の組織および物理的性質

スギの電子顕微鏡写真を図1-1に示す。紡錘状の木材細胞が規則的に並んでおりこの様子を模式的に示すと図1-2のようになる。細胞の配列方向から繊維方向（軸方向、L方向）、接線方向（T方向）、放射方向（半径方向、R方向）と呼ばれる。

木材細胞は、細胞壁と細胞内腔からなり、内部は空洞である。細胞壁の密度は樹種などに関係なくおおよそ1.5kg/m³である。構造用集成材によく用いられる針葉樹の場合、1年輪の中で、細胞

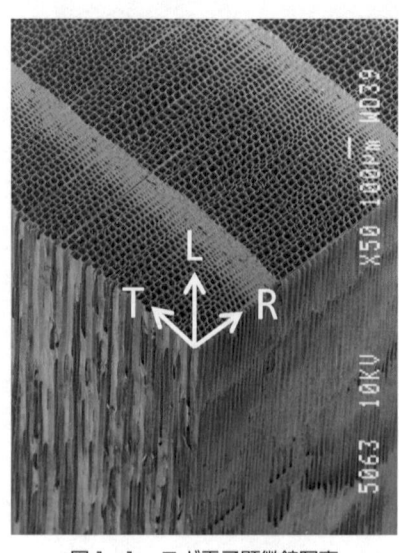

図1-1　スギ電子顕微鏡写真

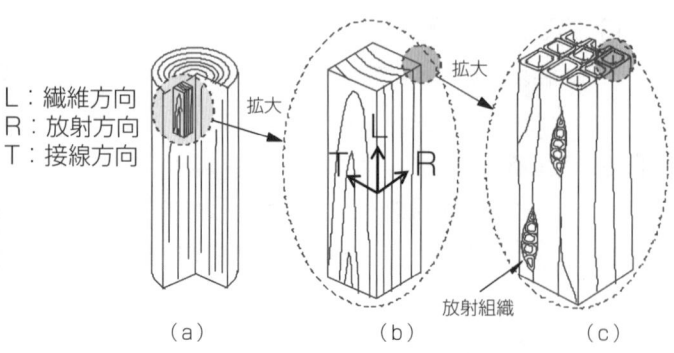

図1-2　木材細胞の配列と方向の呼び方

の放射方向の長さが大きく細胞壁が薄い早材（春材）と、細胞の放射方向の長さが小さく細胞壁が厚い晩材（夏材）に分かれる。密度の変動は主として空隙率の多少により生じ、晩材は早材の1.5～3.0倍ほど密度が高い。

　木材の物理的性質は細胞の配列により直交3軸の異方性を示す。木材の強さも、作用する荷重の種類が同じでもその方向により様々に呼ばれる。

　軸力が作用する場合、荷重の方向が繊維方向か繊維に直交方向かで、変形のしやすさや強さが大きく異なる。そのため圧縮力が作用する場合、繊維方向を縦圧縮、繊維に直交方向を横圧縮、また、引張力の場合、それぞれ縦引張、横引張と呼ぶ。図1-3に荷重方向別の応力－変形曲線を示す。

　木材の細胞壁は、化学的にはセルロース、ヘミセルロース、リグニンの高分子からなる。木材中のセルロースは直鎖状で規則正しく配列された結晶構造をなしているとされ、これらが多数集まった糸状のミクロフィブリルを形成し、細胞壁の骨格となっている。一方、ヘミセルロースは短い鎖

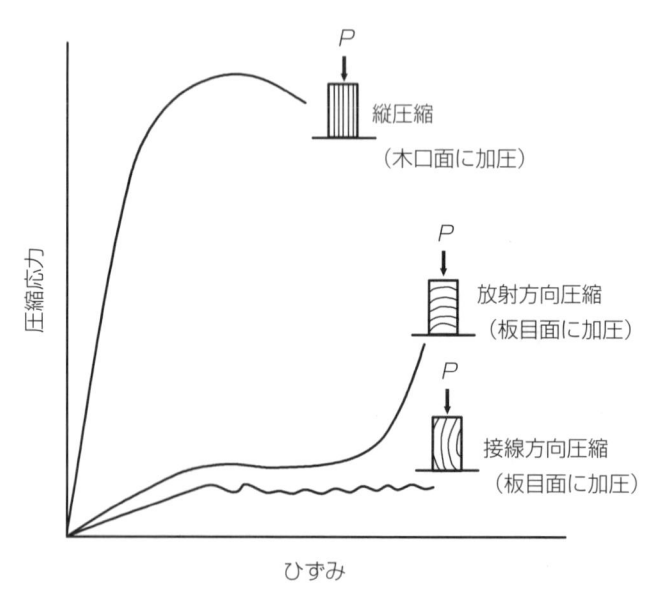

図1-3　異なる方向から圧縮力を受けた木材の応力－変形曲線

状、リグニンは3次元の網目構造をなしているとされ、細胞壁中ではミクロフィブリルの周辺を充てんする役割を担っている。

　高分子体には粘弾性的な性質があるが、高分子体の集まりである木材の力学的挙動にはこれらの性質が現れる。代表的な例としては、荷重速度が強さに及ぼす影響、荷重継続時間の影響、継続的な荷重の作用によるクリープ変形、温度上昇にともなう強度やヤング係数の低下などがある。また、木材の力学的性質が含水率の影響を受けるのも高分子的な性質の1つである。

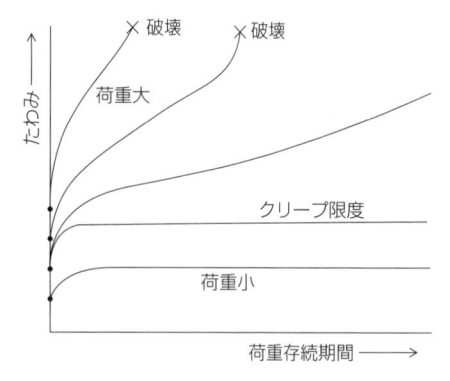

図1-4　木材の荷重と破壊までの時間の関係

　木材に継続的に荷重を作用させておくとクリープ変形が生じ、破壊に至ることがある。荷重の高いほうが変形速度が大きく破壊に至るまでの時間が短い。これらの関係を示したのが図1-4である。

　集成材の力学的性質のほとんどは、たて継ぎ部や積層接着などの影響以外は木材と異なる部分は少ない。

2節 集成材概説

1. 集成材の特徴

集成材がわが国の建材として利用されるようになって60年が経過した。この間、集成材の特徴を活かした製品開発が時々の需要に応じて行われ、大規模木造建築の構造材から住宅の和室の造作材や柱、はりの構造材、家具などに幅広く利用されている。2010年の国内生産と輸入量を合わせた供給量は200万 m^3 近くあり、世界でも有数の集成材市場である。

集成材は、原木丸太→ひき板製材→乾燥→幅はぎ・たて継ぎ→積層接着→仕上げの工程を経て製造される（図2-9）。このような製造工程を経る中で、集成材は木材としての質感を保持しつつも、一般的な製材とは異なる特徴を持つことになる。長所から挙げると、

［1］断面寸法や長さの自由度が大きい

製材品では原木の太さや長さを超える木材製品を得ることはできない。しかし、ひき板や小角材を幅方向に幅はぎしたり、厚さ方向に積層したりして製造する集成材は、原木の太さや長さを超えて長大な柱やはり材あるいは幅広な面材を得ることができる。ただし、工場の生産ラインの大きさや工場からの輸送に係る限界はある（第2章2節1［4］参照）。

［2］ムラの少ない乾燥材である

木材が樹木として生きていた時から持っていた水分を十分乾燥させて利用することが重要である。ひき板や小角材は、大きな断面の木材より乾燥が容易で、乾燥ムラや乾燥割れなどの欠点も生じにくい。したがって、大きな断面の集成材であっても、製品内部の含水率のばらつきが小さく、通常の環境下で使用されていれば、寸法変化や乾燥割れは生じにくい。

［3］木材の素材感を生かした外観をもつ

木材の欠点とみなされることの多い節や繊維の乱れ、変色などがある部分を除去したひき板や小角材を集成加工することで、木材素材の外観を残した見た目の美しい製品にすることができる。また、寸法変化が小さい集成材を基材として、その表面に薄い化粧用板を貼った化粧ばり集成材も製造できる（図1-5）。

［4］強度性能のばらつきが少ない

ひき板や小角材から木材の強度的欠点とみなされる節や繊維の乱

れを除去したり、これらの欠点を分散させて集成加工することで、強度のばらつきが少ない構造部材を製造できる。

［5］曲線形状の部材を製造できる

ラミナを任意の曲率に曲げて積層接着することで、デザイン性が高いわん曲部のある部材を製造することができる。

次に、短所を挙げると、

［6］歩留まりが低い

製材、乾燥、寸法調整したラミナの原木からの歩留まりは、4割とも3割とも言われ、かなり低い。さらにたて継ぎや幅はぎ時の歩減り、品質不足のラミナの出現などにより歩留まりは低下する。歩留まりの低さは製品コストが高くなる要因となる。

［7］生産性が低い

圧締工程を短時間で終えられる水性高分子イソシアネート系樹脂接着剤（以下 API）の使用がJAS で認められたことで、住宅用柱やはりの生産性は格段に向上した。しかし、レゾルシノール系樹脂接着剤（以下 PRF）が主流の大断面集成材の生産性は、PRF は圧締作業を終えるまでの時間が API に比較すると長いため、生産性は高くない。生産性の低さも製品コストの上昇の要因である。

2. 集成材の用途と種類

寸法・形状の自由度、製品含水率と寸法の安定性を特徴としつつ、主として製品の美観を重視した造作用集成材と、主として構造的な利用面から強度性能を重視した構造用集成材がある。

造作用途には、広葉樹などの質感を生かしてカウンターや階段手すりなどに利用するものと、集成材を芯材としてその表面に美観を目的とした化粧用の薄い板を貼って長押やかまちなどに用いるものがある。

図1-5　和室に使用される化粧ばり集成材

3. 集成材の生産量

　集成材製造企業は木材需要の低迷、輸入集成材の増加などの影響を受け、1990年代半ばをピークに減少してきており、現在180社ほどとなっている。

　集成材製造企業は、当初、化粧ばり集成材が主流となって成長してきた経緯があり、ナラ、タモなどの広葉樹、秋田スギ、木曽ヒノキ、吉野スギなどの銘木を産出する地域である北海道、秋田県、愛知県、岐阜県、奈良県などに比較的多く存在している。

　集成材の国内生産量は、ほぼ一貫して拡大してきている。新設住宅着工数の大幅な落ち込みやリーマンショックによる景気の減退などにより、2006年の1,675千m^{3}をピークに減少したが、2010年再び増加に転じ、1,455千m^{3}となっている。

　集成材生産の内訳をみると、1996年までは、敷居、鴨居、枠材などの造作用集成材の生産量が構造用集成材の生産量を上回っていたが、和室の減少や大壁工法が主流になるなどの影響により、その生産量は大きく落ち込んできており、構造用集成材の生産量が圧倒的に多くなっている。2010年では、構造用集成材の生産量は1,302千m^{3}で、国内生産量の90%を占めている。

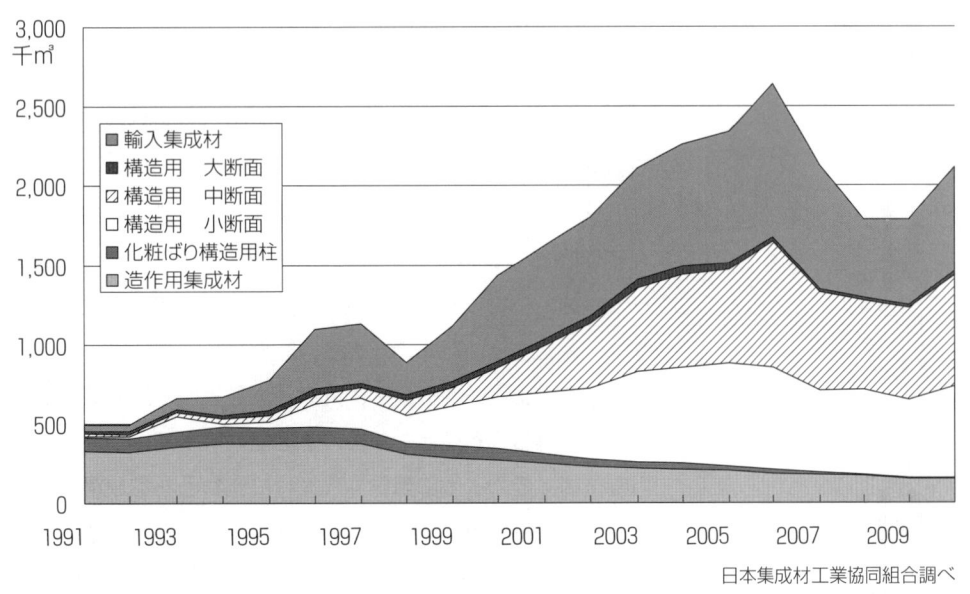

図1-6　集成材国内生産量および輸入量の推移

　構造用集成材の2010年の品目別生産量をみると、化粧ばり構造用柱7千m³（1%）、小断面集成材577千m³（44%）、中断面集成材692千m³（53%）、大断面集成材26千m³（2%）となっており、プレカット化が大幅に進む中で、大手住宅メーカー・地域ビルダー中心に、乾燥材で、狂いや曲がりがほとんどなく、強度も安定している小断面、中断面集成材の柱、はりへの利用が進み、これらが集成材の需要を引っ張ってきている。

表1-1　構造用集成材の生産種別内訳　　単位：千m³

	化粧ばり柱	小断面	中断面	大断面	計
2005年	28	646	595	41	1,310
2006	23	646	791	30	1,490
2007	14	520	619	19	1,172
2008	9	539	560	16	1,124
2009	6	495	576	22	1,099
2010	7	577	692	26	1,302

日本集成材工業協同組合調べ

　また、国内で生産される集成材を材料別にみると、国産材24%、北米材12%、北洋材2%、欧州材61%、その他1%となっており、国産材の利用が進みつつある。
　集成材の輸入は、集成材需要の拡大とともに増加をしてきており2006年の964千m³をピークに一時的に減少したが、2009年以降、再び増加傾向にある。
　2010年の集成材の輸入量は、656千m³となっており、うち構造用集成材が88%を占めている。輸入先はフィンランド、オーストリア、ルーマニアの3国で8割近くを占めている。

3節 集成材建築の沿革

［1］はじめに

集成材は戦後のものである。ただしそれは英語の "Glued Laminated Wood" に該当するもの、今日でいう接着集成材についての話である。

短小材を組み合わせて長大材を得ようということであれば、それは大昔からあると言える。現存する元禄再建の東大寺金堂（大仏殿）の柱は、小材（それでも相当に大きい）を束ねて鉄の胴輪で締め付け、長さも継いだものであり、立派な集成材である。さらに古くは、太古の出雲大社の柱で、丸太3本を鉄輪で束ねて用いられたという。真偽のほどはともかく、絵図面が残っている。

集成材は、このように貴重な長大材に代わるものが得られることや、また強度のばらつきをコントロールすることで工学的により強い材が得られることが最大の利点であり、諸外国ではそのように構造用途を主眼とした発展をしてきた。しかしわが国の集成材の歴史は、むしろ造作用の化粧材として始まっている。わが国では、木材を強度部材としてみるよりも、節の有無や木目といった外観で評価する習慣が根強い。

1912（明治45）年に編まれた「木材ノ工藝的利用」[1]に次のような記述が見られる。

「近來東京本所巴商會ニテハすぎ材ヲ小片トナシ六角「セメント」ニテ膠着セシメ中空トナシ外面ニひのきノ柾板ヲ膠着セシメ四方柾柱ヲ作リ又ハ天井蛇腹ヲ製作ス其技術巧妙ナリ然レドモ價格甚不廉ナルヲ缺點トス」

詳細は不明であるが、化粧突き板の練り心が、スギ小片を膠着したものであることが注目され、現今の化粧ばり集成材に相当するものであることは間違いないであろう。ちなみにこの時期は、ちょうど合板が国産化された時期に当たる。

［2］海外における集成材の略史

ヨーロッパでは、19世紀前半には、小割材を金物で縫って構成した木製アーチで、鉄道駅の大スパン屋根が多く建てられている。しかしこれは現代的意味での集成材、すなわち接着集成材とは異なる。

接着集成材の技術は、ドイツのOtto Hetzerによって開発され、1901（明治34）年にはスイスで特許を得た。少し遡るが、接着集成材による世界最初の木造建築物は、1893（明治26）年にスイスのバーゼルで開かれた歌曲大会会場のオーディトリアムであったとされる。スパン40mの3ヒンジアーチの建物であった。その後間もなく耐水性接着剤が開発され、集成材が橋梁、停車場、音楽堂な

どに利用されるようになる。この初期の集成材は、ほとんどがI型断面であった。

　Hetzerの接着集成材の技術は、まず北欧諸国に拡がった。1920年代になると米国に技術が伝わり、以後米国中心に発展していくことになる。確実なところで1934（昭和9）年、マディソンの林産試験場の倉庫がカゼイン接着剤による集成材で試験的に建てられている。その性能が良好であったため、米国では集成材産業が広く企業化していく。特に接着剤の研究は盛んに行われ、カゼインからユリア樹脂、フェノール樹脂などへ進化していった。1942（昭和17）年にはレゾルシノール樹脂が開発され、集成材の耐水性は飛躍的に向上し、屋外でも高い信頼性のもとに集成材が使用されるようになった。このレゾルシノール系の接着剤は、現在でも構造用集成材の主力として盛んに用いられている。

[3] 新興木構造

　戦前まで、わが国では接着集成材の技術開発はほとんど進められてこなかった。

　太平洋戦争の頃になると、鉄やセメントなどの物資が払底し、その代替として木材が用いられるようになった。特に飛行機格納庫などの軍需施設において、スパン40m程度までの大スパン構造物が木造で多数つくられ、これを「新興木構造」と呼んだ。

　当時すでに米国では、接着に信頼を置く集成材の技術が発達していたが、敵国であったため逆に同盟国ドイツの技術が多く導入された。こちらは接着よりもむしろ金物に信頼を置く考え方であったため、新興木構造では、貫材ほどの短小材をジベル、ボルト、くぎなどで縫い合わせ、あるいはトラスアーチをつくるなどで大規模木造を構築した。図1-7は、その例である。

　昭和16（1941）年の「新興木構造學」[3]には接着について、

　　「膠着劑としてはカゼイン及アルブミン等の比較的、濕氣に耐えるものが使用される。欧米に於ては木造の建物の接合部全部を此等膠着劑にて構造したものがあるが、我國では、膠着劑の良好のもの少きこと及び、我國の氣候が多濕的であるので、接合部を膠着劑のみによつた建築物はまだその例がない。〔中略〕合成樹脂系の膠着劑のよき製品が我國に産出なきことは遺

図1-7　新興木構造
出典：原澤東吾「日本建築經濟史」冨山房, 1944年

憾である。將來この方面に研究を進める必要が大いにある。」
という記述がある。

［４］「集成材」のはじまり

　戦後になると、米国の接着技術が導入され、本格的な集成材建築が可能になる。米国では、既述のように1942年にはレゾルシノール接着剤が開発されていた。

　戦時中には、単板（ベニア）を重ね合わせて接着した合板で飛行機や舟艇などをつくる技術が研究されていた。単板に合成樹脂を含浸させて加熱圧締してつくられる材料もあった。これらは「積層木材」、「積層材」、「硬化積層材」などと呼ばれていた。これに対し、単板よりも厚いひき板（ラミナ）を積層接着した材料は「ひき板積層材」と呼ぶよう提唱されていたが、戦時中の単板積層材（現在のLVLのことではない）と混同する恐れがあるということで、1950年頃、当時の林業試験場が中心となって関係方面と打ち合わせ、"Laminated Wood"のことを「集成材」と呼ぶことにしたという経緯がある[4]。

　わが国で初めて接着集成材が建築に使用されたのは、1951年、日本林業技術協会が東京四谷に建てた森林記念館でのことである。初めてのことなので、荷重のあまりかからないところということで、２階会議室の屋根に使用された。わん曲集成材によるスパン９ｍの円形アーチで、尿素系合成樹脂接着剤が用いられた。

　当時唯一の集成材メーカーが、三井木材工業である。北海道の砂川工場で集成材の研究開発が進められ、1953年、自社の置戸工場の倉庫をスパン約11ｍの２ヒンジアーチで建設した。翌1954年には、20ｍスパンの３ヒンジで、名古屋工場ハードボード倉庫を建設している。これらの実績に確信を得て、この年初めて体育館向けの集成材を発売した[5]。

［５］飯塚五郎蔵の作品

　建築家としてわが国の集成材建築を終始リードしてきたのが故飯塚五郎蔵である。飯塚は終戦直後より集成材の研究開発に携わり、1950年の著書「新しい住宅の構造」[6]では、集成材（ここでは未だ「積層材」という表現である）を用いた海外の住宅事例を紹介している。そして、

　「大材の容易に得られない今日、積層材の利用による新構造は大いに発達する可能性がある。」
と、その後の集成材の発展を予告している。

　飯塚が最初に手掛けた集成材建築が、1955年の「成城幼稚園」（図１-８）で、スパン7.3ｍのアーチの建物である。またこの建物は、作品として建築界に紹介された最初の集成材建築でもあった（「新建築」1955年7月号）。

　これが新潟県新発田の小林工務店の目に留まり、最先端の技術として、新潟県下に広めることに着目した。飯塚は設計依頼を受け、新発田に「猿橋中学校体育館」（スパン20ｍ）が建設された。以後、飯塚は約60の集成材アーチ建築を設計、またこの設計法を踏襲した三井木材工業の建築を含めると、昭和30年代を中心に、1,000棟近くの集成材建築（うちおよそ３分の２が体育館）が、北海道、東北、北陸などで建てられた。それらのうち最大のものが、1962年の「新発田市立厚生年金体育館」で、スパン36ｍの３ヒンジアーチである。またこれは1986年に「安代町立田山体育館」に抜かれるまで、わが国最大の集成材建築であった。というのも、建築基準法の規制強化や鉄骨造の普及という背景があって、昭和40年頃をピークに集成材建築は激減してしまったからである。

飯塚は、住宅においても集成材による多くの作品を残している。

図1-9は、1960年の作品で、3ヒンジアーチを東西長手方向に用い、広い南面開口を目的とした住宅である。また図1-10はU字型の集成材を横に寝かせて用いた特殊な構造の、プレファブ構法システムである。まず三井木材工業のモデルハウスとして1961年に日本橋三越屋上に建てられ、のち1965年に「三井ハウスU型」として商品化、全国に建設された。

図1-8　成城幼稚園
出典：「特集 集成材建築」／「建築知識」1960年10月号，株式会社建築知識

[6] 業界団体の結成

既述のように、わが国における集成材は、化粧用を中心に発達してきた。昭和30年代、住宅復興にともなう木材の需要増加が著しく、製材品の価格が高騰し、良質材が入手困難になり、製材代替品が求められるようになった。特に和室向き内装銘木の不足を補うものとして、比較的小断面の針葉樹集成材に銘木などの化粧ばりを施した柱、長押、敷居、鴨居などが市場に多く出回るようになった。しかし、基本的な技術に欠如しているメーカーが出るなど、粗悪品も多く見られるようになり、集成材批判も高まってきた。

このため業界としては、メーカーが相よって研究開発を行い、責任ある製品を市場に供給するため、1963年、日本集成材工業会を任意団体として発足させた。当初の会員数は19社であった。1971

図1-9　佐久間邸
出典：「特集 集成材建築」／「建築知識」1960年10月号，株式会社建築知識

図1-10　三井ハウスU型
出典：飯塚五郎蔵「デザインの具象―材料・構法」エス・ピー・エス出版，1989年

年には法人組織に切り替え、日本集成材工業協同組合に改組された。

［7］「新木造」の時代・木造大規模化の系譜

　1960年代より木造建築にとっていわゆる冬の時代となり、木造建築といえばほぼ戸建て住宅に限定される状況が続いたが、1980年代に入ると、集成材を用いた建築を中心に、比較的規模の大きい建築が建てられるようになり始め、1980年代後半には一種のブーム的な活況を示すようになってくる。この種の木造建築を、当時「新木造」（1986年の建設省総プロに由来する用語と思われる）と呼んだ。またこの頃、集成材を中心とした大断面木材を用いた建物を指してヘビーティンバーという言葉も使われた。原語のHeaby Timberは本来、燃えしろ耐火性を評価する用語であったが、これとはあまり関係なく使われていたようである。

　1987年〜1989年にかけて、林野庁が推進した「モデル木造施設」（ほぼ1県に1件で49件ある）に顕著であるように、特に公共建築が、地域振興のシンボルとして建てられることも多くなってきた。このとき、地域の伝統的なデザインのアレンジなどの手段も取られたが、一方で、建物に最大、最高を冠することも格好の手段であった。これが、木造建築の急速な大規模化の系譜を生む。当時世界最大の木造建築であった「タコマドーム」（1983年、径160m）が遙かな憧憬であったところから、この系譜はスタートする。

　1986年に建てられた岩手県の「安代町立田山体育館」は径36.6mの円形ドームで、構造システムはタコマドームとほぼ同じ。既述のように「新発田市立厚生年金体育館」を四半世紀ぶりに更新した（当然、意図されていた）。1988年の「瀬戸大橋博覧会イベントプラザ（空海ドーム）」（香川県）は通直集成材をトラス状に組み上げたドームで、直径が49m。これにわずかに遅れて竣工した「ウッディ・ドーム上石津」（1988年、岐阜県）は新発田の体育館と同じ3ヒンジ円弧アーチでスパン40m。そのまた直後に「小国町民体育館」（1988年、熊本県）が竣工する。56m×46mのスパンを木造立体トラスで覆った建物である（これは集成材建築ではない）。あたかも三日天下が続くような状況となり、直径60mのドーム「横浜博覧会横浜館」（1989年）、スパン50mの3ヒンジアーチ「世界デザイン博覧会外国館」（1989年、名古屋）も、一時期「最大」であった。

　そして1992年、直径143mの「出雲もくもくドーム」（島根）が登場、張弦立体トラスと称するハイブリッドで計画されている。1993年竣工の「信州博覧会グローバルドーム」（長野県）は直径110m。牽強付会気味ながら、国産材による純木造ドームとして日本一と称した。

　系譜の頂点が、1997年竣工の「大館樹海ドーム」（秋田県）である。長径178m、短径157m、建築面積約22,000m^{2}でもちろん日本最大、また「世界最大級」とも称した。スギ集成材が用いられているが、使用量は4,000m^{3}を超える。

　現在のところ、「大館樹海ドーム」を凌駕する巨大木造建築物は現れておらず、また木造ブームとはいわれなくなった。これは木造、あるいは集成材建築の停滞ではなく、巨大さの追求から次の次元に進化したものであり、また特別のものではなくなったということを意味する。雑誌などで華々しく取り上げられないところで、「ふつう」に集成材建築が建設されるようになってきている。

参考文献
1）農商務省山林局編纂「木材ノ工藝的利用」大日本山林会，1912年，林業科学技術振興所，1982年復刻
2）原澤東吾「日本建築經濟史」冨山房，1944年

3）堀口甚吉「新興木構造學」竹原文泉堂，1941年
4）小倉武夫「集成材産業史」1993年／日本建築学会経済委員会建材産業史小委員会，「建材産業史5」所収，1998年
5）三井木材工業社史編纂委員会「三井木材工業のあゆみ─40年史─」三井木材工業，1994年
6）飯塚五郎蔵「新しい住宅の構造」彰國社，1950年
7）「特集 集成材建築」／「建築知識」1960年10月号，株式会社建築知識
8）飯塚五郎蔵「デザインの具象─材料・構法」エス・ピー・エス出版，1989年

4節 集成材建築の特徴

1. 構造形式

　集成材の形状は線状、面状、塊状など自由自在であり、それが大きな特長の1つとなっている。しかし構造用途に使用される集成材はほぼ線状のものに限られ、さらに構造性能が保証されているJASの構造用集成材は、すべて線状の軸材料である。すなわち原則的には、一定の構造性能を有する断面がまずあり、これが長さ方向に連続する。この長さ方向の形状により、通直集成材とわん曲集成材に大別される。

　集成材建築の構造形式も、部材である集成材の形状、特徴を活かした構法が基本となる。主要なものに、柱はり構造、トラス・立体トラス構造、アーチ・ドーム構造などがある。

[1] 柱はり構造

　主に通直集成材のみ使用し、柱とはりで軸組を構成する構造で、在来木造住宅でもみられるごく一般的な構造形式である。なお構法上区別され「横架材」と総称される、はり、けた、胴差し、土台などは、力学的なシステムとしては、すべて一種のはりである。

　柱はり構造では、鉛直力に対しては、いったん「はり」が受け、すべて柱に伝達し、基礎に到達させる。一方の水平力に抵抗する方法で、大きく2つに大別される。

① 耐力壁付き軸組構造

　原則的に、柱と横架材の接合部はピン接合と考えられるため、軸組だけでは架構として成立しない。そこで、軸組内に筋かい（ブレース）を設けたり、面材を張ったりして耐力壁を設け、壁面のせん断力で水平力に耐える仕組みである。住宅に多い在来軸組構法はこの構造形式である。

② ラーメン構造

　軸組の接合部に剛性（モーメント伝達機能）をもたせることで、軸組だけで架構を構成する構造形式である。ラーメン（Rahmen）は「枠」を表すドイツ語であるが、本来ラーメン構造は接合部が完全な剛接合となっているものをいう。木造の場合、近年では剛性の高い接合部の開発も進んでいるが、完全な剛接合をつくることはできないため、通常、回転ばねを考えた半剛接ラーメンとして設計される。

　また接合部の性能を高くすると、部材に大きい曲げ応力が生ずるため、十分な断面寸法、断面性能が必要となる。集成材であるとこれに対応しやすい。

また社寺や古民家などに見られる貫構造、長押構造、差し鴨居構造などは、原理的に半剛接ラーメン構造に近く、これら伝統構法をアレンジした集成材建築も設計されている。

[2] トラス構造

軸材料3本で三角形を構成すると、接合部がピンであっても安定している。一般的なトラス（truss）構造は、この三角形を連続させて架構を構成する構造形式である。

またトラスでは、原則的には部材に曲げ応力が発生しないため、比較的小径の材料を用いることができ、軽快な感じを演出できる。

典型的なトラス構造は、屋根架構における洋小屋トラスである。在来の和小屋構造に対して力学的に有利な点が多く大きいスパンが可能であるが、引張接合部が多く施工に手間がかかることや、プラン自由度などの構法的制約も大きい。キングポストトラス（真束小屋組）やクイーンポストトラス（対束小屋組）が代表的なもので、長めの部材が圧縮材になるトラスで、木造でも古くから用いられてきた。

トラスは、大きな構造システムのミクロな一部としても多用される。耐力壁における筋かいは、トラスに違いないが全体として壁と見なす。ラチスばりは細かく見ればトラスであるし、ハウトラスやプラットトラスなどの平行弦トラスは、全体としてはりとみなせる。トラスにより大きなアーチばりを構成することができるし、立体トラスを版とみなすこともある。逆に、トラスでないものを等価なトラスに置き換えてモデル化し、構造解析を行うことも常套の手段である。

[3] アーチ構造

懸垂曲線を上下反転した曲線が自重のみを受ける場合、発生する応力はその軸線方向の圧縮力だけになり、曲げ応力を生じない。これがアーチ構造の原理で、本来は組積造で大きな開口が必要な場合に、石積みアーチなどで用いられた構造である。

木材は軸方向（繊維方向）の圧縮強度は繊維直交方向の圧縮（めり込み）強度に対し数倍強いため、わん曲集成材をアーチの曲線に一致させると、きわめて合理的な構造となる。実際、わん曲アーチ構造は、集成材構造の代名詞的に多用されている。

もちろん、アーチの形状にもさまざまなものがあり、また荷重分布や水平力を考慮する必要があって、圧縮力以外の応力も生じるため、アーチばりとして断面を計画する必要がある。

集成材アーチには、1本のわん曲材で脚部のみピンとする2ヒンジ（二鉸節）アーチと、さらに頂部にもピン接合を有する3ヒンジ（三鉸節）アーチがある。後者のほうが、アーチ材に生ずる曲げ応力が小さいため、大きなスパンが可能であるが、大きな水平スラストの対策が必要であり、また頂部の変形も大きくなる。形態的には、円形アーチと山形アーチに大別できる。

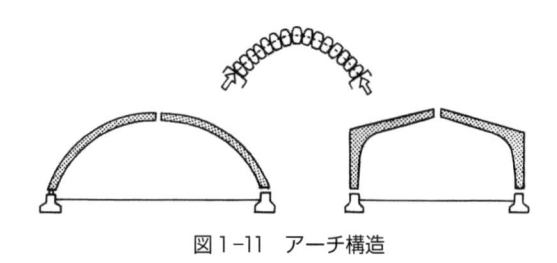

図1-11　アーチ構造

［4］ドーム構造

　ドームはシェル構造の一種で、球形に近い曲面で主に屋根架構を構成する構造形式であるが、わが国では、構造原理がドーム構造でなくても球状の形態をもつものはドームと称することが多い。
　集成材によるドーム構造は、大きく2つに大別できる。
　より本来のドーム構造に近いのが、集成材の立体トラスによって擬似的に球面を構成する構造である。トラスの構成方法にも各種あるが、正副多面体の稜線を集成材で構成したり、いわゆるフラードームを構成したりする。
　もう1つは、前［3］の3ヒンジアーチ構造を放射状に連続させていくものである。この場合、頂部の接合部に全方向から圧縮力がかかり、きわめて複雑な接合金物が必要になる。特に規模が大きいドームでは、頂部にリングを設けて接合部の集中を避ける。トップライトを兼ねることができる。頂部リングは鉄骨造で造られることが多いが、足場の上で現場打ちコンクリートで施工された例もある。

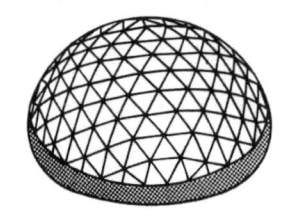

図1-12　立体トラスによるドーム

［5］立体トラス構造

　通常の洋小屋トラスは1方向に平面的に構成されるのに対し、立体的にトラスを組む構造方式である。上述のドームを構成する方法の他、重構面グリッドを構成する方式があり、スペースフレームと称されることもある。1点に多くのトラス材が集中し、すべてピン接合であるため、在来的な仕口では対応が難しい。もともと鋼管などを用いた鉄骨造で一般的であった構法を木造に応用したものであるため、ボールジョイントが使われることもある。

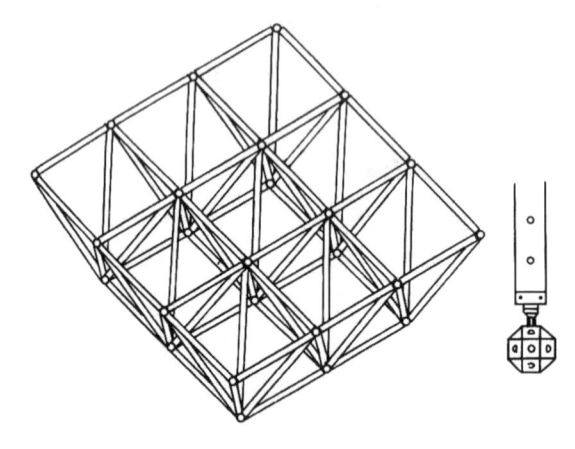

図1-13　重構面グリッド立体トラス

［6］その他

　以上で触れた構造形式の他にも、各種の構造原理の導入、鉄骨造など他構法の援用などで、さまざまな構造の計画が試みられている。一例を挙げておく。

　・サスペンション（吊り）構造
　・格子ばり構造
　・格子シェル構造　　　など

2.
集成材建築の長所

　集成材建築の長所は、結局は、以下に挙げるような集成材の長所を活かした計画が可能であるということである。

［1］長大材が得られる

　集成材の長所は多いが、まず最初に挙げるべきは、やはり長大材が得られることである。このことが、木造の大規模建築の計画を可能にした。ムクの長大材は容易に入手できるものではない。

　製造設備の制約、運搬および現場接合の制約、コストの問題、また実際の構造材料として合理的かどうかの問題などはあるが、原理的にはいくらでも大きくて長い集成材を得ることができる。

［2］わん曲材が得られる

　数多くある構造材料の中で、わん曲集成材はきわめて特異な材料であるといえる。独特の質感、形状があり、あらわしで用いることで、意匠的に多様なデザインの可能性を生んでいる。またわん曲集成材をアーチ材として用いることは、集成材の構造特性に対したいへん合理的である。

［3］必要な強度性能の材が得られ、また保証されている

　集成材は、ラミナの段階でグレーディングし、これを適材適所に組み合わせて製造される。このため、製材よりもはるかに強度の高いものも製造可能であり、また高い強度性能が不要な部材には、またそれなりのラミナ構成で製造できる。柱材、はり材などの用途により、適したラミナの構成方法がある。

　構造用集成材はエンジニアドウッドであり、これらの強度性能がすべて表示され、保証されている。

　ただし、ラミナは実在する原木から得るものなので、理想的に高い強度性能等級の材が実際に流通し入手可能であるかどうかは別の問題なので注意を要する。

［4］木材の欠点を除去できる

　木材には、節、割れ、やにつぼなど、構造材料として致命的な欠点がいくつかある。製材であれば、欠点のあるものは低い等級区分または不良品と評価され、あるいは欠点を除去することで大幅な歩留まりの低下につながるが、集成材の場合、いったんラミナに加工するため、欠点を局所的に除去できる。

［5］木材の強度のばらつきを合理的に制御できる

　木材は天然の生物材料であるため、同樹種でも個々の強度性能は大きくばらついている。ばらつきのあるものを構造に用いる場合、最も低い強度のものにあわせて使うことになる（実際には統計的な処理がなされる）。この無駄を省くためには、個々に強度を測定し表示しておくのが最善であるが、実用的にはグレーディング（等級分け）を行い、グレードごとの強度性能を用いる。集成材の場合、小さいラミナ単位でグレーディングするため、より効率的にばらつきが制御できる。

［6］十分に乾燥し精度が高い

　製材（特にスギ材）の乾燥は高度な技術を要し、近年は乾燥木材（KD材）の流通が増加しているものの、未だ十分行き渡っているとはいえない。集成材は断面の小さいラミナの段階で乾燥するため、十分に乾燥しており、製材に比べて寸法精度が高い。

［7］耐火性能を得やすい

前［1］で述べたことの言い直しになるが、燃えしろ設計を行う場合に必要な大きな断面の材を容易に得ることができる。

［8］木質材料である

集成材は木造のうちに入らない、張り物、練り物は所詮イミテーション、銘木志向といったこだわりが必要な建築分野も一部あるが、集成材は木（木質材料）であることは間違いない。集成材は、多くの木質材料の中でも、もとの木材の質感を最もよく残している。

したがって、木造建築の長所として挙げられることはほとんどすべて当てはまる。挙げるときりがないが、特に鉄筋コンクリートと比べて軽量であり、地業や基礎が軽微ですむことは記しておく。

5節 設計の考え方

1. 意匠・構造設計の考え方

　木質構造は、鉄筋コンクリート造や鉄骨造と異なる材料独自の特徴や現状の流通性の問題があり、建築計画において注意すべき事項が多くある。また、木質構造は、他の構造以上に意匠さらには設備との調整が必要となる構造である。以下に留意点を示す。

［1］樹種の選択

　強度、耐久性、色合い、さらには香りなども含め樹種を選択する必要がある。国産材か外国産材どちらを採用するかも事前に検討する必要がある。以前は、輸送費を含めても外国産材に大きなコストメリットがあったが、現在国産材とのコスト差は縮小傾向にある。また、樹種と強度の間には相関性があり、地域性も考慮した上、費用対効果を検討し、樹種に見合った強度を選択する必要がある。

［2］地域性の考慮

　建設地の地場産材を用いることが地域の林業界活性化のために求められることもある。また、地域の工場など生産者の状況を把握した上、伐採から納期までの工期の想定、大断面集成材と中断面集成材の区分なども必要に応じて行う必要がある。

［3］一般製材、他のエンジニアドウッドとの比較

　木質構造の材料には、集成材以外にも一般製材、丸太さらには集成材以外のLVLなどのエンジニアドウッドがある。強度、材料の安定性（強度・剛性のばらつきなど）、意匠性、耐久性、コスト（費用対効果）、流通性などを考慮した上、一般製材、丸太およびLVLなど他のエンジニアドウッドとの比較を行う必要がある。

［4］コストスタディ

　集成材の材料費（わん曲材と通直材のコスト差、樹種によるコスト差、部材断面サイズによるコスト差なども考慮すべき）、加工費などを把握した上、他の構造種別とのコスト比較も行った上、集成材の採用を判断すべきである。また、近年では地場の木材を使用することなどにより補助金（国土交通省、林野庁など）を得られる場合がある。その場合には、建設費だけではなく補助金なども含めたコストスタディを行う。
　集成材工事の内訳は、材料費、養生・塗装費、プレカット費、金物・ボルト費、現場建方費、諸経費などに分類され、材料費が概ね

4割と考えられる。

［5］木質構造採用のインセンティブの確認

環境性（炭素固定および製作時の CO_2 排出量が少ないことによる CO_2 削減効果）、木の温かみ、国内林業界の活性化を理由に採用が決まる場合もあるが、コスト、環境性については定量的な把握を心がけるべきである。「公共建築物等における木材の利用の促進に関する法律」も施行されており、木質構造全般に追い風が吹いているが、その利用目的などを明確にした上、使用を決定すべきである。

［6］耐震要素の配置計画

他の構造種別と同様に木質構造においても、壁などの耐震要素は、平面的にバランスよく配置することが望まれる。また、耐震要素間の距離が大きい場合は、床面や屋根面などの水平構面の耐力および変形を検討する必要がある。

［7］継手の計画

木質構造は鉄筋コンクリート造や鉄骨造に比べ継手部の力の伝達効率が低く、継手効率（継手部の強度／母材部の強度）が低くなる特徴がある。そのため、他の構造とは異なり、おおまかな部材断面にあたりをつけた段階で、継手部の検討を行い、継手に必要とされるボルトなどの本数とその配列から必要とされる部材断面を逆に決定するプロセスを経る必要がある。また、ボルトは埋め木などをしないかぎり外からナットやワッシャーが見えるが、ドリフトピンはその頭部分しか見えず、意匠的に木の風合いを損ねないと考えられるので、継手部がどのように見えるかも考慮した上、計画を行う必要がある。

また、ボルトなど接合部の形式によっては初期のガタやなじみの影響もあり、初期の剛性はかなり変形が進行してから発現される場合もある。接合部にはそのようなあそびが存在することも考慮し、設計を行う必要がある。施工時においては、ボルト孔管理、木の乾燥収縮などによるボルトの緩み、ナットの落下防止なども含め注意が必要である。

［8］部材の計画および直交異方性への配慮

部材の許容応力度設計やたわみなど変形の確認などの部材の計画と部材内に継手部が無理なく納まっていることの確認を並行して行う必要がある。また、木材には直交異方性という特徴があるため、部材を組み合わせる場合などにおいて、繊維方向とその直交方向で剛性・耐力双方とも大きく異なることに配慮する必要がある。

［9］2次部材の計画

大ばり・柱といった主体構造ばかりでなく、根太・たる木・母屋などの2次部材も含め計画を行う必要がある。特に天井を張らずに2次部材があらわしとなる場合は、それらの配置や部材断面サイズにより、意匠性が決定される。また、2次部材の変形が建具との納まりに影響を与える場合もあるため、クリープなど長期的変形も考慮した上、部材寸法を決定する必要がある。

[10] 床面（屋根面）の計画

　床面（屋根面）を木質構造で設計する場合、一般にコンクリートスラブのような剛床仮定は成立しない。耐力壁など耐力要素が分散化されており、床面（屋根面）に面内せん断力などの力の伝達を期待していない場合（各部分ごとに水平力が処理されるゾーニング設計がなされている場合）は問題ない場合が多いが、耐力壁など耐力要素が偏っており、床面（屋根面）に面内せん断力などの力の伝達を期待する場合は、合板厚、根太などのディテールなどの詳細検討を十分に行い、その剛性および耐力を適切に評価する必要がある。

[11] 長期的変形への対応

　集成材を含めた木質構造において、クリープおよびメカノソープティブといった長期的変形が問題になる場合がある。長期的応力の余裕度を十分に確保するとともに、変形に対して追従できる建築の詳細を検討しておくなどの対策も適宜必要とされる。平成12年建設省告示第1459号においては、はりせい（D）とはりの有効長さ（ℓ）の比（D/ℓ）を原則1/12より大きくすることが規定されており、さらに変形増大係数2が木造に定められているが、対振動性能を確保するため（振動障害を防ぐため）にも十分に検討を行った上、部材サイズを設計する必要がある。

[12] 床の振動と遮音

　木質構造は、床面および屋根面など水平構面においてコンクリート床スラブを設ける場合もあるが、コンクリート重量により部材断面が大きくなることを避けるため、乾式の床を設ける場合が多い。その場合、コンクリート床スラブを設けた鉄筋コンクリート造や鉄骨造に比べ床の振動および遮音が問題になる場合がある。

　振動においては、長期的変形も考慮し、たわみを制限していることで一定の対振動性能を有することになるが、要求される対振動性能に対して、構造用合板の厚み、根太の間隔、根太の断面さらにははりも含めた部材断面を大きくするなどの対応を行う必要がある。

　一方、遮音においては、コンクリートスラブでない乾式の場合、質量が相対的に軽量となり、床衝撃音遮断性能という点で不利になり、高い性能を実現することは構法的にも極めて困難である。軽量床衝撃音に対しては、仕上げなどにより対策を施すことが可能となるが、重量床衝撃音に対しては相対的に質量を確保すること以外に具体な対策がないのが実状である。床の遮音性能を考慮した事例を図1-14に示す。また、重量床衝撃音および軽量床衝撃音に対する対策事例を以下に示す。

① 床構造の面外剛性と面密度を大きくし、一定加振力に対して励起される振動振幅の低減化を図る（対重量床衝撃音）。
② 床表面に敷物などクッション材を敷くことにより、衝撃加振に対して表面材の緩衝効果により、ピーク衝撃力の低減を図る（対軽量床衝撃音）。
③ クッション材で支持した浮き床層を設け、衝撃力が直に主体床構造に伝わらないようにする（対重量床衝撃音）。
④ 床構造と直下階天井構造の振動的分離を行い、床面から放射される衝撃音に対して天井構造を遮音層として有効に働くようにする（対軽量・重量床衝撃音）。
⑤ 床構造と壁体表面材の振動的分離を行い、床面の衝撃振動と直下階室壁体表面材に伝搬されないように、放射音を低減する（対軽量・重量床衝撃音）。

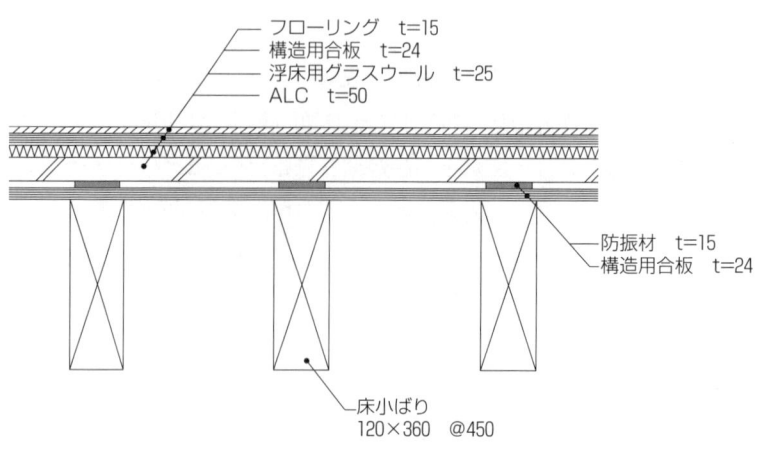

図1-14 床の遮音性を考慮した事例

[13] 荷重算定

　木質構造は、鉄筋コンクリート造や鉄骨造に比べ、コンクリートスラブを設けないことなどを理由に軽量になる場合が多い。軽量であることは、基礎計画や施工計画にとっても利点となる。一方、積載荷重、積雪荷重、風荷重は構造体が軽量かどうかによらず、建物の規模（平面の大きさや立面の大きさ）によるものであるため、木質構造においては構造体重量も含めた固定荷重に対する積載荷重、積雪荷重、風荷重の比が大きくなる。同様に固定荷重および積載荷重をもとに算出される地震荷重に対する風荷重の比が大きくなる。そのため、木質構造は積載荷重、積雪荷重、風荷重に対する余裕度や冗長性が、鉄筋コンクリート造や鉄骨造に比べ、少なくなっている可能性がある。これは軽量構造全般に対する注意点であるが、荷重のばらつきや設定したものより大きな積載荷重、積雪荷重、風荷重が作用した場合も考慮し、構造計画を行うことが望まれる。

[14] 構造解析

　鉄骨構造や鉄筋コンクリート構造と異なり、集成材など木質構造においてはその接合部は剛接合とすることは難しく、また完全にピン（回転自由）接合にもならない。接合部の剛性および耐力を適切に評価した解析を行い、そのばらつきも考慮に入れ十分な余裕を確保する必要がある。特に変形においては、接合部の変形の影響も大きく、十分な検討を踏まえた上、変形を予測すべきである。接合部の剛性・耐力が不明な場合は、接合部実験などを行い、その結果を構造解析に反映させることも考えられる。

[15] 部材および接合部のじん性能

　木材の力学特性としての応力-ひずみ関係は、基本的に弾性挙動を示し、最大強度以降は繊維破断により脆性的な破断に至る場合が多い。また、直交異方性を有するため繊維直交方向に対する応力-ひずみ関係は、繊維方向とは大きく異なる。
　部材に荷重を加えたときの応力-ひずみ関係は、図1-15に示すような2つのタイプに分類できる。いずれの場合もある応力レベルまでは弾性的な挙動を示すため、この範囲内では一般に線形弾性体として扱うことができる。引張、曲げ、せん断、横引張および割裂きにおいては非線形領域の少ない脆性的な破壊性状を示す。これに対して、圧縮を受けるときは木材組織が断続的に微小な破壊を続けるため比較的じん性的な変形性状を示す。

接合部の応力－ひずみ関係は、ボルト孔など接合部近傍における木材支圧降伏による孔拡大にともない、スリップ型の履歴性状を示す（図1-16）。破壊モードは木材支圧破壊、ボルト曲げ降伏、押抜きせん断破壊、木材引張破壊に分類され、このうちボルトの曲げ降伏モードおよび木材の支圧めり込み降伏モードが比較的じん性を有するモードであり、押抜きせん断破壊モード、引張あるいは割裂き破壊モードは木材の破壊によるものであるため脆性的な破壊モードとなる（図1-17）。

以上の内容をふまえ、部材および接合部は線形弾性内に納まるように設計するのが基本となるが、非線形領域も含めて設計を行う場合は、じん性能を確保するように工夫する必要がある。また、脆性的な破壊モードが想定される場合、最初に降伏に至る部材の変形レベルをもとに他の部材の耐力を検討し、その変形レベルにおける耐力を終局耐力と設定する必要がある。つまり、じん性能がない2つ以上の架構の終局耐力を単純加算することはできないので注意が必要である。

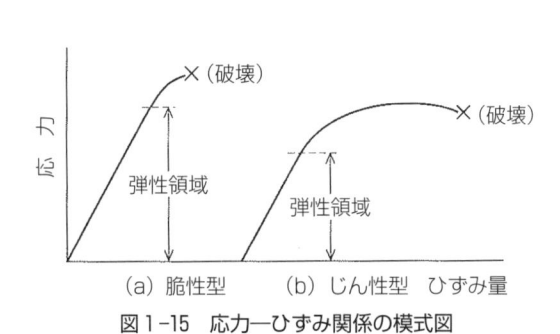

図1-15　応力－ひずみ関係の模式図
出典：社団法人日本建築構造技術者協会編「JSCA版木造建築構造の設計」オーム社，p20，図2.6，2011年

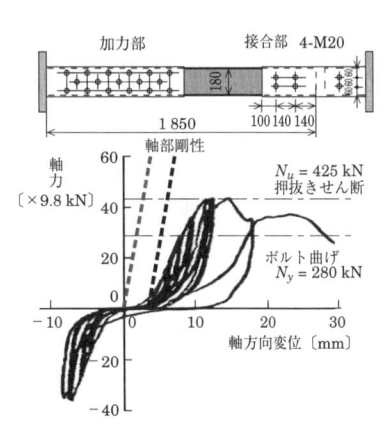

図1-16　ボルト接合部の復元力特性
出典：社団法人日本建築構造技術者協会編「JSCA版木造建築構造の設計」オーム社，p40，図3.5，2011年

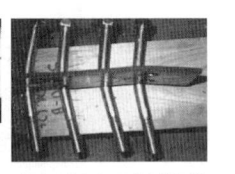

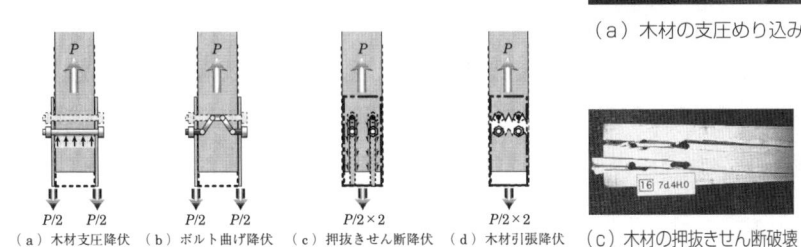

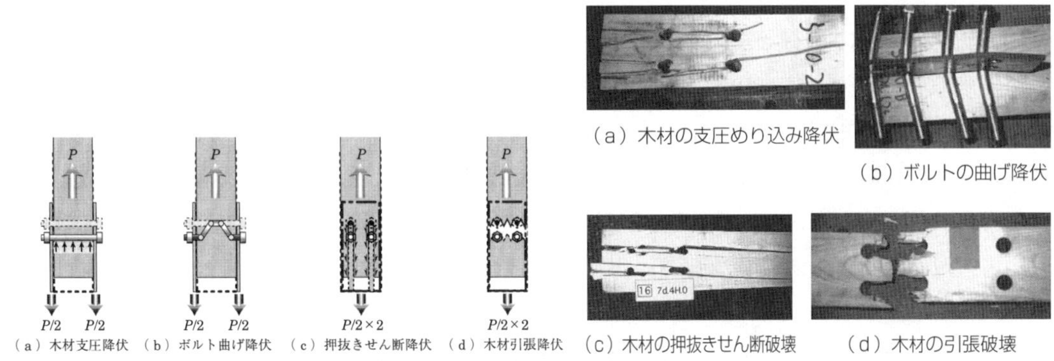

図1-17　ボルト接合部の破壊モード
出典：社団法人日本建築構造技術者協会編「JSCA版木造建築構造の設計」オーム社，p37，図3.1-p38，図3.2，2011年

[16] ハイブリッド化

木質構造は、接合効率が低いこと、そのために引張材として設計すると接合部の設計においてボルト本数が多くなり、そのためのガセットプレート（鋼板）が大きくなるなどの問題が生じる。木材の長所・短所を理解した上、鉄骨とのハイブリッド化を適宜検討することが考えられる。金物を使わない純木造を目指すことも考えられるが鋼材など他の材料の長所も考慮した上、ハイブリッド化（複合構造）を考えることも重要である。

[17] 意匠・設備との協働

　前述したように木質構造は、他の構造以上に意匠・設備との協働が必要になる構造である。木質構造を採用する場合、構造体そのものをあらわしにすることが多く、また前述のように木材の腐朽や乾燥なども考慮すると、意匠上の納まり、設備における換気や湿度管理なども検討し、設計を行う必要がある。適切な防腐処理をしても、浴室など常に湿気にさらされる部位や、屋外で雨水などが乾燥せずに溜まり常時木質構造に接する場合などは、木材の腐朽につながる可能性がある。そのような場合は意匠的な納まり上の工夫を行うことや換気など設備上の対応を行うなど、常時木材が湿気や水に接することを避ける工夫を行うべきである。場合によっては建物の運用側に、換気の必要性など管理上の注意を促す必要がある。

　また、集成材は十分に乾燥され含水率も所定の数値を下回っており、大きな問題は少ないと考えられるが、湿度が非常に低い場合は乾燥による収縮などの影響、逆に湿度が非常に高い場合は含水率が上がることによる強度の低下なども考えられるため、湿度の高低が大きいと考えられる建物においては空調も含めた管理を検討する必要がある。

　さらに防火および耐火設計においては燃えしろ設計などを行う必要もあるため、設計初期段階から構造設計と防災および耐火設計を並行して行う必要がある。

2. 防火設計の考え方

　ここでは、建築物に求められる防火性能を概説するとともに、木造建築物に関する防火規制の変遷について触れる。また、既往の火災実験や火災事例に基づき、裸木造（特別な防火措置が施されていないもの）や大規模木造建築物などに見られる火災の性状と特徴について概説する。

[1] 建築物に求められる主な防火性能

　建築物に求められる主な防火性能は、
　・出火を容易にさせない性能（出火防止性能）
　・火災の初期に容易に火災が拡大し延焼することを防止する性能（初期拡大延焼防止性能）
　・安全に避難ができる性能（避難安全性能）
　・火災の範囲を局限化し、倒壊を防止する性能（防耐火性能）
　・消防活動上の支障とならない性能（消防活動支援性能）

などである。これらの大半は、法律によって建築物を構成する要素に対して建築物の用途、規模、構造、地域に応じた一定水準の性能を求められるものである。しかしながら、法律に明文化されておらずとも、建築物の火災発生・被害拡大などをより有効に防止するために、設計上配慮したほうがよい性能も含まれている。

[2] 木造建築物の防火に関する歴史

① 社会情勢と木造建築物に対する防火規制

　木材は、入手が容易で優れた構造的特性をもつことから、日本に限らず、石や煉瓦による建築物で不燃都市を構築してきた英国や米国においても、古くは木造の建築物で都市を構成していた。こ

れら不燃都市を構築した都市と日本の都市との違いは、主に都市大火後の復興の違いにあったと言える。都市の復興には、財政・技術（防耐火性能）・居住習慣（日本人は開放性を好む）などの要因が関係するが、不燃都市を構築するには、何より国民と為政者の強い意志が必要であることがこれら不燃都市を構築してきた歴史が示している[2]。ロンドン（1666年）やサンフランシスコ（1906年）などでは、大火を経験した後に、為政者の強い意志によって石や煉瓦による建築物で不燃都市を構築してきたのに対し、日本における復興は、財政、気候風土、耐震性など様々な問題から、不燃化がきわめて限られた部分で実現したものの、都市の多くの部分では従来の木造による復興が行われてきた。

東京（江戸）についてみると、開府から明治維新までの250年間に相当数の火災を経験し、建築物については、屋根ふき材の制限、土蔵や塗屋造りの奨励、市街地については火除け地や広小路の整備、消防組織の整備が行われたものの、少なくとも長さ2km近くに及ぶ大火を100回近く経験した。明治時代となり、東京はようやく近代的な都市として本格的な防火対策が検討されるようになったものの、たびたび起こる大火と進まない復興、産業振興による都市の成長により、建築物の防火対策は不十分なままとなった。それでも、消防設備を充実することができた東京では、大火を減少することができたものの、消防設備が充実できない地方においては、都市の成長とともに大火を経験することとなった。

第2次世界大戦前の防空建築の開発などを背景に、防空法（1937年）に基づく内務省令（1942年）や臨時防火建築規制（1948年）により、既存の建築物にあっても裸木造建築物の外壁と軒裏等を防火構造に改修するなどの防火化が要求され、日本の伝統的な工法として木造建築物の外壁と軒裏にモルタルを塗るなどの防火構造が開発されるようになった。また、この時期には防火改修した建築物の宣伝をするための実物大家屋による火災実験が全国各都市で行われた。第2次世界大戦中は、比較的大火は少なかったものの、空襲による被害は特に太平洋側で甚大であった。

戦後の混乱期には、物資が少ない中でバラック建築が無秩序に建設されたことと消防体制の復興が遅れたことにより大火が起き、特に日本海側の都市では戦災が少なく危険性が従来から高かったことから、戦後10年間に20件以上の大火が起きた。その後、耐火建築物による都市不燃化や消防体制の整備が進み、1970年代の経済の高度成長期を迎え建築物外周を不燃材料で覆う住宅などの建築物が建てられるようになった。このような構造は、燃焼が緩慢である結果周囲への延焼危険が少ないという効果があったことから、大火は減少していった。ただし、1959年9月26日伊勢湾台風による甚大な被害を受けて、日本建築学会では「建築防災に関する決議」の項目の1つとして「防火、耐風水害防止のための木造禁止」が可決されるなど、木造を抑制する動きは続いており、在来の木造建築物に関する防火研究が進まなくなっていた時期である。

その一方で、北米から技術導入された枠組壁工法は、内装にせっこうボードなどを用いることで耐火性を有すること、防火材料を用いた木質プレハブ工法の開発や、大断面木質部材を用いることにより木造であっても火災により容易に倒壊することがないことが確認されるようになって、防耐火性能を有する木造建築物が建設されるようになった。その後、1987年には木材表面に形成される炭化層の効果を見込んだ燃えしろ設計、1993年には木材を被覆することにより耐火性能をもたせる準耐火構造が創設され、2000年の建築基準法の改正を受けて、木造の耐火構造が認められるようになり、木材周囲を被覆する構造や、木質材料の内部で燃え止まる構造が開発されるようになった。

② 防火地域などの変遷

現在の防火地域や準防火地域による規制の歴史を概観する[3]。銀座大火（1872年）や日本橋大火（1876年）を経て、東京市の防火線路及屋上制限令（1881年）によって、日本橋、京橋、神田の３地区内に防火線路を定め、建築物の構造制限により防火帯を構成し、都心区の屋根不燃化を行った。これは、現在の防火地域制の先駆けとなるものであった。そして、1919年に制定された市街地建築物法は、甲種防火地区と乙種防火地区を定め、前者は外壁・屋根に耐火構造（規模により床、柱、階段なども耐火構造）および開口部の構造制限、後者は外壁耐火構造または外壁準耐火構造と屋根については不燃材料とし、金属板を使う場合はさらに不燃下地とすることおよび開口部の構造制限などを求めた。甲種防火地区の構造制限は、現在の防火地域のそれにほぼ相当すると考えられるが、乙種防火地区の構造制限は現在の準防火地域とは異なり、建築物の規模による緩和を設けなかった。また、屋根不燃（耐火構造または不燃材料）については、法の適用地域内全域が対象であった。第２次世界大戦が始まった1939年には防空建築規則が定められ、その後の1942年の改正を経て、道路中心線または隣地境界線より３m（高さ４m以下）あるいは５m（高さ４m超）における防火処置（現在の防火構造とほぼ同等の性能）の規定が東京市をはじめとして重要な都市に適用された。終戦後には、戦災復興が大きな課題となり、1948年に臨時防火建築規則が定められた。甲種防火地区、乙種防火地区、準防火区域、無指定地域（甲・乙種防火地区、準防火区域以外）の４つに区分され、木造の防火化に重点をおき、経済事情を考慮して市街地建築物法の構造制限を緩和したものであった。準防火区域では、敷地境界から１階３m以内（乙種防火地区では５m以内）、２階５m以内（乙種防火地区では７m以内）を防火構造とすることとされ、現在の準防火地域における規制内容がほぼ形作られている。この防火構造は、隣家延焼の遅延と家庭消防による消火によって戦災空襲の被害を防ごうという戦時中の防空・防火対策としての防空建築規則に基づいたものであり、その水準は隣家延焼を完全に防ぐことを期待できるものではなかった。そして、戦後の1950年に建築基準法が定められ、それまでの甲種防火地区は防火地域として、準防火区域（および乙種防火地区）は準防火地域として、現在までもほぼそのまま引き継がれている。また、屋根不燃の考え方も建築基準法第22条で指定する区域での屋根の構造制限として同様に定められた。このように、数多くの市街地火災を経験してもなお木造建築物による都市を形成してきた日本の木造の防耐火技術を開発してきた背景であり、日本は不燃都市ではない独自の"準耐火都市"を構築してきた。

[３] 建築物の火災性状

歴史的に日本では木材を利用した建築物によって都市を形成していたが、幾度の大火・災害などを過去に経験し、防災都市の建設を目指すようになった。この防災に強い都市は都市の主要部における木造建築物を制限し、鉄筋コンクリート造・鋼構造といった不燃性の材料を用いた建築物を建設することが推奨されていたため、木造建築物の全てが火災に対して極めて脆弱であるような誤解を生じているとも思われる。しかしながら、多数の実験、研究成果の蓄積によって、大断面の集成材を用いた構造部材や防火措置がなされた木造建築物は優れた耐火性を有していることもわかってきている。ここでは、耐火建築物、防火上の対策が施された木造建築物とそうでない木造建築物（裸木造など）、大規模木造建築物などにおける典型的な火災性状、過去の火災実験・火災事例などを概説する。

① 耐火建築物、不燃性の材料で覆われた木造建築物など

　一般に鉄筋コンクリート造・鋼構造などの主要構造部に不燃性の材料が用いられた耐火建築物で火災が発生すると、主に建築物内にある家具などの什器類、衣類、書籍などの収納可燃物が燃焼する。耐火建築物の壁や床は簡単に燃え抜けるようなことはなく、建築物内に流入する空気は、窓などの開口部に限られる。どのような火災性状になるかは、建築物内の可燃物量とその表面積、開口から流入する空気量などの関係で決まる。可燃物が多く存在し、火災室の開口が著しく大きくなければ、フラッシュオーバー後は可燃物が燃える量は流入空気量に依存する換気支配型と呼ばれる火災性状となる。火災室の温度は壁や床などの吸熱などの影響も受けるため、建築物の材質や大きさなどによって変化する。建築物内の可燃物量が同じである場合には、裸木造の火災性状と比較して火災室温度は低く、火災継続時間は長くなる傾向がある。耐火試験で一般的に用いられる標準加熱温度曲線（ISO 834）は、このような火災における典型・標準的な火災室温度と時間の関係を再現しようとするものである[4]。図1-18は火災室温度の典型的な時間変化を示しており、耐火建築物などの火災に関して、燃焼が激しく温度は高いが継続時間が短い火災、燃焼が緩慢で継続時間が長い火災の例を示している。また、木造建築物であっても、木製下地がせっこうボードやけい酸カルシウム板などの内装材料で覆われている場合には、火災性状は耐火建築物に近いものとなる。しかし、内装が脱落すると木製下地が燃焼、炭化して、火災室温度が高温化しやすくなるので十分に注意する必要がある。

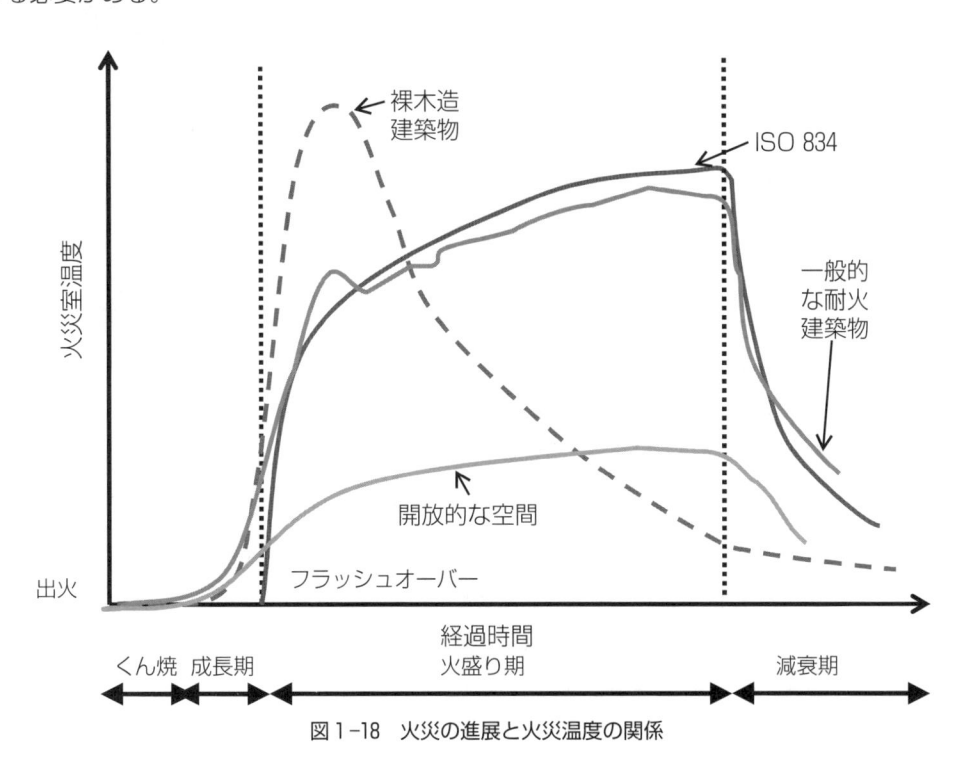

図1-18　火災の進展と火災温度の関係

② 木造建築物（裸木造など）

　図1-19、1-20は、それぞれ1979年に財団法人日本住宅・木材技術センターで実施された実大火災実験時の火災の状況と建築物の各室の温度上昇と時間の関係を示したものである。実験に供された建築物は、特別な防火措置が施されていない一般的な在来工法の木造2階建て建築物（裸木造）である。実験時の火災は、建築物1階の居間へ点火した6分後頃から火災盛期に達し、1階の他室

への延焼、階段から2階への延焼を経て、16分後には建築物の全室に延焼することとなった。裸木造では図1-20に見るとおり、火災が急激に拡大し始めると10分前後で火災室温度が約1,100℃に上昇し、その後急激に低下することがわかる。その他の木造建築物の火災実験の結果からも、このような木造建築物の火災では、火災室温度は標準加熱曲線に比較して高くなるが、その継続時間はきわめて短くなるという特徴が得られている。木造建築物では、柱・はり、壁や床なども可燃物である木材で造られていることから、収納可燃物に加えてこれらも燃焼することになる。しかし、このような火災性状は、可燃物の総量が多いことよりも、開口部や木材を主要な構成材料とする壁、床、屋根などが火災の進展にともなって燃え抜け、建築物内に流入する空気量が増加するため、燃焼速度が急激に増加することが主な要因と考えられる。したがって、壁や屋根などが燃え抜けにくく、空気の流入が窓などの開口部に限られるようにすれば、木造建築物では、耐火建築物などの火災性状に近くなる[5]。

(a) 着火14分後（南面）　　(b) 着火21分後（北面）

図1-19　在来構法による木造2階建て住宅の火災実験の状況
出典：「住宅部材火災安全性能向上技術解説書」財団法人日本住宅・木材技術センター、1988年

T_2：1階居間
T_5：1階食堂
T_7：1階キッチン
T_{12}：1階和室
T_{27}：1階廊下
T_{28}：2階階段室
T_{32}：2階和室
T_{38}：2階和室

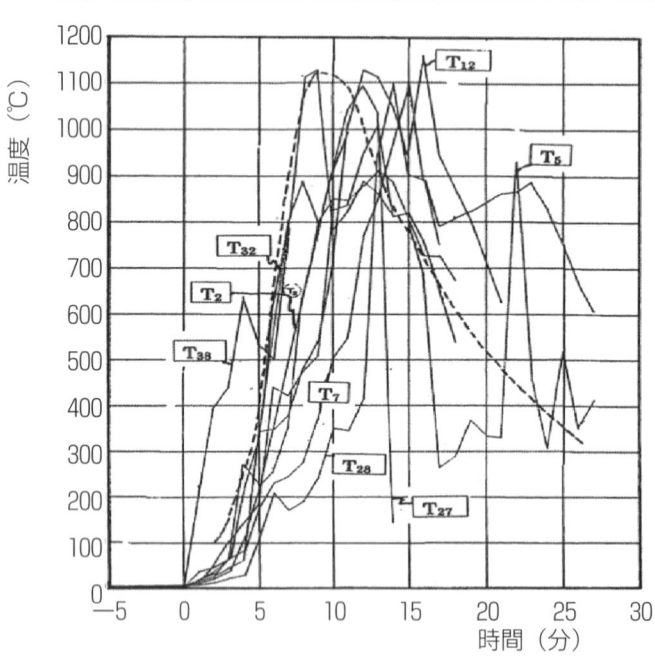

（ただし、各室の温度上昇時点を0分とした）
図1-20　木造2階建て住宅の室内温度
出典：「住宅部材火災安全性能向上技術解説書」財団法人日本住宅・木材技術センター、1988年

③　大規模木質構造、大規模空間（ドーム、体育館など）

大規模木造建築物で火災が発生し、延焼拡大すると、建築物内の避難や延焼防止上の問題だけで

なく、周囲の建築物への類焼や大量の火の粉の放出などの問題が生じることになるため、防火上、高さや規模に制限が設けられている。また、ドームや体育館のアリーナ部などの可燃物密度が小さく天井が高い大空間では、火災は局所火災に留まる。そのため、可燃物が多い室と大空間との区画化や火炎が接する部分の防火措置を十分にしておけば、火炎が到達せず、煙層の温度が高温とならない小屋組などの部分では、木材をあらわしとする設計が可能となる。大規模木質構造の火災実験・火災事例は多くはないが、例として大規模木質構造建築物の火災実験、体育館の火災事例を挙げる。

図1-21は、1996年に建築研究所で実施された実大木造3階建て共同住宅（木三共）の火災実験の状況である[6]。実験は、防火設計がなされた木三共への市街地火災からの延焼、木三共建築物内の火災性状、隣接する木造家屋への類焼性状を解明することを目的として実施された。これによって、屋外から木三共屋内への延焼経路が軒裏からであったこと、準耐火構造で構成された室内の火災性状が耐火構造のそれと類似していたこと、周辺建築物への延焼要因は主に開口部であり延焼防止対策が可能であることなどが示された。

図1-22は、2000年に広島県福山市で発生した1階部分はRC造、2階部分は構造体に大断面集成材を用いた体育館の火災事例である。従来、体育館のような空間では、フラッシュオーバーは起こりにくいと考えられていたが、屋内運動場に隣接する用具庫から出火した火災は図1-22に見るように大規模な火災となった。これは、用具庫のような規模の小さい内装可燃の室に大量の可燃物

(a) 実験開始2分後の様子 　　　　　　　(b) 実験開始2時間26分後の様子

図1-21　実大木造3階建て共同住宅の火災実験の状況様子
出典：「市街地における木造3階建て共同住宅の延焼性状に関する実大火災実験」建築研究資料 No93、建築研究所、1999年

(a) 火災前の状況 　　　　　　　　　　　(b) 火災中の状況

図1-22　福山市加茂中学校体育館（福山市提供）
出典：「福山市立加茂中学校体育館火災・火災調査中間報告書（第一次）」木の建築フォラム

が集積され、急激な火災成長が起きやすい状態となっていたこと、合板で仕上げられていた内壁に燃え広がり、壁が広範囲にわたって燃え広がったことなどの要因でフラッシュオーバーに至ったと推定されている。しかし、当該火災にさらされても建築物自体は著しい変形や崩壊を生じることなく自立しており、燃えしろの実用性が示された例であるとも言える。

［4］防・耐火設計された集成材を用いた建築物の実例

建築基準法の性能規定化以降、木材をあらわしにした魅力的な空間をもつ木造建築物が建築されている。木造で耐火建築物を実現するには、国土交通大臣の定めた構造方法や認定を受けたものを利用する方法（ルートA）、平成12年建設省告示第1433号にしたがって性能検証する方法（ルートB）、高度な性能検証により指定性能評価機関での防災性能評価を受けて国土交通大臣の認定を受ける方法（ルートC）がある。集成材を用いた耐火構造の部材としては、柱やはりの炭化を抑制するためにせっこうボードなどで防火被覆したものや集成材の内部に燃え止まり層を設けたものなどが開発され、国土交通大臣の認定を受けている。

図1-23～1-26の綾町体育館（綾てるはドーム）、一戸町コミュニティセンター、JR四国 高知駅舎[7]、大館樹海体育館（樹海アリーナ）などは、仕様規定によらずに耐火性能検証（ルートB、C）によって実現した建築物である。ルートBによる性能検証を経た建築物では、空間の可燃物配置や可燃物量・開口条件などに基づき計算された火災温度によって木材が着火しないことなどが確かめられている。そのため、多くの建築物で火炎の到達する恐れのある部分にはRC造、鉄骨造を採用し、床面からの距離が確保できる屋根部分を木造とする構造となっている。ルートCによる性能検証を経た建築物では、煙層温度予測の精緻化や予想される火災加熱に基づいて部材の自然鎮火を実験的検証するなど、より高度な検証方法を活用している。それによって、開口の設置や木質部材の利用範囲などに関する設計の自由度が向上している。

準耐火建築物に関しては、木材に防火被覆を施した仕様などを利用した建築物は多くあるが、柱はりについて「燃えしろ」を考慮した設計をすることによって部材表面が燃えても構造耐力上支障がないことを確認し、木材をあらわしとした設計が可能となる。図1-27～1-30の秋田県営萩の台住宅、大分三重総合（旧農業）高等学校、鹿児島ドルフィンポート、秋田県立大館国際学院などは燃えしろ設計の考えを利用して実現した準耐火建築物で木材独自のテクスチュアが活かされた空間となっている。

(a) 外観　　(b) 屋根

図1-23　綾てるはドーム（ルートB）

(a) 外観 　　　　　　　　　　　　　　　(b) ドーム部分

図1-24　一戸町コミュニティセンター（ルートB）

(a) 外観 　　　　　　　　　　　　　　　(b) 内観

図1-25　大館樹海体育館（樹海アリーナ）（ルートC）

(a) 高知駅北口 外観 　　　　　　　　　(b) プラットホーム　大屋根

図1-26　JR四国 高知駅（ルートC）

第1章　集成材と建築　5節　設計の考え方

外観
図1-27 秋田県営萩の台住宅（燃えしろ設計）

(a) 外観　　　　　　　　　　　　　　(b) 内観
図1-28 大分三重総合（旧農業）高等学校（燃えしろ設計）

(a) 外観1　　　　　　　　　　　　　(b) 外観2
図1-29 鹿児島ドルフィンポート（燃えしろ設計）

(a) 外観　　　　　　　　　　　　　　　　(b) 内観
図1-30　秋田県立大館国際学院（燃えしろ設計）

3. 耐久設計の考え方

[1] 耐久設計の目的

　現在、集成材を主たる構造用材料として用いた木質建築物の用途には、戸建て住宅のみならず学校施設、集合住宅、文化施設、商業施設、スポーツ・レクリエーション施設、宿泊施設など多岐にわたるものがある。これらの木質構造による建築物ストックの長寿命化を図ることは、資源消費量や二酸化炭素排出量あるいは建設廃棄物量の抑制という地球環境保護の面からはもとより、所有者の資産価値の維持という社会的、経済的な観点からも重要な課題となっている。

　この建築物の長寿命化は、長期にわたる機能的な耐用性確保と物理的な耐久性確保の大きく2つの方策によって達成される。前者は建物の使用方法の変化に柔軟に対応できるよう空間の可変性を確保したり、あるいは設備類の更新をより簡易に行えるよう構法的、構造的工夫をすることによって実現されるが、この点については［4］で述べる。一方、後者は建築物を構成する材料の耐久性、すなわち様々な劣化に対する個々の材料の抵抗性によって建物性能を長期にわたって維持しようとする行為であり、その意義は、一般論として言えば、建物がもつ各種性能が一定時間以内に一定レベル以下に低下しないようにすることである。そのような性能には、防耐火性能、省エネルギー性能、気密性能などが含まれるが、しかし、わが国のような地震、台風をはじめとした自然災害の多い国においては、耐震性、耐風性を中心とした建築物の構造安全性能をいかに長期にわたって確保するかが、その主たる目的となる。

[2] 耐久設計上考慮すべき劣化現象

　現在の集成材による木質建築物を見た場合、主な構造要素をなすものとしては、集成材のほかに製材・合板などの木質構造材料、接合金物、接合具などがある。木質構造材料はさらに木部と接着層の大きく2つに分けることが可能であるから、結局、集成材による木質建築物の耐久性は、木部、接着層、接合具・金物類の大きく3者の耐久性を確保することに帰着される。

このうち木部の構造性能を低下させる重要因子としては、腐朽と蟻害があり、両者は条件さえ整えば短期間に材深部にまで被害が及びやすく、建物の安全性や居住性に極めて大きな影響を与える。また、それらの劣化のうち特に腐朽を引き起こす前段階となる干割れ、ウェザリング、塗装部の劣化などの屋外露出部材を中心として発生する木部表面層の劣化にも配慮する必要がある。
　一方、集成材接着層の劣化に関しては、木部と接着剤界面のはく離の問題のほか、接着層自体の強度低下などの問題がある。また、集成材建築物の応力伝達上重要な役割をもつ接合金物、接合具に発生する劣化としては、鋼材部および防錆層・塗装皮膜の腐食、変質のほか、接合具の緩みなどがあるが、これらは金物自体のみならずそれに接する木材にも何らかの影響を与える場合があり、注意しなければならない。

[３] 耐久設計の考え方

　地盤、気象条件が一定と仮定した場合、木質建築物の構造材の耐久性能は、主に設計、施工、使用・維持保全という３つの要因によって決定される。これらは、建物のライフサイクルのほぼ全ての段階で様々な因子と関連しており、それぞれは耐久性能確保上、図1-31のような関係にある。すなわち、材料選択を含めた設計によって初期耐久性能値が決まるが、設計図書どおりのものが施工によって実現されない場合には、その値が低下してしまう。また、使い方や維持保全の如何によって耐久性能値が低下してゆく速さが左右される。
　目標とする耐用年数を満たすように、これら３つの要素の全てを適切にコントロールすることが耐久設計の役目であるが、各要因の概略の内容を記せば以下のとおりである。

① 設計（材料の選択、各部構法の決定など）

　設計では初期性能としての耐久性能を作り込むことを目的とする。この段階では、劣化抑制のための建物周囲の通風・日照を主としたマクロな環境作りのほか、所要耐久性能値をもった各種構造材料の選定・決定、そしてその構造材料を保護するための防水・雨仕舞・通風・換気工法、さらには維持保全の容易性・実効性を担保するための各部構法の決定などを行う。

② 施工

　施工は設計によって意図され確定された初期性能を実現する段階であり、施工の品質が問われる段階である。施工の品質とは、設計図書どおりのものをどの程度忠実に実現したかということである。具体的には使用した材料・品質・寸法の設計図書との同等性や、防水・防湿・雨仕舞上重要な接合部や部材の端部の納まりの同等性などが確保されていなければならない。これらは事前に立案

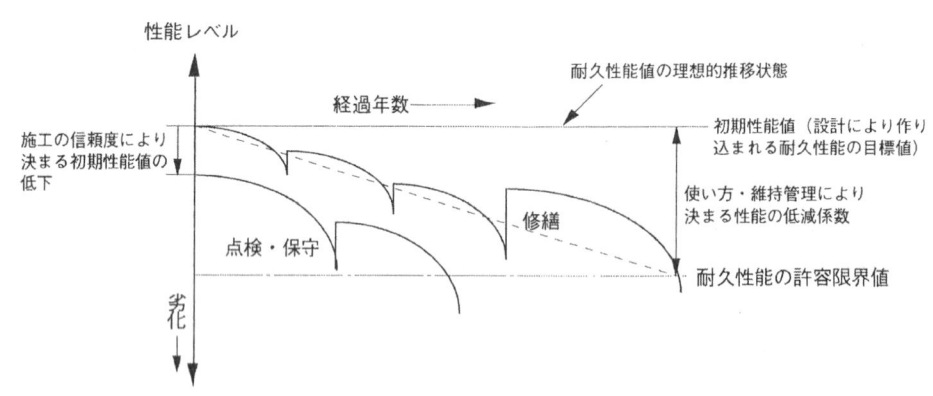

図1-31　構造材の耐久性能値の変化と設計、施工、維持管理要因との関係

される施工監理・管理計画の精度と密度によって確保する。

③　使用、維持保全

　設計と施工によって実現された構造材料の初期耐久性能は、設計時に想定した以上の負荷をかける使い方をした場合や、適切な維持保全が行われない場合には、想定した時間以内で限界値に達してしまうことがある。設計によって維持保全のしやすい各部構法とした上で、事故や故障が発生してから事後的に補修をするのではなく、定期的な点検を前提として予防的に保全行為を行うことが必要であり、そのための長期にわたる維持保全計画を立案する。

［4］長期使用における耐用性、可変性など

　建物を長期にわたって使用するためには、物理的な耐久性のみならず、経済状況や社会的な要求の変化に対応できる可変性を有していることが望ましい。この問題は住宅分野で先行して検討されてきたものであり、施設建築ではライフサイクルコストの概念が異なるため、横ならびに論ずることはできないが、住宅分野での措置のうち援用することが有効なものもある。また集成材建築による住宅、共同住宅も今後増加していく可能性はある。

　建物の可変性を考える際、最も重要なのは、どの部分が（容易に）変えられ、どの部分が（容易には）変えられないかである。これをはっきりさせておくこと、また計画時に、水廻りや設備などのコアを非可変部分として集中させ、可変部と複雑に絡まないようなプランにしておくことは有効である。

　また、平面または立面上、一定のモジュールに則って、単純明快に、空間に余裕を持って計画しておくことも可変性を考える上で効果が高い。

　以上のような要件に、集成材建築は、最初から当てはまっているものが多い。集成材の架構自体をスケルトンとみなして、SIの考え方を活用しやすい。

　また建物を長期に使用すると、集成材の架構自体の寿命が非常に長かったとしても、設備だけではなく、建物の各部位に更新の必要が出てくる。

　原則は、各部位の納まり上、耐久性の長い部位が、耐久性の短い部位に対して「勝ち」になることである。これが逆になると、耐久性の短い部位を更新する際に、まだ耐用年数の残っている部位を壊さなくてはならなくなる。

　そのためには、計画時に、建物の全主要部位の耐用年数を想定し、マトリクスを作成するなどして、全ての取り合い部の納まりの勝ち負けをチェックする方法などが有効である。通常、細かくチェックすると、勝ち負けが原則と逆になっている取り合いがいくつか出てくる。このような部位については、例えばビスで取り外しが可能な部材を用いるなどの対応を取ることができる。

参考文献
1）社団法人日本建築構造技術者協会編「JSCA版木造建築構造の設計」オーム社，2011年
2）建築学大系編集委員会編「建築学大系21 建築防火論」彰国社，1978年
3）成瀬友宏，岩見達也「地震時の建築物の火災安全性」／「建築防災」2010年2月号，財団法人日本建築防災協会 p25〜30
4）「住宅部材火災安全性能向上技術解説書」財団法人日本住宅・木材技術センター，1988年
5）「防耐火性技術調査・開発事業報告書」財団法人日本住宅・木材技術センター，2007年
6）「市街地における木造三階建共同住宅の延焼性状に関する実大火災実験」／建築研究資料No93, 建築研究所，1999年

7）土屋伸一「最新の木造耐火建築物の事例 JR 四国 高知駅舎」／「建築技術」2005年7月号，建築技術
8）「構造材料の耐火性ガイドブック」社団法人日本建築学会，p23，2009年
9）「ここまでできる木造建築のすすめ」一般社団法人木を活かす建築推進協議会，2010年
10）「福山市立加茂中学校体育館火災・火災調査中間報告書（第1次）」木の建築フォラム

6節 施工に係わる留意点

　集成材構造に使用される構造用大断面集成材は、受注生産が一般的で接合金物を含めた納期を確認した上で集成材工事の計画を検討する必要がある。図1-32は一般的な集成材工事の作業系統図で、全体の工事計画を作成する上では、集成材製造から現場施工まで工期（納期）を考慮した検討が必要である。

　集成材工事を計画する場合、検討しなければならない重要項目は、次の通りである。

① 部材製作および加工日数を含めた構造部材の納期を確認する。

② 設計図書に基づき、製作図を作成し、製作要領書を作成する。接合金物を含め、建方の順序から製造順序を検討する。

③ 集成材工場で製作が完了した部材を、決められた時刻に現場に搬入するため、工場から工事現場までの通過道路の輸送制限、道路事情や使用車種と費用など総合的に検討し、輸送計画を立案する。

④ 工事現場を調査し、部材の搬入方法、部材の置き場、地組ス

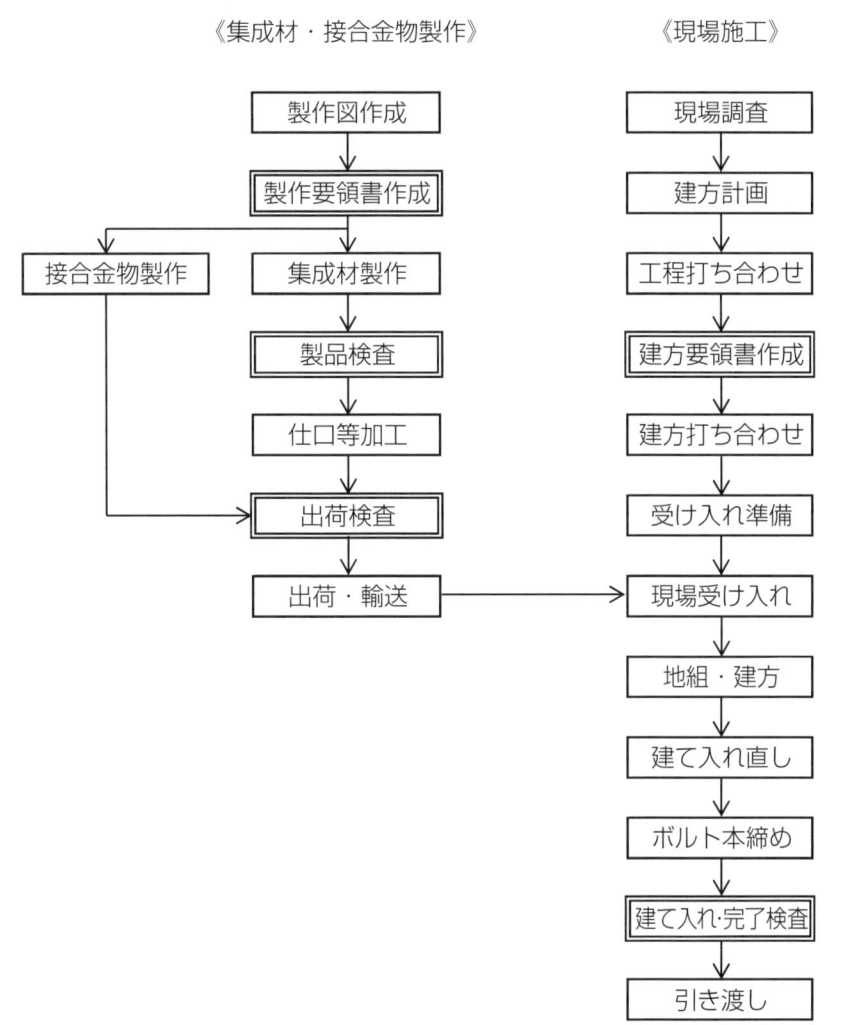

《集成材・接合金物製作》　　　　《現場施工》

```
製作図作成              現場調査
   ↓                      ↓
製作要領書作成           建方計画
   ↓                      ↓
接合金物製作 集成材製作   工程打ち合わせ
            ↓             ↓
         製品検査       建方要領書作成
            ↓             ↓
         仕口等加工     建方打ち合わせ
            ↓             ↓
         出荷検査       受け入れ準備
            ↓             ↓
         出荷・輸送 →   現場受け入れ
                          ↓
                       地組・建方
                          ↓
                       建て入れ直し
                          ↓
                       ボルト本締め
                          ↓
                       建て入れ・完了検査
                          ↓
                       引き渡し
```

図1-32　集成材工事の作業系統図

ベースおよび重機の設置場所や建方時に必要な仮設計画を立案し、施工要領書を作成する。
⑤ 施工要領書には、工事内容に適した施工職種の選択、および各工程で必要な建設機械や施工工具を準備する。
⑥ 集成材構造では、構造材が仕上げ材を兼ねることが一般的であり、輸送段階を含め、工事現場での保管方法や建方時の養生が重要なポイントとなる。集成材工事では工場出荷時から屋根工事が完了するまでのトータルな養生計画が必要となる。

1. 製作要領書の作成

接合金物類を含み集成材部材の製造開始前に製作要領書を作成し、監督職員（工事請負契約書に規定する監督職員、監督員または監督官をいう）の承諾を受ける。製作要領書の作成にあたり、注意しなければならない主な項目は次の通りである。

[1] 製作図の作成

製作図は、設計図書をもとに全体の納まりや詳細などについて十分検討した上で製作図を作成し、監督職員の承諾を受ける。

[2] 鋼製巻尺の確認

同一工事に用いる鋼製巻尺は、JIS B 7512「鋼製巻尺」1級品を用い、それらの相互の誤差の少ないものを使用する。

[3] 工作図・現寸図の作成

製作図だけで部材や接合金物の製造が困難な場合は工作図を作成する。アーチ材などの場合は必要に応じて現寸図を作成し、型板・定規を作成する。CADを用いて作成した図面からプロッタで作成した現寸シートを型板・定規とすることもできる。

[4] 部材の寸法精度

① 集成材の寸法精度

集成材製品の寸法精度は、表1-2による。

表1-2 集成材の寸法精度

短 辺	製作図寸法の±1.5mm以内
長 辺	製作図寸法の±1.5%以内（ただし±5mm以内）
材 長	材長6m未満の場合：製作寸法の±3mm以内 材長6m以上の場合：製作寸法の±3mm以内かつ±1/2,000以内
断面直角度	直角との最大ひずみ±1/100以内

② 接合部の加工精度

ボルト、ドリフトピン、ラグスクリューの下孔径は、表1-3の通りとする。なお、ボルトの下孔径は、国土交通省官庁営繕基準「木造建築工事標準仕様書 平成22年版」[1]による。

表1-3　接合部の下孔径

接合具	公称軸径dに対する下孔径
ボルト	d＋1mm（M16未満） d＋2mm（M16以上）
ドリフトピン	d±0mm
ラグスクリュー	d±0mm（胴部孔：孔深さの40%） d×(0.6～0.7) mm（ねじ部先孔：孔深さの60%）

孔あけ位置精度（許容差）は、表1-4による。

表1-4　孔あけ加工の精度

孔の芯ずれ	±2mm以内
孔間隔ずれ	±2mm以内

③　集成材の仕上げ加工

集成材の隅角部は面取り加工を行うこと場合が多い。面取りの方法は、糸面取り、角面取り、R面取りの3種類から選定する。また、表面仕上げとしては、プレーナー仕上げもしくはサンダー仕上げが一般的である。

設計仕様で工場塗装となっている場合は、塗装前に塗装面の汚れ、付着物などを除去するなど素地調整を行った後、指定された塗装の種類により定められた量を塗り、塗布後十分に乾燥するまで養生する。

[5] 接合金物の加工精度

接合金物の寸法精度は、日本建築学会「建築工事標準仕様書 JASS 6 鉄骨工事」[2]にしたがう。ボルト、ドリフトピン、ラグスクリュー、アンカーボルトの孔径は、表1-5の通りとする。

表1-5　接合金物類の下孔径

接合具	公称軸径dに対する下孔径
ボルト・ラグスクリュー・ドリフトピン	d＋1mm（M16未満） d＋1.5mm（M16以上）
アンカーボルト	d＋5mm

孔あけ位置精度（許容差）は、表1-6による。

表1-6　孔あけ加工精度

孔の芯ずれ	±2mm以内
孔間隔ずれ	±2mm以内

また、接合金物などの防錆処理は、設計仕様にしたがって実施する。

2. 製品検査

[1] 出荷検査

出荷前の製品検査はあらかじめ定められた項目と方法により行う。検査の結果発見された不良箇

所は速やかに補正を行うが、重大な不良個所の処置については監督職員と協議する。検査記録は監督職員の要請があった場合、検査記録を提出して監督職員の承諾を受ける。

［2］受け入れ検査
　部材・接合金物類の現場受け入れにあたって、集成材工場からの送り状と照合し、数量を確認する。部材などを、建方順序にしたがって仕分けして集積する。集積の際、部材は適当な受け台の上に置き、材に曲がり、ねじれなどの損傷がないように注意する。
　受け入れ検査の主な項目は、次の通りである。
① 外観検査は、部材表面のきず、接合金物の外観などを確認する。
② 形状・寸法検査
　部材長さ、部材寸法、曲がり、ねじれ、わん曲の角度、断面直角度などの寸法を計測する。
③ 取り合い部（接合部）
　主要部材については現場建方に支障がないよう、接合部の角度、ボルト孔径、ボルト孔相互位置などを計測または確認する。

3. 輸送計画

　輸送計画で重要なことは、工場で製作した集成材部材を決められた時刻に現場に搬入することであり、集成材メーカーと輸送業者との間で通過道路の輸送制限や道路事情など考慮し、使用車種と費用など総合的な検討を行う。
　輸送計画を作成する上でポイントとなる項目は、次の通りである。
① 製品の輸送にあたっては、建方計画に支障の生じないように道路状況、現場の作業手順などを考慮し、十分な検討を行う。
② 部材には、合番図（部材番号、取り合い符号などを記入）にしたがい記号を付ける。
③ 輸送中の養生
　積み込み、荷降ろしまたは輸送中に、製品がひずみ・変形などを生じないように荷台を調整し、長尺物、異形物などは適切な養生を施す。

4. 建方要領書の作成

　建方工事に先立ち、建方要領書を作成し監督職員の承諾を受ける。建方要領書で検討する主な項目は、次の通りである。

［1］建方工事
　建方のポイントは、地組みスペースの確保である。集成材構造では継手や仕口を用いながらの大スパン架構となることが多く、この場合は工事現場での地組みが原則となる。建方を効率的に進めるためには建方順序にしたがって、重機の設置位置や部材の置き場を考慮した地組みスペースの確

保が必要となる。

　建方工事の注意点は、次の通りである。
① 　建方計画にあたっては、建方精度に規定する諸寸法を保持するように部材の組み立て順序を立案し、あわせて作業期間中の安全を考慮する。
② 　建方に用いる重機は、最大吊り荷重、作業半径および建物の規模、形状により最適の機種を選定し、その重機の特性に適した使用法を計画するとともに、不慮の衝撃などに対しても安全であるようにする。
③ 　建方に先立って地組みを行う場合は、寸法精度を保持するために有効な荷台、治具を用いて行う。
④ 　建方計画に基づき、順次建方を行う。この際原則として、筋かい、方づえなどの斜材も同時に取り付けながら進める。
⑤ 　必要に応じて仮設支柱を立てて架構を保持する。この仮設支柱は本接合が完了するまで取りはずさない。
⑥ 　建方作業中における仮設用の重機、資材の仮置きなど強風時の倒壊防止に有効な措置を施す。
⑦ 　建方完了後、または定められた工程の建方が完了した時点で建て入れの確認を行い、ボルトの本締めを行う。

［2］　建て入れ直し、建て入れ検査
① 　建て入れ直し

　建方の施工誤差は、仕上げ工事などに影響するため、一定の建て入れ精度を確保する必要がある。集成材構造では、全体の建方が完了してからでは建て入れが修正できない場合もあり、この場合は建方工事に並行してブロック毎に建て入れ直しを行う必要がある。
② 　建て入れ検査

　建て入れ検査は、建て入れ検査表などを利用して全体の軸組の精度がチェックされる。一目で各軸組の状態が把握できるようにわかりやすくまとめるのが重要で、建て入れ検査表は建具工事や仕上げ工事といった躯体と関連する後工程の工事資料に利用される。一般的には、建て入れ精度の目標値は建方開始の前に決められ、その目標値以内に軸組を固定するように建方が進められる。

　建方の精度基準は一般的には特記によるが、特記がない場合の標準的な建方の参考値として、日本建築学会「建築工事標準仕様書 JASS 6 鉄骨工事」[2] 付則6「鉄骨工事検査基準」に規定されている管理許容差を表1-7に示す。JASS 6 では精度基準として限界許容値も規定されているが、全製品中の95%以上の製品が満足するような製作、施工上の目標値であり、受け入れ検査による検査ロットの合否判定値として扱われる管理許容差を標準的な建方の精度基準の参考値として示した。

表1-7 標準的な建方の許容誤差

項目	図	管理許容差
建物の倒れ		$e \leq \dfrac{H}{4,000} + 7\,mm$ かつ $e \leq 30\,mm$
建物のわん曲		$e \leq \dfrac{L}{4,000} + 7\,mm$ かつ $e \leq 20\,mm$
階高		$-5\,mm \leq \Delta H \leq +5\,mm$
柱の倒れ		$e \leq \dfrac{H}{1,000}$ かつ $e \leq 10\,mm$
はりの水平度		$e \leq \dfrac{H}{1,000} + 3\,mm$ かつ $e \leq 10\,mm$
通り芯とアンカーボルトの位置ずれ		$-3\,mm \leq e \leq +3\,mm$

参考文献

1) 国土交通省大臣官房官庁営繕部監修「木造建築工事標準仕様書 平成22年版」社団法人公共建築協会，2010年
2) 「建築工事標準仕様書 JASS 6 鉄骨工事」(第7次改訂) 社団法人日本建築学会，2007年

第2章
構造用集成材

1節 構造用集成材の定義

1. 構造用集成材の規格

　国内で集成材に関する認定業務を行っている財団法人日本合板検査会によると、2009年の格付け量は140万 m^3 でJAS製品比率は約80%と推定され、国内で流通する集成材にはJAS製品が多いことがわかる。JAS制度以外に、国土交通大臣により認定する制度があり、また国際的には米国規格、カナダ規格、欧州規格、オセアニア規格、製造や接着の品質管理等に関するISO規格も制定されているが、ここでは国内で最も利用されている集成材の日本農林規格（JAS）に基づいて認定されたJAS製品を構造用集成材と定義し説明する。

[1] 定義

① 構造用集成材

　集成材とは、ひき板、小角材などをその繊維方向を互いにほぼ平行にして、厚さ、幅および長さの方向に集成接着をした一般材である。これらのうち、所要の耐力を目的として等級区分したひき板をその繊維方向をお互いに平行して積層接着したものであって、主として構造物の耐力部材として用いられるものを構造用集成材という。これらの中には2次接着したものや、表面に保護を目的とした塗装などを施したものが含まれるが、製造や要求性能の観点から構造用集成材とは区別した規格となっている化粧ばり構造用集成材柱は含まない。

② ラミナ

　ラミナとは、集成材の構成層をなす材料またはその層のことを指すが、具体的には、ひき板を幅方向に合わせ調整したものや、長さ方向にフィンガージョイントまたはスカーフジョイントで接合接着して調整したものである。バットジョイントは構造用には使用できない。

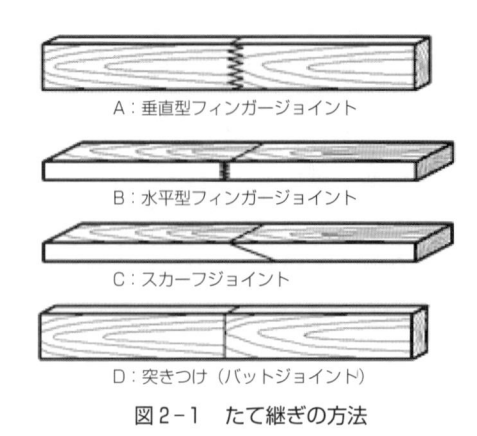

A：垂直型フィンガージョイント
B：水平型フィンガージョイント
C：スカーフジョイント
D：突きつけ（バットジョイント）

図2-1　たて継ぎの方法

異等級構成（後述）におけるラミナ位置と名称とその定義を、図2-2とともに以下に示す。

最外層用ラミナ：集成材の積層方向の両外側から辺長の16分の1以内の部分に用いるラミナ

外層用ラミナ：　辺長の16分の1を超えて離れ、かつ、8分の1以内の部分に用いる最外層用ラミナ以外のもの

中間層用ラミナ：最外層用、外層用、内層用ラミナ以外のもの

内層用ラミナ：　積層方向の両外側からその方向の辺長の4分の1以上離れた部分に用いるもの

[2] 表示項目

集成材の製造工程、JAS規格上の品質と試験方法、表示項目および構造計算などに必要な基準強度などとの関連を表2-1に示す。

JAS製品には表示すべき項目が規定されており、例えば図2-3に示すような表示をする必要がある。これらの表示項目や関連する用語の定義について概説する。

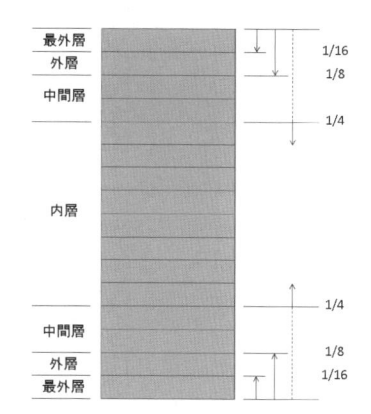

図2-2　ラミナ構成とラミナ名称

表2-1　集成材の製造工程に関するJAS規格の規定および基準強度などとの関連

製造工程	項目	試験	表示	設計
原木	・樹種区分	・ブロックせん断試験	・樹種名	・基準強度（めり込み、せん断）
製材	・ひき板品質 ・ひき板厚さ	・節径比等の基準		
乾燥	・含水率	・含水率試験 ・強度試験時の標準含水率		・含水率調整係数
ラミナ等級区分	・目視等級区分 ・機械等級区分	・曲げ試験C（ラミナ曲げ強度） ・曲げ試験B（ラミナ曲げヤング係数） ・引張試験（ラミナ引張強度）		
たて継ぎ	・フィンガージョイント ・保証荷重試験（プルーフローディング）	・曲げ試験B（ラミナ曲げヤング係数） ・引張試験（ラミナ引張強度）	・保証荷重試験がある場合の表記	
プレーナー加工	・ラミナ寸法	・ラミナの狂いの基準		
組み合わせ	・ラミナ構成 　JAS構成 　異樹種構成 　非等厚ラミナ ・幅はぎ未評価ラミナ	・曲げ試験A（実大試験）	・品名 ・ラミナの積層数 ・強度等級 ・幅はぎ未評価ラミナ使用の表記 ・実大試験もしくは実証されたシミュレーション計算した場合の表記	・基準強度（曲げ（積層方向、幅方向）、引張、圧縮、せん断） ・弾性係数（曲げ（積層方向、幅方向）、繊維方向（圧縮、引張））
積層接着（2次接着）	・接着性能 ・接着剤	・浸せきはく離試験と煮沸はく離試験 ・減圧加圧試験 ・ブロックせん断試験 ・ホルムアルデヒド放散量	・使用環境 ・ホルムアルデヒド放散量の区分	・基準強度（めり込み、せん断）
仕上げ加工	・寸法 ・外観	・仕上げの品質	・寸法 ・材面の品質	
その他			・製造者	

構造用集成材 JAS

品　　　　名	異等級構成構造用集成材（対称構成） 「中断面」（はり）
強　度　等　級	E120－F330
材　面　の　品　質	2種
接　着　性　能	使用環境2
樹　種　名	ベイマツ
寸　　　　法	（短辺）（長辺）（材長） 105 × 210 × 4,600　mm
ホルムアルデヒド 放　散　量	F☆☆☆☆
製　造　者	○○株式会社

検　査　機　関：

図2-3　JAS表示の例

① 品名

　品名には、断面寸法とラミナ構成に関わる名称がある。断面寸法については、「大断面」、「中断面」、「小断面」の区分がある。それぞれの定義は、以下のとおりである。

　　大断面：　　　短辺が15cm以上、断面積が300cm² 以上のもの
　　中断面：　　　短辺が7.5cm以上、長辺が15cm以上のもので大断面集成材以外のもの
　　小断面：　　　短辺が7.5cm未満または長辺が15cm未満のもの

　また、ラミナ構成による名称とその定義は以下のとおりである。

　　同一等級構成：構成するラミナの品質が同一で、積層数が2枚または3枚のものにあっては、はりなど高い曲げ性能を必要とする部分に用いられる場合に、曲げ応力を受ける方向が積層面に平行になるよう用いられるものをいう。

　　異等級構成：　構成するラミナの品質が同一でなく、はりなど高い曲げ性を必要とする部分に用いられる場合に、曲げ応力を受ける方向が積層面に直角になるよう用いられるものをいう。異等級構成のうち、ラミナの品質の構成が中心軸に対して対称であるものを「対称構成」、対称でないものを「非対称構成」といい、実際の表記は「対称異等級構成」や「非対称異等級構成」となる。

　図2-4に、後述する強度等級がE120前後（非対称構成についてはE110）となる各種構造用集成材のラミナ構成を示す。異等級構成についてはいずれも引張側最外層にL140を配しているが、圧縮側にも対称にL140を配した「対称異等級構成」、圧縮側にはL110を配した「非対称異等級構成」、最外層・外層に2枚ずつL140を配することで内層にL30以上のひき板が利用できる「特定対称異等級構成」となっている。

　使用する部分が特定されている場合は、括弧を付けて「小屋組」「はり」「柱」などと、その部分を一般的な呼称で表記することができる。

図2-4 ラミナ構成

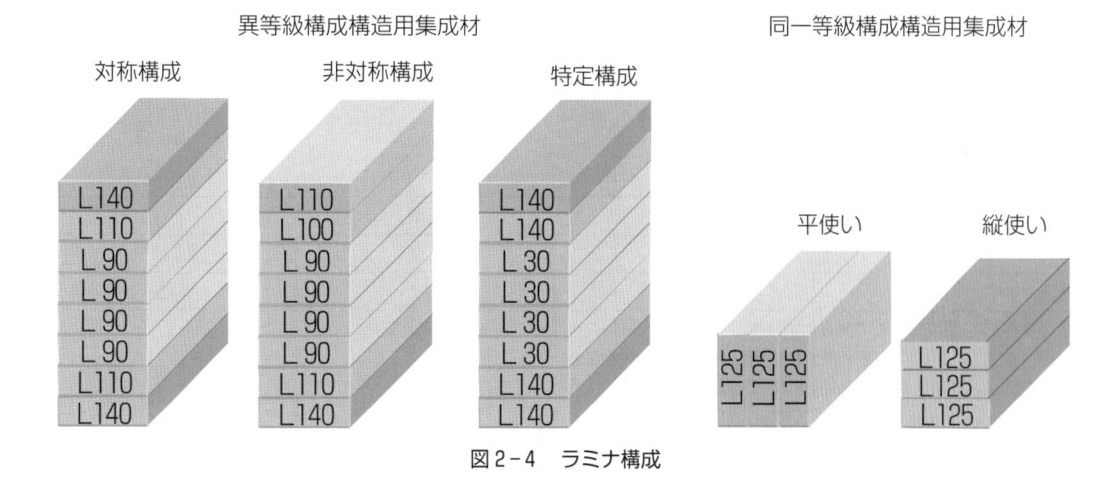

② 強度等級

曲げヤング係数を表すEと曲げ強さを表すF、ならびにそれぞれの数値を組み合わせて強度等級を表示する。

曲げ強度がラミナ積層数の影響を受ける同一等級構成集成材は、ラミナの枚数により2枚、3枚、4枚以上の3つに区分されている。また、対称異等級構成のうち、曲げ性能を優先したラミナ構成を「特定対称異等級構成」といい、曲げヤング係数を表すEの前にMを付けてMEで表示する。

強度等級の表示は表2-2に示す通りで、全部で59種類ある。

表2-2 集成材の強度等級

同一等級構成			異等級構成		
2枚	3枚	4枚以上	対称	特定対称	非対称
E55-F200	E55-F225	E55-F225	E55-F200		E50-F170
E65-F225	E65-F240	E65-F255	E65-F220		E60-F205
			E65-F225		E60-F210
E75-F240	E75-F255	E75-F270	E75-F240		E70-F225
E85-F255	E85-F270	E85-F300	E85-F255	ME85-F255	E80-F240
E95-F270	E95-F285	E95-F315	E95-F270	ME95-F270	E90-F255
E105-F285	E105-F300	E105-F345	E105-F300	ME105-F300	E100-F285
E120-F300	E120-F330	E120-F375	E120-F330	ME120-F330	E110-F315
E135-F345	E135-F375	E135-F405	E135-F375		E125-F360
E150-F390	E150-F435	E150-F465	E150-F435		E140-F420
E170-F450	E170-F495	E170-F540	E170-F495		E160-F480
E190-F510	E190-F555	E190-F615			

これらの強度等級に対して、曲げ（積層方向）、曲げ（幅方向）、圧縮、引張の基準強度が、平成13年国土交通省告示第1024号に与えられる。「特定対称異等級構成」の基準強度を「対称異等級構成」と比較すると、曲げは同じであるが引張や圧縮については低くなる。

③ 材面の品質

製品の材面の品質に対しては、例えば教会のような建物で構造材にも美観が求められる場合や畜舎のように美観にはこだわらないような場合も考えられることから、表2-3に示す外観の基準に

したがって「1種」、「2種」、「3種」に区分される。通常、集成材建築に使用される集成材の場合、全ての節を除去したり補修したりすることは困難な場合もあり、自動プレーナーなどによる仕上げ加工で実現可能な2種仕上げが使用される。

表2-3 材面の品質表示の基準

事項	基準		
	1種	2種	3種
塗装の状態	良好であること。	同左	同左
節（生き節を除く）、穴、やにつぼ、やにすじ、入り皮、割れ、逆目、欠け、きず及び接合の透き間	ないこと又は埋め木若しくは合成樹脂等を充てんすることにより巧みに補修されていること。	目立たず、利用上支障のない程度であること。	
変色及び汚染	材固有の色沢に調和し、その様相が整っていること。	目立たない程度のものであること。	同左
削り残し、接着剤のはみ出し及び丸身	ないこと。	同左	1　削り残し及び接着剤のはみ出しについては、局部的で目立たない程度であること。 2　丸身については、その寸法が極めて小さく、目立たない程度であること。

④　接着性能

　2007（平成19）年のJAS改正において、接着の程度を示す区分としてそれまで使用されてきた「使用環境1」および「使用環境2」が、「使用環境A」、「使用環境B」、「使用環境C」の3つの区分に定義しなおされた（図2-5）。それぞれの定義を以下に示す。

　　使用環境A：含水率が長期間継続的に又は断続的に19%を超える環境、直接外気にさらされる環境、太陽熱等により長期間継続的に高温になる環境、構造物の火災時でも高度の接着性能を要求される環境その他の構造物の耐力部材として、接着剤の耐水性、耐候性又は耐熱性について高度な性能が要求される使用環境をいう。

　　使用環境B：含水率が時々19%を超える環境、太陽熱等により時々高温になる環境、構造物の火災時でも高度の接着性能を要求される環境その他の構造物の耐力部材として、接着剤の耐水性、耐候性又は耐熱性について通常の性能が要求される使用環境をいう。

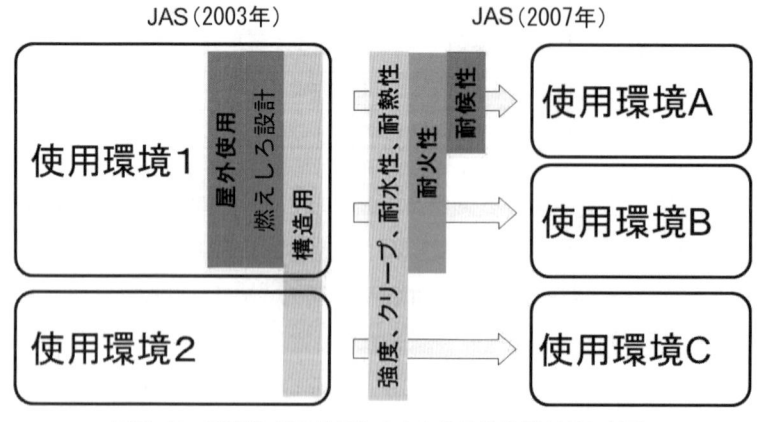

図2-5　2007年JAS改正にともなう接着性能表記の変更

使用環境C：含水率が時々19％を超える環境、太陽熱等により時々高温になる環境、構造物の耐力部材として、接着剤の耐水性、耐候性又は耐熱性について通常の性能が要求される使用環境をいう。

使用環境Aは使用環境1、使用環境Cは使用環境2と同義である。使用環境Bは使用環境Cに加えて火災時における高度な接着性能、いわゆる「燃えしろ設計」が要求される場合をいう。

それぞれに使用できる接着剤の種類は、表2-4のように具体的に示されているが、一定の試験を行ってこれらと同等以上の性能を有することが認められた場合は、その使用が認められている。

表2-4 接着剤の種類と使用環境区分

区分	積層方向、幅方向、2次接着	ひき板の長さ方向
使用環境A	レゾルシノール樹脂、レゾルシノール・フェノール樹脂、これらと同等以上のもの	レゾルシノール樹脂、レゾルシノール・フェノール樹脂、メラミン樹脂、これらと同等以上のもの
使用環境B	レゾルシノール樹脂、レゾルシノール・フェノール樹脂、これらと同等以上のもの	レゾルシノール樹脂、レゾルシノール・フェノール樹脂、メラミン樹脂、これらと同等以上のもの
使用環境C	レゾルシノール樹脂、レゾルシノール・フェノール樹脂、水性高分子イソシアネート系樹脂、これらと同等以上のもの	レゾルシノール樹脂、レゾルシノール・フェノール樹脂、水性高分子イソシアネート系樹脂、メラミン樹脂、メラミンユリア共縮合樹脂、これらと同等以上のもの

⑤ 樹種名

集成材JAS規格では2007年の改正において追加された2つの樹種を含めた国内外の36樹種が使用できるが、これら以外の樹種を用いることはできない。これらの樹種は、接着の程度に係るブロックせん断強さ及び木部破断率の基準値に関連する「樹種区分1～6」と目視等級区分ラミナの強度性能の基準値に関連する「樹種群A～F」に分類される（表2-5）。

表2-5 構造用集成材に使用されるラミナの樹種群および樹種区分

樹種群	
A	アピトン（これと同等の曲げ強さを有する樹種を含む）
B	イタヤカエデ、カバ、ブナ、ミズナラ、ケヤキ、ダフリカカラマツ、サザンパインおよびベイマツ（これらと同等の曲げ強さを有する樹種を含む）
C	ヒノキ、ヒバ、カラマツ、アカマツ、クロマツおよびベイヒ（これらと同等の曲げ強さを有する樹種を含む）
D	ツガ、タモ、シオジ、ニレ、アラスカイエローシダー、ラジアタパインおよびベイツガ（これらと同等の曲げ強さを有する樹種を含む）
E	モミ、トドマツ、エゾマツ、ベイモミ、スプルース、ロッジポールパイン、ベニマツ、ポンデローサパイン、オウシュウアカマツおよびラワン（これらと同等の曲げ強さを有する樹種を含む）
F	スギ、ベイスギおよびホワイトサイプレスパイン（これらと同等の曲げ強さを有する樹種を含む）

樹種区分	
1	イタヤカエデ、カバ、ブナ、ミズナラ、ケヤキおよびアピトン（これらと同等のせん断強さを有する樹種を含む）
2	タモ、シオジおよびニレ（これらと同等のせん断強さを有する樹種を含む）
3	ヒノキ、ヒバ、カラマツ、アカマツ、クロマツ、ベイヒ、ダフリカカラマツ、サザンパイン、ベイマツおよびホワイトサイプレスパイン（これらと同等のせん断強さを有する樹種を含む）
4	ツガ、アラスカイエローシダー、ベニマツ、ラジアタパインおよびベイツガ（これらと同等のせん断強さを有する樹種を含む）
5	モミ、トドマツ、エゾマツ、ベイモミ、スプルース、ロッジポールパイン、ポンデローサパイン、オウシュウアカマツおよびラワン（これらと同等のせん断強さを有する樹種を含む）
6	スギおよびベイスギ（これらと同等のせん断強さを有する樹種を含む）

構造用集成材において複数の樹種を使用している場合は、多いものから順あるいは「樹種名」（最外層）、「樹種名」（外層）、「樹種名」（中間層、内層）などと表示する。また、化粧ばり集成材の場合は芯材と化粧薄板について別々に記載する。

業界内でよく使われる呼称のうち、ホワイトウッドはスプルース、レッドウッドはオウシュウア

カマツ、北洋カラマツはダフリカカラマツ、ベイヒバはアラスカイエローシダーと表記される。

　集成材のせん断およびめり込みの基準強度は平成13年国土交通省告示第1024号で樹種別に与えられる。

　曲げ性能の向上を図るために異樹種を複合した集成材の場合、せん断およびめり込みの基準強度は、使用されている樹種の中で最も低い数値を用いて構造計算しておけば基本的には安全側の設計となると考えられる。

⑥　寸法

　工場出荷時の短辺、長辺、長さをミリメートル、センチメートル、メートルで表示する。表示寸法と実寸法との許容誤差は表2-6の通りである。集成材も含水率変化に応じて寸法変化が生じる性質は木材と同じであり、表示寸法が工場出荷後に変化することもある。特に、製品が露天に置かれるような建築現場などにおいては、直射日光が当たったり雨水などが直接かかったりしないような保管上の配慮が必要である。

表2-6　寸法の許容誤差

断面の大きさ			表示寸法の許容差
短辺	大断面		±1.5mm 以下
	中断面及び小断面		+1.5mm 以下、−0.5mm 以下
長辺	大断面		±1.5% 以下 ただし±5mm を超えないこと
	中断面及び小断面	300mm 以下のもの	+1.5mm 以下、−0.5mm 以下
		300mm を超えるもの	±0.5% 以下 ただし+5mm、−0.3mm を超えないこと
材長			±5mm 以下

⑦　ホルムアルデヒド放散量

　ホルムアルデヒド放散量に応じた4つの区分があり、「F☆☆☆☆」「F☆☆☆」「F☆☆」「F☆S」と表記される。また、非ホルムアルデヒド系接着剤やホルムアルデヒドを放散しない接着剤や塗料については、「非ホルムアルデヒド系接着剤使用」、「非ホルムアルデヒド系接着剤及びホルムアルデヒドを放散しない塗料使用」といった表記ができる。

　造作用集成材を含む集成材は、建築基準法で定めるホルムアルデヒドの放散量と居室の換気回数による建築材料の使用制限の対象となる。JASの表示区分と建築基準法との関係は表2-7のとおりである。なお、集成材は構造用集成材のように建物の柱やはりなど軸材として使用する場合は、見付面積が1/10を超えない限りホルムアルデヒド放散量に関係なく使用できる。

表2-7　ホルムアルデヒド放散量のJAS表示区分と建築基準法上の基準との関係

表示区分	JAS ホルムアルデヒド濃度基準（アクリルデシケータ法） 平均値	最大値	建築基準法 名称	ホルムアルデヒドの放散速度基準（チャンバー法）	使用可能面積 換気回数0.5回／h以上	換気回数0.7回／h以上
F☆☆☆☆	0.3mg/L以下	0.4mg/L以下	規制対象外	0.005mg/m²h以下	制限なし	
F☆☆☆	0.5mg/L以下	0.7mg/L以下	第3種	0.005mg/m²h超 0.02mg/m²h以下	床面積の2倍以内	床面積の5倍以内
F☆☆	1.5mg/L以下	2.1mg/L以下	第2種	0.02mg/m²h超 0.12mg/m²h以下	床面積の0.3倍以内	床面積の0.8倍以内
F☆S	3.0mg/L以下	4.2mg/L以下	第1種	0.12mg/m²h超	使用できない	

［3］その他の用語

① 幅はぎ未評価ラミナ

　積層用接着剤として各使用環境に指定されていないものを用いてひき板を幅はぎ接着したラミナ、あるいはひき板を幅はぎ接着しないで単に幅方向に並べて集成材の層としたもののこと。主たる荷重が積層方向に負荷されることが明らかな異等級構成大断面集成材の中間層と内層において、各層1箇所のみ使用することができる。隣接するラミナにある幅はぎ未評価部の距離はラミナ厚さ以上離し、また、幅はぎ接着しない場合はラミナのすき間は6mm以下とする必要がある（図2-6）。幅はぎ未評価ラミナの表示があるJAS集成材は、平成13年国土交通省告示第1024号の表に示される集成材の幅方向のせん断の基準強度の値に0.6を乗じなければならない。

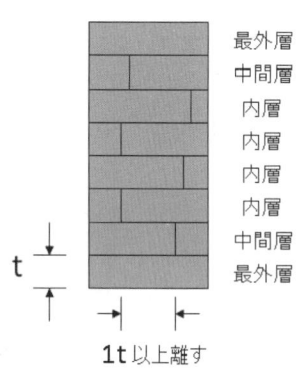

図2-6　幅はぎ未評価ラミナの使用

② シミュレーション

　実大強度試験または、実証試験をともなうシミュレーション計算によって強度を確認した場合に限り、表2-8に示す集成材製造に係る規定が緩和される。

　ただし、JAS規格にはシミュレーション計算による強度の確認について、具体的な手順などは示されていない。登録認定機関の1つであるである財団法人日本合板検査会では、本事案の申請があった場合の手続きを決めており、告示に示される曲げ（積層方向）、圧縮、引張について、申請者が用いるシミュレーション計算による強度推定値の妥当性が実証試験により確認できること、また、その結果当該製品の強度がこれらの基準強度を満足することを確認している。

表2-8　シミュレーション計算により可能となる製造基準の緩和

製造上の項目	通常の規定	緩和内容
ラミナ厚さ	50mm以下であること	50mmを超えて60mm以下の厚さのラミナを使用できる
ラミナ厚さ	原則として等厚であること	最大ラミナ厚さに対して2/3の厚さまでのラミナを使用して構成できる
ラミナの等級構成／異等級構成（対称、特定対称、非対称）に限る	JASに例示された構成であること	JASに例示されていないラミナの等級構成で製造できる

③　プルーフローディング

隣接するラミナの長さ方向のたて継ぎ部の間隔に関する基準がある（図2-7）。たて継ぎラミナの強度を保証するために、一定の荷重をかけ十分な強度を有することが確認されたラミナについてはこの基準をみたしたものとされる。

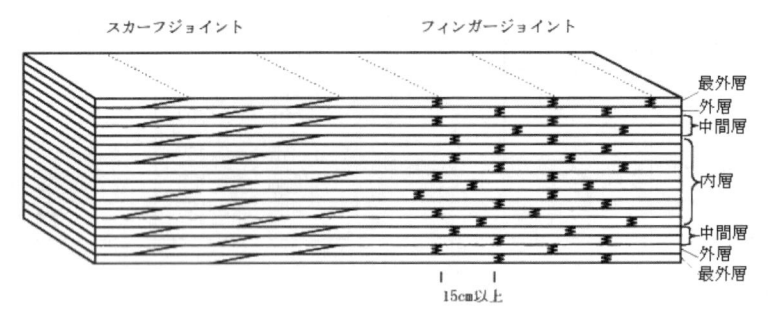

図2-7　たて継ぎの間隔に関する基準

④　使用方向

使用方向を表示する場合、荷重を受ける側を上面としてその旨を表示する。集成材の使用方向については、縦使い・平使い、エッジワイズ・フラットワイズ、積層方向・幅方向、強軸・弱軸などの用語が用いられる。これらの用語と集成材の使用方向との関係を図2-8に示す。

図2-8　使用方向の呼称

2. 規格の変遷

構造用集成材に関連する日本農林規格の変遷を表2-9にまとめて示す。制定は1966年にさかのぼるが、1986年の構造用大断面集成材の制定、1996年の構造用集成材の制定が大きな節目であった。樹種は当初の25樹種から現在の36樹種まで、時々の原木資源状況に応じて海外産樹種が追加されてきた。近年は国産材利用にも目が向けられるようになり2007年の規格改正はその潮流を取り入れたものとなった。接着剤は、長年レゾルシノール系樹脂のみであったが、要求性能により接着性能を区分することで、水性高分子イソシアネート系樹脂などが利用できるようになり、生産性向上やホルムアルデヒド対策などに大きな役割を果たした。

表2-9　構造用集成材の日本農林規格の変遷

年	集成材 JAS	樹種に関する規定	接着に関する規定
1966 (S41)	制定 3品目 　化粧用集成材 　構造用集成材 　化粧ばり構造用集成材	広葉樹A：9樹種（ミズナラ、ブナ、アピトンなど）、広葉樹B：ラワン、針葉樹A：7樹種（ヒノキ、カラマツ、ベイマツなど）、針葉樹B：8樹種（エゾマツ、トドマツ、スギ、スプルースなど）計25樹種	JASでは屋外用途には煮沸繰り返し処理をともなうブロックせん断試験を課すことでレゾルシノールとメラミンユリアを実質区分、製造基準上はレゾルシノール系樹脂、メラミンユリア樹脂などが使用可能
1974 (S49)	全部改定 構造用集成材に1級、2級の区分	針葉樹B：ベニマツ、ベイモミが追加、ベイスギが削除	レゾルシノール系樹脂のみ使用を明記 煮沸はく離試験の導入
1982 (S57)	一部改正	針葉樹A-1：3樹種（ベイマツなど）、針葉樹A-2：4樹種（カラマツなど）、針葉樹B-1：2樹種（ベイツガなど）、針葉樹B-2：9樹種（ベイスギ再追加、ロッジポールパイン、ポンデローサパイン追加）広葉樹は従来通り、計29樹種	
1986 (S61)	構造用大断面集成材新設 製品の等級：特級、1級、2級 ラミナの曲げヤング試験 たて継ぎ材の曲げ強度試験 ラミナ構成の例示 寸法調整係数の導入	樹種区分ごとにひき板およびたて継ぎ材の等級が設定され、等級ごとに曲げヤング係数と曲げ強度の基準値が示される。構造用大断面に用いることができる樹種は、25樹種	
1991 (H3)	構造用大断面集成材一部改正 ラミナの機械等級区分を導入	針葉樹B-2：ラジアータパインが追加	
	構造用集成材一部改正	針葉樹B-2：ラジアータパインが追加	
1996 (H8)	構造用集成材制定 構造用大断面集成材廃止 ラミナ構成：対称異等級、非対称異等級、同一等級 ラミナ機械等級区分（12のL等級）導入 MSR区分の導入 シミュレーション計算の導入	曲げ性能による樹種群（A～F） ブロックせん断強度による樹種区分（1～6） サザンパイン、ダフリカカラマツ、アラスカイエローシダー、オウシュウアカマツ追加、計34樹種	接着性能の区分：使用環境1、使用環境2、積層用とたて継ぎ用の区別 使用環境2の小断面に限って水性高分子イソシアネート系樹脂の使用を明記 たて継ぎ用使用環境1にメラミン樹脂、使用環境2にメラミンユリア樹脂を明記 減圧加圧はく離試験の導入、はく離率基準値の強化
2000 (H12)	構造用集成材一部改正		水性高分子イソシアネート系樹脂の使用が使用環境2の中断面に適用拡大 ホルムアルデヒド放散量の区分導入
2007 (H19)	集成材JAS全部改定 4品目の統合 特定対称異等級構成の追加 ラミナL等級の追加 幅はぎ未評価ラミナの規定	ジャックパイン、ホワイトサイプレスパインの追加、計36樹種	使用環境A、使用環境B、使用環境Cの3区分に変更

2節 構造用集成材の製造と特性

1. 集成材の製造方法

　住宅用部材向けの小・中断面工場の製造ラインと大断面工場の製造ラインとでは、用いる装置や製造効率などに大きな違いがあるが、製造工程は図2-9に示すように基本的に同じである。一方、輸入材を使用する場合は基本的に乾燥材からスタートできるが、国産材を使用する場合にはひき板の製材と乾燥工程が加わる。国内には集成材ラミナ専用の製材工場はまだ少ないため、枠組壁工法用のディメンジョンランバーが大量に流通していて品質などを選択できる輸入材を使用する場合と違うことから、樹種を選択する場合にはひき板の調達に留意しておく必要がある。ここでは、集成材の性能に影響を与える集成材用ラミナの製造、集成材ラミナの構成、積層接着工程について概説するとともに、標準的に製造できる仕様につ

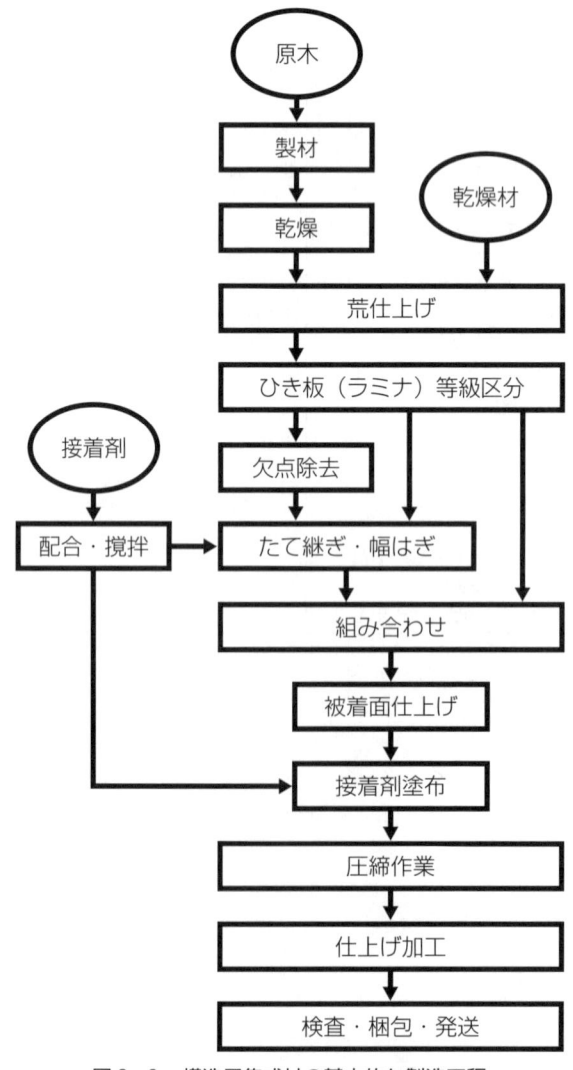

図2-9　構造用集成材の基本的な製造工程

いて簡単に説明する。

［1］ひき板（ラミナ）の等級区分（グレーディング）

　ひき板（ラミナ）の品質は構造用集成材の基本的な性能である強度性能と接着性能に大きな影響を与える。集成材JASでは、大断面集成材のように実大規模での試験が困難なものについても強度性能を保証するシステムとなっているが、その基本は、製造工程中に設けられたラミナ品質の基準にしたがって等級区分を行うことにある。

　先にも述べたように、国産材を用いた集成材の製造は調達された原木のひき板製材やひき板乾燥から始まる。そこで、ひき板（ラミナ）の等級区分の説明の前に、ラミナの製造に関わる製材と乾燥について集成材製造上のポイントを簡単に概説しておく。

① ひき板の製材

　わが国には国産材集成材ラミナとして使用できるような板材を大量に供給できるシステムはなく、集成材ラミナ製材用の標準木取りや標準寸法のようなものも整備の途上にある。木取りとしては、作業効率からすると原木側面を落として直角および平行に採材する太鼓挽きが一般的であろう。また、ひき板の厚さや幅は、最終的なラミナの仕上げ寸法から逆算して決定される。原木から製材された生材のひき板は、乾燥による収縮、等級区分の精度確保のための表面荒仕上げと乾燥による狂いの除去、接着のための表面仕上げ切削により小さくなる。さらに、製品の仕上げ加工のための削りしろなども考慮する必要がある。

　一般的にひき板製材時の幅や厚さは、接着工程直前の表面仕上げ時点のラミナ断面寸法の1～2割増しでひく必要があり、特に厚さが薄く幅が狭くなるほどその割増し率は大きくなる傾向がある。例えば、ひき板の厚さを30mm、製品の幅を150mmとすると、製材時の断面寸法は厚さ36mm×幅165mmほどは必要になろう。

② 乾燥

　ひき板の乾燥は、3.5寸、4寸といった柱材やそれよりも断面の大きなはり材を乾燥させるのに比べれば、目標とする含水率に調整するのに通常の人工乾燥技術があればよく、また、個体間のばらつきを小さくすることも比較的容易である。一般的にひき板の目標含水率は10～12%ほどに設定されている。ひき板間やひき板内の含水率分布が一様になるように、イコライジングやコンディショニング処理を若干の時間をかけても行うことが、より狂いや割れなどが発生しにくい製品づくりのためには重要である。

③ 等級区分

　ラミナの等級区分は、その方法により機械等級区分と目視等級区分に大きく分けられる。

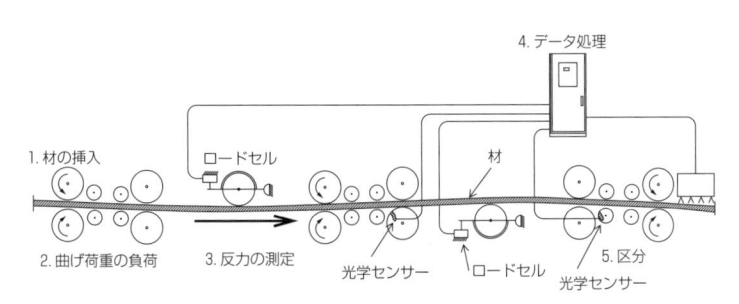

図2-10　連続式グレーディングマシンの例

機械等級区分は、ラミナの強度性能が曲げヤング係数と相関が高いことを利用して区分するものである。曲げヤング係数の測定には、静的な曲げ荷重をかけてたわみを測定する方法、ラミナを長さ方向に移動させながら一定のたわみを与えながら連続的に荷重を測定する方法（図2-10）、縦振動法など動的にヤング係数を測定する方法（図2-11）などがある。

　連続的に測定された曲げヤング係数の例を図2-12に示す。このように、1枚のラミナの中でも長さ方向にヤング係数の変動がある。1枚のラミナで測定されたすべてのヤング係数の平均値を求めて、その数値によって区分することを、集成材JASでは機械等級区分という。これに対して、1枚のラミナのヤング係数のうち最小値を用いて、その曲げ強さもしくは引張強さを保証して区分したものをMSR（Machine Stress Rated）区分という。

　縦振動法により測定されるヤング係数は、曲げヤング係数より高めの数値を示すことが知られている。集成材JAS規格ではラミナの標準的な曲げヤング係数の測定方法を規定しており、この方法で得られた曲げヤング係数に縦振動法をはじめとする装置で測定されたヤング係数が合うようにキャリブレーションするようになっている。

　機械等級区分およびMSR区分では表2-10の基準にしたがって14の等級に区分される。

　機械等級区分されたラミナは、異等級構成集成材の使用位置（最外層、外層など）別に定められた節の大きさに係る基準による全数チェックをする必要がある。一方、MSR区分されたラミナは、最小値とラミナの曲げ強さもしくは引張強さの関係を日常的な検査で管理する必要があるが、最外層ラミナ以外は節の大きさに係るチェックを免除される。また、実証試験を伴うシミュレーション計算も基本的にMSR区分されたラミナを用いることになる。なお、最外層ラミナに使用できる機械等級区分による等級は樹種群ごとに決められており、同じ樹種群の中でも曲げヤング係数の低いものは最外層に利用できない。

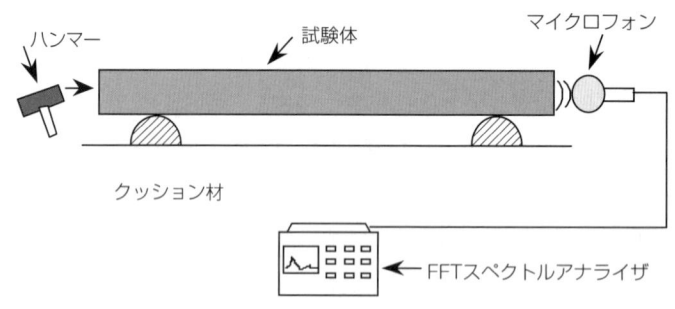

図2-11　縦振動法によるヤング係数の測定

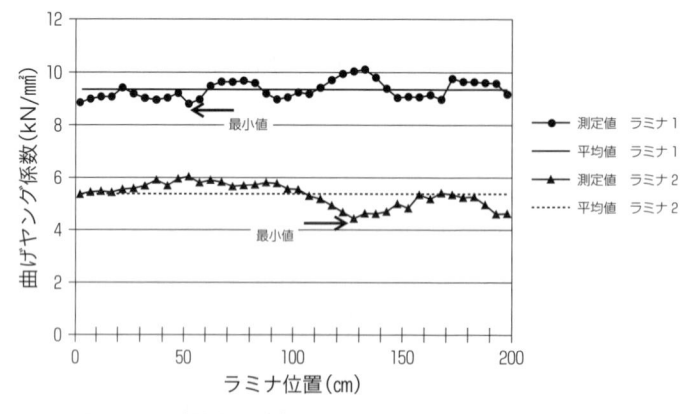

図2-12　連続的に測定されたラミナの曲げヤング係数の例

表2-10 ラミナの機械等級区分およびMSR区分

等級区分機による等級	曲げヤング係数 (kN/mm²)	樹種群 A	B	C	D	E	F
L200	20.0	1級					
L180	18.0	2級	1級				
L160	16.0	3級	2級	1級			
L140	14.0	4級	3級	2級	1級		
L125	12.5		4級	3級	2級	1級	
L110	11.0			4級	3級	2級	1級
L100	10.0				4級	3級	2級
L90	9.0					4級	3級
L80	8.0						4級
L70	7.0						5級
L60	6.0						
L50	5.0						
L40	4.0						
L30	3.0						

　目視等級区分は、ラミナの強度性能が、節の大きさや繊維傾斜の大きさなどと相関があることを利用して区分する方法である。集成材JAS規格では、表2-11に示すような選別項目と基準が定められている。目視等級区分は、資格を持つ選別技術者が行う必要がある。目視等級区分されたラミナは、異等級構成集成材の最外層には使用することができない。なお、表2-11には機械等級区分されたラミナが満たすべき目視的な基準も合わせて示す。

表2-11 構造用集成材用ラミナの目視区分の基準

	目視等級区分 1等	2等	3等	4等	機械区分によるラミナの品質基準
集中節径比	20%以下	30%以下	40%以下	50%以下	使用される位置により別途規定
材縁部の節径比	17%以下	25%以下	33%以下	50%以下	
繊維走向傾斜比	1/16以下	1/14以下	1/12以下	1/8以下	−
腐れ	ないこと				ないこと
割れ	目立たない微小な割れ			長さ50mm以下	目立たない微小な割れ
変色	目立たない程度				目立たない程度
逆目	目立たない程度				目立たない程度
平均年輪幅	ラジアータパインを除いて6mm以下		−		−
髄心部または髄（ラジアータパインのみ）	髄から半径50mm以下の部分の年輪界がないこと（19cm以上のものは、材幅の1/3までの部分にないこと）。			厚さの1/4以下	−
その他の欠点	極めて軽微			軽微	極めて軽微
強度性能	異等級対称構成の最外層、異等級非対称構成の引張側最外層用ひき板としては使用不可。				等級区分機によって測定された曲げヤング係数が表2-10に掲げる機械区分による等級に応じ、それぞれ同表に掲げる数値以上であること。
材両端部の品質	−				等級区分による測定のできない両端部における節、穴等の強度を低減させる欠点の相当径比が、別途定める相当径比より大きくないこと。

④ たて継ぎ

　ひき板の節、目切れ、やにつぼ、狂いなどの欠点部分を除去して集成材製造に必要な所定の長さのラミナを得るために、たて継ぎ加工がなされる。構造用集成材用ラミナのたて継ぎはほとんどがフィンガージョイントによる。フィンガージョイントには水平型と垂直型がある（図2-1）。高速で回転する刃物によりフィンガー形状に切削し、接着剤を塗布して圧入する。接着に必要な圧締圧力は、圧入により生じる嵌合力により得られるため、接着剤の硬化が終わるまで圧締が必要な積層接着などと違って、製造効率は高い。また、フィンガージョイントされたラミナは、木材の欠点部を除去することで強度の下限値を向上させる効果がある。しかし、良好な加工が行われたとしても欠点のない部分の強度と比較すると6～7割になる。また、その加工には切削工程、接着工程、圧入工程のいずれも機械の調整などに高度な技術が必要であり、さらには構造用集成材用ラミナのたて継ぎ部の強度は集成材の強度性能に直結することから、加工には細心の注意を払い十分な品質管理体制をとる必要がある。たて継ぎ部の強度保証を行う方法として、所定の荷重のプルーフロードをかける場合もある。

［2］ラミナの構成

　集成材JAS規格では、構造用集成材の強度等級に応じて、ラミナの等級構成が示されている。はりとしての利用が想定される異等級構成集成材では、曲げモーメントを受けた際に高い応力が生じる最外層や外層には上位等級のラミナを、低い応力しか生じない内層にはより下位の等級のラミナを配置できるようになっている。ただし、わん曲集成材については、曲率半径が大きくなる方向の曲げモーメントを受けた場合、内層に横引張応力が生じるため目視区分4等のような下位等級のラミナは使用を避けた方がよい。

　図2-13に異等級構成の標準的な強度等級について、JAS規格が示すラミナ構成を示す。また、2007（平成19）年の改正で新設された異樹種構成にも対応しやすい特定対称異等級構成についても、JAS規格で示されるラミナ構成を示す。

	E65-F220 スギ	E95-F270 ヒノキ、カラマツ	E105-F300 ヒノキ、カラマツ	ME105-F300 内層スギ	ME95-F270 内層スギ
最外層	L80	L110	L125	L140以上(MSR)	L125以上(MSR)
外層	L70、目視3等以上	L100、目視3等以上	L110、目視2等以上	L140以上(MSR)	L125以上(MSR)
中間層	L60、目視3等以上	L90、目視3等以上	L100、目視3等以上	L100以上(MSR)	L90以上(MSR)
内層	L40 目視4等以上	L70 目視4等以上	L90 目視4等以上	L30以上(MSR)	L30以上(MSR)
中間層	L60、目視3等以上	L90、目視3等以上	L100、目視3等以上	L100以上(MSR)	L90以上(MSR)
外層	L70、目視3等以上	L100、目視3等以上	L110、目視2等以上	L140以上(MSR)	L125以上(MSR)
最外層	L80	L110	L125	L140以上(MSR)	L125以上(MSR)

図2-13　JAS規格に示されるラミナ構成の例

[3] 接着

接着の工程は、ラミナの含水率、寸法、表面仕上げ、接着剤の受け入れ検査、接着剤の混合、接着剤のラミナへの塗布、ラミナの圧締からなる。

ラミナの含水率は8～15%の範囲内にあるものとし、含水率のむらをできるだけ小さくする。ラミナ面は接着前にプレーナーやモルダーを用いて、寸法出しと接着面の調整をする。この加工は原則として接着前24時間以内に行い、接着面に油やほこりなどの汚れがないようにする。

現在一般的に構造用集成材の製造に利用されている接着剤は、主剤に対して硬化剤、充てん剤、水、その他添加物などを加えてよく撹拌して混合し、使用する。接着剤の混合工程には、接着剤の可使時間（接着剤を混合してから圧締工程が終了するまでの時間）に合わせて1回分の使用量分を混合する場合と、塗布の直前にミキサーで主剤と硬化剤などを自動的に混合する場合がある。

塗布工程では、グルースプレッダーかエクストルーダー（カーテンコーター）（図2-14）を用いて、ラミナ表面に適正量を均等に塗布する。1接着層あたりの塗布量は200～300g/m^{2}程である。接着剤を塗布したラミナは、順次重ねて堆積された後、圧締される。圧締は、ラミナ同士を接着剤を介して密着させ、空隙のない均一な接着層をつくり、接着剤が硬化するまで固定するために行う。圧締は、油圧プレス方式かねじクランプ方式で一般的に行われる。圧締圧力は一般に針葉樹では0.5～1.0N/mm^{2}程である。接着剤を塗布してから圧締するまでの堆積時間中も接着剤の硬化反応は進行しており、接着剤が硬化しないうちに圧締作業を終了する必要がある。圧締終了までに接着剤が硬化した場合や圧締操作が不適切な場合は、接着不良が生じる原因になる。現在、構造用集成材の積層接着に使用されているレゾルシノール樹脂（RF）やレゾルシノール・フェノール樹脂（PRF）、水性高分子イソシアネート系樹脂（API）はいずれも常温硬化型である。RFやPRFは、圧締時間を数時間から1日の間とるとともにその間は材の温度を20℃以上に保つ必要があるが、

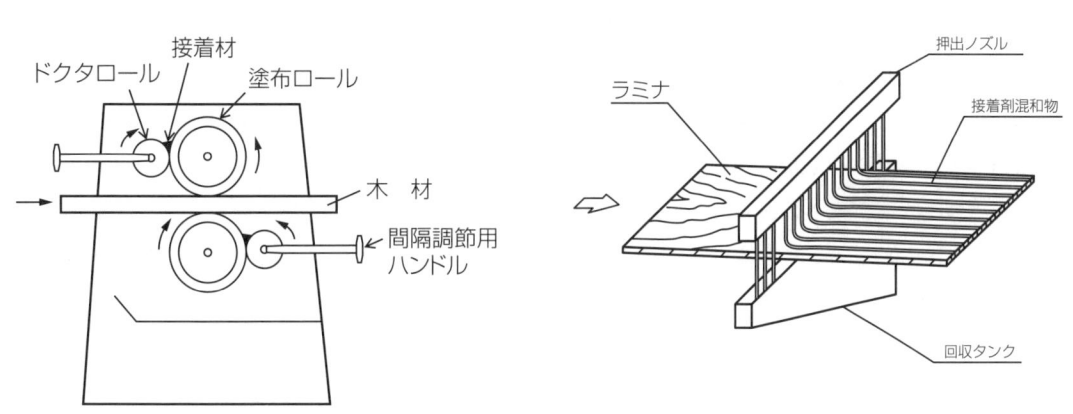

図2-14 塗布装置（左：グルースプレッダー、右：エクストルーダー）

図2-15 油圧プレスによる通直集成材の圧締

図2-16 ねじクランプ方式によるわん曲集成材の圧締

APIは30～60分で圧縮工程を終えることも可能である。RFやPRFの場合、低温時期に材を保温したり硬化時間を短縮して生産性を上げたりするために、加熱をすることがある。大断面集成材の製造では、圧締装置全体を保温シートなどで覆い、その中をヒーター、ファン、加湿装置などを使って、温度30～50℃で適度な湿度を保つように調整する。

[4] 製品の実際

構造用集成材は、規格上は製品寸法や形状の自由度があり、また、性能に関しても多くのラミナ構成や強度等級がある。しかしながら、集成材の製造面からみると、必ずしも全てに効率的に対応できるわけではなく、これらの選択次第ではコストが必要以上にかかることもある。ここでは、標準的な製品寸法や使用樹種と強度等級について、簡単に概説する。

① 寸法

集成材の断面寸法と長さに関する最大値は、たて継ぎ装置、幅はぎ装置、圧締装置を含めた製造装置に依存する。住宅向けの柱部材、はり部材としての使用量が多い寸法については、小断面と中断面の能力に特化した生産工場が多数あって製品の在庫などもあることから、製品の調達は容易で価格も比較的安定している。具体的には、製品幅（短辺）で105mmや120mm、厚さ（長辺）で105mm、120mm～390mmの間30mmピッチ、長さは2,985mm、3,650mm、3,985mmなどを中心に6,000mmくらいまでである。

一方、小中断面工場で対応できない寸法の製品となると、基本的に在庫品のようなものはなく、設計に合わせた特注品として製造されることになるため、納期や価格について設計・計画段階で予め知ることは難しい。

今後、学校関係の建物や庁舎などの事務所、あるいは共同住宅などの標準的な構造方式が明らかになれば、建物規模に応じた部材寸法について標準化が求められると考えられる。

製品幅（短辺）を製造上の上限240mmと考えると、これに対応した幅のひき板を歩留まりよく製材できる原木丸太の径級は30cmを超える必要がある。このような大径材の供給は、戦後植林された造林木の大径化が進んでいることから、供給体制が整備されると考えられる。

一方、製品厚さ（長辺）は、基本的にラミナの積層数の増減によりラミナ厚さのピッチで調整されることになる。ラミナ厚さは25mmから5mmピッチで40mmくらいまで考えられるが、30mmあたりがひとつの目安になると考えられる。

製品長さの制限は、製造ではなく運送上の上限で決まるようである。木造建築において設計・施工に困難を伴うとともにコスト高の要因ともなる接合により短尺部材を利用するのがよいか、長大材を利用するのがよいか、対象となる建物個々について構造計画面から検討すべきケースが多いと考えられる。これらのことをまとめて、表2-12に示す。

表 2-12　製品の標準的寸法

製品寸法	製造上の制限要因	製造可能な最大寸法	標準的な寸法
幅（短辺）	原木径（ひき板幅） たて継ぎ装置 幅はぎ装置 1次積層接着プレス	小中：150mm 大：240mm	小中：105、120mm 大：150、180、210、220mm
	2次接着プレス	大：900mm	
厚さ（長辺）	1次積層接着プレス	小中：600mm 大：2,000mm	小中：105、120～390mm 30mmピッチ 大：450～1,500mm
長さ	たて継ぎ長 1次・2次接着プレス長	小中：6m 大：21m	小中：3～6m 大：10～18m
	運送上の車両制限	最大16m	

注：小中：小断面工場と中断面工場の略、大：大断面工場の略

② 樹種と強度等級

樹種によって供給しやすい強度等級は異なることから、日本集成材工業協同組合では、表2-13に示すように代表的な樹種について一般的に供給可能な集成材の強度等級の目安を示している。

表 2-13　樹種と強度等級

樹種	対称異等級構成	同一等級構成
スギ	E65-F225 E75-F240	E65-F255 E75-F270
スプルース	E95-F270	E85-F300
ヒノキ	E105-F300	E95-F315
オウシュウアカマツ	E105-F300	E105-F345
カラマツ	E95-F270 E105-F300	E95-F315 E105-F345
ダフリカカラマツ	E120-F330	E120-F375
ベイマツ	E105-F300 E120-F330	E105-F345 E120-F375

2. 構造用集成材の材料特性

[1] 強度性能

集成材は、天然資源・生物資源でありばらつきが大きいことが特徴である木材を原料としながらも、工学的な手法を用いることでその強度性能の向上を図っている材料と言える。図2-17は構造信頼性の基礎概念を単純に表現したL－Rモデルである。Lは荷重（ロード：Load）、Rは抵抗力（レジスタンス：Resistance）の略である。材料の破壊はLとRの「重なり」と示したあたりで生じる確率が高いと説明される。したがって、この「重なり」を小さくするほど材料が破壊する確率は低くなり、材料の構造信頼性は高まることになる。このような概念の中では、破壊

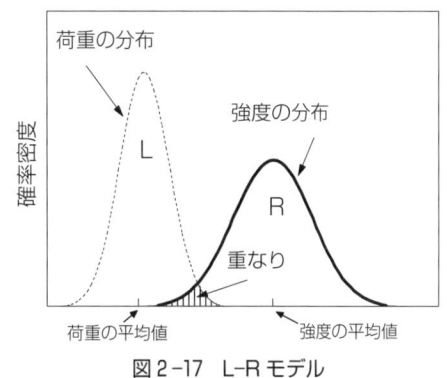

図2-17　L-R モデル

が生じやすい材料の強度分布の下側のすそ野を代表する値、例えば下限5%値が重要な意味を持つことになる。

「重なり」を小さくする方策としては、Rの分布全体を右へ移動させる（図2-18a）、R（強さ）のばらつきを減少させる（図2-18b）ことなどが考えられる。また、供用中にかかることが想定される応力を製品の製造段階で作用させ、一定の強度より低いものを確実に除去する（図2-18c）ことも考えられる。これらの原則を集成材の製造と関連させるならば、ラミナの等級区分、積層効果、プルーフローディングが挙げられる。

図2-19に強度等級区分の概念を示す。強度のばらつきが大きい材料であっても、強度の高いものと低いものとを区分して用いることにすれば、平均値の高い等級ができるとともにそれぞれの等級内のばらつきも小さくなり、信頼性が向上すると考えられる。

木材の「強度等級区分法」を分類すると図2-20のようになる。目視等級区分法とは、外観から確認できる指標、例えば節の大きさなどによって、等級を区分するものである。一方、機械等級区分法は、視覚的には検知できないが強度性能と相関の高い材質指標によって等級を区分しようとするものである。

集成材用ラミナの機械等級区分は、ラミナの曲げヤング係数（MOE：Modulus of Elasticity）と強度の間にある強い相関関係（図2-21）を利用して、非破壊的に計測したMOEの仕切り値を決め、強度の区分を行うストレスグレーディングである。

機械等級区分法で用いられるMOEの測定機を、一般に「グレーディングマシン（GM）」と呼ぶ。GMの測定方式としては、「静的区分法」と「動的区分法」がある。前者は、材を2点で支持し、適当な荷重を与えて材のたわみを検出するか、あるいは強制的な一定変位を与えて荷重の大きさを測定し、その値から曲げのMOEを求めようとするものである。後者は、いずれも材料に打撃

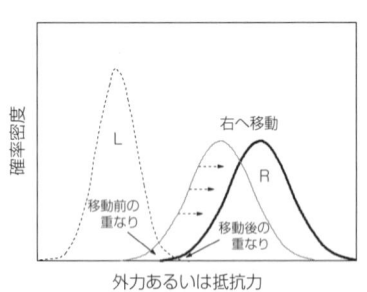

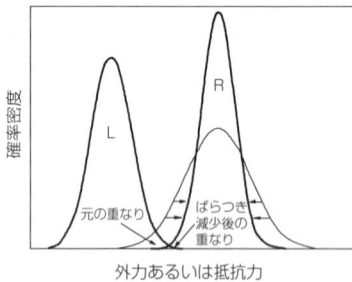

a) 平均値を上げる　　b) ばらつきを減らす　　c) 使用荷重をかける

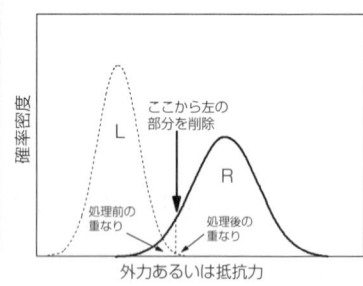

図2-18　材料強度の信頼性を高める方策

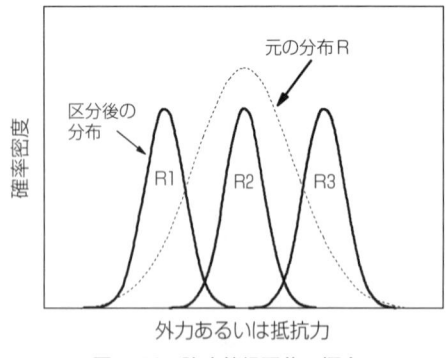

図2-19　強度等級区分の概念

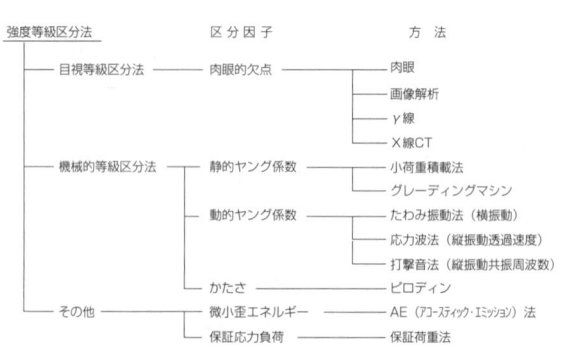

図2-20　等級区分の手法

などを加えたときに発生する共振現象や微少な振動（音波など）を利用してMOEを計算する方法である。

　このような機械等級区分法は、品質管理システムの点から大きく2つの方法に分けられる。

　1つは「インプット・コントロール方式」と呼ばれるもので、適用される材料のロットのMOEと強度の関係を実測によって予め想定しておき、機械によって測定されたMOEを基準に等級区分するものである。取り扱う樹種・断面寸法数が比較的多く、しかも生産量がそれほど多くないときに適用される方式である。区分材が想定された強度値を満足しているかどうかは、抜き取り検査によって定期的にチェックされる。この方式は、対象とする材料のMOEと強度の関係が比較的安定しているときには適用可能であるが、その関係が著しく変動する場合、例えば樹種、産地ごとに対象材料のMOEと強度の関係を実測によって予め知る必要がある。マシンの性能を厳格に管理する必要があり、生産現場でむやみに機械の調整をすることはできない。

　もう1つは「アウトプット・コントロール方式」である。生産される材料のMOEと強度の水準を予め決めておき、機械によって区分された材が、そのいずれの水準をも満足するようにMOEの閾値をコントロールするものである。これは、取り扱う樹種・断面寸法数が少ない大量生産方式に向いている。北米の例では、4時間に10本の製品を無作為に抜き取り、製材所内に設置された強度試験機で実験を行ってMOEと強度を確認し、もし、製品がそのいずれかの水準を満足しなければ、マシンの設定を合格する方法に調整する。この方式によれば、対象とする材料がどのような品質であっても適用可能であり、大量の試験によってMOEと強度の関係を予め正確に知る必要はない。

　集成材JASでは、前者を「MSR（Machine Stress Rated）区分」、後者を「機械等級区分」と呼ぶ。

　積層接着の効果として、構造信頼性の向上につながるばらつきの減少がある。例えば、寸法が同じで密度が異なるラミナ2枚を積層接着して集成材にすると、この製品の密度は2枚のラミナの平均値になる。強度の場合はこれほど単純ではないが、強度が高いラミナと低いラミナを積層すると、強い方が弱い方の影響で弱くなるので極端に強いものが出にくくなる一方で、弱い方を強い方が補強することで極端に弱いものも出にくくなる現象がおこる。すなわち、ラミナの強度特性が非常にばらつきの大きいものであっても、これらを積層した集成材の強度特性は平均化され、そのばらつきはラミナのそれよりも小さくなる。このような効果を「積層効果」とよぶ。

　積層材の密度やヤング係数のような場合には、積層数（n）が増えるほど積層材の特性のばらつ

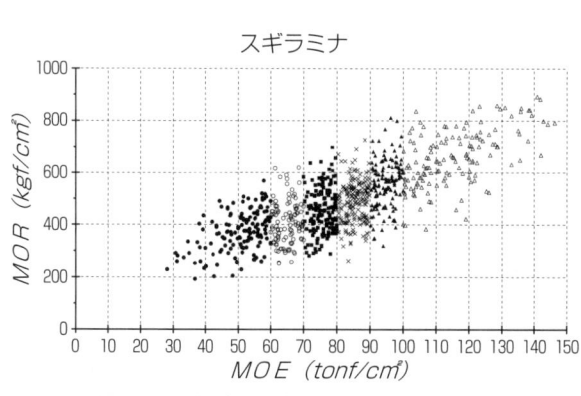

図2-21　曲げヤング係数と曲げ強さの関係

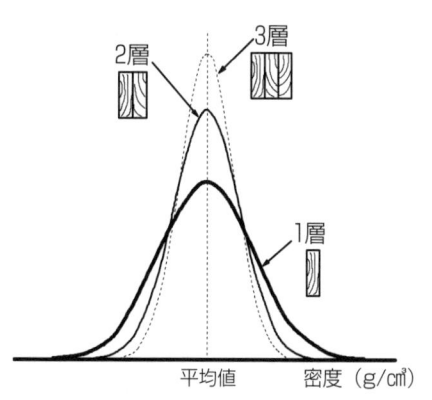

図2-22　積層数の増加にともなう密度のばらつきの減少

きが減少し、その標準偏差が原料の$\frac{1}{\sqrt{n}}$になることが知られている。例えば、積層数を4枚にすればばらつきは元の1/2に、積層数を9枚にすればばらつきは1/3に減少する。この関係をラミナの密度を例に示したのが図2-22である。図中の太い実線がラミナ（1層）の密度の分布、細い実線がこのラミナを2枚積層した積層材（2層）の、細い破線が3枚積層した積層材（3層）の密度の分布を示しており、積層数の増加とともにばらつきが減少することがわかる。

集成材の製造における接着積層の効果の1つには接着によりラミナを一体化し、曲げなどの強度性能を改善することもある（図2-23）。それぞれラミナを重ねただけの「重ねばり」、同一等級構成の集成材、異樹種を複合した異等級構成の集成材である。重ねばりではラミナ間のせん断を拘束するものがないのでたわみが大きくなり、各ラミナに生じる最大応力が高くなるので強度も低い。これが接着積層した集成材では、せん断力が接着層を通して伝わるので、たわみが大きく減少する。さらに相対的にひずみの大きな外層にMOEの高いラミナを配することで、曲げ剛性がより一層増加してたわみがさらに小さくなり、強度もさらに向上する。はりせい方向のMOEについては、等価断面法で求めることができる。

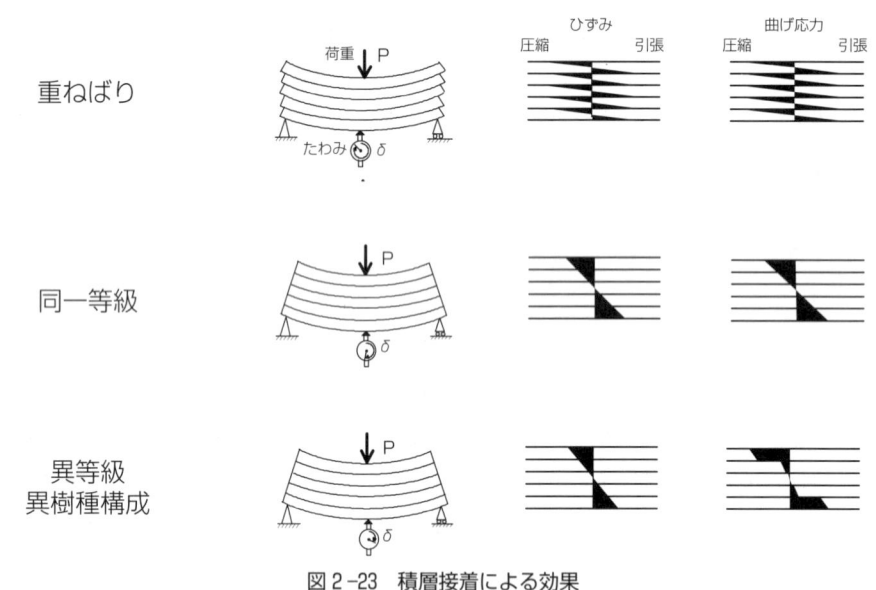

図2-23 積層接着による効果

[2] 接着耐久性

① 接着層に生じる劣化について

集成材であっても、表面が著しく乾燥して製品内部と表面とで含水率傾斜ができれば、表層に引張応力が生じて表面割れが発生することもある（図2-24）。そのような表面割れが接着層付近に生じると「接着はく離」として扱われ、接着製品である集成材の問題点として取り上げられることがある。また、接着性能がどのくらいの期間保持されるのか、その耐久性については、集成材を使用する側にとっても、また、供給する側にとっても長年の懸案でもある。

木材の接着を考えるためのモデルとして図2-25に示すファイブリンクモデルがある。木材と接着層・接着剤からなるモデルを改定し、いずれの材料の耐久性が低いのかを解明すれば、自ずと耐久性は推定できる。木材であれば法隆寺の実績から1,000年以上の耐用年数も期待できる一方で、接着剤については開発されて100年とその実績は木材に及ばないまでもプラスチックの寿命に関する研究の進展により1,000年を超える寿命予測をする報告もある。しかしながら、未だに集成材の

接着耐久性について1,000年は保持されると結論されないのは、ファイブリンクモデルに示される接着界面における強度発現機構が明らかにされていないことにある。集成材の接着層付近に割れなどの劣化現象が生じても、その原因を特定できなければ、劣化の進行について今後の推測もできず、また、有効な対策も立てられない。

そこで、「元々内在していた欠陥が時間の経過にともない顕在化する現象」を劣化と定義した上で、集成材の接着層に生じる劣化についてまず整理をしておく。

集成材の接着層において劣化をもたらす「内在していた欠陥」には、ⅰ）製品製造時の接着操作に起因するものとⅱ）接着剤が持つ性質に起因するものとの2つに大きく分類できる。

接着操作に関わる部分には、集成材ひき板の調整（等級、表面、寸法、含水率）の精度、接着剤の調整（混合）、接着操作（塗布、接着剤の可使時間、圧締圧力、圧締時間、硬化温度）などが挙げられる。いずれも未解明な部分が多い接着界面とかかわりの多い部分であり、これらを原因とする接着層の劣化は、「接着不良」と呼ばれるべきもので

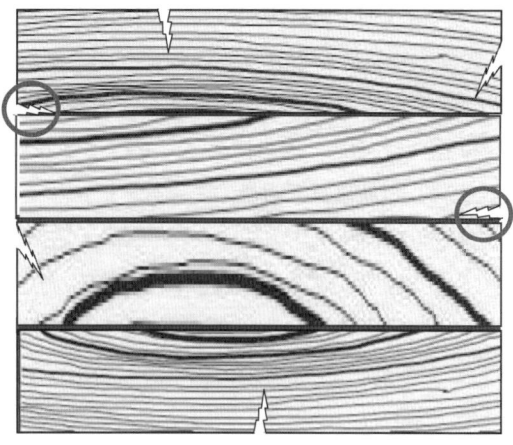

図2-24　集成材に生じる表面割れと接着層

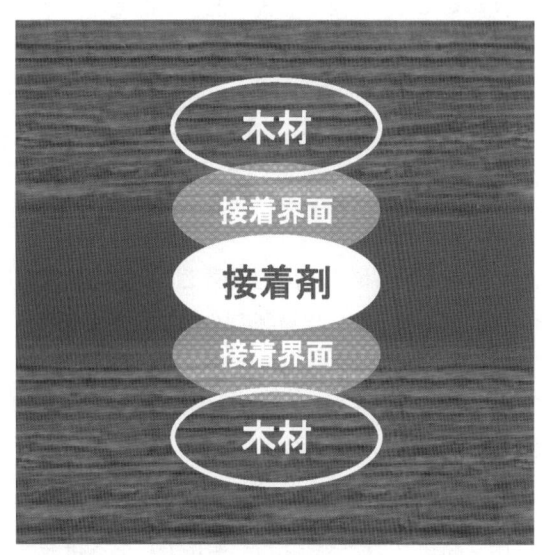

図2-25　木材接着におけるファイブリンクモデル

もある。圧締時の圧力、時間、温度などの不足、接着剤調整における硬化剤比率の不足を原因とする接着不良は製品全体の接着層で、ラミナ含水率の調整不足（高含水率ラミナの混入）はそのラミナに関わる接着層で、ひき板表面の不整、接着剤塗布量の不足による接着不良はその箇所（集成材の一部）で観察されることになろう。集成材ラミナの低い等級を使用した場合には、節やその周辺の繊維の乱れにともなって接着不良が生じる可能性がある。また、わん曲集成材の製造では、通直集成材よりも圧締操作は複雑であり良好な接着層の形成にはより困難をともなうとされている。

JASでは製品に対する接着の程度について一定頻度の品質検査を課しており、接着操作にともなう接着不良の発生頻度を抑制しようとしている。

接着剤が持つ性質について、わが国で使用された実績のあるユリア樹脂接着剤とレゾルシノール系樹脂接着剤について述べるならば、ユリア樹脂接着剤は硬化した樹脂であっても加水分解により分解される、いわゆる「老化」が生じる性質がある。この化学的な不安定さは「内在する欠陥」とみなすことができる。一方、レゾルシノール系樹脂接着剤は非常に安定した化学結合を持つことが知られており、化学的に「内在する欠陥」は限りなく少ないと考えられる。1974（昭和49）年の構造用集成材のJAS制定以降はユリア樹脂の使用をやめ、レゾルシノール系樹脂の使用が規定され

たことで、それ以降の製品については接着層そのものの劣化を懸念する必要はない。

「時間の経過にともなう顕在化」という部分には、集成材が使用されてきた雰囲気の温度や湿度、日照、雨がかりなどのいわゆる使用環境が影響を与える。使用環境で最も大きな違いは、屋外か屋内かであるが、屋外にあっても軒下かどうか、屋内にあっても床下、屋根裏、壁体中、窓周り、あるいは空調など設備の影響などによっても微細な環境は異なる。

化学的に安定したレゾルシノール系樹脂接着剤では、含水率が大きく変化する環境下でラミナ個々の寸法変化により接着層に繰り返し応力が生じる場合、内在する欠陥（製造時の若干の不良）が顕在化する確率がある。また、ユリア樹脂ではこれらの作用に加えて高含水率で温度が高い環境下にあっては加水分解などの化学的な劣化が加速される。

② 接着層に生じる劣化の実際

長期間にわたる集成材の接着耐久性を推定することは困難である。何よりも、推定方法の妥当性を検証するには、推定しようとする期間とほぼ同じ期間の実証データが必要とされる可能性が極めて高い。現在行われている集成材の接着耐久性を検証する方法は大きく分けて2つある。1つは、短期間に接着劣化を促進する処理を施してその劣化の進行の程度から耐用年数を推定しようとするもの、もう1つは、長年供用されている建築物において使用されている集成材について実態調査を行い、実績を確認しようとするものである。

ⅰ）屋外暴露試験

建物の屋外環境と屋内環境では、その集成材に与える影響を含めて大きな違いがあり、屋外暴露の結果得られた接着層の劣化の進行速度から、それとは異なる環境下に暴露された集成材の劣化速度を推定することは難しい。しかしながら、破壊試験により強度データが得やすいこと、接着剤種類の差や製造条件の違いなどによって生じる相対的な差を比較的短期間に評価できることなどのメリットもある。

図2-26はユリア樹脂およびレゾルシノール樹脂で接着したエゾマツ集成材を旭川市、八王子市、高知市で屋外暴露し、劣化の程度を接着力で評価したものである。地域による気候環境が劣

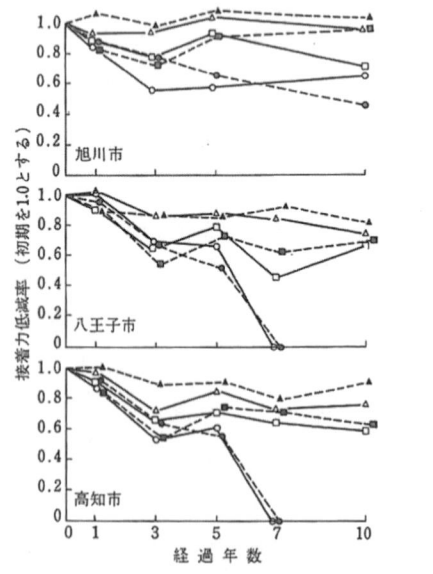

図2-26 エゾマツ集成材の屋外暴露試験結果

化の速度に影響を与えること、レゾルシノール樹脂はユリア樹脂より耐久性が高いこと、木材保存処理の効果が大きいことがわかる。

また、図2-27は、エゾマツおよびカラマツ集成材をレゾルシノール樹脂で接着し、つくばに20年間屋外暴露して接着力の推移を評価した結果である。試験片採取位置によって接着層の劣化の速度に大きな差があり、カラマツの場合、木口面から約5cm内側ではほとんど劣化しなかったことがわかった。

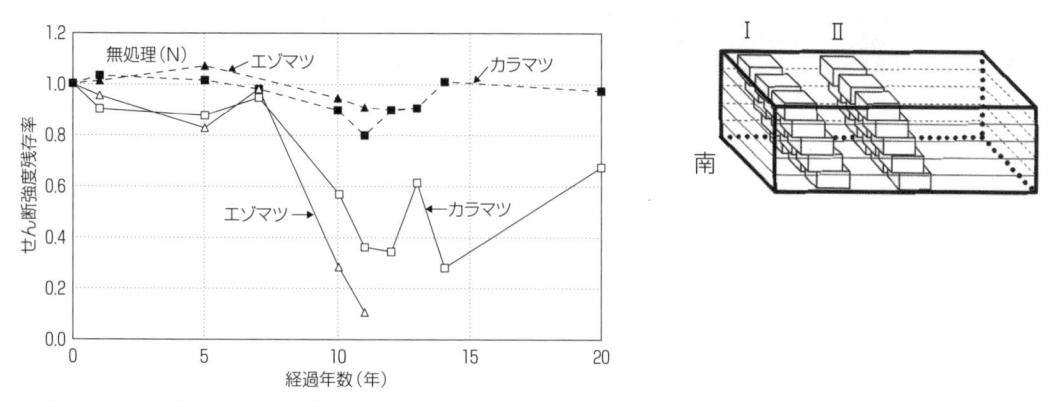

(実線：試験片採取位置Ⅰ、点線：試験片採取位置Ⅱ)
図2-27　エゾマツおよびカラマツ集成材（レゾルシノール樹脂）の屋外暴露試験結果

ⅱ）建物実態調査

日本集成材工業協同組合内に設置された「集成材建物耐久性調査委員会（委員長：中島正夫）」において、国内外の建築物に実使用されている集成材の実態調査を行った結果の中から、接着層の劣化に関する接着剤の種類に関する調査結果を概説する。

【レゾルシノール系樹脂接着剤】

レゾルシノール系樹脂接着剤を使用した集成材の建物のうち、経過年数が25年と比較的少ない物件では接着層は健全であった。しかしながら、構造用集成材JAS制定以前に建設された物件では接着層の劣化が進んだ部材も多く出現した。この理由として、当時としては新しいレゾルシノール系樹脂接着剤を十分に使いこなす技術が完成されていなかった可能性が考えられる。

【ユリア樹脂接着剤】

わが国の集成材建築の黎明期にユリア樹脂で接着した集成材を構造材として建設された建物が、築後45〜50年経過してなお供用されていた。また、集成材の一部が窓枠に使用されていた物件では、同じ部材でも窓枠の外側と屋内側では接着層の劣化の度合いに大きな差があり、室内側では接着層の劣化が観察されなかった例もあった。しかしながら、築後18年経過時に調査された物件を45年経過して再度調査した結果、接着層の劣化が進行している傾向が観察された。また、温度や湿度が高い地域の方が接着層の劣化が進行している傾向にあった。これらの結果、ユリア樹脂接着剤では接着層の劣化が徐々に進行していた。

【カゼイン接着剤】

日本より約20年長い歴史を有するアメリカ合衆国において、その最も初期にカゼイン接着剤で接着した集成材を用いて建てられた集成材建築が、築後74年経過して現存していた（図2-28）。接着層の劣化が局部的に進行した箇所は観察されたが、総合的には健全であった。なお、カゼイ

図2-28 米国でも最古級の集成材建物（現高校図書館）と接着層付近の深い割れ（右）

ン接着剤は牛乳タンパクを原料とする天然樹脂系の接着剤で、ユリア樹脂よりも耐久性に劣るとされているものである（表2-14）。

表2-14 使用環境に対応した接着剤の種類

湿度環境 ＼ 温度環境	常温 38℃以下	高温 66℃以下
乾燥状態 含水率18%以下	カゼイン ユリア※ フェノール レゾルシノール系	カゼイン レゾルシノール系
湿潤状態 含水率18%を超えることもある	ユリア※ フェノール レゾルシノール系	レゾルシノール系
屋外＆大気汚染環境下	フェノール レゾルシノール系	レゾルシノール系

※：耐用年数が10年以内の場合に使用できる。
（構造用集成材の製造基準1960：Timber Research and Development Association）

3. 構造用集成材の信頼性

[1] 日本農林規格の認定工場

農林物資の①品質の改善、②生産の合理化、③取引の公正化、④使用または消費の合理化を目的として1950（昭和25）年に農林物資規格法（農林物資の規格化及び品質表示の適正化に関する法律）が制定された。その後発生した偽表示事件などへの対応から消費者保護の観点の導入を図るために、1970（昭和45）年には、農林水産大臣またはその代行機関がJASマークを貼付することができる製造業者などを認定する制度に改正された。

2003（平成15）年の改正では、JASマークを貼付する製造業者などを、農林水産大臣またはその代行機関ではなく民間の第三者機関が認定する制度になるとともに、認定された製造業者などのみがJASマークを貼付できることになった。このことにより、問題が生じた際の責任がJASマークを貼付することができる製造業者などであることがより明確にされた。

現在のJAS制度に関わる組織の関係を図2-29に示す。JAS規格により製品を格付けしてJASマークを表示できるのは認定事業者のみである。認定事業者には、製造業者のほか、一定の要件を

満たす販売業者または輸入業者が製造業者を特定した上でなることができる。製品の格付けは、①試料のサンプリング、②検査、③判定結果に基づくJASマークの表示の3つの業務からなる。これら全ての業務を自ら行う事業者をAタイプ認定事業者という。一方、②の検査業務を第三者検査機関に委託し、その結果に基づいて判定・格付けした製品にJASマークの表示を行うBタイプ認定事業者がある。国内の集成材製造業者は、2011年現在、全てBタイプである。なお、第三者検査機関がBタイプ認定事業者の格付けのための検査業務を実施するには、一定の要件を満たしたうえで登録認定機関の許可が必要である。

認定事業者の認定を行うのが登録認定機関で、ISO/IECのガイド65に関する基準に適合するなどの要件を満たしたうえで農林水産省に登録される必要がある。登録認定機関には、海外の法人もなることが可能で登録外国認定機関と呼ばれる。集成材を取り扱っている登録認定機関は、国内では財団法人日本合板検査会のみであるが、登録外国認定機関にはCMSA（Canadian Mill Service Association：カナダ）、APA（The Engineered Wood Association：米国）、NTI（Norwegian Institute of Wood Technology：ノルウェー）、Mutuagung Lestari（マレーシア）がある。登録認定機関は、認定業務に加えて認定取り消しなどの処分も行う。

農林水産省および独立行政法人農林水産消費安全技術センターは、市販されているJAS製品の品質や表示などが規格・基準に適合しているか定期的に調査を行う。調査結果に不適合な事項があれば当該製造業者と認定を行った登録認定機関に通知するなどして、その指導監督を行っている。

JAS制度は、JAS法、JAS規格、認定の技術的基準、検査方法、格付けの表示の様式および表示の方法などの法律や政令からなる。

JAS規格は、農林水産大臣が指定する品目について制定される。制定に際しては農林物資規格調査会（JAS調査会）の議決を経る必要がある。制定や改正には意見交換会やパブリックコメントが実施される。制定されたJAS規格は、5年ごとに社会ニーズや必要性の観点から見直され、改正や廃止が行われる。

製造業者などの認定の技術的基準は、農林水産大臣が製造品目ごとに定めたもので、申請のあった認定事業者の品質管理（製造機器の適正管理、品質の安定性、品質管理体制、その他）、JAS格付けの維持管理体制、その他を登録認定機関が審査する際の基準となる。

検査方法では、検査をする際の試験項目と試料の抽出割合が品目ごとに規定されている。抽出割合は、製造業者の製品品質の安定性に応じて第1種および第2種に分けられる。第1種は20日間に製造された同一製品量を1荷口として検査を実施する。これに5回連続して合格した場合は、50日間に製造された製品量が1荷口の対象となる第2種に移行する。ただし、第2種で不合格が発生した場合は第1種に戻る。

［2］日本農林規格の検査

集成材の品質を保証するため品目別にJAS規格

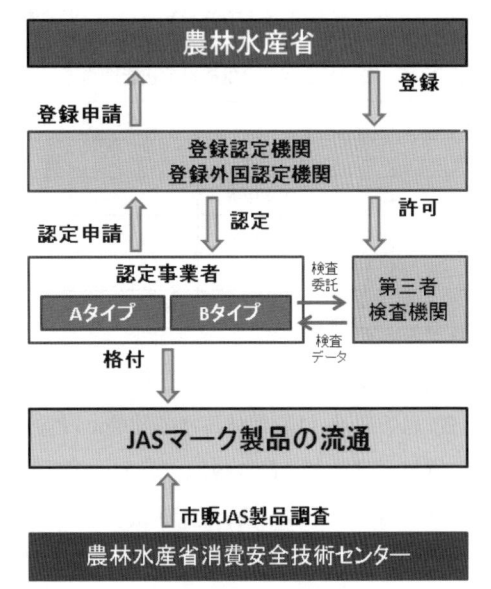

図2-29　JAS制度に関わる組織とその関係

に規定されている試験項目を整理して表2-15に示す。表中の「○」印には、含水率試験のように全ての品目で必須のものと、ホルムアルデヒド放散量試験のように選択のものがある。

表2-15 集成材の種類別の試験項目

試験項目 \ 集成材の種類	造作用集成材	化粧ばり造作用集成材	化粧ばり構造用集成柱	構造用集成材
表面割れに対する抵抗性試験		○	○	
含水率試験	○	○	○	○
ブロックせん断試験			○	○
浸せきはく離試験	○	○	○	○
煮沸はく離試験			○	○
減圧加圧はく離試験			○	○
曲げ試験A（実大試験）			○	○
曲げ試験B（ラミナのヤング係数）				○
曲げ試験C（ラミナ曲げ強度）				○
引張試験（ラミナ引張強度）				○
ホルムアルデヒド放散量試験	○	○	○	○

　試験項目別に、検査荷口からの試験体数の抜き取り本数、検査荷口の合否判定の基準、再試験の規定、試験の方法と測定項目、測定項目の基準値が定められている。試験体の抜き取り本数は、製造条件が同一で、かつ、同一の等級に格付けしようとする一定期間（20日もしくは50日）以内の製造荷口を検査荷口として、その本数に応じて定められている。また、検査荷口の合否の判定は試験項目別に定められている。ここでは、構造用集成材の基本性能である強度と接着に関連する試験について、その一部を紹介する。強度試験は、実大材の強度試験とラミナの強度試験に大きく分けられる。接着性能試験としては、ブロックせん断試験、浸せきはく離試験、煮沸はく離試験、減圧加圧はく離試験がある。ブロックせん断試験は強度試験の一種であるが、JAS規格上は接着性能の試験として位置づけられている。

① 実大強度試験

　実大材の強度試験は曲げA試験として、その試験条件が定められている。登録認定機関による工場認定時に実施する初期試験で行われる場合がほとんどであるが、格付試験として採用することもできる。試料集成材の抜き取り本数を表2-16に示す。

表2-16 曲げ試験用試料集成材の抜き取り本数

荷口の集成材の本数	試料集成材の本数
10本以下	3本
11本以上　20本以下	4本
21本以上　100本以下	5本
101本以上　500本以下	6本
501本以上	7本

　試験方法は、4点曲げ方式（2線荷重方式あるいは2点荷重方式とも呼ばれる）で、支点間距離（曲げスパン）は試験体高さの18倍、荷重点間距離が高さの4倍として実施される。

　異等級構成および4枚以上の同一等級構成では縦使い（図2-14参照）方向、2枚および3枚の同一等級構成では平使い方向に設置し、上から荷重をかける。経時的に荷重と支点間中央部のたわみ量を測定し、測定結果から、最大曲げ強さと曲げヤング係数を算出する。基準値は表2-2に示したラミナ構成と強度等級に応じて定められている。また、非対称異等級構成についてはJAS規

格でいう圧縮側に引張荷重がかかる場合の曲げ強さについても基準値がある。

参考として、対称異等級構成の基準値を表2-17に示す。

表2-17 対称異等級構成集成材の曲げ試験の基準値

強度等級	曲げヤング係数 (kN/mm²) 平均値	曲げヤング係数 (kN/mm²) 下限値	曲げ強さ (N/mm²)
E55-F200	5.5	4.5	20.0
E65-F220	6.5	5.5	22.0
E65-F225	6.5	5.5	22.5
E75-F240	7.5	6.5	24.0
E85-F255	8.5	7.0	25.5
E95-F270	9.5	8.0	27.0
E105-F300	10.5	9.0	30.0
E120-F330	12.0	10.0	33.0
E135-F375	13.5	11.5	37.5
E150-F435	15.0	12.5	43.5
E170-F495	17.0	14.0	49.5

曲げ強さの基準値は異等級構成で試験体厚さ300mm、同一等級構成で100mmを標準としており、それ以外の厚さで実施した場合はその試験体の厚さ（はりせい）に応じた強さの係数（寸法調整係数）がある。また、試料集成材の含水率は12%を標準としていることから、財団法人日本合板検査会では試験体から採取した試験片の含水率に基づいて曲げヤング係数および曲げ強さの調整を行っている。曲げ試験の結果、試料集成材の曲げヤング係数の平均値が格付けしようとする強度等級に応じて表2-17に示す曲げヤング係数の平均値の欄に示す数値以上であること、試験体の曲げヤング係数の95%以上が表2-17の曲げヤング係数の下限値の欄に示す数値以上であること、試験体の曲げ強さの95%以上が表2-17の曲げ強さの欄に示す数値以上であることが、合格の条件である。

② ラミナの強度試験

ラミナの強度試験には曲げC試験と引張り試験がある。抜き取り試験の対象となるラミナは、MSR区分、機械等級区分、目視等級区分かにより異なる。試料ラミナの抜き取り枚数を表2-18に示す。

表2-18 強度試験用試料ラミナの抜き取り枚数

荷口のラミナの枚数	試料ラミナの枚数
90枚以下	5枚
91枚以上　280枚以下	8枚
281枚以上　500枚以下	13枚
501枚以上　1,200枚以下	20枚
1,201枚以上	32枚

曲げ試験方法は3等分点4点曲げ方式で、支点間距離（曲げスパン）はラミナ厚さの21倍、荷重点間距離が高さの7倍である。引張り試験は、チャック間距離600mm以上で試験する。いずれの場合も、たて継ぎ部がある場合は、そこを荷重点間もしくはチャック間に配置する。最大荷重を測定し、最大曲げ強さもしくは引張り強さを算出する。参考として機械等級区分ラミナの基準値を表

2-19に示す。

表2-19　試料ラミナの曲げ強さおよび引張強さの基準値

等級区分による等級	曲げ強さ（N/mm²）		引張強さ（N/mm²）	
	平均値	下限値	平均値	下限値
L30	21.0	16.0	12.5	9.5
L40	24.0	18.0	14.5	10.5
L50	27.0	20.5	16.5	12.0
L60	30.0	22.5	18.0	13.5
L70	33.0	25.0	20.0	15.0
L80	36.0	27.0	21.5	16.0
L90	39.0	29.5	23.5	17.5
L100	42.0	31.5	24.5	18.5
L110	45.0	34.0	26.5	20.0
L125	48.5	36.5	28.5	21.5
L140	54.0	40.5	32.0	24.0
L160	63.0	47.5	37.5	28.0
L180	72.0	54.0	42.5	32.0
L200	81.0	61.0	48.0	36.0

　引張り強さの基準値はラミナ幅が150mmを超える場合は、その幅に応じた係数（寸法調整係数）を乗じて調整する。また、試料ラミナの含水率は12%を標準としていることから、財団法人日本合板検査会では試験体から採取した試験片の含水率に基づいて、曲げ強さおよび引張強さの調整を行っている。試験の結果、試料ラミナの曲げ強さもしくは引張強さの平均値が該当する区分に応じて表2-19に示す平均値の欄に示す数値以上であること、試料ラミナの曲げ強さもしくは引張強さの95%以上が表2-19に示す下限値の欄に示す数値以上であることが、合格の条件である。

③　接着性能試験

　接着性能試験にはブロックせん断試験、浸せきはく離試験、煮沸はく離試験、減圧加圧はく離試験がある。試料集成材の抜き取り本数は表2-16と同じである。

　ブロックせん断試験は、試料集成材の両端から1個ずつ、全接着層（幅はぎ未評価ラミナの幅はぎ部、たて継ぎ部の接着層は除く）について図2-30に示す試験片を作製して行う。試験片の作製上、階段状になっても構わない。

　試験片に、圧縮せん断力を加えて破壊してその最大荷重からせん断強さを、また破断部の木材の破壊の面積比率を木部破断率として測定記録する。

　表2-20に樹種区分（表2-5を参照）別に定められたブロックせん断試験の基準値を示す。

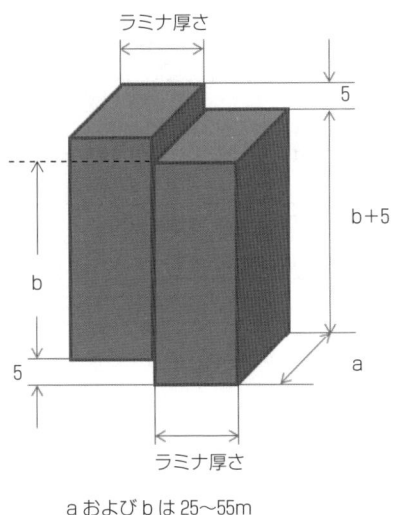

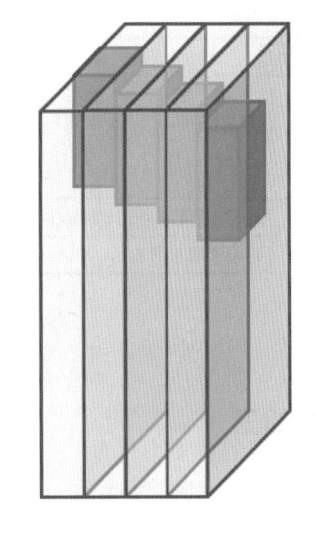

a および b は 25〜55m の任意の長さ

図2-30　ブロックせん断試験片の採取

表2-20　ブロックせん断試験の基準値

樹種区分	せん断強さ（N/mm²）	木部破断率（%）
1	9.6	60
2	8.4	60
3	7.2	65
4	6.6	65
5	6.0	65
6	5.4	70

　試料の含水率は12%を標準としていることから、財団法人日本合板検査会では試験体から採取した試験片の含水率に基づいてせん断強さの調整を行っている。

　はく離試験について3種類の全ての試験を行う必要はないが、浸せきはく離試験と煮沸はく離試験をセットで行うか、減圧加圧はく離試験を行うか、どちらかを選択する必要がある。浸せきはく離試験、煮沸はく離試験、減圧加圧はく離試験は、試料集成材の両端から1個ずつ、全木口断面はそのままに長さ75mmのブロック状のものを採取して行う。表2-21に示す処理を行った後、試験片の両木口面にある接着層（幅はぎ未評価ラミナの幅はぎ部、たて継ぎ部の接着層は除く）についてはく離長さを測定する。全木口面における全接着層長さに対する全はく離長さの比（はく離率）と1接着層ごとのはく離長さを求める。基準値は、はく離率が5%以下、1接着層あたりのはく離長さが接着長さの1/4以下である。

　以上、接着性能に関する試験荷口の合否の判定基準は、試験片の90%以上が適合していれば合格、70%未満の場合不合格となる。また、適合するものの数が70%以上90%未満の場合は抜き取り本数を2倍にして再試験し、その90%以上が適合した場合のみ合格となる。

表2-21　各はく離試験の処理条件

種類	浸せきはく離試験	煮沸はく離試験	減圧加圧はく離試験
処理	室温水（10～25℃）中に24時間浸せき	沸騰水中に4時間浸せき後、室温水（10～25℃）中に1時間浸せき	室温水（10～25℃）中で、0.085MPaの減圧5分、0.51MPa±0.03MPaの加圧を1時間、以上の処理を2回繰り返す。
乾燥	70℃±3℃の恒温乾燥器中で、質量が処理前の質量の100～110%の範囲になるよう乾燥		
繰り返し数	使用環境Aを表示しているものは、上記処理と乾燥を2回繰り返す。		

4. 集成材の加工

［1］わん曲集成材の製造

　わん曲集成材は、曲率や断面寸法などの自由度がありながら強度性能をも保証できることから、木造建築を代表する構造部材として利用される。しかしながら、その製造工程では、ラミナに曲げ応力を加えながら積層接着することから制限事項がある。

　ラミナにどこまで曲げ応力を付加してよいかをわん曲部最小曲率半径として表2-22のように規定している。このように、曲率半径が小さいほど薄板ラミナを使用する必要がある。薄いラミナを使用することは、ラミナ歩留まりの低下や接着剤使用量の増加によるコスト増を招くことに留意しておく必要がある。

表2-22　構造用集成材のラミナ厚さとわん曲部最小曲率半径の関係　　　　　単位（mm）

最も厚いひき板の厚さ	わん曲部の最小曲率半径			
	ラミナの樹種が樹種区分の5、6のみである場合		左以外の場合	
	部分的わん曲の場合	左以外の場合	部分的わん曲の場合	左以外の場合
5	500	525	600	625
10	1,080	1,300	1,280	1,540
15	1,770	2,280	2,070	2,670
20	2,480	3,400	3,000	4,000
25	3,500	4,750	4,125	5,625
30	4,650	6,300	5,490	7,440
35	5,950	8,050	7,140	9,450
40	7,480	9,920	9,000	11,600
45	9,360	11,925	11,115	13,950
50	11,750	14,000	13,500	16,500

（注）部分的わん曲の場合とは、集成材の長さ方向のわん曲部分が集成材の一部分であり、それ以外の部分は通直である場合をいう。

　その他、ラミナの積層数が少ない場合は、解圧時に生じる「はねもどり」を計算して製造する必要がある。また、わん曲集成材を長さ方向に切断して断面寸法に変化を付ける場合、その勾配を直線部では1/10以下、わん曲部では1/15以下にすることが望ましい（図2-31）。

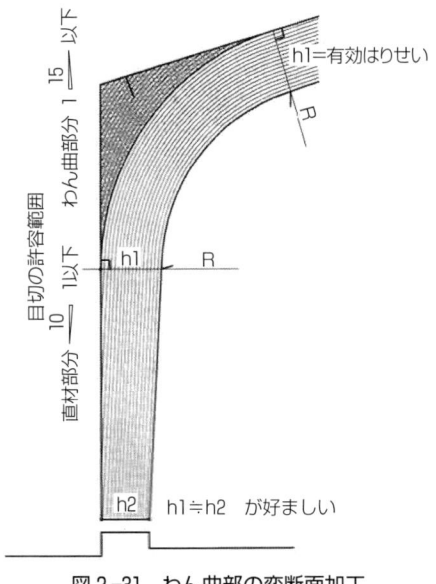

図 2-31 わん曲部の変断面加工

[2] テーパーばりの製造

　デザイン上、通直ばりを長さ方向に切断してテーパーばりとする場合、その勾配は 1/10以下にすることが望ましい。また、はりが主として引張応力を受ける側を切断せざるを得ないような形状の場合は、図 2-32のようなわん曲部材の利用も検討対象となろう。

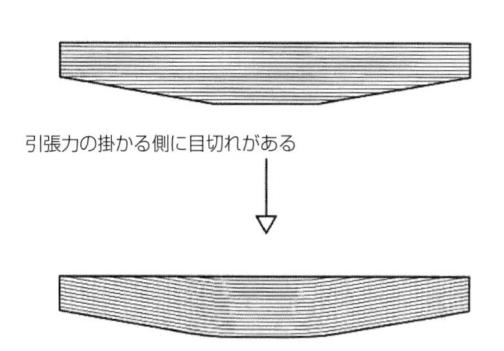

引張力の掛かる側に目切れがある

わん曲ばりとして、引張力の掛かる側に目切れを生じさせない

図 2-32　テーパーばりの製造

第3章 構造設計

1節 構造計画

1. 木造建築の特徴

　建築物の設計においては、建築計画の初期の段階で構造計画を立案する必要がある。構造計画の基本的な課題は、鉛直荷重や地震力、風荷重といった外力に対して建築物がどのように対処するかという問題と、その建築物の用途、機能とのバランスをどのようにとるかという問題である。これに、内観や外観などの空間、芸術性が加わって構造計画ができあがる。

　特に、集成材建築では以下のような構造的な特徴に注意しながら構造計画、架構計画を立てることが重要である。

[1] 木造建築の破壊性状

　木材の部材破壊は、めり込み破壊を除いて脆性的な破壊を生じることが多く、部材自体でのじん性を確保しにくい。このため構造物としてのじん性を確保するためには、まず接合部のじん性を確保することが必要である。接合部の挙動は、使用するボルトやドリフトピンの径と長さの比やへりあき、間隔、本数に影響を受けて破壊性状が変化するため、適切な設計が必要である。

[2] 部材接合部の剛性

　鉄骨造の溶接や、鉄筋コンクリート造の打設による一体化と異なり、部材どうしを接合具を用いて接合する集成材建築では、その接合部の性能が建物の性能に大きな影響を及ぼす。接合部の初期ガタ（滑り）や、ピン接合でも剛接合でもない半剛接合の剛性評価を適切に行うことが重要である。

[3] 面材の性能

　床や壁に用いられる木質面材のせん断性能は、その面材の厚みやせん断弾性係数 G の影響よりもその面材を軸組に取り付けている接合具のせん断性能に大きな影響を受ける。このため、ブレース置換などでフレーム解析を行う場合には、剛性評価、耐力評価に十分な配慮が必要である。

[4] 変形

　木造建築の部材設計においては、耐力に基づいて断面算定を行うよりも、変形制限に基づいて断面算定を行うほうが多いといってもよい。さらに部材の変形にも、弾性変形だけでなく、クリープたわみやメカノソープティブといった木質材料特有の問題もあり十分な

配慮が必要である。

2. 構造形式

集成材を用いた建築物の主な構造形式は、表3-1のように分類でき、その構造的特徴を以下に示す。

表3-1 集成材建築の構造形式

構造形式		
（1）柱はり構造	耐力壁付き軸組構造	壁倍率を有する耐力壁
		大断面ブレース、厚板壁など
	木質ラーメン構造	
（2）壁構造		
（3）大屋根構造	トラス、アーチなど	
（4）併用構造（混構造）		

[1] 柱はり構造

建築物では、まず、屋根や床、壁といった自重や積載荷重、積雪荷重などの鉛直荷重を支持する必要がある。水平な床や屋根を支えるためには、一般的に柱はりを用いた軸組構造が用いられる。木造住宅では、105mm幅、120mm幅といった小中断面のシリーズが用いられるが、スパンの大きい集成材建築では大断面の部材を用いる必要がある。単一部材ではりせいが大きくなる場合には、小断面の部材を組み合わせたトラスや充腹ばり、張弦ばりといった組み立て部材を用いることもできる。また、階高、天井高などの制限によりはりせいが十分に確保できない場合には、断面性能を向上させる代わりに、小さいはりを数多く架け渡すジョイストばりや2方向に架け渡す格子ばり、厚板の部材を用いたマッシブホルツなどの架構形式を工夫することで要求性能を満足することもできる。

木造建築では、鉛直荷重に対する検討としては、耐力だけでなく変形に対する性能が断面算定において支配的になる場合が多く、床や屋根のクリープなどの経年変化や床振動による居住性に対する検討もあわせて計画する必要がある。

格子ばり　　　　　　　　マッシブホルツ

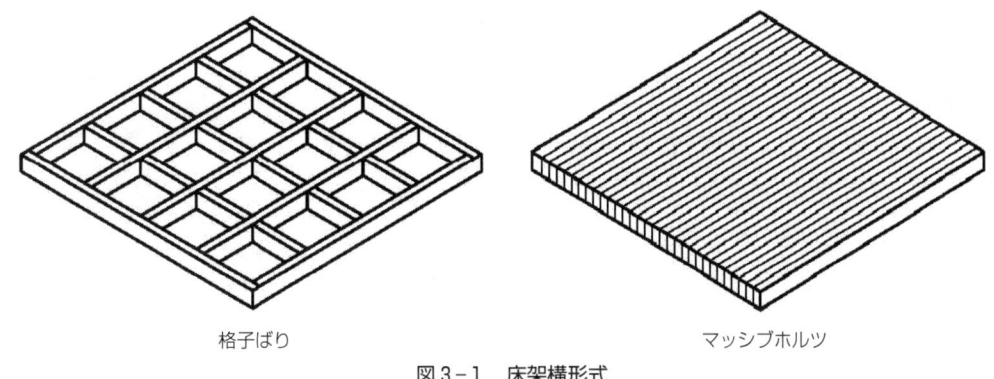

図3-1　床架構形式

建築物では、鉛直荷重だけでなく地震力や風圧力に対しても安全性を確保することが重要であるが、柱、はりで構成される軸組構法の集成材建築では、水平力に対する抵抗要素によって、耐力壁付き軸組構造と木質ラーメン構造の大きく2種類に分けることができる。

耐力壁付き軸組構造は、柱はりフレームに挿入された耐力壁を主な水平抵抗要素とする構造形式である。耐力壁としては、木造住宅の壁量計算に用いられる構造用合板などの木質面材を柱はりにくぎ打ちしたものや、軸材を用いたブレース、格子材などが対象となる。木造住宅の壁量計算で用いられる壁倍率を有している耐力壁は、壁倍率評価時に、$C_0=0.2$の中地震時だけでなく、大変形時での挙動も検証されているため、直接的な大地震時の検討を省略することも可能である。また、耐力壁付き軸組構造でも、壁倍率を有していない耐力壁やブレース、格子材を用いた水平抵抗要素を有する構造形式の場合には、線材モデルに置き換えてフレーム解析を行う必要がある。

木質ラーメン構造では、柱はり接合部のモーメント抵抗を評価するため、接合部の回転剛性を評価したフレーム解析を行う必要がある。

柱はり構造のフレーム解析を行う場合には、水平抵抗要素を線材置換して評価を行うことになるが、面材の性能だけでなく、面材を留め付けるくぎやビスなどの接合具の性能や、ブレース端部のボルト、金物の性能が水平抵抗要素の性能を左右するため、適切なモデル化が必要である。また、中地震時の検討だけでなく、大地震時の変形追従性やじん性に対する検証も重要となる。木質ラーメン構造では、軸材による開放的な空間ができる可能性をもっているが、鉄骨造や鉄筋コンクリート造のラーメン構造と異なり、柱はり接合部を完全な剛節接合とすることができないため、半剛節などと呼ばれる接合部の回転剛性を適切に評価して用いることが重要である。

いずれの構造形式でも各水平抵抗要素への力の伝達は、床や屋根といった水平構面が担うことになり、鉛直構面だけでなく力の流れを考えながら、水平構面の剛性、耐力を適切に評価することが重要である。

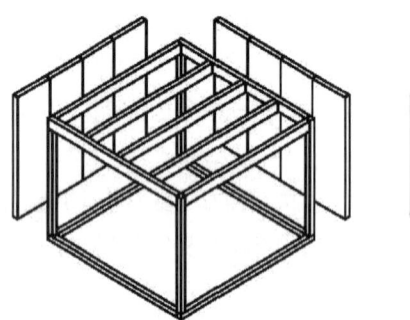

耐力壁付き軸組構造 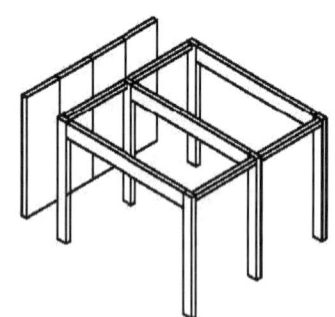　　　木質ラーメン構造

図3-2　柱はり構造

[2] 壁構造

一般に鉛直荷重を、柱、はりではなく壁で支持する構造形式を壁構造と呼ぶ。厚板の面材が柱の代わりに軸力を支持するとともに、水平力に対してはせん断抵抗することになる。

厚板の面材による壁と床を用いることができれば、壁式鉄筋コンクリート造のようなフラットスラブ構造やキャンティレバーの床版といった構造形式の木質構造建物も実現可能である。

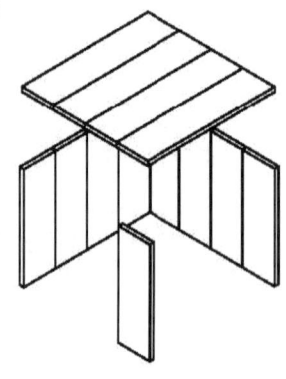

図3-3　壁構造

壁構造は、海外ではすでに普及し始めているが、日本ではまだ部材製造などに限界があり、今後が期待される分野である。

［3］大屋根構造

これまでは法的制限もあり、大規模な木造建築というと、体育館やドームといった大空間の屋根に集成材が用いられることが多かった。この場合、屋根を支える下部構造は、鉄筋コンクリート造や鉄骨造となるのが通例であったが、耐火木造建築が可能となったことで、下部構造も木造とすることも可能となった。この場合、上部構造の反力に抵抗することが必要になり、また、アーチ構造やドーム構造などスラストにより鉛直荷重時にも水平力が発生する場合には注意が必要である。逆に、スラストが生じない構造形式の場合には、温度荷重による水平力に対する検討が必要な場合がある。

大屋根の架構形式は、鉄骨造や鉄筋コンクリート造で用いられてきたトラス構造、吊り構造、アーチ構造、ドーム構造、シェル構造、折板構造といったさまざまな構造形式が木造でも実現可能となっている。

すべての構造形式に共通して、自重に対する検討の他に、積雪荷重、積雪時の偏荷重に対する検討、地震や大風による水平力や上下動に対する検討が必要になる場合がある。

山型ラーメン構造

アーチ構造、トラス構造
「海の博物館」

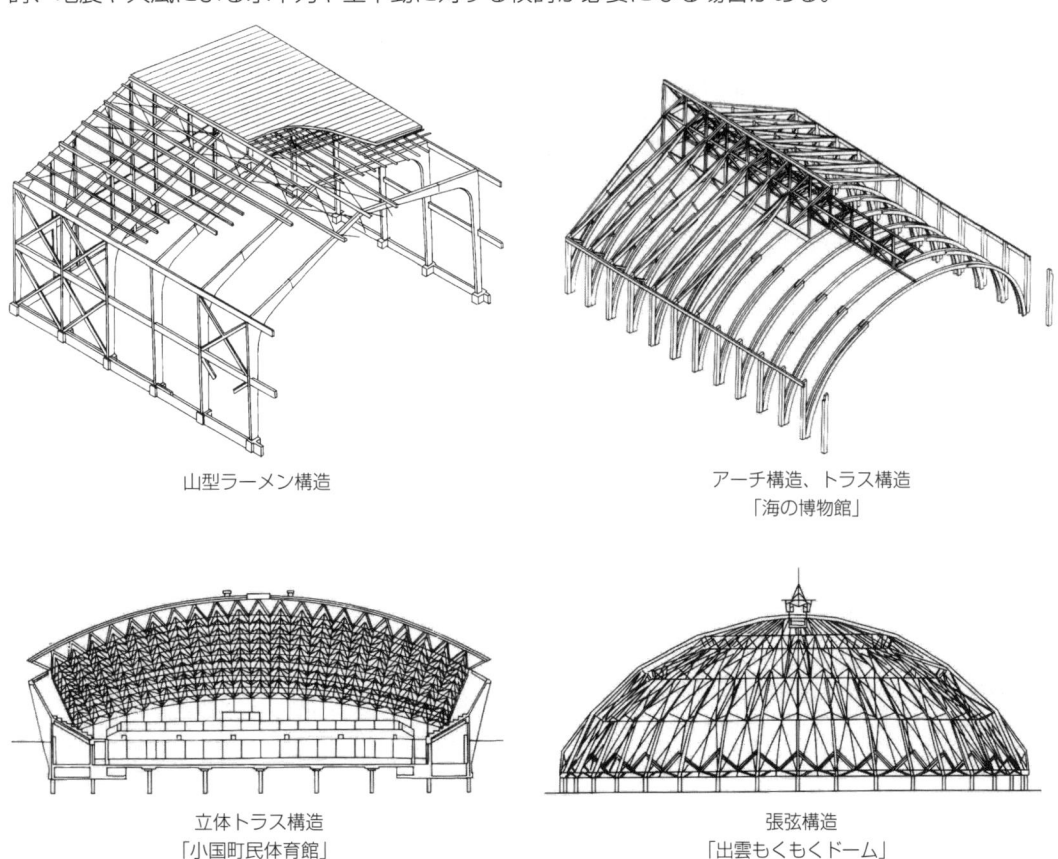

立体トラス構造
「小国町民体育館」

張弦構造
「出雲もくもくドーム」

図3-4　大屋根構造
出典：「構造用教材」社団法人日本建築学会 p32-33，1995年改訂

［4］併用構造（混構造）

木造建築といっても建物規模、用途によっては計画上、他の構造材料と組み合わせることによっ

て制限が緩和され、より魅力ある木造建築となる場合もあり、構造計画立案においては、併用構造の検討も欠かせない。

　併用構造には、他の構造との組み合わせ方により立面併用構造と平面併用構造の2種類がある。

　立面併用構造は、建物の下層部分を他構造、上層部分を木造とするもので、基礎構造からの連続性、上層部の地震力に抵抗するため高い耐震性能が要求される。地面近くの泥はね、湿度などにより木材の耐久性を低下させる可能性が高いなど、下層階に要求される性能が木造では不利になる場合に、鉄筋コンクリート造など別構造で補うことができる。構造計画としては、他構造部分と木造部分の剛性評価が重要であり、剛性率などの検討も重要となる。

　平面併用構造は、平面的に大きい規模の建物において、同一階に木造と他構造を併用するもので、防火上の面積区画を形成することによって制限緩和を利用することができる点が木造建築として大きなメリットになる。木造部分と他構造部分の間に構造的にエキスパンションジョイントを設けると個々の設計は簡単になるが、エキスパンションジョイント部分の寸法が大きくなり納まりに工夫が必要となる。エキスパンションジョイントを設けない場合には、木造部分と他構造部分の剛性評価が重要となるほか、接合部分に大きな力がかかるため接合部の詳細な検討が必要となる。

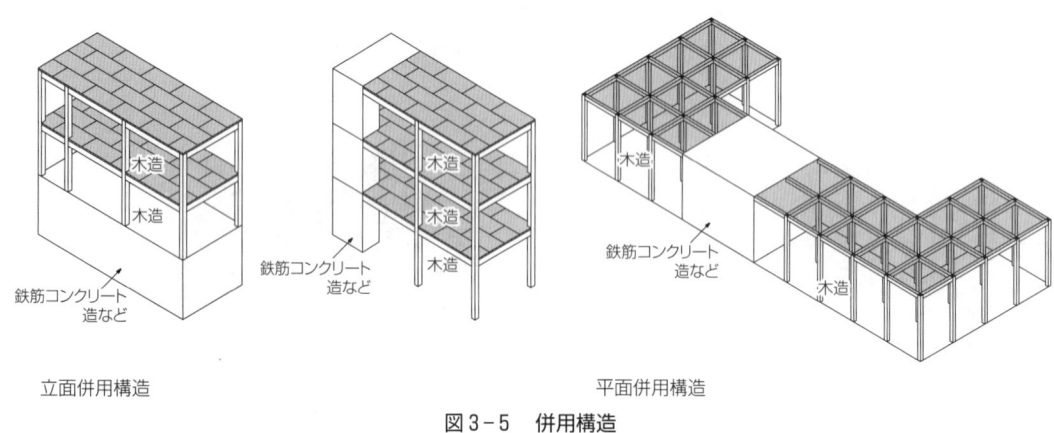

立面併用構造　　　　　　　　　　　平面併用構造

図3-5　併用構造

参考文献
1)「構造用教材」社団法人日本建築学会 p32-33, 1995年改訂

2節 構造計算のルート

1. 構造計算ルートの概要

　現行基準における一般的な構造関係規定の適用関係を図3-6に、木造建築物の構造計算ルートを図3-7に示す。

　本書の扱う集成材建築物は、木造でも令第46条第4項の壁量規定を満足しない建築物を想定しており、令第46条第2項に基づいて構造計算を行うこととなる。したがって、法第6条第1項第四号に適合するいわゆる四号建築物、すなわち階数2以下、延べ面積500m²以下、高さ13m以下、軒の高さ9m以下であっても、昭和62年建設省告示第1899号により、許容応力度計算および層間変形角の確認、釣り合いがよいことの確認が求められる。

　また、階数3以上、延べ面積500m²超のいずれかにでも該当する場合（ただし、高さ13m以下、軒の高さ9m以下の場合）には、法第20条第三号の建築物に該当するため、令第81条第3項の規定により、令第82条各号及び令第82条の4に定める構造計算、すなわち、いわゆる許容応力度計算（屋根ふき材等の構造計算を含む）が求められる。ルート1の計算である。あるいは、法第20条に基づき、これより上位の構造計算、すなわち許容応力度等計算（ルート2）、保有水平耐力計算（ルート3）、限界耐力計算、時刻歴応答解析などでもよい。

　また、高さ13m超、軒の高さ9m超のいずれかにでも該当する場合（ただし高さ31m以下の建築物の場合）には、法第20条第二号の建築物に該当するため、令第36条第2項及び令第81条第2項の規定により、許容応力度等計算（ルート2）が要求される。あるいは令第81条第2項の規定により、保有水平耐力計算（ルート3）、限界耐力計算でもよいし、法第20条に基づき、これより上位の構造計算、すなわち許容応力度等計算（ルート2）、保有水平耐力計算（ルート3）、限界耐力計算、時刻歴応答解析などでもよい。

　いずれの場合でも、ルート2、ルート3、限界耐力計算のいずれかを行う場合には、構造計算適合性判定の対象となる。また、時刻歴応答解析による場合であれば、建物ごとに大臣認定が必要となる。

　なお、図3-7の下の部分は、準耐火構造等に求められる計算である。いわゆる構造計算ルートとは別であるが、集成材建築物において必要となることの多い、燃えしろ計算や、準耐火構造等の層間変形角の確認が示されている。

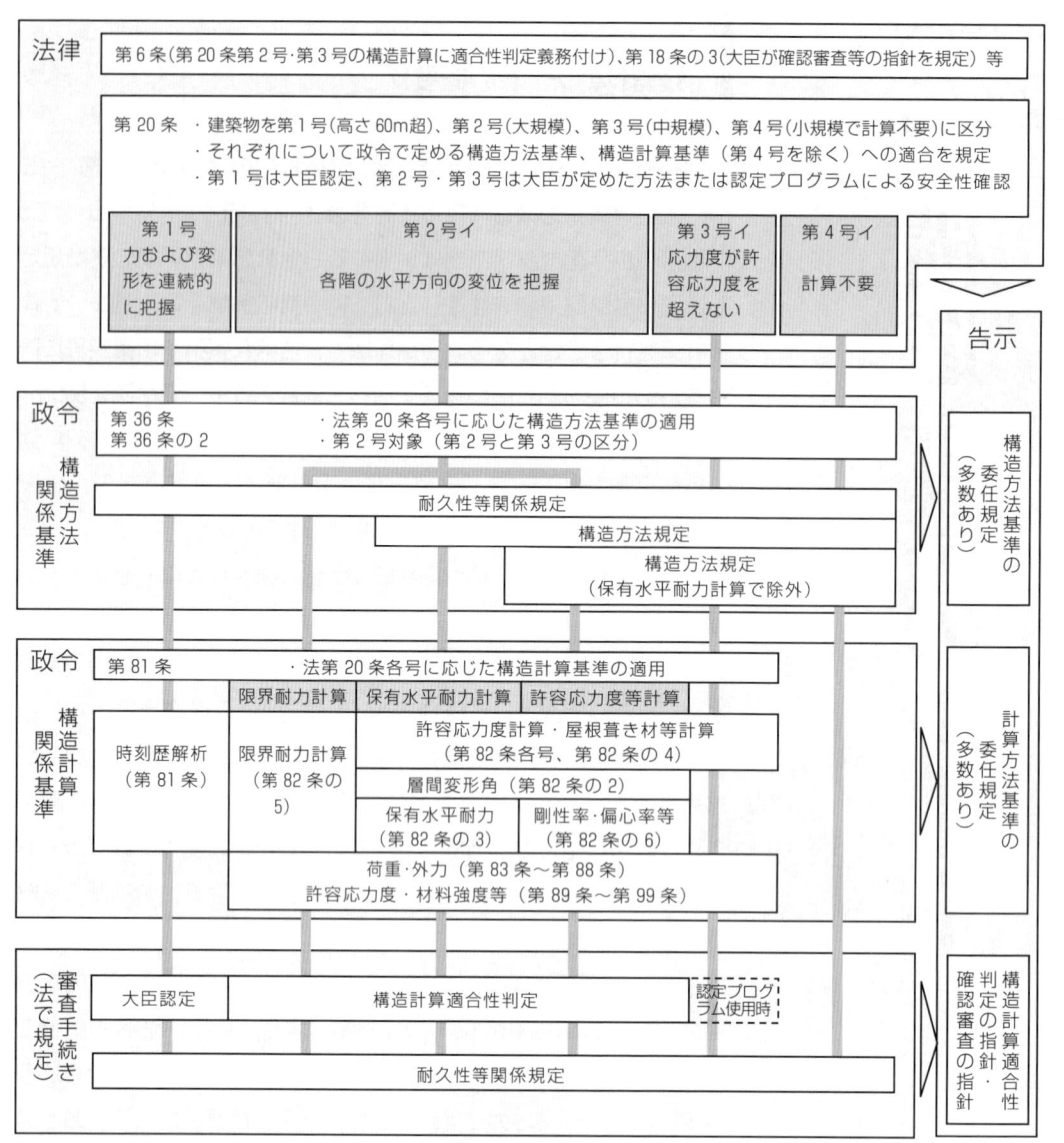

図3-6 主要な構造関係規定の適用関係

出典:「2007年版建築物の構造関係技術基準解説書」全国官報販売協同組合, p25, 図2.2-1, 2007年

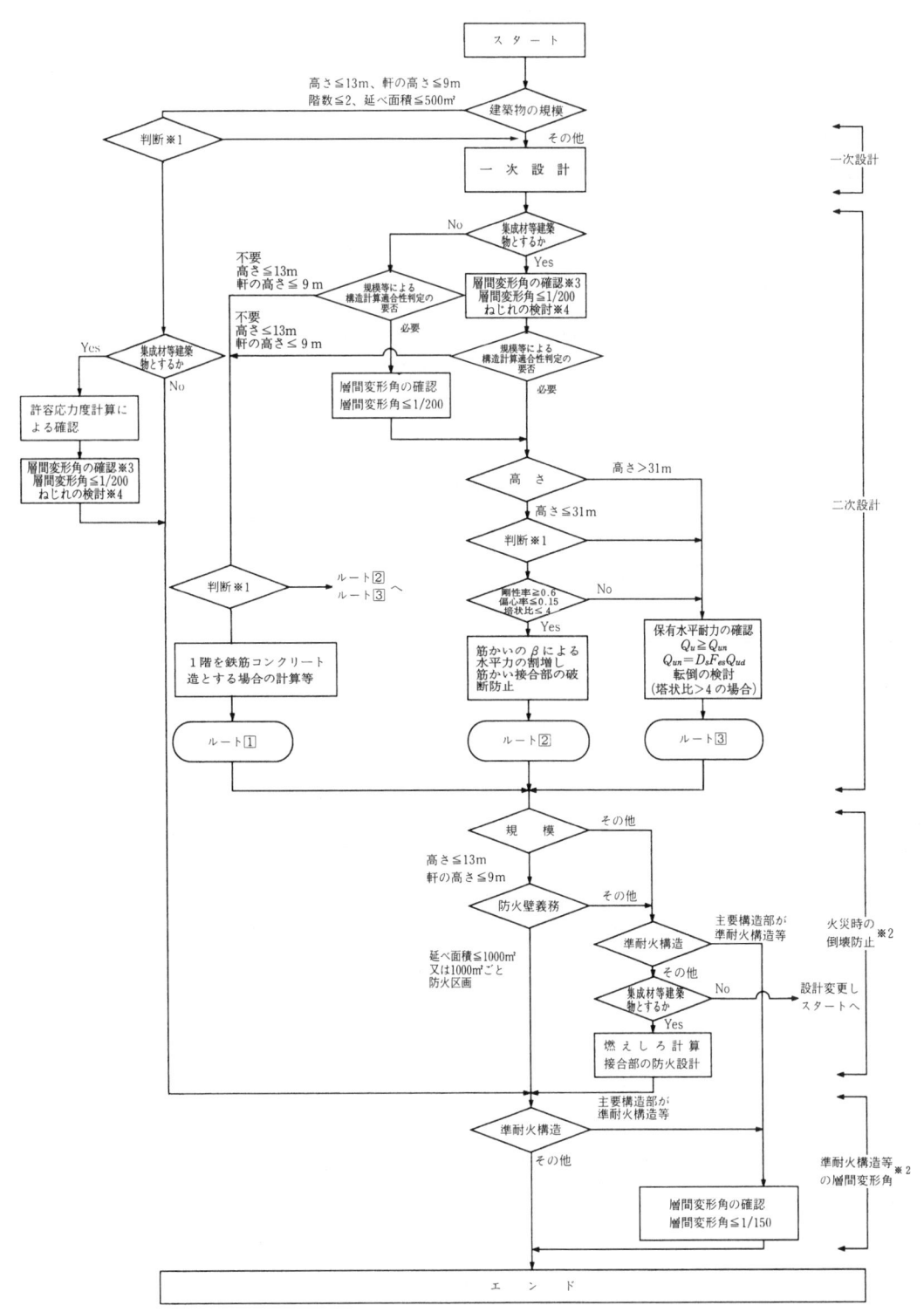

※1 判断とは設計者の設計方針に基づく判断であり，例えば31m以下の建築物であってもより詳細な検討を行う設計法であるルート3の計算としてもよいことを表している。
※2 耐震計算（令第3章第8節）には含まれないが参考として示したものである。
※3 $C_0 \geq 0.3$として許容応力度計算を行った場合は不要である。
※4 偏心率が0.3を超える場合は保有水平耐力の確認を，また，偏心率が0.15を超え0.3以下の場合は，Feによる外力割り増し，ねじれ補正又は保有水平耐力の確認のいずれかを行う。

図3-7 木造建築物の構造計算フロー

出典：「2007年版建築物の構造関係技術基準解説書」全国官報販売協同組合, p389, 図6.6-1, 2007年
（注：図3-7中，「剛性率≦0.6」は誤植と考えられるので，「剛性率≧0.6」に修正した。）

2. 各計算ルート

[1] 令第46条第2項ルート

　令第46条第2項第一号では、柱及び横架材に使用する木材の品質が昭和62年建設省告示第1898号に適合すること、柱脚を鉄筋コンクリート造の基礎に緊結した土台又は鉄筋コンクリート造の基礎に緊結すること、昭和62年建設省告示第1899号の構造計算により安全を確認することをもって、令第46条第1項（実質的には第4項）のいわゆる壁量規定の適用除外ができることとしている。この規定はもともと集成材建築物を想定して設けられたものであり、その後、材料として日本農林規格に適合する製材等も追加されたため、「2007年版建築物の構造関係技術基準解説書」[1]では、この規定に基づいて設計される建築物を「集成材等建築物」と称している。本書で扱う集成材建築物も大部分はこのルートによるものである。

　昭和62年建設省告示第1898号には、建築基準法施行令（昭和25年政令第338号）第46条第2項第一号イの規定に基づき、構造耐力上主要な部分である柱及び横架材（間柱、小ばりその他これらに類するものを除く。）に使用する集成材その他の木材の品質の強度及び耐久性に関する基準として、7つが挙げられており、その中に「集成材の日本農林規格（平成19年農林水産省告示第1152号）第5条に規定する構造用集成材の規格」が含まれている。本書で扱う集成材建築物はこれによるものである。

　昭和62年建設省告示第1899号には、必要な構造計算として第一号から第三号の規定が掲げられている。

　第一号は許容応力度計算（屋根ふき材等の構造計算は除く）、第二号は層間変形角の確認である。ただし、層間変形角の確認は、$C_0 \geq 0.3$で許容応力度計算を行えば免除される。

　第三号は平成19（2007）年6月20日の改正で追加された項目で、偏心率が0.15を超えないこと、偏心率が0.3以下でFe割り増しをして許容応力度計算を行うこと、偏心率0.3以下でねじれ補正を行って許容応力度計算を行うこと、保有水平耐力計算を行うこと、のいずれかを求めている。

[2] ルート1

　木造建築物におけるルート1は許容応力度計算そのものである。法令上は「令第82条各号及び令第82条の4に定めるところによる構造計算」と称されるが、木造建築物でも地上の階数が3以上の場合や延べ床面積が500m²を超えた場合に許容応力度計算が要求される。ただし、前[1]に述べたように、集成材建築物では令第46条第2項を適用することになるため、これ以下の規模でも許容応力度計算を行うことになる。

　本来は各部の応力度を算出して許容応力度以下に収まっていることを確認するという検証法であり、地震に関して言えば、直接的には稀な地震動に対して各部が許容応力度以下に収まることを確認することとなる。しかしながら、ルート1で設計された建築物でも、極めて稀な大地震動に対して倒壊しないことが担保されている必要がある。そのため、構造要素の許容耐力の設定において終局性状を考慮した設定を行うことと、部材と接合部のどちらを先行破壊させるかといった破壊制御の考え方を盛り込んで、設計を行う必要がある。

[3] ルート2

2006（平成18）年から2007年にかけての法令改正で、いわゆるルート2の計算を「許容応力度等計算」と称することとなった。木造建築物の場合には、高さ13mまたは軒高9mを超える場合に、構造計算適合性判定の対象となる建築物となり、許容応力度計算に加えて保有水平耐力計算（いわゆるルート3）または剛性率、偏心率およびじん性確保のための計算や確認など（いわゆるルート2）が要求される。

昭和55年建設省告示第1791号第1には、木造の建築物に関してルート2で要求される構造計算の基準が示されており、筋かいの水平力負担割合による応力割り増し、木材の筋かいが割裂きやせん断破壊を生じないことの確認、木材以外の筋かいの端部や接合部が破断しないことの確認、塔状比が4を超えないことの確認、その他柱、はり、接合部などの割裂きやせん断破壊などによって急激な耐力低下を起こさないことの確認が求められている。

[4] ルート3

保有水平耐力計算は、Newmark[2]によって提案された地震応答予測法であるエネルギー一定則に基づく、大地震動に対する性能検証法を含む構造計算である。1981（昭和56）年の新耐震基準の導入に際し、一定以上の規模の建築物に義務づけられる計算ルートの1つとして法令上に位置づけられた。

木造建築物の場合には、前述のように、高さ13m又は軒高9mを超える場合にルート2またはルート3の計算や確認が要求されるが、特に高さが31mを超える場合に保有水平耐力計算（ルート3）が要求される。2007（平成19）年5月に、保有水平耐力計算に用いる構造特性係数D_sの算出方法に関する告示（昭和55年建設省告示第1792号）が改正され、木造についても詳細にD_sの算出方法が定められた。

その告示では、第2第1項に、令第46条第2項第一号による場合のD_sの規定があるが、柱及びはりの小径が15cm以上、断面積が300cm^{2}以上の条件があるので、いわゆる大断面木造に対する規定となっている。柱及びはりの部材群の種別として崩壊系に達する際の応力によりFA、FCの種別、接合部の部材群の種別としてじん性を考慮してボルト等の径と材厚の比などによりSA、SB、SC、SDの種別が設けられ、これらと架構の形式（剛節架構またはアーチ架構の場合、筋かいの負担割合が0.7以上の場合、その他の場合）により、D_sが0.25から0.5の範囲で定められている。

また、ただし書きがあり、特別な調査研究により減衰やじん性を適切に評価して算出することも認められている。集成材建築物にあっては、実験に基づいた適切なモデル化により増分解析を行ってD_sを算出することも考えられる。

本来、許容応力度計算と合わせて保有水平耐力計算を別途行えば、極めて稀な地震動に対する安全性を無理に許容応力度計算の中で担保する必要はなく、損傷防止と倒壊防止のそれぞれを目標とした、より合理的な設計が可能となるはずである。

[5] 限界耐力計算

限界耐力計算は2000（平成12）年の基準法改正に際して、構造関連規定における性能規定化の重要な柱として導入された。地震については、大地震動と中地震動の双方に対して検証を行うことと

されており、その検証方法は、柴田ら[3]が提案した地震応答予測法である等価線形化法に基づいている。

　法令上は令第82条の5に規定されており、平成12年建設省告示第1457号に具体的な計算の詳細が規定されている。

　保有水平耐力計算と比べた場合、基礎となる応答予測法の違い以上に、規定上、仕様書的規定に依存する程度が極めて少ないことが特徴となっている。したがって、各層の荷重変形関係および等価粘性減衰が算出できて、損傷限界と安全限界が求められるような構造であれば、施行令の種々の構造規定を満たさない新しい構造方法にも適用が可能である。性能規定化の柱とされる所以である。

［6］時刻歴応答解析

　時刻歴応答解析は、法第20条第一号において、高さが60mを超える建築物に対する構造計算として、「建築物の各部分に連続的に生ずる力及び変形を把握することその他の政令で定める基準に従った構造計算」と規定されているもので、令第81条第1項、平成12年建設省告示第1461号にやや詳細な計算方法が規定されている。また、この時刻歴応答解析による場合には、法第20条に基づき建築物ごとに国土交通大臣の認定が必要とされる。そのため、指定性能評価機関において性能評価を受ける必要があり、各指定性能評価機関においてそのための業務方法書が作成されている。

　技術的には、構造物全体のモデル化、接合部も含めた履歴性状の設定、解析に用いる地震波の設定などを適切に行う必要がある。

3. 併用構造（混構造）

　木造と他の構造種別を併用した併用構造（混構造）については、令第36条の2第四号により、高さが13m又は軒の高さが9mを超える場合に法第20条第二号の政令で定める建築物に相当し、ルート2以上の構造計算が要求される。

　また、令第36条の2第五号に基づく平成19年国土交通省告示第593号には、第三号に木造と組積造、補強コンクリートブロック造、鉄骨造、鉄筋コンクリート造、鉄骨鉄筋コンクリート造との併用構造について、次のイ又はロに該当するもの以外のものはルート2が要求される旨の規定がある。

　　イ　2以上の部分がエキスパンションジョイント等のみで接している建築物以外の建築物で、次
　　　　の（1）から（5）に該当するもの
　　　　　（1）地階を除く階数3以下
　　　　　（2）高さ13m以下かつ軒の高さ9m以下
　　　　　（3）延べ面積500m²以内
　　　　　（4）鉄骨造の構造部分を有する階が第一号イ（1）、（3）及び（4）に適合
　　　　　（5）鉄筋コンクリート造及び鉄骨鉄筋コンクリート造の構造部分を有する階が前号イに適合
　　ロ　2以上の部分がエキスパンションジョイント等のみで接している建築物で、各部分が次の
　　　　（1）から（6）のいずれかに該当するもの（（1）～（6）略）

さらに、同告示第四号には、木造と鉄筋コンクリート造の構造を併用する建築物で、次のイからハまでのいずれかに該当するもの以外のものは、ルート2が要求される旨の規定がある。

イ　2以上の部分がエキスパンションジョイント等のみで接している建築物以外の建築物で、次の（1）から（9）に該当するもの
　　（1）「（ⅰ）地階を除く階数が2又は3かつ1階部分が鉄筋コンクリート造、2階以上の部分が木造」または「（ⅱ）地階を除く階数が3かつ1階及び2階部分が鉄筋コンクリート造、3階部分が木造」
　　（2）高さ13m以下かつ軒の高さ9m以下
　　（3）延べ面積500m²以内
　　（4）地上部分が令第82条の2に適合
　　（5）2階及び3階が木造の場合には2階及び3階部分の剛性率が令第82条の6第二号イに適合
　　（6）1階及び2階が鉄筋コンクリート造の場合には、1階及び2階部分の剛性率が令第82条の6第二号イに適合
　　（7）地上部分について各階の偏心率が令第82条の6第二号ロに適合
　　（8）鉄筋コンクリート造部分について昭和55年建設省告示第1791号第3第一号の構造計算
　　（9）木造部分について昭和55年建設省告示第1791号第1の構造計算
ロ　2以上の部分がエキスパンションジョイント等のみで接している建築物以外の建築物で、次の（1）から（4）に該当するもの
　　（1）地階を除く階数が2かつ1階部分が鉄筋コンクリート造、2階部分が木造
　　（2）イ（2）、（4）及び（7）から（9）までに該当
　　（3）延べ面積3,000m²以内
　　（4）2階部分の地震力について標準せん断力係数C_0を0.3以上として令第82条第一号から第三号の構造計算、又は特別な調査研究により振動特性を適切に考慮し、安全を確かめられたもの
ハ　2以上の部分がエキスパンションジョイント等のみで接している建築物で、各部分が次の（1）から（3）のいずれかに該当するもの（（1）〜（3）略）

　したがって、1階が鉄筋コンクリート造または鉄骨造で2階から上が木造という3階建てまでの高さ方向の併用構造については、高さ13m以下、軒高9m以下、延べ面積500m²以下であれば、鉄筋コンクリート造または鉄骨造の構造方法によりルート2が要求されなければルート1でよい（第三号イ）。

　また、1階を鉄筋コンクリート造とした場合に限っては、ルート2相当の計算（ただし剛性率の計算に際して1階を無視して行ったもの）を行えば、ルート1の計算と見なされることになる（第四号イ）。さらに、2011（平成23）年の改正で、1階および2階が鉄筋コンクリート造で3階が木造という併用構造についても同様の扱いがなされることとなった（第四号イ（1）（ⅰ））。

　それに加えて、1階が鉄筋コンクリート造、2階が木造という2階建ての併用構造では、高さ13m以下、軒高9m以下の場合、延べ面積3,000m²以下の規模まで、同様に剛性率、偏心率などの確認を行い、かつ、標準せん断力係数C_0を0.3以上とする構造計算かまたは特別な調査研究によ

る安全の確認を行うことにより、ルート1の扱いとなることとなった（第四号ロ）。体育館などの建物を想定して加えられた規定であるが、水平構面の地震時の振動性状を考慮する必要があることから C_0 を割り増すかまたは適切な地震力の算定が必要とされている。この特別な調査研究に基づく確認方法としては、日本建築構造技術者協会（JSCA）のホームページ（http://www.jsca.or.jp/）に水平構面の地震力の計算方法が示されている。

なお、高さ13m以下、軒高9m以下、延べ面積500m²以下の1階が鉄筋コンクリート造、2階または3階が木造の併用構造のAiについては、かつての通達の元となった調査研究に基づき、2階および3階のAiの計算に際して1階部分の地震力算定用重量を2階部分の地震力算定用重量の2倍と見なすことができる[1]。また、4階建て、5階建ての併用構造の外力分布については、基準解説書[1]の付録にAiで妥当と考えられる旨の記載がある。

その他、小屋組のみが木造でその他の部分が鉄筋コンクリート造等の場合には、鉄筋コンクリート造等の部分は小屋組の重量を考慮して通常の方法で設計すればよい[1]。平面的な併用構造についてはエキスパンションジョイントを設けて構造種別ごとに設計することができる。異種構造間の応力伝達が十分に可能であれば一体のものとして設計することになるが、その場合の計算ルートについては、高さ方向の併用構造のように、これに特化した規定が設けられているわけではない。

参考文献
1）「2007年版建築物の構造関係技術基準解説書」全国官報販売協同組合，2007年
2）Veletsos, A.S. and Newmark, N.M., "Effect of inelastic behavior on the response of simple systems to earthquake motions", Proc. of the 2nd WCEE, Vol. 2, 1960年
3）Shibata, A. and Sozen, M.A., "Substitute-structure method for seismic design in R/C", Proc. of the ASCE, Journal of the Structural Division, Vol. 102, ST 1-3, 1976年

3節 集成材の基準強度・許容応力度

1. 構造用集成材の基準強度の根拠

　構造用集成材の基準強度は、ラミナの強度等級区分に基づいて、その断面におけるラミナ配置を考慮して決定されている。ラミナの強度等級区分には大きく分けて2つの方法がある。1つは、ラミナをグレーディングマシンに投入して、連続的に曲げ弾性係数を測定して行う方法で、機械等級区分という。もう1つは、材表面の欠点や目切れを目視によってその程度を判断し、選別する方法であり、目視等級区分（Visual grading：節、目切れ等の欠点の程度の優劣を人間の目視で区分すること）という。

　機械等級区分（強制的に曲げ変形を与えたときのたわみを測定して曲げ弾性係数を得る方法と端部を打撃したときの応答周波数を測定して動的弾性係数を得る方法がある）によるラミナの強度は、樹種によらずその弾性係数との相関は比較的高い。図3-8[1]は、節を有するラミナの弾性係数と曲げ強さの関係であるが、相関係数は0.75〜0.85で、節径比と曲げ強さの相関関係（0.55〜0.65[2]）よりはるかに高い。ラミナの基準強度は樹種によらず弾性係数ごとに与えられている。

　目視等級区分は、強度性能、節および穴、繊維走行の傾斜、腐れ、割れ、変色、逆目、平均年輪幅その他の欠点を見極めて1〜3級に区分している。その目視等級と樹種ごとに弾性係数と曲げ強さの平均値と下限値の基準値が規定されており、等級区分されたラミナの95％が当該基準値を満足していることとなっている。

　構造用集成材の積層方向（縦使い）の曲げ強度は、ラミナの強度の基準値（基準曲げ強度）、もしくは95％の信頼限界値に基づいて、集成材の日本農林規格に規定されるラミナ構成に応じて断面2次モーメントを考慮して確定論的に算出したものとなっている。これに対して、対称異等級構成、非対称異等級構成、特定対称異等級構成構造用集成材を平使いした場合（幅方向）の強度は、積層方向と異なることは自明である。平使いしたときの基準強度は、ラミナの基準強度から断面積比を考慮して算出した強度に0.836を乗じて求められている。

　一方、圧縮強度および引張り強度は、積層方向の曲げ強度の基準値に対してそれぞれ0.75、0.6を乗じた数値に基づいて、有効桁数以下の数値を切り捨てるなどして基準強度[3]とされている。ただし、対称異等級構成、非対称異等級構成、特定対称異等級構成構造用集成材の圧縮強度および引張り強度は、最外層ラミナの基準曲げ強度にそれぞれ0.75、0.6および断面積比を考慮した係数を乗じて

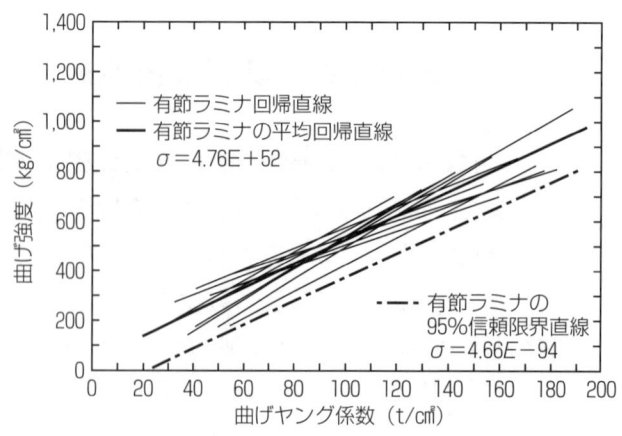

図3-8　ラミナの曲げ弾性係数と曲げ強度
出典：建設省住宅局建築指導課監修「大断面木造建築物設計施工マニュアル 1988年版」日本建築センター，1988年

求められている。

さらに、積層数によって欠点等の影響の度合いが異なることから、積層効果補正係数を導入している。曲げ、圧縮、引張りの応力によって数値は異なるが、積層数2で積層効果補正係数は1.0、積層数3で1.0～1.1、積層数4以上で1.0～1.2とされている。

せん断の基準強度は樹種ごとに与えられている。概ね製材と同じ数値が与えられているが、一部で異なっている。

以上の算出方法などに基づいて、構造用集成材の基準強度は平成13年国土交通省告示第1024号第3第二号に規定され、基準弾性係数は木質構造設計規準・同解説[4]に定められている。

2.
各種調整係数など

集成材を用いて建築物の構造計算を行うにあたって、その使用環境等に応じて以下の調整係数を乗じる必要がある。

① 寸法調整係数

集成材の曲げ強さは、はりせいによって異なることが知られている。よって、構造設計に際しては、許容応力度、基準強度に対して寸法調整係数 k_z を乗じた数値を使用する必要がある。任意のはりせい h の集成材に乗じる寸法調整係数 k_z は、標準はりせい h_0 を異等級構成集成材では300 mm、同一等級構成集成材では100 mmとして、式（3.3.1）で示される。なお、α は1／9とする。

$$k_z = \left(\frac{h_0}{h}\right)^\alpha \quad \cdots\cdots\cdots\cdots\cdots\cdots\cdots\cdots\cdots\cdots\cdots\cdots\cdots\cdots\cdots\cdots\cdots\cdots\cdots\cdots\cdots\cdots\cdots (3.3.1)$$

② 含水率の調整係数

木材の力学特性はその含水率によって異なり、一般に含水率の上昇とともに強度や剛性が低下する。集成材の日本農林規格では、ラミナの含水率を8～15％に調整することが要求されている。結果として、集成材の含水率は平均値としては12％程度になっているものと考えられる。木材の平衡含水率曲線（図3-9）より、各温湿度環境における木材の含水率は、JIS Z 8703に定める標

準状態(気温20℃、相対湿度65 %)で約12 %、30℃、90 %の夏では約21 %、10℃、30%の冬では約6.2 %になると考えられる。これにより、木材の強度・剛性は変化するため、集成材の強度・剛性も変化すると考えられている。特に、平成13年国土交通省告示第1024号第1第二号では、基礎ぐい、水槽、浴室など常時湿潤状態にある部分に使用する場合には、許容応力度を70 %に低減することが規定されている。常時湿潤状態とならなくても、使用環境に応じて含水率が高くなる場合には、その環境下での強度を測定して、材料強度を適切に低減して設計に供することが望ましい。

なお、含水率の調整係数の算出方法は、例えば平成10年国土交通省住宅局建築指導課国際基準調査官事務連絡によることができる。これは平成12年建設省告示第1446号別表第2における第1第十号に掲げる建築材料(木質複合軸材料)に対する含水率の調整係数の測定方法と同一であり、表3-2に示すとおりである。使用環境ごとに規定される試験環境下での材料特性値を求め、常態(気温20±2 ℃、相対湿度65±5 %)下での材料特性値との比を算出し、これを各環境下での調整係数とするものである。ここでいう材料特性値とは、曲げ、圧縮、引張り、せん断、めり込みのそれぞれの応力に対する強度、及び弾性係数であり、それぞれについて算出することが基本である。しかし、曲げ以外の応力に対する調整係数が、曲げ応力に対する調整係数で代用できることが明らかな場合は、それで代用することができる。

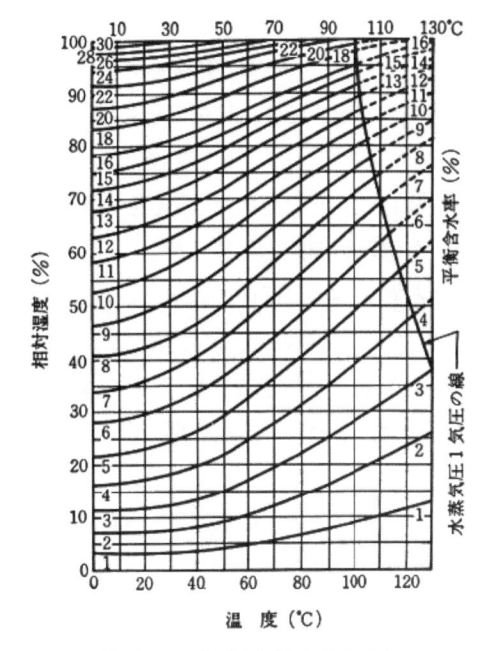

図3-9 木材の平衡含水率曲線
出典:独立行政法人森林総合研究所監修「木材工業ハンドブック改訂4版」丸善、2004年

表3-2 使用環境と含水率の調整係数

使用環境		試験環境	含水率の調整係数 (1.0を超える場合は1.0)
常時湿潤環境	常時湿潤状態となるおそれのある環境	気温20±2 ℃ 相対湿度 95±5 %	X_{95}/X_0
断続湿潤環境	屋外に面する部分(防水紙その他これに類するもので有効に防水されている部分を除く。)における環境又は湿潤状態となるおそれのある環境(常時湿潤状態となるおそれのある環境を除く。)	気温20±2 ℃ 相対湿度 85±5 %	X_{85}/X_0
常時湿潤環境、及び断続湿潤環境以外の環境			1.0

ただし、X_0:気温20±2 ℃、相対湿度 65±5 %における材料特性値
　　　X_{95}:気温20±2 ℃、相対湿度 95±5 %における材料特性値
　　　X_{85}:気温20±2 ℃、相対湿度 85±5 %における材料特性値

③ 事故的水掛かりを考慮した調整係数

我が国では施工途中の雨天など、集成材等構造用材料に直接水掛かりが生じてしまう場合は少なくない。集成材をはじめとする接着再構成材料の材料特性値は、この水掛かりによって低下することもある。梅雨時などで3日間程度連続して降雨があった場合を想定して、72時間散水前後の材料特性値を求め、その比を事故的水掛かりを考慮した調整係数とすることとなっている。なお、散水

後の材料特性値は、十分気乾状態（気温20±2℃、相対湿度65±5％における24時間の重量比が0.1％以下）になるまで乾燥してから求める。ただし、本来は曲げ、圧縮、引張り、せん断、めり込みのそれぞれの応力に対する強度、及び弾性係数それぞれについて算出することが基本である。しかし、曲げ以外の応力に対する調整係数が、曲げ応力に対する調整係数で代用できることが明らかな場合は、それで代用することができる。

④　荷重継続時間の調整係数

　木材が短期的な荷重で破壊に至る応力度に対して基準強度を設定しているが、長期的に作用する荷重によって破壊に至る応力度はこれと異なる。木材を接着再構成した集成材等においても同様の性状を示すことが予想されている。基準強度に対して安全率2/3を乗じたものが許容応力度であるが、短期許容応力度と長期許容応力度は、それぞれ別の数値が設定されているのはこのためである。

　木材は、Wood[5]によって実験的に得られたベイマツに対するMadisonカーブに基づいて、その荷重継続時間と許容応力度の関係が与えられている。図3-10に、応力レベル（％）と破壊荷重継続時間の対数の関係を模式的に示す。応力レベル80％では、約1日で破壊に至り、応力レベル70％では約1年で破壊に至ることがわかる。平成13年国土交通省告示第1024号第1第二号で与えられている各許容応力度の想定時間と基準強度に乗じる係数を整理して表3-3に示す。50年に相当する調整係数は0.55であり、安全率（2/3）とともに基準強度に乗じることで長期に生ずる力に対する許容応力度が算出される。なお、2000年以前は、長期荷重の想定を250年としていたため、荷重継続時間の調整係数は0.5が使用され、安全率とともに基準強度に対して1/3が乗じられていたことになる。

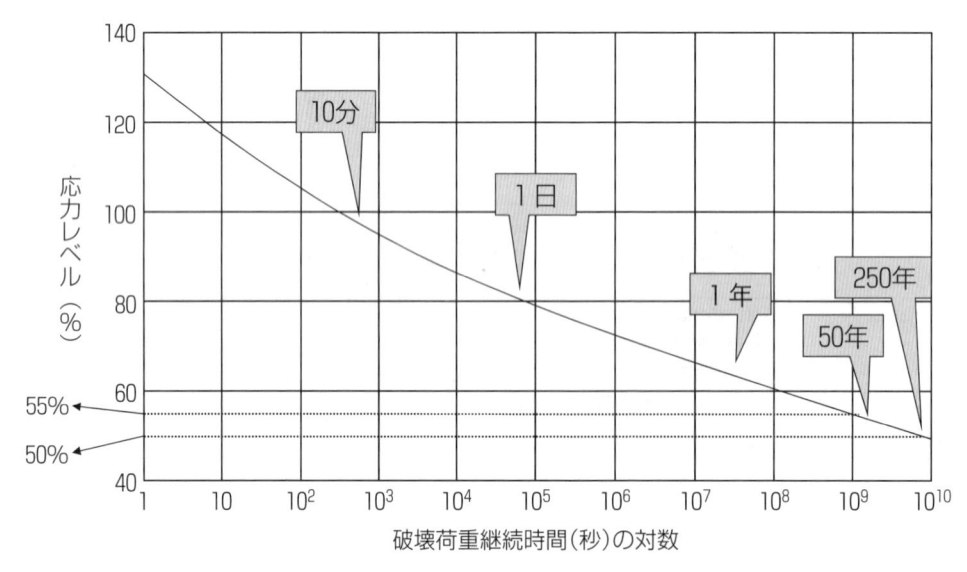

図3-10　木材の応力レベルと破壊荷重継続時間の関係のイメージ

表3-3 各許容応力度の想定時間と荷重継続時間の調整係数

許容応力度の種類	計算対象とする荷重	想定荷重継続時間	基準強度に乗ずる係数*
短期	短期に作用する荷重（風圧力・地震力等）	10分	$\dfrac{2}{3}$
中短期	多雪地以外の積雪荷重	3日	$\dfrac{2}{3} \times 0.8$
中長期	多雪地の積雪荷重	3ヵ月	$\dfrac{1.1}{3} \times 1.3$
長期	長期に作用する荷重（固定荷重・積載荷重等）	50年	$\dfrac{1.1}{3}$

＊：安全率（2/3）×荷重継続時間の調整係数

⑤ クリープの調整係数

　木材は、長期に継続して荷重が作用すると、その変形は徐々に増大することが知られている。荷重による変形の計算を行う際には、初期変形のみならず、供用期間中に増大する変形を予測して設計する必要がある。そこで変形の増加をあらかじめ予測して、設計時に調整係数を用いる。調整には弾性係数を低減する方法と、変形を割り増す方法があるが、クリープの調整係数は前者で、後者の場合はクリープ変形増大係数などと称されることもある。

　また、曲げ、圧縮、引張り、せん断、めり込みの各応力に対して、その変形が増大する割合は、同じかどうかは明確にはわかっていないため、原則として各応力に対するクリープの調整係数を把握する必要がある。圧縮、引張り、せん断、めり込みの各応力に対するクリープの調整係数が曲げ応力に対するクリープ調整係数と同等以上であれば、これで代用できるとされている。

　具体的に求める方法の一例が、平成12年建設省告示第1446号別表第2における第1第十号に掲げる材料に対する第八号に示されている。概略を示すと、次式（3.3.2）によって算出される応力度 σ_c を当該材料に与えてから1分、5分、10分、100分および500分後並びにその後24時間ごとに5週間以上測定し、得られたひずみを γ_{1m}、γ_{5m}、γ_{10m}、γ_{100m}、γ_{500m}、…、γ_t とする。

$$\sigma_c = \frac{2}{3}\sigma_r \cdot k_{mc} \cdot k_{dol} \quad \cdots\cdots\cdots\cdots\cdots\cdots\cdots\cdots\cdots\cdots\cdots\cdots\cdots\cdots\cdots\cdots (3.3.2)$$

ただし、σ_c：クリープ試験で与える応力度（N/mm²）
　　　　σ_r：破壊荷重算出用試験体の破壊応力度の平均値（kN/mm²）
　　　　k_{mc}：当該材料、当該応力の種類に対する含水率の調整係数
　　　　k_{dol}：当該材料、当該応力の種類に対する荷重継続時間の調整係数

　経過時間の常用対数、並びに γ_t / γ_{1m} の常用対数を求め、時間の常用対数を独立変数とした場合の回帰直線（γ_{1m}、γ_{5mw} を除く）を求め、その回帰直線上の時間が50年に相当するクリープ変形比の数値（1.0を超える場合は1.0）をクリープの調整係数とする。

　本来は、相対クリープ（初期変形）に対する相対クリープを算出対象とすべきであるが、載荷した瞬間の変形量を測定することは困難であるため、初期変形を1分として簡略化した算出方法と位置づけられる。

⑥ 防腐処理による力学特性値の低下率

　防腐処理薬剤もしくはインサイジング処理によって、集成材の接着性能、あるいは強度性能に影響を及ぼすことが懸念されている。この懸念を払拭するために、防腐処理（インサイジングを含

む）による力学特性値の低下率を把握しておく必要がある。この考え方は、集成材製造後に薬剤処理した場合、接着積層前のラミナに薬剤処理を施した場合の双方に適用できる。具体的に求める方法の一例が、平成12年建設省告示第1446号別表第2における第1第十号に掲げる材料に対する第十一号に示されているが、処理した材料の力学特性値の、処理していない材料の力学特性値に対する比を求め、これを低下率とするものである。

参考文献
1）「大断面集成材建築物設計・施工マニュアル」財団法人日本建築センター p26, 1988年
2）「大断面集成材建築物設計・施工マニュアル」財団法人日本建築センター p180, 1988年
3）平成13年国土交通省告示第1024号第3第二号
4）「木質構造設計規準・同解説」社団法人日本建築学会 p402-405, 2006年
5）Wood, L. W.「FPL Report No. R1916」1951年
6）独立行政法人　森林総合研究所監修「木材工業ハンドブック改訂4版」, 丸善, 2004年

4節 荷重

1. 固定荷重

建築物各部の固定荷重は、当該建築物の実況に応じて算定する。ただし、令第84条に荷重の例が示されており、その値を採用することができる。表3-4に、木造関係の値を示す。

なお、日本建築学会編「建築物荷重指針・同解説」には、これら以外の仕様についても掲載されており、参考にすることができる。

表3-4 固定荷重

建築物の部分	種別		単位面積当たり荷重（単位 N／㎡）	備考
屋根	瓦ぶき	ふき土がない場合	640	下地及びたるきを含み、もやを含まない。
		ふき土がある場合	980	下地及びたるきを含み、もやを含まない。
	波形鉄板ぶき	もやに直接ふく場合	50	もやを含まない。
	薄鉄板ぶき		200	下地及びたるきを含み、もやを含まない。
	ガラス屋根		290	鉄製枠を含み、もやを含まない。
	厚形スレートぶき		440	下地及びたるきを含み、もやを含まない。
木造の母屋	もやの支点間の距離が2m以下の場合		50	
	もやの支点間の距離が4m以下の場合		100	
天井	さお縁		100	つり木、受木及びその他の下地を含む。
	繊維板張、打上げ板張、合板張又は金属板張		150	
	木毛セメント板張		200	
	格縁		290	
	しっくい塗		390	
	モルタル塗		590	
床	木造の床	板張	150	根太を含む。
		畳敷	340	床板及び根太を含む。
		床ばり 張り間が4m以下の場合	100	
		床ばり 張り間が6m以下の場合	170	
		床ばり 張り間が8m以下の場合	250	
壁	木造の建築物の壁の軸組		150	柱、間柱及び筋かいを含む。
	木造の建築物の壁の仕上げ	下見板張、羽目板張又は繊維板張	100	下地を含み、軸組を含まない。
		木ずりしっくい塗	340	
		鉄網モルタル塗	640	
	木造の建築物の小舞壁		830	軸組を含む。

2. 積載荷重

建築物の積載荷重は、実況に応じて算定する。ただし、令85条に、単位面積当たりの積載荷重が示されており、これを採用してもよい。その抜粋を表3-5に示す。建物の用途と、構造計算の対象の組み合わせで示されている。なお、局所的に重量物が載る場合には、実況に応じて割増す必要がある。

表3-5 積載荷重

室の種類	構造計算の対象	（い）床の構造計算用 (N/㎡)	（ろ）大ばり・柱、又は基礎の構造計算用 (N/㎡)	（は）地震力の計算用 (N/㎡)
(1)	住宅の居室、住宅以外の建築物における寝室又は病室	1,800	1,300	600
(2)	事務室	2,900	1,800	800
(3)	教室	2,300	2,100	1,100
(4)	百貨店、又は店舗の売場	2,900	2,400	1,300

3. 積雪荷重

単位面積あたりの積雪荷重は、令第86条の規定にしたがって、下式により算定する。

積雪荷重 $= \mu_b \times h_s \times$ 積雪の単位荷重

ここで、積雪荷重：(N/㎡)

μ_b：屋根形状係数。屋根に雪止めがある場合を除き、屋根勾配が60°以下の場合には下式による。また、屋根勾配が60°を超える場合には0とすることができる。

$$\mu_b = \sqrt{\cos(1.5\beta)}$$

β：屋根勾配（°）

h_s：建設地の垂直積雪深（cm）。雪下ろしを行う慣習のある地方においては、雪下ろしの実況に応じて1mまで減じて計算することができる。

積雪の単位荷重：積雪深1cmあたり、面積1㎡あたりの荷重（N/cm/㎡）。一般地域では20とする。多雪区域では特定行政庁の定める値によるが、一般に30とすることが多い。

4. 風圧力

風圧力は、令第87条及び平成12年建設省告示第1454号の規定にしたがって算定する。

建物のi階に加わる風圧力 Q_{wi} は、下式から求める。ここで、見付面積は、外壁の厚さを含めた投影面積とする。また、令第46条による壁量設計も行う場合には、i階の床高+1.35mより上の見付面積とすることができる。

$Q_{wi} = q \times \Sigma(C_f \times A_{wi})$

q：風の速度圧（N／㎡）で、以下の式による。

$q = 0.6 \times E \times V_0^2$

E：以下の式によって求められる値。

$E = E_r^2 \times G_f$

E_r：平均風速の高さ方向の分布を表す係数で、以下による。

$H \leq Z_b$ のとき　$E_r = 1.7(Z_b / Z_G)^\alpha$

$H > Z_b$ のとき　$E_r = 1.7(H / Z_G)^\alpha$

ここで、

H：建築物の高さと軒の高さとの平均（m）

Z_b：地表面粗度区分に応じて表3-6に掲げる数値。

Z_G：地表面粗度区分に応じて表3-6に掲げる数値。

G_f：ガスト影響係数。地表面粗度区分に応じて表3-6に掲げる数値。

表3-6　風圧力計算に用いる Z_b、Z_G、G_f の値

地表面粗度区分		Ⅰ	Ⅱ	Ⅲ	Ⅳ
Z_b （m）		5	5	5	10
Z_G （m）		250	350	450	550
α		0.10	0.15	0.20	0.27
G_f	$H \leq 10$	2.0	2.2	2.5	3.1
	$10 < H \leq 40$	直線補間した数値			
	$40 < H$	1.8	2.0	2.1	2.3

V_0：基準風速（m／s）で、平成12年建設省告示第1454号第2に定める値。

C_f：風力係数で、以下の式による。

$C_f = C_{pe} - C_{pi}$

C_{pe}：建築物の外圧係数で、平成12年建設省告示第1454号第3による。

C_{pi}：建築物の内圧係数で、平成12年建設省告示第1454号第3による。

A_{wi}：i階の見付け面積（㎡）。

5. 地震力

地震力は、令第88条及び昭和55年建設省告示第1793号による。

建物のi階に加わる地震力 Q_{Ei} は、以下の式による。

$Q_{Ei} = C_i \times \Sigma W_i$

C_i：地震層せん断力係数で、下式による。

$C_i = Z \times R_t \times A_i \times C_0$

ここで、

Z：地震地域係数。昭和55年建設省告示第1793号第1で定められた数値。

R_t：振動特性係数。昭和55年建設省告示第1793号第2に定められている方法により算定するが、高さが13m以下の2階建ての場合は1.0となる。

第1種地盤：$R_t = 1 - 0.2(T/0.4 - 1)^2$（ただし、$T$が0.4未満の場合は1.0）
第2種地盤：$R_t = 1 - 0.2(T/0.6 - 1)^2$（ただし、$T$が0.6未満の場合は1.0）
第3種地盤：$R_t = 1 - 0.2(T/0.8 - 1)^2$（ただし、$T$が0.8未満の場合は1.0）

A_i：層せん断力分布係数。昭和55年建設省告示第1793号第3に定められている方法により下式によって計算する。

$$A_i = 1 + \left(\frac{1}{\sqrt{\alpha_i}} - \alpha_i\right) \times \frac{2T}{1 + 3T}$$

α_i：建築物のA_iを算出しようとする高さの部分が支える固定荷重と積載荷重との和を、当該建築物の地上部分の固定荷重と積載荷重の和で除した数値。

T：建物の固有周期（秒）。

$$T = h \times (0.02 + 0.01\alpha)$$

ここで、hは当該建築物の高さ（m）。αは、木造階の高さの合計のhに対する比（地上部分が全て木造の場合は1.0）。

C_0：標準せん断力係数。令第88条第2項により、一次設計用は0.2以上とする。ただし、地盤が著しく軟弱な区域として特定行政庁が国土交通大臣の定める基準（昭和55年建設省告示第1793号第4で、第3種地盤に該当する区域）に基づいて指定する区域については、0.3以上とする。また、二次設計用は1.0以上とする。

W_i：当該階が支えている部分の固定荷重と積載荷重の和。ただし、多雪区域の場合は、積雪荷重を加える。

6. 荷重・外力の組み合わせ

荷重・外力の組み合わせは、令第82条による。これを、表3-7に示す。

木造建築物で注意するのは、横架材の設計における積載荷重の扱いである。積載荷重に、令第85条第1項の表（表3-5）の値を用いる場合は、床根太、床の小ばりなど当該階の床荷重のみを受ける部材の曲げ計算には（い）欄の値を、その他の横架材の曲げ計算には（ろ）欄の値を、たわみの計算には（は）欄の値を用いる。したがって、例えば、横架材の曲げの計算は、積雪が一般地域の場合、長期（常時）、短期積雪時の2通り、たわみの計算は、長期（常時）、短期積雪時の2通り、合わせて4通りの荷重の組み合わせとなる。また、多雪区域の場合は、曲げの計算とたわみの計算のそれぞれに、長期積雪時が加わるため、合計6通りの荷重組み合わせとなる。積載荷重の採用例を表3-8に示す。

表3-7 荷重の組み合わせ

力の種類	荷重および外力について想定する状態	一般地域の場合	多雪区域の場合
長期に生ずる力	常時	G＋P	G＋P
	積雪時		G＋P＋0.7S
短期に生ずる力	積雪時	G＋P＋S	G＋P＋S
	暴風時	G＋P＋W	G＋P＋W
			G＋P＋0.35S＋W
	地震時	G＋P＋K	G＋P＋0.35S＋K

G：固定荷重によって生じる力
P：積載荷重によって生じる力
S：積雪荷重によって生じる力
W：風圧力によって生じる力
K：地震力によって生じる力

表3-8 採用する積載荷重の値

構造計算の対象	計算の種類	積載荷重（N/㎡）		
		事務室	教室	住宅の居室
床根太など	曲げの計算	2,900	2,300	1,800
	たわみの計算	800	1,100	600
その他のはり・けた	曲げの計算	1,800	2,100	1,300
	たわみの計算	800	1,100	600

5節 鉛直荷重に対する計画

集成材を用いた木質構造において、鉛直荷重に対する計画は、構造設計上一般的な項目と木質構造特有の項目に分けられる。構造設計上一般的な項目については、検討項目や検証の進め方などは構造設計者にとっては一般的なものと変わらないため、容易なことと考えられるが、木質構造で具体的な数値をどのように決めるか、といった計算手法や計算の流れについては、十分な情報を得られない場合が多いように見受けられる。また、決まった数値に対する確からしさ、いわゆる"勘所"がないため、不安も多い。それゆえに木質構造の設計は難しいということにもなろう。

本節では、まず構造設計上一般的な項目と木質構造特有の問題の両者を基本事項、計画の要点の概要として述べていくこととしたい。その後、その一般事項を架構別に示しながら、具体的な計算方法についても述べていくことにする。ただし、現段階において十分に検討が進んでいて、検証方法が確立され設計法として整備されているものと、実験などを併用しつつ、試行錯誤的に落としどころを見つけなければならないものがある。それらについては今後の検討課題として述べていくことにしたい。

1. 基本事項

建築物の鉛直荷重に対する計画において考えるべき荷重は、固定荷重、積載荷重、そして積雪荷重である。1日から3日程度の短期的な積雪や引越しなどによって起きる一時的な増加の場合を除いて、鉛直荷重はいったん建築物に載ると長期的に作用する外力である。したがって、確実にその大きさに応じた応力と変形が構造各部に発生し、それらが取り除かれない限り、発生した応力、変形は持続する。その変形がクリープ変形であるような場合には、応力が増えなくても変形が増幅したり、応力が取り除かれたとしても変形が残ったりするような現象が生じる。これら長期的な荷重に対しては、クリープ限度を超えたクリープ破壊などの場合を除いて、破壊などの危険に至るようなことはないが、使用上の不都合な状態を起こすことがあり、危険でなくとも機能上の欠陥となりうる。つまり、大風や大地震動の場合には、当該建築物に損傷、破壊などが発生したとしても、補修や補強によって以後の継続的な使用を続けることが多い。一方、鉛直荷重に対する不都合は、補強が構造形式の変更、大規模な改修につながるような広範囲にわたることが予想され、さらに一時的な問題ではないため、問題の根は深い。

このため、鉛直荷重に対する計画は、風圧力や地震動などの水平

力に対する計画より、よりいっそう慎重にモデル化を行ったうえ、応力算定やたわみ計算では余裕を持たせるという基本事項を厳守することが重要となる。

2. 木質構造における計画の要点の概要

固定荷重、積載荷重および積雪荷重は、建築物のいわゆる上部構造に作用する外力であり、これらの力は構造部材の配置状況に応じて構造部材各部に相応の応力を発生させ、最終的には基礎を通じて地盤まで伝わる。鉛直荷重に対する計画の要点は、第1に、これらの荷重を無理なく確実に基礎まで伝達するよう部材の配置を検討すること、かつ、伝達経路上の各部材に生じる応力や変形が、上述のような各種不都合を生じさせないように部材の断面、寸法および接合方法の概略の仕様を検討することである。その場合、木材は環境条件によっては腐朽すること、曲げ強度が大きい割にはヤング係数が小さいこと、クリープを起こすこと、さらに接合部の性能が架構全体の性能に大きな影響をもつこと、などの木材および木質構造の特性から、次の点に関する配慮を忘れてはならない。

① 木質材料のヤング係数は低く、さらに床下地と接合したとしても、その一体性は、鉄筋コンクリートのはりとスラブ、鉄骨造のデッキとコンクリートスラブといったものに比べ低く、面外剛性の向上は望めない。さらに端部接合部は、計算上の仮定も実態もピン接合に近い。したがって鉛直荷重によるたわみや振動障害などを生じがちであり、これらの障害が出ないよう設計時にたわみを十分小さくすることが重要である。

② 端部接合部に関して、TJIなどの規格材を用いる場合を除き、標準納まりといった形式はない。その他の接合との取り合いや剛性、耐力を確保するため、複雑な納まりになることもあるが、極力、施工者の技術レベルに相応した確実に施工できる接合方法を採用することが重要である。

③ 変形の予測にあたっては、木材のクリープ現象を必ず考慮する。法令上、一般的な使用環境では初期たわみに対して全たわみが2倍、高温高湿環境では同3倍になるとして設計する必要がある。

④ 著しい経年劣化や温度、湿度などの影響が予測される部位については、その影響を考慮するとともに、メンテナンスしやすい環境を事前に計画することが望ましい。

⑤ ①とも関係するが、たわみや振動障害によって、仕上げ材などの機能を損なわない程度の架構の剛性を確保することが必要である。

なお、2000年の法令改正において、木質材料の強度特性の特殊性を反映し、部材の許容応力度の算定に関しては表3-9のような関係づけをした。短期と長期の関係、さらには積雪時の配慮など、木造以外の構造計算時にはなじみがないが、木質材料の特性を反映したものである。また、鉛直荷重に対する組み合わせ応力と許容応力度の関係を表3-10に示した。中長期とは3か月程度の平均的な積雪を、中短期とは3日程度の最深積雪を対象としている。

表3-9 材料の基準強度と許容応力度

基準強度	短期	中短期	中長期	長期
F	$\frac{2F}{3}$	$\frac{1.6F}{3}$	$\frac{1.43F}{3}$	$\frac{1.1F}{3}$

表3-10 応力の組み合わせ

		一般の場合	多雪区域の場合
長期	常時	G＋P	G＋P
中長期	積雪時	−	G＋P＋0.7S
中短期	積雪時	G＋P＋S	G＋P＋S

G：固定荷重による応力、P：積載荷重による応力、S：積雪荷重による応力

3. 部材ごとの注意事項と検証方法の例

[1] 単一曲げ部材

　曲げ部材とは、はり、けた、その他の横架材などを指す。木質部材のはりとして、はりの中央下部や曲げモーメントが大きくなる部分に欠込みを作らない、端部を、割裂きを伴うような接合ディテールとはしないなど、一般的な注意事項がある。そのほかに、大断面ゆえに横座屈の検討を要することがある。

　これらの課題に対する検証方法としては、

① 欠込みに関しては引張に対して抵抗するような接合部を構成する方法が考えられる（図3-11）。

② 接合部では鋼板挿入ボルト、ドリフトピン接合だけではなく、はりの下端を直接支えるような腰掛け部分を作る。

③ 横座屈に対する補剛材を設ける。

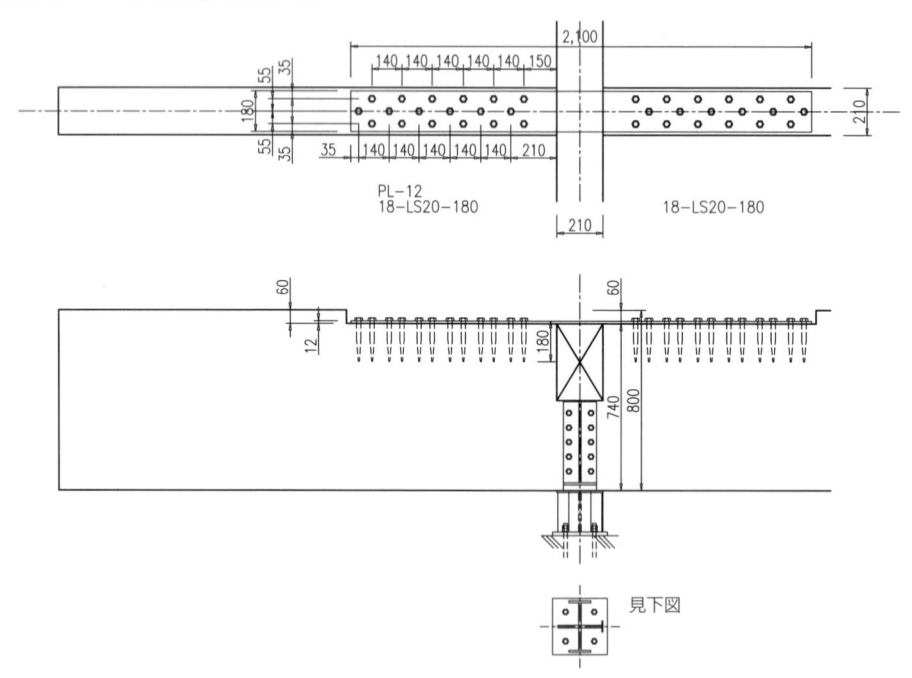

図3-11　欠込みに対して対処するように補強した例

[2] 軸方向圧縮部材

　集成材構造において、軸方向圧縮部材は一般的には柱を指すことが多い。柱の鉛直荷重に対する

設計では発生する圧縮力に対する座屈の検討となる。座屈の計算の際に注意が必要な点は端部の拘束条件である。一般的な軸組構造の場合、柱両端部はピンと仮定することが多く、実態としてもピンである。方づえが付いた場合にはDINによる式が日本建築学会「木質構造設計規準・同解説」に示されている。また、実際の木質部材では年輪の偏り、心材と辺材の剛性の違いなどによって、材の剛心は図心に対して偏心している。さらに元たわみもあることが知られている。これら偏心と元たわみによって、材は載荷直後よりわん曲し始め、計算上の座屈荷重の80%の値で最大となる。また、長柱は短期的実験により求めた比例限度より、クリープ限度は小さく、座屈クリープ限度荷重は偏心荷重を受けたときの座屈強度の50〜70%に存在すると推定されている。これらの結果より長柱に対しては圧縮材の持つ元たわみおよび荷重の不可避の偏心による横たわみの発生を考慮して、長期荷重は短期荷重に対する値の1/2とする。これら座屈に対する配慮を勘案すると、材中央部で継手を作ることは避けるのが基本で、やむを得ず作る場合には極めて慎重に行わねばならない。

　また、クリープによる変形を考慮した全変形は初期変形の2倍と考えてよいこととしている。いずれにしても軸方向の変形は、部分圧縮などに比べて一般的に小さい。

[3] 繊維直交方向の圧縮を受ける部材

　繊維直交方向の圧縮を受ける部材とは、管柱と胴差の接合部、通し柱や管柱と土台との接合部など、いわゆるめり込みを生じる部分である。前述した繊維方向での変形はわずかであり、鉛直荷重による変形はここで述べる繊維直交方向の圧縮を受ける部材と接合部に起因するものが多い。めり込みは短期許容応力度を過ぎたとしても急激に破壊に至るようなことはなく、安全性に関して問題になることはないが、機能性に障害を起こす可能性が高い。その際、補強は困難であり、設計時に十分な注意が必要な部位と言える。

[4] トラス部材などの組み合わせ部材

　長いスパンを単一の木質系部材で掛け渡すと、断面が大きくなりがちであり、経済性や部材調達の容易性、さらには構造美の観点から小径部材を用いてトラスを構成することが多い。トラスは木質材料のみで構成する木製トラスと、金属系材料を引張材として利用し、木材に圧縮力を負担させるようないわゆるハイブリッドトラス構造がある。木製トラスは木材で構成されるゆえに好まれ、ハイブリッドトラスは力学的に合理性を持つという特徴を有している。

　木質材料で作るトラスは、仕口（特にラチスの仕口）、継手の変形が大きく、この変形が架構全体の剛性を大きく低下させる。また木製トラスの場合、弦材の断面が大きいので、通し弦材などにした場合、弦材に曲げモーメントの2次応力が発生して、予想しない破壊を誘発することもある。これらが鉄骨トラスとの相違点である。たわみを少なくすることは架構の機能性や安全性を確保する上でも重要であるが、弦材に生じる2次応力を抑える上でも重要である。トラスのたわみは仕口、継手の変形が大きく関与するので、はりせいをスパンに比して高くしたり、ラチス斜材の傾斜を緩くしたりして仕口の数を減じるとよいとされている。ただし、応力が大きくもなり、構造美の観点からは慎重に応力たわみ計算を行い、様々な形式を採用したいところである。

　応力やたわみの算定は、弦材、ラチス材を弾性要素として、接合部を軸方向、あるいは回転方向も加えたリンク要素とすることにより可能である。

[5] 重ねばりや合わせばりなどの組み立て部材

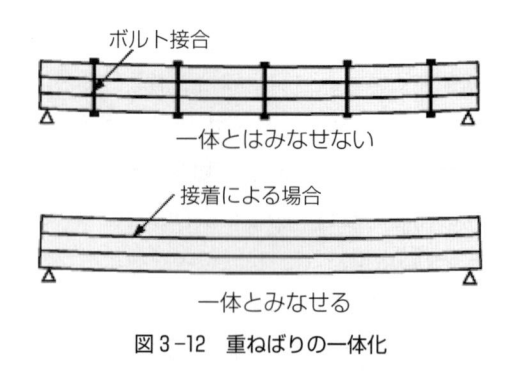

　木質構造では剛な接合が難しく、重ねばりは部材相互間のせん断面はせん断力の伝達ができたとしても剛性が十分に確保できないことが多く、結果としてすべりが生じる。例えば、ボルトで接合しても、一体化されたはりせいとして評価することはできない。接着によれば一体化ともみなすことができるが、集成材等と同様の管理が必要である。その他の組み立て部材も同様で、鋼板などで剛性や強度を向上させるようなものも見られるが、せん断面ですべりが生じないよう十分な注意が必要である。

図 3-12　重ねばりの一体化

[6] 接合部

　ここで考える接合部は、柱はり接合部、はりけた接合部、はり同士の継手などである。一般にこれらの接合部はピン接合とみなされる。前述しているとおり、木質構造では部材の変形より接合部変形が大きく、ピンのモデルでは変形は過小評価となるので、注意が必要である。さらに割裂きによる破壊は脆性的な挙動となるので、そのような破壊が生じる接合部は割裂きがその接合部の強度決定要因とならないように配慮が必要である。

4. 構造ごとの注意事項

[1] ブレース構造、耐力壁構造

　ブレース構造については、はりには曲げモーメントとせん断力が、柱には軸力が作用するため、前述した注意事項を守って設計をすればよい。あえて問題があるとすれば、構造解析のモデル化に際してブレースモデルを用いた場合に、ブレースが軸力を負担し、実際とは異なる小さな変形が計算されることがある。これはブレース構造の問題ではないが、耐力壁構造の安易なブレース置換などは避けねばならない。

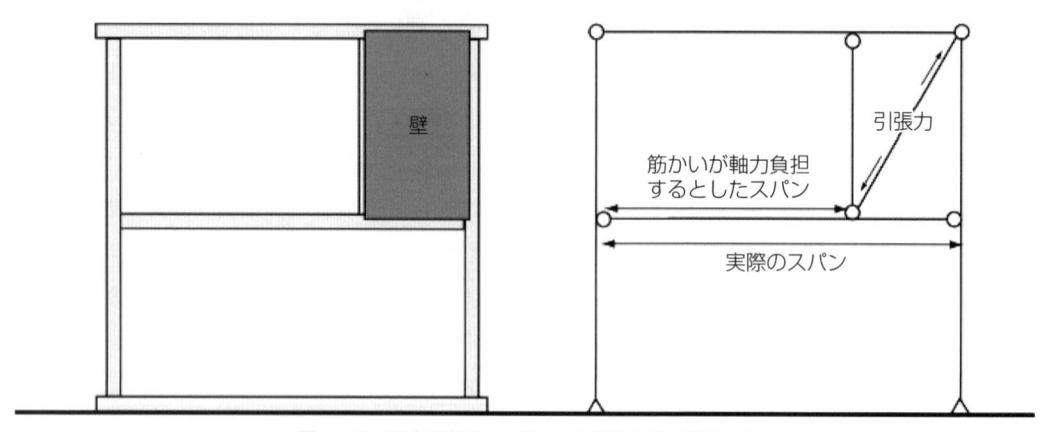

図 3-13　耐力壁構造のブレース置換の際の注意点

［2］アーチ構造

　アーチ部材には鉛直荷重により、軸方向力と曲げモーメント、せん断力が同時に作用する。まず、これらの応力に対してアーチ材の安全を確保するように設計がなされなければならない。2ヒンジアーチ構造や3ヒンジアーチ構造がこれに含まれるが、鉛直荷重だけであっても前述のとおり応力状態が複雑なため、アーチの柱に相当する部分での継手を設けることは極力避けるべきである。さらに、部分的な鉛直荷重、例えば、不均等積雪や部分的な重量懸下物に対しては、局部的な配慮のみならず、構造全体としての安全性が確保されていることを確認する必要がある。また、アーチの形式や形状によってアーチ材の反力は水平成分（スラスト）を多く含むことになり、基礎に大きな水平反力を生じる場合がある。その場合、基礎の強度のみならず、基礎の移動が生じないような構造にする配慮が必要である。

［3］ラーメン構造

　木質ラーメン構造の水平抵抗能力は節を改め詳述するが、鉛直荷重に対してはここで述べることとしたい。ラーメン構造ではアーチ構造と同じく、鉛直荷重によって、はりには曲げモーメント、せん断、柱には曲げモーメント、せん断、軸力、そして、柱はり接合部にせん断と曲げモーメントが生じる。柱については、曲げモーメントの小さい部位を考えて、中央部で継手を設けたくなるところであるが、軸方向圧縮部材のところで述べたとおり、座屈については注意が必要であり、接合を設ける場合には十分な安全率を設定する。曲げは一般のはりと同様の注意事項であるが、ラーメン構造では端部が固定に近くなるため、中央部のたわみも曲げ応力も小さくなるが、完全固定ではないので注意が必要である。

　ラーメン構造の最も注意すべきところはやはり接合部である。応力的には長期時も短期時も問題は少ないが、接合部のクリープの問題、鉛直荷重によって想定した剛性が変化する可能性のある点などが、これまでも指摘されている。せん断ピンを用いた接合では加工穴とピン径の差によるすべりや引きボルトタイプではボルトのがたによって、柱はり接合部では初期すべりが生じる可能性がある。回転剛性を有する接合部のクリープについては、部材と同じくクリープ後の回転角を初期回転角の2倍と考えることでよいと考えられる。

　なお、これらの問題を避けるため、せん断キーを設けたり、はりを支える機構を別途設けたりし、モーメント抵抗接合部の性能とは無関係となるように鉛直荷重に対する配慮をする設計が見られるが、想定どおりに荷重が流れる保証はなく、接合部には余裕を持った設計とする。

［4］木質構造以外の構造と併用する構造

　平面的に鉄骨造や鉄筋コンクリート造と組み合わせる構造では、木質構造と他の構造で単位面積あたりの重量が異なり、さらにクリープ挙動が異なるため、接合部分で2次応力が発生する可能性がある。多層階になると木質構造では沈み込みが生じることも実験などで明らかになっている。平面的な併用構造はエキスパンションジョイントとすることが確実であるが、構造的に一体化を図る場合には注意が必要である。現在のところデータの蓄積が少なく、どのような配慮が必要かは個別に判断することになる。

6節 水平荷重に対する計画

水平荷重に対する計画も鉛直荷重と同様に、構造設計上一般的な項目と木質構造特有の項目に分けられる。構造設計上一般的な項目については、検討項目や検証の進め方などは構造設計者にとっては日常的な他構法での検討内容と変わらないため、比較的容易なことであろう。しかし、木質構造の設計では、具体的な計算の内容や項目はわかっても、何を計算すべきかといった計算の流れに関して情報が少ない。これも鉛直荷重の場合と同様である。

本節でも、まず構造設計上一般的な項目と木質構造特有の問題の両者を基本事項、計画の要点の概要として述べることとしたい。その後、その一般事項を架構別に示しながら、具体的な計算方法についても述べていく。ただし、現段階において十分に検討が進んでいない点もあり、今後の検討課題も多いことに留意する。

1. 基本事項

一般の建築物において考慮すべき水平荷重は、風圧力と地震力である。風圧力や地震力は、前節に述べた鉛直荷重と違って動的な力であり、それらが建築物に与える影響を正確に把握することは鉛直荷重の場合ほど容易ではない。建築基準法施行令では、このため、建築物設計用としてこれらの力を静的な力に置換し、その最低値を定めている。比較的規模の大きな集成材建築物の設計においては、まず、法令の要求する性能水準を満たすように建築物を計画することが求められる。

[1] 風圧力に対する計画
① 建築物各部の耐風性の検討

風圧力は外壁および屋根に作用し、これによって構造各部に応力と変形が発生する。その場合のいわゆる力の流れはおおむね図3-14のようになる。

風圧力に対する計画にあたっては、力の伝達経路上にあるすべての部材や接合部に発生する応力や変形をもれなく推定し、それらが適正な範囲内におさまるようにしなければならない。ところで、屋根ふき材や外壁仕上げ材は極めて多種類の材料や部品から構成されており、そのすべてについてそれに作用する風圧力の大きさや性質

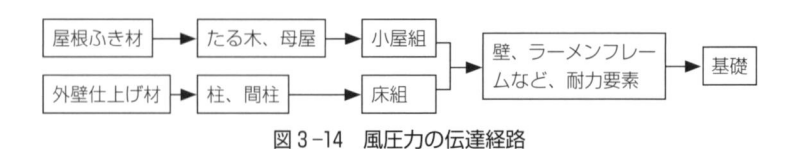

図3-14 風圧力の伝達経路

を正確に把握することは極めて難しいのが実情である。したがって、屋根ふき材や外壁仕上げ材に関しては、上述のような検討を完璧に行うことは事実上できないと考えられるので、その部分については次善の対策を講じておくのが賢明であろう。

例えば、

ⅰ）局部風圧の大きい場所（軒先、けらば、棟および外壁出隅部付近）に取り付けられる外装材は、確実に下地材に留め付けられるように計画し、入念に施工する。

ⅱ）外装材に局部的破損が生じた時に、外部と内部を貫通するような穴があくおそれのある場所は、必ず下地を面材で構成し、外装材の破損が拡大しないように計画する。

ことなどである。

② 飛来物対策

建築物の外壁などには必ず開口部が設けられる。開口部は設計風圧によって破損しないように計画する必要があることは言うまでもないが、このほかに飛来物による破損についての対策を講じておく必要がある。飛来物はガラス開口を容易に破損し、それにともなって開口につながる室内の圧力が一気に上昇する。その時、その空間を囲む間仕切りや床、天井面などに内圧上昇に耐えられない部分があれば、そこが破壊されて隣接空間の内圧上昇を招く。このような現象が繰り返されて最終的に屋根や反対側の外壁が破壊されるに至ると、室内に暴風雨が吹き込み、建築物としての機能は大きく損なわれることになる。したがって、建築物の機能保持を図る必要がある場合には、面積の大きいガラス開口に飛来物防御のための格子を設けるなどの飛来物対策を講じる必要がある。

③ 水平構面の計画

外装材に作用する風圧は、床面や小屋面を通じて主架構に応力、変形を発生させる。主架構は、一般に平面的に分散配置された複数の平面架構で構成されている。これらの平面架構は、水平力の作用に対してそれぞれ異なる剛性をもつことが多く、それらを相互に無関係に独立させておくと水平力の作用下で独自の挙動をすることになる。このような状況は建築物として好ましくない。床面、小屋面などの水平構面は、これら平面架構を互いに連結することによって、主架構全体をおおむね一体的に挙動させるように設計する。

風圧力に限った話ではないが、水平構面の計画は次のように行う。

ⅰ）平面架構の挙動の一体性をどの程度まで確保するかについての判断基準を、外装材、床仕上げ材などの面内あるいは面外の許容変形量、各平面構面の水平分担割合などを勘案して決める。

ⅱ）水平構面各部の応力変形を計算し、その妥当性を判断基準に照らして検討する。応力変形の計算にあたっては、平面架構との変形適合条件を満たすようにする。

ⅲ）水平構面各部の応力は、鉛直架構が水平力によって終局状態に達した場合でも、できるだけ弾性範囲内にとどめるようにする。

［2］地震力に対する計画

地震力に対する計画は、建設地点の地盤の状況、構造躯体の振動性状などを勘案しつつ行う。このために通常は、建築基準法施行令に定める地震力などに対して適正な挙動が得られるように構造を計画する。つまり、極端に剛性が変化する層があるとか、極端に偏心した建物、平面に凹凸が多い構造では、法令を守るのに加えてそれ以上の配慮が必要となる。例えば、法令に定める地震力の

高さ方向の分布、偏心率計算など、許容応力度の足し算などは、平面的な広がりをもつ建築物にあっては、その水平構面の面内せん断剛性が十分高いことを前提としている。したがって、平面架構で構成される大スパン架構などについては、「［１］風圧力に対する計画　③水平構面の計画」に述べた配慮をして、屋根や床などの構面を壁に比べて十分に堅く、いわゆる剛床仮定が成り立つような計画が必要である。もし、水平構面や屋根構面の剛性が低い場合は、架構全体の立体的挙動を推定しつつ構造計画をしなければならない。なお、大規模な屋根構造に対する水平構面の設計の考え方については「５．水平構面に必要な性能」で詳述する。

　また、法令上の設計ルートによっては許容応力度計算のみで安全性の確認は終了する。その場合、必要な保有水平耐力が確保されているかは不明である。２．で詳細を述べるブレースは昭和55年建設省告示第1791号第１に示されるβ割り増しにより脆性的な性状を考慮する。アーチ構造で接合部を持たない場合や脆性的な接合部を持つラーメン構造では構造特性係数 D_s が0.55を超えるようなこともあり、十分に余裕を持った設計が必要となる。

　以下、地震時挙動を中心に設計上の留意点や手法を述べる。

2.
集成材構造の耐力要素とその特徴

［１］壁（構造用合板、木製ブレース、鋼製ブレース）と周辺接合部

　集成材構造であっても、住宅レベルで用いられる構造用合板や木製ブレースなどの耐力壁が用いられる。階高や断面が異なるなどに対して配慮が必要となるが、一般に応力解析を行い接合部に必要な性能を求めるので、さほど問題は生じない。特に構造用合板を張った壁の許容耐力の求め方などは、財団法人日本住宅・木材技術センター「木造軸組工法住宅の許容応力度設計（2008年度版）」の中の面材張り耐力要素の詳細設計法などが参考になろう。

　一方、ブレース構造では応力解析により接合部の設計を行ったとしても、その端部などでは予想外の応力が発生することもあるため、注意が必要である。例えば、軸力に対してドリフトピン接合とした場合に材軸方向にドリフトピン本数の多い接合部をつくると、変形が進むと接合部には曲げモーメントが生じ、繊維直角方向の割裂き力が生じて予想外の破壊、特に脆性的な破壊が起こることがある。また、応力的に安全な設計がなされていたとしても、木質構造では接合部ですべりが生じてしまうため、ブレース構造であっても変形計算においては接合部のすべりを考慮する。加えて、本節１．［２］で述べたようにブレース構造は脆性的に壊れることが知られている。筋かい端部を十分なじん性を持たせる接合部とすることが重要である。また、柱に曲げモーメントが生じるようなＫ型ブレースは柱が曲げ破壊によって脆性的な性状を示すと考えられ、注意が必要である。

　昭和55年建設省告示第1791号第１では、筋かいはエネルギー吸収性能が低く、また、脆性的な破壊性状を示すことから、水平力の割り増しを要求している。表３-11にその値を示した。筋かいが負担する水平力に応じて、地震力を割り増すことになる。

　鋼製ブレースを用いるときは、木造のブレースの注意事項に加えて、材料の材料強度、許容応力度設定に対しての配慮が必要である。例えば、鋼製ブレースによって保有耐力接合をする際には、鋼材の降伏上限値に対して接合部の設計をするなど、鋼構造の設計法に倣うことが望ましい。

表3-11 筋かいが負担する水平力による地震力の割り増し

$\beta \leq \frac{5}{7}$の場合	$1+0.7\beta$
$\beta > \frac{5}{7}$の場合	1.5

βは地震力により建築物の各階に生ずる水平力に対する当該階の筋かいが負担する水平力の比を表すものとする。

[2] ラーメン

　ラーメン構造は設計の自由度を高めることのできる構造形式であるが、木質構造では柱はり接合部、継手接合部を含めて、剛節点とみなせるような高強度、高剛性の接合が難しく、さらにヤング係数が鋼材の1/20程度、鉄筋コンクリートの1/2程度であり、剛性確保も難しい。その上、部材自体の曲げモーメントに対する終局性能は脆性的であるため、できるだけ高剛性でかつじん性の高い接合部を構成するように計画する。古くから木質ラーメン構造に対する研究はなされてきたが、いまだ標準的と呼ばれるような接合部は提案されていない。本章10節3で注意事項を含め詳述する。

[3] アーチ

　2ヒンジ、3ヒンジアーチなどがここに含まれる。継手を持たない2ヒンジ、3ヒンジアーチ構造は部材の曲げによって破壊に至るため脆性破壊となる。そこで、保有水平耐力を考える際はDs＝0.55にはこだわらず、それ以上の耐力を確保することが望ましい。また、継手を造る場合は柱部を避け、肩部のモーメントの小さくなる部分とする。

　アーチの設計においては、アーチの曲率が減じる方向へ曲げ応力が作用した場合、わん曲部分には、木材の性質上最も弱い繊維に直交方向への引張力が生じる。最大横引張応力度σ_Yは以下の式で求められる。

$$\sigma_Y = \frac{2M}{3\rho bh}$$

　　ρ：曲率半径、M：曲げモーメント、b：材幅、h：材せい

[4] 方づえ

　集成材構造では柱断面も一般の住宅よりも太く、さらに広い空間を確保するため、壁などを周辺部に集め、内部空間は方づえによって水平抵抗能力を持たせる構造も見られる。また、鉛直荷重を支持するスパンを短くする目的でも方づえは使われる。一般に方づえ架構は大きな耐力が期待できない。また、柱の折損により終局状態に至ることもあり、その場合にはじん性能力は小さい。さらに柱の折損により層崩壊を生じる危険もあり、柱の断面、方づえ接合部の設計にあたっては十分な注意が必要である。

3. 耐力要素の配置計画、平面的な配置、立面的な配置

　一般に構造設計では、各階において耐力要素が一様に同じ変位をすると仮定する。しかし、実際

の建物では耐力要素が偏りなく配置されているとは限らず、耐力要素の配置によっては、特定の壁に水平力が集中して作用する場合がある。このような力の集中は、床面および屋根面などの水平構面が剛であればある程度避けることができるが、水平構面が剛であっても耐力要素が著しく偏って配置され、直交壁が適正に配置されていないと水平力の集中は避けられない。また、許容応力度が同じであっても剛性の異なる壁を用いた場合にも、剛性の低い側の変形が大きくなり、振られる側へ力が集中することになる。例えば、耐力要素が北側に集中して、南面にはほとんどない場合には、地震時に上階の床面が平面的に回転することにより南側の変形が過大になり、被害を受けることがある。また、仕上げなどと考えている非構造部材であっても、いくばくかの耐力を有しており、偏心率でははかりきれない建物のねじれ挙動も考えられる。非構造部材の耐力評価も進んでおり、偏心率計算時にはこれらを配慮することが望ましい。

　平面的な壁の釣り合いと同様に、立面的にも釣り合いよく壁などの耐力要素を配置する必要がある。特に上階に壁があり、下階に壁がない場合には下階のはりと柱に過大な力が発生するとともに、下階に柱がない場合には壁の剛性が下がるので、注意しなければならない。計算では、はりの変形を考慮して構面全体の変形を求め、変形制限により壁の耐力を決めることが行われている。また、直下に壁などの耐力要素がない場合には水平構面を通じて力を伝達せねばならず、より一層の水平構面に対しての配慮が必要である。

4. 接合部の設計方針

　大地震時には損傷はしても倒壊することはないような性能を要求される。このような性能を保持させるためには、構造躯体の部材接合部に十分な強度あるいはじん性を付与することが必要である。木材は横圧縮が加わる場合を除いて、その他の外力、例えば、引張力や曲げモーメントに対しては脆性的に破壊をする。前述したとおり、筋かいやアーチ構造では、部材自体は脆性的な破壊を生じるので、接合部をできるだけ剛に作りつつも壊れる際には変形性能が発揮できるように計画する必要がある。「木質構造設計規準・同解説」の曲げ降伏型接合具を用いた接合の項には、接合具の降伏モードが例示されており、じん性を確保するためにはピンが降伏するような降伏モードとすることが望ましい。また、面材などの耐力壁を用いる際は、面材耐力壁自体がある程度のじん性を有しているので、接合部を先行破壊させないように、接合部に生じる設計応力に対して、接合物の耐力を十分高くする必要がある。

5. 水平構面に必要な性能

　水平構面の剛性、耐力確保が風圧力、地震に対する計画では重要であることは前述したとおりである。ここでは、水平構面のうち、屋根面の設計外力について示すことにしたい。
　水平構面の荷重伝達性能の判定は以下のとおりである。

　「水平構面に地震力／風圧力が作用した際の存在応力＜水平構面の短期許容耐力」

水平構面の存在応力は、日本住宅・木材技術センターの「木造軸組工法住宅の許容応力度設計（2008年版）」などを参照して求めることができる。

また、水平構面の存在応力を求める際の地震力 P の算定方法として、以下のようなものがある。

$$P = 0.3 \times 負担重量 \times Ai \times Ai'$$

$$Ai' = 0.8\alpha_i + \frac{2.2}{\sqrt{\alpha_i}} - 2.0$$

$$\alpha_i = \frac{\sum_{j=i}^{n} w_j}{\sum_{j=1}^{n} w_j}$$

w_j：水平構面のせん断変形を考える区画の面積。壁に近い側から中央に向かって順に j を 1、2、3、n とする。

ここで、耐力壁間隔が広い場合、水平構面中央部が大きく振られることを考慮したのが Ai' である。標準層せん断力係数は0.3としている。木造住宅の許容応力度設計では0.2としているが、ここでは壁要素などが終局状態に至ったとしても床面は短期許容耐力以内に収めることを意図して0.3とした。ただし、壁要素などが十分に余裕を持った設計となっている場合には、床が先行破壊することもあるので、充足率を乗じるなどの配慮が必要である。また、本計算法は壁などによる上階からのせん断力を考慮することで床面に対する設計としても応用可能と考えている。

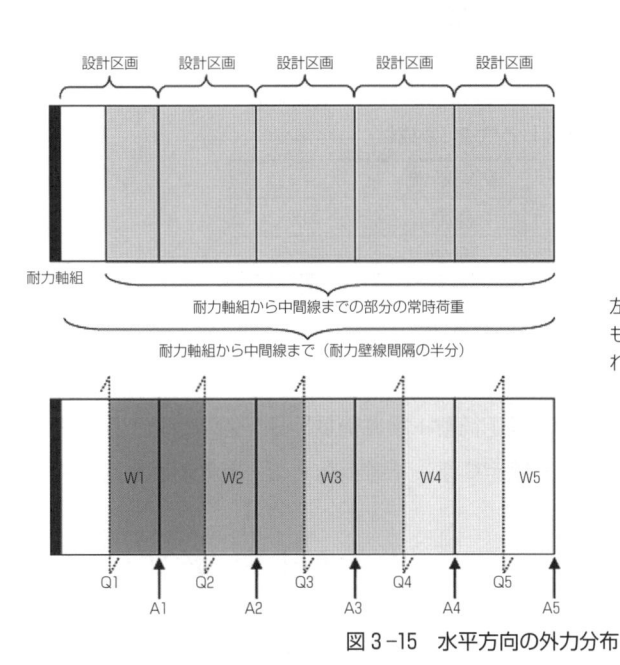

左図は耐力軸組間の左半分を取り出したもので、設計区画は大ばりなどで区切られた区画を指す。

図3-15 水平方向の外力分布

7節 燃えしろ設計の計算

1. 燃えしろ計算

　準耐火構造で用いられる燃えしろ設計については、「第4章2節 燃えしろ設計」でも詳述している。

　燃えしろ設計の燃えしろ計算では、火災後（30分、45分、60分後）の鉛直荷重に対する安全性を検証することになる。通常、鉛直荷重に対する各部材の断面設計は、長期荷重（固定荷重、積載荷重）に対して、各部材が長期許容応力度（$\frac{1.1}{3}$F）を超えないことを確認する必要がある。また、特定行政庁が指定する多雪区域では、これに加えて長期積雪荷重時に積雪時長期許容応力度（$\frac{1.1}{3}$F×1.3＝$\frac{1.43}{3}$F）を超えないことを確認し、鉛直荷重に対する安全性を検証する。

　燃えしろ設計においては、これに加えて火災後の鉛直荷重に対する安全性を検証する必要がある。具体的には、表3-12の燃えしろ寸法を除いた有効断面、つまり30分、45分、60分後に燃えずに残っている断面を用いて、長期荷重に対して生じる応力が短期許容応力度（$\frac{2}{3}$F）を超えないことを確認する。ここで用いる長期荷重には、固定荷重、積載荷重と多雪区域における長期積雪荷重が該当する。

表3-12　燃えしろ寸法（集成材）

防耐火時間		
30分	45分	60分
25mm	35mm	45mm

燃えしろ計算の検討内容
【一般地域】
　　長期応力（固定荷重＋積載荷重）≦　通常断面＋長期許容応力度
　　長期応力（固定荷重＋積載荷重）≦　有効断面＋短期許容応力度
【多雪区域】
　　長期応力（固定荷重＋積載荷重＋長期積雪荷重）≦
　　　　　　　　　　　　　　　　　　通常断面＋積雪時長期許容応力度
　　長期応力（固定荷重＋積載荷重＋長期積雪荷重）≦
　　　　　　　　　　　　　　　　　　　　　有効断面＋短期許容応力度

　柱部材では、壁など有効な耐火措置のされていない面が燃え進むと考え、燃えしろ寸法を断面寸法から除いた断面を有効断面と考え断面検討を行う。独立柱では4面から差し引くことになる。この結果、有効断面の断面性能は、断面積A、断面2次半径i、断面係数

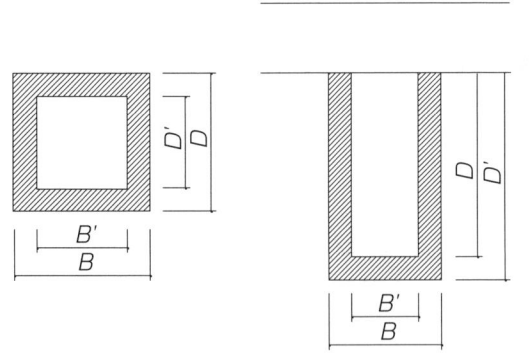

	常時	燃えしろ計算
断面積　A	$B \times D$	$B' \times D'$
断面係数　Z	$\dfrac{B \times D^2}{6}$	$\dfrac{B' \times D'^2}{6}$
断面2次モーメント　I	$\dfrac{B \times D^3}{12}$	$\dfrac{B' \times D'^3}{12}$
断面2次半径　i	$0.289B$	$0.289B'$

図3-16　燃えしろ設計時の有効断面

Z が変化する。鉛直荷重として主に圧縮力を受ける柱部材では、座屈に対する検討が主になるが、許容座屈応力度 f_k は、細長比 λ つまり断面2次半径の影響を受けるため、有効断面では、通常時と断面積だけでなく座屈応力度も変化する点に注意が必要である。

　はり部材も同様に床、壁など有効な耐火措置がされていない面が燃え進むと考え、燃えしろ寸法を断面寸法から除いた断面を有効断面と考えて断面検討を行う。床や屋根に取り付くはりでは、側面、下面の3面から燃え進むと考え、火災後の有効断面を算定するが、トラス部材の下弦材やラチス材で床や屋根が直接取り付かない部材では、4面から燃え進むことを想定する必要がある。

　また、火災時の温度上昇による集成材のヤング係数の低下や、曲げ性能を特に強化した対称異等級構成集成材や特定対称異等級構成集成材（異樹種集成材）においてヤング係数の高い外層ラミナの焼失による部材のヤング係数の変化などの特別な配慮が必要な場合もある。

2. 柱はりの継手および仕口の構造

　燃えしろ設計では、長期応力に抵抗する部材に対して燃えしろ計算を用いて安全性の検討を行うが、長期応力を伝達する接合部に対する検討も重要である。

　木材同士の接合で大入れなどによってせん断力を木材同士で直接伝達する場合には、燃えしろ部分が燃焼して無くなっても脱落しない寸法の構造とする必要がある。同様に、ボルト接合やドリフトピン接合でも、燃えしろ部分が燃焼した断面での接合性能の検討が必要となる。基本的に、長期応力を負担する金物は露出させずに、燃えしろ寸法と同じ厚さの埋め木をするなどして火災後にも接合具が露出しない工夫が必要である。

　また、燃えしろ部分は火災時に燃えることを前提としているため、火災時に脱落させない部材は、燃えしろ層より内部の断面に有効に緊結する必要がある。

　逆に、接合金物を露出させる場合には、昭和62年建設省告示第1901号第三号以下に規定が示されている。これらの規定において要求される継手、仕口の満たすべき要件は以下の通りである。

① ボルト、ドリフトピン、くぎ、木ねじなど

ⅰ）ボルト（引張力を受けるものを除く）、ドリフトピンなどでそのせん断面が木材の表面から十分内側に位置する場合。

ⅱ）ボルトなどの軸部回りの木材が炭化したときに主架構が倒壊に至ることがない場合。

② 鋼板の添え板

　鋼板の添え板は、原則として木材に埋め込むかまたは挟み込む。ただし、常時荷重時に引張力を負担しない構造とした場合の添え板については露出することができる。

　つまり、仕口のボルトの軸まわりの木材が焼失しても柱によってはりが支持されるような接合、柱脚にコンクリート製のずれ止めがある場合、ボルト軸まわりが焼失し、せん断力によって脚部がずれても倒壊に至らなければ添え板、ボルトを露出できる。

8節 部材の設計

1. 集成材の有効断面

　一般的な通直集成材では最外層のラミナはたて継ぎ部を介して連続している。しかし、変断面集成材の場合には外縁部のラミナに目切れが生ずる場合がある（図3-17）。このような場合に、ひき板の目切れ長さがひき板の厚さの10倍（直線部分）もしくは15倍（わん曲部分）以上ある場合は「部材断面＝有効断面」として設計してよいが、それ以下の場合には適切に有効断面を減じて設計を行う必要がある。なお、引張材では接合部における欠き込み、ボルトなどの接合具による断面欠損などを控除したものを有効断面とし、断面欠損の総量は全断面積の1／4以下となるよう注意する。

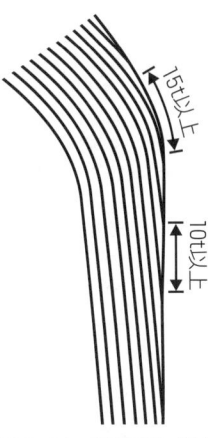

図3-17　変断面集成材の有効断面

2. 部材断面の応力検定

　部材断面の応力検定に関しては、日本建築学会編「木質構造設計規準・同解説－許容応力度・許容耐力設計法－」を参照するものとし、本書ではその概略と注意点を中心に解説することとする。

[1] 曲げ部材

① 曲げ

　単純曲げを受ける部材の縁応力は、(3.8.1)式により表される。

$$\sigma_b = M / Z_e \quad \cdots\cdots\cdots\cdots\cdots\cdots\cdots\cdots\cdots\cdots (3.8.1)$$

　ここに、M：曲げモーメント（N·mm）

　　　　　Z_e：有効断面係数（mm³）

　　　　　σ_b：曲げによる縁応力（N/mm²）

　矩形断面の場合、断面係数 Z_e は下式による。

$$Z_e = b \cdot h^2 / 6$$

　ここに、b：部材の幅（mm）

　　　　　h：部材の有効せい（mm）

　曲げによる縁応力は、(3.8.2)式の条件を満たさなければならない。

$$\sigma_b \leq C_f \cdot f_b \quad \cdots\cdots\cdots\cdots\cdots\cdots\cdots\cdots\cdots\cdots (3.8.2)$$

ここに、f_b：部材の許容曲げ応力度（N/mm²）

C_f：部材のせいの増加に伴う低減係数で、表3-13による。

表3-13　C_fの値

集成材の積層方向の辺長（mm）	C_f
300以下	1.00
300超　450以下	0.96
450超　600以下	0.93
600超　750以下	0.91
750超　900以下	0.89
900超　1,050以下	0.87
1,050超　1,200以下	0.86
1,200超　1,350以下	0.85
1,350超　1,500以下	0.84
1,500超　1,650以下	0.83
1,650超　1,800以下	0.82
1,800超	0.80

曲げモーメントが生じる区間に切欠きが存在する場合、有効断面係数 Z_e は以下の通りとする。

ⅰ）切欠きのない場合：Z_e＝全断面係数 Z

ⅱ）圧縮側に切欠きのある場合：Z_e＝正味断面係数 Z_0（図3-18）

ⅲ）引張側に切欠きのある場合：Z_e＝0.60×正味断面係数 Z_0（図3-19）

ただし、0.60という低減係数は、集成材など割裂きの影響が小さい材料の場合である。なお、切欠きは材せいの1/4以下とする。

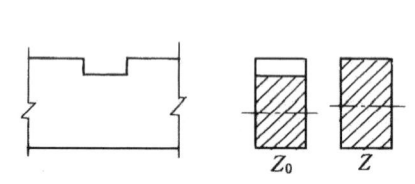

図3-18　圧縮側に切欠きがある場合 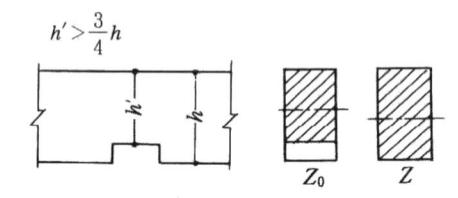　　図3-19　引張側に切欠きがある場合

② 横座屈および横補剛

大断面ではりせいの大きい部材の場合、圧縮力により横座屈することがないよう適切な横補剛を設ける。もしくは、横座屈の危険性を考慮して、(3.8.3)式のように予め許容曲げ応力度を低減させて設計する。

$$f'_b = C_b \cdot f_b \quad \cdots (3.8.3)$$

ここに、f'_b：横座屈に対する補正をした許容曲げ応力度（N/mm²）

f_b：許容曲げ応力度（N/mm²）

C_b：横座屈補正係数

横座屈補正係数 C_b は、横座屈細長比 C_s と横座屈係数 C_k により、表3-14のように算定する。

$$C_s = \sqrt{\frac{l_e h}{b^2}}$$

$$C_k = \sqrt{\frac{0.6 E_{by\text{-}y0}}{{}_L f_{bx\text{-}x0}}}$$

ここに、C_s：横座屈細長比

C_k：横座屈係数

l_e：有効座屈長さ（mm）（表3-15による）

h：材せい（mm）

b：材幅（mm）

$E_{by\text{-}y0}$：ヤング係数（N/mm²）（縦使い、y-y軸）

$_Lf_{bx\text{-}x0}$：長期許容曲げ応力度（N/mm²）（平使い、x-x軸）

表3-14 横座屈補正係数

曲げ材の横座屈細長比 C_s	横座屈補正係数 C_b
$C_s \leq 10$	1.00
$10 < C_s \leq C_k$	$1 - \frac{1}{3}\left(\frac{C_s}{C_k}\right)^4$
$C_k < C_s \leq 50$	$\dfrac{0.4 E_{by\text{-}y0}}{(C_s)^2 \cdot {}_Lf_{bx\text{-}x0}}$
$50 < C_s$	許容されない

表3-15 有効座屈長さ

はりの種類	横座屈長さ l_0	荷重の種類	有効座屈長さ l_e
単純ばり	振れ止め材間の距離	任意 等分布 両端等モーメント 中央集中	1.9 l_0 1.9 l_0 1.85 l_0 1.6 l_0
片持ちばり	支持点より先端までの距離	任意 自由端集中 等分布	1.9 l_0 1.7 l_0 1.25 l_0

③ せん断

曲げ材におけるせん断応力度は（3.8.4）式による。

$$\tau = \alpha \cdot Q/A_e \quad \cdots\cdots (3.8.4)$$

ここに、Q：せん断力（N）

A_e：有効断面積 $= b \cdot h$（mm²）

τ：水平せん断応力度（N/mm²）

α：断面形状により定まる値で、矩型断面の場合は1.5

せん断応力度は、以下の条件を満たさなければならない。

$\tau \leq f_s$

ここに、f_s：許容せん断応力度（N/mm²）

せん断力を受ける区間に切欠きが存在する場合、支持点付近における有効断面積 A_e は切欠きの有無に応じて次式によって算出する。

ⅰ）切欠きのない場合　　$A_e = $ 全断面積 A

ⅱ）圧縮側に切欠きのある場合　$A_e = $ 正味断面積 A_0（図3-20）

ⅲ）引張側に切欠きのある場合　$A_e = ($正味断面積 $A_0)^2 /$ 全断面積 A（図3-21）

ただし、切欠きは材せいの1/3以下とする。

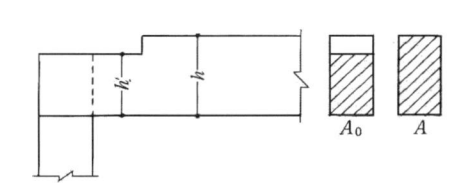

図3-20 圧縮側に切欠きのある場合 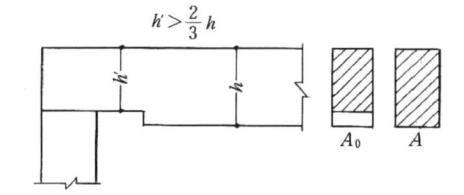　　図3-21 引張側に切欠きのある場合

[2] 引張材

① 木材の繊維方向の引張

木材の繊維に平行方向の引張を受ける部材の応力は、（3.8.5）式による。

$$\sigma_t = T/A_e \quad\quad\quad\quad\quad\quad\quad\quad\quad\quad\quad\quad\quad\quad\quad\quad\quad (3.8.5)$$

ここに、T: 引張力（N）

A_e: 有効断面積（mm²）

σ_t: 引張応力度（N/mm²）

引張応力度は、以下の条件を満たさなければならない。

$$\sigma_t \leq f_t$$

ここに、f_t: 許容引張応力度（N/mm²）

② 木材の繊維に直角方向の引張

　木材の繊維に直角方向または傾斜する方向の引張は、極力これを避けることが望ましい。やむを得ず木材の繊維に直角方向または傾斜する方向に引張力が働く場合は、適切な補強などを行い、この方向に過大な応力が働かないようにすることが必要である。

［3］圧縮材

① 木材の繊維方向の圧縮

　圧縮材の断面は（3.8.6）式によって算定する。

$$\frac{N}{\eta \cdot f_c \cdot A_e} \leq 1.0 \quad\quad\quad\quad\quad\quad\quad\quad\quad\quad\quad\quad (3.8.6)$$

ここに、N: 圧縮力（N）

A_e: 有効断面積（mm²）

η: 座屈低減係数

f_c: 許容圧縮応力度（N/mm²）

座屈低減係数は、その有効細長比により以下の式によって算定する。

$\lambda \leq 30$　　　　　　　　$\eta = 1$

$30 < \lambda \leq 100$　　　　　　$\eta = 1.3 - 0.01\lambda$

$100 < \lambda$　　　　　　　　$\eta = 3000/\lambda^2$

ここに、λ: 圧縮材の細長比

圧縮材の細長比は、次式によって算出する。

$\lambda = l_k/i$

$i = \sqrt{\dfrac{I}{A}} = h/3.46$ 　　　…長方形断面の場合

$\quad\quad = D/4.0$ 　　　…円形断面の場合

ここに、l_k: 座屈長さ（mm）…一般的に主要横架材間の距離

i: 座屈方向の断面2次半径（mm）

I: 全断面積に対する座屈方向の断面2次モーメント（mm⁴）

A: 全断面積（mm²）

h: 長方形断面の座屈方向の材せい（mm）

D: 円形断面の直径（mm）

② 材の接触面に対する圧縮（めり込み）の検定

　材の接触面に対し部分圧縮（めり込み）を受ける部材の検定は（3.8.7）式による。

$N/A \leqq F_{c\theta}$ ……………………………………………………………………………………(3.8.7)

　ここに、N: 圧縮力（N）
　　　　　A: 接触（めり込み）面積（mm²）
　　　　　$F_{c\theta}$: 木材の繊維方向と角度θをなす方向の許容めり込み応力度（N/mm²）

[4] 複合応力を受ける材

① 曲げと引張を負担する材

　天井荷重を受ける陸ばりなどのように、曲げを伴う引張材の断面の算定には、(3.8.8) 式を用いる。この場合、長期、短期の両応力について検討することが必要である。

$$\frac{M}{Z_e \cdot f_b \cdot C_f} + \frac{T}{A_e \cdot f_t} \leqq 1.0 \quad \cdots\cdots\cdots\cdots(3.8.8)$$

　ここに、M: 曲げモーメント（N·mm）
　　　　　T: 引張力（N）
　　　　　Z_e: 有効断面係数（mm³）
　　　　　A_e: 有効断面積（mm²）
　　　　　C_f: 材せいによる低減係数
　　　　　f_b: 許容曲げ応力度（N/mm²）
　　　　　f_t: 許容引張応力度（N/mm²）

② 曲げと圧縮を負担する材

　小屋組の合掌や方づえ付き柱などのように、曲げを伴う圧縮材の断面の算定には、(3.8.9) 式を用いる。

$$\frac{M}{Z_e \cdot f_b \cdot C_f} + \frac{N}{A_e \cdot \eta \cdot f_c} \leqq 1.0 \quad \cdots\cdots\cdots\cdots(3.8.9)$$

　ここに、M: 曲げモーメント（N·mm）
　　　　　N: 圧縮力（N）
　　　　　Z_e: 有効断面係数（mm³）
　　　　　A_e: 有効断面積（mm²）
　　　　　C_f: 材せいによる低減係数
　　　　　η: 座屈低減係数
　　　　　f_b: 許容曲げ応力度（N/mm²）
　　　　　f_c: 許容圧縮応力度（N/mm²）

[5] わん曲部材

① 曲げ

　わん曲部材の曲げ応力度は (3.8.10) 式で算定する。

$$\sigma_b \leqq C_f \cdot C_c \cdot f_b \quad \cdots\cdots\cdots\cdots(3.8.10)$$

$C_c = 1 - 2000 \cdot (t/R)^2$

　ここに、σ_b: 曲げ方向応力度（N/mm²）
　　　　　C_f: 材せいによる低減係数
　　　　　C_c: 曲率半径とラミナ厚による低減係数
　　　　　R: わん曲材の中心線における曲率半径（mm）

t: ラミナ厚（mm）

② 横引張

せいが一定の矩形断面のわん曲材が曲げモーメントを受けた時に半径方向に生じる最大応力度は(3.8.11)式による。

$$\sigma_r = \frac{3 \cdot M}{2 \cdot R \cdot b \cdot h} \quad \cdots\cdots (3.8.11)$$

ここに、σ_r: 半径方向応力度（N/mm²）
　　　　R: わん曲材の中心線における曲率半径（mm）
　　　　b: 断面の幅（mm）
　　　　h: 断面のせい（mm）
　　　　M: 曲げモーメント（N·mm）

なお、σ_rは以下の条件を満たさなければならない。

　　　　$\sigma_r \leqq f_{c90}$、かつ、$\sigma_r \leqq f_{t90} = f_s / 3$

　　　f_{c90}: 木材の繊維に直角方向の許容全面圧縮応力度（N/mm²）
　　　f_{t90}: 木材の繊維に直角方向の許容引張応力度（針葉樹では、許容せん断応力度（= f_s）の1/3の数値）（N/mm²）

3. 終局耐力

部材の終局耐力の計算に関しては、日本建築学会編「木質構造設計規準・同解説－許容応力度・許容耐力設計法－」を参照するものとし、本書ではその概略を解説することとする。

[1] 部材の終局耐力算定用の材料強度

保有水平耐力は、柱、はり、筋かいなどの部材およびそれらの接合部の終局耐力に基づいて計算する。この場合の材料強度としては次の値を用いる（原則として建築基準法施行令第3章第8節第4款による）。

① 木材、構造用集成材は基準強度。
② 鋼材については短期許容応力度と同一の値。ただし、JIS規格品にあってはその1.1倍とすることができる。

[2] 部材強度の算定

① 曲げ強度

ⅰ) 単一曲げ材

単一曲げ材における終局曲げモーメント M_u は、(3.8.12)式により算出する。

$$M_u = C_f \cdot F_b \cdot Z_e \quad \cdots\cdots (3.8.12)$$

ここに、C_f: 材せいによる低減係数
　　　　F_b: 曲げ強度（N/mm²）
　　　　Z_e: 有効断面係数（mm³）

ⅱ）わん曲部材

わん曲集成材における終局曲げモーメント M_u は、その破壊モードにより、(3.8.13) 式および (3.8.14) 式により求めた数値の小さい方をとる。

（イ）部材が曲げにより破壊する場合

$$M_u = C_f \cdot C_c \cdot F_b \cdot Z_e \quad \text{(3.8.13)}$$

ただし、$C_c = 1 - 2000 \cdot (t/R)^2$

ここに、C_f: 材せいによる低減係数
C_c: 曲率半径とラミナ厚による低減係数
F_b: 曲げ強度（N/mm²）
Z_e: 有効断面係数（mm³）
t: ラミナ厚（mm）
R: わん曲材の中心線における曲率半径（mm）

（ロ）部材が横引張により破壊する場合

$$M_u = \frac{2}{3} \cdot F_t \cdot A_e \cdot R \quad \text{(3.8.14)}$$

ここに、F_t: 横引張強度（N/mm²）。通常、せん断強度の1／3の値とする。
A_e: 有効断面積（mm²）
R: わん曲材の中心線における曲率半径（mm）

② せん断強度

水平せん断を受ける部材の終局耐力 Q_u は、(3.8.15) 式により算定する。

$$Q_u = \frac{1}{\alpha} \cdot F_s \cdot A_e \quad \text{(3.8.15)}$$

ここに、F_s: せん断強度（N/mm²）
A_e: 有効断面積（mm²）
α：断面形状により定まる値で、矩形断面の場合は3／2。

③ 圧縮強度

木材の繊維方向の圧縮を受ける部材の終局耐力 P_u は、(3.8.16) 式により算出する。

ⅰ）$\lambda \leqq 30$ のとき

$$P_u = F_c \cdot A_e \quad \text{(3.8.16a)}$$

ⅱ）$30 < \lambda \leqq 100$ のとき

$$P_u = F_c \cdot A_e \cdot (1.3 - 0.01\lambda) \quad \text{(3.8.16b)}$$

ⅲ）$\lambda > 100$ のとき

$$P_u = 3000 \cdot F_c \cdot A_e / \lambda^2 \quad \text{(3.8.16c)}$$

ここに、F_c: 繊維方向の圧縮強度（N/mm²）
A_e: 有効断面積（mm²）
λ：細長比

④ 引張強度

木材の繊維方向の引張を受ける部材の終局耐力 T_u は、(3.8.17) 式により算出する。

$$T_u = F_t \cdot A_e \quad \text{(3.8.17)}$$

ここに、F_t: 繊維方向の引張強度（N/mm²）
A_e: 有効断面積（mm²）

4. 曲げ部材のクリープ

　曲げ部材は、長期載荷によって次第に変形量が増大する「クリープ変形」を考慮する必要がある。クリープ変形量は、初期荷重による変形量に、想定する荷重継続期間に応じたクリープ変形係数を乗じて求める。一般的には、クリープ変形は（3.8.18）式で表される。

$$\delta(t) = \delta_0 \cdot (1 + at^N) \quad \cdots\cdots\cdots (3.8.18)$$

　ここに、$\delta(t)$：クリープ変形を含む全変形量
　　　　　δ_0：初期変形量（荷重載荷直後の変形量）
　　　　　a, N：定数
　　　　　t：荷重継続期間（秒、分、時間、日など）

　クリープ変形係数 C_{cp} は（$1 + at^N$）となり、荷重継続期間を日数で表すと、集成材の場合には $a=0.2$、$N=0.2$ 程度とされていることから、経過年数と年間積雪日数によるクリープ変形係数 C_{cp} の値は表3-16のようになる。

表3-16　集成材のクリープ変形係数 C_{cp}

経過年数	クリープ変形係数：C_{cp}				
	常時荷重	年間の積雪日数			
		30	60	75	90
10	2.03	1.43	1.52	1.56	1.60
20	2.19	1.44	1.55	1.59	1.64
30	2.29	1.45	1.57	1.62	1.66
50	2.42	1.46	1.59	1.64	1.69
70	2.54	1.47	1.61	1.67	1.72
100	2.63	1.48	1.62	1.69	1.75

9節 接合部の設計

1. 一般事項

　集成材構造における主要構造部材の接合の設計にあたっては、一般にボルト、ジベルなどの接合具および金物を用いて、力がスムーズに伝達されるように計画する。その際、木材および金物はできるだけ精度よく加工を行い、接合部に有害なガタ（遊び）を生じないようにする必要がある。特に木質構造における機械的接合では、接合具と接合材の間にガタがない場合でも、荷重載荷により接合具の木材へのめり込みに伴うスリップを生ずるので、変形計算の際にはこれを考慮する必要がある。特に、トラス部材接合部、ブレース端部、横架材の継手などでは、接合部のスリップ性状が構造全体の変形性状に大きく影響を与えるので注意を要する。

　一般に、ボルト、ジベルなどを用いた接合部では、接合具付近の木材に大きな力が集中するため、接合具の配置には十分注意を払う必要がある。縁端距離、ボルト間隔などは十分な距離を取り、特に木材の繊維に平行でない方向の荷重を受ける場合は、木材に割裂きを生じないよう十分に注意を払う必要がある。

　接合部に長期間にわたって荷重が作用する場合、構造形式、施工条件、使用条件によってはスリップが増加する場合が考えられるので注意する。ただし、接合部に部材の収縮などにより木材の繊維に直角方向の力が加わることが想定される場合は、接合部にこのような力が加わらないように工夫するか、ボルト孔に適当な遊びを設けるなどして、材に割裂きを生じないようにする必要がある。

　なお、接合部の許容耐力の計算に関しては、日本建築学会編「木質構造設計規準・同解説－許容応力度・許容耐力設計法－」[1]（以下、本節において AIJ 規準）を参照するものとし、本書ではその概略と集成材接合における注意点を中心に解説することとする。

2. 接合部の種類

[1] 柱脚、基礎

　柱脚は土台を通じて基礎と緊結するほか、ボルト、ジベル、金物などを用いて直接基礎と緊結するのが有効である。その際、柱が負担する鉛直力を基礎に伝えるとともに、地震力、風圧力などにより生ずる柱の引き抜きにも十分対応できる設計を行う必要がある。大断面アーチ架構の柱脚では、2次応力、偏心などにより不利な応力が生じないようにするとともに、水平せん断力に対して適切な設計

を行う必要がある。なお、柱脚部には雨水、結露などにより水分が停滞しないように特に注意する。

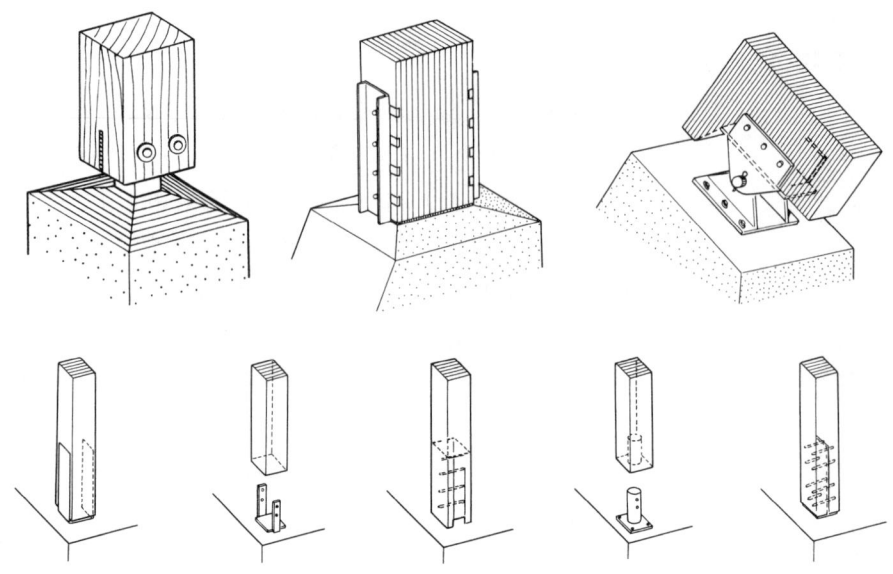

図3-22 柱脚接合部の例
出典：建設省住宅局建築指導課監修「大断面木造建築物設計施工マニュアル 1988年版」財団法人日本建築センター，1988年

［2］柱と横架材の接合

　柱と横架材の接合にあたっては、ボルト、ジベル、金物などを用いて鉛直力および水平力を伝達させる。この際、横架材の繊維に直角方向の力が作用し割裂きを生ずることのないように注意する。また、横架材に長期間にわたって鉛直荷重が作用する場合には、接合部のクリープにより有害な変形を生じないように留意する。

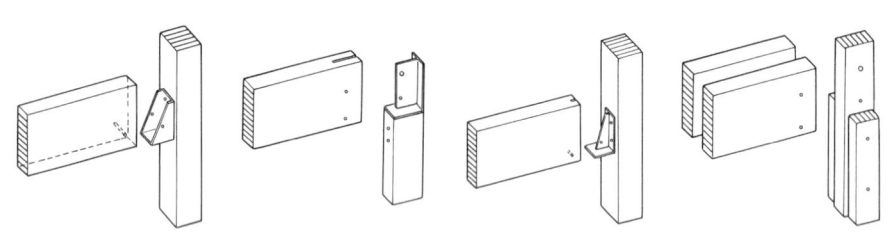

図3-23 柱－横架材接合部の例
出典：建設省住宅局建築指導課監修「大断面木造建築物設計施工マニュアル 1988年版」財団法人日本建築センター，1988年

［3］大ばりと小ばりの接合

　大ばりと小ばり、母屋などの横架材の接合には、一般にはボルト、ジベルおよび金物を用いる

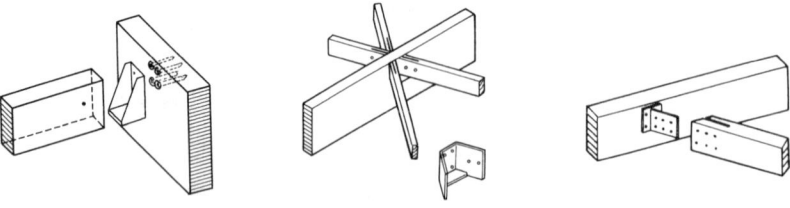

図3-24 大ばり－小ばり接合部の例
出典：建設省住宅局建築指導課監修「大断面木造建築物設計施工マニュアル 1988年版」財団法人日本建築センター，1988年

が、比較的軽微なものではくぎと金物を用いて接合することができる。

［4］はりの継手

横架材は一体のものを使用し、なるべく途中で接合しないことが望ましいが、輸送の関係上やむを得ず継手を設ける場合は以下の要領による。

キャンティレバー型接合でせん断力のみを伝達させる場合は、この部分にモーメントが生じないように注意する。また、モーメントの生ずる部分で横架材に継手を設ける場合においても、モーメントのできるだけ小さい部分で接合するものとし、モーメントおよびせん断力を完全に伝達可能な接合方式とする。この場合、ボルト、ジベルなどのスリップにより有害な変形を生じないように留意する。なお、いずれの接合においても、2次応力などにより材に割裂きを生じないよう十分注意する。

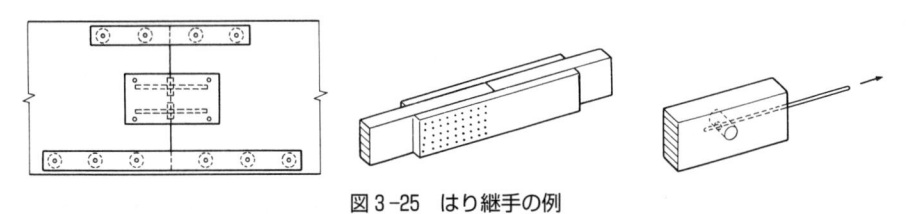

図3-25　はり継手の例

出典：建設省住宅局建築指導課監修「大断面木造建築物設計施工マニュアル　1988年版」財団法人日本建築センター，1988年

［5］ブレース端部

ブレース端部はボルト、金物などを用いて、基礎、柱、横架材などと接合する。この際、ブレースに生ずる引張力または圧縮力が、基礎、柱、横架材などにスムーズに伝達されるようにし、柱脚、柱頭における接合部に有害な2次応力を生じないようにする。

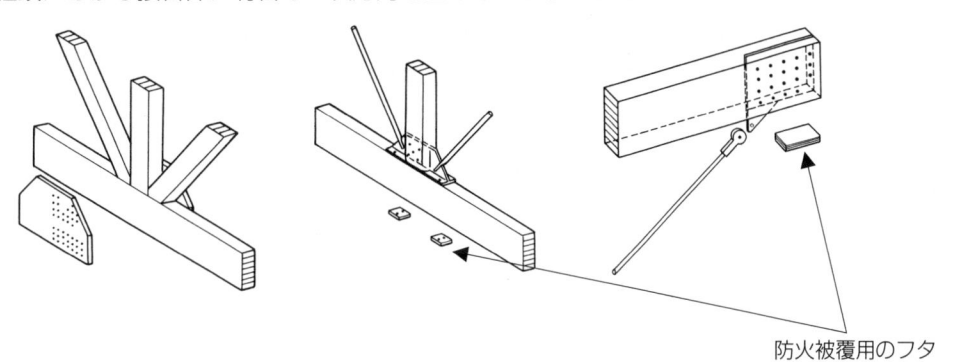

図3-26　ブレース端部接合の例

出典：建設省住宅局建築指導課監修「大断面木造建築物設計施工マニュアル　1988年版」財団法人日本建築センター，1988年

［6］アーチ頂部

3ヒンジアーチなどの頂部は、軸力とせん断力がスムーズに伝達されるように接合する。特に、大きな力が作用する頂部の接合では、モーメントなどにより2次応力が生じ、割裂きなどが生ずることのないようにピン接合の設計を行わなければならない。

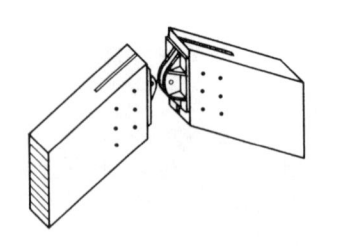

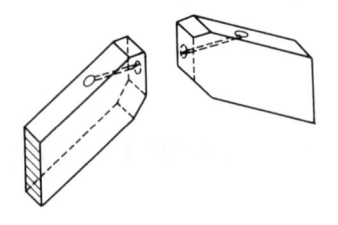

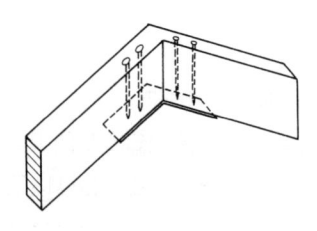

図 3-27　アーチ頂部の例
出典：建設省住宅局建築指導課監修「大断面木造建築物設計施工マニュアル　1988年版」財団法人日本建築センター，1988年

3. 曲げ降伏型接合（ボルト、ドリフトピン、ラグスクリュー）

[1] 一般事項

　曲げ降伏型接合とは、部材同士を棒状の接合具で打ち込みまたは貫通させて接合し、外力に対してせん断力で抵抗する機構を持つものをいう。集成材建築物では、主にボルト接合部、ドリフトピン接合部、ラグスクリュー接合部がこれにあたる。

　ボルト接合部には、ボルトが引張力を受ける引張ボルトとせん断力を受けるせん断ボルトがある。引張ボルトの耐力は、ボルト自身の引張強度と座金の木材へのめり込みによって発揮される。せん断ボルトでは、一般にボルトが木材にめり込み、ボルトが曲げを受けることによりせん断力に抵抗する。したがって、せん断ボルトではボルトがボルト孔壁に密着することが必要で、ボルト孔の直径はできるだけガタの小さい寸法とすることが好ましい。

　ドリフトピンは、丸鋼をピンと同径または多少小さめの先孔にたたき込んで用いる接合で、ボルトとくらべて初期すべりを低減することができる。ドリフトピンの弾性挙動は、木材と木材または鋼板を挿入した接合ではボルト接合と同様であるが、終局時にピンの変形に伴い、部材同士が開こうとする力を受けるので、有効な開き止めを設ける必要がある。

　ラグスクリューは、胴部の一部にねじを切った接合具で、2段にあけた先孔にねじ込んでせん断力に抵抗させる。ラグスクリューの力学特性は、鋼板を添え板とする1面せん断ボルトとほぼ同様と考えられる。

[2] 接合具の品質

　ボルト、ナットは、JIS B 1180（六角ボルト）および JIS B 1181（六角ナット）の規定による。軸部の材質は SS400 またはこれと同等品とする。ドリフトピンの品質は JIS G 3191（熱間圧延棒鋼とバーンコイルの形状、寸法及び質量並びにその許容差）に定義される丸鋼とする。ラグスクリューには一義的な規格がないため、信頼できる規格により材質、品質を規定されたものによる。

[3] 座金の寸法

　座金を用いる場合の寸法は、おおむね表 3-17 に示す数値以上とする。

表3-17 座金の寸法および厚さ（mm）

座金の大きさ \ ボルト径		8	10	12	16	20	24
引張ボルト	厚さ	4.5	6	9	9	13	13
	角座金の1辺	40	50	60	80	105	125
	丸座金の直径	45	60	70	90	120	140
せん断ボルト	厚さ	3.2	3.2	3.2	4.5	6	6
	角座金の1辺	25	30	35	50	60	70
	丸座金の直径	30	35	40	60	70	80

[4] 許容引張耐力

① ボルトの許容引張耐力

ⅰ）ボルトを引張ボルトとして用いる場合の1本あたりの設計用許容引張耐力は、（3.9.1）式と（3.9.2）式のうち小さい方の値をとる。ただし、座金は有害な変形を生じないよう、十分な厚さを有するものでなければならない。したがって、座金の厚さはおおむね角座金の1辺または丸座金の直径の1/10以上とする。記号の詳細はAIJ規準[1]参照。

$$p_a = 1/2 \cdot {}_jK_s \cdot A_z \cdot F \qquad (3.9.1)$$

$$p_a = 1/3 \cdot {}_jK_d \cdot {}_jK_m \cdot A_w \cdot f_e \qquad (3.9.2)$$

ここに、p_a: ボルト1本あたりの設計用許容引張耐力（N）

F: ボルトの基準強度（N/mm²）

f_e: 木材の部分圧縮（めり込み）の基準材料強度（N/mm²）

A_z: ボルトの軸断面積（mm²）

A_w: 座金の面積（mm²）

${}_jK_s$: 鋼材の長期荷重に対する係数。長期で1.0、短期で1.5

${}_jK_d$: 荷重継続期間影響係数

${}_jK_m$: 含水率影響係数

ⅱ）接合部の設計にあたっては、ボルト1本あたりの耐力を求めるだけでなく、接合部全体の設計用許容引張耐力を求め、接合部応力が接合部全体の設計用許容引張耐力よりも小さいことを確認する。その際、偏心モーメントなどにより特定のボルトに負担が集中する場合は、1本あたりの耐力を合計した接合部全体の耐力から適切に低減することとする。

② ラグスクリューの許容引抜耐力

ⅰ）ラグスクリュー接合を引張で用いる場合のねじ部の単位長さあたりの設計用許容引抜耐力は、（3.9.3）式とする。なお、ラグスクリューはねじ部のみが引抜に抵抗する点に注意が必要である。記号の詳細はAIJ規準[1]参照。

$$p_a = 1/3 \cdot {}_jK_d \cdot {}_jK_m \cdot p_{ut} \qquad (3.9.3)$$

ここに、p_a: ラグスクリューねじ部の単位長さあたりの設計用許容引抜耐力（N/mm）

p_{ut}: ラグスクリューねじ部の単位長さあたりの終局引抜耐力（N/mm）

ただし、$p_{ut} = 17.7 \cdot r_0^{0.8} \cdot d$

r_0: 木材の基準比重

d: ラグスクリューの胴部径（mm）

$_jK_d$: 荷重継続期間影響係数

$_jK_m$: 含水率影響係数

ii）接合部の設計にあたっては、ラグスクリュー1本あたりの耐力を求めるだけでなく、接合部全体の設計用許容引抜耐力を求め、接合部応力が接合部全体の設計用許容引抜耐力よりも小さいことを確認する。その際、偏心モーメントなどにより特定のラグスクリューに負担が集中する場合は、1本あたりの耐力を合計した接合部全体の耐力から適切に低減することとする。

［5］許容せん断耐力

① ボルトの許容せん断耐力

i）ボルト1本あたりの設計用許容せん断耐力は、(3.9.4) 式による。計算にあたっては、接合部を構成する木材（主材）の繊維方向と接合部応力の発生する方向に注意し、用いる基準支圧強度を適切に設定する必要がある。記号の詳細は AIJ 規準[1] 参照。

$$p_a = 1/3 \cdot {}_jK_d \cdot {}_jK_m \cdot r_u \cdot C \cdot F_e \cdot d \cdot l \quad \cdots\cdots (3.9.4)$$

ここに、p_a: ボルト1本あたりの設計用許容せん断耐力（N）

F_e: 主材の基準支圧強度（N/mm²）

d: 接合具径（mm）

l: 主材厚（mm）

r_u: 終局強度比

$_jK_d$: 荷重継続期間影響係数

$_jK_m$: 含水率影響係数

C: 接合形式、材厚、ボルト径、樹種、加力方向などにより定まる定数で、図3-28に示す接合形式別に異なる。

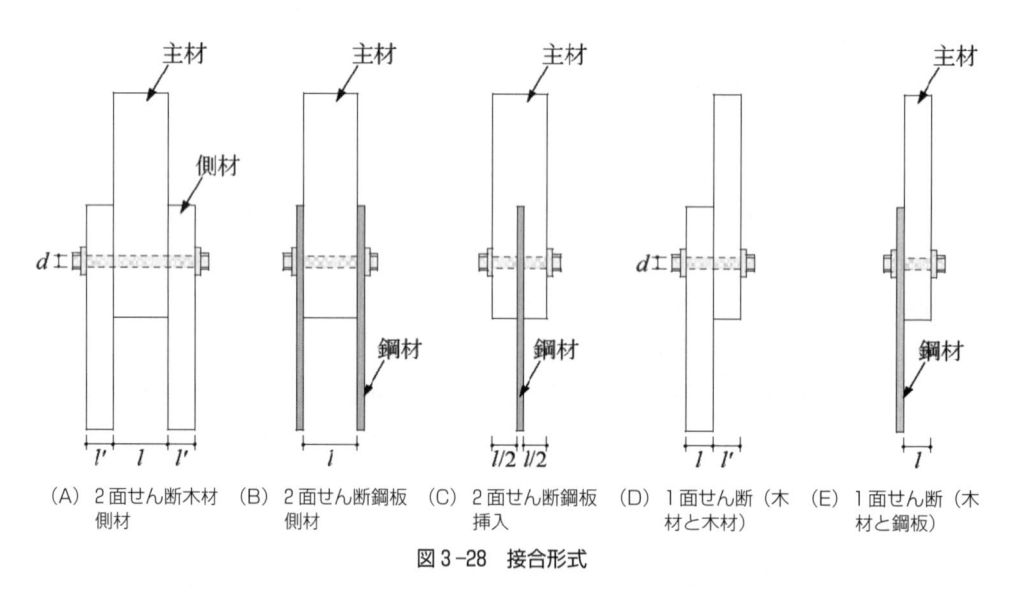

(A) 2面せん断木材側材　(B) 2面せん断鋼板側材　(C) 2面せん断鋼板挿入　(D) 1面せん断（木材と木材）　(E) 1面せん断（木材と鋼板）

図3-28　接合形式

ii）接合部の設計にあたっては、ボルト1本あたりの耐力を求めるだけでなく、木材の割裂きやせん断などによって接合部全体が脆性的な破壊を起こさないように、接合部全体の終局耐力を確認する。その上で (3.9.5) 式にしたがって設計用許容せん断耐力を求め、接合部応力が接合部全体の設計用許容耐力よりも小さいことを確認する。記号の詳細は AIJ 規準[1] 参照。

$$p_a = 1/3 \cdot {}_jK_r \cdot {}_jK_d \cdot {}_jK_m \cdot P_{u0} \quad \text{(3.9.5)}$$

ここに、P_{u0}：接合部全体の基準終局せん断耐力（$= \min(P_{uj}, P_{uw})$）（N）

P_{uj}：木材が割裂きやせん断、引張などにより破壊しないと仮定した場合の接合部全体の終局せん断耐力（（イ）P_{uj} の算定）

P_{uw}：木材が割裂きやせん断、引張などにより破壊すると仮定した場合の接合部全体の終局耐力（（ロ）P_{uw} の算定）

${}_jK_r$：じん性係数

${}_jK_d$：荷重継続期間影響係数

${}_jK_m$：含水率影響係数

（イ）P_{uj} の算定

木材が割裂きやせん断、引張などにより破壊しないと仮定した場合の接合部全体の終局せん断耐力は、（3.9.6）式による。記号の詳細は AIJ 規準[1] 参照。

$$P_{uj} = \sum_{i=1}^{m} ({}_jK_n \cdot n_i \cdot r_u \cdot p_y) \quad \text{(3.9.6)}$$

ここに、P_{uj}：木材が割裂きやせん断、引張などにより破壊しないと仮定した場合の接合部全体の終局せん断耐力（N）

p_y：ボルト 1 本あたりの降伏せん断耐力（$= C \cdot F_e \cdot d \cdot l$）（N）

n_i：i 列におけるボルト本数

m：主材の繊維方向と平行に並ぶボルトの列数

r_u：終局強度比

${}_jK_n$：主材の繊維方向と平行に並ぶ 1 列のボルト本数による耐力低減係数

（ロ）P_{uw} の算定

木材が割裂きやせん断、引張などにより破壊すると仮定した場合の接合部全体の終局耐力は、（3.9.7）式および（3.9.10）式による。記号の詳細は AIJ 規準[1] 参照。

a）木材の繊維方向と直交あるいは傾斜する方向の応力を受ける場合

$$P_{uw} = \min(P_{uw1}, P_{uw2}) \quad \text{(3.9.7)}$$

・接合部を構成する木材の割裂き破壊による終局耐力は（3.9.8）式による。

$$P_{uw1} = \frac{2}{\sin\theta} \cdot C_r \cdot l \cdot \sqrt{\frac{h_e}{1 - \frac{h_e}{h}}} \quad \text{(3.9.8)}$$

ここに、P_{uw1}：木材の割裂き破壊による終局耐力（N）

C_r：割裂破壊定数（N/mm$^{1.5}$）

h：材せい（mm）

h_e：加力側材縁から最も遠い接合具までの距離（mm）

l：材厚（mm）

・接合部を構成する木材のせん断破壊による終局耐力は（3.9.9）式による。

$$P_{uw2} = \frac{2}{3\sin\theta} \cdot \xi \cdot h_e \cdot l \cdot F_s \quad \text{(3.9.9)}$$

ここに、P_{uw2}：木材のせん断破壊による終局耐力（N）

F_s：木材のせん断の基準強度（N/mm^2）

h_e: 加力側材縁から最も遠い接合具までの距離（mm）

l: 材厚（mm）

ξ：せん断力比

$$\xi = \frac{|Q_1 - Q_2|}{\max(|Q_1|, |Q_2|)}$$

Q_1, Q_2：応力 P が作用した場合の接合部両側におけるせん断力。一般に、ξ は1.0〜2.0の値を取り、材端接合部で $\xi = 1.0$、材中間接合部で $\xi = 2.0$ となる。

b）木材の繊維方向に平行な方向の応力を受ける場合

$$P_{uw} = \max(A_{et} \cdot F_t, A_{es} \cdot F_s) \quad \cdots\cdots\cdots (3.9.10)$$

ここに、A_{et}：木材の引張部分の有効面積（先孔による断面欠損を除く）（mm²）

A_{es}：木材のせん断の有効面積（先孔による断面欠損を除く）（mm²）

F_t：木材の引張の基準強度（N/mm²）

F_s：木材のせん断の基準強度（N/mm²）

② ドリフトピンの許容せん断耐力

せん断を受けるドリフトピンの設計用許容せん断耐力は、ボルトと同様とする。ただし、ドリフトピンの接合形式は、図3-28における（A）タイプと（C）タイプのみとし、必要に応じてボルトなどによる開き止めを設ける。また、終局強度比（本節6.［3］参照）については、座金やナットがないためロープ効果が期待できないので、考慮しないこととする。

③ ラグスクリューの許容せん断耐力

せん断を受けるラグスクリューの許容せん断耐力は、ボルトと同様とする。ただし、ラグスクリューの接合形式は、図3-28における（D）タイプと（E）タイプのみとし、ボルトの有効挿入長さ（l）とボルト径（d）の比は8以上とする。また、木材を添え板とする場合で、胴部の長さ（l_0）が（$2d+l$）より小さい場合、せん断耐力を計算する際の径（d）はスクリュー部の谷径とする。終局強度比（本節6.［3］参照）については、ラグスクリュー頭部の回転が拘束されない木材添え板の場合と頭部の回転が拘束される鋼板添え板の場合で異なる点に注意する。ラグスクリューを木口に打ち込んだ場合のせん断耐力は、側面打ちの場合の2/3とする。

［6］接合具の配置

接合具の配置は以下による。

① 木材の繊維方向の加力を受ける場合

ⅰ）材端距離（e_1）：接合具径の7倍以上。ただし、材端部分に応力が生じない場合は接合具径の4倍以上

ⅱ）縁端距離（e_2）：接合具径の1.5倍以上

ⅲ）木材の繊維方向の接合具間隔（s）：接合具径の7倍以上

ⅳ）接合具列間隔（r）：接合具径の2.5倍以上

② 木材の繊維に直角方向の加力を受ける場合

ⅰ）材端距離（e_1）：接合具径の7倍以上

ⅱ）縁端距離（e_2）：接合具径の4倍以上。ただし、縁端部分に応力が生じない場合は接合具径の1.5倍以上

ⅲ）木材の繊維方向の接合具間隔（s）：接合具径の5倍以上
ⅳ）接合具の列間隔（r）：接合具径の4倍以上
③　木材の繊維に傾斜する方向の加力を受ける場合
　ⅰ）加力方向と繊維方向のなす角が10度以下の場合：①の数値
　ⅱ）加力方向と繊維方向のなす角が10度を超え、70度未満の場合：①の数値と②の数値を直線補間した数値
　ⅲ）加力方向と繊維方向のなす角が70度以上の場合：②の数値

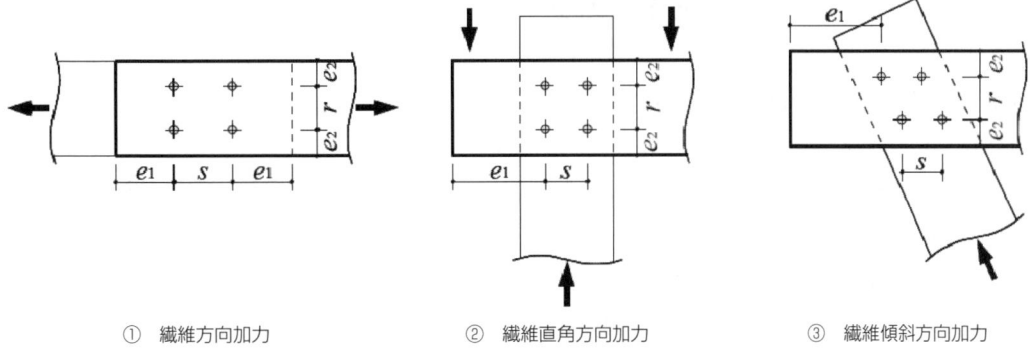

①　繊維方向加力　　　②　繊維直角方向加力　　　③　繊維傾斜方向加力

図3-29　加力方向と木材の繊維方向とのなす角

4.
ジベル接合

[1] 一般事項

ジベル接合は、部材間にまたがって配置されるジベル（車知、ダボ、シアキーを含む）がせん断抵抗し、木部のめり込み抵抗によって応力伝達するものであり、鋼製などの環状の接合具を環型に彫り込んだ木材に挿入する彫り込み型と、木材に直接圧入する圧入型がある。

[2] ジベルの材質および品質

信頼できる規格にもとづいて製作されたものとする。

[3] 許容せん断耐力

①　環型ジベル1個あたりの設計用許容せん断耐力は、(3.9.11)式による。記号の詳細はAIJ規準[1]参照。

$$p_a = {}_jK_d \cdot {}_jK_m \cdot {}_jK_c \cdot {}_jK_0 \cdot \min(p_y, p_{2.0}, 2/3\, p_{max}) \quad\cdots\cdots(3.9.11)$$

ここに、p_a：設計用許容せん断耐力（N）
　　　　p_y：降伏耐力の5％下限値（N）
　　　　$p_{2.0}$：2mm変形時耐力の5％下限値（N）
　　　　p_{max}：最大耐力の5％下限値
　　　　${}_jK_d$：荷重継続期間影響係数
　　　　${}_jK_m$：含水率影響係数
　　　　${}_jK_c$：施工係数

$_jK_0$：基準化係数

② 接合部の設計にあたっては、ジベル1個あたりの耐力を求めるだけでなく、接合部全体の設計用許容せん断耐力を求め、接合部応力が接合部全体の設計用許容せん断耐力よりも小さいことを確認する。なお、ジベルを複数個使用する場合には、その個数や配置によって耐力を適切に低減する。

5. 接合部におけるスリップと初期ガタ

[1] ボルト、ドリフトピンおよびラグスクリュー

　材厚がボルト径とくらべて十分に大きい場合、ボルト接合などにおける接合具の木材へのめり込みならびにこれに伴う接合具の曲げにより生ずるすべり剛性 K は、接合具が先孔に密着していると仮定した場合の理論式が導かれている[1]。しかし、実際のボルト接合では、接合具と先孔のすき間（初期ガタ、遊び）のために初期変形が生じ、剛性が理論値よりも小さくなる傾向がある。一方で、ドリフトピンやラグスクリューの場合は初期ガタを無視しても差し支えないので、ほぼ理論値通りの剛性を求めることが可能である。また、複数本の接合具を用いる場合には、各接合具剛性の単純和よりも大きく低下する傾向がある。したがって、必要に応じて実験的検討を行うか、初期ガタを考慮した解析によって剛性を求めることが望ましい。

[2] ジベル接合具

　ジベル接合部のすべり剛性は、原則的に実験結果に基づき、変形量2mm時の耐力を変形量2mmで除して算出する。特に、彫り込み型ジベルの場合は初期ガタが生じやすいので、複数個のジベルを用いる場合は剛性を適切に低減することが望ましい。ばらつきが大きい場合も、これを考慮する。

6. 接合部の終局耐力と変形性能

[1] 圧縮、めり込みにより破壊に至る接合

　終局耐力が木材の圧縮またはめり込み（横圧縮）に依存する接合部の終局耐力は、木材の圧縮強度またはめり込み強度により算出する。この場合、木材が割裂きなどにより破壊しないことを確認する。

[2] 鋼材の降伏により破壊に至る接合

　引張ボルトなどで終局耐力が鋼材の降伏に依存する場合は、鋼材の材料強度により算出する。この場合、木材が割裂きなどにより破壊しないことを確認する。

[3] せん断ボルト接合など

　AIJ規準[1]では、ボルト接合部の許容耐力は、木材の圧縮強度ならびに鋼材の降伏点により定ま

る降伏耐力と、終局強度比を考慮した終局耐力をもとに定められている。材厚がボルト径とくらべて比較的小さい場合は終局耐力は降伏耐力とほぼ一致するが、材厚がボルト径とくらべて十分大きい場合はボルト頭の存在による引張効果により終局耐力が降伏耐力の1.2～1.5倍程度の値になる。ラグスクリューの場合も、鋼板添え板形式の場合にはボルト接合とほぼ同様の性状を示すが、ドリフトピンではボルト頭がないため終局耐力は降伏耐力と概ね一致する。この降伏耐力に対する終局耐力の比のことを「終局強度比」と定義している。

ボルト接合などにおける変形性能も、材厚とボルト径の比に左右され、材厚がボルト径とくらべて小さい場合は、一般に極めて脆性的な破壊を示す。一方、材厚がボルト径とくらべて十分大きい場合は大きな塑性変形能力を示す。ボルトのすべり剛性ならびに変形性能は樹種や接合形式により異なり、一般化することは難しいが、実験によると短期許容耐力時のすべり量は、1～2mm、降伏耐力時のすべり量は3～7mmである。また、最大すべり量は材厚が十分大きい場合は15～30mm程度である。ただし、ボルト孔がボルト径より大きい場合は初期すべりを生ずるのでこれを考慮する必要がある。

7. 接合部のモデル化[3]

[1] モデル化の概要

ここでは、集成材建築物の設計において、構造解析ソフトウェアや、汎用の有限要素法ソフトウェアを用いて、数値計算による増分解析、時刻歴応答解析を行う場合の接合部のモデル化の留意点などについて述べる。

集成材建築物では、特にラーメン架構となる場合には、接合部は、ピン接合でも剛接合でもなく、半剛接合としてモデル化する必要がある。半剛接合のモデル化には、接合部の応力と変形状態の情報が必要となるが、構造設計においては実験による情報を入力するのが一般的である。実験結果を用いる場合にはばらつきがあるため、これを考慮して安全側の設計となるよう注意する必要がある。

数値解析における半剛接合のモデル化に関しては図3-30に示すような並進3自由度、回転3自由度のモデル化の情報が必要となるが、集成材建築物の構造設計で一般的に用いられている平面骨組解析において、実験結果を数値解析モデルに取り込む場合には、モーメント－回転角の実験結果

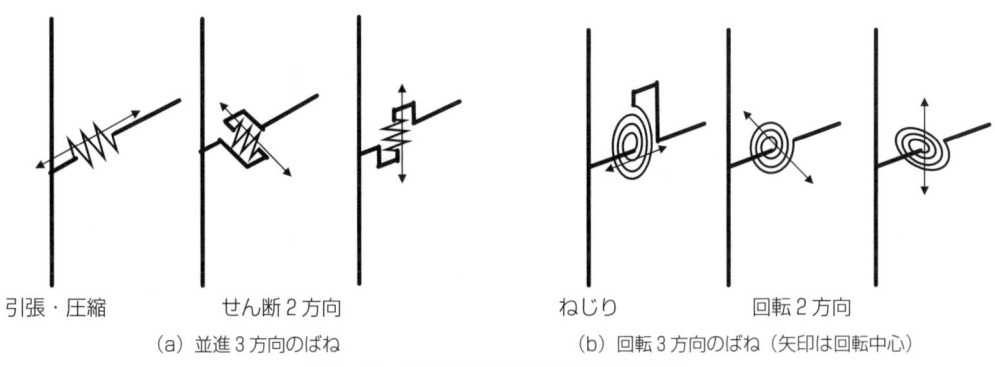

引張・圧縮　　せん断2方向　　　　　　　ねじり　　　回転2方向
　　　（a）並進3方向のばね　　　　　　（b）回転3方向のばね（矢印は回転中心）
図3-30　半剛節の数値解析モデルの概要

を1方向の回転ばねとしてモデル化するのが一般的である。その他のばねに関しては、ピン接合及び剛節接合と仮定する条件を設計者が判断する必要がある。解析で必要とされるアウトプットによっては、せん断力、めり込み、引張力の半剛節ばねによるモデル化も必要となる。また、実験においてモーメント抵抗接合部が、せん断力、軸力などによる複合応力の影響を顕著に受けると考えられる場合には、モデル化の際に配慮が必要となる。

［2］モデル化の例

接合部のモデル化の例として、鋼板添え板型・鋼板挿入型接合、合わせばり・シアファスナー型接合、引張ボルト型接合について、以下に示した。部材はすべて線材にモデル化することを前提としている。

① 鋼板添え板型・鋼板挿入型接合

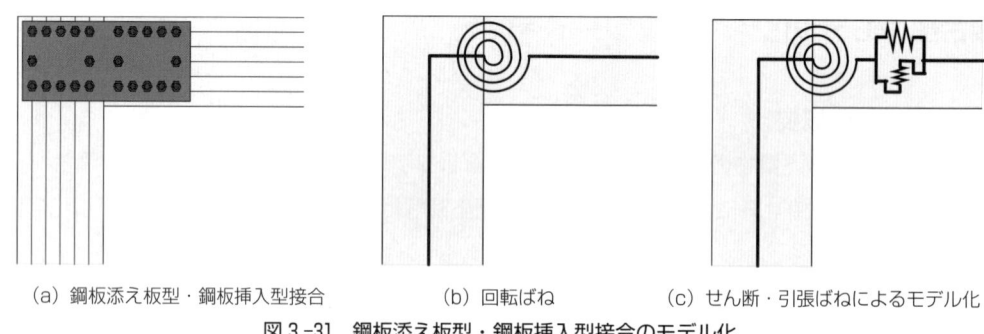

鋼板添え板型・鋼板挿入型接合の場合、図3-31（b）に示すように、実験結果からモーメント抵抗の回転ばねでモデル化することが基本であるが、その他に、図3-31（c）に示すように、せん断・引張方向の変形に関しても考慮する必要があることも考えられる。各部材の木材と鋼材のめり込み変形を考慮して、モデル化を行う。

（a）鋼板添え板型・鋼板挿入型接合　（b）回転ばね　（c）せん断・引張ばねによるモデル化
図3-31　鋼板添え板型・鋼板挿入型接合のモデル化

② 合わせばり・シアファスナー型接合

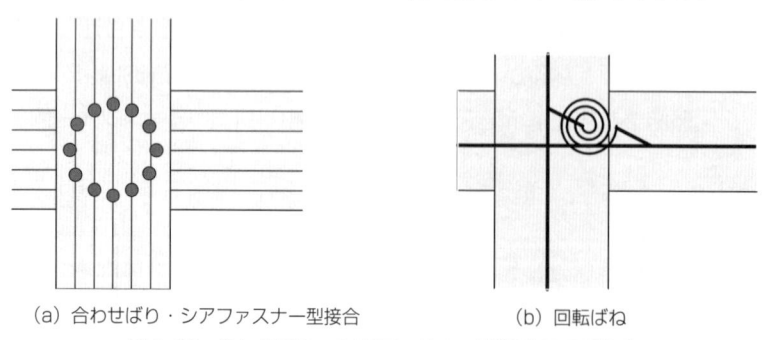

合わせばり・シアファスナー型接合の場合、図3-32（b）に示すように部材同士が交差する点に接点を設け、回転ばねで両接点を接合してモデル化を行うのが一般的である。

（a）合わせばり・シアファスナー型接合　（b）回転ばね
図3-32　合わせばり・シアファスナー型接合のモデル化

③ 引張ボルト型接合

引張ボルト型接合の場合、図3-33（b）に示すように、モーメント抵抗の回転ばねでモデル化することが基本であるが、図3-33（c）に示すように、引張・圧縮ばねによるマルチスプリングによってモーメント抵抗を表すことも可能である。この手法は、他の接合にも適用可能である。

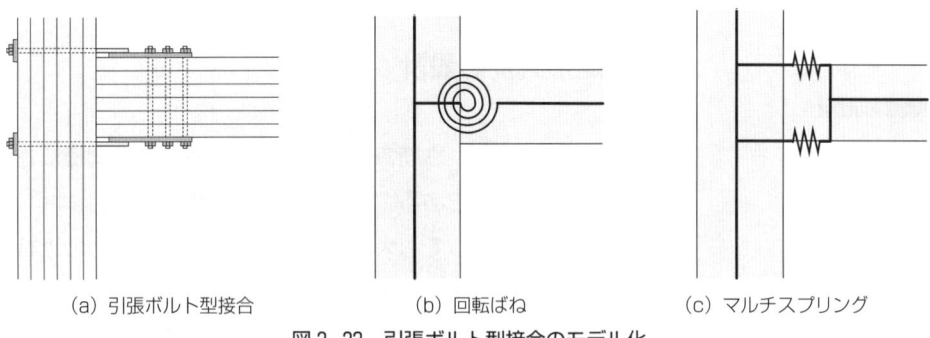

(a) 引張ボルト型接合　　　　(b) 回転ばね　　　　(c) マルチスプリング

図3-33　引張ボルト型接合のモデル化

参考文献

1）「木質構造設計規準・同解説－許容応力度・許容耐力設計法－」社団法人日本建築学会，p210-321，2006年
2）建設省住宅局建築指導課監修「大断面木造建築物設計施工マニュアル　1988年版」財団法人日本建築センター，1988年
3）「木造軸組工法住宅の限界耐力計算による設計の手引き」財団法人日本住宅・木材技術センター，2005年

10節 構造形式別の設計

1. 構造形式別の設計

　集成材建築では、鉄筋コンクリート造や鉄骨造と同様にさまざまな構造形式が可能である。構造形式ごとの力の流れ自体は、使用する構造材料が変わっても大きな違いはないが、その力の流れを明らかにする全体モデルの作成や、部材設計、接合部設計にあたっては、集成材建築特有の課題があり、注意が必要である。

　汎用構造解析プログラムを用いて集成材建築の構造解析を行う場合には、本章1節1の集成材建築の構造の特徴を理解して、正しくモデル化することが重要である。すなわち、(1)集成材建築の破壊性状を考慮し、その現象を表現可能にする。(2)部材接合部の剛性を適切に評価するために、接合部の6自由度、場合によっては正負方向について適切なばねを配置したモデルを用いる。(3)特に変形を検討する場合には、弾性変形だけでなく、接合部のガタやクリープ変形やメカノソープティブなどによる変形増大も考慮する必要がある。(4)面材の構造性能は、面材の厚さや材種の影響よりもくぎやビスなどの接合具に大きな影響を受けるため、接合具の性能を考慮したモデル化を行う必要がある。

　本節では、耐力壁付き軸組構造、木質ラーメン構造、大屋根構造、併用構造に分けて、各構造形式別の設計にあたっての注意点を整理する。

2. 耐力壁付き軸組構造

[1] 力の負担

　柱はり構造には、鉛直荷重を支持する柱はりの軸組は接合部がピン接合で、水平力に対しては耐力壁が抵抗する耐力壁付き軸組構造と、柱はり接合部のモーメント抵抗によって水平力に抵抗する木質ラーメン構造がある。

　また、耐力壁をもつ構造も、長期荷重の支持の有無によって大きく2つに分けられる。鉛直荷重などの長期荷重を柱、はりなどの軸組が負担して、水平抵抗のみを壁が負担する耐力壁付き軸組構法と、長期荷重も水平力も壁が抵抗する壁式構造である。両者は、構造上は耐力壁とみなされるが、防耐火上は、長期荷重を負担しない軸組構法の壁は耐力壁と呼ばれない点に注意が必要である。

　本項では、鉛直荷重は柱はり構造の軸組が負担し、地震や風などの水平力が柱はりに取り付く壁やブレースが負担する耐力壁付き軸

組構造を取り扱う。

［2］柱はりの設計

　鉛直荷重に対しては柱はり構造が抵抗し、水平力は耐力壁が負担する耐力壁付き軸組構造では、柱はりの接合部はピン接合でも成立する。逆に、完全なピン接合でないと、鉛直荷重に対して柱はり接合部に曲げモーメントが発生することになる。柱とはりを金物などで不用意に緊結してしまうと予期せぬ力が発生し損傷の原因になることもあり、解析モデルと同等の接合方法を実現することが重要である。

　柱はり構造が鉛直荷重に対して抵抗するといっても、水平力に対して不要というわけではない。耐力壁やブレースが水平力に抵抗する場合には、周辺の柱、はり部材には軸力が発生する。柱は、長期荷重時の軸力と水平力時の軸力を考慮して設計する必要がある。圧縮力に対しては、座屈や柱脚のめり込み、引張力に対しては引張抵抗が十分できるような接合をする必要がある。また、通し柱や部材中間部に横架材が取り付く場合には、横架材から集中荷重が柱中間部に加わり曲げモーメントを発生させるため、曲げモーメントに対する検討が必要となる。

　はりなどの横架材も、上部に壁が配置される場合には、壁端部の集中荷重により曲げモーメントが発生する場合があり、検討が必要である。

　こうした各部材に発生する応力は、3次元立体解析を用いることで算出することができ、発生する力に応じて断面算定を行えばよい。

　木造建築でも、柱はり接合やブレースの接合は基本的に部材芯を合わせたほうが構造的には明快であるが、集成材建築では、部材断面が大きく、無理に部材芯を合わせることで部材の断面欠損が大きくなる場合がある。断面欠損を避けるためには、はり部材を2部材に分けて柱を挟み込んだり、あえて部材芯を偏心させて接合したりする必要があり、構造的には合理的でなくても全体的には健全になる場合もあるので、柔軟な対応が必要である。柱はり接合部は、最終的な状態だけでなく施工時に支保工を減らすための仮受け方法なども考慮した納まりとする必要がある。

［3］耐力壁の設計

　耐力壁付き軸組構造は、構造設計においては、評価法の観点から、壁構造系と軸構造系の2種類に分けられる。

　　壁構造系　　　建築基準法施行令第46条第4項の表1に掲げる軸組による水平抵抗要素を主に用いた軸組構法。
　　　　　　　　　90mm角の筋かいやくぎ打ちされた構造用合板などの木造住宅の壁量計算で壁倍率が決められているような耐力壁を用いた構法。
　　軸構造系　　　軸組構法（壁構造系）以外の軸組構法。
　　　　　　　　　大断面ブレースを用いた場合やボルト接合の厚板の耐力壁など壁倍率の評価を受けていないような耐力壁を用いた構法。

① 軸組構法（壁構造系）
　壁構造系では、45mm×90mmや90mm角の筋かい、くぎ打ちされた構造用合板などの、木造

住宅の壁量計算に用いられる壁倍率を有している標準的な耐力壁を主に用いるものを対象とする。

　これらの耐力壁を用いる場合でも、いわゆる壁量計算を満足させる場合と建築基準法施行令第46条第2項を適用して壁量計算を行わない場合の2種類のルートがあり、集成材建築でも、建築基準法施行令第46条第2項を適用しない場合には、壁量計算を満足させる必要がある。

　しかし、いずれの場合にも、許容応力度計算を行う部分については、同様な考え方で行うことができる。許容応力度計算では、各部の応力を算定するために建物を線材モデルに置き換えて応力解析を行うことになる。柱やはりなど、もともと線状の部材はモデル化が容易であるが、耐力壁などの面材を線材モデルに置き換えるには工夫が必要である。

　まず、耐力壁の剛性、耐力を算定することになるが、45mm×90mmや90mm角の筋かい、くぎ打ちされた構造用合板などの、木造住宅の壁量計算に用いられる壁倍率を有している標準的な耐力壁は、壁倍率を参考に剛性、耐力を評価することができ、財団法人日本住宅・木材技術センターの「木造軸組工法住宅の許容応力度設計（2008年版）」が参考になる。そこでは、壁倍率が認定されていなくても、くぎ打ちされた面材耐力壁については、くぎのせん断性能とくぎの配置から計算によって面材耐力壁の剛性、耐力を算出することもできるようになっている。一方、壁倍率を有していない耐力壁の場合には、実験などによってその剛性、耐力を明確にする必要がある。

　こうして算定した耐力壁の剛性、耐力を汎用構造解析プログラムに入力する場合には、壁要素として入力、またはブレースに置換して入力することになる。いずれの場合も、面材耐力壁の性能は、面材のせん断弾性係数Gと厚みtではなく、留めつけているくぎやビスなどの接合具のせん断ばね性能に大きな影響を受けるので注意が必要である。

　ブレース置換では、耐力壁の剛性、耐力が算定されていれば、以下に示すように、それと等価なブレース置換を行えばよい。

【耐力壁の等価ブレース置換】

　壁長L（mm）、高さH（mm）の耐力壁のせん断剛性をK_w（kN/mm）とすると、等価たすきブレースの軸剛性EAは、以下のようになる。

$$EA = \frac{K_w \cdot L}{2 \cdot \cos^3 \theta} \quad (kN)$$

　ただし、$\tan\theta = H/L$

　このほか、耐力壁を面材＋接合具ばねとした詳細なモデルを用いることもある。

　こうして作成された解析モデルから各部の応力、変形が算定でき、断面算定、変形チェックを行うことになるが、許容応力度計算での外力は$C_0=0.2$の中地震動であるため、大地震動時の安全性

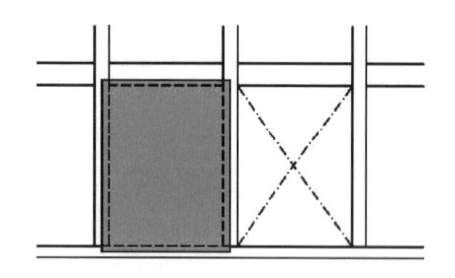

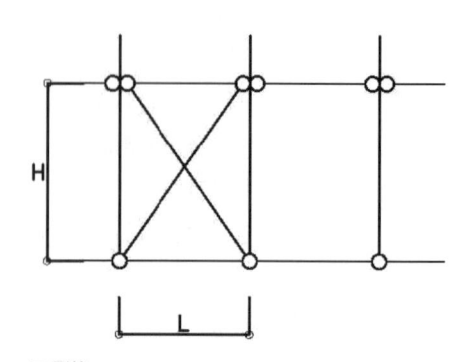

図3-34　面材壁のブレース置換

に対しても別途検討する必要がある。

　ブレース置換の際に、壁倍率の評価で用いられる剛性、耐力を用いた場合には、大地震時の性能も間接的に検討したことになっている。これは、壁倍率の評価においては、降伏耐力 P_y といった中地震時の性能だけでなく、終局耐力とじん性能を考慮した $0.2P_u/Ds$ といった大地震時の性能を中地震時（$C_0=0.2$）の性能に換算した評価も行われているためである。しかし、こうした評価が有効であるためには、耐力壁より先に周辺の柱はり接合部が破壊しないことを前提としているため、柱頭および柱脚の接合部の大地震時の安全性について検討する必要がある。

　壁倍率を用いないで許容応力度計算を行う場合には、耐力壁に対する大地震時の検討も必要になる。

② 軸組構法（軸構造系）

　建築基準法施行令第46条第2項を適用して、壁量計算を行わずに、建築基準法施行令第46条第4項の表1に掲げる軸組以外の大断面ブレースや厚板パネルをボルト接合した耐力壁など、壁倍率を有していない耐力壁を用いる軸構造系の場合には、中地震時の検討だけでなく大地震時の検討も行う必要がある。

　大断面ブレースの場合には、ブレース部材を線材として設定することができるが、接合部に軸ばねを配置してブレース要素に実断面を用いるか、両端をピン接合としてブレース要素の断面性能を、端部接合部の軸ばねを考慮した等価断面として入力する必要がある。単純にピン接合＋ブレース断面とはならないので注意が必要である。

　ブレース端部のばねについては、圧縮側は部材の接触、引張側は金物接合など、圧縮側と引張側で抵抗要素が異なる場合には、方向別のばねを配置する必要もある。

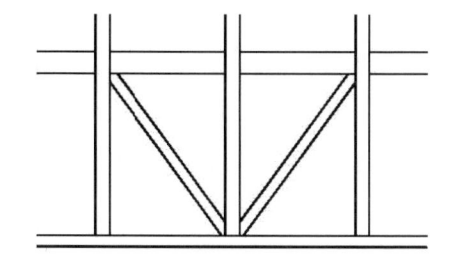

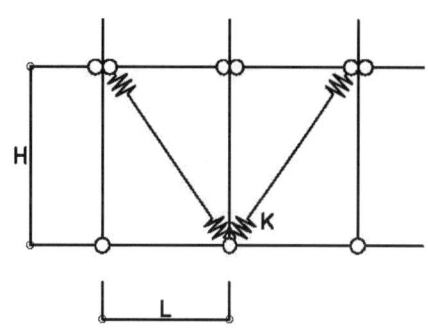

図3-35　ブレースのモデル化

③ 水平構面の設計

　床組、小屋組に作用する水平荷重を安全に柱および耐力壁に伝達できるようにする必要がある。集成材建築で耐力壁の間隔が大きくなる場合には、水平構面を伝達する力も大きくなるため、水平構面に高い性能が要求される。

　剛床仮定が成立しないような場合には、水平構面も剛性を評価して、等価ブレース置換などによって床面のせん断変形を考慮した立体解析とする必要がある。

3. 木質ラーメン構造

[1] 木質ラーメン構造の特徴

　ラーメン構造は柱はり構造のみで構成され、設計の自由度を高めることのできる構造形式である。しかし、木質構造では接合部を剛節点とみなせるような高強度、高剛性とすることは難しく、さらに部材の弾性係数は鋼材の1/20程度、鉄筋コンクリートの1/2程度であり、たとえ接合部が剛節点とみなせても、鋼構造や鉄筋コンクリート造と同程度のラーメン構造の剛性を確保することは難しい。加えて、部材自体の曲げモーメントに対する終局状態は脆性的であるため、接合部にじん性も期待したい。つまり、接合部は高剛性でかつじん性の高い接合部が要求条件となり、この点が木質構造のラーメン構造を難しくしているとも言える。

　ここで以上のことを定量的に確認するため、まず、部材の性能を他の構造と比較してみる。表3-18ならびに図3-36は、集成材、鋼材、鉄筋コンクリートのそれぞれの柱の性能を比較したものである。ここでは単純に比較をするため、断面は300×300に固定し、曲げモーメントのみを評価の対象とするなど、実務設計の場合と異なる点がある点に注意されたい。

表3-18　柱の曲げ性能の比較（圧縮力は考慮していない）
単位　断面:mm、短期曲げ:kNm、EI:kN/m²

	設計条件	断面	EI	短期曲げ
集成柱	E105-F345	300×300	70,875	103.5
鉄骨柱	BCR t=12		384,300	286.7
鉄筋コンクリート柱	12-D22		141,750	116.9

　集成材の柱は、同断面で比較した場合、鉄筋コンクリートの柱並みの強度を有している。鉄骨柱と比べても1/3程度である。一方、曲げたわみの指標となるEIは比率的には小さく、鉄骨に対しては1/5、鉄筋コンクリートに対しては1/2程度であり、同断面で比較した場合、強度が確保できたとしても他の構造に比べて変形が大きくなりがちなことがわかる。

　次に、これらに基づいて、接合部が剛だと考えたときの層の荷重－変形関係を模式的に図3-37に示した。鋼構造、鉄筋コンクリート造ともに鋼材の降伏によって塑性化し、じん性を確保する。一方、木質構造のラーメン構造は接合部が剛節の場合、脆性的に破壊に至るので、前述したとおり接合部を塑性化させじん性を確保したい。しかし、塑性化を図ろうとあまりにも強度が低い、あるいは剛性が確保できないものはラーメン構造として成立させるには不十分である。木質構造の理想的な接合部は剛性が極めて高く、柱、あるいははりが基準強度に達する直前に塑性化するようなものである。複雑な抵抗機構を持つ接合は、強度の管理が難しく、さらに線形領域を持たないまま最大荷

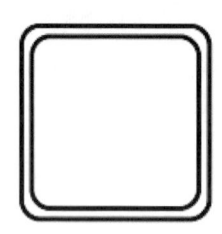

図3-36　設計した部材

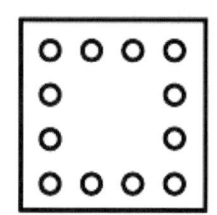

重に至るような荷重変形関係になりがちである。現在考えられている接合法のなかでは、引きボルト型の接合部で引きボルトを降伏、塑性化させるようなものが、設計が単純で望ましい方向のひとつと考えられる。

以降、検討を要する事項を整理する。また、ここでは曲げ降伏型接合具を用いた接合部と引きボルト型の接合部を中心に議論を進める。そのほかの接合部や設計の詳細などは社団法人日本建築学会「木質構造接合部設計マニュアル」に詳しいので、そちらを参照願いたい。

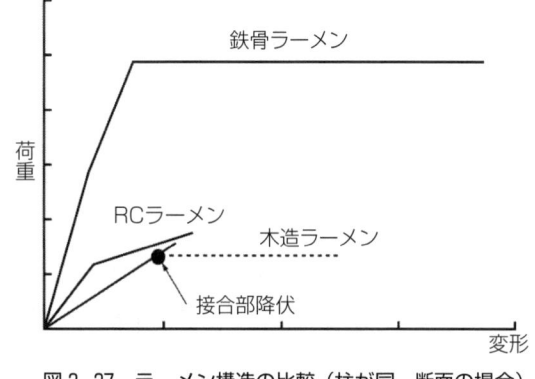

図3-37　ラーメン構造の比較（柱が同一断面の場合）

[2] 検討を要する事項の整理

表3-19は木質ラーメン構造の設計に必要と考えられる項目について、設計式の立案の現状や研究課題を整理したものである。○は学会などですでに定式化されたデータが出されているもの、△は研究的に挙動確認はできているが、特殊解が得られているのみで、今後、包括的で広範な検討が要求されるものである。

曲げ降伏型接合具を用いた接合では、接合具単体の荷重変形関係は、理論的、あるいは経験式を追加するなどして、定義可能であるので、荷重変形関係上の任意の点である剛性、降伏点、終局強度などを求めることができる。また、引張力やせん断力に抵抗する接合部については、集合型破壊などの検討がなされているが、曲げモーメントが作用する場合には初期剛性、降伏点までは特定できても、破壊は推定できず、じん性能や終局強度を定義することはできない。さらに、曲げモーメントと軸力、せん断力などの複合応力に対しても状況は同様で、剛性などは得られるが、破壊が特定できないので、終局状態を得ることは難しい。

フレームのモデル化については、これまで多くの検討がされている。例えば、鋼板挿入型接合部であれば、モーメントを受けて回転を生じる部分を回転剛性をもつリンク要素として定義し、それらをはり要素、あるいは剛体要素によって接合したモデルとする。これによってフレームの終局状態に至る以前の荷重変形を求めることが可能である。終局状態は実大実験を通して得ることができるが、軸力やせん断力の変動にともない破壊モードも変化する場合には、パラメータスタディ的に実験を繰り返し、その影響について考慮する必要がある。

また、曲げ降伏型接合具を用いた接合部の耐力発現機構は、構造用合板耐力壁と同様に回転中心から遠いところから耐力を発現し始め、それらが降伏すると、その内側の接合具が抵抗するという機構を持つ。すべての接合具が回転中心から同じ位置にあれば、1つの接合具の降伏点や許容耐力をもって、接合部の降伏点や許容耐力を定義することが可能である。しかし、回転中心からの距離が異なる接合具が混在する接合部では、もっとも遠い位置の接合部によって許容耐力を決めると非常に不合理なこととなり、増分解析や実験などで接合部全体の荷重変形関係を求め、許容耐力を決めることになる。さらに、曲げ降伏型接合具は弾性域がなく、初期から曲線状の荷重変形関係を呈し、明確な降伏点を持たないものが多い。そして、最大耐力以降も木材が割裂きによって急激に荷重低下を起こさない限り、ある程度徐々に荷重が低下するという性状を持つ。このような性状では

節点振り分け法によって層の降伏せん断耐力を求めることは難しく、荷重増分解析などによってそれを求めることになる。なお、市販のソフトウェアには接合部の回転要素を非線形のまま設定でき、さらに負勾配までも定義できるものもある。設計環境的には増分解析も可能な段階に至っている。

一方、引きボルト形式については、引きボルトを降伏、破断させるタイプと、ボルトが固定される部分を降伏、破壊させ終局状態に至るタイプの接合形式が抵抗形態として考えられる。引きボルトを降伏させるタイプはじん性が高く、強度の設計もしやすい。ただし、用いるボルトの降伏の上限値に対して、ボルトが留まっている各部分の降伏の下限値が上回るように設計をする必要があり、固定各部分の強度特性のデータの蓄積が必要である。現状ではラグスクリューボルト（LSB）を用いたラーメン構造で検討が進んでおり、ボルトが固定される部分の理論展開や設計法の作成が進んでいる。引きボルト以外が降伏をする、あるいは終局状態に至る場合にはその部分の強度変形特性に接合部のじん性能が左右される。めり込みで降伏、終局的な挙動を示す場合はじん性が高いが、せん断で壊すようなことになると、脆性的に破壊に至り、図3-37で示したような理想的な挙動を得ることができない。

表3-19 ラーメン構造の課題など

大項目	中項目	小項目	接合部形式 ドリフトピンなど曲げ降伏型接合具	引きボルト LSB
接合具	剛性		設計法○	△（ボルトの伸びにより計算は可能と考えられる）
	許容耐力		設計法○	設計法○
	終局耐力		設計法○	△（使用材料によっては可能）
接合部	剛性		設計法○	設計法○
	許容耐力	評価法	△（5％下限値推奨、じん性のあるものは50％下限値の可能性あり。5％下限値としてシステム係数で割り増しという考え方もあり）	
	終局耐力		△（降伏モードの特定ができない）	○（降伏モードの特定ができた場合）
	複合応力	MとQ	挙動解明○、設計法○	挙動解明△、設計法○
	パネルゾーン		−	保証設計可能はあるが、検討不十分
	2方向ラーメン		−	×（試行段階）
フレーム	鉛直荷重の影響		挙動解明○、設計法（増分解析）○	
	モデル化	剛域を考慮	設計法○	−
		剛域を考慮しない場合	試験法を定義○	
	解析法	手計算	現実的でない	ボルトが降伏の場合は節点振り分けが可
	モデル化	変動軸力	×	×
		柱の折損	曲げ強度にて評価が可能と考えられる。ただし、部材脆性的に破壊。折損は基本的にさせない。	
		PD効果	挙動解明○ 設計法○	
		負勾配の解法	市販のソフトで対応可能○	
	壁併用構造		モデル化は可能であるが、実現象を正確に把握できているか不明。	
純フレーム	振動台実験			挙動解明○、設計法？
壁併用構造	振動台実験			挙動解明○、設計法？

4. 大屋根構造

[1] トラス

　トラス架構は軸力抵抗のシステムであり、部材に曲げ応力がほとんど生じないため、部材を細くすることができ、自重も軽いといった特徴がある。部材の組み方により応力状態が異なり、その種類はさまざまである。代表的なトラスを図3-38に示す。主に、山形トラスは工場や体育館の大スパンの屋根架構に使われ、平行弦トラスは、大スパン建築のはりや橋梁などに用いられる。

　木材は圧縮と引張で強度が異なるだけでなく、接合部のディテールが大きく異なり、引張力に抵抗するためには、鋼板を挟みドリフトピンを打つなどの複雑な接合部とならざるを得ない。このことから、木材は圧縮力を負担する部材に用いることが望ましいと言える。図3-39右側のトラス架構は圧縮材を木、引張材を鋼材としている例である。しかし、これは鉛直荷重が支配的な場合であって、地震荷重が支配的な場合など、荷重方向によって部材に発生する応力が引張、圧縮と変化する場合には、どちらの状態でも効果的な接合部としなければならない。このように、トラス形状と作用する応力、接合部のディテールは互いに深く関係しており、設計時にはそれぞれを併せて検討する必要がある。

　また、トラス架構では複数の部材が1つの節点に集まるため、部材寸法は応力からのみで決定するのではなく、接合部のディテールから決まることもしばしばある。トラス接合部の種類を図3-40に示す。

　一般的に、軸材と斜材を平面的にずらし上下弦材を通し材にすることが多い。この場合、斜材と

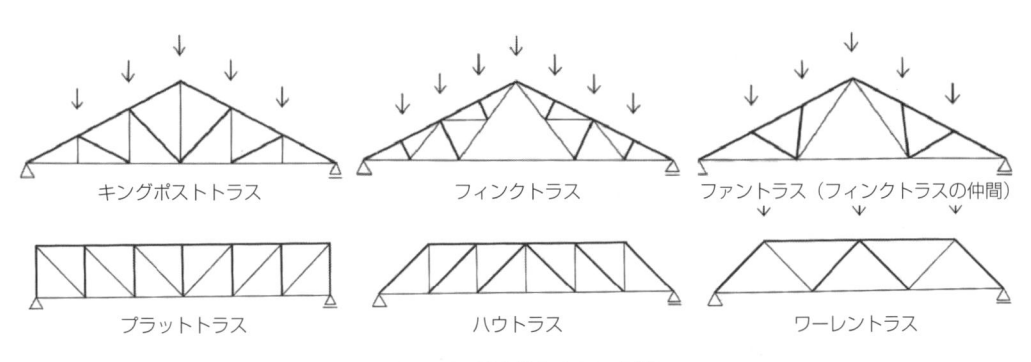

図3-38　代表的なトラス架構

出典：建築構造システム研究会編「図説テキスト　建築構造―構造システムを理解する―」彰国社，2011年

図3-39　トラス架構の事例

出典：稲山正弘「木の構造デザイン入門8　片持ち梁と方杖・肘木／平面トラスと張弦梁」／「ディテール168」2006年4月号，彰国社

弦材の接合部に生じる変形に応じてたわみが大きくなると、弦材は1本のはりのような挙動を示し2次的な曲げ応力が発生してしまう。このため、たわみの抑制を検討する必要がある。

トラスのたわみを抑制する方法として、①トラスのせいを大きくする、②接合部の数を少なくする、などが挙げられる。目安は①$j > L/12$、②$l/j=1.5$程度（図3-41）。

木造トラスのたわみを求める際、接合部のばね剛性の評価でたわみ量は大きく異なるため、それを考慮した解析が必要である。また、荷重が作用する段階で、斜材や束材に発生する軸力がそれぞれ異なり、過度のめり込み変形が生じることや、鉄骨造と異なり、木材と接合具の間にガタやゆるみが生じることなどから、他の部材の応力分担率にも影響を及ぼすので注意が必要である。

図3-42のように、理論上トラスばりにはその中立軸においてスラストは発生しないが、実際に下部構造と接続するのは下弦材レベルであることから、トラスせいが大きい場合などスラストは無視できない大きさとなる。取り合う下部構造も含め、一体的な解析を行う必要がある。

はりの下部に束材を介して鋼材（引張材）を配置することで、自己つり合い系の張弦ばり構造となる。張弦ばり構造とすることではりせいを抑えることができ、下弦材がロッドやケーブルであることにより開放感のある空間が生み出される。また、端部のスラストが原則発生しないため、境界構造への影響も少ない。張弦ばり構造は、圧縮力に強い木と引張力に強い鉄を併せたハイブリッド構造として、合理的な構造と言える（図3-43）。

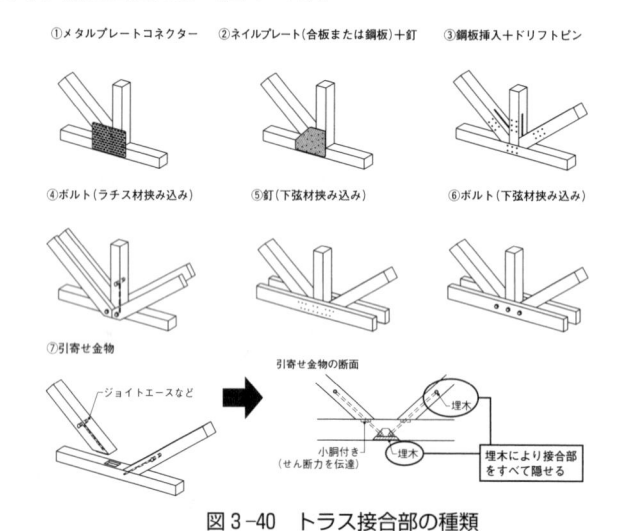

図3-40　トラス接合部の種類
出典：「建築知識」No.603, 2006年2月号, 株式会社エクスナレッジ

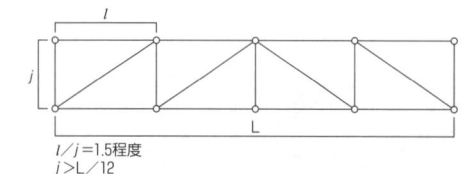

（1）たわみ抑制の目安は、弦材間の距離 j を $L/12$（L＝スパン）以上にすること
（2）効率的な接合部の数を割り出す斜材の傾斜は、l/j を1.5程度にするとよい

図3-41　トラスのたわみ抑制のための方法
出典：「建築知識」No.603, 2006年2月号, 株式会社エクスナレッジ

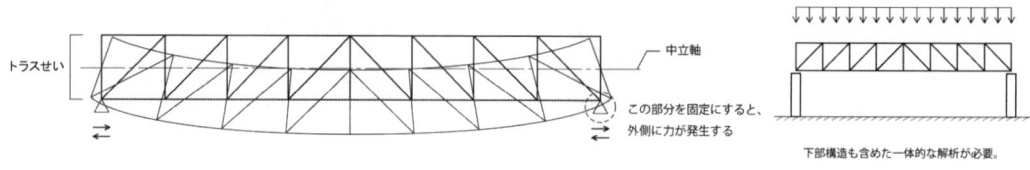

図3-42　トラス下弦材レベルの変形（トラスのスラスト）

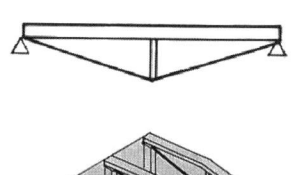

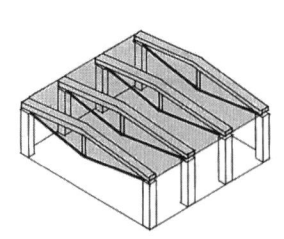

ビーム式吊り屋根の架構概念図　　　　　　　　　　　　　　　　　　　　　「葛塚中学校体育館」

図3-43　張弦ばり構造とその事例

出典：建築構造システム研究会編「図説テキスト　建築構造─構造システムを理解する─」彰国社

[2] アーチ

　アーチ架構は自重や外力に対して主として圧縮力で抵抗することから、木造に適していると言える。大断面のわん曲集成材を用いれば、1スパンの両端柱脚をピンで支えた2ヒンジアーチや、2つの部材を用いて頂部と左右両柱脚部をピンとする3ヒンジアーチが一般的である。頂部のピン接合は、軸力とせん断力がスムーズに伝達されるように接合する（図3-44）。

　アーチ脚部に生じるスラストに対して、下部躯体が鉄筋コンクリートなど剛体であれば特に問題

2ヒンジアーチ　　　　　　　　3ヒンジアーチ

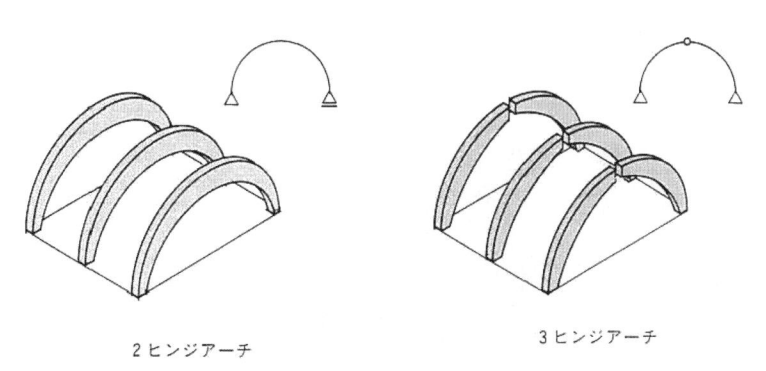

図3-44　アーチ構造

出典：建築構造システム研究会編「図説テキスト　建築構造─構造システムを理解する─」彰国社，2011年

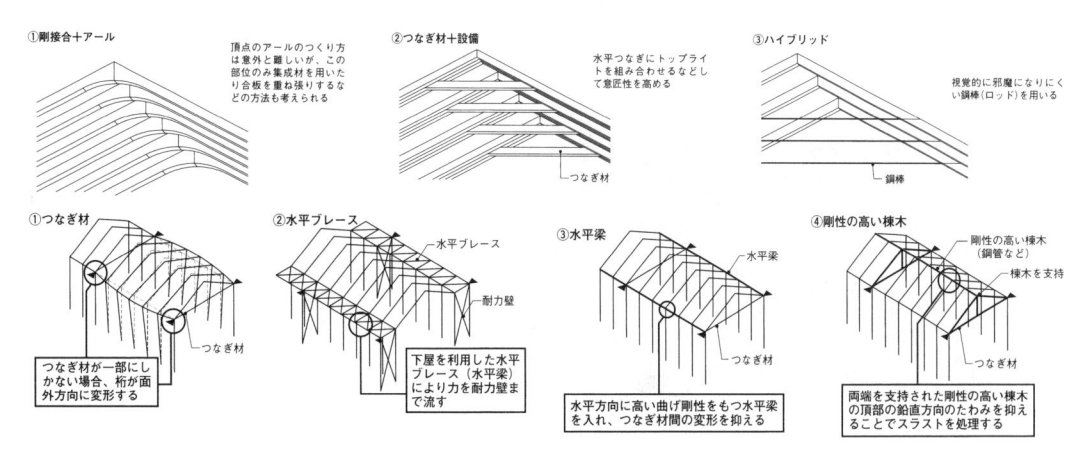

①剛接合＋アール　　②つなぎ材＋設備　　③ハイブリッド

①つなぎ材　　②水平ブレース　　③水平梁　　④剛性の高い棟木

図3-45　アーチ構造でスラストが十分に処理できない場合の対策

出典：「建築知識」No.603, 2006年2月号, 株式会社エクスナレッジ

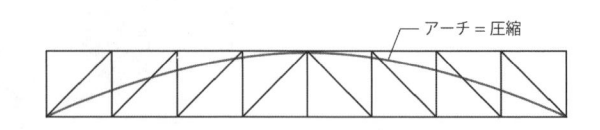

図3-46　バートラスの事例

はないが、そうでなければ対策を講じなければならない。脚部をつなぐ水平はりを入れることもできるが、空間の高さ方向が制限されるため現実的ではないことが多い。アーチを直交でつなぐ棟木を剛性の高いものとする方法や、アーチ頂部に固定度を持たせる方法などが考えられる（図3-45）。

また、アーチとトラスを組み合わせたバートラス（またはバー・アーチ・トラス）を図3-46に示す。荷重は主にアーチが負担する構造となっている。

［3］ドーム・シェル、カテナリー

木のドーム・シェル架構は、小断面材を2方向に組み交点を固定するなどの方法で構成される。アーチと同様に軸力抵抗系（圧縮力）であるため、木材に適した構造である（図3-47）。

カテナリーは、アーチとは逆に鉛直荷重を引張力のみで伝達させる構造である。この場合、引張力を鋼材に負担させ、木材の曲げ剛性で形状を安定させるハイブリッド構造とすることが効果的である（図3-48）。

「マンハイムの多目的ホール」

図3-47　ドーム・シェルの事例

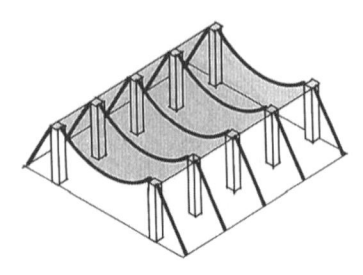

中国木材(株)名古屋事業所　　　　　1方向吊り屋根の架構概念図

図3-48　カテナリーの事例

［4］わん曲集成材の設計

　わん曲集成材とは、乾燥したひき板（ラミナ）を曲げながら積層接着したもので、任意の形状をつくることができるため、曲面を構成する際に利用される。通直集成材を組み合わせて曲面をつくる場合とコストを比較すると、およそ1.5～数倍となる。これは、わん曲集成材は曲率に合わせてその都度型を製作するためで、同じ形状が大量に必要であれば単価は下がる。わん曲集成材の加工は積層方向のみの2次元曲げとし、半径Rは集成材の内側で2,500～3,000mm以上とすることが望ましい。半径を小さくする場合は、わん曲部分の曲げ応力度にラミナ厚と半径の関係から算出される低減係数をかける必要がある。また、製作された状態ですでに内部応力が発生していることも考慮しておく必要がある。

　応力計算時に、わん曲集成材のような変断面材では部材の形状とラミナの配置により有効断面が異なるので、モデル化する際には注意が必要である。有効断面について図3-49に示す。外縁部のラミナが連続していることが望ましいが、やむを得ずラミナに目切れが生ずる場合、ラミナの目切れ長さがラミナの厚さの直線部分で10倍、わん曲部分で15倍以下のものを部材断面から差し引いた断面を有効断面とする。

　また、わん曲集成材には曲げモーメントを受けたときに半径方向に生じる応力（ラミナ同士がはがれようとする応力）についても考慮する必要がある。

　他にも、運搬可能なわん曲材の形状、長さ、幅を検討し、場合によってはボルトや金物によりたて継ぎすることも必要となる。たて継ぎを行う場合はできるだけモーメントの小さい部分で接合するものとし、モーメントおよびせん断力を完全に伝達する接合方式とすることが重要である。

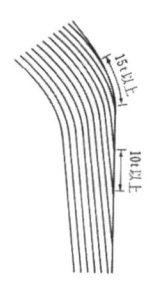

望ましいラミナの構成　　　やむを得ない場合のラミナの構成

図3-49　わん曲集成材のラミナの構成
出典：建設省住宅局建築指導課監修「大断面木造建築物設計施工マニュアル　1988年版」財団法人日本建築センター，1988年

［5］設計上の留意点

　大屋根構造を設計する上での注意点を以下に示す。

① スラストの処理

　大屋根構造を検討する際、しばしば上部架構を下部構造（柱、壁）と分けて解析が行われるが、脚部に生じるスラストの評価が重要である。場合によっては、下部構造もともにモデル化し検討する必要がある。

② 面内せん断力とゾーニング設計

　アーチげたが並んだヴォールト架構など、地震力が妻面まで伝達されるように屋根面の面内せん断力の検討を行うことが必要である。一般的に、木造屋根架構の面内剛性を高める方法として、野

地板合板を張る、ターンバックルなどの鉄骨材で水平ブレースを付加する、などの方法が用いられる。

また、各アーチげたについても、それぞれのゾーニングで設計されていればよいかなど注意が必要である。

③ トラスにおける個材曲げ

トラス架構において、上部に母屋が鉛直部材上ではなく弦材上に配置されている場合、部材の個材曲げが生じる恐れがある（図3-50）。計画時に配慮して設計を行うことが必要である。

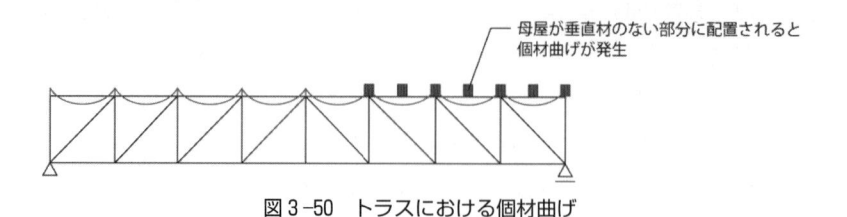

図3-50 トラスにおける個材曲げ

④ 解析上ピンと仮定する接合部に生じる曲げモーメント

3ヒンジアーチの頂部など、接合部が回転自由のピン（図3-51）であればよいが、せん断力（および軸力）のみを伝達するディテールの場合は、実際に曲げ剛性（回転剛性）がゼロではない（図3-52）。このような接合部には曲げモーメントが生じ、曲げモーメントとせん断力（および軸力）の複合応力により耐力上の問題を生じる可能性がある。このため、せん断力（および軸力）のみが生じるものとする設計でも、曲げモーメントが生じることも考慮し、接合部の耐力を確保することが必要である。

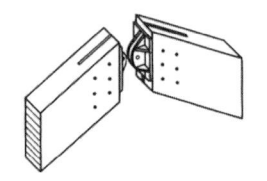

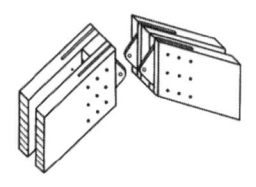

図3-51 回転自由の接合部事例
出典：建設省住宅局建築指導課監修「大断面木造建築物設計施工マニュアル 1988年版」財団法人日本建築センター，1988年

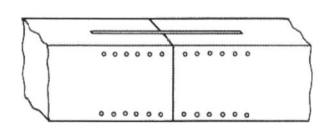

図3-52 曲げ剛性を有する接合部事例
出典：建設省住宅局建築指導課監修「大断面木造建築物設計施工マニュアル 1988年版」財団法人日本建築センター，1988年

⑤ 偏荷重

アーチやドーム架構において、自重が軽い木造の場合は、非対称な面外方向の風圧力や積雪荷重によって、局部的に面外曲げ応力が発生する場合があり、これらの応力により部材断面や接合部が決まることが多い（図3-53）。

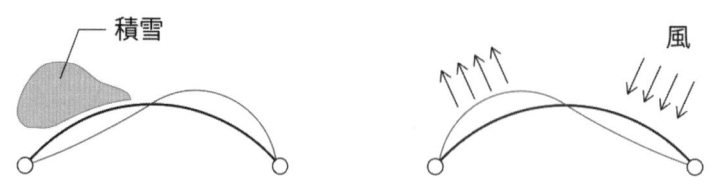

図3-53 アーチやドーム架構における偏荷重

⑥ 地震力の設定

大屋根架構はその形状によっては、一般の A_i 分布では地震力を決定できない場合があるため、

動的解析を行うなどして、設計用地震力を定める必要がある。

5. 併用構造（混構造）

［1］併用構造の分類

木質構造（集成材建築）では、しばしば異種構造と併用されて1つの建築物を構成することがある。併用の形式は多岐にわたるが、併用される構造種別、荷重外力の分担形式、併用の形態ごとに分類される。

① 併用される構造種別による分類
　ⅰ）鉄筋コンクリート造などの比較的剛性が大きく、重量が重い構造との併用
　ⅱ）鉄骨造などの比較的剛性が小さく、重量が軽い構造との併用
② 荷重外力の分担形式による分類
　ⅰ）木造と他の構造がそれぞれ鉛直力と水平力の両方を負担する形式
　ⅱ）木造は主として鉛直力を負担し、他の構造は鉛直力と水平力の両方を負担する形式
③ 併用の形態による分類
　ⅰ）階によって構造が異なる形式（立面併用構造）
　ⅱ）同一階に異種構造が併存する形式（平面併用構造）
　ⅲ）部材ごとに異種構造が併存する形式（部材ごとの併用構造）

木造の併用構造は、以上の①〜③の組み合わせにより分類することができる。

併用される構造種別は、主に鉄筋コンクリート造もしくは鉄骨造であり、その他の構造として、壁式ラーメン鉄筋コンクリート造などがある。木造との剛性と重量の違いから地震力の設定に注意を要する。必要に応じて動的応答解析などを行うなど、適切に地震力を設定する必要がある。また、異種構造間の接合部の設計が重要となり、接合部に作用する応力に対して、十分な耐力および剛性を確保する必要がある。

「② 荷重外力の分担形式による分類」における、「ⅱ）木造は主として鉛直力を負担し、他の構造は鉛直力と水平力の両方を負担する形式」であれば、耐震設計は他の構造（鉄筋コンクリート造もしくは鉄骨造）の構造計算にしたがえばよい。一方、「ⅰ）木造と他の構造がそれぞれ鉛直力と水平力の両方を負担する形式」であれば、木造と他の構造（鉄筋コンクリート造もしくは鉄骨造）双方の分担地震力などを把握した上、双方の構造計算手法を考慮し、十分な安全性を確保し、構造設計を行う必要がある。

併用の形態による分類としては、国土交通省住宅局建築指導課他監修「2007年版 建築物の構造関係技術基準解説書」に、「併用構造の取り扱い」として、基本方針と以下の4つの代表的な併用構造についての取り扱いが記載されている（図3-54）。

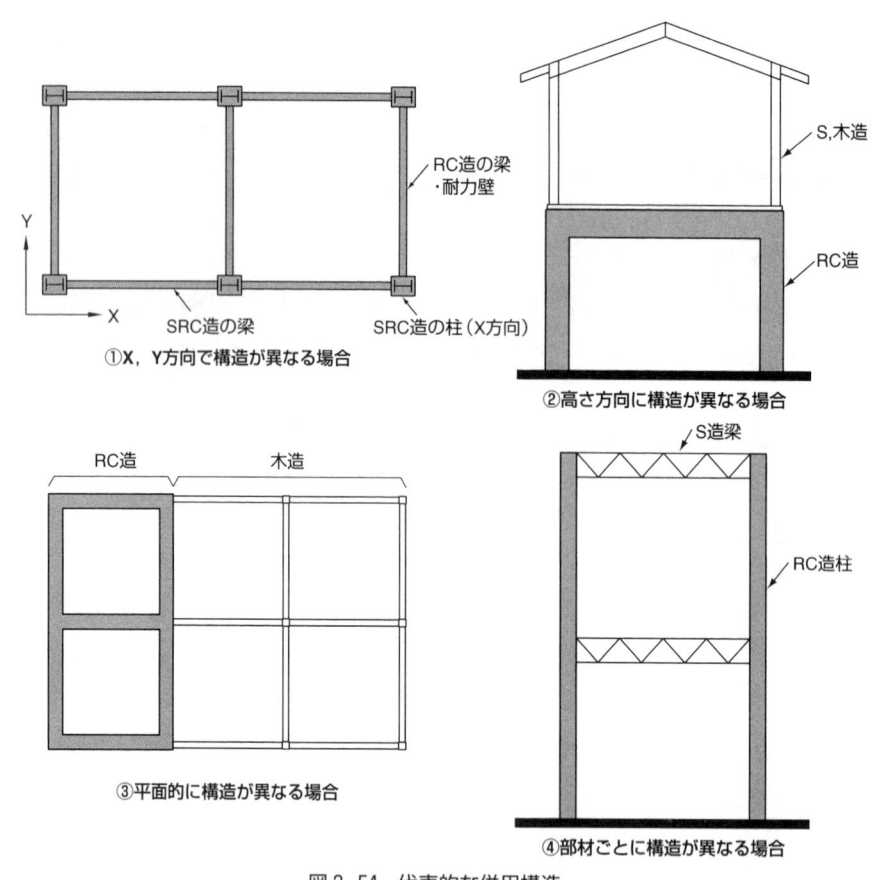

図3-54　代表的な併用構造
出典：山辺豊彦「RC造＋木造の構造留意点」／「建築技術」No.729，2010年10月号，株式会社建築技術

［２］立面併用構造

　立面併用構造とは、下階鉄筋コンクリート造、上階木造など、高さ方向に構造が異なる場合の併用構造である。また木造部分が層（階）を構成せず鉄筋コンクリート造の片持ち柱などの上に木造の屋根のみを設けた場合と、木造部分が層（階）を構成し耐震設計上も併用構造として計算を行う必要がある場合に分けられる（図3-55）。

　前者の場合、耐震設計上は下部構造の構造計算方法にしたがい、耐震設計上は併用構造とせず計

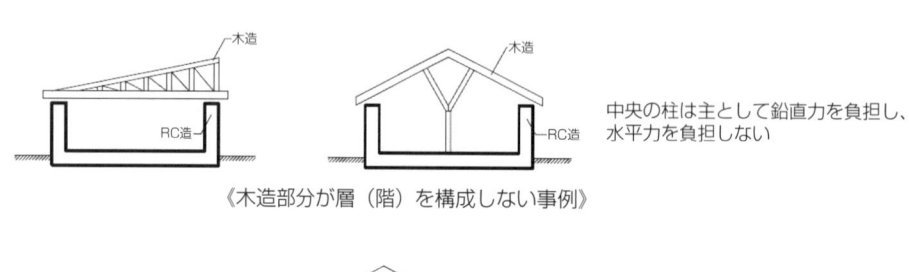

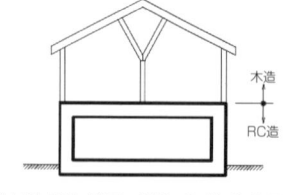

図3-55　立面併用構造の事例

算を行うが、屋根を構成する木造部分の水平震度の設定などが注意点となる。屋根を構成する木造部の重量を考慮したAi分布に基づく水平震度や、構造耐力上主要な部分である突出部分の水平震度を参考にして、適切に水平震度を設定する。また、その水平震度に対して木造部分の床面および屋根面の水平耐力と水平剛性を十分に確保し、木造架構としての許容応力度設計などを行うことになる。

　後者の場合、耐震計算上も併用構造となるため、木造部の重量を考慮したAi分布に基づき地震力を算定する必要がある。ただし、鉄筋コンクリート造部分と木造部分の重量の違いから、Aiの値が計算上非常に大きくなることがある。平成19年国土交通省告示第593号第四号には、その取扱いが規定されており、設計用層せん断力は鉄筋コンクリート造部分の影響を緩和した修正Ai分布により計算を行うことができる。具体的には、地上1階が鉄筋コンクリート造で2階以上（2階もしくは2階および3階）が木造において、鉄筋コンクリート造部分の1階以上の地震時重量ΣW_1が、木造部分の2階以上の地震時重量ΣW_2の2倍を超える場合、$\Sigma W_1 = 2 \times \Sigma W_2$として$A_2$（,$A_3$）を算定でき$A_1=1.0$とする方法である。これを適用するには、層間変形角が規定値（鉄筋コンクリート構造部分≦1/200、木造部分≦1/120）を超えず、偏心率も0.15を超えないことを確認する。また、剛性率に関しては木造部分のみで0.6を上回ることを確認すればよい（図3-56）。ただし、準耐火構造の場合は木造部分の層間変形角を1/150以下としなければならない。また平成19年国土交通省告示第593号の2011年の改正により、地上2階まで鉄筋コンクリート造で3階部分が木造の場合でも、同告示第四号の適用が可能になった。この場合、剛性率に関しては、鉄筋コンクリート造部分のみで0.6を上回ることを確認することとなる。なお、下階が鉄骨造の場合には、検討内容が異なるので、設計ルートと耐震設計方法を確認しておく必要がある。「本章2節3　併用構造（混構造）」を参照されたい。

　いずれの場合においても、異種構造の境界部分では、上部構造で発生した応力を確実に下部構造

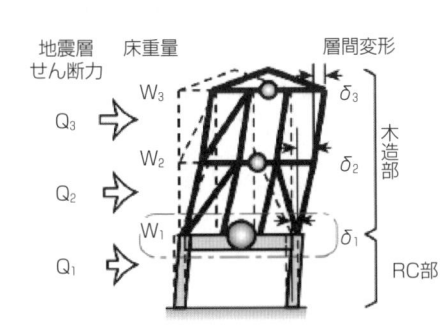

図3-56　木造併用構造（地上1階鉄筋コンクリート造―2階以上木造）の取り扱い

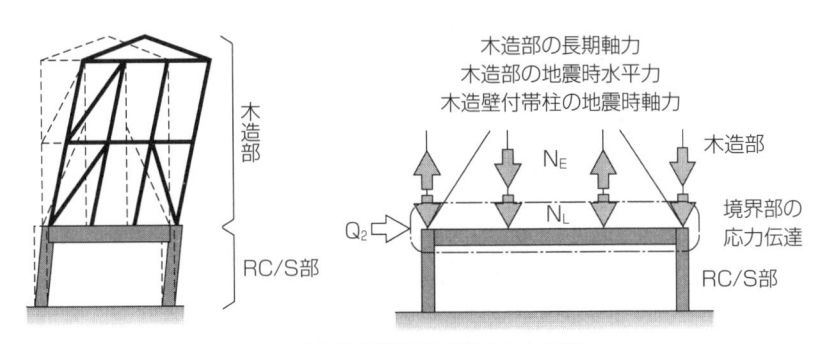

図3-57　木造併用構造境界部の応力伝達

出典：社団法人日本建築構造技術者協会編「JSCA版木造建築構造の設計」オーム社，p170，図5.99，2011年

に伝達する必要があり、下部構造への伝達部で安全に支持できることを、構造計算により確認する必要がある。併せて材料的な不連続点となる接合部に作用する鉛直荷重時および地震荷重時（風荷重時）の応力に対して耐力と剛性を確保した設計を行う必要がある（図3-57）。

[3] 平面併用構造

平面併用構造とは平面的に構造が異なる場合の併用構造で、大きくは以下の2つの設計方法がある（図3-58）。

① エキスパンションジョイントを設けて構造的に分離し、個々に設計する方法
② 剛強な床水平構面（鉄筋コンクリート床版など）により異なる耐震要素間の応力を伝達する方法

床水平構面により応力伝達を行う場合は、異なる構造種別の耐震要素間相互において荷重変形特性が大きく異なるため、それぞれの保有水平耐力の累加が困難であり、実験データなどに基づいた慎重な対応が必要となる。この時、床水平構面が地震時水平力に対して応力伝達性能を確保できていることが前提となる。

このような場合、実務的に以下のような対処方法が考えられる。

鉄筋コンクリート造などの耐震要素に、木造耐震要素部分の負担水平力も含め全ての地震時水平力を負担させ、かつ木造部分では当該部が負担する地震時荷重に相当する慣性力（層せん断力係数 C_i ×木造部分が負担する地震時重量 ΣW_{wi}）を負担させる方法である（図3-59）。

設計思想として、壁などの鉛直構面より先行して床水平構面が破壊しないようにするのであれば、床水平構面の剛性および耐力を十分に確保することが求められる。そのため、床水平構面に作用する水平震度は層せん断力係数 C_i に基づくものでは十分ではない場合も考えられるため、動的

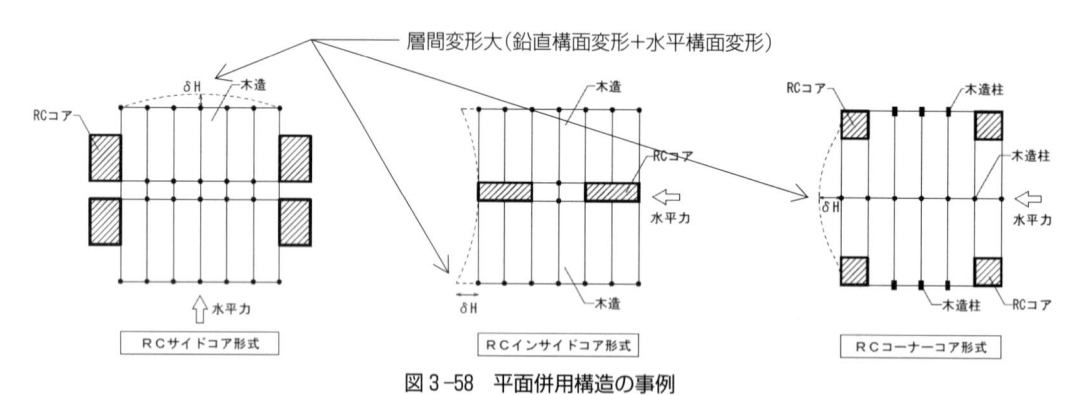

図3-58 平面併用構造の事例

RC/S造部で全地震時重量 $\Sigma (W_{RC} + W_W)$ 分を負担
木造部は木造部負担地震時重量 W_W 分を負担

図3-59 平面併用構造の実務的設計法（1）
出典：社団法人日本建築構造技術者協会編「JSCA版木造建築構造の設計」オーム社，P171，図5．101，2011年

《片側コアの場合》

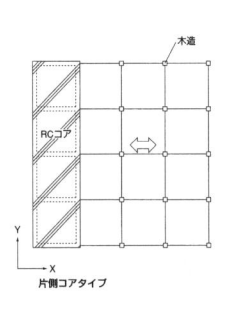

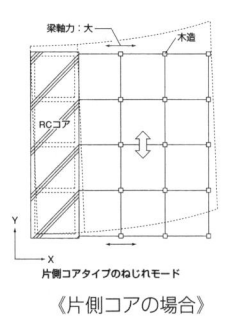

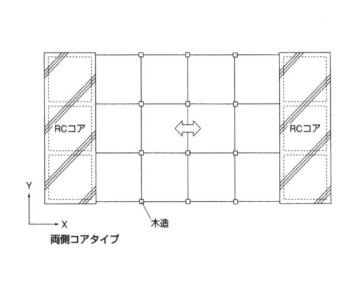

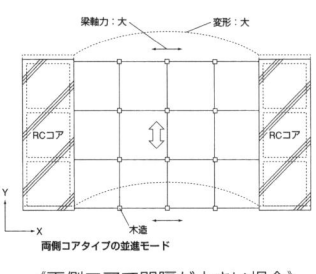

《両側コアで間隔が大きい場合》

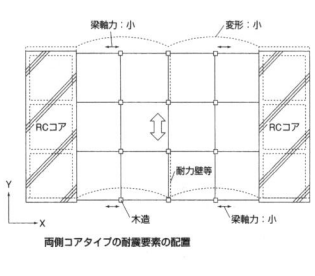

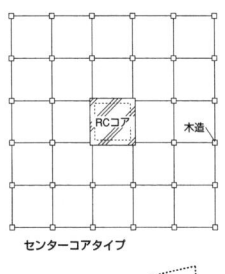

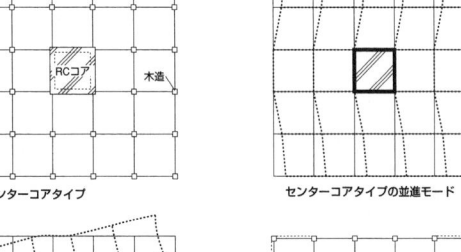

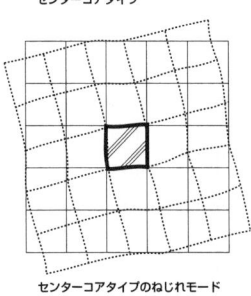

《コアが中央部にある場合》

図3-60 平面併用構造の実務的設計法（2）

出典：山辺豊彦「RC造＋木造の構造留意点」／「建築技術」No.729，2010年10月号，株式会社建築技術

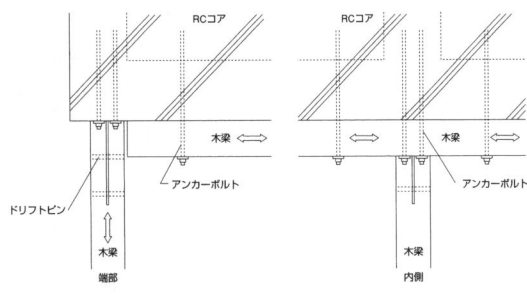

図3-61 併用構造の接合部例

出典：山辺豊彦，「RC造＋木造の構造留意点」／「建築技術」No.729，2010年10月号，株式会社建築技術

応答解析などを行い水平構面に作用する水平力を決めることもある。特に床水平構面を合板にする場合は、耐力確保ばかりでなく変形量を把握し、床水平構面が変形した部分での層間変形（鉛直構面の変形＋床水平構面の変形）を適切に評価し、外装材などの変形追従性も確認しておく必要がある。

鉄筋コンクリート造などのコア部分が片側である場合や両側にある場合でも、その間隔が大きい場合には床水平構面の変形が大きくなる（床水平構面が合板の場合など）ことが想定されるので、変形が大きくなる部分の鉛直構面には、適宜、耐震要素（合板壁など）を設ける。また、逆にコアが中央にある場合には、ねじれ変形を抑えるために、外周部分の鉛直構面にも耐震要素（合板壁など）を設ける（図3-60）。

また、立面併用構造同様、木造部分の床および屋根面の水平剛性と、木造と異種構造との接合強度が重要になる。せん断力の伝達および外周のはりに発生する軸力についても、検討する必要がある（図3-61）。

[4] その他の併用構造

その他の併用構造として、木造架構の一部に鉄骨小ばりや鉄骨間柱を適用する場合など、部材ごとの併用構造がある（図3-62）。このような異種構造の部材が2次部材である場合は、構造計算ルートで支障が生じることは一般的にない。つまり、木造耐震要素が全ての地震力を負担することになり、併用構造ではない木造としての耐震計算を行えばよいことになる。

ただし、このような場合、鉄骨造などの2次部材端部と木造との接合部における応力伝達性能が確保され、かつ安全限界変形に至るまで鉛直荷重支持能力を喪失せずに変形に追随できることが前提となる。さらに、床面水平力を伝達する部材の場合は、床水平構面から鉛直構面への応力伝達が確実に行えるような接合部設計が必要となる。

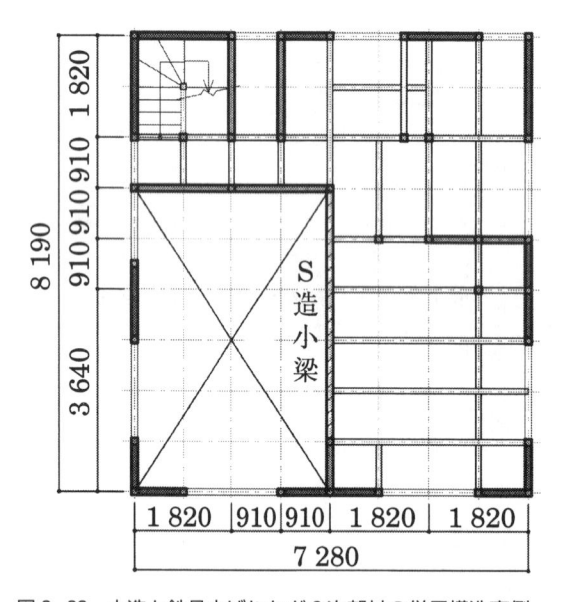

図3-62　木造と鉄骨小ばりなど2次部材の併用構造事例

出典：社団法人日本建築構造技術者協会編「JSCA版木造建築構造の設計」オーム社，P172，図5.102，2011年

［5］併用構造の防火設計

現在、木造では1時間耐火建築物の技術が確立されており、最上階から数えて4以内の階を木造建築とすることができるようになっている。つまり、1階を鉄筋コンクリート造、2～5階を木造とした建築物が建設可能である。さらに、耐火建築の要求性能からみると、メガストラクチャーの構造システムも考えられる。すなわち、耐火性能の高い鉄筋コンクリート造の大架構を防火区画ととらえ、また、その中に多層の木造建築を挿入するという考え方である（図3-63、3-64）。

1951（昭和26）年の建設省住宅局建築防災課長通達「部分により構造を異にする建築物の棟の解釈について」（住防発第14号）によると、鉄筋コンクリート造など主要構造部を耐火構造とした建築物の部分と主要構造部の全部または一部を木造とした建築物の部分が平面的に接し一体となり、一定の条件を満たす場合、構造的に別棟とみなすことができる。つまり、鉄筋コンクリート造など耐火構造部分と木造部分をあわせた全体としての延床面積に対して単体規定が適用されるのではなく、それぞれ別棟とみなした延床面積ごとに単体規定が適用される。そのため、鉄筋コンクリート造など耐火構造部分を挟むことにより、延床面積の制限を受けることなく木造併用構造が実現でき

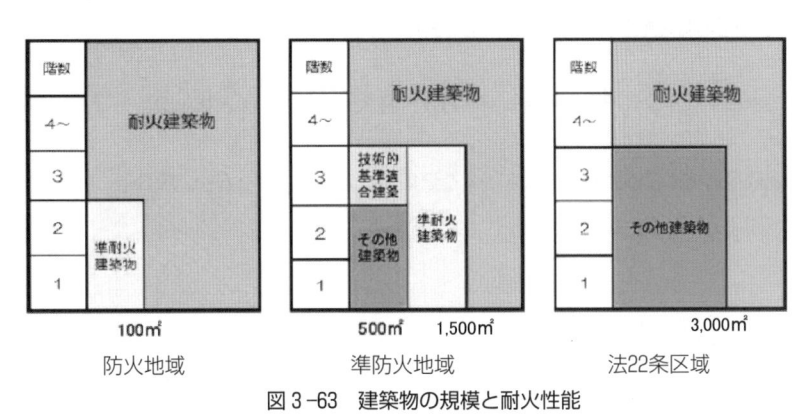

図3-63 建築物の規模と耐火性能
出典：腰原幹雄「木造建築のこれから第2回 新たに建築可能な木造建築」／「ARCHITECT」2010年5月号, JIA東海支部

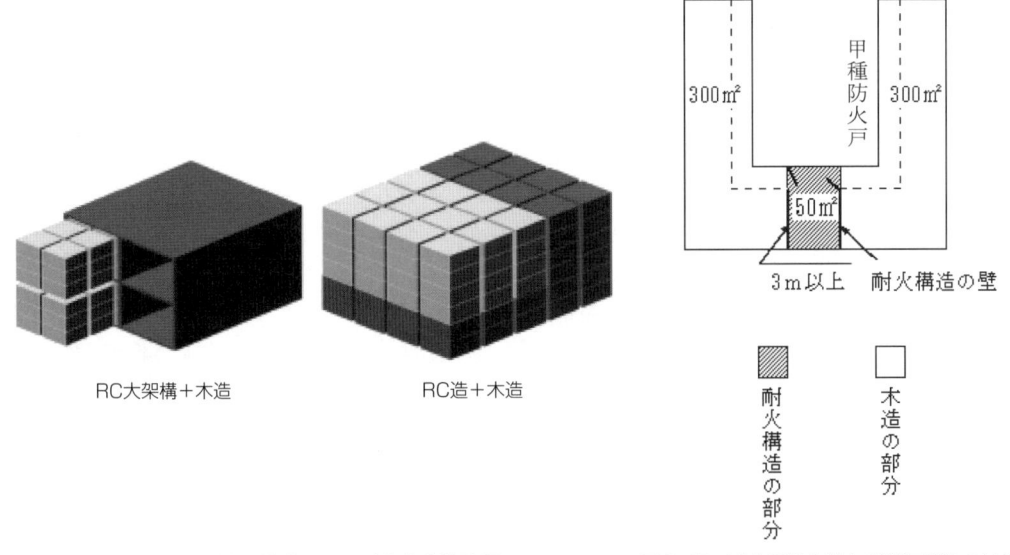

図3-64 併用構造による耐火安全性確保　　図3-65 耐火構造を挟んだ併用構造の法解釈
出典：腰原幹雄「木造建築のこれから第3回 火に強い木造建築」／「ARCHITECT」2010年7月号, JIA東海支部

る（図 3-65）。

参考文献
1）「建築知識」，No.603，2006年2月号，株式会社エクスナレッジ
2）建設省住宅局建築指導課監修「大断面木造建築物設計施工マニュアル（1988年版）」財団法人日本建築センター，1988年
3）建築構造システム研究会編「図説テキスト　建築構造 ―構造システムを理解する―」第2版 彰国社，2011年
4）山辺豊彦「RC造＋木造の構造留意点」／「建築技術」No.729，2010年10月号，株式会社建築技術
5）小西泰孝「RC＋木の上下階の併用構造／CRANE」／「建築技術」No.713，2009年6月号，株式会社建築技術
6）国土交通省住宅局建築指導課他監修「2007年版　建築物の構造関係技術基準解説書」全国官報販売協同組合，2007年
7）財団法人日本住宅・木材技術センター編「木質系混構造建築物の構造設計の手引き」2012年
8）平成19年5月18日国土交通省告示第593号「建設基準法施行令第38条の2第五号の国土交通大臣が指定する建築物を定める件」第四号
9）腰原幹雄「木造建築のこれから第2回 新たに建築可能な木造建築」「ARCHTECT」2010年5月号，JIA東海支部
10）腰原幹雄「木造建築のこれから第3回 火に強い木造建築」／「ARCHTECT」2010年7月号，JIA東海支部
11）建設省住宅局建築防災課長通達「部分により構造を異にする建築物の棟の解釈について」（住防発第14号），1951年
12）稲山正弘「木の構造デザイン入門8　片持ち梁と方杖・肘木／平面トラスと張弦梁」／「ディテール168」2006年4月号，彰国社
13）社団法人日本建築構造技術者協会編「JSCA版木造建築構造の設計」オーム社，2011年

11節 各部構法

1. 壁面の設計

　壁面とひとことで言っても、要求される性能は多様である。構造的視点で力の種類と方向から以下のように分類される。

鉛直荷重を支える壁　　鉛直荷重（屋根、床）を支える壁
自重のみを支える壁　　自立壁、吊り壁

水平力に抵抗する壁　　面内方向（耐震壁）
水平力に抵抗しない壁　雑壁、間仕切壁

風圧力に抵抗する壁　　面外方向

　これらは、設計、解析モデル上の仮定だけではなく、実際の建物のディテールにおいても仮定と同じ力の流れとなり、想定以外の力が加わらないように配慮することが必要である。特に2次部材として扱われる自重以外の鉛直荷重を支持しないと仮定している部材では、自重以外の鉛直荷重が加わらないように上下の接合部にルーズホールを用いてローラー支持にするなどの工夫が必要である。
　また、風圧力に抵抗する外壁では、最終的に水平力を耐力要素にまで伝達させる必要がある。壁面で受けた風圧力は、屋根や床の水平構面を通じて最終的に耐力要素へ伝達することになる。壁面から水平構面への力の伝達は、

　　壁面→方立（マリオン）→横架材（弱軸方向）→水平構面→耐力要素（壁など）

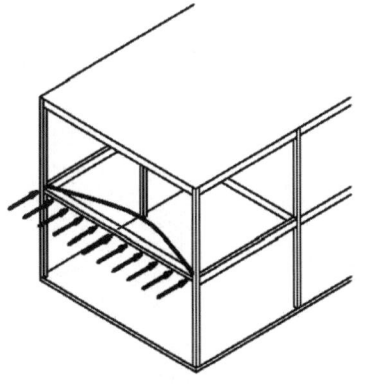

水平ばり（耐風ばり）
場合によってははりが弱軸使いになる。

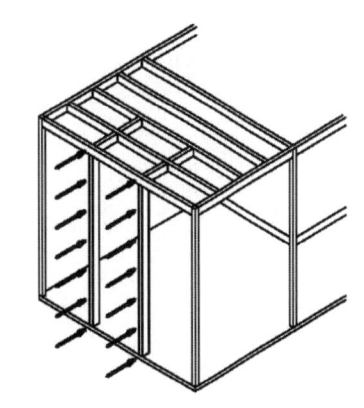

直交ばり
屋根ばりの弱軸方向を補強。

図3-66　壁面と水平構面の架構

となり、この力の流れを確実に行う必要がある。

　特に、水平構面の横架材での力の伝達は、通常は横架材の弱軸方向となるため、図3-66のように、耐風ばりとして部材幅を十分に確保するか、直交部材を配置して複数の横架材を用いて水平構面に力の伝達をする必要がある。

2. 2次部材の構法

　実際の建物において、構造解析モデルと同じ力の流れとなるようにするには、限られた方向の力のみを伝達するディテールが必要となる。

　解析上、接合部は、X、Y、Z軸方向と各軸周りの回転の6方向の自由度を想定しており、各方向に対して、それぞれ、剛接（固定）、半剛接、自由（ピン、ローラー）と仮定している。実際の建物の接合部でもこの仮定通りの力の流れをしないと、解析とは異なる応力が発生し破壊の原因となる。

　図3-67に、風荷重を受ける壁面の接合部のディテール例を示す。このルーズホールの可動寸法は、クリープなどの経年変化も見据えた寸法を確保しておく必要がある。

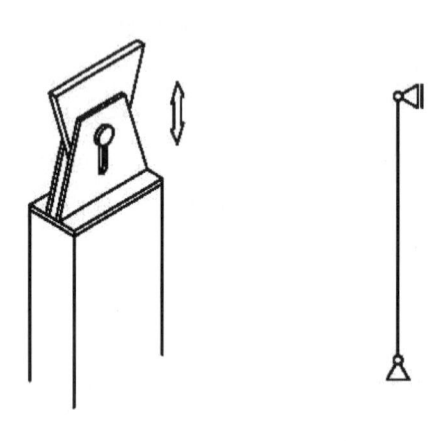

上部ピンローラー
下部ピン支持

図3-67　方立のディテール

12節 基礎の設計

　基礎は、土台を通じて柱脚と緊結されるほか、ボルト、ジベル、金物などを用いて直接柱と緊結される。その際、柱が負担する圧縮軸力を地面まで伝えるとともに、地震力、風圧力などにより生じる柱の引き抜きにも十分対応できる設計を行う必要がある。

　耐力壁付き軸組構造では、耐力壁周辺の柱脚の引張力に抵抗する金物が配置される。この金物は、基礎の鉄筋コンクリートにアンカーされることになるが、引張力に対してコーン破壊などが生じないように基礎の断面を十分確保しなければならない。

　また、木質ラーメン構造の柱脚の回転剛性は、上部構造の層間変形に大きな影響を及ぼす。上部構造の剛性を正しく評価するためには、アンカーボルトの剛性を評価して、柱脚部の回転剛性を算定する必要がある。

　アーチ構造のスラストなど長期荷重時においても水平力が生じる架構の場合には、基礎の立ち上がり部分の水平変形が屋根頂部の変形に影響を及ぼすこともあるため、十分な剛性と耐力をもった設計とする必要がある。

　基礎の設計については、各種構造の設計規準が参考になるが、ベースプレートの設計については、「鋼構造設計規準」（日本建築学会）、アンカーボルトの設計については、「各種合成構造設計指針・同解説」（日本建築学会）などがあげられる。

第4章
防火設計

1節 防火規制の概要および防火設計上の要点

本章では、木造建築物を設計する上で、敷地、用途、構造に関する条件はあらかじめ与えられるものとして、木造建築物に関する防火規制の基本的な内容および建築物の設計を行う際の防火上の要点を概説する。

1. 防火規制の概要

[1] 建築物用途、防火地域区分による防火規定

建築物には、その立地、規模、用途に応じた防耐火性能が建築基準法（以下「法」という）によって要求される。ここでは用途および立地によって要求される防耐火性能の概要について示す。なお、詳しくは該当する関係法令を確認されたい。

公共的な用途、不特定多数が利用する用途、複数の人々が日常生活、集団生活や就寝に利用する用途や火災発生のおそれが大きい用途に供される建築物は、防火上の観点から特殊建築物（法第2条第二号）として定義されている。建築物はそれらの用途に供する階と床面積に応じて、耐火建築物や準耐火建築物としなければならない。法第27条、法別表第1に該当する特殊建築物の具体例に関しては、参考文献1）などに示される設計事例を参考にされたい。

市街地を火災から守るために、都市計画法第9条第20項によって、「防火地域」や「準防火地域」が指定されている。法では、これらの地域区分に応じて建築物の階数や規模を定め、建築物の構造を制限している。また、通常の火災を想定した火の粉による延焼を防止するために特定行政庁が指定する区域（以下、「法22条区域」という）では、建築物の屋根、外壁などの構造を制限している（法第22～第24条）。

① 防火地域（法第61条）

防火地域は、都市機能が集中している地域で、都市の中心市街地や幹線道路沿いの商業、業務地区などであり、表4-1に示すとおり、階数が3以上の建築物や延べ面積が100m²を超える建築物は、耐火建築物としなければならない。階数が2以下で延べ面積が100m²以内のものは準耐火建築物とすることもできる。

表4-1 防火地域内の建築物の制限の概要

階数＼延べ面積A	A＞100m²	A≦100m²
階数≧3（地階を含む）	耐火建築物	耐火建築物
階数＜3（地階を含む）	耐火建築物	耐火建築物 または 準耐火建築物

② 準防火地域（法第62条）

準防火地域は、防火地域の周辺の商業地域や業務地区および居住地区などであり、表4-2に示すとおり4階建て以上または延べ面積が1,500m²を超える建築物は、耐火建築物としなければならないが、3階建てで延べ面積が1,500m²以下のものは、準耐火建築物とすることもできる。また、3階建てで延べ面積が500m²以下のものは、建築基準法施行令（以下「令」という）第136条の2の技術的基準にしたがった構造などとすることもできる。2階建て以下で延べ面積が500m²以内のものは、準耐火建築物などとすべき要求はないが、木造建築物等（法第23条）の外壁および軒裏で延焼のおそれのある部分については防火構造とする必要がある。

表4-2 準防火地域内の建築物の制限の概要

階数 ＼ 延べ面積 A	A＞1,500m²	500m²＜A≦1,500m²	A≦500m²
地階を除く階数≧4	耐火建築物	耐火建築物	耐火建築物
地階を除く階数＝3	耐火建築物	耐火建築物 または 準耐火建築物	耐火建築物、準耐火建築物 または 防火上必要な技術的基準に適合する建築物 （令第136条の2）
地階を除く階数≦2	耐火建築物	耐火建築物 または 準耐火建築物	制限なし ただし、木造建築物等（法第23条）の外壁および軒裏で延焼のおそれのある部分は防火構造

③ 法22条区域（法第22条）

法22条区域では、屋根が火の粉によって防火上有害な発炎をしないこと、屋内に達する防火上有害な溶融、き裂などの損傷を生じないことが求められるとともに、延焼のおそれのある部分の外壁は準防火性能を有するものとしなければならない。また、法第24条に該当する用途の木造建築物等である特殊建築物では、外壁および軒裏で延焼のおそれのある部分を防火構造とする必要がある。

[2] 建築物の規模による防火規定

大規模な木造建築物が火災になると、周囲への影響や倒壊などによる被害が大きくなることから、表4-3に示すように、法第21条により木造建築物では建築物の高さと軒の高さおよび延べ面積を制限している。

① 建築物の高さと軒の高さの制限（法第21条第1項）

主要構造部のうち自重または積載荷重（多雪区域の場合には自重、積載荷重または積雪荷重）を支える部分（床、屋根および階段を除く）に木材などを用いた建築物は、建築物の高さが13m、軒の高さ9mを超えると、主要構造部を耐火構造とするなど、耐火性能が要求されることになる。ただし、地階を除く階数が3以下であれば、令第129条の2の3に規定する技術的基準にしたがい、主要構造部を1時間準耐火構造とし、建築物の周囲に十分な通路がある場合などの条件を満足することで、高さ13m、軒の高さ9mを超える建築物を実現できる。なお、倉庫および自動車車庫については、これを適用することはできない。

② 延べ面積による制限（法第21条第2項）

主要構造部のうち自重または積載荷重を支える部分（床、屋根および階段を除く）に木材などを用いた建築物は、延べ面積が3,000m²を超えると、主要構造部を耐火構造とするなど、耐火性能が要求されることになる。ただし、住宅局建築防災課長通達「部分により構造を異にする建築物の棟

の解釈について」（昭和26年住防発第14号）によれば、「主要構造部を耐火構造とした建築物の部分と主要構造部の全部または一部を木造とした建築物の部分とが相接して一連になっている場合（上下に接続する場合を除く）は、建築物の一棟の延べ面積の規定の運用上別棟と見なすことができる。」とされる。この別棟解釈に基づき、鉄筋コンクリート造などの耐火構造の部分と木造部分を併用することによって、延べ面積が3,000m²を超えたとしても木造部分を耐火構造としなくてもよいことになる。

表4-3　大規模な木造建築物の制限の概要

高さ軒の高さ	階数 延べ面積A	A ≦ 3,000m²	A > 3,000m²
高さ13m超または軒の高さ9m超	地階を除く階数 ≧ 4	主要構造部：耐火構造、耐火性能を有する建築物	主要構造部：耐火構造、耐火性能を有する建築物
	地階を除く階数 ≦ 3	主要構造部（1時間準耐火構造）、建築物の周囲の通路等に関する技術的基準に適合する建築物（令第129条の2の3）	
	地階を除く階数 ≦ 2	外壁および軒裏（防火構造）、床（30分の非損傷性、遮熱性）等の基準に適合する建築物（令第129条の2の3）	
高さ13m以下かつ軒の高さ9m以下		高さによる制限はない	

表4-4　防火上必要な技術的基準に適合する大規模建築物（令第129条の2の3）

		必要な措置	
		1時間準耐火の措置など	30分の通常の火災時に耐える場合の措置
階数		地階を除く　階数 ≦ 3	地階を除く　階数 ≦ 2
構造	柱、はり	1時間準耐火構造	燃えしろ設計（製材30mm、集成材等25mm）
	外壁、軒裏		防火構造
	床		30分の非損傷性、遮熱性
内装		—	壁、天井を難燃材料とするなど
継手または仕口		防火被覆など	防火被覆など
建築物の周囲		幅員3m以上の道路の設置もしくは200m²以内ごとの区画化、上階延焼を防止するひさしなどの設置	—

③　外壁および軒裏の延焼のおそれのある部分と屋根の構造制限（法第25条）

延べ面積が1,000m²を超える木造建築物等は、その外壁および軒裏で延焼のおそれのある部分を防火構造とし、屋根の構造を法第22条第1項に規定する構造としなければならない。

表4-5　延べ面積に関する大規模な木造建築物の制限

建築物の規模	制限の対象となる部分	要求される性能、構造など
延べ面積 > 1,000m²	外壁および軒裏で延焼のおそれのある部分	防火構造
	屋根	不燃材料で造るかふいたもの、準耐火構造などの屋根、国土交通大臣の認定

［3］耐火建築物と準耐火建築物

　防火地域、準防火地域内の建築物、特殊建築物、大規模建築物は、火災が発生すると人命への危険性や周辺への危険性が大きいことから、建築基準法では火災により倒壊することがないように、防火措置が施されていない木造（裸木造）などで建設することを制限し、一定規模以上の建築物は耐火建築物や準耐火建築物としなければならないと規定している。

① 耐火建築物（法第2条第九号の二）

　耐火建築物とは、主要構造部が耐火構造であるものまたは耐火性能検証法などにより火災（屋内および屋外で発生する火災）が終了するまで耐えられることが確認されたもので、外壁の開口部で延焼のおそれのある部分に防火設備を有する建築物のことをいう。

　性能規定化以降、木造による耐火建築物も実現しており、国土交通大臣の認定を受けた部材を用いた建築物や耐火性能検証法（平成12年建設省告示第1433号）によって耐火性能を検証した建築物、高度な検証法により国土交通大臣の認定を受けた建築物がある。

② 準耐火建築物（法第2条第九号の三）

　準耐火建築物とは、主要構造部が準耐火構造またはそれと同等の準耐火性能を有するもの（外壁耐火構造と不燃構造）で、外壁の開口部で延焼のおそれのある部分に防火設備を有する建築物のことをいう。法第2条第九号の三に規定されるとおり、準耐火建築物には、主要構造部を準耐火構造としたもの（図4-1）のほか、図4-2のように令第109条の3第一号に規定される外壁を耐火構

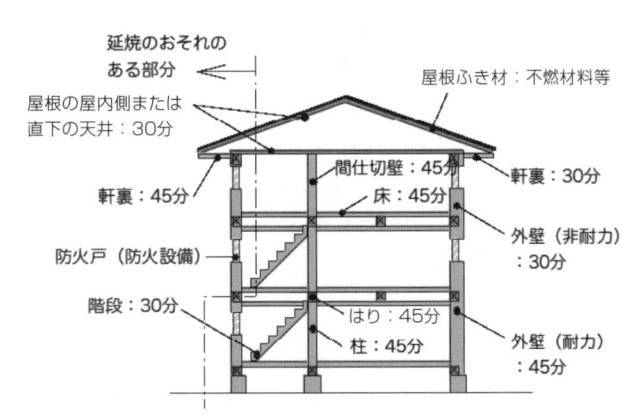

図4-1　主要構造部を準耐火構造とした準耐火建築物（法第2条第九号の三）

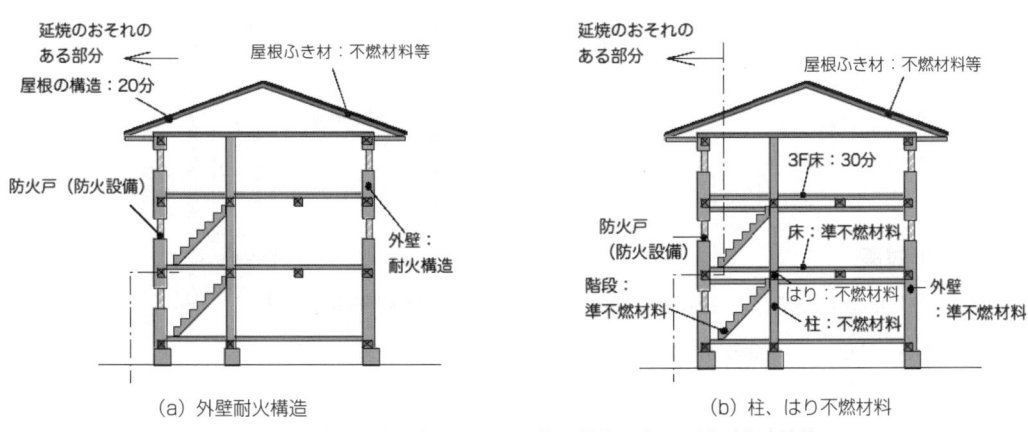

図4-2　法第2条第九号の三と同等な性能を有する準耐火建築物
（a）外壁耐火構造　　（b）柱、はり不燃材料

造とするもの（平成12年建設省告示第1367号）と第二号の主要構造部を不燃構造とするもの（平成12年建設省告示第1368号）がある。

[4] 木造の耐火構造と準耐火構造

　木造による耐火構造は、木材などにより構成された部材の耐火性能を耐火試験により評価し、国土交通大臣の認定を受けたものはあるものの、構造方法を国土交通大臣が定めたものはない。図4-3は耐火構造に関して国土交通大臣の認定を受けた部材の例であり、せっこうボードなどの防火被覆によって木材を被覆したメンブレン型、被覆型の部材や、部材内部に不燃木材などによる燃え止まり層を設けた部材などがある。鋼材内蔵型は鋼構造部材の耐火被覆として木材を利用した構造であるが、参考として示している。また木造による準耐火構造は、構造方法を国土交通大臣が定めたもの（平成12年建設省告示第1358号）や国土交通大臣に認定を受けたものが多数ある。

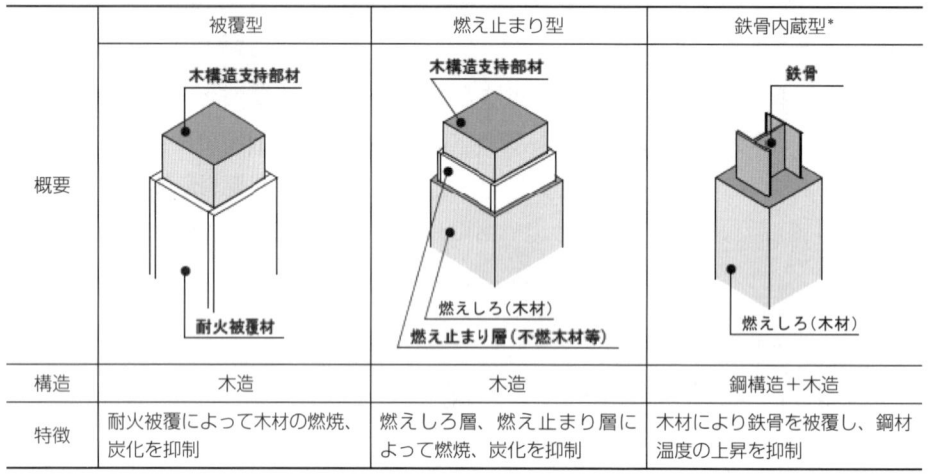

	被覆型	燃え止まり型	鉄骨内蔵型*
概要	木構造支持部材／耐火被覆材	木構造支持部材／燃えしろ（木材）／燃え止まり層（不燃木材等）	鉄骨／燃えしろ（木材）
構造	木造	木造	鋼構造＋木造
特徴	耐火被覆によって木材の燃焼、炭化を抑制	燃えしろ層、燃え止まり層によって燃焼、炭化を抑制	木材により鉄骨を被覆し、鋼材温度の上昇を抑制

図4-3　木造の耐火構造の概要

＊ 鉄骨内蔵型は本手引の対象外であるが、参考として掲載している。

[5] 防火設備（令第109条）

　防火設備は、通常の火災による火熱が加えられた場合に20分間火熱を遮るものとして国土交通大臣が定めたもの（平成12年建設省告示第1360号）や国土交通大臣に認定を受けたものがあり、主要構成材料に木材を用いたものもある。通常、金属製のサッシュに網入りガラスなどを入れた防火戸を設置することが多いが、図4-4のように平面計画や納まりなどを工夫することによって、延焼のおそれのある部分を解消し木製ガラス戸などを使用することも可能となる。

[6] 延焼防止対策

　火災拡大を防止するために、防火壁の設置や防火区画などが要求される。建築物の構造、規模、用途、立地などの条件により、区画化すべき面積が異なる。

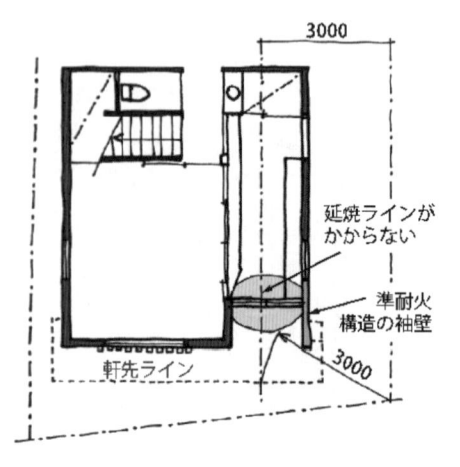

図4-4　準耐火構造の袖壁による延焼線の解消

① 防火区画

大規模な建築物では、発生火災を区画内にとどめることで避難行動や消火活動を容易にし、さらに火災による被害を局所化するために次の防火区画の設置を義務づけている。対象建築物、区画の面積、構造は各条文を参照されたい。

　ⅰ）一定面積ごとの区画（法第26条、法第27条、法第36条、令第112条第1項～第3項、令第113条）

　ⅱ）高層部分などの一定面積ごとの区画（令第112条第5項～第7項、令第118条の3第2項、第3項、第5項）

　ⅲ）高層部分などの階段室などの竪穴と他の部分との区画（令第112条第9項）

　ⅳ）特殊建築物の用途に供する部分と他の部分との区画（令第112条第12項、第13項）

② 防火壁による区画

法第26条により、耐火建築物と準耐火建築物以外の延べ面積が1,000m²を超える建築物などは、次のように区画しなければならない。令第113条によって定められた、自立する耐火構造の防火壁によって1,000m²以内ごとに区画しなければならない。なお、表4-6に示すようにスポーツ施設など火災のおそれの少ない用途であって一定の防火上の措置が講じられている場合は、令第115条の2により防火壁の設置は免除される。

③ その他の延焼防止対策としての防火措置

その他、延焼防止対策として次の防火措置が要求されている。

　ⅰ）防火上主要な間仕切り壁（令第114条第2項）

　　学校、病院、児童福祉施設など、ホテル、旅館、下宿、マーケットなどの建築物では、火災時に利用者が安全に避難できるように、建築物の当該用途に供する部分について、防火上主要な間仕切り壁を準耐火構造として、小屋裏または天井裏に達するようにしなければならない。

　ⅱ）小屋組が木造である建築物の隔壁（令第114条第3項）

　　建築面積が300m²を超え小屋組が木造である建築物では、けた行間隔12m以内ごとに小屋裏に準耐火構造の隔壁を設けなければならない。耐火建築物にするか、あるいは建築物の各部屋および各通路について、壁（1.2m以上の高さ）および天井の室内に面する部分の仕上げを難燃材料でするか、またはスプリンクラー設備などで自動式のものおよび令第126条の3の規定に適合する排煙設備が設けられている場合は適用されない。

　ⅲ）大規模木造建築物の敷地内通路（令第128条の2）

　　木造建築物で延べ面積が1,000m²を超えるものは、その周囲に幅3m以上の通路を設けなければならない。ただし、延べ面積が3,000m²以下の場合、隣地境界線に接する部分の通路は1.5m以下とすることができる。

表4-6 防火壁、防火区画

対象建築物	関係法令	区画の面積	区画の構造
耐火建築物と準耐火建築物以外の建築物	法第26条 令第113条	1,000m²以内	防火壁（自立する耐火構造の壁）特定防火設備（幅と高さ2.5m以下）
準耐火建築物*1	令第112条第2項	500m²以内	1時間準耐火構造の壁*3・床 特定防火設備
	令第112条第3項	1,000m²以内	1時間準耐火構造の壁・床 特定防火設備
耐火建築物 準耐火建築物	令第112条第1項	1,500m²以内*2	1時間準耐火構造の壁・床 特定防火設備

*1　法第27条第2項、法第62条第1項、法第67条の2第1項による準耐火建築物（令第109条の3第二号または令第115条の2の2第1項第一号の基準に適合するものを除く）
*2　スプリンクラー設備等で自動式のものを設けた部分の床面積の1/2は除く。
*3　防火上主要な間仕切り壁は小屋裏または天井裏に達せしめる。

［7］木造建築の外装の制限

　火災時に消火が遅れると、出火建築物の火災にとどまらず、周囲の建築物に延焼していくおそれがある。このようなことを防ぐため、建築物が建つ地域により外装や屋根などに延焼防止のための以下の措置が義務づけられている。

① 屋根、外壁、開口部等の防火措置（法第22条、法第62条、法第63条、法第64条）

　屋根、外壁、屋根の軒裏および開口部は、防火上の地域区分に応じて次のような措置が要求される。法22条区域の木造建築物等には、外壁で延焼のおそれのある部分の構造に準防火性能を有する構造（以下、「準防火構造」という）が求められる。準防火構造の耐力壁の外壁には通常の火災に対して20分間の非損傷性、遮熱性が必要とされる。

表4-7 屋根、外壁などの防火措置（耐火建築物、準耐火建築物以外）

地域	関係法令	部位		必要な措置
防火地域	法第63条	屋根		不燃材料で造るかふいたもの、準耐火構造などの屋根、国土交通大臣の認定
	法第64条	開口部		防火設備（準防火性能）
準防火地域	法第63条	屋根		不燃材料で造るかふいたもの、準耐火構造などの屋根、国土交通大臣の認定
	法第64条	開口部		防火設備（準防火性能）
	法第62条	外壁・軒裏	延焼のおそれのある部分	防火構造
法22条区域	法第22条	屋根		不燃材料で造るかふいたもの、準耐火構造などの屋根、国土交通大臣の認定
	法第23条	外壁	延焼のおそれのある部分	準防火構造

② 木造特殊建築物の外壁等（法第24条）

　22条区域内にある木造の特殊建築物は、用途により、外壁および軒裏で延焼のおそれのある部分を防火構造としなければならない。準防火地域などでは外壁等で延焼のおそれにある部分を防火構造とする必要があるが、防火構造の性能を持つ壁に木材の板を張る場合、もともとの防火構造の遮熱性に木材の板の遮熱性が加わり、壁全体の遮熱性が向上すると考えられるため、防火構造の外壁表面に木材を使うことが可能とされている[2]が、具体の設計内容の解釈については主事に確認されたい。

[8] 防耐火構造の性能について

建築物の部位の防耐火性能（非損傷性、遮熱性、遮炎性と時間）によって防火構造、耐火構造、準耐火構造が法令により定義されている。遮熱性など部位に要求される性能項目が同じであれば、図4-5に示すように、これらの防耐火構造は包含関係にある。

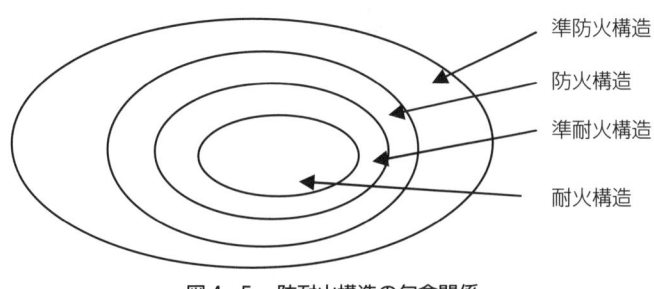

図4-5　防耐火構造の包含関係

[9] 内装制限

建築基準法では、可燃物の多い用途や排煙のための開口部がないなど、フラッシュオーバー（火災により室内の可燃物が熱分解し、それによって発生した可燃性ガスが急激に燃焼拡大する現象）を早める要素を持つ空間に対して、令第128条の4および令第129条により、用途、規模、構造および開口部の条件から、壁および天井の室内に面する部分の内装を燃えにくい材料で仕上げることを義務づけている。なお、制限を受ける特殊建築物の内装であっても、床と床面からの高さが1.2m以下の腰壁部分については制限を受けない。学校や体育館などは、火気使用室、地階や無窓居室およびその避難経路を除き、内装制限の対象に含まれない。また、スプリンクラー設備等の消火設備と排煙設備の設置（令第129条第7項）や避難安全検証法（令第129条の2、令第129条の2の2）によって安全性が検証された場合には、内装制限が緩和される。その他にも、平成12年建設省告示第1439号によれば、難燃材料による内装の仕上げに準じたものとして、天井、壁をそれぞれ準不燃材料、木材とすることが可能となる。また、平成21年国土交通省告示第225号により、準不燃材料を仕上げとして用いる必要がある場合であっても、住宅のこんろ、固定ストーブ、暖炉、いろりなどの周囲の内装を不燃材料にすれば内装制限が緩和される。

2. 防火設計の進め方

[1] 設計時の前提、与条件（用途、地域、規模など）と防火規制の把握

建築物の防火設計を実施する際には、当該建築物の敷地条件や用途、規模（面積および高さ）などの条件がある程度整っているものと考えられる。設計時には建築基準法、都市計画法のみならず、地域によっては都道府県などの条例や建築協定などによって防火上の規制が定められている場合もあるので、十分に調査、検討しておくことが望ましい。

敷地、用途、規模は、建築物の耐火要求に大きく影響する。敷地が防火地域、準防火地域、法22条区域に該当するかどうかによって、建築物の規模に対する耐火上の要求が大きく異なる。また、建築物の用途が特殊建築物の規定に該当する場合には、法別表第1に応じて耐火建築物（該当する用途が3階以上にある場合など）や準耐火建築物とすることが求められている。

在来構法などの建築物の場合、地階を除く階数2以下、高さ13m以下、軒の高さ9m以下、延べ面積500m²以下であれば、壁量計算および壁の配置に関する規定が適用されるが、集成材等建築物では構造計算が要求される。このような集成材等建築物で主要構造部が準耐火構造となる場合には、柱およびはりの断面が燃焼により一定程度欠損した場合においても構造耐力を確保できるように、燃えしろ設計、燃えしろ寸法を考慮した構造計算を行う必要がある。燃えしろ設計の具体的方法や壁、床などの主要構造部や接合部については、本章2節以降で詳細に解説されているので、設計の参考にされたい。

［2］設計、性能検証ルート

建築物の防火設計を行う際に用いられるルートA、ルートBあるいはルートCという表現は、建築物の火災安全性能を確認する方法（ルート）を便宜的に示すものである。耐火性能と避難安全性能を検証する3つのルートの概略を示したものが、図4-6である。

ルートAは、建築基準法の仕様規定に基づき安全を検証するルートであり、ルートBとCは建築基準法の規定の内で、耐火性能と避難安全性能に関しては検証方法を適用し、それ以外の部分は仕様規定を適用して安全を検証するルートである。ルートBとルートCでは検証する性能は同じであるものの、ルートBは国土交通大臣が定める方法として検証法の内容が建築基準法施行令と告示に示されているのに対して、ルートCはそれ以外に国土交通大臣の認定を受けた検証方法を用いるという違いがある。

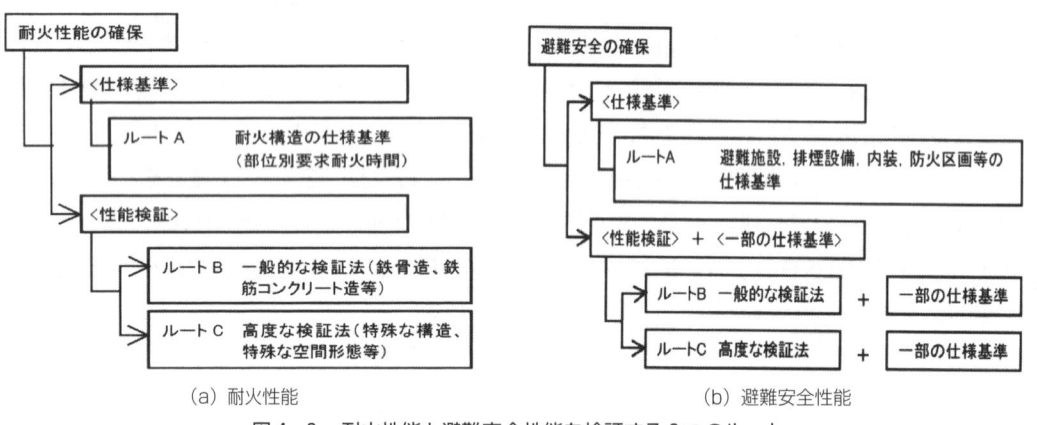

(a) 耐火性能　　(b) 避難安全性能

図4-6　耐火性能と避難安全性能を検証する3つのルート

3. 防火設計上、望ましい木質系建築物

建築基準法の防火規定を遵守することは、建築物を設計、建築する上で最低限の条件である。建築士などの設計者は、意匠性や居住性、機能性、安全性（防火、構造）、経済性などを総合的に判断して、施主などの要求を最大限満足しうる建築物を設計することが責務である。建築物を性能設計する場合には、設計時に火災性状予測などを実施するが、それ以外の場合には、設計した建築物で火災が発生した場合にいかなる状況を呈するかが十分に検討されないことも多い。そのため、設計において法律の条文や告示に記載された基準のみが注視され、その背景にある考えなどが排除さ

れた一面的に最適化された建築物が実現する可能性もある。設計においては、「第1章5節2　防火設計の考え方」に示した典型的な火災を参考に、建築物がどのような火災性状となるかを検討し、法律上明文化されていない部分にも配慮した設計が望まれる。ここでは、建築物に求められる主な防火性能の各項目について、防火上検討した方が望ましい事項について述べる。

［1］出火防止

　出火防止が完全に実現できれば、多くの防火対策は不要とも言えるのだが、建物火災の出火件数を見ると概ね3万件／年間の火災が発生している[3]のが実状である。それにより多くの尊い命も失われ、建物火災による損害額も少なくない。建物火災の出火原因は、失火が6割強を占め、多くは火気の取り扱いの不注意や不始末が原因となっている。放火の疑いを除けば、こんろ、たばこ、ストーブなどを原因とする火災がその多くを占めている。着火物についてもみると、寝具や衣類、屑類の順となっており、建築基準法が対象としている部位や部材の性能によって出火を防止するというよりも維持管理や使用状況によるところが大きい。

［2］火災の初期拡大、延焼防止

　失火などにより火災が発生した場合であっても、火災の進展が急激でなく、早期覚知により初期消火が行われれば、小火で済むこともある。出火後の早期拡大を防止するには、天井や壁などの内装の不燃化や火災報知器などの設置など、消火器や部分的にもスプリンクラーなどの消火設備を設置することが初期火災拡大に有効である。また、火災室から隣接室などへの延焼を防止するためには、壁や床などが容易に燃え抜けないように区画化すること、上階延焼に対しては開口部にはスパンドレルや庇を設置するなどが有効である。

　類焼を防止するには、裸木造同士の火災実験結果によれば10m以上の隣棟間隔を確保することが必要となる[6]。しかしながら、日本の敷地の状況を考えると、そのような隣棟間距離の確保は現実的ではなく、隣地の建築物が火災となった場合、延焼のおそれのある部分では火災による熱の影響を被る可能性があるため、外壁、開口部などに防耐火性能が求められることになる。一般に隣棟間隔が狭い場合、視線を合わせないために開口部が重ならないよう配慮された設計がなされる場合も多いが、これは外壁を燃えにくくすることとあわせ、火災時に開口部を通じた延焼防止にも有効となる。

［3］避難安全

　安全に避難するためには、まず火災の早期覚知が重要である。住宅の寝室や階段室にも消防法によって住宅用火災警報器の設置が義務づけられている。避難者の安全には、廊下や階段など避難経路の内装の燃焼拡大防止以外にも発煙防止も重要であり、また、発生した煙を屋外へ排出することも設計時に考慮すべき点である。もし避難経路が煙や熱に汚染された場合には、バルコニー（特に連続バルコニー）など、一時的に滞在することのできるスペースが有効となる。なお、避難階などで容易に屋外に出られる場合、開口部が腰高の窓ではなく掃き出し窓であれば緊急の脱出経路となり得る。近年、建築物のセキュリティ強化の観点から、施錠されているのが一般であるが、避難経路以外の窓などから屋外へ容易に脱出できることも重要である。

［4］防耐火性能

　発生した火災を局限化し、建築物全体に火災の影響が及ばないようにすることは、火災による被害を少なくし、在館者の安全性を確保する上でも重要である。建築物の規模が大きなものや不特定多数の在館者を収容するもの、建築物を区分所有する場合などでも、防火区画が非常に重要になる。また、建築物が火災により容易に倒壊すると、避難行動、消防隊の検索救助、消火活動に大いに支障をきたす。さらには倒壊によって、火の粉の発生や建築物の部材が周囲へ飛散するなどのおそれもある。木造であっても容易に倒壊させないために、壁や床などの燃え抜けを抑制し構造体への加熱が少なくなるよう考慮する必要がある。火災時の倒壊防止や避難安全確保のためには、建築物の防耐火性能を高くすることが必要であるが、設計においては単に防耐火性能の向上に留めず、耐震上の性能向上なども総合的に検討して、部材断面設計するなどが必要といえる。

［5］火災後の再使用性

　建築基準法では耐火建築物は火災が終了するまで倒壊することはないが、火災後の再使用性までを要求しているわけではない。火災を被った建築物を再使用するか、取り壊すかどうかは、所有者などの意向による部分も大きいが、鉄筋コンクリート造や鉄骨造などでは建築物の一部が火災を被ったとしても、火害の程度が大きくなければ再使用することも可能である[7]。しかしながら、木材があらわしとなった木造建築物の場合、火災後の再使用性に関する十分な知見が蓄積されていないのが現状である。鉄筋コンクリート造であれば、かぶりコンクリートの補修などの方法を行うことも可能であるが、木材が炭化してしまうと現地で断面を修復することは困難である。火災後に柱、はりなどの部材、架構の構造安全性が確保されていたとしても、現実的には大部分の部材の交換や建築物を解体せざるを得なくなると考えられる。火害、再使用性の観点からも木造建築物では、出火防止、火災覚知および初期消火、火災の影響を局所に留めるための区画化には特に配慮した設計が望まれる。

参考文献

1）財団法人日本住宅・木材技術センター編集「ここまでできる木造建築のすすめ」一般社団法人木を生かす建築推進協議会，2010年
2）日本建築行政会議編「建築物の防火避難規定の解説」2005年
3）「平成22年版　消防白書」http://www.fdma.go.jp/html/hakusho/h22/h22/index.html
4）「木造建築の防耐火性能－性能規定導入後の展開・設計事例と今後の課題－」第11回　木の建築フォーラム資料，2008年
5）齊藤年男・安井昇・望陀佐和子「110のキーワードで学ぶ　18　世界で一番やさしい木造3階建て」（防火の部分），株式会社エクスナレッジ，2010年
6）建築学大系編集委員会編「新訂　建築学大系21　建築防火論」彰国社，1976年
7）「建物の火害診断および補修・補強方法 指針（案）・同解説」日本建築学会，2010年

2節 燃えしろ設計

1. 燃えしろ設計とは

[1] なぜ燃えしろで安全が確保されるのか

　木材は火災による火熱にさらされると、高温となる表面から熱分解が進行し、可燃ガスを放出するとともに炭化層を形成する。この炭化層は比較的に熱を伝えにくく、また炭化層ほどではないが未炭化の木材自体も断熱性が高い。図4-7 [1] は、耐火試験中のスギ集成材内部の温度推移であるが、これを見ると表面が高温に加熱されてもわずか数十mm内部となるだけでなかなか温度が上昇しないことがわかる。そのためある程度断面の大きな木材であれば、焼失による断面減少、温度上昇による強度低下の進行は非常に緩慢となる。このように木材とその炭化物は断熱性が高く、断面が大きければ火災に遭ってもかなりの大きさの健全部が残る。この点を考慮し、火災時に炭化して断面が減少しても残存断面が荷重を支えることができることを確認、あるいはそのように初期の断面を設計することで、一定時間崩壊しないという安全性を担保するのである。

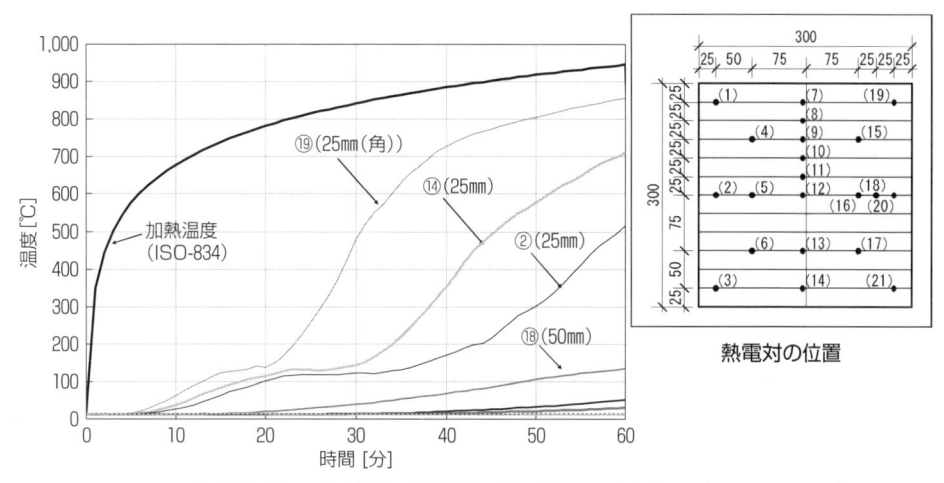

図4-7　集成材内部の温度推移（丸数字は熱電対No.、括弧内は表面からの距離）

[2] 大規模集成材建築物での火災事例[2]

　2000年10月17日、大規模集成材建築物としては日本初の全焼火災が広島県福山市立加茂中学校体育館で発生した。被災した建物は1階がRC造、2階が大断面集成材による延べ床面積979m^2の体育館である。体育館内部にある舞台横の用具庫から出火し、火災報知機発報から9分以内にフラッシュオーバー、発報からおよそ30分後に消防隊により鎮火された。出火点付近では火勢鎮圧、鎮火まで20～30分程度強い加熱を受けたと推測されている。この火災では収納可燃物や内装がほぼ全焼しながらも、構造部材は火災後も自立している。火災後の調査から、出火点付近の集成材の炭化深さは18mm

図4-8 火災後の体育館内部[4]
出典：「福山市立加茂中学校体育館火災・火災調査中間報告書（第一次）」木の建築フォラム，2002年1月

図4-9 火災後の集成材断面[4]
出典：「福山市立加茂中学校体育館火災・火災調査中間報告書（第一次）」木の建築フォラム，2002年1月

程度であり、炭化速度は0.67mm/分程度と仮定すると実際の火災記録から推定される火災加熱継続時間とほぼ対応する。この炭化速度の値は後述の既往実験での結果とよく一致しており、実火災でも炭化の進行を合理的に予測できている実例と見ることができる。また、被災後の集成材については森林総合研究所で接着の促進劣化試験、ブロックせん断試験、曲げ試験、載荷加熱試験、ラミナの材質試験が実施され、いずれも健常材と同等の性能が確認されている[3]。

2. 材料・要求時間と燃えしろの値

前項のように火災により焼失するであろう厚み、すなわち燃えしろを差し引いた断面にて火災時の安全性を検証する場合、安全を確保すべき時間に対してどれだけを燃えしろとするかが問題となる。木材が加熱を受けると、炭化した部分と未炭化の部分の境界面はより内部へと進行し、炭化部分と未炭化部分では木材の機械的強度が著しく異なる[5]。したがってこの境界面の移動速度、すなわち炭化速度が燃えしろを決定する重要な因子となる。火災時の木材の炭化速度に関してはすでに多くの研究報告があり、大断面集成材については0.5～0.7mm/分[6)7]、スギおよびカラマツの大断面製材についてはスギ0.79mm/分、カラマツ0.74mm/分といった値が示されている[8]。

このような集成材、製材の炭化速度をもとに、告示条文上では集成材等と製材品等に分けて要求耐火時間ごとに燃えしろの値が規定されている。建築基準法施行令第115条の2「防火壁の設置を要しない建築物に関する技術的基準等」第1項第九号に基づく、昭和62年建設省告示第1902号「通常の火災により建築物全体が容易に倒壊するおそれのない構造であることを確かめるための構造計算の基準」により、燃えしろ設計の計算方法と、防火壁設置緩和などで設けるべき燃えしろ、構造

用集成材等は2.5cm、構造用製材は3cmという値が示されている。さらに準耐火構造の例示仕様を規定している平成12年建設省告示第1358号で、防火被覆を行わない柱とはりについて、昭和62年建設省告示第1902号に規定する燃えしろの値を、構造用集成材等は2.5cmを3.5cmに、構造用製材は3cmを4.5cmに読み替えることが規定されている。また、木造3階建て共同住宅などに用いる1時間準耐火構造の柱、はりについては、平成12年建設省告示第1380号で構造用集成材等は2.5cmを4.5cmに、構造用製材は3cmを6cmに読み替えることが規定されている。

これらの告示により示された燃えしろの値は表4-8のようになる。また、計算法を示した昭和62年建設省告示第1902号には、木材そのほかの材料で防火上有効に被覆された部分については燃えしろを省略できる旨の記述がある。どのような場合、仕様で燃えしろを省略できるかは本章4節を参照していただきたい。

表4-8 燃えしろの値の一覧表

	防火壁設置緩和等	準耐火構造	1時間準耐火構造
構造用集成材	2.5cm	3.5cm	4.5cm
化粧ばり構造用集成柱	2.5cm	3.5cm	4.5cm
構造用単板積層材	2.5cm	3.5cm	4.5cm
構造用製材	3.0cm	4.5cm	6.0cm
耐火時間	30分	45分	1時間
関連する告示	S62建告第1901号 S62建告第1902号	H12建告第1358号	H12建告第1380号

※ 構造用集成材など接着剤を使用するものは、使用環境AかBのものである必要がある。

3. 柱、はりの燃えしろ設計の進め方

[1] 告示に記載されている方法

火災時の倒壊防止措置の具体的な手順である燃えしろ設計は、昭和62年建設省告示第1902号に規定され、次のような手順が示されている。

一 令第3章第8節第2款に規定する荷重及び外力によって主要構造部である柱又ははりに生ずる応力を計算すること。

二 前号の主要構造部である柱又ははりのうち木材で作られた部分については、その表面（木材そのほかの材料で防火上有効に被覆された部分を除く。）から燃えしろ値*の部分が除かれるとして、令第82条第二号の表に掲げる長期の組み合わせによる各応力の合計により、残りの断面に生ずる長期応力度を計算すること。

三 前号によって計算した長期応力度が、令第3章第8節第3款の規定による短期の許容応力度を超えないことを確かめること。

四 第一号の主要構造部である柱又ははりのうち鋼材で作られた部分（耐火構造とした部分を除

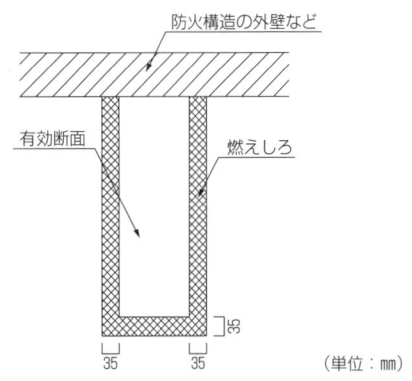

図4-10 燃えしろ有効断面（構造用集成材、要求時間45分の場合）

く。）については、令第82条第二号の表に掲げる長期の組み合わせによる応力が圧縮応力のみであり、かつ、火災時に座屈により急激な耐力の低下を生ずる恐れが無いことを確かめること。

* 前「2．材料・要求時間と燃えしろの値」で述べたように、防火壁設置緩和について規定した昭和62年建設省告示第1902号では燃えしろの値を構造用集成材等は2.5cm、構造用製材は3cmとしており、さらに平成12年建設省告示第1358号により準耐火構造の、平成12年建設省告示第1380号で木造3階建て共同住宅などに用いる1時間準耐火構造の柱、はりについての値を定めている（具体的な値については前「2．材料・要求時間と燃えしろの値」を参照のこと）。

　この条文を難しくしているのが、長期、短期という語句の意味するものが一般の認識と少し異なることである。第三号にある「短期の許容応力度」を「地震などの短期応力により生じる応力度の上限値」と捉えてしまうとこの条文は理解不能となってしまう。ここでは「短い時間であれば許される応力度上限値」と考えてほしい。火災により断面が減少した状態はごく短時間のものであり、また、このときに支えるべき荷重は令第82条で言うところの「長期に生ずる力」すなわち固定荷重と積載荷重（多雪区域なら＋0.7積雪）となる（地震などと火災の同時発生は想定しないため）。そのため「前号によって計算した長期応力度（長期に生ずる力を燃えしろを除した断面で支持したときの応力度）が、令第3章第8節第3款の規定による短期の許容応力度を超えない」という記述になっている。

　また、もう一点注意したいのが、燃えしろ部分は火災時以外には断面に算入してよく、地震などの短期に生じる力を負担できる、という点である。それゆえ、通常の許容応力度計算により算定した断面に燃えしろ値を加えたものは当然過剰な断面となる。

　以上のことを、場合ごとに整理すると以下のようになる。

1．常時：　［G（固定荷重）＋P（積載荷重）（＋積雪）］を
　　　　　全断面（燃えしろ含む）で支持する場合の応力度　　＜　長期許容応力度

2．地震、積雪、暴風時：
　　　　　［G＋P＋各外力の1つ］を
　　　　　全断面（燃えしろ含む）で支持する場合の応力度　　＜　短期許容応力度

3．火災時：　［G＋P（＋積雪）］を
　　　　　有効断面（燃えしろ含まず）で支持する場合の応力度　　＜　短期許容応力度

（火災は一時的な状況とみなすので）

　この3つそれぞれの場合に、軸力、せん断、曲げの各応力度について各部位が上記を満たすよう設計する、これが燃えしろ設計を加味した許容応力度計算の基本的考え方である。また、これら断面の算定に加え、柱、はりの仕口やはりの継手についても、火災時の加熱に対して接合部の耐力が低下しないように、接合金物の適切な被覆や部材各部に埋め込むなどの防火措置を行う必要がある。これら接合部の措置については本章3節にて記載する。

[2] 燃えしろ設計　断面算定の進め方

　集成材部材からなる建築物で燃えしろを含む部材の断面を算定する手順の一例をフローにて示す。

　基本的に集成材を部材に使用する場合は構造計算を行うこととなり、許容応力度か保有水平耐力により断面性能を確認した後に火災時の応力度の確認を行う手順となるであろう。部材断面が大きい場合、非火災時にOKとなる断面そのままで火災時、つまり燃えしろを減じた断面での応力度チェックもOKとなることもあり得る。

　火災時の応力度チェックでNGであった場合、「燃えしろを減じた有効断面で長期荷重を支持したときの応力度」＜「短期許容応力度」となるよう断面寸法を修正し、再び非火災時の構造計算から確認していく、というのが基本的な修正方法である。また、より強度の高い材への変更やスパンなどを変更し修正することも考えられる。

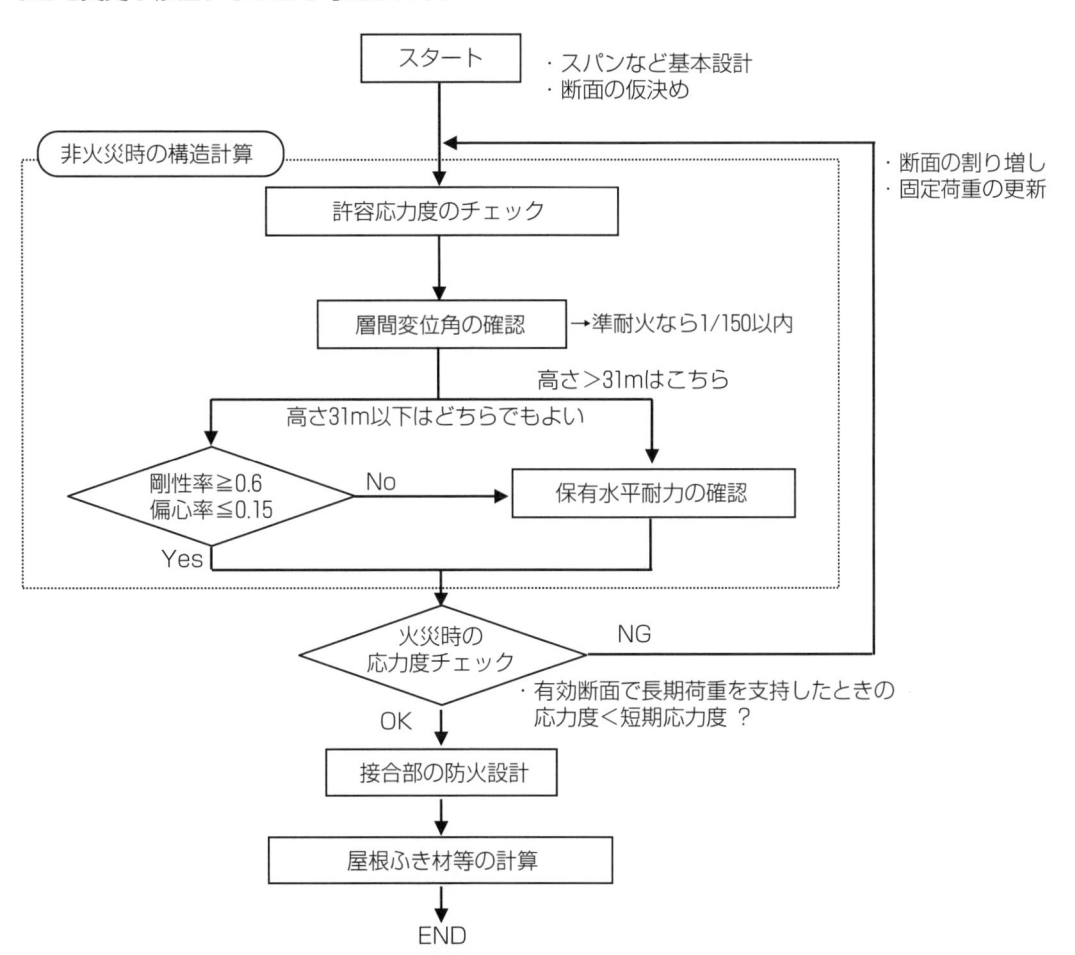

図4-11　集成材建築物の燃えしろ設計フロー

[3] 柱の燃えしろ設計例

図4-12に示す柱について、燃えしろチェックを含む断面性能検証を行う。

設計条件
　　使用材料　構造用集成材
　　強度等級　E65-F255
　　圧縮基準強度　20.6N/mm²
　　負担荷重　23kN
　　座屈長さ　3,000mm（材端条件　両端ピン支持）
　　45分4方向加熱とする。

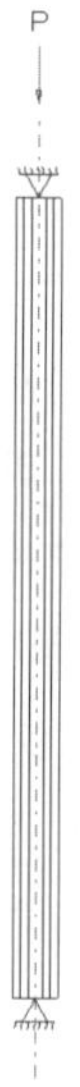

表4-9に常時と火災時それぞれでの検証計算結果を示す。いずれの場合においても負担荷重は同一となる。本例題では軸方向の圧縮のみを考慮することとなるが、座屈して崩壊することのないよう、判定基準は座屈許容応力度となる。基本的に断面の小さな部材ほど火災時応力度が断面寸法決定要因となるが、ある程度以上部材が大きくなると常時の性能を満たしていれば、特に断面を割り増さなくとも火災時の性能も満たすようになる。

図4-12　柱の荷重図

表4-9　柱の燃えしろチェック結果

<table>
<tr><th colspan="3"></th><th>常時断面</th><th>火災時断面</th><th></th></tr>
<tr><td rowspan="7">断面性能</td><td rowspan="2">荷重負担断面寸法</td><td>幅</td><td>180</td><td>110</td><td>mm</td></tr>
<tr><td>せい</td><td>180</td><td>110</td><td>mm</td></tr>
<tr><td>断面2次モーメント</td><td>$I' =$</td><td>87,480,000</td><td>12,200,833</td><td>mm⁴</td></tr>
<tr><td>断面積</td><td>$A' =$</td><td>32,400</td><td>12,100</td><td>mm²</td></tr>
<tr><td>座屈長さ</td><td>$l_k =$</td><td>3,000</td><td>3,000</td><td>mm</td></tr>
<tr><td>断面2次半径</td><td>$i = \sqrt{I'/A'} =$</td><td>51.96</td><td>31.75</td><td>mm</td></tr>
<tr><td>細長比</td><td>$\lambda = l_k/i =$</td><td>57.7</td><td>94.5</td><td>—</td></tr>
<tr><td rowspan="9">圧縮応力度チェック</td><td>座屈低減係数</td><td>$\eta = 1.3 - 0.01 \cdot \lambda$</td><td>0.723</td><td>0.355</td><td>—</td></tr>
<tr><td>圧縮基準強度</td><td>強度等級：E65-F255</td><td colspan="2">20.6</td><td>N/mm²</td></tr>
<tr><td>長期圧縮許容応力度</td><td>$_Lf_c =$</td><td>7.55</td><td>—</td><td>N/mm²</td></tr>
<tr><td>長期座屈許容応力度</td><td>$_Lf_k = \eta \cdot _Lf_c =$</td><td>① 5.46</td><td>—</td><td>N/mm²</td></tr>
<tr><td>短期圧縮許容応力度</td><td>$_sf_c =$</td><td>—</td><td>13.73</td><td>N/mm²</td></tr>
<tr><td>短期座屈許容応力度</td><td>$_sf_k = \eta \cdot _sf_c =$</td><td>—</td><td>③ 4.88</td><td>N/mm²</td></tr>
<tr><td>負担荷重</td><td>$N =$</td><td colspan="2">23,000</td><td>N</td></tr>
<tr><td>圧縮応力度</td><td>$N/A' =$</td><td>② 0.71</td><td>④ 1.90</td><td>N/mm²</td></tr>
<tr><td>許容応力度チェック</td><td>①＞②を確認、③＞④を確認</td><td>OK</td><td>OK</td><td></td></tr>
</table>

[4] はりの燃えしろ設計例

図4-13に示すようなはりについて準耐火の燃えしろ設計を行う。設計条件は下記に示すもののみで、断面寸法、強度等級、床構造の仕様などは任意とする。

図4-13　はりの荷重図

設計条件
使用材料　構造用集成材
負担荷重　固定荷重600N/m^2
　　　　　積載荷重1,300N/m^2
スパン　5,460mm
（材端条件　両端ピン支持）
負担幅　2,730mm
45分準耐火構造

はりの断面検証
　まず仮設計として以下のように仮定して検証する。

仮設計
はりの寸法　幅150mm×せい360mm
集成材の種類　同一等級構成集成材
強度等級　E65-F255
床構造の仕様を図4-14のものとする。
（4方向加熱）

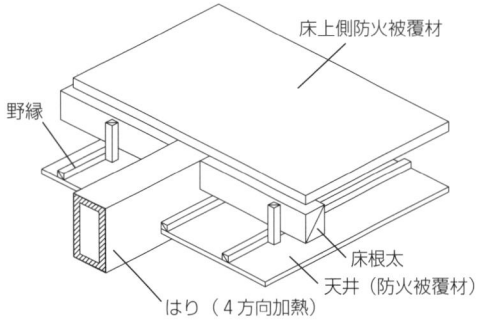

図4-14　仮設計での床構造仕様

　以上の設定のもとではりの断面性能について検証計算した結果を表4-10に示す。はりに要求される各項目を計算した結果、火災時の曲げ応力度についてNGとなっている。次の手順として、全てのチェック項目でOKとなるよう設計を修正することとなるが、それには以下のようないくつかの方法が考えられる。
① 　3方向加熱となるよう床構造の仕様を変更する。
② 　はりの材をより強度の高いものとする。
③ 　断面寸法を大きくする。
④ 　スパンなどを変更する。

　上で設定した仮設計ではNG項目の応力度超過分が軽微であるので、①の3方向加熱となる床構造への変更でも火災時曲げ応力度は13.73N/mm^{2}となり基準を満たすことができるが、基本的に大きな超過に対してはそれだけでは不足となる可能性が高い。②と③によるはりの断面性能の改良がオーソドックスな方法といえるだろう。また、部材断面が小さいものを仮定した場合、断面のうち燃えしろ部分が大きな割合を占めるため効率が悪くなる可能性がある。このような場合はスパンなどから断面寸法などまで見直したほうが合理的な場合が多いと考えられる。

表4-10 はりの燃えしろチェック結果（仮設計）

				常時断面	火災時断面	
断面性能・諸条件	荷重負担断面寸法	幅		150	80	mm
		せい		360	290	mm
	断面積	$A' =$		54,000	23,200	mm²
	断面係数	$Z' =$		3,240,000	1,121,333	mm³
	断面2次モーメント	$I' =$		583,200,000	162,593,333	mm⁴
	スパン	$l =$		5,460		mm
	負荷荷重	$w =$		5,190		N/m
たわみ	初期許容たわみ	$\delta = l/250 =$	①	21.84	—	mm
	最大たわみ	$\delta_{max} = \dfrac{5 \cdot w \cdot l^4}{384 \cdot E \cdot I'} =$	②	15.84	—	mm
	判定	①＞②を確認		OK	—	—
曲げ応力度チェック	曲げ基準強度	$F_b =$		25.5		N/mm²
	長期許容曲げ応力度	$_Lf_b =$	③	9.35	—	N/mm²
	短期許容曲げ応力度	$_Sf_b =$		—	⑤ 17.00	N/mm²
	最大曲げモーメント	$M = w \cdot l^2/8 =$		19,340		N·m
	最大曲げ応力度	$\sigma' = M/Z'$	④	5.97	⑥ 17.25	N/mm²
	許容応力度チェック	③＞④を確認、⑤＞⑥を確認		OK	NG	—
せん断応力度チェック	せん断基準強度	$F_s =$		3.6		N/mm²
	長期許容せん断応力度	$_Lf_s =$	⑦	1.32	—	N/mm²
	短期許容せん断応力度	$_Sf_s =$		—	⑨ 2.40	N/mm²
	最大せん断力	$Q = w \cdot l/2 =$		14,169		N
	最大せん断応力度	$\tau' = 1.5 \cdot Q/A'$	⑧	0.39	⑩ 0.92	N/mm²
	許容応力度チェック	⑦＞⑧を確認、⑨＞⑩を確認		OK	OK	—

参考文献

1) 上川大輔ら「建築学会環境系論文集 657号」p229-235，2010年
2) 長谷見雄二ら「大規模木造体育館の火災調査」（その1～その3），建築学会大会学術講演梗概集，A-2，p181-186，2002年
3) 宮武ら「大規模木造体育館の火災調査（その3）」
4)「福山市立加茂中学校体育館火災・火災調査中間報告書（第一次）」木の建築フォーラム，2002年1月
5) E.L.Schaffer「Wood and Fiber 9（2）」p145，1977年
6) 今泉勝吉「木材工業 31（11）」p502-504，1976年
7) 上杉三郎「木材学会誌 40（4）」p424-428，1994年
8)「地域材を生かした新事業・起業創出緊急対策事業 製材耐火性能開発事業報告書」財団法人日本住宅・木材技術センター，p1-96，2003年
9)「構造材料の耐火性ガイドブック」日本建築学会，2009年

3節 接合部の防・耐火設計

集成材建築物の架構では、柱はりの仕口部分やはりの継手など、いわゆる接合部ではボルトなど露出した接合金物類が用いられ、部材自体も切り欠く施工が行われることが多い。

このため火災時には、部材の焼損や耐力低下は一般の架構部分より接合部の方が大きい。特に、金属製の接合金物類は、火災などにより加熱を受けると急激に耐力が低下する性質を持ち、さらに金物周囲の部材の焼損も著しく防火上の弱点となる。

高さが13mまたは軒の高さが9mを超える大規模木造建築物、防火壁の設置を要しない体育館などの大規模木造建築物の架構における接合部、および準耐火建築物における防火被覆を行わない構造用集成材の柱、はり接合部は、通常の火災時の加熱に対して接合部の耐力が低下しないように、仕口や継手に使用される接合金物には熱が伝達しない構造とすることが要求されている。

1. 接合部における防・耐火設計の技術的基準

昭和62年建設省告示第1901号では、高さが13mまたは軒の高さが9mを超える大規模木造建築物や防火壁の設置を要しない体育館などの大規模木造建築物の架構における接合部について、原則として、接合部の金物等は適切に被覆するか、あるいは挟み込むなどの防火措置を行うように定められている。

準耐火構造の場合も、接合部の防火被覆措置について、平成12年建設省告示第1358号「準耐火構造の構造方式を定める件」第2第二号ロおよび第4第二号ロ、平成12年建設省告示第1380号「耐火建築物とすることを要しない特殊建築物の主要構造部の構造方法を定める件」第2第二号ロおよび第4第二号ロの規定により、構造用集成材を接合する継手または仕口は、昭和62年建設省告示第1901号に定める基準にしたがって、通常の火災時の加熱に対して耐力の低下を有効に防止することができる構造としなければならない。

昭和62年建設省告示第1901号第一号では、火災時に主架構が倒壊することなく自立できる機能を接合部に要求している。すなわち、接合部の設計では、防火上有効に被覆されている部分を除き、構造用集成材の表面より内側に燃えしろとして2.5cmの部分を除いた断面が、その継手または仕口部分全体に存在する応力を伝える構造としなければならない。

> 建設省告示第1901号　　　　　　　　　　　　　　　　　昭和62年11月10日
> 　　　　　　　　　　　　　　　　　　　　　　　　最終改正 平成19年12月21日
> 　　　　　　　　　　　　　　　　　　　　　　　　　　国土交通省告示第1666号
>
> 　　　　通常の火災時の加熱に対して耐力の低下を有効に防止することができる主要
> 　　　　構造部である柱又ははりを接合する継手又は仕口の構造方法を定める件
>
> 　建築基準法施行令（昭和25年政令第338号）第115条の2第1項第八号の規定に基づき、通常の火災時の加熱に対して耐力の低下を有効に防止することができる主要構造部である柱、又ははりを接合する継手又は仕口の構造方法を次のように定める。
>
> 　主要構造部である柱又ははりを接合する継手又は仕口（床下の部分にあるものを除く。）の構造方法は、次の各号に定めるものとする。
> 一　継手又は仕口のうち木材で造られた部分の表面（木材その他の材料で防火上有効に被覆された部分を除く。）から内側に、次に掲げる集成材その他の木材の区分に応じ、それぞれイ、ロ又はハに掲げる値の部分を除く部分が、当該継手又は仕口の存在応力を伝えることができる構造であること。
> 　イ　昭和62年建設省告示第1898号第一号から第二号までに規定する規格に適合するもの　2.5cm
> 　ロ　昭和62年建設省告示第1898号第五号に規定する規格に適合するもの　3cm
> 　ハ　イ及びロに掲げる木材以外の木材で国土交通大臣が指定したもの（建築基準法（昭和25年法律第201号）第37条第二号の規定による国土交通大臣の認定を受けたものに限る。）　国土交通大臣が指定した数値
> 二　継手又は仕口にボルト、ドリフトピン、釘、木ねじその他これらに類するものを用いる場合においては、これらが木材その他の材料で防火上有効に被覆されていること。
> 三　継手又は仕口に鋼材の添え板を用いる場合においては、当該添え板が埋め込まれ、又は挟み込まれていること。ただし、木材その他の材料で防火上有効に被覆されている場合又は当該継手又は仕口に生ずる応力が圧縮応力のみである場合においては、この限りでない。
> 四　継手又は仕口に鋼材で造られたピンジョイントを用いる場合においては、当該鋼材の厚さが9mm以上であること。

　準耐火構造の場合、あらわしの柱はり接合部では、平成12年建設省告示第1358号および平成12年建設省告示第1380号の規定により、構造用集成材の場合は燃えしろの値を3.5cm（45分耐火の場合）および4.5cm（1時間耐火の場合）に読み替える規定である。

　以上の告示の規定から、構造用集成材の柱はりの仕口や継手は、接合部（床下の部分を除く）の表面から内側に、表4-11に示す燃えしろの値に相当する部分を除いた残存断面が、その継手または仕口部分の全体に存在する応力を伝えることができる構造としなければならない。

表4-11 接合部の木材（構造用集成材）による被覆厚さ

	要求耐火時間	被覆厚さ（燃えしろの値）
高さ制限を超える木造建築物等	30分	25mm
木造準耐火構造	45分	35mm
	60分	45mm

　告示の第二号以下は、接合金物に関する規定である。外部に露出した金物は、火災時の加熱によって金物自身の強度低下が著しく、さらにその部分の木材の焼損も著しいため、次のような制限を加えている。

① ボルト、ドリフトピン、釘、木ねじその他のこれらに類するものを用いる場合においては、これらが木材その他の材料で防火上有効に被覆されていなければならない。

　　防火上有効な被覆とは、例えば次のような防火措置を指す。

　ⅰ）表4-11に示す燃えしろの値に相当する厚さの木材で被覆した場合

　ⅱ）厚さ15mm以上のせっこうボードなど防火材料で被覆した場合

　なお、引張力を受けるもの以外のボルトなどの頭部については、木材とのせん断面が表面より十分内側に位置する場合や、ボルト軸部周辺の木材が焼損し、炭化した場合でも主架構が倒壊に至らないことが確認できる場合は、防火被覆する必要はない。

② 継手または仕口に鋼板添え板を用いる場合は、原則として木材に埋め込むかまたは挟み込まなければならない。ただし、防火上有効に被覆した場合や常時荷重時に引張力を負担しない場合は、添え板鋼板は露出することができる。

③ 9mm以上の厚さの鋼板により構成されるピンジョイントについては、鋼材部分の防火被覆は必要ない。

　以上述べたように防火上有効に被覆するとは、原則的には接合部全体を表4-11に示す燃えしろの値に相当する厚さ以上の木材やその他の防火材料を使用して接合部を直接被覆することなどである。したがって、不燃材料の天井材によって仕上げ施工された小屋裏（天井裏）に隠れる接合部についても、この規定により防火被覆しなければならない。

　添え板鋼板が木材に埋め込まれているか挟み込まれている場合、外部に露出している添え板鋼板の断面（小口）は、外部に露出している部分の表面積の割合が木材内部に埋め込まれている部分に比べ少ないため、火災時でも木材内部の鋼板は比較的低温に保たれるので、要求耐火時間が30分の場合は防火被覆の必要はない。

　防火材料による接合部の被覆仕様は、平成12年建設省告示第1358号および平成12年建設省告示第1380号で例示する防火被覆仕様を参考とすることができる。

① 45分準耐火構造の場合、平成12年建設省告示第1358号の規定により、接合部における柱の防火被覆は、次の仕様が挙げられる。

　（イ）厚さが15mm以上のせっこうボード（強化せっこうボードを含む。以下同じ）

　（ロ）厚さが12mm以上のせっこうボードの上に厚さが9mm以上のせっこうボードまたは難燃合板を張ったもの

　（ハ）厚さが9mm以上のせっこうボードまたは難燃合板の上に厚さが12mm以上のせっこうボードを張ったもの

(ニ) 厚さが7mm以上のせっこうラスボードの上に厚さが8mm以上のせっこうプラスターを塗ったもの

また、はりの防火被覆は、次の仕様による。

(イ) 厚さが15mm以上の強化せっこうボード

(ロ) 厚さが12mm以上の強化せっこうボードの上に厚さが50mm以上のロックウール（かさ比重が0.024以上のものに限る。以下同じ）またはグラスウール（かさ比重が0.024以上のものに限る。以下同じ）を張ったもの

② 1時間準耐火構造の場合、平成12年建設省告示第1380号の規定により、接合部における柱の防火被覆は、次の仕様が挙げられる。

(イ) 厚さが12mm以上のせっこうボード（強化せっこうボードを含む。以下同じ）の上に厚さが12mm以上のせっこうボードを張ったもの

(ロ) 厚さが8mm以上のスラグせっこう系セメント板の上に厚さが12mm以上のせっこうボードを張ったもの

(ハ) 厚さが16mm以上の強化せっこうボードを張ったもの

(ニ) 厚さが12mm以上の強化せっこうボードの上に厚さが9mm以上のせっこうボードまたは難燃合板を張ったもの

(ホ) 厚さが9mm以上のせっこうボードまたは難燃合板の上に厚さが12mm以上の強化せっこうボードを張ったもの

また、はりの防火被覆は、次の仕様による。

(イ) 厚さが12mm以上のせっこうボードの上に厚さが12mm以上のせっこうボードを張り、その上に厚さが50mm以上のロックウール（かさ比重が0.024以上のものに限る。以下同じ）またはグラスウール（かさ比重が0.024以上のもに限る。以下同じ）を張ったもの

(ロ) 厚さが12mm以上の強化せっこうボードの上に厚さが12mm以上の強化せっこうボードを張ったもの

(ハ) 厚さが15mm以上の強化せっこうボードの上に厚さが50mm以上のロックウールまたはグラスウールを張ったもの

(ニ) 厚さが12mm以上の強化せっこうボードの上に厚さが9mm以上のロックウール吸音板を張ったもの

2. 接合部の防・耐火設計例

集成材建築物における柱はりの仕口やはりの継手は、昭和62建設省告示第1902号、平成12年建設省告示第1358号および平成12年建設省告示第1380号により、火災時の加熱に対して接合部の耐力が低下しないように、接合金物など原則として燃えしろに相当する厚さの木材による被覆や部材内部に埋め込むなどの防火措置を行うことが規定されている。

部位別の代表的な接合部の防火設計例を日本集成材工業協同組合「準耐火構造（集成材建築物）における接合部の防火設計の手引き（平成24年3月）」により以下に示す。

[1] 柱とはりの接合部（ピン接合）

図4-15に示す例では、はり端部は長ほぞ差しで柱に接合されているため、込み栓に相当するボルトの頭部は加熱によりボルト頭部の周辺部が焼失しても、主架構の倒壊には至らないと判断され、防火被覆は必要ない。

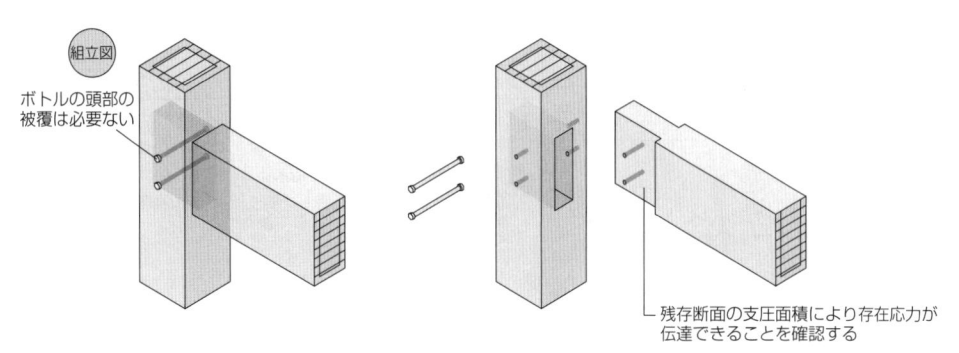

図4-15　柱とはりの接合部（1）

図4-16に示す、合わせばり接合部では、せん断面までの距離が十分でない場合、ボルトの頭部は木材などによる防火被覆が必要である。

■ 被覆厚さ（ボルトの頭部など）　　表-A

30分耐火	2.5cm
45分耐火	3.5cm
1時間耐火	4.5cm

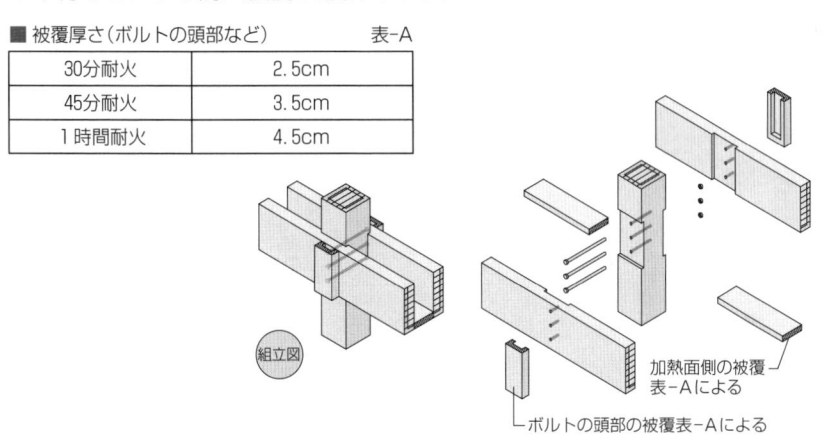

図4-16　柱とはりの接合部（2）

図4-17に示す、せん断面までの距離が十分でない場合のボルトの頭部や外部に露出した接合金物は、木材などによる防火被覆が必要である。

■ 被覆厚さ（金物の底面、ボルトの頭部）　表-A

30分耐火	2.5cm
45分耐火	3.5cm
1時間耐火	4.5cm

■ 被覆厚さ（金物の側面）　　表-B

30分耐火	1.0cm
45分耐火	2.0cm
1時間耐火	2.0cm

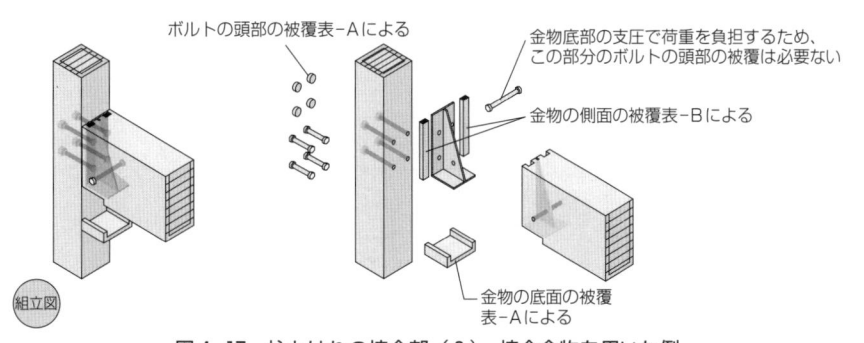

図4-17　柱とはりの接合部（3）　接合金物を用いた例

図4-18に示す例では、露出するボルトの頭部やドリフトピンの頭部、金物の小口、側面や下部は、木材などにより被覆する必要がある。挟み込みタイプの接合金物では、せん断面までの距離が十分である場合、接合金物の小口は防火被覆する必要はない。

■ 被覆厚さ（ボルトの頭部）　表-A

30分耐火	2.5cm
45分耐火	3.5cm
1時間耐火	4.5cm

■ 被覆厚さ（金物の小口、ドリフトピンの頭部）　表-C

30分耐火	被覆なし
45分耐火	1.0cm
1時間耐火	2.0cm

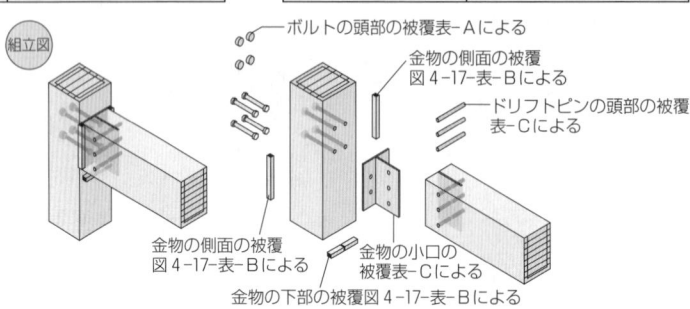

図4-18　柱とはりの接合部（4）　接合金物を用いた例

［2］柱脚の接合部（ピン接合）

図4-19に示す例では、柱端部が直接基礎に支持されているので、ボルト周辺が焼損しても主架構は倒壊に至らないと判断される。したがって、ボルトの頭部などの防火被覆は必要ない。

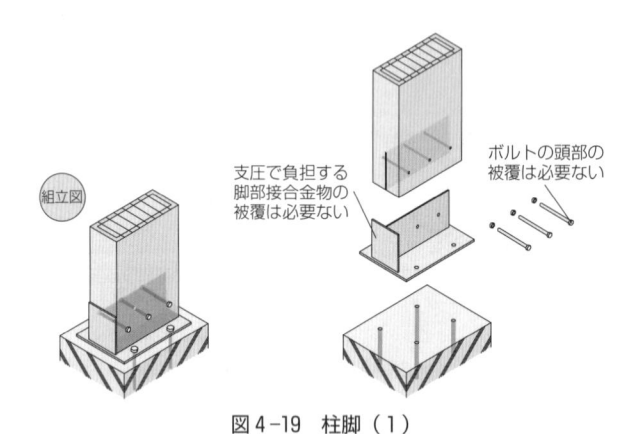

図4-19　柱脚（1）

図4-20に示す例では、接合金物の小口やドリフトピン頭部の防火被覆は必要である。柱脚部の圧縮力のみ負担する部分（ベースプレート）の防火被覆は必要ない。

■ 被覆厚さ（金物の小口、ドリフトピンの頭部）　表-C

30分耐火	被覆なし
45分耐火	1.0cm
1時間耐火	2.0cm

図4-20　柱脚（2）

[3] 棟（頂部）接合部（ピン接合）

図4-21に示す例では、接合金物の小口やドリフトピンの頭部の防火被覆は必要である。厚さ9mm以上の鋼板を使用したピンジョイント部分で、長期荷重に対して材軸方向の圧縮力のみが作用する場合には、防火被覆は必要ない（露出してよい）。

■ 被覆厚さ（金物の小口、ドリフトピンの頭部） 表-C

30分耐火	被覆なし
45分耐火	1.0cm
1時間耐火	2.0cm

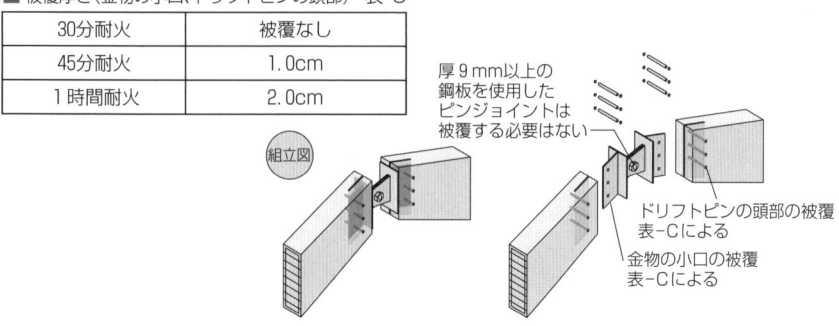

図4-21 棟のピン接合部の例

[4] はりと小ばり接合部

図4-22に示す例では、引きボルトの頭部の被覆は必要である。せん断力を負担するシアプレートは、木材の表面から十分内側に位置するため防火被覆は必要ない。

■ 被覆厚さ（引きボルトの頭部、座金取付部側面） 表-A

30分耐火	2.5cm
45分耐火	3.5cm
1時間耐火	4.5cm

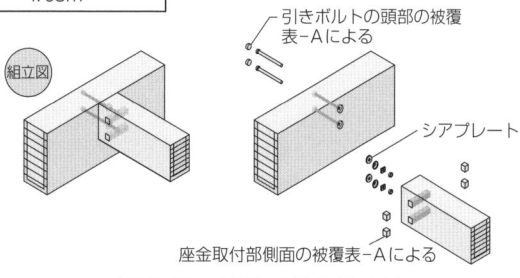

図4-22 小ばりの接合部（1）

図4-23に示す例では、露出するボルト頭部やドリフトピンの頭部、金物の小口、側面や下部は、木材などにより被覆する必要がある。挟み込みタイプの接合金物では、せん断面までの距離が十分である場合、接合金物の小口は防火被覆する必要はない。

■ 被覆厚さ（ボルトの頭部） 表-A

30分耐火	2.5cm
45分耐火	3.5cm
1時間耐火	4.5cm

■ 被覆厚さ（金物の小口、ドリフトピンの頭部） 表-C

30分耐火	被覆なし
45分耐火	1.0cm
1時間耐火	2.0cm

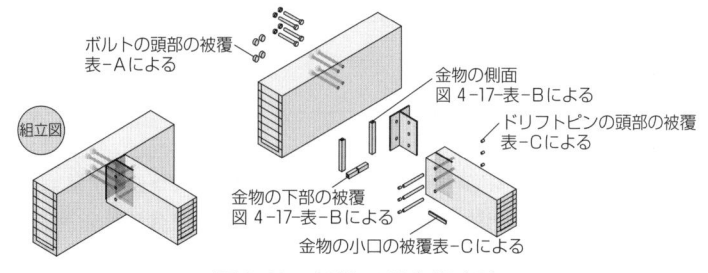

図4-23 小ばりの接合部（2）

[5] はり継手（モーメント継手）

図4-24に示す例において、下端の添え板鋼板が引張力を受ける場合は、要求される耐火性能に応じた厚さの木材などによる防火被覆が必要である。上端の添え板鋼板が引張力を受ける場合も同様である。

せっこうボードなどの防火材料による被覆仕様は、準耐火構造などの告示に規定する例示仕様による。

■ 被覆厚さ（添え板鋼板、ラグスクリューの頭部）　表-A

30分耐火	2.5cm
45分耐火	3.5cm
1時間耐火	4.5cm

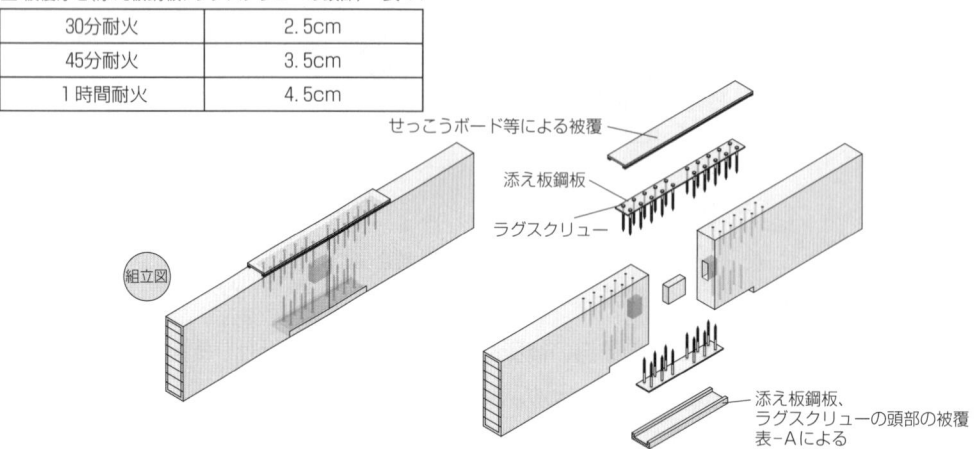

図4-24　はり継手（1）上下添え板鋼板の例

図4-25に示す鋼板が挟み込まれた接合の場合、外部に現れる鋼板の小口とドリフトピンの頭部の防火被覆は表-Cによる。

■ 被覆厚さ（接合金物の小口、ドリフトピン頭部）　表-C

30分耐火	被覆なし
45分耐火	1.0cm
1時間耐火	2.0cm

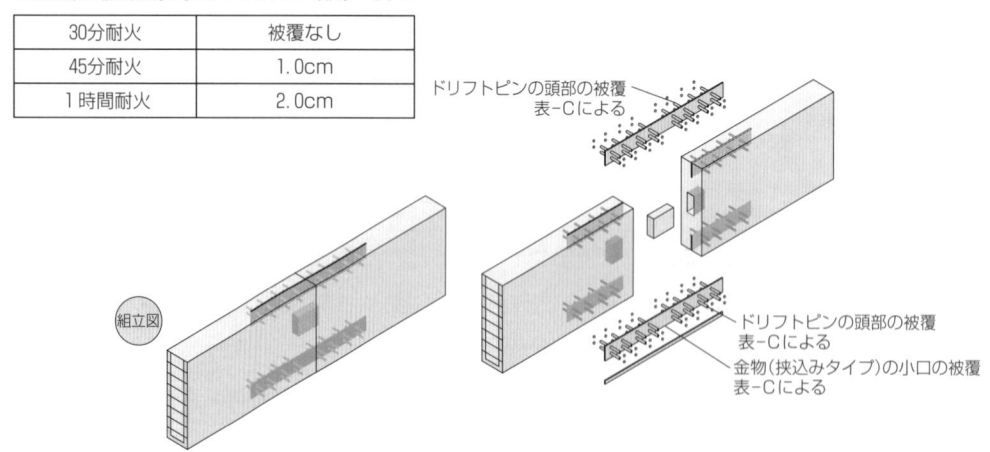

図4-25　はり継手（2）上下挟み込み鋼板の例[*]

[*]接合金物の小口およびドリフトピンなどの被覆仕様について、「準耐火建築物の防火設計指針」では、図4-25に示す仕様についてせん断面が部材内部に十分入っているため、ドリフトピン頭部などの被覆は必要ないと記載されている。

参考文献
1) 平成22年度国土交通省木造住宅・木造建築物等の整備促進に関する技術基盤強化事業，「準耐火構造（集成材建築物）における接合部の防火設計の手引き（平成24年3月）」日本集成材工業協同組合　2012年

4節 部位別防火設計

1. 間仕切り壁

[1] 45分準耐火構造の間仕切り壁（耐力・非耐力）の仕様
（平成12年建設省告示第1358号第1第一号、第二号）

間柱および下地を木材としたもので、両面を同一材料で仕上げる。

代表的な仕上げ例として、両面を厚さ15mm以上のせっこうボードまたは厚さ12mm以上のせっこうボードの上に厚さ9mm以上の難燃合板張りで仕上げるものがある。大壁仕様の概要例を図4-26に示す。

間仕切り壁と天井、床構造との取り合い部分は、間仕切り壁上枠の天井内にロックウール50mm厚を敷く（a）か、または床ばりまで内装材を張り上げる（b）。構造例を図4-27に示す。

間仕切り壁で、片面が真壁造の場合の露出した柱は3方向からの燃えしろ設計が必要となり（a）、両面真壁造の場合は4面からの燃えしろ設計が必要である（b）。構造例を図4-28に示す。

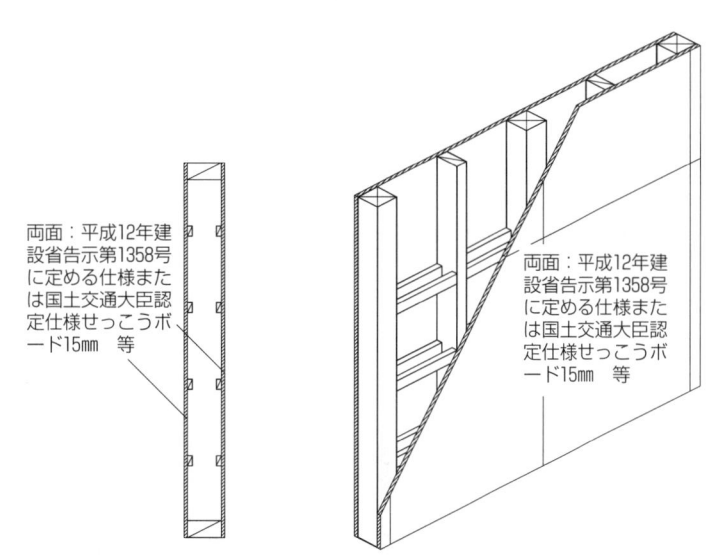

図4-26　45分準耐火構造、間仕切り壁概要図

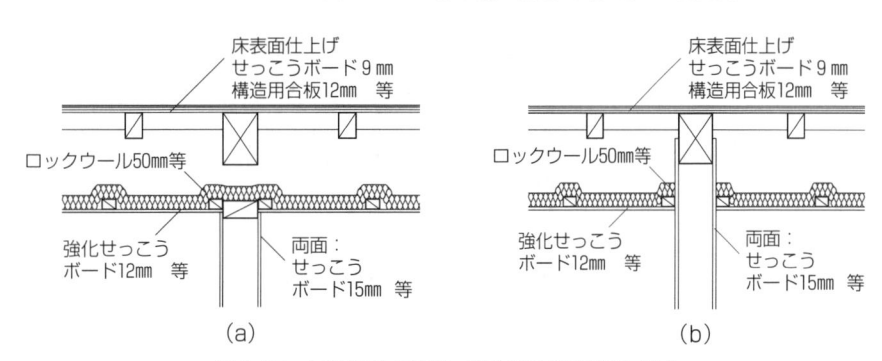

図4-27　45分準耐火構造、間仕切り壁構造例（1）

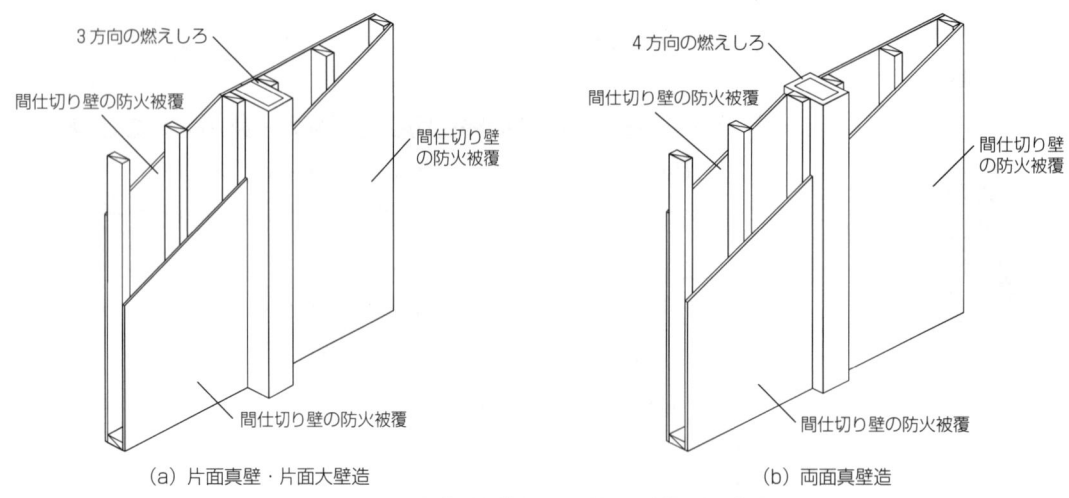

(a) 片面真壁・片面大壁造　　　　　　　　　　(b) 両面真壁造

図4-28　45分準耐火構造、間仕切り壁構造例（2）

［2］1時間準耐火構造の間仕切り壁（耐力・非耐力）の仕様

（平成12年建設省告示第1380号第1第一号、第二号）

　間柱および下地を木材としたもので、両面を同一材料で仕上げる。

　代表的な仕上げ例として、両面を厚さ12mm以上のせっこうボードの上に厚さ12mm以上のせっこうボードを重ね張りするものまたは厚さ12mm以上の強化せっこうボードの上に厚さ9mm以上の難燃合板張りで仕上げるものがある。大壁仕様の概要例を図4-29に示す。

　間仕切り壁と天井・床構造との取り合い部分は、間仕切り壁上枠の天井内にロックウール50mm厚を敷く（a）か、または床ばりまで内装材を張り上げる（b）。構造例を図4-30に示す。

　間仕切り壁で、片面が真壁造の場合の露出した柱は3方向からの燃えしろ設計が必要となり（a）、両面真壁造の場合は4面からの燃えしろ設計が必要である（b）。構造例を図4-31に示す。

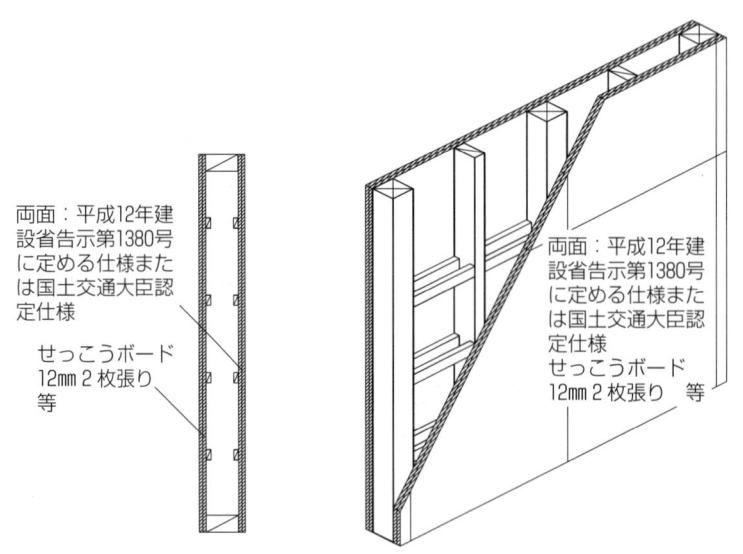

図4-29　1時間準耐火構造、間仕切り壁概要図

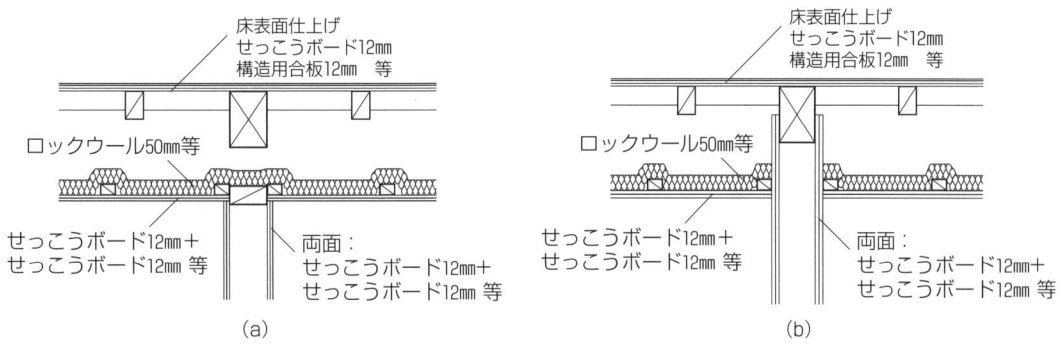

図4-30　1時間準耐火構造、間仕切り壁構造例

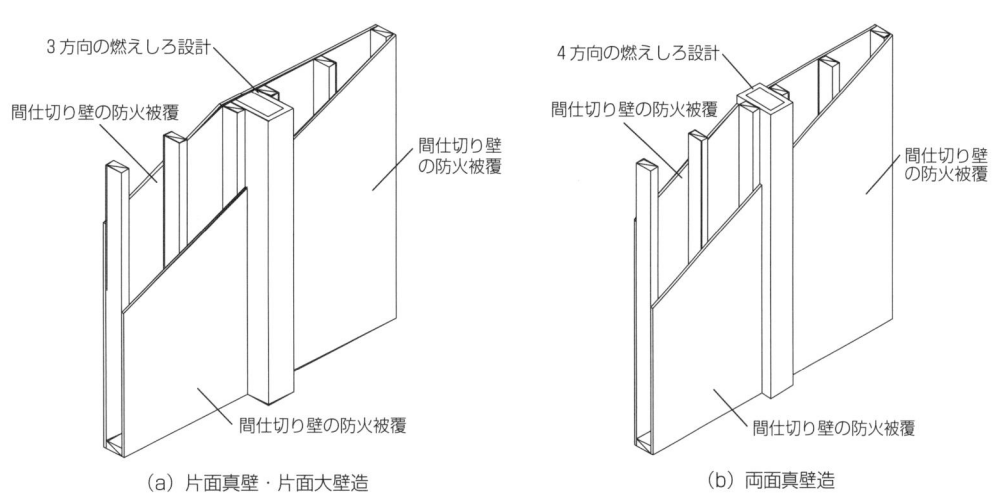

図4-31　1時間準耐火構造、間仕切り壁構造例（柱露出）

2. 外壁

[1] 45分準耐火構造の外壁（耐力・非耐力）の仕様
（平成12年建設省告示第1358号第1第三号、第四号）

　外壁構造は、外装を厚さ12mm以上のせっこうボードの上に金属板張りまたは総厚が25mm以上のモルタルの上にタイル張りで仕上げ、内装を厚さ15mm以上のせっこうボード張りまたは厚さ9mm以上のせっこうボードに厚さ9mm以上の難燃合板張りがある。大壁仕様の概要例を図4-32（a）～（c）に、内外装真壁仕様例を図4-32（d）に示す。

① 屋外側が真壁造で屋内側が大壁造の場合は図4-33に示すように、露出した柱は4方向の燃えしろ設計を行い、屋外側に面する柱に間仕切り壁の仕様に指定する防火被覆材を張った場合は、図4-34に示すように露出した柱は3方向の燃えしろ設計を行う。

② 両面真壁造の場合は、図4-35に示すように、露出した柱は4方向からの燃えしろ設計を行い、外壁の内側に柱を設ける場合は、図4-36に示すように3方向の燃えしろ設計を行う。

③ 柱の外壁側に内装材などの防火被覆を施さない場合は、図4-37に示すような4方向の燃えしろ設計を行う。

(a) 内外壁大壁造・野縁軒天

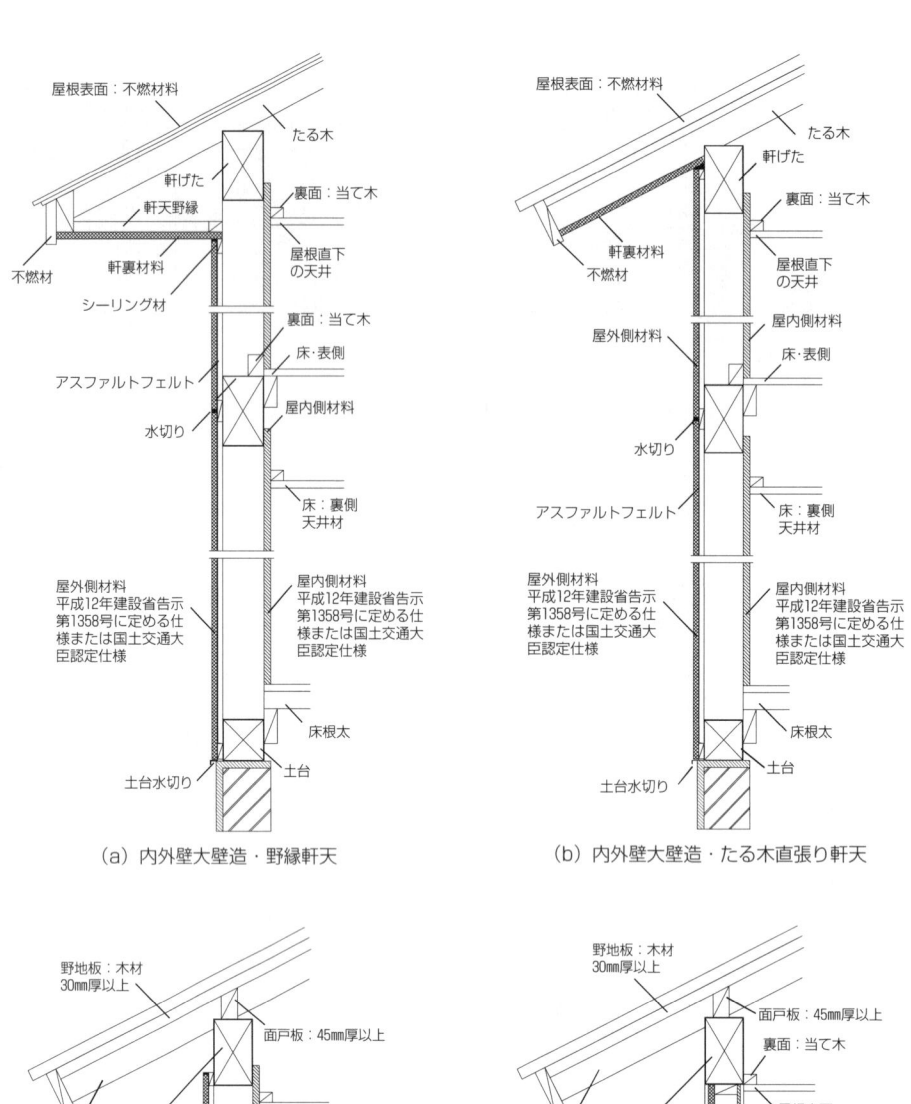

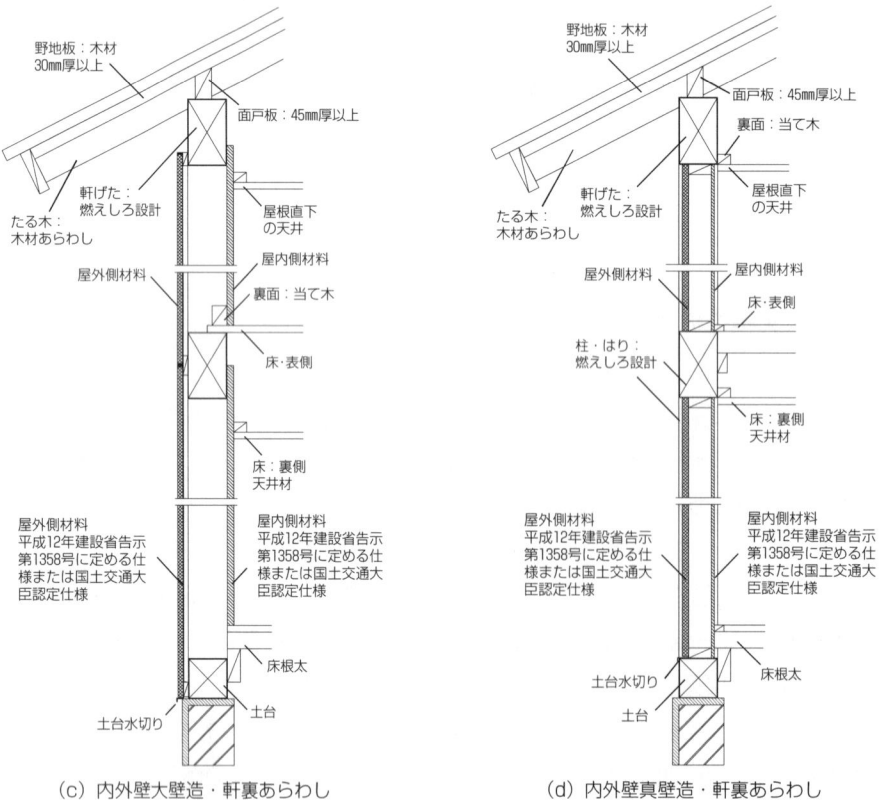

(b) 内外壁大壁造・たる木直張り軒天

(c) 内外壁大壁造・軒裏あらわし

(d) 内外壁真壁造・軒裏あらわし

図4-32　45分準耐火構造、外壁（耐力・非耐力）構造例

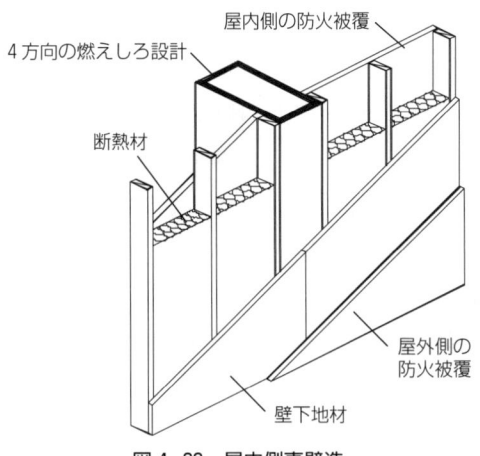

図4-33　屋内側真壁造

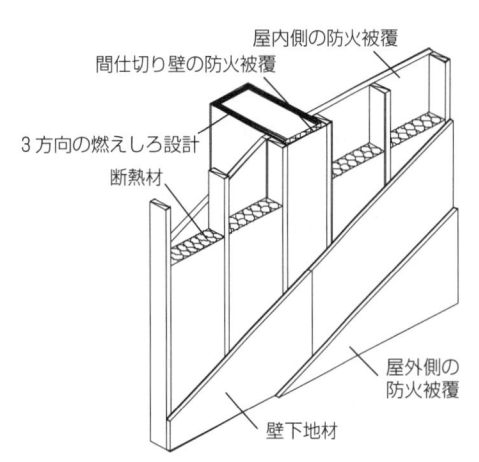

図4-34　屋外側柱に屋内側の防火被覆

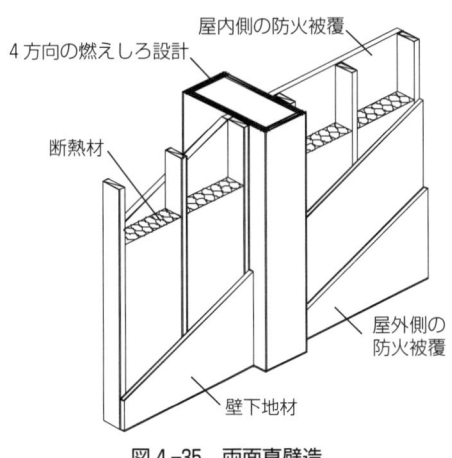

図4-35　両面真壁造

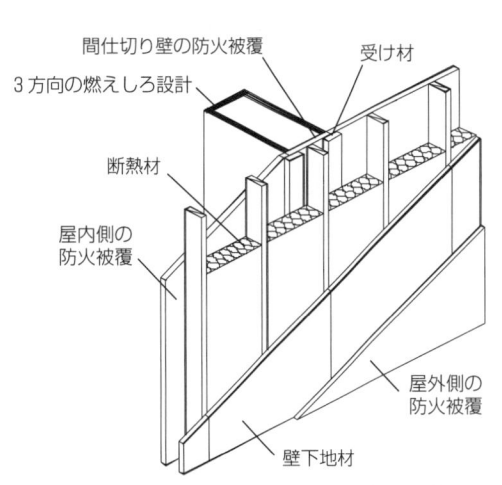

図4-36　外壁内側に柱を露出した構造（a）

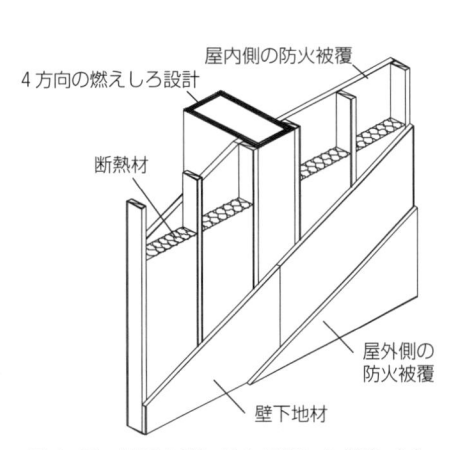

図4-37　外壁内側に柱を露出した構造（b）

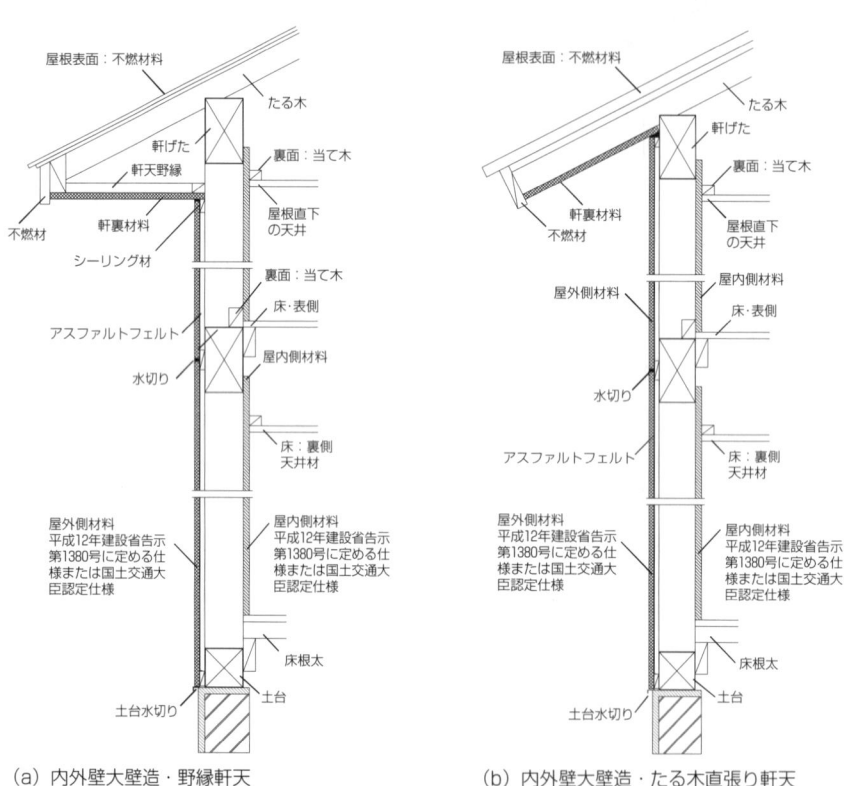

［2］1時間準耐火構造の外壁（耐力・非耐力）の仕様
（平成12年建設省告示第1380号第1第三号、第四号）

　外壁構造は、外装を厚さ18mm以上の硬質木片セメント板又は鉄網モルタル塗りで塗り厚が20mm以上で仕上げ、内装を厚さ12mm以上のせっこうボードの上に厚さ12mm以上のせっこうボード張りまたは厚さ9mm以上の難燃合板と厚さ12mm以上の強化せっこうボード張りがある。大壁仕様概要例を図4-38の（a）～（c）に、外壁真壁仕様例を図4-38の（d）に示す。

① 屋外側が真壁造で屋内側が大壁造の場合は図4-33に示すように、露出した柱は4方向の燃えしろ設計を行い、屋外側に面する柱に間仕切り壁の仕様に指定する防火被覆材を張った場合は、図4-34に示すように露出した柱は3方向の燃えしろ設計を行う。

② 両面真壁造の場合は、図4-35に示すように、露出した柱は4方向からの燃えしろ設計を行い、外壁の内側に柱を設ける場合は、図4-36に示すように3方向の燃えしろ設計を行う。

③ 柱の外壁側に内装材などの防火被覆を施さない場合は、図4-37に示すような4方向の燃えしろ設計を行う。

(a) 内外壁大壁造・野縁軒天
(b) 内外壁大壁造・たる木直張り軒天

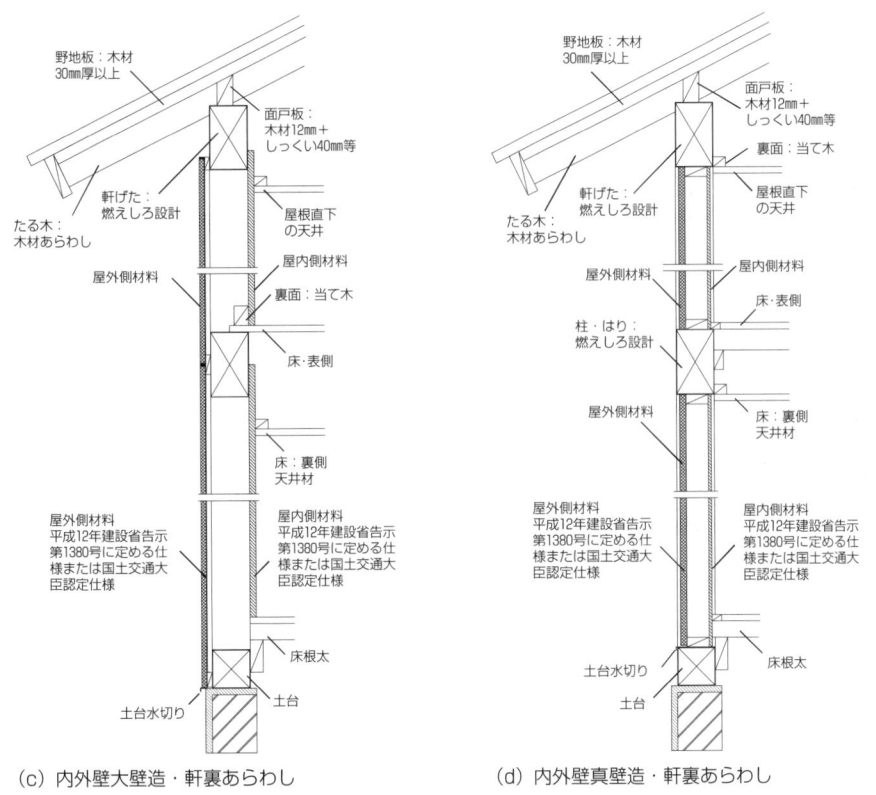

(c) 内外壁大壁造・軒裏あらわし　　(d) 内外壁真壁造・軒裏あらわし

図 4-38　1時間準耐火構造、外壁・軒裏構造例

3. 軒裏構造

[1] 45分準耐火構造の軒裏の仕様

（平成12年建設省告示第1358号第5第二号）

① 軒裏は、厚さ12mm 以上の硬質木片セメント板張りまたは厚さ12mm 以上のせっこうボードの上に金属板などを張り、裏面側に当て木を設ける。構造例を図 4-39および図 4-40に示す。

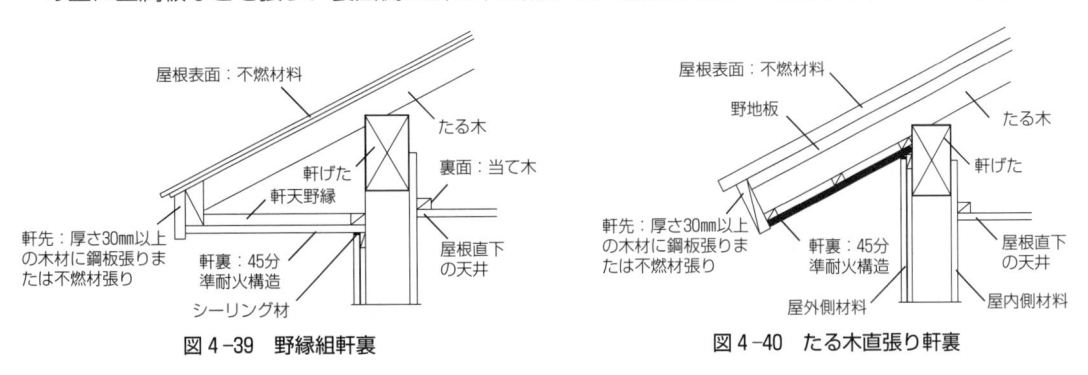

図 4-39　野縁組軒裏　　図 4-40　たる木直張り軒裏

② 厚さ30mm 以上の野地板およびたる木を木材とし、厚さ45mm 以上の面戸板を用い、たる木とけたとの取り合いにたる木欠きを設ける場合は、図 4-41および図 4-42に示す構造とする。

この場合、図 4-43および図 4-44に示すように、軒げたにはたる木欠きを設け、たる木には面戸欠きを設ける。

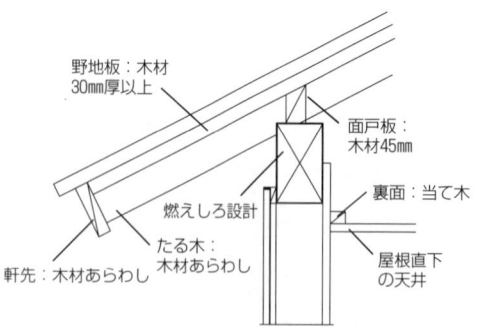

図4-41　たる木木材あらわし・面戸板（大壁造）

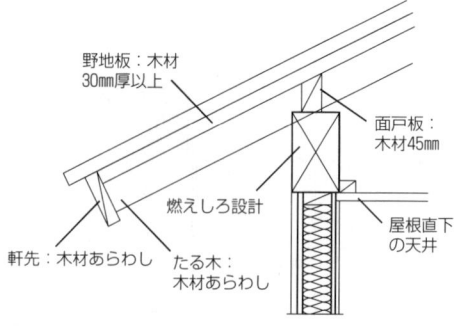

図4-42　たる木木材あらわし・面戸板（真壁造）

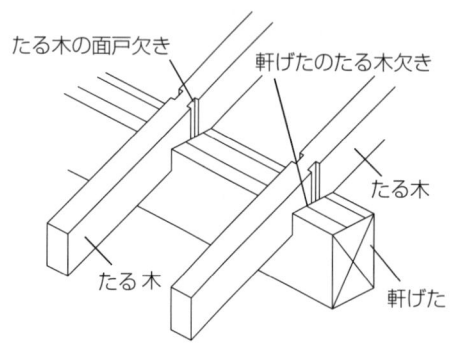

図4-43　軒げたのたる木欠き例

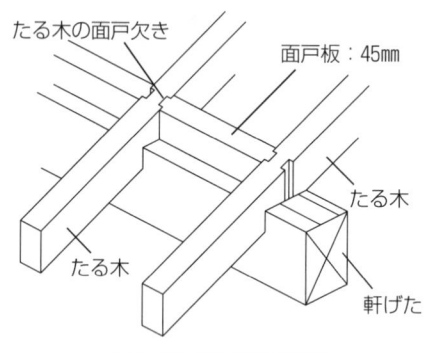

図4-44　面戸板設置例

［2］1時間準耐火構造の軒裏の仕様
（平成12年建設省告示第1380号第5）

① 軒裏には、厚さ15mm以上のせっこうボードの上に金属板張りまたは繊維混入ケイ酸カルシウム板を2枚張り以上で総厚が16mm以上などを張り、裏面側に当て木を設ける。構造例を図4-45および図4-46に示す。

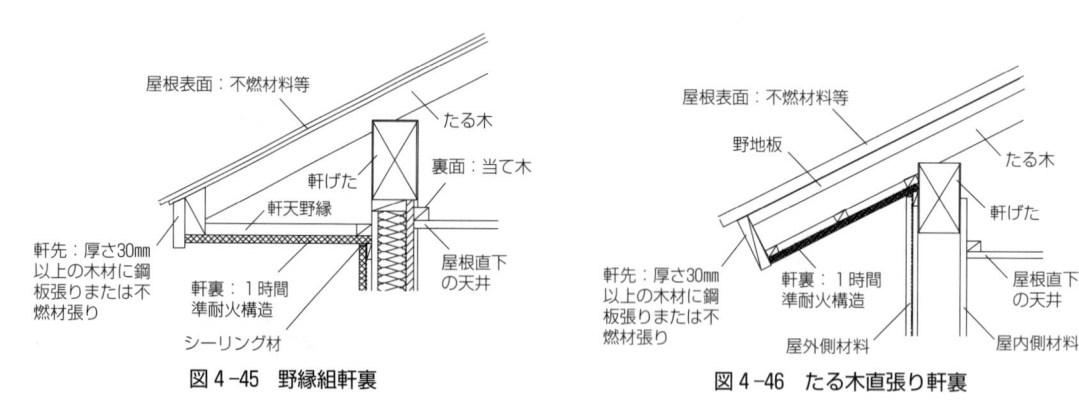

図4-45　野縁組軒裏

図4-46　たる木直張り軒裏

② 厚さ30mm以上の野地板およびたる木を木材とし、軒げたとの間に面戸板を設ける場合を図4-47〜4-49に示す。

③ 面戸板の設置例を図4-50〜4-52に示す。
　この場合、図4-53および図4-54に示すように、軒げたにはたる木欠きを設け、たる木には面戸欠きを設ける。

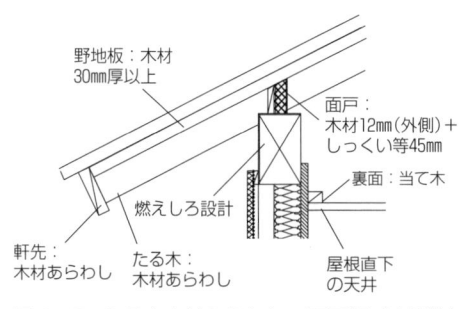

図4-47　たる木木材あらわし・面戸板（大壁造）

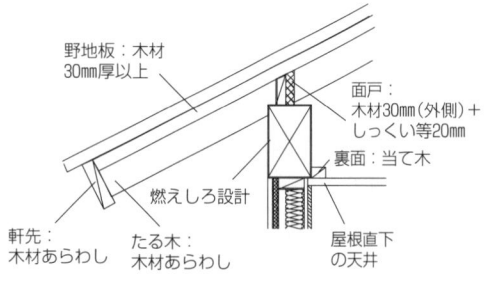

図4-48　たる木木材あらわし・面戸板（真壁造）

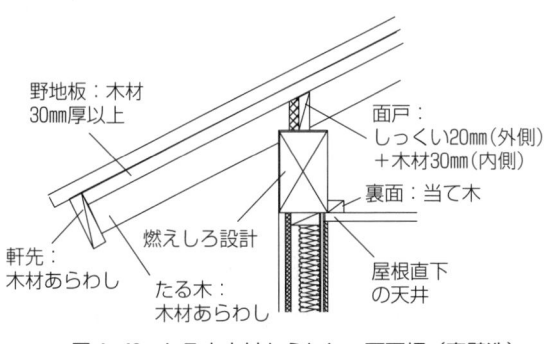

図4-49　たる木木材あらわし・面戸板（真壁造）

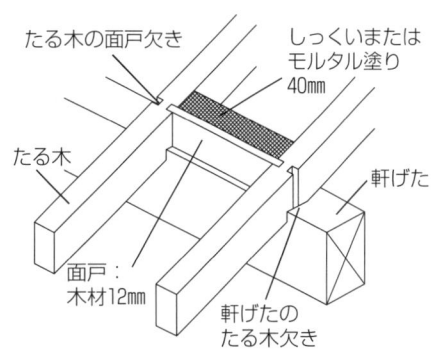

図4-50　面戸設置例（a）

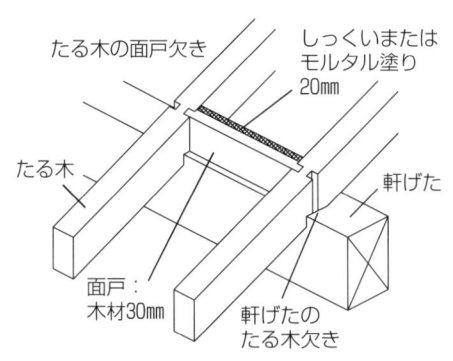

図4-51　面戸設置例（b）

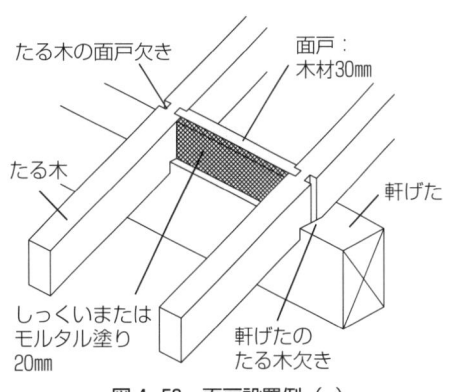

図4-52　面戸設置例（c）

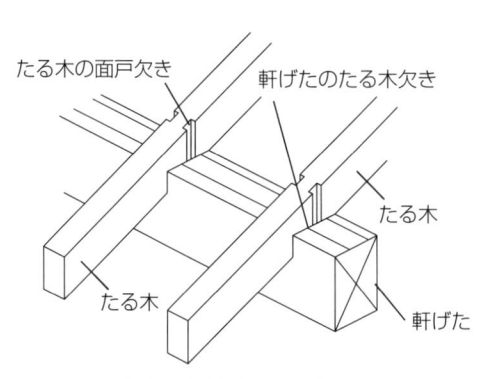

図4-53　軒げたのたる木欠き例

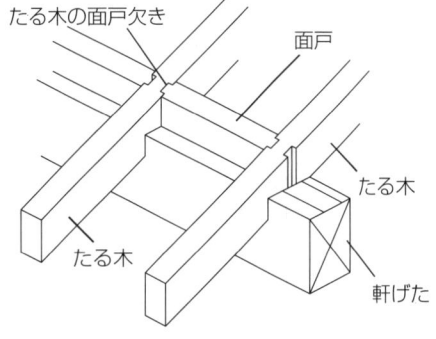

図4-54　面戸板設置例

4. 床構造

［１］ 45分準耐火構造の床の仕様
（平成12年建設省告示第1358号第3）

① 床の構造は、床面（床の表側）と天井側の材料（床の裏側または直下の天井）との組み合わせで構成される。

② 床の表側には、厚さ12mm以上の合板などの上に厚さ9mm以上の硬質木片セメント板を張ったものや厚さ30mm以上の木材を張ったものなどを用い、床の裏側または直下の天井には厚さ15mm以上の強化せっこうボードや厚さ12mm以上のせっこうボードの上に厚さ50mm以上のグラスウールまたはロックウールを敷く。また、防火被覆材の取り合い部分の裏側には当て木などが設けられていることが必要である。

　　床構造例を図4-55および図4-56に示す。

③ 床ばりと燃えしろ設計

　ⅰ）床に用いるはりが図4-57に示すように天井裏にある場合は、燃えしろ設計の必要はない。

　ⅱ）床の裏側（天井側）ではりが図4-58に示すように露出している場合は、4方向からの燃えしろ設計を行う。

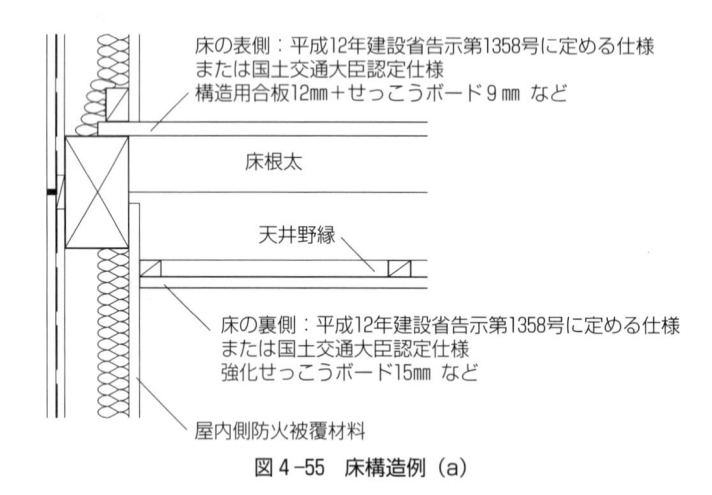

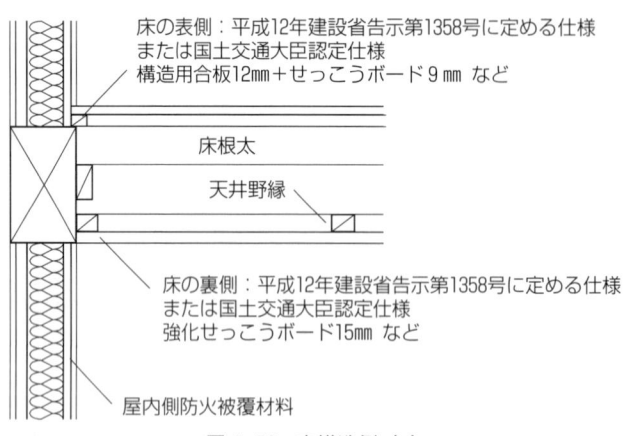

図4-55　床構造例（a）

図4-56　床構造例（b）

ⅲ）床ばりが天井側に露出し、はりの上側（床の表側）に天井の防火被覆材で被覆した場合のはりは、図4-59に示すように3方向からの燃えしろ設計を行う。

ⅳ）ⅱ）ⅲ）の床ばりで露出した部分に、図4-60に示すように天井側の材料で防火被覆を行った場合は、床ばりの燃えしろ設計を行う必要はない。

ⅴ）床ばりの上に図4-61に示すようにALCなどの耐火構造の床版が用いられている場合は、床ばりは3方向の燃えしろ設計を行う。

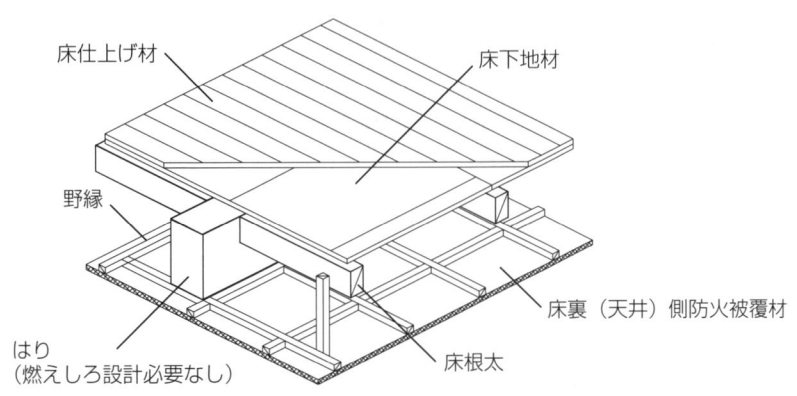

図4-57　床構造例（床ばりが天井裏にある場合）

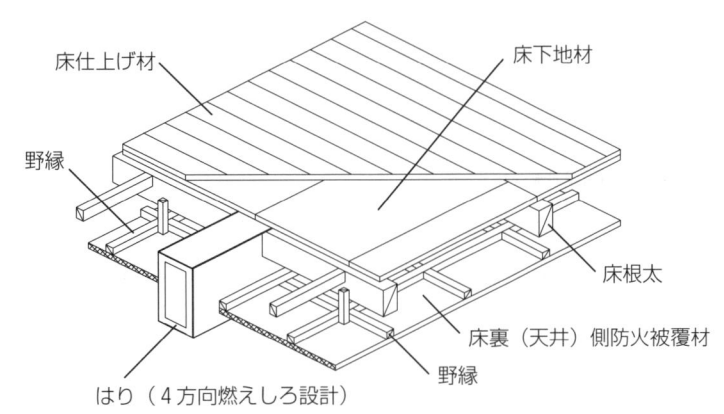

図4-58　床構造例（はりが露出している場合）

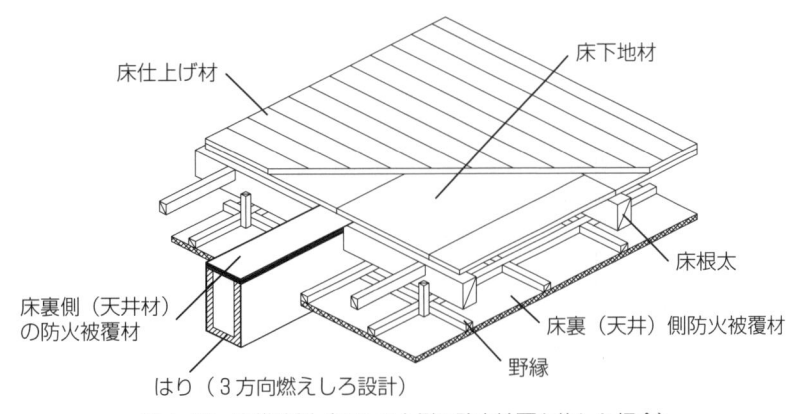

図4-59　床構造例（はりの上側に防火被覆を施した場合）

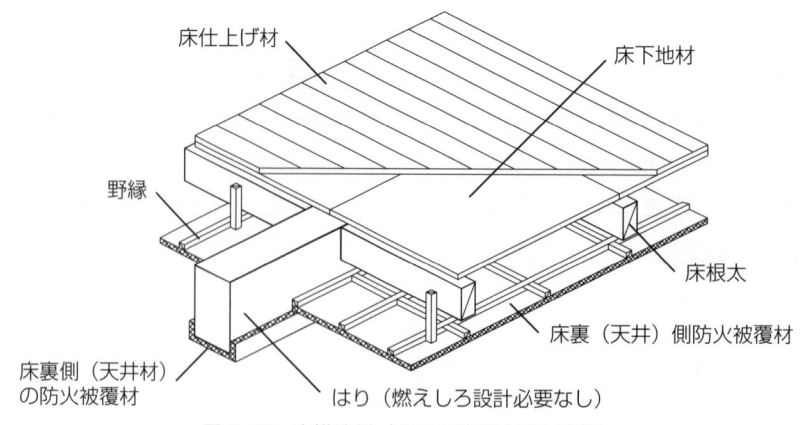

図4-60 床構造例（はりの防火被覆の場合）

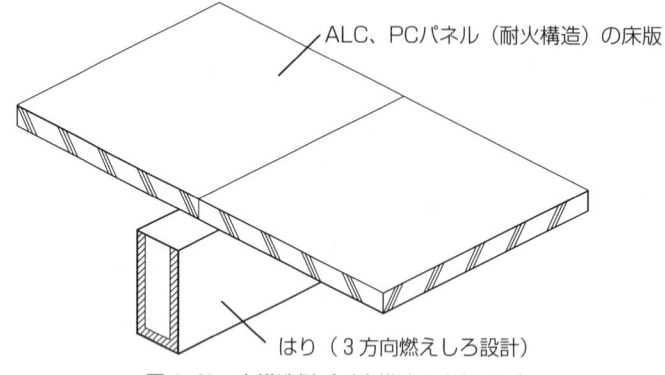

図4-61 床構造例（耐火構造の床版張り）

［2］1時間準耐火構造の床の仕様

（平成12年建設省告示第1380号第3）

① 床の構造は、床面（床の表側）と天井側の材料（床の裏側または直下の天井）との組み合わせで構成される。

② 床の表側には、厚さ12mm以上の合板などの上に厚さ12mm以上の硬質木片セメント板を張ったものや厚さ40mm以上の木材を張ったものなどを張り、床の裏側または直下の天井には厚さ12mm以上の強化せっこうボードを2枚重ね張りしたものや厚さ15mm以上の強化せっこうボードの上に厚さ50mm以上のグラスウールまたはロックウールを敷く。また、防火被覆材の

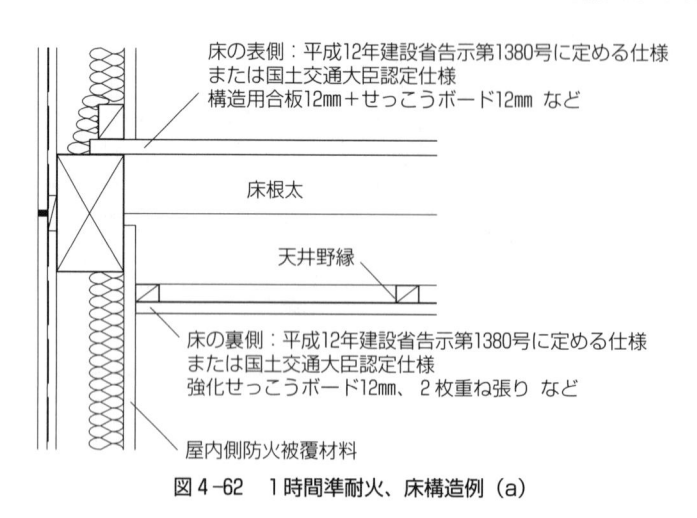

図4-62 1時間準耐火、床構造例（a）

取り合い部分の裏側には当て木などを設ける。床構造例を図4-62および図4-63に示す。

③ 床ばりと燃えしろ設計

45分準耐火構造と同様に、図4-57～4-61に示すように燃えしろ設計を行う。

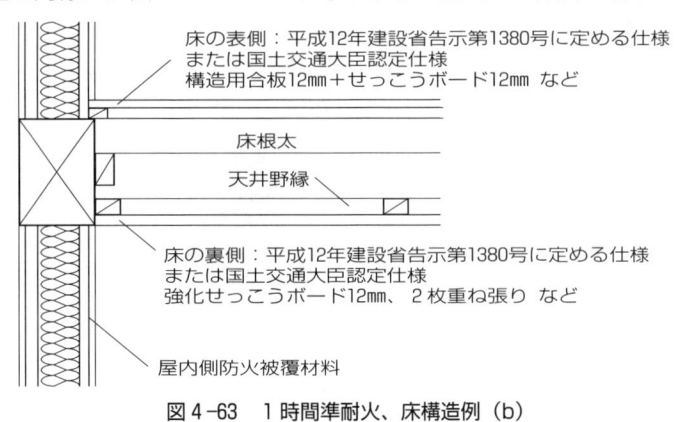

図4-63　1時間準耐火、床構造例（b）

5. 階段の仕様

（平成12年建設省告示第1358号第6）

令第107条の2第一号に掲げる技術的基準に適合する階段の構造方法は、次に定めるものとする。

[1] 木材の厚さが60mm以上の側げたおよび段板を用いる場合

段板および段板を支えるけた（側げた）が厚さ60mm以上の木材で造られたものは、図4-64お

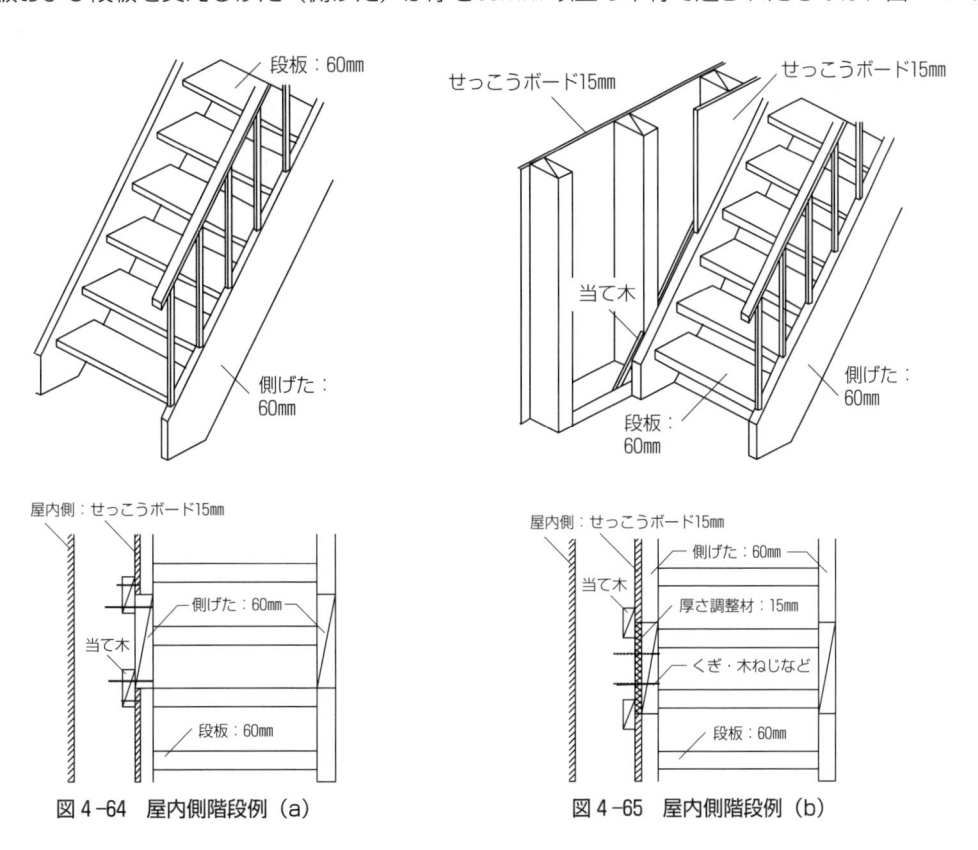

図4-64　屋内側階段例（a）　　図4-65　屋内側階段例（b）

よび図4-65に示すように、露出して用いることができる。

　側げたが外壁側に面している場合は、側げたを柱・間柱に取り付け、側板の部分を除いて壁内側に当て木をして屋内側材料を張る（図4-66、4-67）。または、側げたに面する部分に屋内側被覆材と同じ厚さの硬い材料を介して柱や間柱に取り付ける（図4-68）。

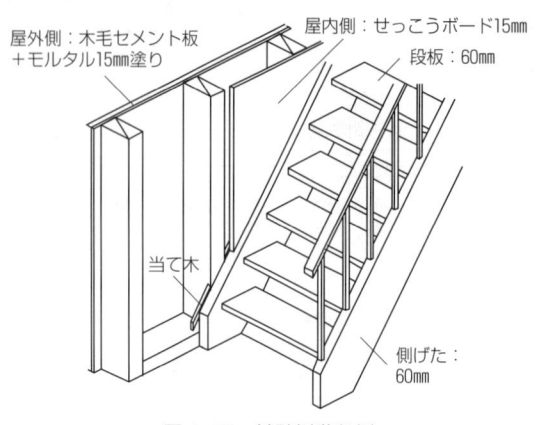

図4-66　外壁側階段例

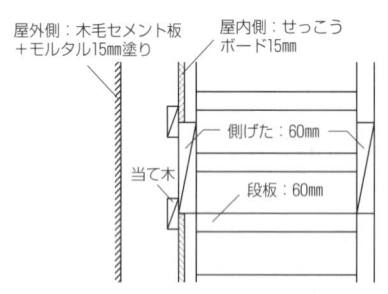

図4-67　側げたが外壁に面する場合（a）

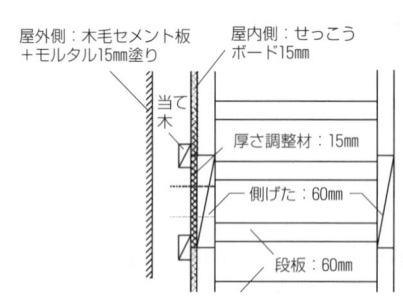

図4-68　側げたが外壁に面する場合（b）

［2］木材の厚さが35mm以上の側げたおよび段板を用いる場合

　段板の裏側には、厚さ12mm以上の強化せっこうボードや厚さ12mm以上の硬質木片セメント板などを張り、けたの外側には厚さ12mm以上のせっこうボードなどを張る（図4-69）。

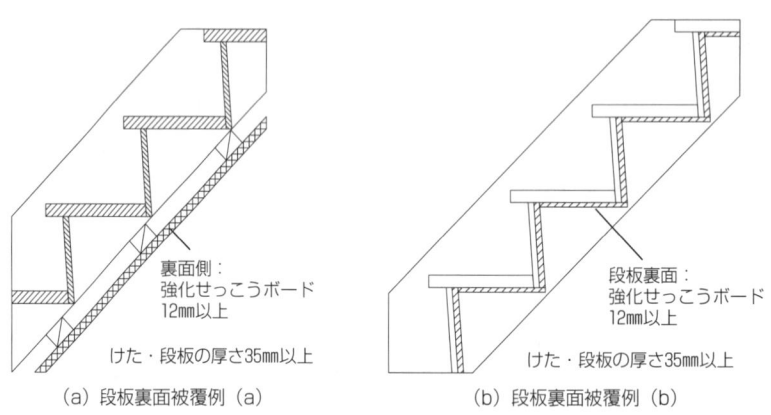

（a）段板裏面被覆例（a）　　　（b）段板裏面被覆例（b）

図4-69　段板裏面の防火被覆例

［3］木材の厚さが35mm未満の側げたおよび段板を用いる場合

段板の裏面に厚さ15mm以上の強化せっこうボードなどを張り、けたの外側の部分に厚さ15mm以上のせっこうボードなどを張る（図4-70）。階段裏面側の防火被覆例を図4-71に、階段設置例を図4-72（a）～（d）に示す。

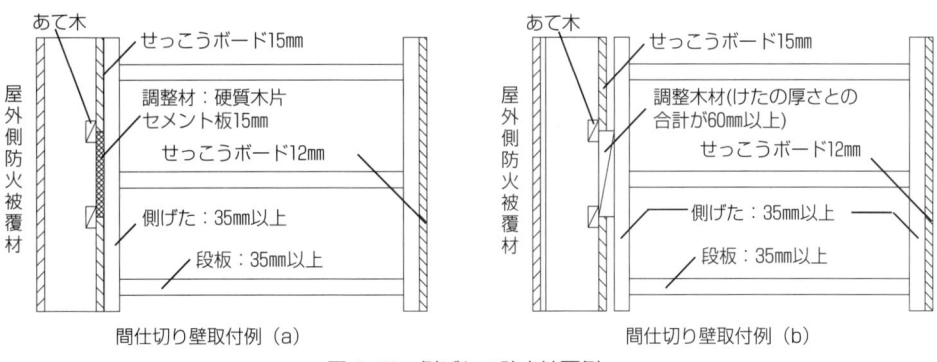

図4-70　側げたの防火被覆例

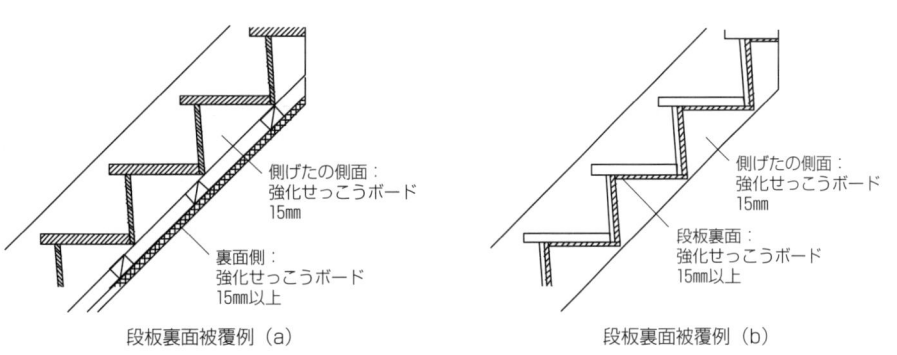

図4-71　段板裏面の防火被覆例

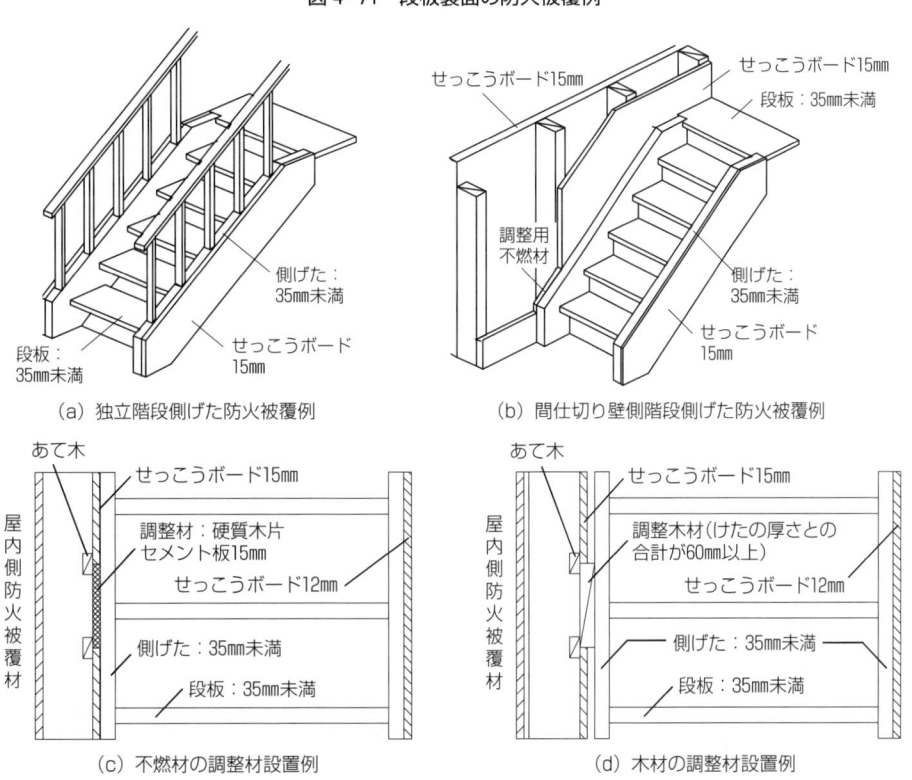

図4-72　段板、側げたが35mm未満の木材の場合の階段設置例

［4］けたの外側が外壁の場合

　外壁側に、厚さ12mm以上のせっこうボードの上に金属板を張ったものや木毛セメント板の上に厚さ15mm以上のモルタル塗りなどの外壁側の屋外側材料を張る（図4-73）。

　けたの外側が外壁の場合は、図4-73、図4-74の（a）および（b）に示すように、側げたは間柱などに直接取り付ける。または図4-75に示すように、調整材を介して間柱などに取り付ける。

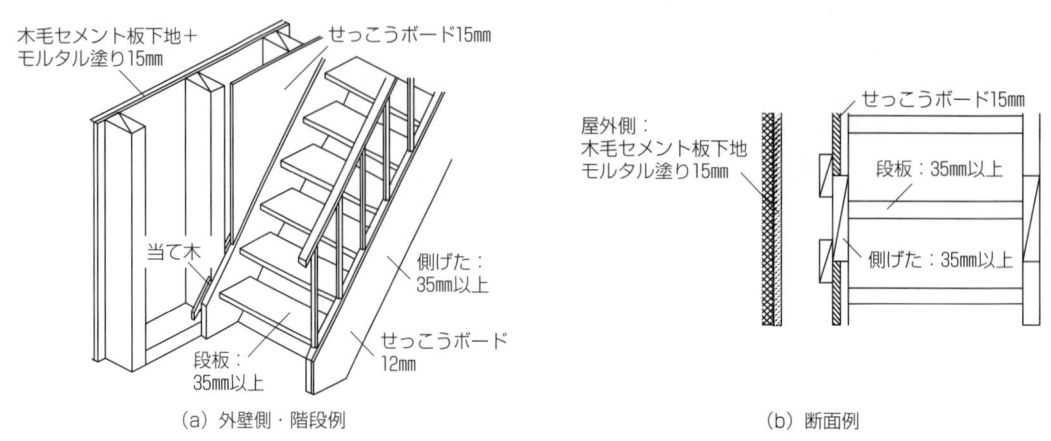

(a) 外壁側・階段例　　　　　　　　　　　　　　　(b) 断面例

図4-73　側げたが外壁に面している場合（側げた35mm以上）

外壁側・階段例（a）　　　　　　　　　　　外壁側・階段例（b）

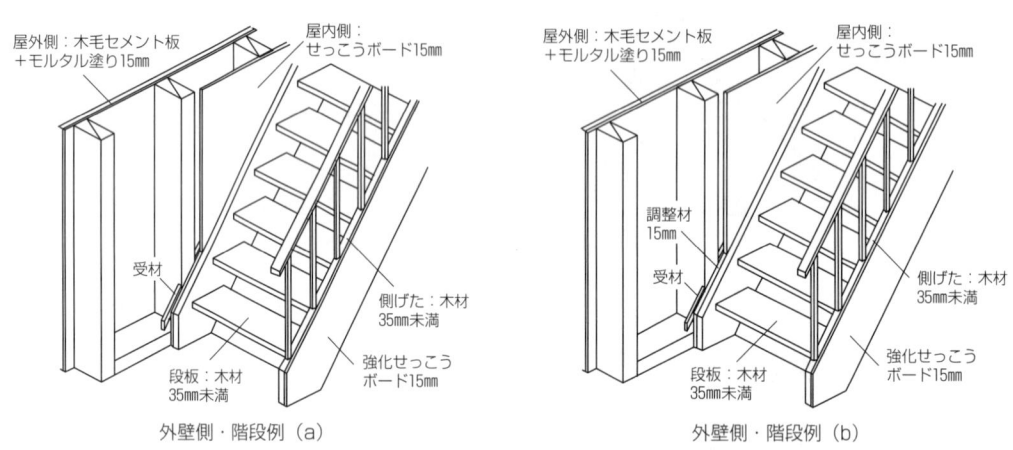

図4-74　側げたが外壁に面している場合（側げた35mm未満）

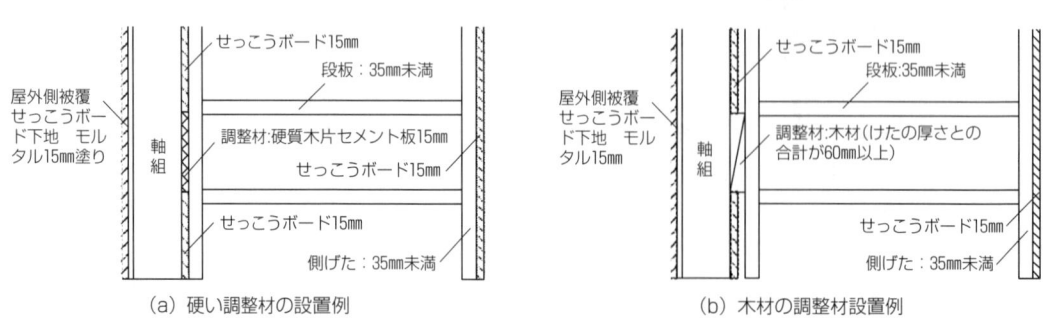

(a) 硬い調整材の設置例　　　　　　　　　　(b) 木材の調整材設置例

図4-75　外壁に面した階段設置例

［5］屋外階段（令第121条の2）

　令第121条の2：直通階段で屋外に設けるものは、木造（準耐火構造のうち有効な防腐措置を講じたものを除く。）としてはならない。準耐火構造の設置例を図4-76に示す。

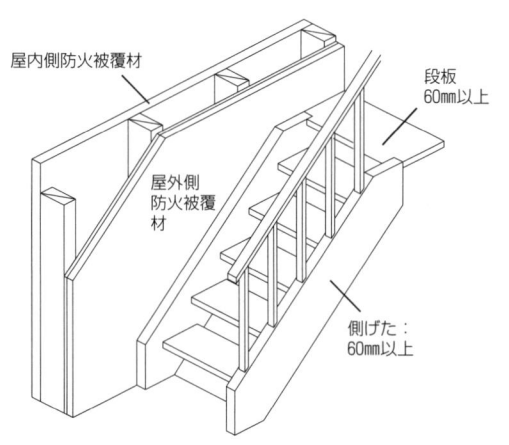

図4-76 屋外階段例、厚さ60mm以上の木材（木材は有効な防腐措置を施す）

6. 柱

[1] 45分準耐火構造の柱の仕様（平成12年建設省告示第1358号第2）

① 柱の防火被覆

　柱の防火被覆は厚さ15mm以上のせっこうボードなどの間仕切り壁の内壁に設ける材料を張る。また、壁との取り合い部分には、裏面側に当て木を設ける。

② 燃えしろ設計

　柱を露出して用いる場合は、昭和62年建設省告示第1901号に基づいた燃えしろ設計を行う。構造用集成材の燃えしろ寸法は35mmを用いる。

[2] 1時間準耐火構造の柱の仕様（平成12年建設省告示第1380号第2）

① 柱の防火被覆

　柱の防火被覆は厚さ12mm以上のせっこうボードの上に厚さ12mm以上のせっこうボードを重ね張りするか厚さ16mm以上の強化せっこうボードなどの間仕切り壁の内壁に設ける材料を張る。

② 燃えしろ設計

　柱を露出して用いる場合は、昭和62年建設省告示第1901号に基づいた燃えしろ設計を行う。構造用集成材の燃えしろ寸法は45mmを用いる。

7. はり

[1] 45分準耐火構造のはりの仕様（平成12年建設省告示第1358号第4）

① はりの防火被覆

　はりの防火被覆は厚さ15mm以上の強化せっこうボードなどの床の裏面側に設ける材料を張る。また、床との取り合い部分には、裏面側に当て木を設ける。

② 燃えしろ設計

　はりを露出して用いる場合は、昭和62年建設省告示第1901号に基づいた燃えしろ設計を行う。構造用集成材の燃えしろ寸法は35mmを用いる。

［２］１時間準耐火構造のはりの仕様

① はりの防火被覆

　はりの防火被覆は、厚さ12mm以上の強化せっこうボードの上に厚さ12mm以上の強化せっこうボードを重ね張りするなどの床の裏面側に設ける材料を張る。また、床との取り合い部分には、裏面側に当て木を設ける。

② 燃えしろ設計

　はりを露出して用いる場合は、昭和62年建設省告示第1901号に基づき、燃えしろ設計を行う。構造用集成材の燃えしろ寸法は45mmを用いる。

8. 屋根（軒裏を除く）

［１］準耐火構造の屋根の仕様（平成12年建設省告示第1358号第５）

　屋根の表側は、不燃材料で造るか、またはふいたものとし、屋根の屋内側または直下の天井には厚さ12mm以上の強化せっこうボード張りまたは厚さ12mm以上の硬質木片セメント板などを張る。

① 屋根の屋内側または直下の天井の仕様例を図４-77および図４-78に示す。

② 小屋ばりと燃えしろ設計

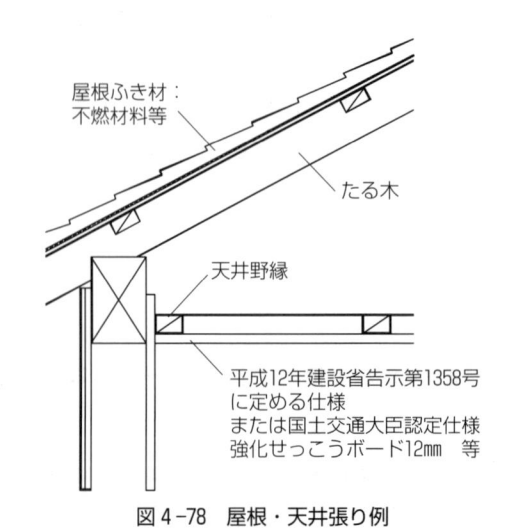

　ⅰ）小屋ばりの上に屋根構造を設けた図４-79に示す場合は、はりは４方向からの燃えしろ設計を行う。また、主要構造部でない小ばりは、燃焼しても小屋ばりの燃えしろに影響しないので、燃えしろ設計の必要はない。

　ⅱ）小屋ばりに燃えしろ寸法に相当する厚さの木材に裏面側の当て木を設け、屋根屋内側または直下の天井に防火被覆材を張った場合は、図４-80に示すように小屋ばりは３方向からの燃え

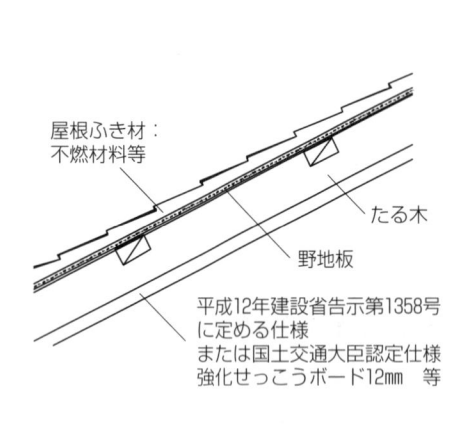

図４-77　屋根直下・直張り天井例

図４-78　屋根・天井張り例

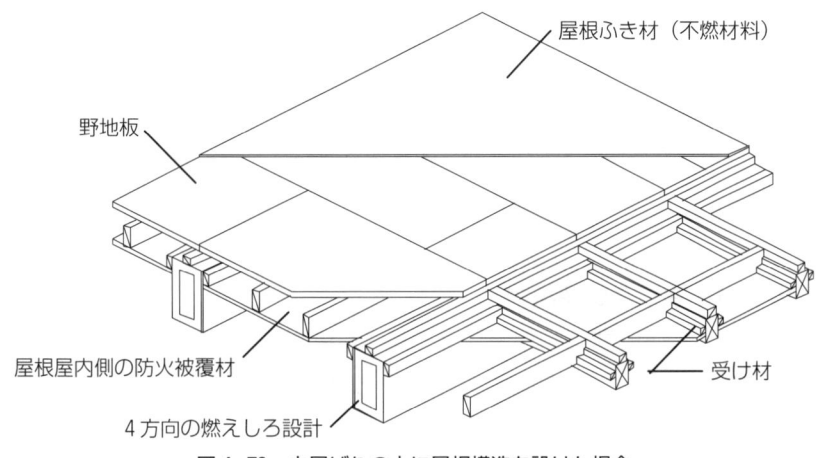

図4-79 小屋ばりの上に屋根構造を設けた場合

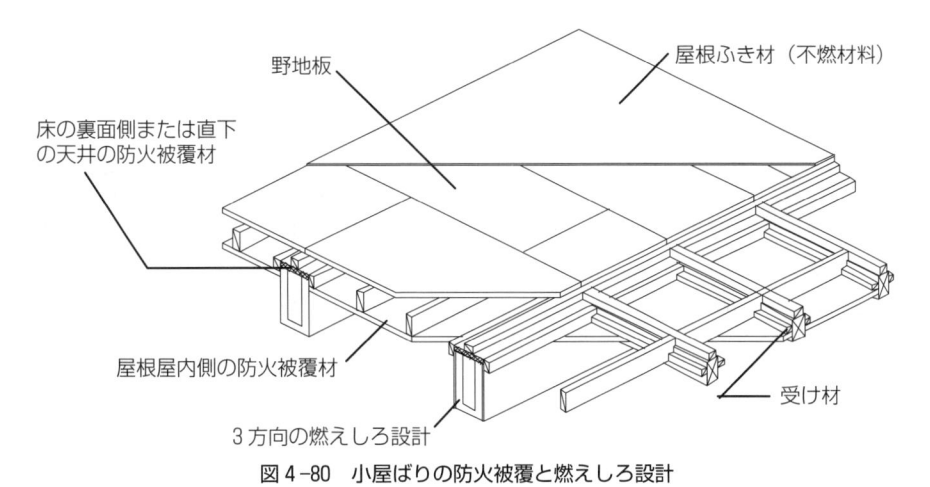

図4-80 小屋ばりの防火被覆と燃えしろ設計

図4-81 小屋ばり上端に製材に相当する野地板を張った場合

しろ設計を行う。また、主要構造部でない小ばりは、燃焼しても小屋ばりの燃えしろに影響しないので、燃えしろ設計の必要はない。

ⅲ) 小屋ばりに燃えしろ寸法に相当する厚さの木材を屋根野地板として張った場合は、図4-81に示すように小屋ばりは3方向からの燃えしろ設計を行う。

9. 大規模木造

構造用集成材等を用いて大規模木造建築物を建築する場合は、昭和62年建設省告示第1898号、同第1901号、同第1902号に基づく。

[1] 防火壁の設置を要しない建築物

1,000m²ごとの防火壁の設置を緩和できる大規模木造建築物とするためには、令第115条の2の規定による防火措置が必要である。概要を図4-82に示す。

① 外壁を防火構造とする。
② 1階および2階の床は30分の防火性能とする（平成12年建設省告示第1368号第1項第三号）。
③ 軒裏を防火構造とする。
④ 屋根は不燃材料などで造るかふく。
⑤ 柱およびはりは25mmの燃えしろ寸法による燃えしろ設計を行う。
⑥ 天井および壁には難燃材料を張る。
⑦ 2階通路の床面積は、1階床面積の1/8以下とする。
⑧ 2階建て以下とする。または、壁、床、軒裏を準耐火構造とする。

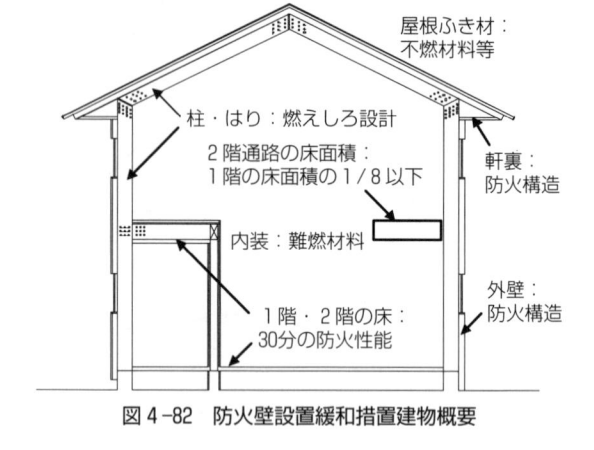

図4-82 防火壁設置緩和措置建物概要

[2] 高さ制限を要しない建築物

軒の高さ9m、高さ13mを超える大規模木造建築物を建築する場合は、令第129条の2の3第1項第二号の規定による防火措置が必要である。概要を図4-83に示す。

① 外壁を防火構造とする。
② 1階および2階の床は30分の防火性能とする（平成12年建設省告示第1368号第1項第三号）。
③ 軒裏を防火構造とする。
④ 屋根は不燃材料などで造るかふく。
⑤ 柱およびはりは25mmの燃えしろ寸法による燃えしろ設計を行う。
⑥ 天井および壁には難燃材料を張る。
⑦ 2階建て以下とする。または、壁、床、軒裏を準耐火構造とする。

防火構造外壁の概要図を図4-84および図4-85に示す。

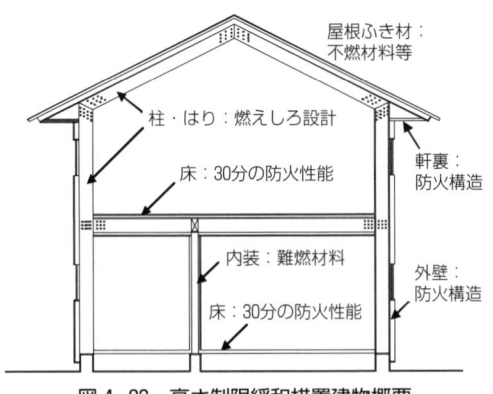

図4-83　高さ制限緩和措置建物概要

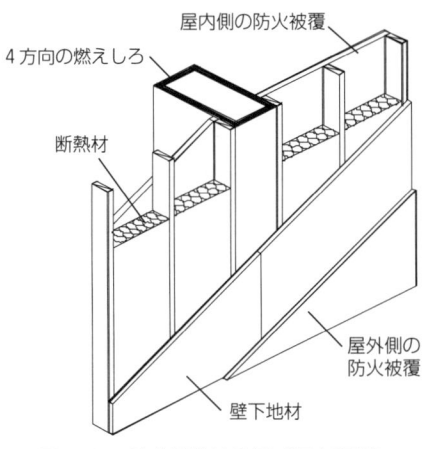

図4-84　防火構造外壁例（屋内真壁）

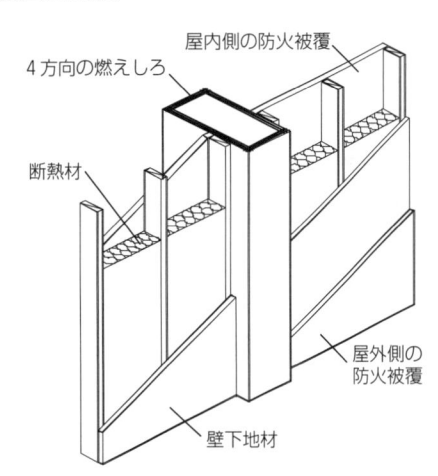

図4-85　防火構造外壁例（両面真壁）

10. 区画貫通

　防火区画以外の壁、床を貫通する配線、配管と被覆材のすき間は、不燃性のパテなどを充塡する（図4-86）。

　また、防火区画の壁・床を貫通する配線・配管は、貫通部およびその両側1m以下の範囲を不燃材料でつくる（令第129条の2の5第1項第七号イ）。なお、硬質塩ビ管の場合は、平成12年建設省告示第1422号の仕様に基づく。また、貫通部のすき間をモルタルなどの不燃材料で充塡することが必要である（令第112条第15項、16項）（図4-87）。

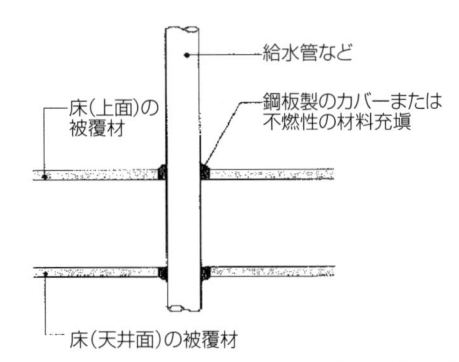

図4-86　防火区画でない床の貫通部の処理（壁も同様）

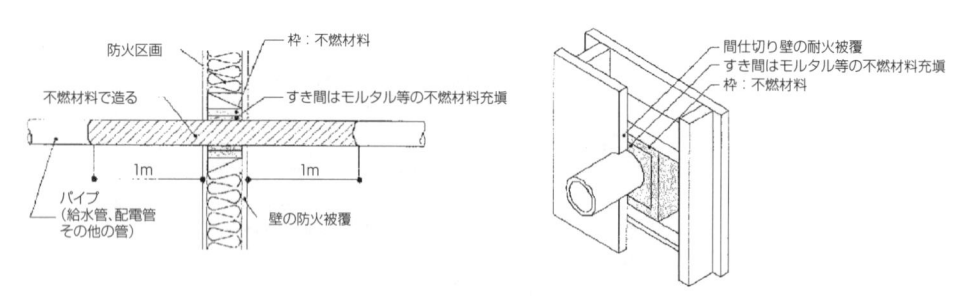

図 4-87 防火区画の壁・床の貫通部の処理

11. その他

[1] ファイアーストップの設計

　火災時に壁や床の内部に延焼した場合は、それらに隣接する部位などに容易に火災が拡大しないことが必要であり、壁、床、小屋裏、階段などの取り合い部分にファイアーストップを設けることが延焼防止対策として重要である。ファイアーストップの材料として、①木材30mm厚以上（は

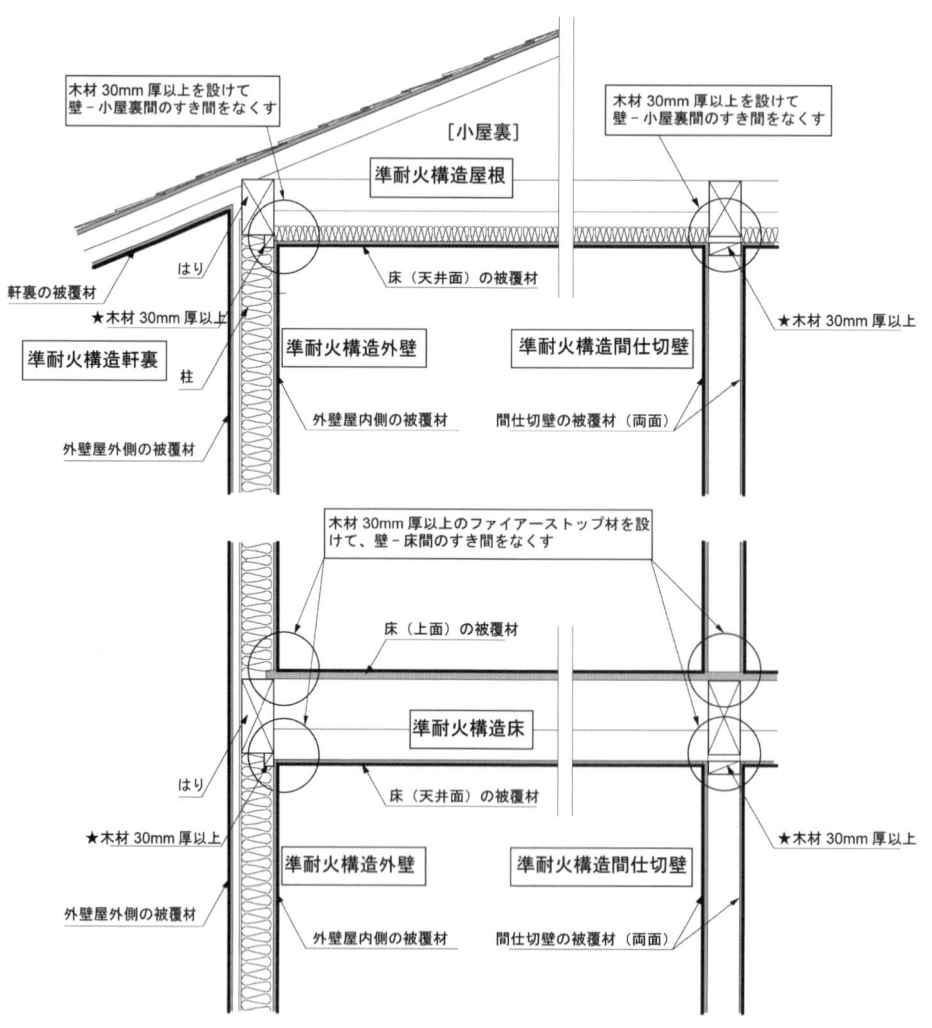

図 4-88 壁-床、壁-小屋裏のファイアーストップ例（木材）

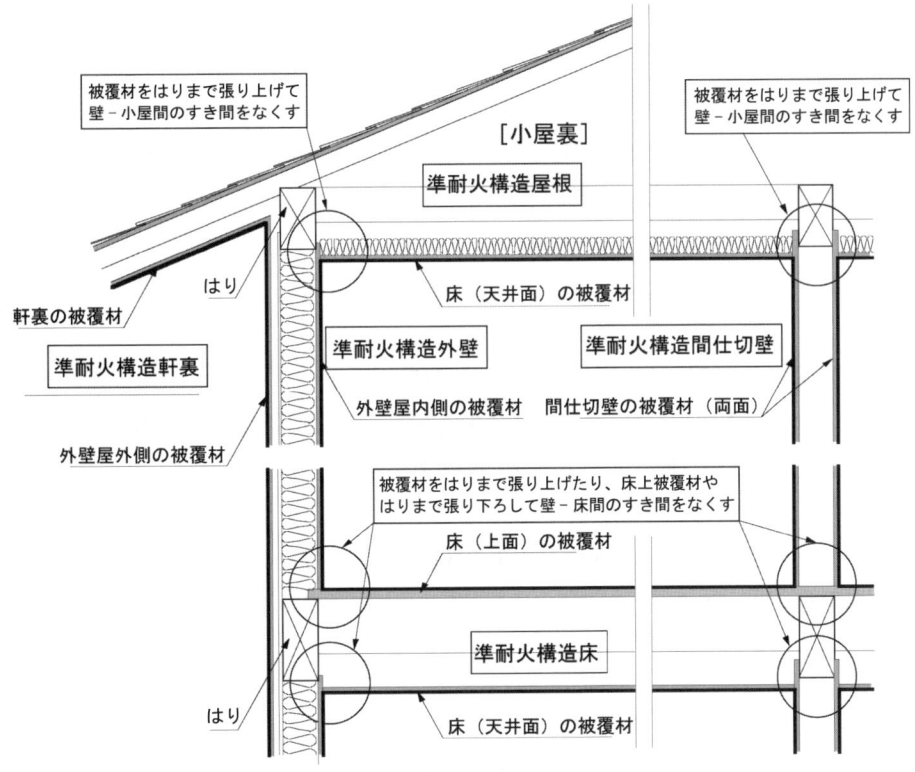

図4-89　壁−床、壁−小屋裏のファイアーストップ例（防火被覆材）

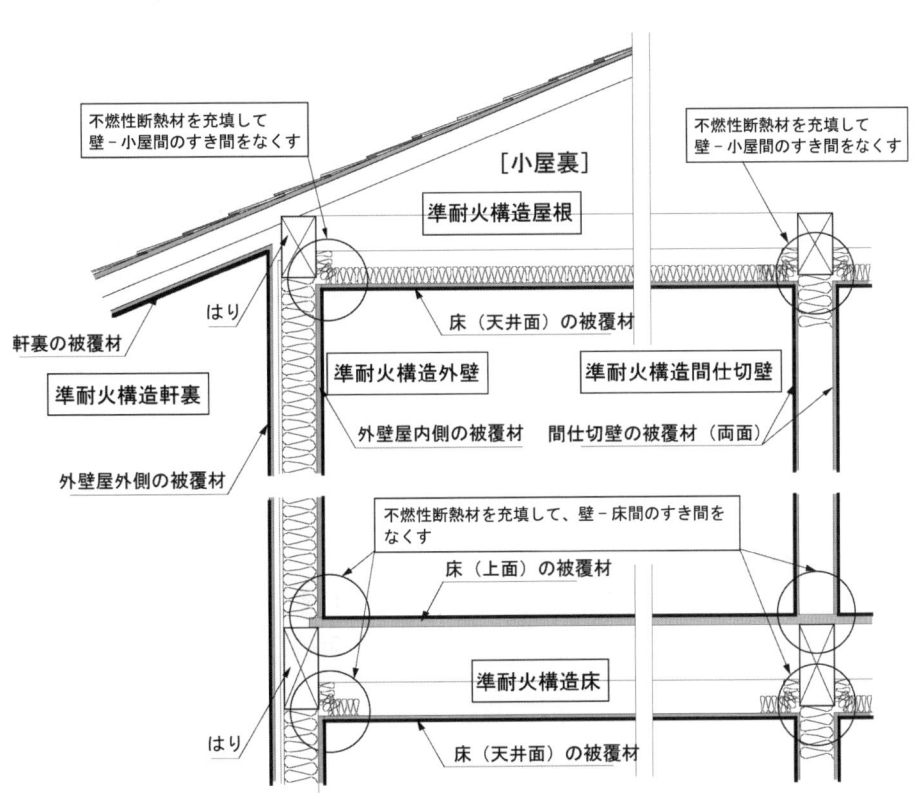

図4-90　壁−床、壁−小屋裏のファイアーストップ例（不燃性断熱材）

りや柱、間柱、枠材で兼用してもよい）、②壁や天井、床の防火被覆材、③せっこうボード12.5mm厚以上、④不燃性断熱材（グラスウール、ロックウールなど）充填などがある（図4-88）。

　なお、外壁では上層階への延焼を防止するために高さ3m以内の間隔で、水平にファイアーストップを設ける。ファイアーストップ材として、小径30mm以上の木材（はりや枠材で兼用することができる）、厚さ12mm以上のせっこうボード、厚さ60mm以上のロックウール断熱材（かさ比重0.024以上）およびグラスウール断熱材（かさ比重0.024以上）などが考えられる（図4-89、4-90）。

［2］外壁、屋根の開口部（サッシおよびトップライト）

　開口部を取り付ける壁の部分は、防火被覆材を張ることが望ましいが、これが困難な場合は、できるだけ断面の大きな木材（厚さ30mm以上）や不燃性断熱材（厚さ50mm以上）、鋼材などで小口部分をふさぐ（図4-91）。

　また、トップライトは、天井と屋根の防火上の弱点となりやすいので、開口枠の屋内側には、屋根の屋内側被覆材と同じ材料をトップライト本体に至るまで張り付けることが必要である（図4-92）。

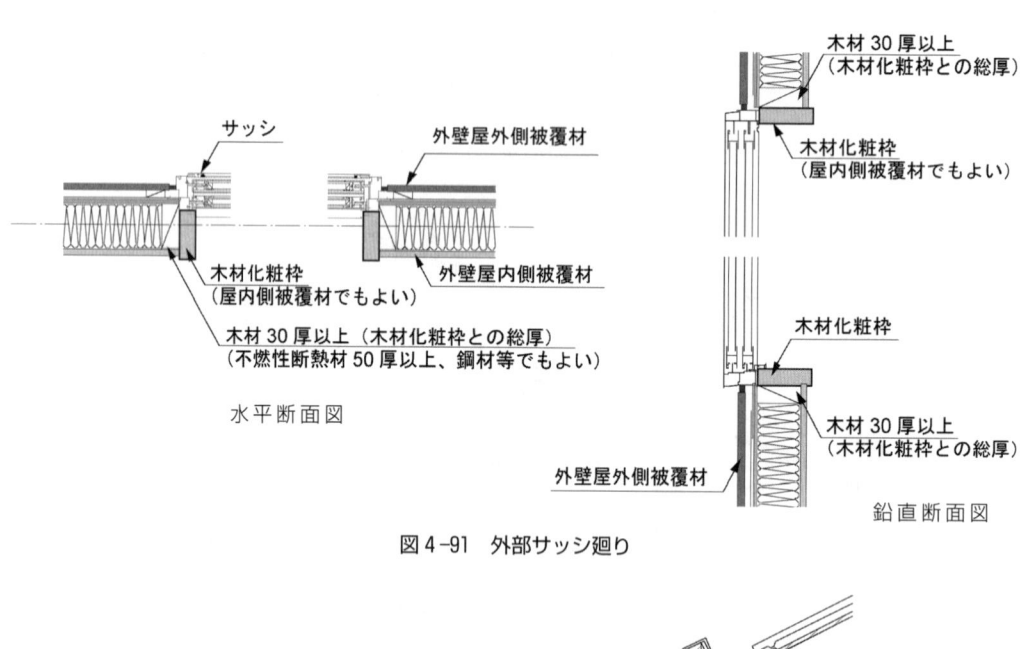

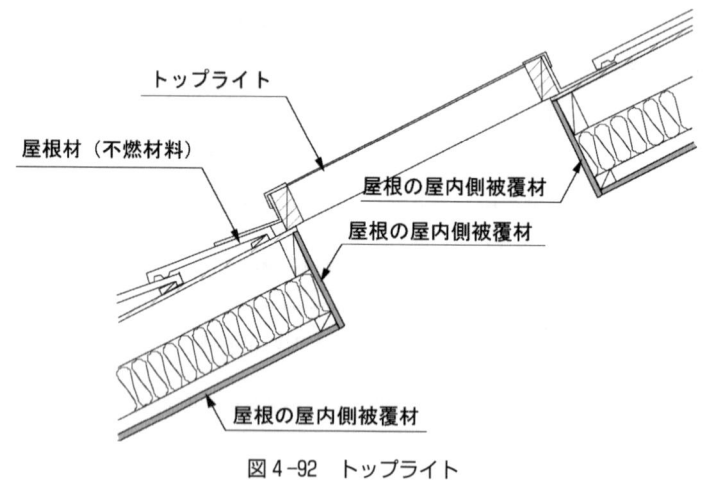

図4-91　外部サッシ廻り

図4-92　トップライト

[3] 軒裏換気口

軒裏部分は、開口部からの噴出火炎の影響を受けるため、図4-93に示す部分に軒裏換気口がある場合は、図4-94（a）に示すような防火ダンパー付きの換気口とすることが望ましい。また、開口部のない外壁の上部に設ける軒裏換気口は、図4-94（b）に示すような有孔防火被覆材を張り、その裏側に網目2mm以下の鉄網を2重に張るなどの措置をすることが望ましい。

図4-93 噴出火炎の影響範囲

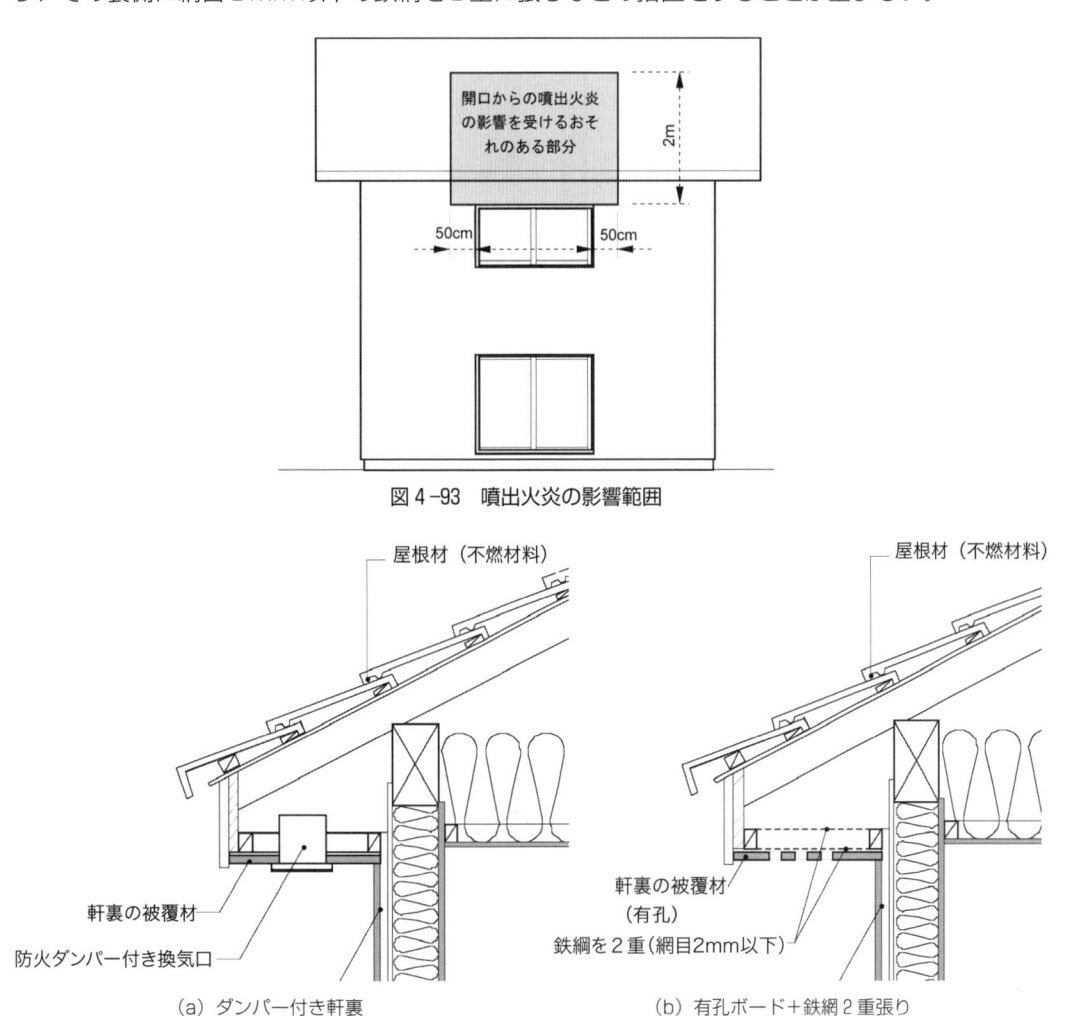

図4-94 軒裏換気口例
（a）ダンパー付き軒裏
（b）有孔ボード＋鉄網2重張り

[4] 換気扇など

外壁に設ける換気扇の周囲は、外壁屋内側の防火被覆材、厚さ30mm以上の木材、厚さ50mm以上の不燃性断熱材のいずれかで外壁の小口面を密閉する（図4-95参照）。なお、延焼の恐れのある部分に設ける換気扇は、防火ダンパー付きとする。また、開口面積100cm²以下の場合は、図4-95に示すように吸排気口を措置すれば、防火設備とみなされる。

[5] ひさし・フラワーボックスなど

ひさしが準耐火構造の屋根の場合は、ひさし内部の外壁屋外側被覆材を省略してもよい（図4-96）。ひさしが準耐火構造でない場合は、ひさし内部の外壁屋外側は、厚さ30mm以上の木材または外壁屋外側被覆材で被覆する（図4-97）。

また、フラワーボックスなどを外壁に取り付ける場合は、その裏側に厚さ30mm以上の木材または外壁屋外側被覆材でつくる（図4-98）。

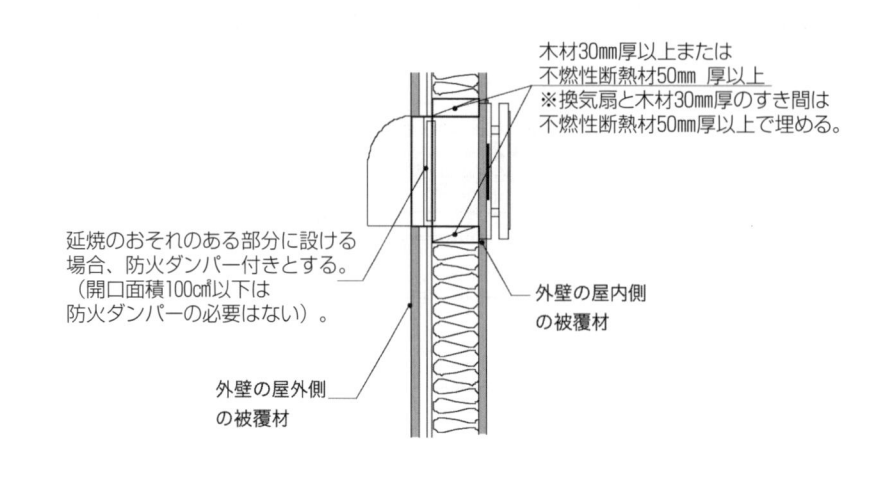

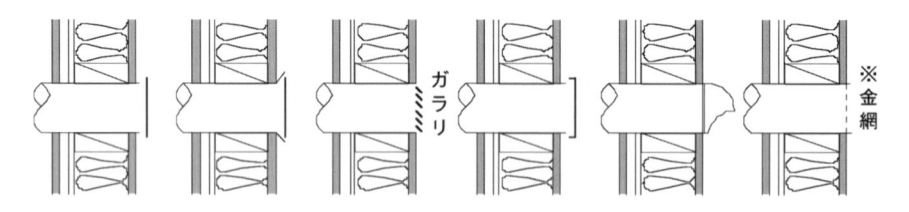

木材30mm厚以上または
不燃性断熱材50mm厚以上
※換気扇と木材30mm厚のすき間は
不燃性断熱材50mm厚以上で埋める。

延焼のおそれのある部分に設ける
場合、防火ダンパー付きとする。
（開口面積100㎠以下は
防火ダンパーの必要はない）。

外壁の屋内側
の被覆材

外壁の屋外側
の被覆材

ガラリ

※金網

材質：ステンレス、スチールまたは、厚さ1.2mm以上のアルミ
開口面積100cm²以下の場合に防火設備と認められる防火覆いの例

図4-95　外壁に設ける換気扇・吸排気口など

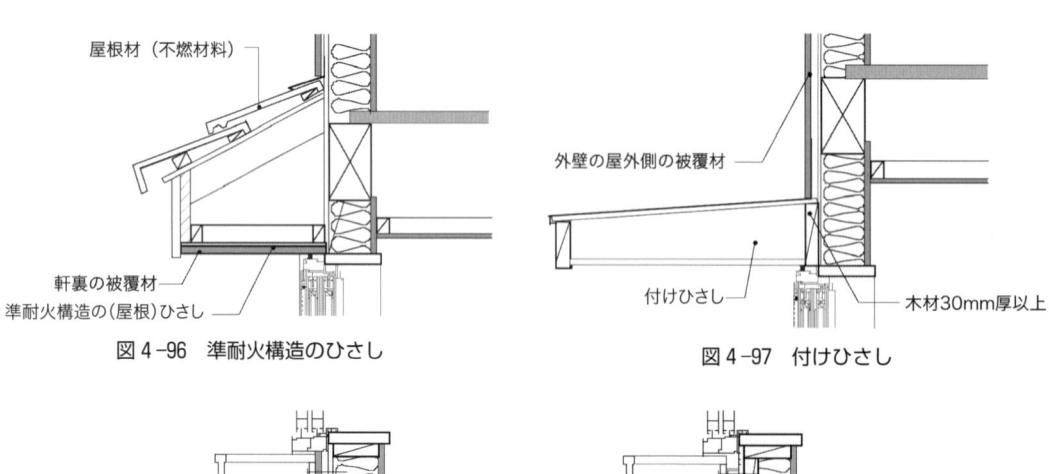

屋根材（不燃材料）

軒裏の被覆材
準耐火構造の（屋根）ひさし

図4-96　準耐火構造のひさし

外壁の屋外側の被覆材

付けひさし

木材30mm厚以上

図4-97　付けひさし

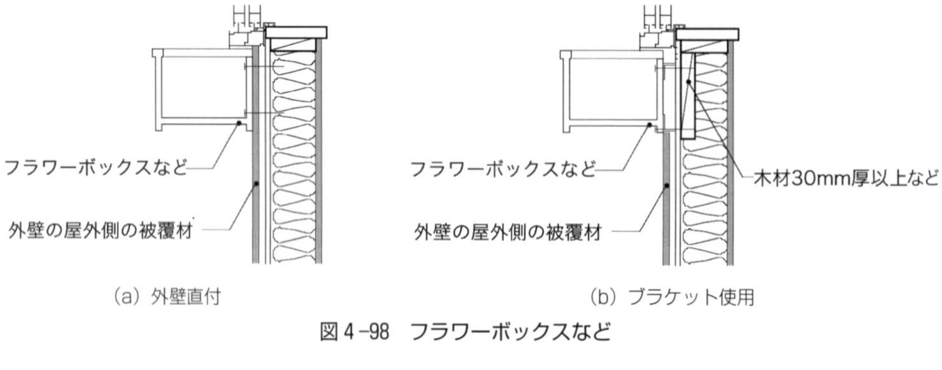

フラワーボックスなど
外壁の屋外側の被覆材

（a）外壁直付

フラワーボックスなど
外壁の屋外側の被覆材
木材30mm厚以上など

（b）ブラケット使用

図4-98　フラワーボックスなど

［6］シャッターボックス

鋼製のシャッターボックスを外壁に取り付ける場合は、ボックス裏側部分に外壁屋外側被覆材を省略してもよい（図4-99）。また、鋼製シャッターを軒裏に埋め込む場合も同様である（図4-100）。ただし、ボックス取り付け部には厚さ30mm以上の木材や厚さ50mm以上の不燃性断熱材を用い、小屋裏への延焼を防ぐ適切なファイアーストップを設ける。

なお、シャッターボックスが鋼製でない場合（アルミなど）は、ボックス裏面の外壁屋外側被覆材を省略できない。

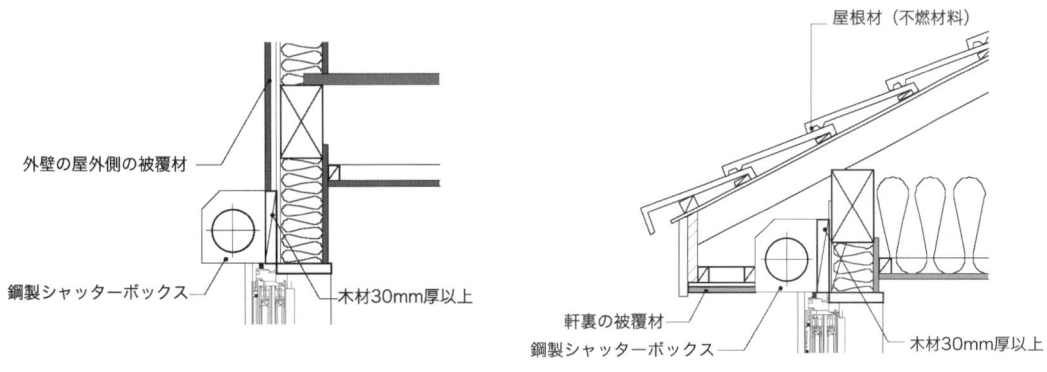

図4-99　化粧シャッターボックス　　　図4-100　軒裏埋め込みシャッターボックス

［7］照明器具

天井埋め込み型の照明器具は、枠、本体とも鋼製の器具とし、開口面積に応じて図4-101に示す被覆を設ける。

① 開口面積が100cm²以下は、厚さ30mm以上の不燃性断熱材で照明の外側を覆う。

② 開口面積が200cm²以下は、厚さ50mm以上の不燃性断熱材で照明の外側を覆う。

③ 開口面積が200cm²超は、天井の被覆材と同等以上の防火性能を有する被覆を行う。

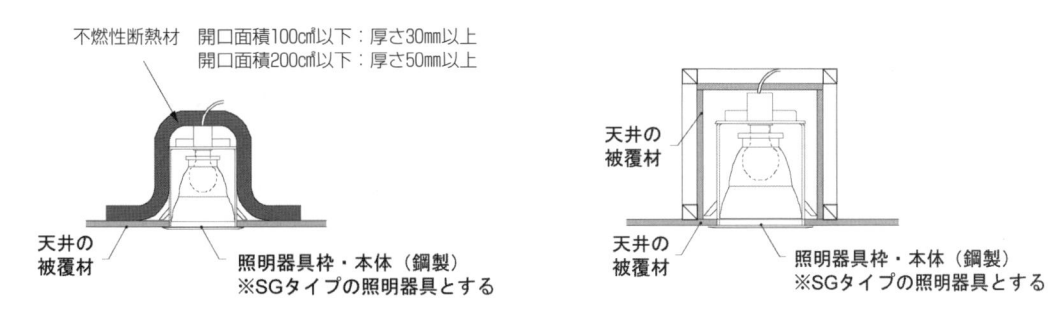

図4-101　天井埋め込み型照明器具の被覆措置

［8］コンセントボックスなど

埋め込み型のコンセントボックス、スイッチボックスなどを設ける場合は、鋼製のボックスとし開口面積に応じて図4-102に示す被覆を設ける。

① 開口面積が100cm²以下は、防火被覆の必要はない。

② 開口面積が200cm²以下は、厚さ30mm以上の不燃性断熱材でボックスの外側を覆う。

③ 開口面積が200cm²超は、壁の被覆材と同等以上の防火性能を有する被覆を行う。

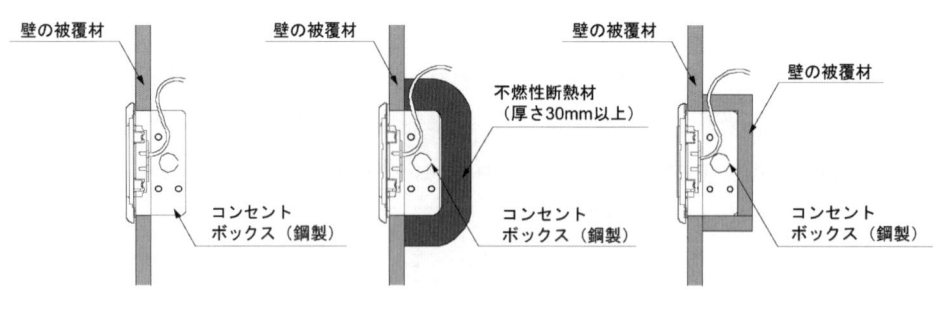

[開口面積100cm²以下]　　[開口面積200cm²以下]　　[開口面積200cm²超]

図4-102　コンセントボックスの被覆措置

［9］天井換気扇、ダクト配管

　天井に設ける換気扇やダクトは、その開口面積に応じて図4-103に示すような被覆を設ける。ただし、ダクトの途中にファイアーダンパーを設けた場合は、その先の被覆は不要となる。

① 開口面積が200cm²以下は、厚さ50mm以上の不燃性断熱材でダクトの外側を覆う。
② 開口面積が200cm²超は、天井の被覆材と同等以上の防火性能を有する被覆を行う。
　なお、3階建て以上の建物の場合は、ダクトは不燃材料でつくる。

開口面積200cm²以下　　　　　　　　　　　開口面積200cm²超

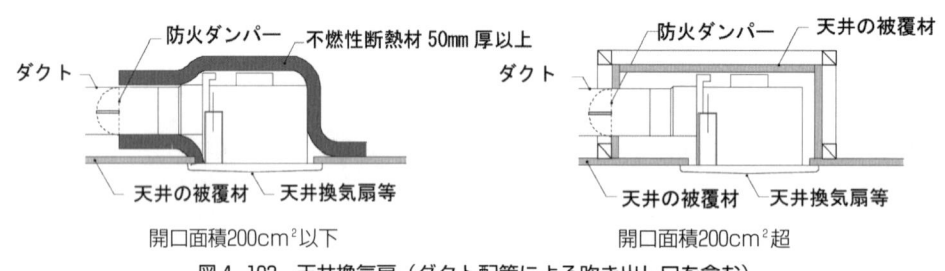

図4-103　天井換気扇（ダクト配管による吹き出し口を含む）

［10］付け柱、付けはり、幕板など

　付け柱、付けはり、幕板などが、外壁屋外側被覆材と同等以上の防火性能を有する場合は、その

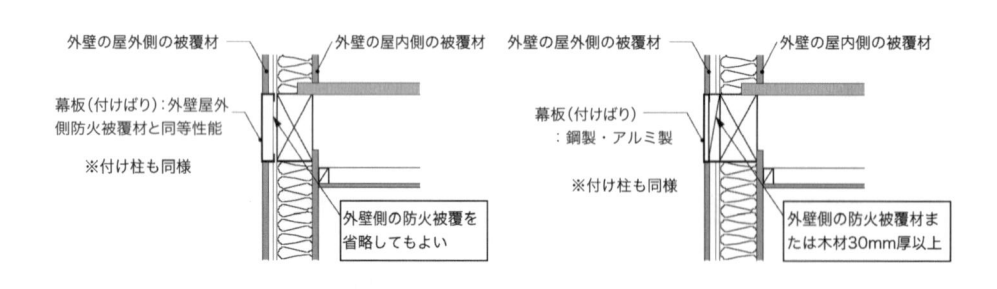

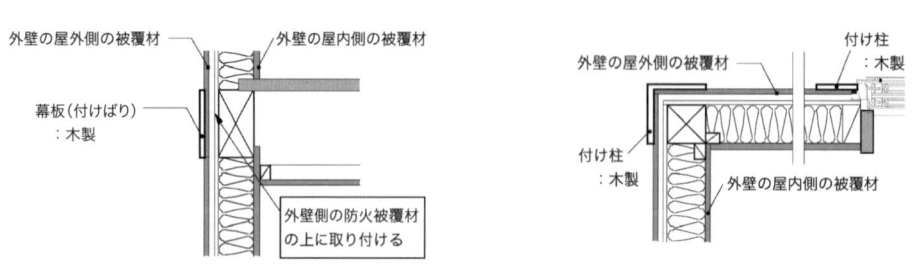

図4-104　付け柱、付けはり、幕板

裏側の防火被覆は省略できる。

　付け柱、付けはり、幕板などが、鋼製、アルミ製などで外壁防火被覆材と同等以上の防火性能がない場合は、その裏側は厚さ30mm以上の木材または外壁屋外側被覆材を設ける。

　付け柱、付けはり、幕板などが木材の場合は、その裏側は外壁屋外側被覆材を設ける（図4-104）。

[11] 目地部の防火設計

　外壁屋外側の防火被覆の目地は、火災時に防火上の弱点となりやすいため、容易に壁内へ火炎や熱が侵入しないような措置が必要である。目地部分の措置例を図4-105に示す。

　また、屋外側の防火被覆を国土交通省告示に例示されたものとする場合は、CNくぎ、ステープル、タッピングビスなどを用いて、柱、はり、間柱、野縁などの下地に緊結する。その際、くぎなどの長さは、単板張りの場合は40mm以上、2枚重ね張りの場合は、下張りは40mm以上、上張りは50mm以上とし、留め付け間隔は外周、中央部とも200mm以下とする。

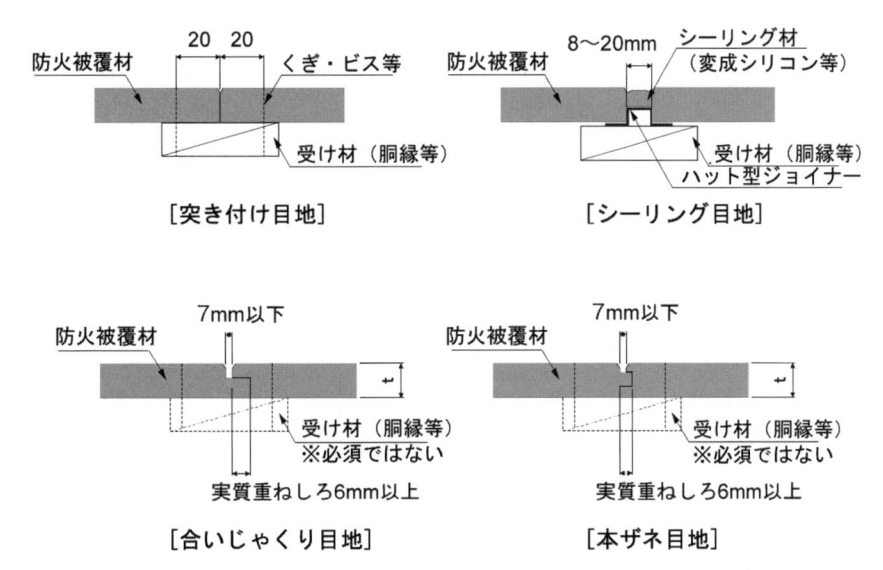

（NPO住宅外装テクニカルセンターの45分準耐火構造外壁大臣認定の場合）

図4-105　目地処理の一例

参考文献

1）「木造建築物等の技術基準・同解説」財団法人日本建築センター，1992年

2）「準耐火建築物の防火設計指針」財団法人日本建築センター，1994年

3）平成18年度農林水産省補助事業報告書「防・耐火性能大規模木造建築物の防・耐火設計マニュアル（案）」財団法人日本住宅・木材技術センター，2007年

5節 集成材による大空間建築物の性能的耐火設計

1. 概説

　性能規定化後に実現した木造大空間耐火建築物に対する性能的耐火設計方法を分類すると以下のようになる。

① 性能評価・大臣認定を要さない告示耐火性能検証法による設計（ルートB）

② 局所火源から木質主要構造部を隔離して引火しないようにする高小屋組型大空間設計

③ 主要構造部に引火しても耐火性能を維持できる局所火源設計

　告示耐火性能検証法では、空間の可燃物量、開口条件のもとで性状が定まる火災により、火炎の到達や煙層の温度上昇で小屋組などに引火すると検証が成立しなくなる。このため、①は、実質的には柱など不燃構造、小屋組やアーチを木造として、開口部を大きく取る空間構成となる。ルートBによる耐火設計は性能評価・大臣認定を要さず、日本中どこでも、告示耐火性能検証法を指針として設計を進め、一般的な確認手続きで済む。また、その評価方法も簡便であり、耐火性能検証に関わる性能評価機関や耐火設計の専門家が現状として少ない地域にとってはその意義は大きいが、木造建築に適用させるには高い天井、大開口を要するため、設計上の自由度は低い。

　これに対して②は、体育館のアリーナ部などの大空間では可燃物量から見て局所火源を適用しやすく、火炎高さが限られること、煙層での温度上昇が比較的緩やかであることを利用して、局所火源を前提にしても火炎が到達する高さ5～6m以上の主要構造部を木造とし、煙層温度を抑制するために、火災感知器による自動開放などとする自然排煙を設ける方法である。①と耐火設計の基本的な考え方は同じであるが、火源規模を限定でき、煙層温度予測などを詳細に行える分、開口の必要規模は小さくて済み、設計の自由度も高まる。この方法による木質大空間耐火建築物はかなりの数が実現しているが、いずれも柱以下をRC造または鉄骨造の耐火構造とし、小屋組、ドームを木質あらわしとする設計である。この方法は性能評価・大臣認定を必要とするが、耐火性能検証の核心は、設計火源に対する火炎高さ、煙層温度計算に尽きるため、その手続き自体は今後標準化が期待できる。そのため、小屋組の引火を想定しなくてよいという特質を活かした設計の多様化や将来的に①のような手続きで確認可能な防災計画手法とすることを目標とした標準耐火設計法の整備の2つが、今後必要となる課題と言える。

　②、③（ルートC）の大臣認定路線でも、主要構造部となる木材

に引火すると、局所火源の前提が崩れ、引火後の主要構造部の自然鎮火を検証できる見通しが立たなくなるため、木材の利用は床から離れた小屋組、ドームに限定されるというのが常識である。しかし、木材に引火しても盛期火災にならないように火災性状を制御でき、自然鎮火することが保証できれば、法令上、耐火建築物にすることは可能である。この考え方に基づいた③「主要構造部に引火しても耐火性能を維持できる局所火源設計」の代表例として、JR四国・高知駅が挙げられる。本建築では、木質アーチが高架駅を跨いでいるが、アーチの立ち上がり部分で路線、ホームに近接しており、火災シミュレーションによると、将来、寝台車や2階建て客車が導入される場合には、車両火災時にドームに延焼する可能性があった。そこで車両火災時に予想される部材の火災加熱条件のもとで部材が自然に鎮火することを実験的に検証して、実現に至った。体育館などの場合は柱や壁が床上の可燃物や座席その他の可燃物に近接し、それらの可燃物が炎上した時に小屋組などの木材が受ける受熱は、高知駅のアーチより厳しいと考えられるが、局所火源の加熱条件ならば、木質部材でも表面の難燃化などにより、引火しても燃焼拡大を抑制する、あるいは自然消炎するような対策によって、このような設計法でも可能性は見えてくるであろう。

2. 告示耐火性能検証法による耐火設計とその事例

[1] 告示耐火性能検証法の意義

現在、耐火性能検証は手続き上、告示耐火性能検証法に記載された方法により、建築主事、確認検査機関で一般的な手続きで確認できるもの（ルートB）と、性能評価機関で耐火性能に関する性能評価を受け、大臣認定を必要とするもの（ルートC）の2段階となっている。この性能規定化が木造に及ぼした影響として、耐火構造の構成材料への不燃材料の要求は解除され、木質耐火建築物が可能となったこと、さらには耐火構造だけでなく従来から存在する準耐火構造以下についても、必要な性能項目とその検証方法が明確化されたため、材料、部材の防耐火性能の評価プロセスが工学的にわかりやすくなり、技術開発の目標設定やその進め方の見通しがよくなったことが大きいといえる。

木質耐火建築物が可能となり、特に木材を利用し得る秋田県、高知県などの林産地域では大規模な木造建築物により振興が期待されるが、木材の防耐火性能に関わる知見や耐火設計の専門家の数は依然として少なく、性能的耐火設計の概念が完全に普及しているとは言い難い。それは木材の防耐火性能が性能規定化後、本格的に研究されてきた分野であり、その研究開発も依然試行錯誤の中で進められている段階にあるためである。耐火性能検証に関わる性能評価機関や耐火設計の専門家のいない地域において告示耐火性能検証法による性能的耐火設計は、簡便な検証法と一般的な確認手続きで確認が可能であり、その利便性から意義は大きいが、計算法が簡便な分、十分な天井高、開口面積を確保しないと成立は困難であり、設計上の制限などの短所もある。

以上の関係から見ても木質耐火建築物の普及が期待される秋田県、高知県をはじめとする林産地域では、現状、告示耐火性能検証法のさらなる改善と整備の必要性は大きいが、先述のとおり、性能規定により木質耐火建築物を可能にする構法や設計法、さらに評価方法には今後改善される可能性があり、事実、上記の研究開発、設計の試みは、2000年施行の性能規定化の枠組を基盤としており、法令の構成は、時代の必要や要請を受けて変化を続けている。性能規定化そのものも、導入さ

れた性能概念が限定されていることなど、荒削りな部分も見られ、今後、要求性能の見直しといった性能規定化のシェイプアップや要求性能に「木造」としてどう応えるかを想定し、どんな技術、どんな設計が成立するかを検討していくことが必要となる。

［２］告示耐火性能検証法の木造大空間建築への適用方法

　耐火性能検証法は、耐火建築物の主要構造部（壁、床、柱、はり、屋根、階段）の耐火性（非損傷性、遮熱性、遮炎性）を直接的に確認する方法として法令体系の中に位置づけられたものである。ルートＢでは、屋内火災と屋外火災の両者に対して、主要構造部あるいは開口部の性能を検証する。ルートＢを選択するとまずは耐火性能検証法を適用して主要構造部の耐火性能を令第108条の３第２項および耐火性能検証法に関する告示（平成12年建設省告示第1433号）に基づいて検証する。

　特に木質大空間建築の耐火性能検証の主となる屋内火災に対する主要構造部の耐火性については図４-106にしたがって検証される。

　検証すべき部位は耐火建築物の主要構造部（壁、床、柱、はり、屋根、階段）が挙げられ、各部において火災時応力を負担することを前提に耐火性能の検証を行う。屋内火災保有耐火時間が火災継続時間を上回ることを部位ごとに確認し、建物内の全ての室に対して行えば屋内火災に対する検証が終了する。これらの検証法については、鋼構造、鉄筋コンクリート構造、木造といった構造形式ごとに検証方法が定められており、木造については、平成12年建設省告示第1433号より、柱とはり部材に対して、火災室の火災性状から非損傷性を検証することが規定されている。このためには検証対象室の可燃物、開口などの諸条件に基づいた火災継続時間と火災室の温度が木材の限界温度（着火温度）である260℃となるまでの時間とした屋内火災保有耐火時間を、火災温度上昇係数と部

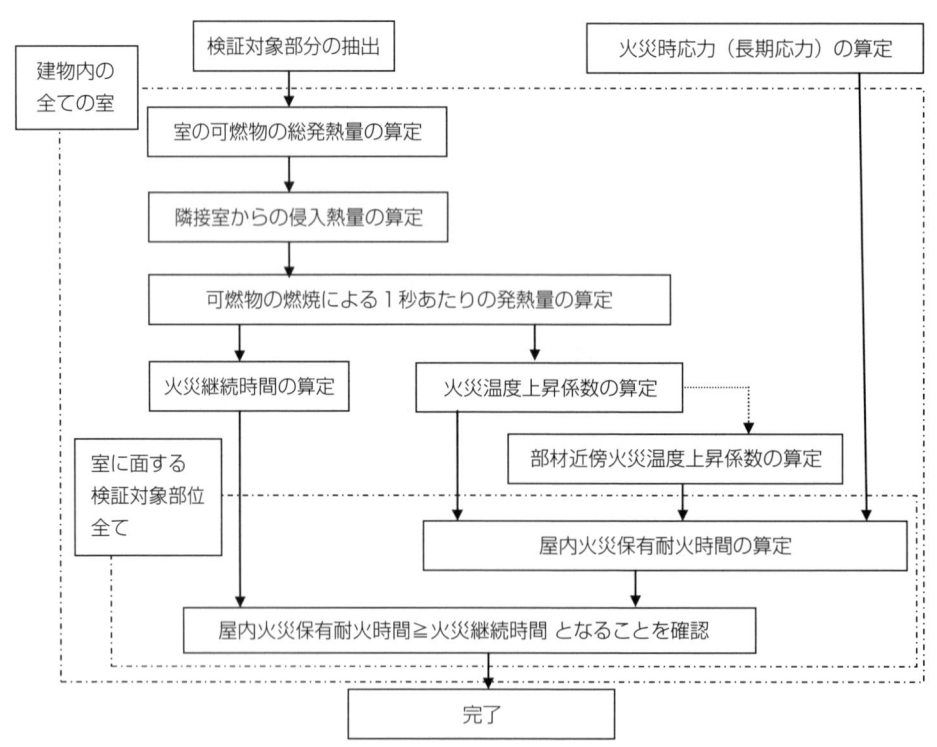

図４-106　屋内火災に対する主要構造部の耐火性能検証の流れ

材近傍火災温度上昇係数から算定することが規定されており、したがって木造建築物の耐火検証法では、構成する木造部材の耐火性能ではなく、可燃物の総発熱量や開口因子などから求まる火災室の火災性状から非損傷性を検証する必要がある。

告示耐火性能検証法を木質大空間建築に適用させる方法として、その方法を辿ってみると、火災継続時間は

$$t_f = \frac{Q_r}{60q_b}$$

で表す通り、室内の可燃物が燃え尽きるまでの時間を示しており、Q_r：室に含まれる可燃物の総発熱量を、q_b：単位時間あたりの発熱量（発熱速度）で除することで算定する。火災温度上昇係数については、$\Sigma A_c I_h$ を室内の熱吸収を表す因子として

$$\alpha = 1,280 \left(\frac{q_b}{\sqrt{\Sigma(A_c I_h)}\sqrt{f_{op}}} \right)^{\frac{2}{3}}$$

で表される。これは燃焼による発熱に応じて室の温度が上昇する程度を示しており、これらは主として、対象空間に面する屋根、壁、床などの表面積と周壁の構成材料の熱特性によって構成される $\Sigma A_c I_h >$：室内の熱吸収を表す因子と、室内可燃物の発熱速度と排煙に有効な開口面積を表す f_{op}：開口因子に依存している。

また木構造の柱およびはり部材の保有耐火時間 t_{fr} については、α を火災温度上昇係数［℃/min$^{1/6}$］、α_l を部材近傍温度上昇係数［℃/min$^{1/6}$］とすれば

$$t_{fr} = \left(\frac{240}{\max(\alpha, \alpha_l)} \right)^6$$

とされており、分子の240は、常温（20℃）から木材の着火温度（260℃）に達する温度上昇を示している。上式に示す通り、保有耐火時間は火災温度上昇係数と部材近傍温度上昇係数のうちいずれか高い方が限界温度（260℃）に達するまでの時間を表している。特に部材近傍温度上昇係数においては本来室内に生ずる局所的な強い燃焼の影響を考慮するために導入された概念であり、その局所的な燃焼は20分間継続し3MWに達すると想定されている。そのため、木造部材が使用可能となるのは、想定されている20分の燃焼に対しては

$$\max(\alpha, \alpha_l) \leq \frac{260-20}{20^{1/6}} = 145$$

より、火災温度上昇係数と部材近傍温度上昇係数の両者とも145以下になることが条件となる。部材近傍温度上昇係数については

$\alpha_l = 500$ 　　　　　　　　$(z \leq 2)$
$\alpha_l = 500 - 100(z-2)$ 　　$(2 < z \leq 7)$
$\alpha_l = 0$ 　　　　　　　　　$(z > 7)$

により、床面からの高さ z［m］に依存するため、床面からの木造部材の高さは5.55m以上必要となる。

以上のことから、木造耐火建築物を可能にする方法としては

① 空間の可燃物量を少なくすること
② 開口面積、周壁面積を大きくすること
③ 部材近傍火災の影響を受けない場所に木造部材を使用する

といった対策を講じる必要がある。以上の条件を満足するためには、実質的には体育館をはじめとする可燃物量の少ない大空間で下部構造をRC造などの耐火性能の高い構造形式とし、部材近傍火災温度が260℃を超えない床面からある程度高い部分に木造部材を配置した建築物に限定される。平成12年建設省告示第1433号では柱とはりに木造を使用できる規定であるが、以上のように、屋内火災保有耐火時間は主に屋内火災温度上昇係数と部材近傍火災温度上昇係数に支配されているため、一定の屋内火災保有耐火時間を確保するためには部材近傍火災温度上昇係数が屋内火災保有耐火時間の算定に影響しない範囲に制御するという必要性から、床面からの木造部材までの鉛直距離を5.55m以上必要とするため、屋根架構に木造を採用した事例が多くなるのである。

ルートBによれば以上のような比較的簡便な検証で耐火性能評価が可能となるが、一方で、火災継続時間を抑制するためには検証法の性質上、①の室内の収納可燃物量に加え、内装材などの固定可燃物量の制限と、②開口部を大きく取るとともに、水平開口と側面開口を適切に設置する、熱吸収に有効な材料、仕様に基づき、周壁面積を大きく取るなどの措置が必要なため、設計上の限界も見られる。

[3] 事例

ここで、ルートBによる事例として、「綾てるはドーム」を紹介する。

この施設は大規模集成材建築物による屋内体育館として建てられ、60m×80mのアリーナの他、武道場、トレーニング室などが設けられている。アリーナはバレーボール（8面）、バスケットボール（4面）などの室内競技のほか、60m×50mの人工芝が敷設でき、屋外スポーツ雨天時の利用も可能な多目的屋内体育館である。施設の用途は各種スポーツ以外にも物産展などの各種イベントも開催され地域交流の場としても利用されている。建物の構造は、屋根部が木造、下部構造がRC造で、延べ床面積6,636㎡の平屋建てである。建物の最高高さは25.6m、軒の高さは16.32m、スパン60mのアリーナ上部の小屋組はタイロッド付き大断面集成材架構を採用し、床材には地域産材のスギを利用した圧密材を使用している（図4-107）。

本建物の特徴としては、

① 妻面、けた行き面に大きく設けられた開口部
② 室内空間において採用したスギ圧密材による床仕上げ
③ タイロッド付きの構造用集成材架構によって形成された大空間を確保したヴォールト屋根

が主に挙げられるであろう。これらの特徴は、本建築のダイナミックさと独自性を生み出している

外　観　　　　　　　　　　　　　　内　観

図4-107　綾てるはドーム

と同時に告示耐火性能検証による要求性能に効果的な設計となっている。①大きな開口部を設けることで有効開口因子を十分に確保し、また②においてはスギ圧密材の床仕上げ以外、可燃性の強い内装材を用いないことで空間の総発熱量を抑制することを達成している。③については、大きな勾配によって建物のダイナミックさを生むとともに、空間内の熱吸収に寄与する周壁面積を大きく確保しているのである。結果的に、これらは告示耐火性能検証法による耐火設計上、必要不可欠な室内の火災継続時間の抑制と屋内火災保有耐火時間の確保に対して有効的な設計となり、実現に成功している。

前[2]で述べた通り、ルートBによる木造耐火設計では、検証法が簡易なぶん、①可燃物量の制限、②開口面積・周壁面積の確保、③木造部材の高架、といった対策が必要であり、設計の自由度は狭くなってしまいがちである。しかしながら、本建築は、この設計上の制約をうまく利用し、ダイナミックかつ、魅力的な大規模木造建築物とすることに成功している。このように制限の多い設計法でも、設計を工夫すれば自由度の高いルートCにも劣らない耐火建築物を生み出すことは可能である。そのためには、告示耐火性能検証法を十分に理解することはもちろん、建物に対して、どういった目的で利用するのか、どのような設計が本当に必要か、といった基本方針について検討することが必要である。

3. 大臣認定制度による耐火設計とその事例

[1] 基本的考え方（局所火災）

局所火災とは空間内の限定された部分で燃焼が継続する火災のことであり、火災の影響が火炎近傍に限られ、ある範囲以上への可燃物への着火が起こらず、着火した可燃物が燃え尽きるといった過程をいう。空間の大きさ（面積および高さ）に対して可燃物量が少なく、また可燃物が互いに分散して配置されている場合には、フラッシュオーバーが発生する危険は少ない。大臣認定制度による性能的耐火設計では、以上の局所火災を火災性状予測、煙層温度予測などの工学的手法により成立することを検証することで耐火建築物とすることが可能となる。告示耐火性能検証に比べ、精緻に検証を行えるぶん、設計上の自由度は大きいが、そのためには高度な知識が必要となる。

[2] 検証方法

ここで対象空間内での局所火災を判定する一般的な工学的手法として、木質材料で構成された屋根架構部に対し、火災が発生したと想定した場合の架構への影響（着火するか）についての検証方法を図4-108に示す。なお、ここで示すものは一例であり、JR四国・高知駅に見られる「主要構造部に引火しても耐火性能を維持できる局所火源設計」など、他の検証法もあることを確認願いたい。判定（2）においては木質構造部材の着火判定にあたり、煙層温度と煙層に貫入する火災プルーム温度を合計した温度を検討部材周辺の雰囲気温度として、木材の着火温度から着火の有無を判断する方法（矢印：左）と想定火源からの放射熱と煙層からの放射熱を検討し、検討部材が受ける熱流を把握し、木材の着火限界熱流束から着火の有無を判断する方法（矢印：右）が考えられる。

最初に、収納可燃物が火災により燃焼した場合に燃え広がるのか、燃え広がらないのかの確認を

```
┌─────────────────────────┐
│ 局所火災検討への判断  │
└─────────────────────────┘
              ↓
┌──────────────────────────────────────────┐
│        想定火源の設定                    │
│ 1．空間内の局所火源により想定される延焼（床・壁等）による火炎 │
│   による火炎高さ、火災軸上温度の把握     │
│ 2．隣接室での盛期火災により開口部からの噴出した火炎による火災軸 │
│   上温度の把握                           │
└──────────────────────────────────────────┘
              ↓
┌──────────────────────────────────────────┐
│ 判定（1）想定火源による木質構造部材の着火判定 │
│ 1．想定火源による平均火炎高さとの接炎の有無 │
│ 2．想定火源による火災軸上温度260℃となる高さと対象部材の位置関係 │
└──────────────────────────────────────────┘
              ↓
┌──────────────────────────────────────────┐
│   想定火源により発生する煙性状の把握     │
│ 1．空間条件から想定される煙層高さ、煙層温度の確認 │
│ 2．煙層と木質構造部材との位置関係の確認  │
└──────────────────────────────────────────┘
           ↓             ↓
┌──────────────────────┐  ┌──────────────────────┐
│判定（2）局所火災に対する木質構造部材の検証│  │判定（2）局所火災に対する木質構造部材の検証│
│木質構造部材位置における木材の着火温度    │  │木質構造部材が受ける熱流              │
│雰囲気温度（煙層温度＋熱気流温度）＜260℃  │  │想定火源からの熱流＋煙層からの熱流＜10kW/㎡│
└──────────────────────┘  └──────────────────────┘
```

図4-108　局所火災判定手法の流れ

行う。つまり燃え広がらないとすることで「局所火災としての検討でよい」と言えるのである。室内の収納可燃物の燃え広がりについては、図4-109に示すように室内の収納可燃物が1つの単位集積面積内に1つの可燃物が存在するように配置されるものと仮定し、変換された単位可燃物を単位集積面積の中央に配置して燃え広がりの計算を行う方法が一般的である。

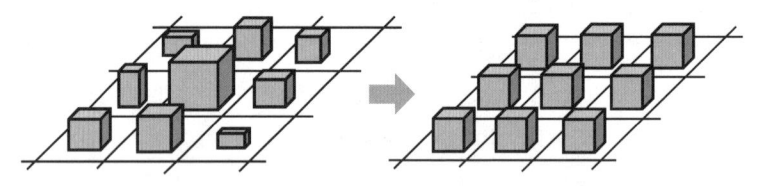

図4-109　収納可燃物の単位集積面積ごとの配置概念図

次に対象空間内で想定される火炎（火源）を設定する。一般的には、まず対象空間の代表的な可燃物を検討した上で局所火源No.1が設定される。それを基に空間内に想定される可燃物（内装材、固定可燃物など）の延焼を考慮した火源を設定する。また、対象空間と隣接室の間に開口部がある場合には、隣接室の火災による影響の検討が必要となる。想定火源に対して火炎高さ、火災軸上温度などの火災性状を予測し、判定（1）「想定火源による対象部材への接炎の有無」と「火災時の熱気流による対象部材の着火の可能性」を検討する。判定（2）においては木質構造部材の着火判定にあたり、煙層温度と煙層に貫入する火災プルーム温度を合計した温度を検討部材周辺の雰囲気温度として、木材の着火温度から着火の有無を判断する方法（矢印：左）と想定火源からの放射熱と発生する煙層からの放射熱を検討し、検討部材が受ける熱流から木材の着火限界熱流束により、着火の有無を判断する方法（矢印：右）の2通りの手法が代表的である。このため、想定火源により発生する煙層の高さ、温度などを開口、空間規模から予測する。予測には「二層ゾーン建物内煙流動予測プログラム」（BRI 2002）などのシミュレーションを用いた方法が一般的であるが、

関数電卓や表計算ソフトを用いることでも予測は可能である。以上の判定（1）（2）を満足することで空間内の局所火災が成立する。

［3］設計上の留意点

以上のように局所火災となる条件としては

① 可燃物が分散配置されており、燃焼中の可燃物から周辺の可燃物への燃え広がりが小さいこと。このためには、分散配置された可燃物と可燃物の距離が十分であるとともに可燃物周辺の内装に着火した場合においても燃え広がらないこと。

② 燃焼中の可燃物から発生する火炎片が天井などに到達しないこと、また火炎による熱気流（火炎、煙など）の温度上昇による放射熱により空間内の可燃物に着火しないこと。

が1つの目安とされる。このため、局所火災を前提とした耐火設計を行うためには、

① 内装材料などの不燃、難燃化により火炎伝播、想定外の可燃物への延焼を防ぐ
② 空間内の可燃物量を制限し、かつ可燃物間の離隔距離を一定以上確保する
③ 高い天井、排煙窓などの設置により、可燃物から発生する熱気流の影響を抑制する
④ 隣接室との区画性能を適切に設定し、対象空間への火炎の侵入を抑制する

といった対策を講じる必要がある。特に空間の高さは内装材の条件にもよるが、火炎による着火を回避するためには最低でも6m以上設ける必要がある。耐火性能検証法では他の室についても検証が必要であり、可燃物量、火災継続時間などから局所火災検討空間との区画性能を適切に定めるとともに、その論拠となる可燃物を適切に管理することが重要となる。

［4］事例

ここで大臣認定制度による性能的耐火設計の一例として秋田県能代市二ツ井統合小学校体育館を紹介する。

本建築物は、旧二ツ井町地区内の7つの小学校が統合して建設された小学校の体育館である（図4-110）。アリーナ面積32.8m×28m＝918.4m²、建築面積は1,580.79m²、延べ床面積は1,414.16m²、平屋建てで、軒の高さ9.7m、最高の高さは15.3mと大規模な建築物である。この地域は、多雪区域に指定されており、屋根荷重が大きい。屋根の軽量化を図るため、木造とし、経済面など総合的に考え、構造用集成材を用いた立体トラス架構を採用し（図4-111）、これを鉄筋コンクリートで支える構造としている。この体育館は児童のための体育学習と定期的に行われる全校

図4-110　二ツ井統合小学校体育館　内観パース　　図4-111　二ツ井統合小学校体育館　小屋組

集会に利用され、その延長で、周辺住民の運動の場として開放されるスポーツが主用途の施設となっており、集会的な利用においても大型可燃物が持ち込まれるような演目は行われない。また、アリーナは天井が8.8～12.4mと高く、気積の大きな空間を有していることから、当該火災が局所的に留まること（局所火災）を工学的手法で検証することを本建築物の耐火設計の基本方針とした。このような性能設計を適用させるために、各室の利用計画表に基づき、可燃物の管理を定めている。

　まず、はじめに「［2］検証方法」での方法により、空間内の可燃物による燃え広がりを検討した。単位集積面積を1m²、1m²あたりの発熱量q"は130kW/m²とし、アリーナにおける収納可燃物量の単位発熱量を平成12年建設省告示第1443号に規定する80MJ/m²とすると、火災成長率αは0.0125となる。単位可燃物の火災継続時間および隣接する可燃物への着火時間は t_d：731.8秒、t_{ig}：1,251.6秒より、$t_{ig} \geq t_d$ となり、隣接する可燃物が着火する時間に対し単位可燃物の燃焼継続時間は短く、アリーナで発生する火災は燃え広がらず、局所火災になると予測された。

　局所火災を検討するアリーナ内での主な設計火源は代表的な可燃物であるウレタンマットの燃焼や局所火源に加え、内装材の延焼も想定した。また、アリーナと隣接した室の火災として、控室1（放送室含む）および控室2から出火した場合を想定し、アリーナに噴出する火炎の発熱速度からアリーナ内に噴出される火炎を検討した。各火災室の火災性状は平成12年建設省告示第1433号にしたがい、収納可燃物の発熱量密度を160MJ/m²（会議室その他類するもの）として算出した。アリーナと同一区画内であるステージによる火災についても想定し、ステージの積載可燃物としては、演台（木製）などが想定できるが、木材の発熱速度を200kW/m²程度とすると集計しても3,000kW以下となるため、ここでも代表火源として局所火源3,000kWを採用し、火源により床、ステージに設置される舞台袖幕（緞帳）が燃焼した場合を想定した。これらの想定火源より可燃物である屋根架構への接炎の有無を検討するため、火炎の平均高さと火炎軸上温度を算定した。

　可燃物である屋根架構集成材部分の雰囲気温度を算定するため、アリーナ上部に蓄煙される煙層の温度を算定する。設計案に対する煙層温度の予測には「二層ゾーン建物内煙流動予測プログラム」（BRI 2002）を使用し、想定火源ごとに計算した。排煙は自然排煙とし、排煙窓は、屋根面H550×W3,300：6連、ステージ壁面H660×W12,300、アリーナ壁面H800×W4,100：16連設置している。なお、煙層温度の算定条件として、排煙窓が開放される前提で算出しているが、アリーナ、控え室（放送室を含む）、ステージが火災となった場合の排煙窓の開閉制御は火災報知機の発信信号により自動開放される制御としている。

　表4-12に検討した想定火源による検討結果の一覧を示す。最も厳しい条件となったアリーナでの想定火源は、局所火源＋壁面スギ板の延焼によるもので、火炎片高さ5.20m、火災軸上温度240℃の高さ5.32mであった。また、木質構造部材と近距離に位置するステージの緞帳への延焼についても火炎片高さFL＋8.14m、火災軸上温度240℃の高さFL＋8.76mとなり、いずれの場合もアリーナ天井高さを下回る結果となり、木質構造部材は着火に至らないことが検証された。

　最大火源である局所火源＋壁面スギ板の延焼における算定結果を図4-112に示す。アリーナ内で想定される火災により発生する煙層の温度は77.3～130.9℃の範囲となり、フラッシュオーバーの危険性はなく、屋根架構集成材は着火しないことが検証された。控え室における火災においては44.7～45.8℃、ステージの火災では20.5～33.3℃と総じてアリーナに隣接する室における火災により発生する煙層による影響はアリーナでのフラッシュオーバーを起こすまでには至らず、屋根架構

集成材は着火しないことが検証された。

これらの影響を総合的に加味した構造部材周辺の雰囲気温度による評価を行い、木質構造部材が着火しないことを検証した。火炎軸上温度については煙層の下端位置を基準とした。表4-13にそれぞれの検証結果を示す。構造部材周辺の雰囲気温度による評価では想定火源による最大雰囲気温度はアリーナでの火災では局所火源（3,000kW）＋壁面スギ板の延焼＋輻射熱による床材（発熱速度7,993kW）による225.7℃、アリーナに隣接する室の火災ではステージ局所火災（3,000kW）＋輻射熱による床材＋燃焼するカーテン（発熱速度17,207kW）による233.6℃であり、木材の着火限界温度である260℃を下回り、構造部材の着火の危険性はないと検証された。また、火炎軸上温度を煙層の下端位置で算出し、検証を行ったが、想定火源による最大雰囲気温度は同様に局所火源（3,000kW）＋壁面スギ板の延焼＋輻射熱による床材による条件下で250.8℃となった。

以上より想定したすべての火源による構造部材周辺の雰囲気温度は260℃を下回り、本体育館におけるアリーナ空間では火災が発生しても局所火災に留まり、耐火要求性能は満足することを確認した。

表4-12 想定火源ごとの木質構造部材への影響 検討結果

検討対象	火源	検討する火源	発熱速度(kW)	燃焼時間(秒)	代表火源寸法(m)	接炎の有無の確認					雰囲気温度の確認				
						火炎片高さ(m)	火源高さ***(m)	火炎軸上温度が240℃となる高さ(m)	火源から集成材までの高さ(m)	火炎片高さ評価	室内常温(℃)	煙層温度(℃)	煙層高さ(m)	集成材部分の火炎軸上温度ΔTf(℃)	集成材部分の雰囲気温度評価(℃) 判定
アリーナ	アリーナの床面	① 収納可燃物（アリーナ 80MJ/m²）	120	731.8	N/A	N/A	N/A	N/A	N/A	OK	N/A	20.0	N/A	N/A	20.0 OK
		② ウレタンマット（W×D×H＝3m×2m×0.3m：縦置き）	3,298	240	15.00	2.54	0.00	3.18	6.36	OK	48.8	20.0	N/A	N/A	68.8 OK
	局所火源 No.1	③ 局所火源（3000kW）	3,000	1,200	1.50	4.87	0.00	4.82	6.36	OK	151.4	20.0	77.3	9.71*	171.4 OK
		④ 局所火源（3000kW）＋壁面スギ板の延焼考慮	3,479	1,200	1.50	5.20	0.00	5.36	6.36	OK	176.5	20.0	85.3	9.72**	196.5 OK
		⑤ 局所火源（3000kW）＋輻射熱により延焼する床材	6,662* / 5,927	1,200 / 2,550	4.84 / 6.16	3.80 / 2.99	0.00 / 0.00	4.51 / 3.85	6.36 / 6.36	OK	159.8 / 137.9	20.0	109.2 / 111.5	8.10* / 7.78	179.8 / 157.9 OK
		⑥ 局所火源（3000kW）＋壁面スギ板の延焼＋輻射熱により延焼する床材	7,993 / 6,796	1,200 / 2,550	4.84 / 6.16	5.19 / 3.78	0.00 / 0.00	5.67 / 4.52	6.36 / 6.36	OK	205.7 / 160.3	20.0	130.0 / 130.9	8.67 / 8.27	225.7 / 180.3 OK
隣接する室	隣接火源 No.1	①-1 控え室1（放送室を含む）における火災**	19,339**	1,290	1.67	4.57	0.78	4.67	6.68	OK	132.9	20.0	45.8	6.17	198.7 OK
		①-2 控え室2における火災**	19,310**	1,188	1.67	4.54	0.78	4.65	6.68	OK	131.8	20.0	44.7	6.17	196.5 OK
		② ステージ 局所火源（3000kW）	3,000	1,200	1.50	4.87	0.00	4.82	9.24	OK	123.5	20.0	20.5	8.27	164.0 OK
		③ ステージ 局所火源（3000kW）＋輻射熱により延焼する床材＋カーテンの延焼	17,207 / 5,927	1,200 / 2,550	4.84 / 6.16	7.60 / 2.99	1.00 / 0.00	8.77 / 3.85	9.24 / 9.24	OK	189.7 / 137.9	20.0	23.9 / 33.3	6.80 / 6.32	233.6 / 191.2 OK

* 局所火源（3000kW）が継続している時の火源　　** 室内の可燃物の発熱速度および噴出火炎・開口上端壁面の発熱速度を合計したもの
*** アリーナ床高を0mとする場合　　■ アリーナ側のドアからの噴出火災について計算したもの

表4-13 木質構造部材周辺の雰囲気温度による着火評価一覧

	想定火源	煙層高さ m	煙層下端の火源軸上温度 ℃	煙層温度※ ℃	集成材部分の雰囲気温度 ℃	
③	局所火源（3,000kW）	9.73	74.7	77.25	151.95	OK
④	局所火源（3,000kW）＋壁面スギ板の延焼考慮	9.75	85.1	85.3	170.4	OK
⑤-1	局所火源（3,000kW）＋輻射熱により延焼する床材	8.1	117.1	109.2	226.3	OK
⑤-2	局所火源終了後の延焼する床材	7.96	104.6	111.45	216.05	
⑥	局所火源（3,000kW）＋壁面スギ板の延焼＋輻射熱により延焼する床材	8.67	120.6	130.2	250.8	OK

※煙層温度には、室温20℃を含む。

最後にその他局所火源をアリーナ空間において成立させるために延焼防止などの対策を講じた防災計画処置について説明する。同一区画内であるステージでの火災では、周辺可燃物の延焼による火源の検討を主に行った。検討を行ったカーテンの他に可燃物としてステージ開口部周りの木製縁

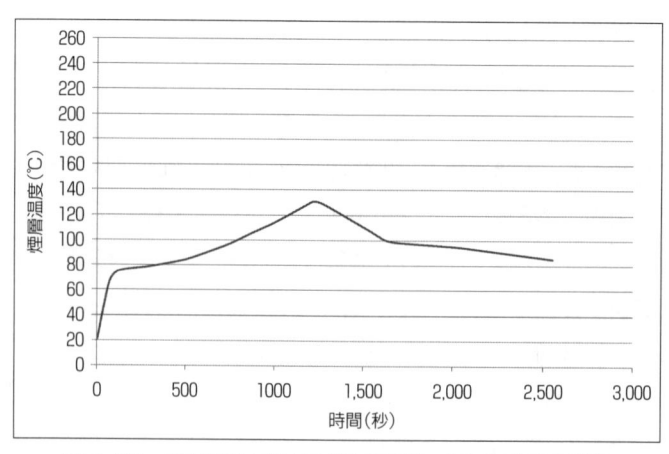

図4-112　局所火源＋壁面スギ板の延焼　煙層温度算定結果

が考えられたが、不燃材を用いることで延焼防止を検討した。また、ステージ下の収納スペースでは本来体育館の用途として行事などの際に使用されるパイプ椅子の収納に利用されることから、ステージ側との間を防火区画仕様（準耐火構造）とし、換気支配型の火災にすることで、アリーナ側に熱の流出が起こっても急激な温度上昇を防ぐ処置を講じた。

　設計当初より、延べ床面積、アリーナ面積、軒高さなどの範囲や、大断面集成材による木造、床面から木造柱を立ち上げ、内壁は上部を木あらわし、下部を耐火構造とすることなどの基本構成、また積雪地域ということから屋根架構部分を積雪荷重（1.5m）に耐えるように大断面集成材にスチールタイバー、木造トラスといった屋根の仕様など、建築計画の大まかな構想はあり、アリーナ側から柱下部など構造部材が着火しないという、局所火災の概念による耐火設計の方針は選択肢の1つにあった。

　この基本構想からいくつか設計案を提案されたが、特にアリーナ寸法33m×32m、軒高13m、アリーナ床面から4.2mの高さまでRC造とし、キャットウォーク床面（RC柱上部）から木造屋根架構（越屋根を付随）とする設計案1の検討時に明確となった越屋根の設置窓による排煙降下の期待から、この概念による耐火設計が具体的に検討されるようになったと言えよう。

　他の設計案として局所火災の検討で耐火建築物でできない場合も考慮し、準耐火建築物にも対応可能なように高さ制限に考慮したものがあった。アリーナ面積32m×28m、軒高8.9m、最高高さ12.97m、アリーナ床面から3.7mまでRC造とし、以上は木造トラスによる屋根架構（越屋根なし）とする設計案2では越屋根はなく、煙層の温度による木構造の着火を防ぐため排煙に留意すること、また床面からの木構造の高さが3.7mと低いため、着火の可能性があるアリーナに通じる開口部に防火設備などの重厚な設備が使用できない場合は火災室から噴出火炎を検討する必要があるなどの防火面での課題も見えてきた。このように、複数の設計案による検討を行うことが耐火設計の課題点が顕著化につながり、性能的耐火設計を進めていく上で必要不可欠なステップであると言える。

　控室とアリーナ、ステージをつなぐ開口については、児童の利用を考慮し防火区画は行わないことが現実的である。これらの室も耐火性能検証を行う対象となり、開口部からのアリーナに対する影響を検証しなければならない。設定すべき控室、ステージの火災荷重は控室の使用形態が会議室相当であるとして防災計画を立て、発熱量密度160MJ/m^2、ステージの発熱量密度は当初240MJ/m^2で検討したが、体育館ステージでの可燃物の特有性と、ステージ下を準耐火とする防火処置に

より、局所火源を採用することができたが、当初の検討によりステージ上部の排煙口設置する防火処置といった耐火設計上有効な案が見えてきたのである。

第5章
耐久設計

1節 耐久計画

1. 耐久計画の基本手順

建築物の耐久設計は、耐久計画を適切に立案することによってはじめて可能となる。耐久計画とは社団法人日本建築学会編「建築物・部材・材料の耐久設計手法・同解説」[1] (2003年) によれば、「建築物またはその部分の性能をある水準以上の状態で継続して維持させるための計画」であり、目標とする耐用年数（目標耐用年数）を設定した上で、それを実現するために劣化外力に応じた使用材料や各部構造のあり方、あるいは施工レベル、建物使用、維持保全のあり方の基本を定めることである。

その手順は、原則として以下のようになる。

① 目標耐用年数を、建築物の全体および各部位、部材、部品ごとに定める。

② 目標耐用年数を考慮して建築物の計画・設計および維持保全計画を行う。

③ 計画・設計した建築物の全体および各部位、部材、部品ごとに、耐用年数を推定する。

④ ①で定めた目標耐用年数と③で推定した耐用年数を比較し、後者が前者より小さいかまたは下位である場合は、計画や設計を変更するか、目標耐用年数を変更して、建築物の全体および各部位、部材、部品のいずれにおいても、推定される耐用年数が目標耐用年数と同等以上になるようにする。

⑤ ②および④により作成した設計図書が維持保全計画の実施に支障がないことを確認する。

以上の手順による耐久計画あるいは耐久設計の成否は、建築物の各部位、部材、部品などの各レベルにおける耐用年数の推定精度に依存するが、実際の材料、部品などの耐久性能が複雑な要因によって左右されることから、現実に様々な条件に対応した耐久計画・設計を行うには、各種の耐久性関連資料はもちろんのこと、設計者の知識、経験が重要な要素となる。

2. 目標耐用年数設定の基本方針

建築物の計画・設計時における目標耐用年数は以下に記す原則にしたがって設定する。

① 目標耐用年数は、建築物全体または建築物を構成する部位・部材または設備機器などが劣化や陳腐化により、その性能や機能が

低下し、経済的不利益もしくは陳腐化のために、建築物の竣工時から次に示す状態になると予測されるまでの年数として設定する。
  ⅰ）建築物全体について、除却または大規模な改修や改築が必要になる状態
  ⅱ）建築物を構成する部位・部材または設備機器などについて、大規模な修繕、交換または更新が必要になる状態
② 目標耐用年数は、建築物全体または建築物を構成する部位・部材または設備機器などが保有する耐久性能を考慮して定める。
③ 目標耐用年数は、建築物全体または建築物を構成する部位・部材または設備機器などに対して定める維持保全計画を考慮して定める。
④ 目標耐用年数は、ライフサイクルコストを考慮して定める。
⑤ 省資源・廃棄物排出削減という観点から、目標耐用年数が長くなる設計を行う。
⑥ 目標耐用年数を定めるにあたっては、相互に影響し合う部位・部材または設備機器などについて、その耐用年数に整合がはかられるよう配慮する。

（注）平成13年国土交通省告示第1347号（評価方法基準）の中の条文である「基本原則」における定義
「限界状態」とは、次のaまたはbのいずれかの状態をいう。
  a 通常の居住に耐えられる限界を超えて住宅の性能が低下しており、かつ、通常の修繕や部分的な交換により通常の居住に耐えられる状態まで回復できない状態
  b 通常の修繕や部分的な交換により通常の居住において耐えられる状態まで回復できる状態であるが、継続的に使用することが経済的に不利になることが予想される状態

3. 耐久性を考慮すべき部位・部材と集成材の使用環境区分

　集成材建築物の耐久設計において、耐久性を考慮すべき部位・部材について、集成材に劣化を生じさせる要因・劣化外力と集成材の耐久性能の関係から述べる。
　集成材の耐久性は、劣化を生じさせる要因が異なる木材部分と接着部分に分けて考える必要がある。木材に生じる劣化のうち大きな強度低下を招く生物劣化は、木材腐朽菌や木材を食害するシロアリなどの昆虫によりもたらされる。そして生物劣化が生じるには、これらの生育条件や活動条件に好適な温度と水分条件がそろって一定期間保たれる必要がある。一般に木材腐朽菌の発育条件は木材含水率で20％以上、温度で4～45℃くらいとされており、また、育成が大変活発になる条件としては、水分については含水率で40～50％、温度で20～40℃くらいとされている。
　一方、接着剤あるいは接着層の劣化は、一般的に温度、水、応力、紫外線などが要因になると考えられている。ただし、通常の屋内環境にさらされている程度であれば、現行のJAS制度の中で集成材製造に使用されている接着剤に限れば、劣化が生じることはほとんどない（表5-1）。生物劣化と異なる点は、水分が継続的に高いことよりも湿潤・乾燥が繰り返されるほうが厳しいことである。外気に直接さらされるような環境ではJASの接着区分が使用環境Aの製品であっても接着層付近に開口部が生じることがあるが、これは雨水による湿潤状態と太陽光による急激な乾燥が繰

表5-1　集成材JASにおける接着性能の区分、定義と使用できる接着剤の種類

区分	定義	接着剤の種類	
		積層方向、幅方向 2次接着	ひき板の長さ方向
使用環境A	含水率が長期間継続的に又は断続的に19%を超える環境、直接外気にさらされる環境、太陽熱等により長期間継続的に高温になる環境、構造物の火災時でも高度の接着性能を要求される環境その他の構造物の耐力部材として、接着剤の耐水性、耐候性又は耐熱性について高度な性能が要求される使用環境	レゾルシノール樹脂、レゾルシノール・フェノール樹脂、これらと同等以上のもの	レゾルシノール樹脂、レゾルシノール・フェノール樹脂、メラミン樹脂、これらと同等以上のもの
使用環境B	含水率が時々19%を超える環境、太陽熱等により時々高温になる環境、構造物の火災時でも高度の接着性能を要求される環境その他の構造物の耐力部材として、接着剤の耐水性、耐候性又は耐熱性について通常の性能が要求される使用環境	レゾルシノール樹脂、レゾルシノール・フェノール樹脂、これらと同等以上のもの	レゾルシノール樹脂、レゾルシノール・フェノール樹脂、メラミン樹脂、これらと同等以上のもの
使用環境C	含水率が時々19%を超える環境、太陽熱等により時々高温になる環境、構造物の耐力部材として、接着剤の耐水性、耐候性又は耐熱性について通常の性能が要求される使用環境	レゾルシノール樹脂、レゾルシノール・フェノール樹脂、水性高分子イソシアネート系樹脂、これらと同等以上のもの	レゾルシノール樹脂、レゾルシノール・フェノール樹脂、水性高分子イソシアネート系樹脂、メラミン樹脂、メラミンユリア共縮合樹脂、これらと同等以上のもの

り返されることによると考えられる。

　上述したことを背景として、建築物で生じうる使用環境について、生物劣化および接着層の劣化に与える影響が大きいと考えられる温度と木材含水率によりそれぞれ区分し、各環境下で使用することが想定される集成材に付与すべき保存処理条件と接着性能について表5-2にまとめた。

　温度区分については、太陽光の直射を受けた木材の表面温度「～60℃～」、小屋裏などの温度「～50℃～」、7～9月の平均気温「～25℃～」、本州以南年平均気温「～15℃～」、北海道年平均気温「～5℃～」を目安とした。含水率を区分する値は、木材腐朽菌が生育する可能性がでてくる目安が約20%、また、集成材JASの接着性能区分の基準が19%であることから、19%を境界値として「19%以下（～19%）」と「19%以上（19%～）」とした。また、19%以下であっても湿潤・乾燥の繰り返しが頻繁に生じる場合は接着層付近の健全度低下に与える影響が大きいと判断し、「～19%繰り返し」の区分を設けた。

表5-2　各使用環境区分で推奨される集成材の耐生物劣化性能および接着性能

温度の区分	木材含水率の区分		
	～19%	～19%繰り返し	19%～
～60℃～	「A」、「BC」	「A」	「K3」：「A」
～50℃～	「A」、「BC」	「A」、「BC」	「K3」：「A」
～25℃～	「A」、「BC」	「A」、「BC」	「K3」：「A」、「BC」
～15℃～	「A」、「BC」	「A」、「BC」	「K3」：「A」、「BC」
～5℃～	「A」、「BC」	「A」、「BC」	「K2」：「A」、「BC」

注　「A」「BC」は接着性能に関する「使用環境A」、「使用環境B」と「使用環境C」を表す略号
　　「K2」「K3」は保存処理材の性能を表す略号

含水率区分「〜19%」では、いずれの温度区分でも、木材腐朽菌への対処は必要ないものとし、接着性能も「使用環境A」、「使用環境B」、「使用環境C」いずれでもよい。

含水率区分「〜19%繰り返し」のうち温度区分「〜60℃〜」では、外気あるいは太陽熱に直接さらされることで頻繁に含水率が変化する軒下環境を想定して、接着性能は「使用環境A」とした。

含水率区分「19%〜」ではＫ３以上の保存処理を必要とするが、北海道のように年間を通じて冷涼な地域「〜５℃〜」ではＫ２以上でも可とした。また、接着性能については、「〜50℃〜」「〜60℃〜」の区分では太陽熱や外気に加えて風雨にさらされる場合を想定して「使用環境A」とした。

なお、水性高分子イソシアネート系樹脂接着剤については、温度26.7℃、関係湿度90%（木材の平衡含水率約22%）下で１週間のクリープ試験（ASTM D 3535）では変形が生じないデータなどもあるが、例えば、温水プールのはり、けた材や土台などへの使用に際しては十分検証することが望ましい。

4. 耐久性確保の基本方針

[１] 劣化外力の推定

木質構造材料の耐久性能を確保する基本は、まず部材、部品に作用する劣化外力の種類と程度を推定することである。劣化外力は地域別と部位別に推定する。

① 地域別劣化外力

劣化環境が形成されやすい箇所は、地域によって異なってくる。温度、湿度、雨量、風向、風

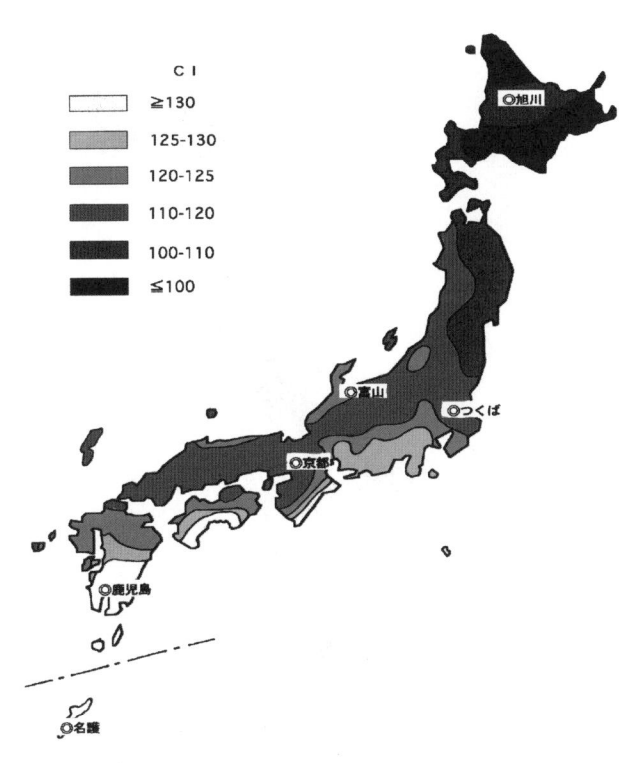

図5-1　ウェザリングマップによる地域区分
出典：木口実「木材科学講座12－保存・耐久性」海青社，1997年

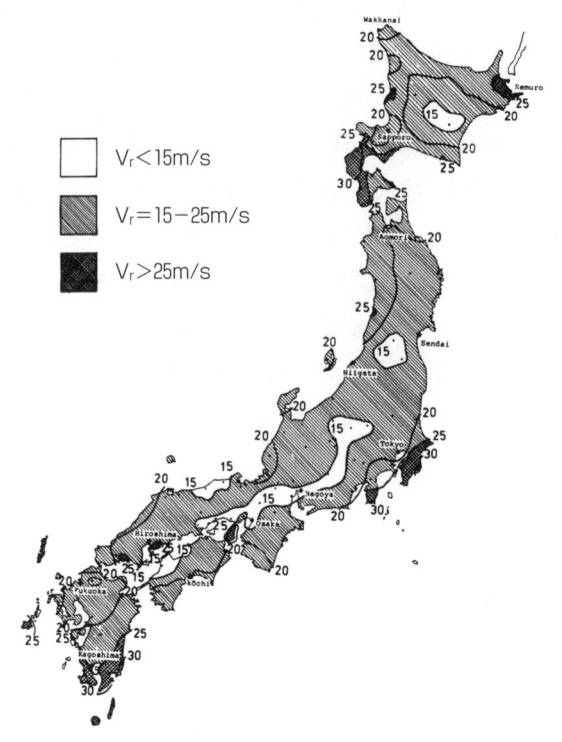

図5-2　降雨日の日最大平均風速 Vr（10分間平均風速）
　　　の再現期待値の分布

出典：建設省総合技術開発プロジェクト「住宅性能総合評価システムの開発報告書」独立行政法人建築研究所，1977年

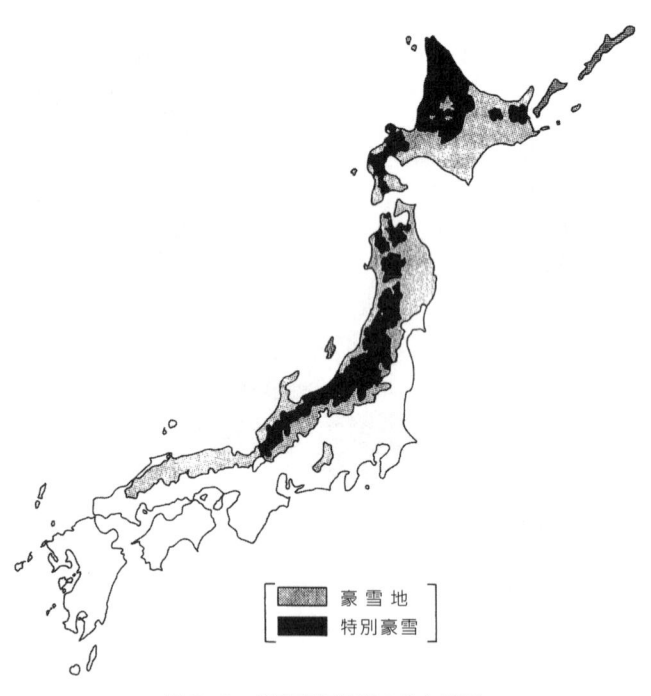

図5-3　指定豪雪地帯の分布地図

出典：「地域防災データ総覧／危険物・雪害編」財団法人消防科学総合センター，1987年

速、積雪量、紫外線量、飛来塩分量などの自然条件が各地域で異なり、それによって劣化の原因となる外部劣化因子の分布状態も各地域で異なってくるからである。図5-1にウェザリングマップを示した。ウェザリングマップとは、屋外暴露した単板の重量減少率と各地域の気象データとから算出される指数の分布図で、この値が高い地域ほど、ウェザリングの危険性が高いことを意味する。また、図5-2は吹き降りの雨が降る地域を示したものである。雨が強い風とともに降る地域ほど、横殴りの雨になり、より高い壁面を濡らすことになるし、風圧も大きくなって雨漏りが生じやすくなる。このような地域ではより劣化に対する危険度が高くなると考えておくべきである。図5-3には、豪雪地帯の分布図を示した。これらの地域では、すがもれや外壁足下回りの劣化が生じやすくなる。以上のように、各地域の劣化外力を把握した上で、それに対応した設計をする必要がある。

② 部位と劣化危険度（ハザードクラス）

地域性によって木質建築物の周辺・内部環境と劣化外力が基本的に規定されるものの、これが直ちに建物内部にある木質構造材料の周辺環境ならびに劣化の有無を規定することにはつながらない。腐朽菌の繁殖温度に達しない時期でも、室内の暖房エネルギーが直接間接に部材に作用すれば部材周辺温度は生物劣化が発生しうる温度にまで十分容易に上昇し得るし、外気がいかに乾燥している地域であっても、水回り使用水が床下や壁内に漏水していれば、部材周辺に生物劣化発生に必要な水分・湿分は容易に供給されてしまう。特に、床下や壁内、小屋裏を密閉ないしは半密閉する建築構法では、地域性のような巨視的な環境とは無関係にそれぞれの部位内あるいは部材周辺に、劣化に適した環境が何らかの原因により形成されてしまうことがある。このように部材の周辺に形成される温度、湿度、水分、通風などの状態区分を、「ハザードクラス」あるいは「ユースクラス」という。部材に生ずる生物劣化はこのハザードクラスによって発生の有無、速度、範囲が最終的に決定される。

建物内のハザードクラスは、直接的には部位の位置・構法とその部分の機能・用途（温湿度、水分の作用条件）によって決定される。例えば、床では地盤面からの湿気に対しては基礎構法の有する換気性能や防湿対策が関係し、使用水に対しては床の防水構法、水仕舞が関係する。また壁では室内からの水分、湿分の侵入に対しては防水構法や防湿構法あるいは通気構法が関係し、外壁面の雨水に対しては防水構法や雨仕舞が関係する。さらに各部位の断熱構法では、防湿層の位置やその材質が重要な鍵を握っている。すなわち、建物内における部材周辺のハザードクラスを決定している要因には、各種水分・湿分の作用条件を基本として、部材の外気への露出状態、部材への日照条件、部材の地盤面からの高さ、断熱材の有無、部材の異種材料との接触状態、部材周辺の通気状態などがあり、建物の耐久設計の際には、これらの使用環境条件を十分に考慮する必要がある。

[2] 木質構造材料の耐久性確保の基本方針

木質構造材料の耐久性能を確保する2つめの基本は、図5-4に示すように材料そのものを耐久性能の高いものにすると同時に、材料の耐久性能を低下させる原因となる水分・湿分を長期間継続的に作用させない構造システムを作り込むことである。この時、何らかの故障あるいは許容限度を超える事象が生じた場合、その構造システムには、2重、3重に水分・湿分の作用を抑制するサブシステムが組み込まれていることが必要である。また構造材料に生じている何らかの危険な事態を検知し、場合によりそれを容易に修補できるような作りとなっていることも重要なポイントであ

る。それぞれの具体的な内容を示せば、以下のとおりである。

① 劣化しにくい建物環境の設計

　劣化しにくい建物環境を作るためには、第1のサブシステムとして、建物周辺環境を建物の耐久性能確保上有利にしつらえることが重要である。これは、建物の建つ地域の気候・地域特性（気温、湿度、日照時間、風雨・降雪量、卓越風向、海岸からの距離、シロアリの有無など）や局地的気象条件（周辺樹木や地形による建物周りの風雨の流れ、湿度分布など）などによって決まる。

　つぎに第2のサブシステムとして、各部構法により構造材を水分・湿分から保護することが必要である。そのための構法を区分すれば、図5-5に示すとおり、A: 雨仕舞・水仕舞構法、B: 防水・防湿構法、C: 通気・換気構法の3種に分類することが可能である。雨仕舞・水仕舞構法は、屋根、外壁、土台、水回りで雨水、使用水が構造材に作用する前に速やかに遠ざけるための建築的手法であり、各部の形状・寸法・勾配などのディテールデザインや下地・仕上げ材料の組み合わせによって対応する。一方、防水・防湿構法は雨水や使用水あるいは湿気が構造材に作用するのを防水・防湿材料によって防御する手法であり、防水・防湿材料のもつ物理化学的性能に大きく依存する。この構法は多くの場合、水・湿気の作用する部位の下地・仕上げ面あるいはそれらの接合部に用いら

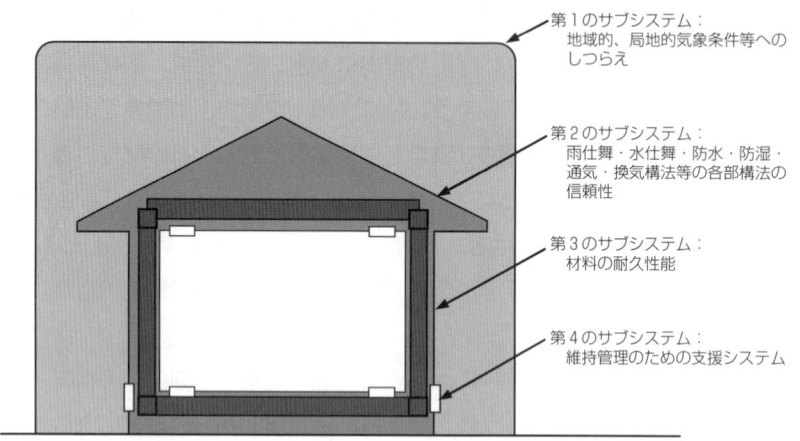

図5-4　設計段階で考慮すべき耐久性能維持システム

出典：中島正夫「木造住宅の耐久設計と維持管理・劣化診断」財団法人日本住宅・木材技術センター，2002年

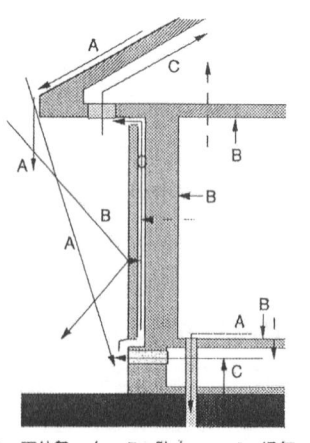

図5-5　水分・湿分処理構法

出典：中島正夫「木造住宅の耐久設計と維持管理・劣化診断」財団法人日本住宅・木材技術センター，2002年

れる。さらに、通気・換気構法は、以上の構法によっても防ぎきれない水分・湿分（床下・小屋裏滞留湿気、外壁、屋根、床下などの部位内結露など）を早期に建物外に排出するための手法であり、部位内の自然の圧力差を利用するのが一般であるが、場合により強制的通気・換気手段がとられることもある。

　これらの3種の構法を水分・湿分の処理態様から見れば、A: 雨仕舞・水仕舞構法は水分・湿分を部位に作用させない機能、B: 防水・防湿構法はある部位に作用した水分・湿分をその内部に浸入させない機能、そしてC: 通気・換気構法は内部に浸入した水分・湿分を早期に乾燥させる機能と捉えられる。各部構法というサブシステムでは、構造材を水分・湿分から守る保護システムとして、これら3種の構法が相互補完的に機能しあうことが大切であり、耐久性能の向上を意図した設計においてはこの原則を守ることが肝要である。

② 材料の適材適所への利用

　つぎに第3のサブシステムは、使用材料そのものを高耐久化する手法体系である。基本的には故障確率の高い部位・部材に耐久信頼性の高い材料・部品を用いること（たとえば浴室にユニットバスを用いるなど）であるが、木質材料の場合は、木材保存剤を加圧注入処理した材あるいは木材表面への塗布処理材、吹き付け処理材など、その種類・性能は様々である。また、各種のエンジニアドウッド材の接着耐久性能や接合部に用いられる接合具、接合金物などの耐久性能を確認することも重要な問題になる。

③ 必要に応じた薬剤処理

　木質材料では樹種の持つ固有の耐久性能を生かすことが1つの基本的方向であるが、耐久設計の基本原則はフェイルセーフの考え方を徹底することである。すなわち、仕上げや防水層などに何らかの故障、劣化が生じて構造材料に水が作用しても、一定時間以上その耐久性能が確保されるような機構を組み込むべきである。そのためには、必要最小限の範囲に限って木材保存剤などの薬剤処理をすべきである。

④ 維持保全のしやすい設計

　以上のような3段階にわたる構造材料の耐久性能確保策に加えて、故障確率の高い部位には原則として故障を検知し補修しやすくするためのサブシステムを設計段階から組み込むことが必要となる。具体的には建物各部の点検・補修がしやすいように点検口を要所に設けることや床下、外壁回りの点検・補修作業が可能となるような空間を確保することなどがその例となる。

5. 維持保全・更新の容易性確保の基本

　設定した目標耐用年数まで個々の建築物を使用可能にするためには、維持保全および更新を適切に行う必要がある。したがって、建築物を設計・施工する際には、建築物各部の維持保全と更新が行いやすいように配慮することが肝要である。

　「長期使用構造等とするための措置及び維持保全の方法の基準」（平成21年国土交通省告示第209号）の中の第3「長期使用構造等とするための措置」の中で、新築住宅を対象として「構造躯体などの劣化対策」に関する基準が示されている。木造については、品確法に基づく住宅性能表示における劣化対策等級3の基準を満たした上で、①床下および小屋裏に点検口を設置することと、②点

検のために床下空間の一定の高さを確保することが基準として定められている。当該基準の内容は以下に示す通りである。
（1） 区分された床下空間ごとに点検口を設けること。
（2） 区分された小屋裏空間ごとに点検口を設けること。
（3） 床下空間の有効高さを330mm以上とすること。ただし、浴室の床下等当該床下空間の有効高さを330mm未満とすることがやむ得ないと認められる部分で、当該部分の点検を行うことができ、かつ、当該部分以外の床下空間の点検に支障をきたさない場合にあっては、この限りでない。

　木造建築物について維持保全・更新を的確に行うためには、点検により維持保全と更新を行うべき部位や部分を的確に把握する必要がある。このため建物各部の状態を適切に確認できる対策を講じておく必要がある。上記基準は木造住宅についての講じるべき対策の基本的な考え方を示したものといえる。集成材建築物について、柱やはりなどの部材、柱脚接合部、柱はり接合部、屋外に露出している部材や接合部など点検を行うべき箇所について、容易に点検が行える対策を講じることが重要である。

　また、定期的に更新を行うことになる仕上げ、造作、設備配管などと、更新を行わない構造躯体との取り合い部分について、仕上げ、造作、設備配管などを更新する際に構造躯体を損傷しなくて済むように設計上の工夫を行うことが重要である。住宅性能表示制度に係る評価方法基準（平成13年国土交通省告示第1347号）の中で「維持管理・更新への配慮に関すること」として、新築住宅および既存住宅を対象に以下の各項目に関する評価方法基準が定められている。
（1） 専用配管を対象とした維持管理対策等級
（2） 共用配管を対象とした維持管理対策等級
（3） 共用排水管を対象とした更新対策
（4） 住戸専用部更新対策

　同評価方法基準の中では、例えば、専用配管を対象とした維持管理の容易性確保に対して講じられた対策としては、以下に示す内容が定められている。
（1） 構造躯体および仕上げ材に影響を及ぼすことなく専用配管の点検および清掃を行うことができる。
（2） 構造躯体に影響を及ぼすことなく専用配管の補修を行うことができる。
（3） 共同住宅などにあっては、対象住戸以外の専用部分に立ち入ることなく当該対象住戸の専用配管の点検、清掃および補修を行うことができる。

　また、住戸専用部の更新対策としては、躯体天井高、住戸専用部における構造体としての壁または柱の有無を評価しており、住戸専用部の間取り変更などに対する対策の程度を評価している。

　以上のように建築物の維持保全・更新の容易性については、①構造躯体の維持保全の容易性、②設備配管などの維持管理・更新の容易性、③建築物の間取り変更・用途変更の容易性について考慮する。なお、②設備配管などの維持管理・更新の容易性、③建築物の間取り変更・用途変更の容易性については、建築環境総合性能評価システム（通称CASBEE）において、より詳細かつ具体的な内容が示されている。同システムの評価項目の中の「サービス性能」の「対応性・更新性」には、「空間のゆとり」「荷重のゆとり」「設備の更新性」に関する評価基準が定められており、参考とすることができる。

6. 維持保全計画の基本

[1] 維持保全計画の目的

建築物について、目標耐用年数に達するまでの間、意図した性能および機能を維持させるためには適切な維持保全が必要不可欠である。維持保全行為は、建築物の性能および機能を維持するために行うものであり、各々の維持保全行為には目的がある。維持保全の目的は大きく以下のように分類することができる。

① 建築物の安全性の確保
② 建築物内の安全・快適かつ衛生的な環境の保持
③ ランニングコスト、ランニングCO_2の節減
④ その他、建築物の要求される性能および機能の保持

建築物の維持保全計画は、建築物が目標耐用年数を迎えるまでの間、その性能や機能が設定した水準を常時保てるように定めることを原則とする。ただし、維持保全計画を定めるにあたっては、実現性のある維持保全計画となるよう配慮する。建築物の部位・部材および設備機器などの性能・機能は経年により低下するものが少なくない。たとえ個々の部位・部材および設備機器などの性能が低下しても、所定の水準以内であれば、建築物全体として実用上許容される場合もあるので、ライフサイクルコストなどを考慮しつつ、最適な維持保全計画を立案することが肝要である。

[2] 保全の範囲と分類

保全はその行為と時期によって図5-6のように分類される。

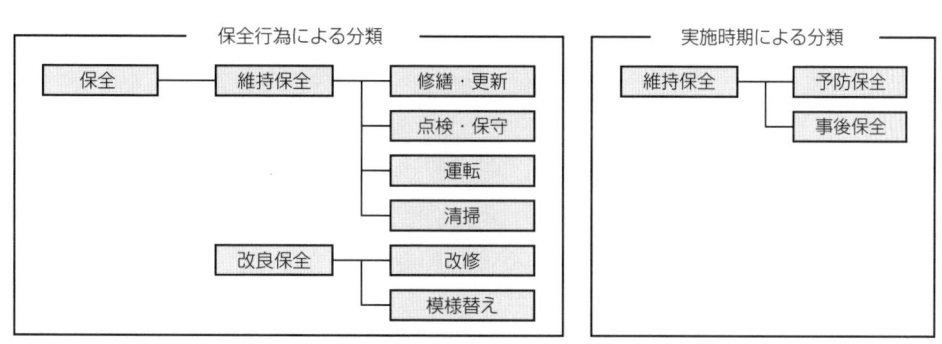

図5-6 保全の行為による分類と時期による分類

維持保全と改良保全の考え方を図5-7に示す。竣工時の性能と機能を維持することが目的の場合、維持保全を行うことによって目的を達成できるが、竣工時よりも高い性能と機能を付与することが目的の場合、改良保全が必要となる。すなわち、建築物の劣化に対しては維持保全、陳腐化に対しては改良保全を行う必要がある。

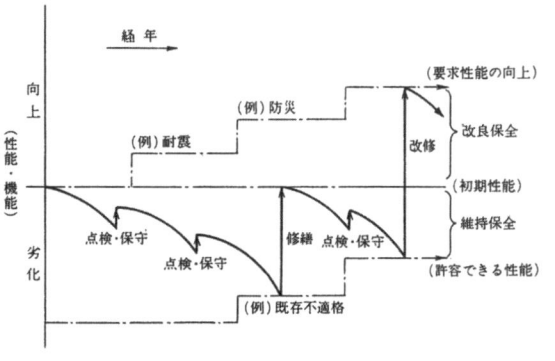

図5-7 保全の概念図

参考文献
1）社団法人日本建築学会耐久計画小委員会編「建築物・部材・材料の耐久設計手法・同解説」社団法人日本建築学会，2003年
2）木口実「木材科学講座12－保存・耐久性」海青社，1997年
3）建設省総合技術開発プロジェクト「住宅性能総合評価システムの開発報告書」独立行政法人建築研究所，1977年
4）「地域防災データ総覧／危険物・雪害編」財団法人消防科学総合センター，1987年
5）中島正夫「木造住宅の耐久設計と維持管理・劣化診断」財団法人日本住宅・木材技術センター，2002年

2節 耐久設計上考慮すべき劣化とその発生機構

1. 干割れ・ウェザリング

[1] 干割れ

① 考慮すべき理由

　干割れは、外的環境により木材表面が乾燥し、収縮することによって、木材繊維に沿って生じる破壊のことである。集成材では、極端に乾燥した環境下や大きな温湿度変化のある環境下で生じることがある。干割れは集成材の美観を損ねるばかりでなく、使用部位によっては材内への水分の浸入を招き、腐朽の原因となるおそれがあるので、できるだけ防ぐ対策を講じる。

② 発生機構

ⅰ）木材の膨潤・収縮

　木材は繊維飽和点（含水率約30%）以下では、含水率の増減にともない膨潤・収縮する。木材の接線方向、半径（放射）方向の膨潤率を図5-8[1]に示す。集成材用ラミナの場合、接線方向はおおむね幅方向、放射方向は厚さ方向となる（心持ちのラミナの場合は逆）。

　また、各温湿度における木材の平衡含水率を図5-9[2]に示す。平衡含水率は大気の温度と相対湿度によって定まるが、特に相対湿度の影響を受ける。使用環境により平衡含水率も異なるので、木部の膨潤・収縮に大きく影響する。通常の大気の温度および湿度での平衡含水率は、日本国内の屋外（風通しのよい日陰で、雨水のかからない場所）では平均で約15%、屋内では空調設備の普及により8〜12%である[3],[4]。

ⅱ）構造用集成材の含水率基準

　構造用集成材の含水率は集成材の日本農林規格では15%以下であることと定められ、また、構造用集成材の適正製造基準[5]では「ラミナの含水率は8〜15%の範囲内にあるものとし、ラミナ間、ラミナ内の含水率むらはできるだけ小さくし、原則として目標含水率

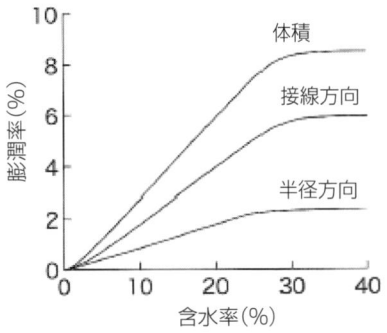

図5-8　全乾状態から横軸の含水率までの接線および半径方向の線膨潤率と体積膨潤率（樹種：ヒノキ）

出典：日本木材学会編「木質の物理」文永堂出版，p53，2007年

の±3％以内とする」とされている。

ⅲ）干割れの発生機構

上記のとおり、集成材は、おおむね日本国内の屋外（風通しのよい日陰で、雨水のかからない場所）および屋内での木材の平衡含水率まで乾燥されているので、一般的な使用環境下では含水率の変動やそれにともなう膨潤・収縮も少なく、干割れは生じにくい。

しかしながら、集成材表面は外的環境の影響を受けやすく、過度に乾燥した環境や大きな温湿度変化のある環境では、含水率の変動による木部の膨潤・収縮によって干割れが生じることがある。集成材表面が過度に乾燥した場合、表面は収縮しようとするが、集成材の内部の含水率は変わらず、寸法の変化もないため、木材表面の繊維間、接着層、接着層とラミナの界面に引張り応力が生じ、干割れが発生する。また、大きな温湿度変化のある環境では、集成材表面の含水率が変動し、木部が膨潤・収縮する。集成材では、個々のラミナの膨潤・収縮やそりなどの変形を接着剤で拘束しているので、接着層や接着層とラミナの界面に応力が繰り返し生じる。その結果、接着層のごく近傍で接着層に沿った割れや、木部の割れが生じることがある。

③ 劣化外力

集成材に干割れを生じさせる環境因子は、乾燥と温湿度変動である。太陽光（紫外線、熱）に直接さらされるような環境や、空調機の温風が直接あたるような環境、過度に乾燥した環境下では干割れが発生しやすい。また、雨、風、太陽光などに直

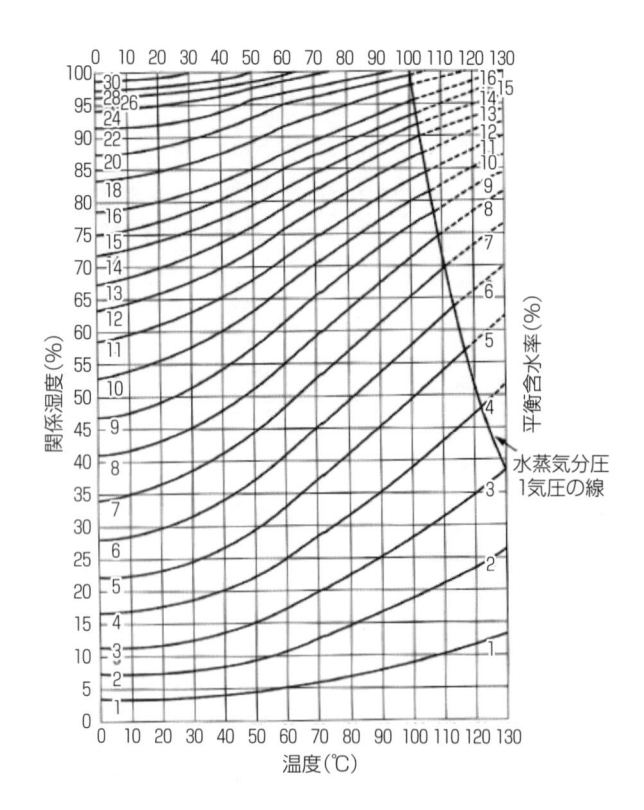

図5-9 木材の平衡含水率
出典：独立行政法人森林総合研究所監修「木材工業ハンドブック改訂4版」丸善、2004年

図5-10 屋外で使用され干割れが生じた集成材（矢印部に干割れが生じている）

接さらされるような屋外や、屋内プール、温浴施設などの水を使用する施設のように温湿度の変動が大きな環境においても、干割れが発生しやすい（図5-10）。

［2］ウェザリング

ウェザリング（weathering）は、太陽光（紫外線）、降雨（水）、風（飛ばされてくる砂や粉塵）などの屋外における複合的な気象劣化要因により生じる木材表面の劣化である。具体的な劣化としては、表面における早材部分がえぐれたように不均一になる目やせ（あるいは風化：erosion）と呼ばれるものと、表面が暗灰色化する変色が主なものである。

① 目やせ（風化）

屋外に暴露された木材は、太陽光の紫外線により木材成分のリグニンなどの芳香核成分が光分解を生じる。紫外線は木材表面から1 mm以下程度しか浸透しないので、光劣化による木材全体の強度低下の影響は少ない。しかし、分解したリグニンやヘミセルロースは水可溶性となり降雨により洗い流され、また新たな木材成分が表面に表れるが同様に光分解、低分子化、水可溶化、溶脱を繰り返し、密度の低い早材部を中心に木材がやせてくる（図5-11）[6]。目やせ（風化）の速度は、針葉樹材において100年間で5～6 mm程度という報告があるが、腐朽に比べてその劣化速度は極めて遅い。風化速度は木材の密度に影響されるため、スギなどの針葉樹では早材部の風化量は晩材部の4～5倍と著しく高くなる。また、疎水性の高い心材部の方が辺材部より風化量は少ない傾向がある。木取りの影響をみると、水分が浸透、滞留しやすく光に弱いリグニンの含有割合の高い細胞間層が露出する木口面が最も風化量が大きく、次いで早材部の露出割合が高い板目面で風化が大きくなる。柾目面では年輪幅の影響を強く受け、幅の広い材ほど風化量が多い。

② 変色[7]

光劣化を受けた木材表面は、代謝されにくい芳香核成分の多くが分解され、カビや腐朽菌の栄養源となるヘミセルロースやセルロースなどの糖類が残存するため生物劣化を受けやすくなる。しかし、屋外において木材表面は夏季には60℃以上の高温となり、含水率も局所的には非常に低くなるため木材を腐朽させる担子菌類は生育しにくい。一方、表面汚染菌としての不完全菌類に代表されるカビ類の一部はこのような木材表面の環境においても生育可能であり、特に黒酵母菌の一種である

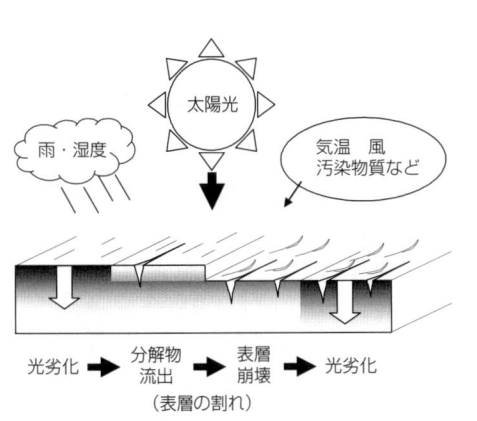

図5-11 ウェザリングによる木材表面 目やせ（風化）

出典：片岡厚，木口実，大越誠「塗装工学」37，日本塗装技術協会，p305-315，2002年

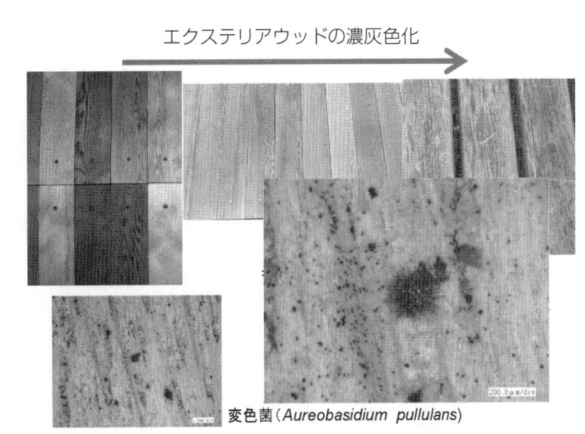

図5-12 暴露木材のカビ類による暗灰色化

（左：暴露直後、中：暴露3ヶ月後、右：暴露2年後）（拡大写真は灰色部に繁殖したカビの胞子）

変色菌（*Aureobasidium pullulans*）

Aureobasidium は乾燥に強いため光劣化を受けた木材表面において黒色の汚染を引き起こす(図5-12)。

2. 腐朽・蟻害

[1] 腐朽・蟻害の発生

① 耐久性上考慮すべき理由

木材が高い比強度を持つのは、図5-13に示すように、空隙（色の濃い部分）を丈夫な細胞壁（色の濃い部分を囲っている板状の構造）が包んでいるからである。

腐朽あるいは蟻害が発生すると、木材の強度を担っている細胞壁が攻撃され最終的には消失してしまうため、腐朽や蟻害の進行にともない木材の強度が大幅に低下し、最終的には木材が破壊される。このため、木質構造物については、特に腐朽および蟻害への対策が必要となる。

② 腐朽・蟻害の発生機構

ⅰ) 腐朽

腐朽は木材腐朽菌と呼ばれる主として担子菌に属する生物によって引き起こされる。

この木材腐朽菌は子実体（図5-14）から胞子と呼ばれる大きさ数μm（μmは1mmの1,000分の1）の粒子を放出する。放出された胞子は非常に小さく風などによって子実体から離れた所まで運ばれ、そこで菌糸と呼ばれる糸状の細胞列を形成しながら成長する。木材腐朽菌の菌糸は伸長する際、酵素などにより木材細胞壁を分解しエネルギーに変えていくため、木材腐朽菌に冒された木材では木材細胞壁が徐々に薄くなり最終的には破壊されてしまうことになる。

一方、胞子を経ないで腐朽が引き起こされることもある。この場合は、土壌や腐朽材の中で生育していた木材腐朽菌がそこから菌糸を伸長し、その先端が新たな木材に到達するとそこで再び木材を分解しながらエネルギーを得て成長していくことによって引き起こされる。

ⅱ) 蟻害

蟻害はシロアリが木材を食害することによって発生する。日本において建築上重要なシロアリ種は、ほぼ日本全土で被害を引き起こすヤマトシロアリと関東以西以南で甚大な被害を引き起こ

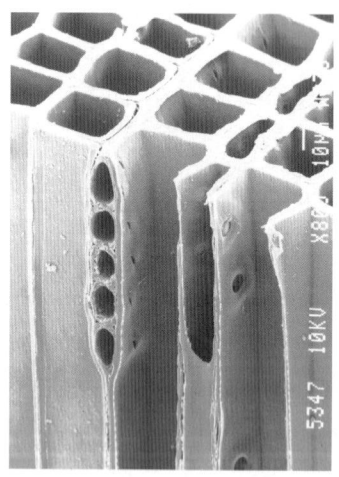

写真提供：独立行政法人森林総合研究所
図5-13 ヒノキ細胞壁

図5-14 子実体の例

すイエシロアリである。これらのシロアリ種は社会性昆虫で、王と女王とを中心とした巨大なコロニー（集団）を作って木材を加害するところに特徴がある。このため、たとえ個々のシロアリが木材を加害する速度は遅くても、1本の木材が同時に膨大な数のシロアリによって加害されていくため、蟻害を受けた木材は短期間で強度を大きく低下させることになる。なお、これらのシロアリは地下シロアリと呼ばれ、主として地中にシロアリの通り道である蟻道を構築し生殖階級（王と女王）が棲む巣と加害部とを移動している。このため、地中から構造躯体へは基礎や配管表面などに蟻道を構築し侵入することが多い。また近年、含水率が繊維飽和点以下の乾いた木材に棲み、そこを加害するアメリカカンザイシロアリによる被害が全国各地で局地的に発生している。このシロアリ種は蟻道を構築しないため離れたところにある木材を加害することがなく、被害は生殖階級がいる箇所に留まる。

③　腐朽や蟻害が発生する環境

ⅰ）腐朽

　腐朽の発生には、腐朽菌（または胞子）がいる（ある）こと、適度な水分があること、酸素があること、腐朽に適した温度であること、栄養があること、が必要とされる。通常の建築部材であれば、適度な水分があること、という項目以外の全てが当てはまるため、腐朽発生の有無は木材中の水分量（含水率）に左右されることになる。なお、腐朽に適した水分量は、繊維飽和点（含水率約30％）以上とされている。

ⅱ）蟻害

　蟻害の発生には、周囲にシロアリがいることと、建築部材の状態がシロアリの生息に適していることとが必要である。特にイエシロアリ生息地域やアメリカカンザイシロアリの被害が発生している地区では、それらの種に対する注意が必要である。各地域におけるシロアリの分布状況については、日本しろあり対策協会が作成しているマップが参考になる（図5-15）。

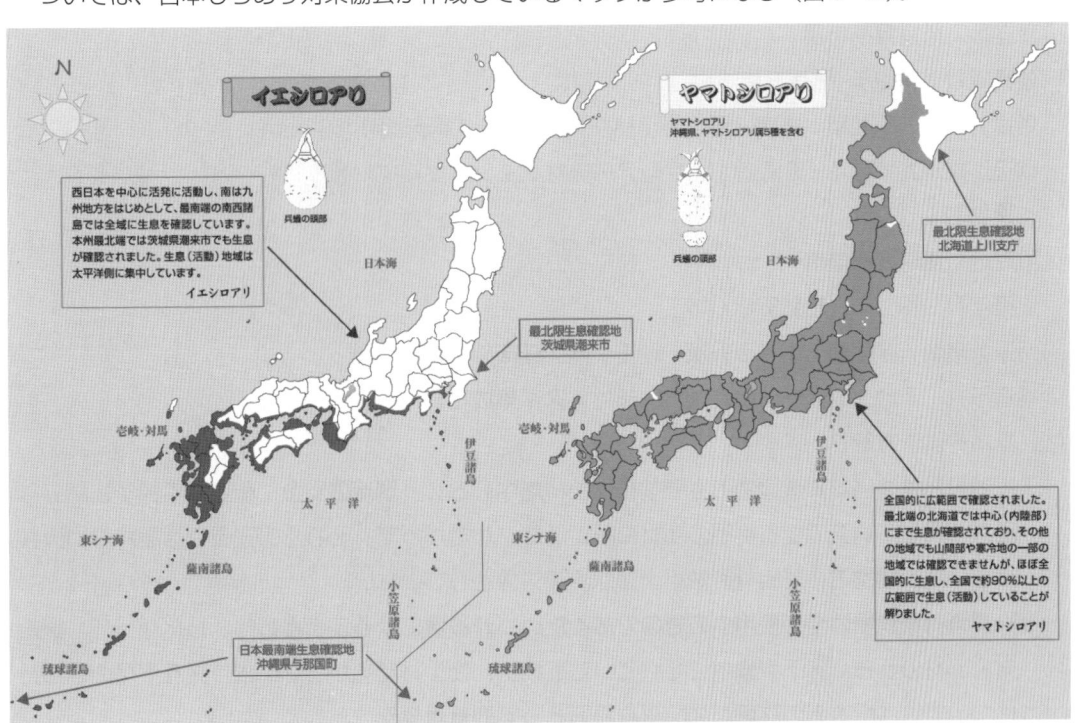

図5-15　イエシロアリおよびヤマトシロアリ分布図
出典：社団法人日本しろあり対策協会編「日本全国しろあり分布図」日本しろあり対策協会，2003年

一方、建築部材の状態としては、ヤマトシロアリが比較的湿った材を好み、イエシロアリが乾いた材を好むという特徴がある。乾いた材を加害する際、イエシロアリは水取り蟻道と呼ばれる蟻道を地下などに延ばし、そこから水分を加害箇所まで運び、材を湿らせながら加害する。これに対し、アメリカカンザイシロアリの場合は、水取り蟻道も不要で、完全に乾いた木材の中に棲みその周囲を加害していく。

［2］集成材建築物における腐朽・蟻害例[9]

　ここでは日本集成材工業組合が2006年から3年間にわたって実施した築25年以上経過した集成材建築物の調査結果をもとに腐朽・蟻害を中心とした劣化実態について述べる。

① 建物概要

　ここで、事例として取り上げた4棟の建物概要は以下のとおりである。

＜建物A＞

所在地：埼玉県ふじみ野市

建築年数：1966年（昭和41年）竣工

用途／階数／床面積：試験所兼事務所／地上1階／延床面積207.36㎡

構造形式：ラーメン構造（柱：通直エゾマツ集成材、合わせばり：エゾマツ集成材）

＜建物B＞

所在地：静岡県浜松市

建築年数：1973年（昭和48年）竣工

用途／階数／床面積：住宅／地上1階／延床面積466.00㎡

構造形式：ラーメン構造（柱：通直ベイツガ集成材、合わせばり：ベイツガ集成材）

＜建物C＞

所在地：奈良県高市郡

建築年数：1962年（昭和37年）竣工

用途／階数／床面積：倉庫（元は展示棟）／地上1階／延床面積158.75㎡

構造形式：U字型アーチ構造（U字型アーチ材：エゾマツ集成材）

＜建物D＞

所在地：宮崎県都城市

建築年数：1962年（昭和37年）竣工

用途／階数／床面積：ボイラー棟／地上1階／延床面積499.60㎡

構造形式：3ヒンジアーチ構造（アーチ材：スギ集成材）

② 基本的調査方針

　ⅰ）対象部材は当該調査建物の主要な構造部材を中心とし、調査の安全に配慮して梯子、脚立などを利用して調査できる範囲の部材に限定した。したがって、それらの道具では届かない天井高さの高い建物の小屋組材や軸組上部は調査対象としていない。

　ⅱ）調査対象建物は全て使用中のものであるため、非破壊によることとした。したがって、調査対象部材のうち、床下や壁内に隠れていて下地材、仕上材を剥がさない限り調査不可能な部分については、所有者の許可がない限り原則として調査対象部位としていない。

③ 生物劣化の調査方法

集成材に生じている腐朽、蟻害を中心に生物劣化の有無、状況を調査した。調査方法は、目視、触診、打診などの簡易な方法によって劣化の有無を判断した後、劣化が疑われる箇所についてはその程度と範囲をドライバーなどを圧入して判断した。

④　腐朽・蟻害の調査結果

蟻害、腐朽などの生物劣化の建築上の決定因子は、水分あるいは湿分の作用の有無であり、今回の調査でもそのような水分、湿分の影響が生じやすい状態に置かれている部材で主要な劣化が観察された。以下、個別事例を紹介する。

ⅰ）建物A　北側土台、柱集成材の蟻害

図5-17、5-18は、建物Aの北側土台および柱集成材の蟻害被害の状況を示している。この被害の主要な原因は、写真からもわかるように建物Aが真壁構造でありながら基礎高さが低く降雨時に木部が常に跳ね返り水の影響を受けやすかったこと、また柱勝ちの納まりであったために柱木口面が基礎に直接接しており吸水しやすかったこと、土台、柱集成材のラミナがエゾマツで構成されていたことなどが考えられる。

ⅱ）建物A　西側合わせばり端部の腐朽

図5-19、5-20は、建物Aの西側はり端部の状況を示している。この合わせばりは屋内から繋がっているはりであり、その端部は軒を支えている。しかし、端部を雨水から守るはずの鼻隠しがなく、はり木口面が露出した状態となっている。そのため、常時雨掛かりとなり木口面から雨水が浸入しやすく、腐朽被害あるいははく離被害を生じやすい環境に置かれている。図5-20はおそらくそのような被害があった箇所を後で金属板で被覆したものと思われる。最初から木口面を雨水から保護する設計とする必要があった事例である。

ⅲ）建物B　軸組集成材の腐朽、蟻害被害

図5-16は、建物Bの浴室外周壁の軸組部分の蟻害、腐朽状況を示している。被害は浴室腰壁部分の外壁下見板裏面、下地合板、胴縁、防水紙、製材間柱、柱集成材、土台集成材にまで及ぶ。外周犬走りと基礎立ち上がり部とのごくわずかなすき間から蟻道が外壁内に構築されていたのを、長年見逃してきたために被害がこれほど拡大したものと思われる。被害の直接の原因は、図5-21および図5-22に示すとおり、浴室内部腰壁部分のタイル仕上げと窓枠との取り合い部に施されていた防水シールのはく離部から湿気が壁内に侵入し、それが繊維系断熱材内部で結露したためと思われる。なお、集成材がベイツガで構成されていたことも被害拡大の一要因と考えられる。

ⅳ）建物C　北側U字型ばりの蟻害、腐朽被害

図5-23は、建物Cにおける北側端部に位置するはり（U字型）の腐朽、蟻害被害の状況を示す。この建物は図5-24に示すとおりデザインが特異であり軒の出がまったくなく、また図5-25に示すとおり屋根金属板と外壁モルタル

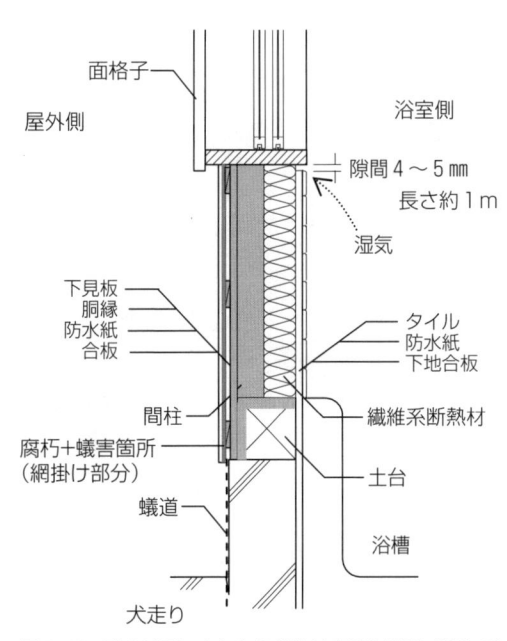

図5-16　壁内結露にともなう劣化被害発生箇所（建物B）

図5-17　北側柱集成材の蟻害（建物A）

図5-18　北側土台集成材の蟻害（建物A）

図5-19　合わせばりの軒先部分の劣化（建物A）

図5-20　合わせばりの軒先部分の被覆（建物A）

図5-21　壁内結露による蟻害・腐朽被害（建物B）

図5-22　壁内結露の原因となった浴室側のシール切れ箇所（建物B）

図5-23　北側U字型ばりの蟻害・腐朽被害（建物C）

図5-24　建物北側外観（建物C）

図5-25　建物北側外壁と屋根との取り合い（建物C）

図5-26　北側U字型ばりの屋内側蟻害箇所（建物C）

図5-27　アーチ脚部の蟻害補修箇所（建物D）

図5-28　アーチ脚部の蟻害箇所（建物D）

部の取り合いが雨水浸入を生じやすい納まりだったため、その部分から雨漏りが発生し躯体であるU字型ばりに被害が発生したものと考えられる。同じ現象は平面的に対称形であるこの建物の南側端部のはりにも発生していたが、原因は北側と同様と考えられた。

また、図5-26は北側U字型ばりの側部分に発生している腐朽と蟻害の様子を示している。仕上げ材があるので詳細はわからないが、おそらくはりの下部から連続的に被害が進行してきた結果と思われる。

ⅴ）建物 D　アーチ材脚部の蟻害

　図5-27、5-28は、築45年経過している建物Dにおけるアーチ材脚部の蟻害箇所を示している。この建物のアーチ材脚部は基礎アンカープレートに木口面で接しており、しかも基礎上面の一部が雨水に直接さらされる納まりであったため、基礎上面に溜まった雨水が木口からアーチ材に吸収され、そこをシロアリに狙われたものと思われる。基礎上部に雨水が溜まらない構造としておくべきであった。

⑤　集成材建築物における生物劣化被害の特徴と対策

　ここで紹介した建物では、部材や部位の納まりが悪く、雨水の浸入や水分吸収が生じやすいなど、多くは設計に問題があって劣化被害が生じている。また、住宅や宿泊施設のような水回りを持つ建物では、特に使用水の影響が大きくなりやすく維持保全が重要になるが、それがおろそかにされている建物で大きな被害が見られる。様々な形態の水に対する設計および維持保全のあり方が、生物劣化を抑制する重要な鍵となるのは、製材による一般木造建築物と同様である。また、防水性能が低下した場合に水が作用するおそれのある部位に使用する集成材などでは、耐朽性の高い樹種の心材によるか加圧注入処理材を使うなどの配慮が必要になる。

3. 鋼材部の錆

[1] 鋼材腐食が集成材建築物に与える影響

　鋼材腐食は鋼材の耐力低下、接合金物の耐力低下、および見え掛かり部分に使用される場合には美観性の低下の原因となる。したがって、鋼材および接合金物に対しては適切な防錆措置を講じる必要がある。

　鋼材腐食による耐力低下に関しては、例えば、品確法に基づく住宅性能表示制度における劣化対策等級の評価では、鉄骨造住宅の場合は主要な構造部材のうち、柱、はり、筋かいが腐食し、その断面欠損が鋼材の10%となった時点を、鉄骨造住宅の劣化による限界状態[10]として想定している。

[2] 鋼材の腐食・防食メカニズム

①　鋼材の腐食メカニズム

　鋼材の腐食は大気中の酸素（O_2）が溶けこんだ液体の水に、鋼材が接触することにより発生する。鉄（Fe）の場合には、化学反応式は以下のようになる。

　$2Fe + O_2 + 2H_2O \rightarrow 2Fe(OH)_2$

　図5-29に鋼材の腐食メカニズムを示す。

②　亜鉛めっき鋼材の防食メカニズム

　亜鉛めっき鋼材は鉄（Fe）表面を亜鉛（Zn）により被覆したものである。被覆する方法には、溶融した亜鉛に浸漬

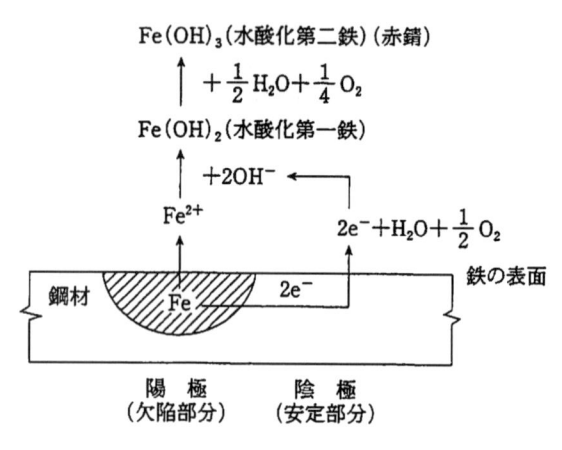

図5-29　鋼材腐食のメカニズム

する方法（溶融亜鉛めっき）および電気的な方法（電気めっき）がある。

亜鉛のイオン化傾向は鉄のイオン化傾向より大きいことから、選択的に亜鉛の方が先に腐食する。すなわち、以下の反応が進行する。

$$2Zn + O_2 + 2H_2O \rightarrow 2Zn(OH)_2$$

したがって、亜鉛被覆が腐食により消耗するまで、鉄の腐食は防止できる。このような腐食は一般に犠牲腐食と呼ばれる。なお、前述した鉄骨造住宅の劣化対策等級では、亜鉛めっき付着量の90％が腐食した状態でめっき処理の限界状態[11]に達すると考えている。

③ 防錆塗装の防食メカニズム

めっき処理と並んで代表的な鋼材の防食方法として、防錆塗装があげられる。防錆塗装は一般的に素地調整＋下塗り（さび止め塗装）＋中塗り＋上塗りで構成され、各工程には表5-3に示すような役割がある。

表5-3 防錆塗装各工程の役割

工程	役割
素地調整	表面の汚染物質、油類、さびなどを除去し、塗装に適した状態に調整する。
下塗り	さび止め塗料を塗装し、防錆効果を付与する。
中塗り	均質で厚みのある塗膜を形成し、鋼材を腐食環境から遮断する。
上塗り	美観性および耐候性を付与する。

下塗りとしては防錆顔料を含むさび止め塗料を利用する場合が多い。また、集成材の接合金物などの防錆塗装では、屋内などで使用される場合、さび止め塗料のみを塗装するケースも多い。さび止め塗料に含まれる防錆顔料としては、鉛丹、亜酸化鉛、シアナミド鉛、塩基性クロム酸鉛、亜鉛華、亜鉛末、アルミニウム粉など種々のものが使用されている。これらの防錆顔料は以下のような作用を有しており、鋼材の腐食を防止する。

ⅰ）塗膜中の樹脂成分と化学反応して、塗膜を緻密にし、物質透過性を小さくする。

ⅱ）弱アルカリ性を付与し、さびの発生を抑制する。

ⅲ）クロム酸イオンによる防錆効果を付与する。

ⅳ）イオン化傾向の大きい顔料による犠牲防食作用により、さびの発生を抑制する。

ⅴ）鱗片状の顔料が塗膜中に層状に配向し、物質透過性を小さくする。

また、最近は環境への配慮から鉛やクロムを含まない防錆顔料（主としてリン酸塩系の化合物）を使用したJIS K 5674（鉛・クロムフリーさび止めペイント）などが多用されるようになっている。

塗膜の防食メカニズムについては古くから種々の議論がされている。最初の考えは「水と酸素の遮断」である。1952年Mayne[12]は塗膜の水および酸素の透過性を調べた結果、塗膜は水と酸素を比較的よく透過させると考え、塗膜の「水と酸素の遮断」で防食メカニズムを説明できないとし「分極抵抗支配説」を提案した。Mayneの提案した「分極抵抗支配説」は腐食を支配するのは酸素や水分の透過ではなく、図5-29において塗膜中を流れる電気の抵抗であると考えている。すなわち、分極したアノードとカソードの2カ所で腐食電流が塗膜を通過するため、塗膜の電気抵抗が大きいほど腐食電流は少なくなり、防食性が向上するという考えである。

Guruviah[13]とBaumann[14]は透水性についてはMayneの説を支持したが、塗膜の酸素透過量は透水量と比較して非常に少ないとする「塗膜の酸素透過支配説」を提出した。すなわち、酸素の

遮断性の程度が防錆効果を支配するという考えである。

また、Funke[15]は塗膜と鋼材の弱い部分に水の吸蔵が生じて付着性を低下させ、したがって防食性が低下するという考えを提案した。そして、このような水の吸蔵時間（いわゆるクロスオーバータイム）の測定方法を提案した。ただし、さび止め顔料を添加したさび止め塗料の場合には防錆メカニズムが異なるためこの考え方では理解できないとしている。

以上、代表的な塗膜の防食メカニズムの考え方を紹介したが、対象とする塗装仕様によって支配的な防食メカニズムは異なるものと考えられ、塗装仕様の種類や環境条件などによって、種々の防食メカニズムによる理解が可能である。

［3］鋼材腐食に対する劣化外力

① 温湿度、結露、降水

鋼材の腐食メカニズムの項で解説したように、鋼材の腐食は大気中の酸素（O_2）が溶けこんだ液体の水に鋼材が接触することにより発生する。このような鋼材表面の水は降水や漏水に起因する水だけでなく、結露により発生する目には見えないような薄い水膜も含まれる。したがって、明らかに液体状の水の作用が認められる場合だけではなく、相対湿度が高い状態では鋼材表面に薄い水膜が発生していると考えられる。

② 付着塩分による化学凝縮と塵埃付着による毛管凝縮

鋼材表面に海塩粒子（海から飛来する塩分でNaClや$MgCl_2 \cdot 6H_2O$などが含まれる）などが付着した場合には、NaClの付着では相対湿度が76％以上になると、鋼材表面にNaCl水溶液の水膜が形成される。また、$MgCl_2 \cdot 6H_2O$では、さらに潮解性が高いため、相対湿度が34％以上になると鋼材表面に水溶液膜が発生する。したがって、鋼材に塩分が付着している場合はより低い相対湿度で水膜が発生する。このような現象は、化学凝縮と呼ばれる。

このことは、NaClの飽和水溶液と平衡状態にある空気の相対湿度が76％になること、$MgCl_2 \cdot 6H_2O$の飽和水溶液と平衡状態にある空気の相対湿度が34％になることから理解できる。この化学凝縮はよく知られているCl^-による腐食促進とは異なるメカニズムである。

次に、細いガラス管（毛細管）を水面に立てると管内を水が上昇していく。これが、毛細管現象である。このような現象は毛細管のみならず、接触した2つの固体間にも起こりうる。すなわち、鋼材表面に何らかの付着物があると両者間のすき間には液体の水が凝縮しやすい。このような現象は毛管凝縮と呼ばれる。

したがって、塩分や塵埃の付着は鋼材腐食を促進する要因と考えられる。

③ 塩分、大気汚染物質、その他による腐食促進

塩分（ここではCl^-）による腐食促進はよく知られており、海塩粒子は腐食に関する重要な劣化外力として知られている。また、大気汚染物質として知られているSOxやNOx、これらに起因する酸性雨や酸性霧なども重要な劣化外力である。また、温泉地などでは腐食性ガスの影響を受けやすい。

集成材建築物に使用される鋼材についてはそれ以外でも以下のような劣化外力が考えられる。

ⅰ）木材防腐処理に使用される薬剤の影響

木材防腐剤に含有される金属塩などが鋼材腐食を促進させる可能性がある。

ⅱ）木材成分や木材腐朽の影響

木材から発生する有機酸や木材腐食によって発生する有機酸などによって鋼材の腐食が促進される可能性がある。

ⅲ）プールなどに使用される塩素消毒

プールや浴場で塩素消毒が実施されている場合、発生する塩素ガスの影響により腐食が促進するので注意が必要である。

また、陸上鉄骨構造物防食研究会ではキルド鋼（炭素鋼の原料となる鋼材）の1年間の屋外暴露試験結果から各種腐食要因と腐食量との間に以下のような関係式を得ている。

$$腐食量（mg/dm^2/day）= -52.67 + 0.484 \times （気温℃）+ 0.701 \times （湿度\%）- 0.22 \times （降水量 mm/year）+ 0.075 \times （海塩粒子 ppm）+ 8.202 \times （亜硫酸ガス mg/dm^2/day）$$

図5-30 全国等腐食線図（単位：mg/dm²/day）
出典：「学振97委技術賞受賞記念報告書」陸上鉄骨構造物防食研究会，p15-16，1968年

ここで腐食量（mg/dm²/day）は、1日あたり、キルド鋼の表面1dm²（10cm×10cm）あたり腐食により消失する質量（mg）を示している。この式に日本各地の気象データを代入し（亜硫酸ガス濃度は除く）、図示したものが図5-30である[16]。この図から南ほど、海岸に近いほど腐食量の大きいことが理解できる。

4. 異種材料間の接合部に生じる不具合

［1］集成材の収縮と膨潤に関連した留意事項

構造用集成材は、使用される環境の湿度変化により収縮、膨潤し、部材寸法が変化する。湿度により寸法変化しない鋼材やコンクリートなどと接する部位では、これらの挙動の違いによる不具合が生じやすい。例えば、湿度変化により集成材の含水率が12％から8％に減少すると部材寸法は0.7％程度収縮する。はりの場合、幅方向の収縮は問題ないが、せい（積層方向）の高い部材では収縮量は大きくなる。したがって、せいの高いはり端部に接合金物を取り付ける場合、集成材の含水率変化に伴う部材寸法の伸縮により部材のボルトなどの先孔部分からクラックが発生することもあり、ボルトなど接合具の配置に注意しなければならない。

さらに、構造用集成材架構と鉄筋コンクリート造（RC造）やALCなどによる部位とが接する箇所も挙動の違いによる問題を生じやすい箇所である。例えば、ギャラリー部分までをRC造とし、上部架構を集成材構造とした場合や、防火壁（RC造）と集成材架構との取合い部など、施工後の含水率変化による部材寸法の変化を考慮した接合部設計が必要である。

［2］腐朽に関連した留意事項

異種材料と接する接合部で、構造用集成材が高含水率にならないような対策を講ずる必要がある。鉄筋コンクリート造（RC造）に緊結される、はり端部や柱脚部、アーチ材脚部などの周囲

は、空気が滞留し高湿度の環境にならないよう接合部の周囲に空間を設ける。また、多湿環境に用いられる集成材架構の柱脚部では、接合金物に結露するおそれがあり金物内部の結露水水抜き対策などが必要となる。

[3] 接合部ディテール

耐久性を考慮した代表的な接合部ディテールは、次の通りである。

① はり取り付け部（RC造の取り付け部）

連続したRC壁に直接取り付くはり端部は、部材周囲の雰囲気が高湿度にならないように、部材周囲に通気用の空間（15mm以上：AITC基準[17]では1/2 inch）を確保する。図5-31は、RC壁と集成材ばり取り付け部のクリアランス例である。

② 柱およびアーチ材脚部（基礎）

柱脚部は基礎（RC造）に埋め込む施工は行わない。また、柱脚部は必ずベースプレートを設け、基礎（RC造）に直接取り付けない。温水プールなど濡れるおそれのある床に接する柱脚部では床から基礎部分を立ち上げるほか、床スラブの柱脚部では一定の距離（25mm以上：AITC基準[17]では1 inch）を確保する。

図5-32は、欧州で流通している柱脚用金物の例で、基礎から一定の距離を確保し、レベル調整機能を有した金物である。

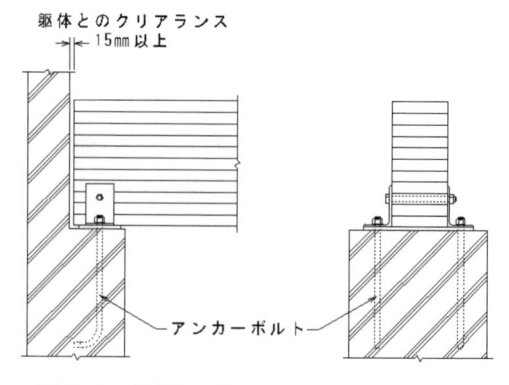

図5-31 部材取り付け部周辺のクリアランス[17]

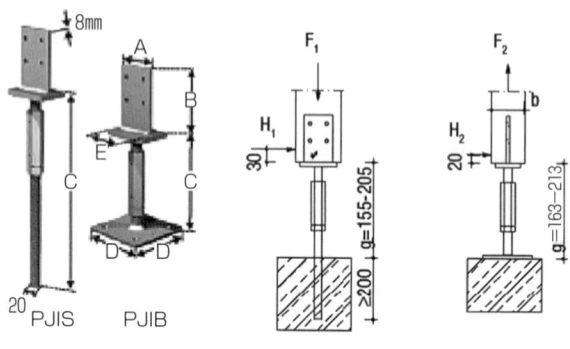

図5-32 柱脚部金物の例

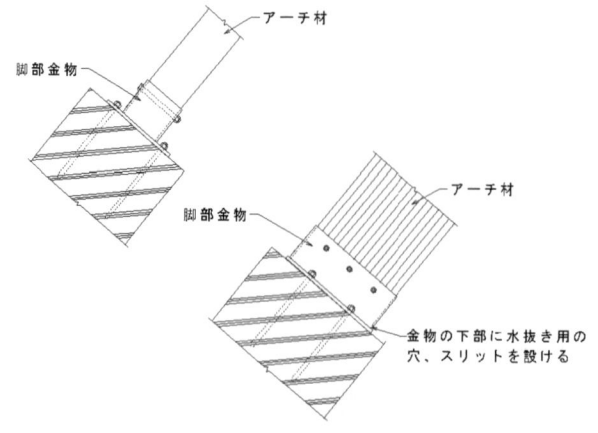

図5-33 脚部箱金物の水抜け穴例

結露するおそれのある箇所に使用する箱型の接合金物は、水抜け穴やスリットなどを設けて結露水の対策を講ずる（図5-33）。また、必要に応じ、構造用集成材の木口はウレタン樹脂塗料などを用いて、防水シールを行う。

③ 屋外に露出するアーチばり

アーチ材脚部を屋外に設ける場合など、集成材が屋外に露出した状態で使用する場合は、集成材上端には金属製の笠木を設け、笠木と部材間には通気スペースを確保する。外部に露出したはね出しばりの木口も通気スペースを確保した金属製の保護カバーを設ける（図5-34）。

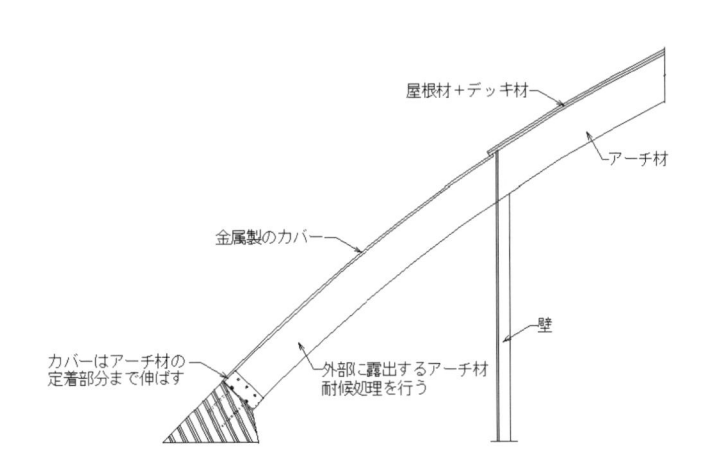

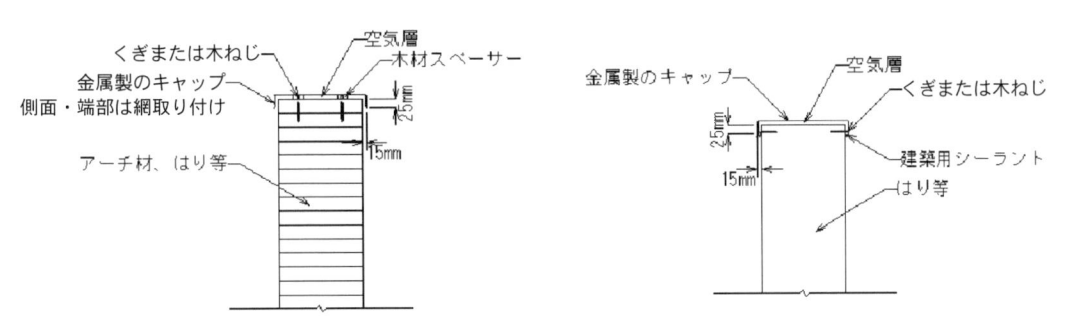

図5-34 屋外に露出するはり上端の保護例

④ その他

はりせいの高いはり部材の端部の接合金物に使用するボルトなどの接合具の配置は、構造用集成材が含水率変化によって伸縮することによるはり端部割れが発生しないように考慮する（図5-35）。

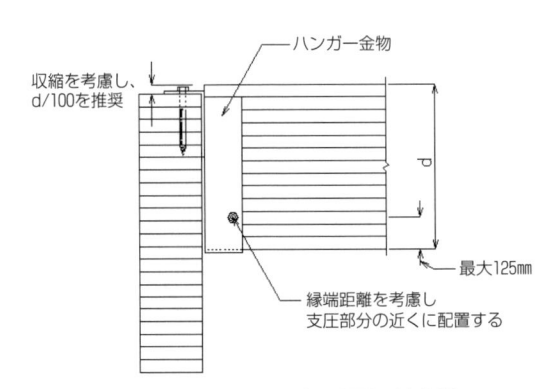

図5-35 はりせいの高い部材の接合部

参考文献

1）日本木材学会編「木質の物理」文永堂出版，p53，2007年
2）独立行政法人森林総合研究所監修「木材工業ハンドブック改訂4版」丸善，2004年
3）伏谷賢美ら「木材の物理」文永堂出版，p26，1985年
4）鷲見博史「木材は乾かして使う」産調出版，p22，1998年
5）「構造用集成材の適正製造基準」財団法人日本合板検査会，p10，2010年
6）片岡厚，木口実，大越誠「塗装工学」37，p305-315，2002年
7）木口実「木材保存」19（6），p3-12，1993年
8）社団法人日本しろあり対策協会編「日本全国しろあり分布図」日本しろあり対策協会，2003年
9）集成材建築物耐久性調査委員会編「集成材建築物の耐久性調査報告書」日本集成材工業協同組合，2008年
10）国土交通省住宅局住宅生産課，国土交通省国土技術政策総合研究所，独立行政法人建築研究所監修「住宅性能表示制度　日本住宅性能表示基準・評価方法基準　技術解説　（新築住宅）2010」工学図書，p190　2010年
11）国土交通省住宅局住宅生産課，国土交通省国土技術政策総合研究所，独立行政法人建築研究所監修「住宅性能表示制度　日本住宅性能表示基準・評価方法基準　技術解説　（新築住宅）2010」工学図書，p207　2010年
12) J. E. O. Mayne: Official Digest, 24, p127　1952年
13) S. Guruviah: J. Oil Colour Chem. Assoc., 53, p669　1970年
14) K. Baumann: Plaste und Kautschuk 19, p455-461　1972年
15) W. Funke and H. Zatloukal: Farbe u. Lack, 84, p584　1978年
16)「学振97委技術賞受賞記念報告書」陸上鉄骨構造物防食研究会，p15-16，1968年
17) DESIGNING STRUCTURAL GLUED LAMINATED TIMBER FOR PERMANENCE, AITC, p3，2002年
18) Strong-Tie カタログ，p31，SIMPSON STRONG-TIE Gmbh，2009年
19) TYPICAL CONSTRUCTION DETAILS（AITC104-2003），AITC, p18，2003年
20) TYPICAL CONSTRUCTION DETAILS（AITC104-2003），AITC, p26，2003年
21) TYPICAL CONSTRUCTION DETAILS（AITC104-2003），AITC, p9，2003年

3節 干割れ・ウェザリングの抑制

1. 干割れ

[1] 材料的対策

① ラミナの含水率管理

屋内では空調設備の影響で木材の平衡含水率が8～12％と低くなる。したがって、集成材が使用されている間の含水率変動を最小限に抑えるためには、使用される環境での平衡含水率を想定した含水率までラミナを乾燥させることが望ましい。ただし、屋内においても太陽光が直接あたるような環境や空調機の温風が直接あたるような環境では、適切に乾燥された集成材でも表面に干割れが生じることがあるので注意が必要である。

屋外で太陽光（紫外線、熱）、雨、風などに直接さらされるような環境では、太陽光により集成材の表面の温度は高くなり乾燥が急激に進行して収縮するほか、雨水を吸って集成材表面の木部は膨潤する。屋外での木材の平衡含水率は約15％であるが、集成材表面において急激な膨潤・収縮が繰り返される環境では、適切に乾燥された集成材でも干割れは避けられないと考えてよい。屋外では干割れから雨水が浸入し木材を腐朽させるおそれがあるので、これを防止する措置を講じることが重要である（図5-36）。また、屋内プールや温浴施設などにおいても湿度の変動による割れが発生しやすく、それが木材内部の腐朽につながるおそれがある。集成材の材端部は木口面から吸湿しやすいので、ウレタン塗料を十分に重ね塗りするなど吸湿・吸水防止の措置を施す。

② 接着工程の管理

使用環境の温湿度変動にともない、集成材の含水率も変動し、集成材は膨潤・収縮する。集成材では、個々のラミナの膨潤・収縮や

図5-36 屋外で長期間使用され干割れが生じた集成材
（木口からの水分の浸入を金属製の保護カバーで防止している。矢印部に干割れが生じている）

そりなどの変形を接着剤で拘束しているので、接着層や接着層と木材の界面に応力が繰り返し発生する。集成材はその繰り返し応力に耐え得るだけの、十分な接着性能を有することが求められる。集成材の製造時に接着剤や接着操作に何らかの不具合があれば、それは製品の不具合として現れ、接着層のはく離を生じさせる原因となる。集成材の日本農林規格に定められる使用環境に応じた接着剤を使用することはもちろんのこと、接着工程の管理を徹底することが重要である。

③　建設現場などでの製品管理

建設現場などの屋外で、やむを得ず集成材をストックしなければならない場合、雨水や湿気を防止するために、集成材全体を覆うように保護シートを巻く、地面に直接触れることがないようにするなどの注意が必要である。

[2] 構法的対策

室内であれば、仮に多少の干割れが発生したところで、その建物の耐震性能に影響を与えるほどの部材強度の低下は生じないと考えてよい。一方、直接雨がかりとなる部位に集成材の主要構造部材が配置されていた場合、建築時は健全であっても、近い将来に至るまでその部材の強度性能が担保されるとは限らなくなる。これは、干割れの発生をきっかけとして木材腐朽の影響が大きくなるからであり、たとえ加圧注入による防腐処理をしていても、注入深さよりも深く干割れが達すれば、腐朽菌にとっていわばバリアフリーの状態となってしまうためである。

したがって、集成材をはじめとする木質材料を外装またはそれに類する部位に配置する場合、特に風雨や紫外線の影響を受ける場所に使用する場合にあっては、材料的対策とともに干割れを抑制するための構法的対策をとることが重要となる。

図5-37は西日本に現存する建物であるが、床ばりおよび天井ばり（いずれも集成材）が建物の外装を貫通して屋外に露出する納まりになっている。かつ軒の出も浅いため、屋外部の集成材の生物劣化は避けられない。

一方、図5-38は北日本に現存する建物であるが、柱やはりなど構造上主要な部材（いずれも集成材）が外装材で被覆されており、外気の影響を直接受けない。この集成材は、製造後45年以上経過しており、かつ水分には比較的弱いとされ現行の日本農林規格（以下、JAS）では使用が認められていないユリア（尿素）樹脂接着剤を用いているものの、接着層は健全である。これらの事例からも、仕上げ材の取り付けや軒の出の確保によって雨水や紫外線が直接集成材に作用することを抑制するなどの構法上の対策が重要であることがわかる。

なお、集成材における接着層（接着剤）は、現行のJASに適合した接着剤を使用し、かつ適切に製造管理されている限り、劣化が顕在化することはない。むしろ木質材料である以上、木材腐朽の方が材料の劣化因子としては高い。

室内においては、集成材を使用する限り強度性能上、または耐力上問題となるような干割れは発生しないと考えてよい。しかし、エアコンの吹き出し口近傍や、ガラス製のカーテンウォールなどを通して直接太陽光を受けるような部位に配置された集成材の場合、相応の干割れが発生することはあり得る。多くの場合、強度に影響が出るほどには至らないが、顧客などからのクレームや美観上の問題から、補修を行うケースがある。

また、製造・納品時に、集成材などの含水率が高かった場合は、通常以上に干割れが発生することが考えられる。施工管理者は、納品時及び施工時に含水率を測定することが必要であろう。含水

図5-37　雨水がかからないよう配慮が必要な構法の例（写真提供：宮武敦）

図5-38　築45年以上経過した集成材の建築物（写真提供（左）：軽部正彦）

率が15%を大きく超えている集成材があれば、その材は JAS に適合しない不良品であると判断して差し支えない。

2. ウェザリング

[1] 材料的対策

① 塗装処理

　太陽光や風雨があたる屋外で集成材を使用する場合、夏季が雨季となる本邦の劣化環境は非常に厳しいので、ウェザリングによる劣化を防ぐ対策が必須となる[3]。このような対策として最も簡便でコスト的にも有利なのが塗装処理（エクステリア塗装）である[1,2]。

　エクステリア塗装は、太陽光、雨水などによる木材表層の気象劣化や、菌類などによる汚染の抑制を主な目的とする。わが国で使用されている一般的なエクステリア用の塗料は、「木材保護塗料」と呼ばれるものである。木材保護塗料は、わが国でも既に35年以上の長年にわたる販売・使用実績があるが、最近まで塗料としての定義や品質、塗装仕様、試験方法について公的に規定されたものがなかった。そのため、2006年に日本建築学会が「建築工事標準仕様書 JASS 18 塗装工事」に「木材保護塗料塗り（WP）」を新設し、塗装の目的や仕様を規定した[4]。同時に、「日本建築学会材料規格」に「JASS 18 M-307」として「木材保護塗料」の品質や試験方法を定めた[4]。新たな JASS 18では、木材保護塗料が屋外における木質系素材の半透明塗装仕上げを目的とすること、塗膜を形成するタイプ（造膜形）としないタイプ（含浸形）があること、成分として、樹脂（アルキド系やアマニ油系など）や着色顔料のほか、防腐、防カビ、防虫効果を有する薬剤を既調合で含むこと、などが明文化された。表5-4に JASS 18による塗装仕様の種別と工程、表5-5に JASS 18 M-307による品質・試験方法の規定の一部を示す。

② エクステリア木材用塗料の特徴と性能

表5-4　JASS 18に規定された木材保護塗料の塗料種別と工程

工程		塗装種別		塗付け量 (kg/m²)	工程間隔時間
		A種	B種		
1	素地調整	実施	実施		
2	下塗り	実施	実施	0.08以上	24時間以上
3	上塗り1回目	実施	実施	0.08以上	24時間以上
4	上塗り2回目	実施	実施せず	0.06以上	72時間以上

表5-5　JASS 18 M-307に規定された木材保護塗料の品質

項目	品質
容器の中での状態	かき混ぜたとき、堅い塊がなくて一様になるものとする
塗装作業性	塗装作業に支障があってはならない
乾燥時間	16時間以内
塗膜の外観	塗膜の外観が正常であるものとする
促進耐候性	480時間の照射で、ふくれ・割れ・はがれがなく、色の変化の程度が見本品と比べて大きくないものとする

エクステリア木材に使用される塗料には、大きく分けて木材中に浸透する「含浸形塗料」と塗膜をつくる「造膜形塗料」があるが、その中間としてある程度木材中に浸透するが薄い塗膜をつくる「半造膜形塗料」に分類されるものがある。また、塗料の色調から「透明系」、着色されているが下地の木理が見える「半透明系」、着色により木理が見えない「着色系」に分けることできる。塗装面の耐久性では、一般的に造膜形の方が含浸形より優れている。しかし、メンテナンス性では、含浸形は直に重ね塗りが可能であるのに対して、造膜形は旧塗膜を除去するなど煩雑であり、多大な費用がかかってしまう場合がある。耐候性は塗料の隠蔽度（色調）により大きく異なり、一般的には着色系＞半透明系＞透明系の順となる。透明系塗装は含浸形、造膜形を問わず1～2年程度の耐候性しかないので、毎年メンテナンスできる場合以外は避けるべきである。

　造膜形塗料には、ウレタン樹脂塗料やフタル酸樹脂塗料などがあり、含浸形の多くはアマニ油あるいはアルキド樹脂に顔料と有効成分を添加したものが多い。用途別では、デッキや手すり、ベンチなど使用者が直接触れるもの、あるいは大規模木造建築物のようにメンテナンスが頻繁に要求されるものには含浸形塗料が適しており、住宅外装や看板、標識など意匠性が重要なものは着色系の造膜形塗料が使用される場合が多い。水辺のデッキや橋の床板などの部材は、歩行と土砂により塗装面が激しい摩耗を生じるので、メンテナンスが容易な含浸形塗料を用いる。

ⅰ）含浸形塗料

　造膜形に比べて含浸形塗料の優位性は、木材の吸放湿を保持し塗膜の剥離がないことである。また、雨や雪による木材中への水の浸透を減少させるので、無塗装に比べて木材の寸法変化が小さくなり、木材の割れや反り、ねじれなどが抑制される。含浸形塗料は、本塗装の他にも塗装の前塗装にも用いられる。油性の溶剤系が一般的であるが、溶剤が70～80％程度含まれるものが多いため、VOC（揮発性有機化合物）低減のために溶剤量を1/2以下にしたハイソリッドタイプや、水性のものも製品化されてきている。展色剤としては、アルキド樹脂、ウレタン樹脂、乾性油（アマニ油やキリ油）などが用いられる。これらは、木材表面に浸透しその後徐々に木材内部で硬化して部分的に木材表面をシールする。また、展色剤は防カビ剤や撥水剤の木材表面への付着や固定を助ける。顔料の添加は、紫外線から木材表面を護るため塗装面の耐久年数を著しく向上させる。含浸形木材保護塗料の耐候性は、顔料の種類と添加量、樹脂、防腐剤、撥水剤、樹種、木材の表面性などにより決まるが、特に塗布量に大きく依存する。そのため、欧米では塗料塗布量を確保するために表面を粗くしたラフソーン（rough sawn）材を使用することが多い（図5-39～5-41）。

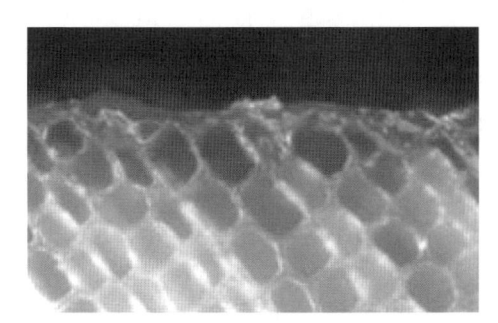

図5-39　平滑面への含浸形塗料の浸透 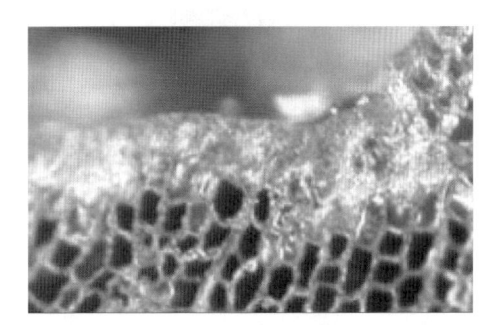　　　図5-40　粗面への含浸形塗料の浸透

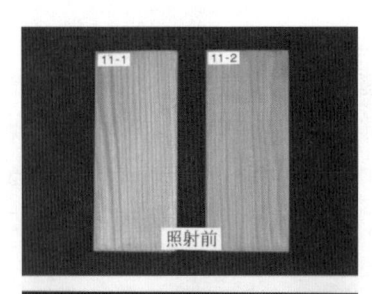

| プレーナ仕上げ面塗装 | 粗面仕上げ面塗装 |

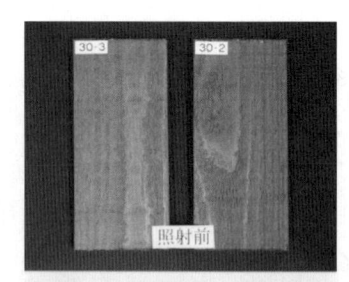

注）試験条件は、JIS K 5600 7-7 のキセノン灯式促進耐候性試験にしたがった

図5-41　表面の粗さの差異による含浸形塗料の耐候性

ⅱ）造膜形塗料

　造膜形塗料は、半造膜形である水性エマルジョン系の半透明ステインからエナメルペイントまで広い範囲のものがある。適した顔料の選択は、紫外線を遮蔽し木材表面の劣化を防ぐことができる。造膜形塗料の多くは防腐剤が配合されていないので、防腐処理木材に塗装したり、前処理として淡色系の木材保護塗料を塗装することもある。また、レッドウッドやベイスギのような濃色の材は水可溶性の抽出成分が多いので、このような樹種に淡色系の造膜形塗料を塗装する場合は、塗膜を通して出てくる木材の抽出成分の滲み出しを防ぐために油性のプライマー処理が必要となる場合がある。

　透明なクリア塗装は木材の自然な色調や木理が現れて美しいものであるが、このような透明塗膜は太陽光や雨にさらされるとわずか1～2年で劣化してしまう。さらに、これらの残存塗膜は再塗装の際に取り除かなければならないため、メンテナンスが煩雑になる。シリコン樹脂やフッ素樹脂などの塗料は、耐光性や防水性が高く塗膜自体の耐候性が高いが、透明塗膜は紫外線を透過するので塗膜下の木材が光により劣化し、塗膜と木材との界面における塗膜の付着力が失われ、塗膜が剥離してしまう[5]（図5-42）。

ⅲ）塗装による接着層の保護効果

　屋外での使用を想定した集成材の耐候性を向上させる目的で、塗装処理の効果を検討した結果がある。接着層を塗装面にして、数種の塗料により塗装後8年間の垂直暴露試験を

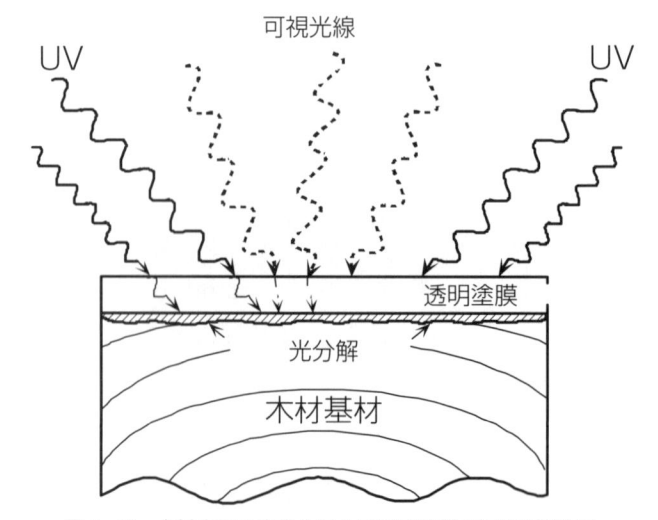

図5-42　木材表面の光劣化による透明塗膜の早期剥離現象

行った結果、含浸形塗料の場合は暴露3年後位から色褪せや変色が発生し、これと同時に集成材基材の接着層割れが発生した。暴露8年後の接着層割れの最大深さは6〜12mmに達した（図5-43）。一方、造膜形塗料では暴露5年後位から塗膜剥離が発生したが、暴露8年後でも塗装面は激しい塗膜割れが発生しているにもかかわらず、接着層割れはほとんど発生しないという結果が得られた（図5-44）。これは、造膜形塗装においては、塗膜割れや塗膜剥離が生じても、部分的に残存している塗膜が集成材表面（特に接着層）を保護する効果を持続しているといえる。

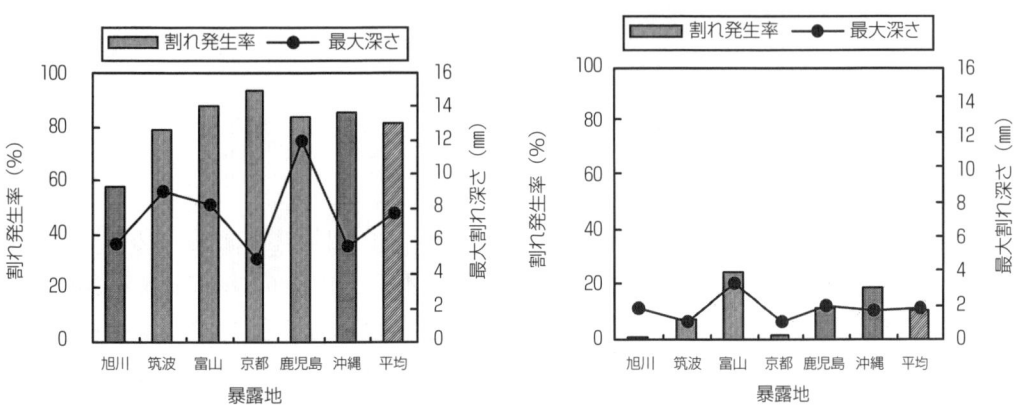

（垂直暴露8年後、暴露地：旭川、つくば、富山、京都、鹿児島、沖縄）
（割れ発生率は棒グラフ、最大割れ深さは折れ線グラフ）

図5-43 含浸形塗料で塗装した集成材表面の接着層割れ発生率と最大割れ深さ

図5-44 造膜形塗料で塗装した集成材表面の接着層割れ発生率と最大割れ深さ

[2] 塗装設計

屋外木製品用の塗料には、前述のように基材に浸透する「含浸形塗料」と塗膜をつくる「造膜形塗料」および、ある程度基材に浸透するものの薄い塗膜をつくる「半造膜形塗料」がある。しか

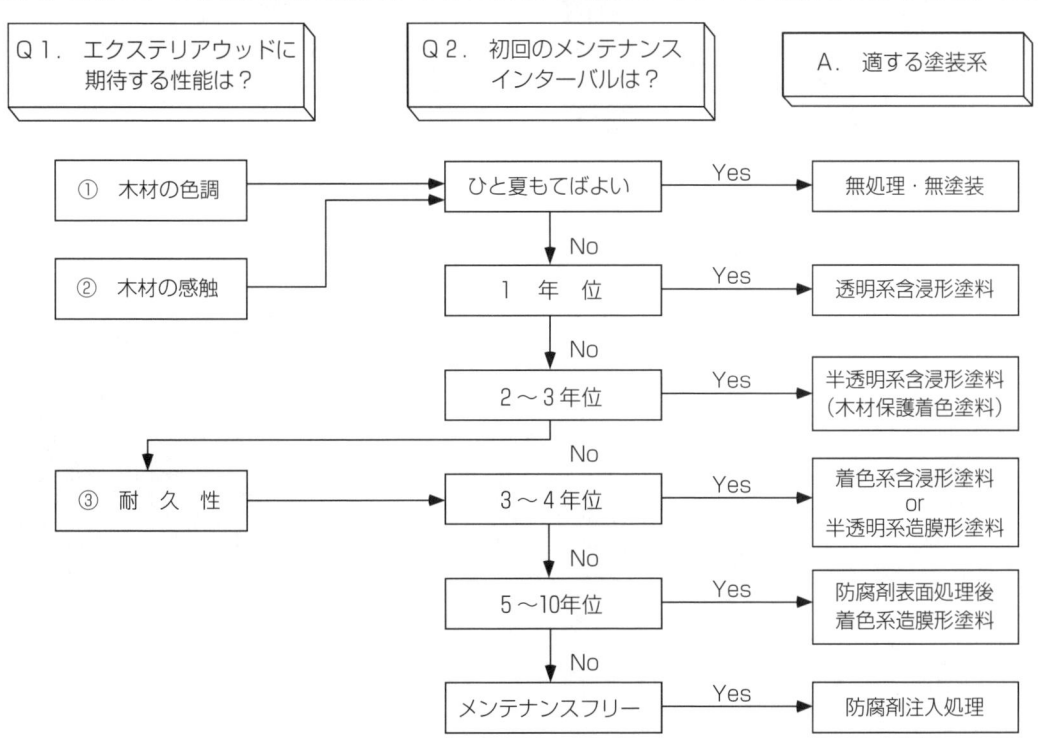

図5-45 塗装するにあたっての適する塗装形の選択

し、いずれの塗料でも1回の塗装で10年以上メンテナンスフリーの塗料はほとんどなく、含浸形塗料は3～5年、造膜形で5～7年後にはメンテナンス（再塗装）が必要となる場合が多い。そのため、塗装するにあたっては、物件の耐用年数に応じた塗装設計が重要である。

　塗料を選定するにあたって考慮することは、①木材の色調を活かしたいか、②木材の感触を活かしたいか、③期待する耐候性はどの程度か、④メンテナンスの頻度はどの程度か、などである（図5-45）。塗装する際に注意すべき点は、木材の含水率と塗装後のメンテナンスである。木材の含水率は、塗装前に20％（造膜形塗料は15％）以下に十分乾燥させることが重要であり、高含水率材に塗装すると塗料の浸透不足や硬化不良、付着不良、塗膜割れなどが生じやすくなる。また、メンテナンスは塗装面の劣化が進行しないうちに行うのが理想である。

[3] 構法的対策

　木材の腐朽と塗膜の剥離における共通の因子は水である。水分は木材に膨潤と収縮を引き起こし、塗膜に応力を発生させる。これらのストレスの他に、木材と塗膜との界面においては木材と塗膜との間の結合が破壊されることによって塗膜剥離の機会が増加することになる。デッキや手すりのような常に風雨にさらされている構造物において、造膜形塗装は水分が浸入した場合これを木材内部に滞留させるため、特に水分が浸透しやすい木材の接合部において塗膜が破壊する危険性があ

・軒の出が大きく、基礎が高い
・雨どいを設けない
図5-46　塗装面に太陽光や降雨がかかりにくい構造例

・雨のかからないところはカビの発生が少ない
・光劣化と雨水によりカビの発生
図5-47　水がかかる下部は灰色に変色（水や光がかかりにくい場所は変色少ない）

図5-48　傾斜を付けて水が滞留しにくい構造の欄干

図5-49　笠木を付けた立て看版（わずかな幅の笠木でもその下方は変色しにくい）

る。水はこの破壊部分から浸入し、塗膜の下の繊維方向に沿って移動する。水分の滞留は、木材の含水率を増加させ腐朽状態へと導き、塗膜との結合を弱めて塗膜剥離を引き起こす。

　これらのことから、ウェザリングから塗装部を保護するために建築物あるいは構築物の構造的配慮が重要であり、特に太陽光と雨水が直接かからないような構造と、水がかかったら素早く排出できるような構造が塗装面の耐久性のみならず、木材の耐久性を向上させる（図5-46～5-49）。

参考文献

1）木口　実「木材の気象劣化と耐候処理1，2」木材保存，19（6），p3-12，1993年，20（2），p2-9，1994年
2）塗膜性能，変色および変質，耐候処理「木材工業ハンドブック改訂4版」丸善，p763-772，p804-807，p841-847，2004年
3）「木材のウェザリング：木材保存学入門　改訂2版」社団法人日本木材保存協会，p74-82，2005年
4）日本建築学会「建築工事標準仕様書・同解説 JASS 18 塗装工事（第6次改定版）」丸善，2006年
5）木材塗装研究会編「屋外木製品，屋外における表面劣化：改訂版」木材の塗装，海青社，p185-189，p235-237，2010年

4節 防腐・防蟻

1. 材料的対策

[1] 木材の使用区分

腐朽や蟻害を受けた木材はその強度を大きく減らす。これは木材を貼り合わせて製造した集成材についても例外ではない。そこで、集成材建築物の長期耐用性を確保するためには、集成材が腐朽や蟻害を受けないよう対策を講ずることが重要となる。一方、腐朽や蟻害は集成材建築物全体で一様に発生するわけではなく、発生しやすい箇所と発生しにくい箇所とがあるため、腐朽・蟻害対策はそれらが発生しやすい箇所を中心に講ずることが効率的である。

生物劣化の種類とそれらが発生しやすい場所との関連づけについては2007年に発行された国際規格、ISO 21887「木材および木質材料の耐久性－ユースクラス」がわかりやすい。表5-6に、ISO 21887で規定された使用区分と木材劣化生物との関連づけの要約を示す[1),2)]。

この区分にしたがうと建築部材の使用区分はおおむね1または2に相当することになるため、その生物種に応じた対策をとればよいことになる。ただし、「上記の使用例で、通常考えられるより劣化の危険が大きいと想定される場合には、上位の使用環境区分を割り当てることができる。」と記載されていることから、土台や外壁通気構法を設けない外壁の柱などについて、通常の建物内部より上位の使用区分を採用し、使用区分3を割り当てるのが妥当である。

その反対に、リストに載った全ての生物因子に対する対策をとる必要がないことも規格に記載されている。使用区分1の生物種に木材穿孔虫やカンザイシロアリが挙げられているからといって、全ての柱やはりを薬剤で処理する必要はない。

表5-6 使用区分とその区分における木材劣化生物の例

使用区分	使用環境	生物因子
1	建物内部、乾燥	木材穿孔虫、カンザイシロアリ
2	建物内部、湿潤	木材穿孔虫、表面汚染・変色菌、腐朽菌、シロアリ
3	屋外、非接地	木材穿孔虫、表面汚染・変色菌、腐朽菌、シロアリ
4	接地、淡水	3の生物種＋軟腐朽菌
5	海	4＋フナクイムシなどの海虫類

出典：ISO 21887 Durability of wood and wood-based products - Use classes
：土居修一，「ISO 21887 木材および木質製品の耐久性－使用環境区分」について，木材保存，34，p231-233　2008年
　上記の使用例で、通常考えられるより劣化の危険が大きいと想定される場合には、上位の使用区分を割り当てることができる。なお、地域、使用条件によってはリスト中の全てが存在するとは限らず、また経済的にあまり重要でない場合もあるので、全てに対する防御措置をとらなければならないということではない。

[2] 素材の耐朽性・耐蟻性

　上述した使用区分と生物因子との関係から、使用区分2以上の環境で使用する木材については、建設地の地域により若干の違いはあるものの、腐朽菌やシロアリに対する対策をとっておくことが望ましい。その際、基本となるのが素材自身の耐朽性および耐蟻性である。

　木材は数十年から数百年生き続ける樹木の幹の部分を伐りだしたものである。樹木はこのように長い時間生き続けている間に幹を壊され倒れてしまうのを防ぐために心材に抗菌性や抗蟻性のある成分を蓄積する。これら抗菌・抗蟻成分の種類や量が樹種によって異なるため、心材の耐朽性・耐蟻性も樹種によって異なる。

　表5-7に心材の耐朽性および耐蟻性を記す[3),4)]。これらの耐朽性・耐蟻性は、木杭を地面に突き刺しその劣化していく速さを数年にわたって観察する野外試験や数cm角の小試験体を強制的に腐朽菌やシロアリに暴露する室内試験により得られた結果から総合的に判断されたものである。

　なお、この耐朽性の表にはベイマツが2箇所に出てくるが、これはベイマツの耐朽性が生育地によって異なり、山脈部分に生えているベイマツの方が、海岸部に生えているベイマツより耐朽性が高いことによる。

　また、これらの耐朽性・耐蟻性に基づき、「製材の日本農林規格」などでは、樹種をその心材の耐久性から耐久性D1の樹種とD2の樹種とに分け、さらに「住宅の品質確保の促進等に関する法律（品確法）」に基づく告示（評価方法基準）では、耐久性D1の樹種の中から特に耐久性の高い樹種を、土台にK3相当の処理をせずに使用できる樹種として、他の耐久性D1の樹種と区別している（表5-8）。

　なお、品確法では規定していないものの、たとえヒノキ、ヒバであっても耐久性が高いのは心材に限られることから、実際の使用に際しては極力心材を使用すべきである。

表5-7　心材の耐朽性および耐蟻性

区分	耐朽性	耐蟻性
大	ヒノキ、ヒバ、クリ、コウヤマキ、ベイヒ、ベイヒバ、ベイスギ	ヒバ、コウヤマキ、イヌマキ、スダジイ
中	カラマツ、スギ、ダフリカカラマツ、ベイマツ（マウンテン）	ヒノキ、スギ、ツガ、カラマツ、ベイヒ、クスノキ、カツラ、ケヤキ
小	アカマツ、クロマツ、トドマツ、エゾマツ、ベイツガ、オウシュウアカマツ、スプルース、ラジアータパイン、オウシュウトウヒ、ベイマツ（コースト）	アカマツ、クロマツ、トドマツ、エゾマツ、ラジアータパイン、ベイツガ、ベイマツ、オウシュウアカマツ、オウシュウトウヒ

表5-8　耐久性の高い樹種・材（針葉樹）とその優遇措置（製材のJAS、品確法評価方法基準から作成）

樹種群	製材のJASの分類	品確法による区分（劣化対策等級3）	
		土台	外壁の軸組など
ヒノキ、ヒバ、ベイヒ、ベイスギ、ベイヒバ、タイワンヒノキ	耐久性D1の樹種	無処理で土台に使用可能	軸組などに小径12.0cm以上必要
スギ、カラマツ、ベイマツ、ダフリカカラマツ、サイプレスパイン		土台に使用する際はK3相当の処理が必要	
その他の樹種	耐久性D2の樹種		軸組などに小径13.5cm以上必要

［3］集成材の防腐・防蟻処理法

　先に、耐久性D1の樹種であっても耐久性が高いのは心材部に限られることを述べた。製材の場合、丸太から製材を切り出す過程で辺材の多くが除かれるため、耐久性に劣る辺材部の割合が比較的少なくなる。しかし集成材では、製材に較べ辺材部が入る割合が大きくなることから、耐久性が低い樹種はもちろんのこと、耐久性が高い樹種であっても必要に応じて保存処理をすることが望ましい。集成材に対して現在行われている保存処理について、工場での処理、現場での処理に分け以下簡単に説明する。なお、いずれの処理方法についても、社団法人日本木材保存協会または社団法人日本しろあり対策協会の認定（登録）薬剤を使用する。

① 工場での処理

　ⅰ）ラミナ処理

　　集成材全体に木材保存剤を浸潤させることを目的に、積層する前のラミナに木材保存剤を加圧式保存処理により注入する方法である。処理ラミナを養生・乾燥した後、寸法を整え接着することで、薬剤が全層に浸潤した集成材が製造可能である。

　ⅱ）加圧処理（乾式処理）

　　集成材全体に木材保存剤を浸潤させることを目的に、予め注入性がよいことが確認できている樹種で構成された集成材に、木材保存剤を加圧式保存処理により注入する方法である。なお、この処理では、油溶性の有効成分を揮発性の高い有機溶媒に溶かし注入する乾式処理と呼ばれる方法で処理されるため、処理前後の寸法変化がほとんどない全層に木材保存剤が注入された乾燥した集成材が製造できるところに特徴がある。

　ⅲ）加圧処理（水性）

　　製材の保存処理に一般的に使用される水溶性の木材保存剤を使用し、集成材にある辺材部分と表層付近にある心材部とに木材保存剤を浸潤させる方法である。処理後の集成材は、乾燥し寸法を整えた後出荷される。

　ⅳ）深浸潤処理

　　木材に予め刃物で傷を付けておくと、その部分から油溶性の木材保存剤が内部へと染み込んでいくのを利用した処理方法。刃物で木材表面に傷を付けるインサイジング機と木材保存剤を散布する装置とを用いることで、上記加圧処理（水性）と同等の浸潤度が得られる。この処理では処理に水性の薬剤を使用しないため、乾式処理同様、寸法変化がほとんど生じない。

② 現場などでの処理

　ⅰ）塗布・吹き付け処理

　　ハケやスプレーで表面処理用の木材保存剤を所定量木材表面に付着させる処理方法である。本方法では木材保存剤が存在するのが木材表層に限られるため、上述した工場での処理とは防腐・防蟻効果が全く異なり、5年を目処に再処理することが必要である。

　ⅱ）浸漬処理

　　表面処理用木材保存剤が入った浸漬槽に所定時間浸漬し、木材表面に防腐・防蟻層を形成する処理方法で、一般に塗布・吹き付けより薬剤の含浸量は多くなるものの、処理層は木材表面に留まる。浸漬処理された木材についても、5年を目処に再処理することが必要である。

［4］各種処理基準など

集成材のJASには保存処理の基準がない。このため保存処理された認証材が必要な場合には、財団法人日本住宅・木材技術センターの優良木質建材等認証（AQ認証）などの認証を受けた集成材を使用するのが望ましい。表5-9にAQ認証の高耐久集成材の種類を記す。なお、この表にある防腐防蟻性能2種および3種は、それぞれ製材の日本農林規格の保存処理の基準K3（本州の土台）およびK2（北海道の土台）に相当する処理となっている。

表5-9　AQで認証している高耐久集成材

分類	記号	対象品目名称	対象となる建材の範囲（特徴）	認証区分
防腐・防蟻処理集成材	C-1	防腐・防蟻処理構造用集成材	構造用集成材で、品質性能評価基準に定める薬剤を加圧処理法により防腐・防蟻処理を施したラミナを使って製造した製品（ラミナに加圧処理、浸潤度が全断面積の80％以上で、かつ、材面から深さ10mmまでの部分の80％以上）	防腐防蟻性能（2種、3種）
	C-2	防腐・防蟻処理構造用集成材-2	構造用集成材（集成材の完成品）に、品質性能評価基準に定める薬剤を加圧処理法により、防腐・防蟻処理を施した製品で、使用樹種が、薬剤の浸潤しやすさが確認されたものである製品（集成材に乾式加圧処理、浸潤度が全断面の80％以上で、かつ、材面から深さ10mmまでの部分の80％以上）	防腐防蟻性能（2種、3種）
	C-3	防腐・防蟻処理構造用集成材-3	構造用集成材（集成材の完成品）に、品質性能評価基準に定める薬剤を加圧処理法により、防腐・防蟻処理を施した製品（集成材に通常の加圧処理、浸潤度は材面から深さ10mmまでの辺材部の80％以上、心材部はD1、D2によって異なる）	防腐防蟻性能（2種、3種）
	C-4	防腐・防蟻処理構造用集成材-4	構造用集成材（集成材の完成品）に、品質性能評価基準に定める薬剤を加圧処理法以外の方法により、防腐・防蟻処理を施した製品（集成材に深浸潤処理、浸潤度は同上）	防腐防蟻性能（2種、3種）
	C-5	防腐・防蟻処理構造用集成材-5	中断面の構造用集成材（集成材の完成品）に、加工を施したのち、品質性能評価基準に定める薬剤を加圧処理法により、防腐・防蟻処理を施した製品（中断面集成材への加圧処理、浸潤度は同上）	防腐防蟻性能（2種、3種）

全面にわたって呈色していることから、木材保存剤が内部まで浸潤しているのが確認できる。

図5-50　防腐・防蟻処理構造用集成材-2の浸潤度確認試験

［5］シロアリの侵入防止措置

ここまで防腐・防蟻措置方法として高耐久樹種や保存処理方法について説明してきたが、蟻害については木材の耐久性を高めるだけでは不十分であり、シロアリの侵入防止措置をとることが北海

道、青森県以外の多くの地域で求められている。

　この侵入防止措置として、日本で大きな蟻害を引き起こすシロアリ種がイエシロアリおよびヤマトシロアリという地中を主たる住処としているシロアリであることから、防蟻剤による土壌処理またはコンクリートによって床下を完全に覆ってしまう工法を採用することで、地下と木製構造躯体との間に防蟻層を設ける方法が有効な防蟻措置として認められている。

① 防蟻剤による土壌処理

　防蟻剤による土壌処理は、床下土壌に防蟻効果のある防蟻剤を定められた箇所に定められた量処理することによって行う。その際使用する防蟻剤については社団法人日本しろあり対策協会または社団法人日本木材保存協会で認定（登録）されたものを使用する。

　なお、本方法による防蟻効果の保証期間は原則5年であることから、5年を目処に再処理する必要がある。

　　　社団法人日本しろあり対策協会の認定薬剤－ http://www.hakutaikyo.or.jp/nintei2.html
　　　社団法人日本木材保存協会の認定薬剤－ http://www.mokuzaihozon.org/info/yakuzai/

② コンクリートによる防蟻措置

　基礎の内側の床下を全てコンクリートで覆うことにより、防蟻剤による土壌処理に替えることができる。ただし、その場合はコンクリートに亀裂が入らないよう、「鉄筋コンクリート造のべた基礎」または「布基礎と鉄筋により一体となって基礎の内周部の地盤上に一様に打設されたコンクリート」であることが必要である。また、コンクリートによる防蟻措置のみで十分な防蟻効果が得られないイエシロアリの活動が活発な地域では、上記防蟻剤でコンクリートの下やコンクリートの上面に防蟻層を設けることが必要となる。

③ その他の措置

　上記2種の方法以外の防蟻措置として、社団法人日本しろあり対策協会や社団法人日本木材保存協会では、維持管理型しろあり防除工法（ベイト工法）や物理的工法による防蟻措置についても認定（登録）している。これらの工法を採用する場合は、両協会が定めた方法にしたがって行う。

④ その他注意事項

　上記土壌処理や床下をコンクリートで覆う措置が防蟻効果を持つのは基礎内部に限られる。このため、基礎外周部から侵入するシロアリについては別途防ぐ必要がある。基礎外周部から侵入するシロアリによる蟻害を防ぐには、点検により基礎外周部の蟻道を早期に発見しシロアリを駆除することが重要であるが、近年多用されるようになった基礎断熱を施した建築物ではその点検ができなくなるため、シロアリの侵入防止の観点からは好ましくない。このため、基礎断熱の際は基礎内側に断熱層を設ける仕様が推奨されている[5]。

［6］保存処理薬剤と金物防錆との関係

　2000年の建築基準法改正以後は在来軸組構法において、それぞれの部材間接合部に使用すべき金物種類が規定された。枠組壁工法にあっては1974年のオープン化当初からくぎを中心とした金属によって部材同士を接合する工法である。このように現在の木造建築物は、鋼材をベースとした金物類によって接合されて所要の構造耐力を発揮する仕組みとなっており、集成材建築物においても接合金物、接合具の構造上の役割は非常に重要な位置を占めている。

　一方、木質構造材の耐朽性を向上させるために加圧注入材がよく用いられるが、加圧注入材には

それぞれの種類によって、各種の金属成分が含まれているものがあり、それらが金物類の表面に施されている防錆被膜と接すると、組み合わせによっては接触腐食が発生することがある。この接触腐食がどのような組み合わせの場合に発生し、その腐食量や腐食速度がどれほどなのかについて知っておくことは、それらを併用することが多い集成材建築物の設計にあたって重要である。以下の表5-10は住宅用金物における防錆処理が中心であるが、各種の加圧注入木材と金物防錆処理との反応性を実験的に検討した結果の一例として参考になる。

表5-10 加圧注入処理材と金物防錆処理との反応性（屋外暴露試験（1年間））

	EPZ 5C6	EPZ 8C6	EPZ 5C3	EPZ 8C3	Z27	HDZ A	DR	GEO	KSG	YC	SD	ZAM	Z27+C	ROBAL
ACQ	■	／	■	■	／	■	▨	■	■	▨	▨	⋯	▨	／
AZN	▨	▨	⋯	▨	□	▨	▨	▨	▨	▨	▨	▨	▨	／
CUAZ-2	／	■	■	■	▨	▨	□	▨	■	▨	⋯	⋯	▨	▨
BAAC	▨	▨	⋯	⋯	□	▨	□	▨	▨	▨	▨	▨	▨	⋯
SAAC	▨	▨	⋯	▨	□	▨	▨	▨	▨	▨	▨	▨	▨	▨
AAC	⋯	▨	⋯	⋯	□	▨	▨	▨	▨	▨	▨	▨	▨	⋯
CUAZ-3	／	■	■	■	⋯	▨	▨	■	■	■	▨	▨	■	■
無処理	□	□	□	□	□	▨	□	▨	□	□	□	□	□	□

■ 30%以上の赤さび発生　　／ 30%以下の赤さび発生　　⋯ 微量の赤さび発生

▨ 変色、白さび発生　　□ 変化なし

　この結果から、銅を含んだACQ、CUAZ系の薬剤による加圧注入材は、亜鉛メッキ系（EPZ系）などとの相性はあまりよくない一方、銅を含まないBAAC、SAAC、AACなどの薬剤による加圧注入材は、比較的いずれの金物防錆処理とも反応していないことがわかる。これを金物防錆側から見ると、Z27＋カチオン電着塗装などの亜鉛メッキ＋有機質被膜による防錆処理をしたものは、いずれの薬剤による加圧注入材ともほとんど反応しておらず、一方、Z27を除く亜鉛メッキ系、ジオメット（GEO）などはいずれの保存処理木材とも反応しやすい結果となっている。同様の傾向は、別途実施した耐湿試験（密閉した空間内に湿気や水分が浸入した環境を想定した実験）でも観察されている。

　以上は加圧注入材と各種金物防錆処理との関係であるが、現場塗布などに用いる表面処理薬剤との関係についても同様の実験結果があり、それによれば、①全体的にはZAMおよびZ27＋カチオン電着塗装などの複合皮膜系は腐食が少ないこと、②薬剤によっては高い腐食性を示す金物防錆処理もあること、③一般に油剤の方が水で希釈する乳剤より腐食が少ない傾向が見られること、などがわかっている。

ただ、以上の実験は、金物側の質量減少率などで腐食度を評価したものではなく、金物表面の変化の目視観察による結果であり、これがダイレクトに金物の強度変化を評価しているものではない。すなわち以上の結果は、加圧注入材と金物防錆処理との相性を評価したものと考えるのが妥当であり、加圧注入材と金物防錆処理の組み合わせを選択する場合の目安ととらえればよい[6]。

2. 構法的対策

[1] 地盤面

一般に、わが国に生息する代表的な家屋加害害虫であるヤマトシロアリならびにイエシロアリは地下営巣虫といわれ、地中より基礎立ち上がり、床束その他の地面と建物とを橋渡ししてくれるものを伝わって建物内に侵入してくる。したがって、これらのシロアリに対しては、地盤面を鉄筋コンクリート造のべた基礎、または布基礎と鉄筋により一体となって基礎の内周部の地盤上に一様に打設された厚さ100mm程度以上のコンクリートで覆うことが構法的には有効な手段となる。品確法（住宅の品質確保の促進等に関する法律）に基づく劣化対策等級では、北海道や東北、北陸では地盤面への防蟻措置は省略できることになっているが、社団法人日本しろあり対策協会の蟻害実態調査[7]によれば、これらの地域でも20～40％の割合でシロアリ被害が報告されているので、敷地周辺の被害実態をよく調べてから地盤面への防蟻対策を決めるべきである。

[2] 基礎

木材の耐久性から見ると、基礎は直接的には木材を地表面から離し、地表からの吸水・吸湿あるいは雨水の跳ね返りを防止するとともに、シロアリなどの地中から侵入してくる家屋害虫を阻止する役目を持っている。また、間接的には上部構造体をしっかり支えることで、木部接合部のひずみやすき間をできにくくして雨水などの浸入を発生しにくくしている。このようなことから、基礎の構造は、単に構造耐力の面だけではなく、耐久性確保の面からも検討することが必要である。

そのようなことから、基礎立ち上がり高さは400mm以上とする。これは雨水や土中水から土台などの木部の劣化を防止するために、雨水が容易に跳ね返らないための高さ、換気孔の下端の地面からの高さ、床下点検のしやすさなどを総合的に考慮した結果である（図5-51）。

また、基礎に関連する部位として犬走りやテラスなどは雨水の建物への跳ね返りを抑制する上で効果的であるばかりでなく、植物が建物に近接して生育するのを阻む上でも有効である。

[3] 土台

外壁下端には必ず水切りを設ける。これは、壁上部からの雨水を土台から遠ざけるためのみならず、直接雨水が土台に作用するのを防いだり、地盤面からの雨水の跳

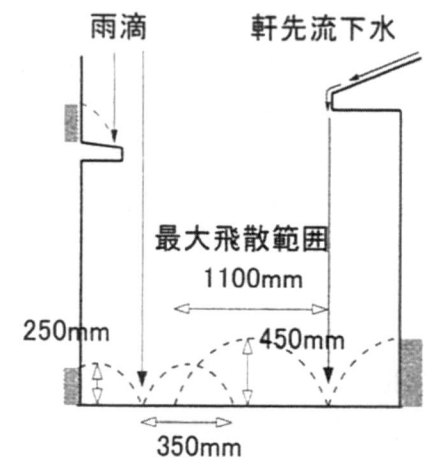

図5-51 雨水跳ね返り高さの頻度グラフ
出典：石川廣三「雨仕舞いの仕組み」彰国社, 2004年

ね返りを防ぐ役目を持つ。水切りの取り付け位置に関しては、そのような水切りの役割を十分に考えて決める必要がある。また、土台の下に「ねこ土台」を入れて床下換気をする場合、通常の水切り金物では土台と基礎とのすき間からネズミなどの小動物が床下に入り込むおそれがあるので、必ずその部分に防鼠スクリーンなどを設ける必要がある。

[4] 外壁構法

外壁に真壁を採用する場合には、2階建て以上の場合の1階外壁全体への降雨負荷が過度に大きくなることを防ぐため、軒の出やけらばの出を900mm以上出す。また、大壁造とする場合は内部結露や雨水浸入に伴う壁体内での各種下地、仕上げ材への漏水事故や腐朽やカビの発生を抑止するために、外気側に通気層を設けた通気構造とする。

外壁通気構法の細部に関しては、以下の点に留意する。

① 通気層は外壁の全面に設けるものとし、その厚さは18mm以上とすること。
② 通気胴縁は、縦胴縁と窓枠回りとのすき間ならびに各段の横胴縁に設けられた通気切り目のすき間を30mm以上とすること。
③ 通気層には吸排気口を設けるとともに、壁体内の湿気を含んだ空気が流れやすくなるよう吸気口から排気孔まで連続させること。
④ 各部吸排気口には雨水の浸入を防ぐための金物を設けるとともに、防水紙の納め方に注意して壁構造体への止水を図ること。

以上の注意点を踏まえた外壁通気構法の標準的なディテールを図5-52および図5-53に示す。吸排気口回りは、雨仕舞いが確保できる範囲でできるだけ単純なディテールにした方が、効率的に吸排気ができる。

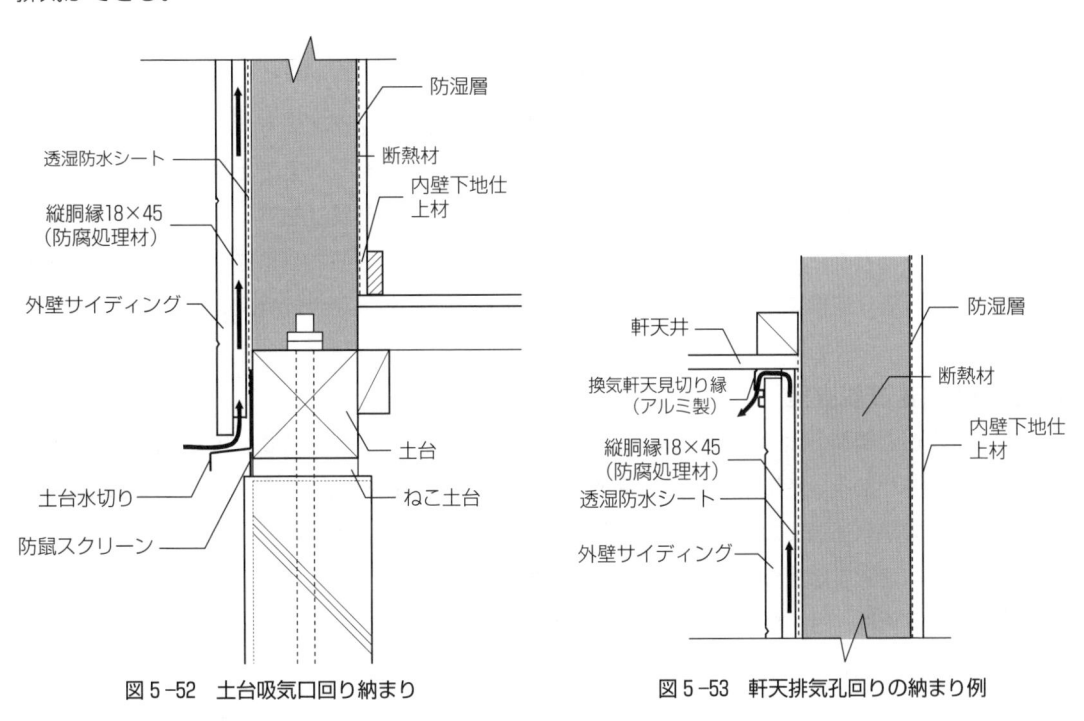

図5-52 土台吸気口回り納まり　　図5-53 軒天排気孔回りの納まり例

[5] 床下換気

一般に1階床下地盤面からは地盤の含水状態に応じて湿気が上昇してくる。これを放置しておく

図 5-55 基礎換気孔断面詳細

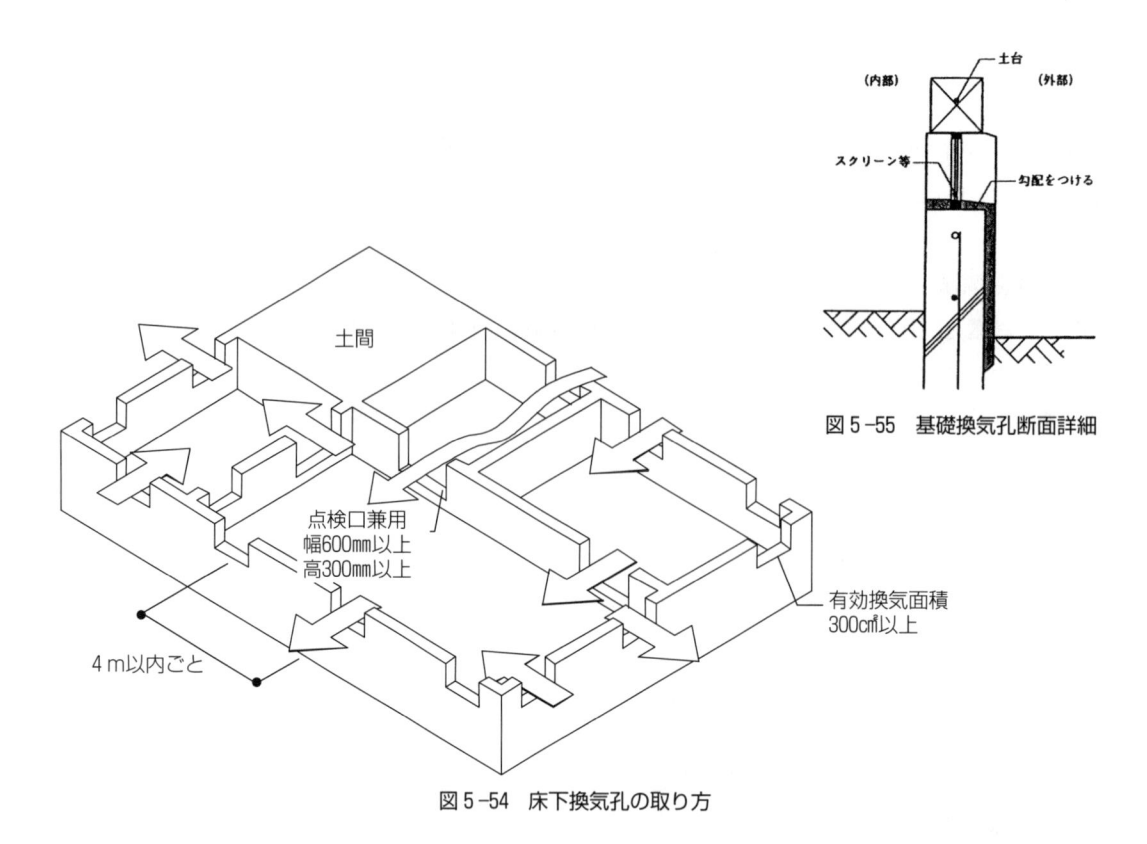

図 5-54 床下換気孔の取り方

と床組材料や土台などの床下空間に位置する部材に生物劣化が生じやすくなる。そのため外壁の床下部分には、壁の長さ4m以下ごとに有効面積300cm²以上の換気孔か、外壁長さ1mあたり有効面積75cm²以上の換気孔を設ける（図5-54、5-55）。

なお、いくつかの実験結果によれば、基礎と土台の間に木質系あるいはプラスチック系の薄板（「ねこ土台」）を挟んで換気孔を設ける場合は、一般の換気孔よりも床下全体のより均一な換気ができるとともに、土台が基礎から浮くため、床組や土台下部の劣化防止に有利とも言われている。しかし、この「ねこ土台」は木部構造体の最下部に設置される部材であることから、これを用いる場合は上部荷重を長期にわたって適切に基礎に伝達できるよう、材質はもちろんのこと寸法や配置を十分検討するとともに、ねこ土台がアンカーボルトを貫通して設置されるような納まりの場合には、破損時の保守・交換をどうするのかなどの維持管理面への対策を十分考えておく必要がある。

［6］浴室および脱衣室

一般に、木造建築物の設計・施工にあたっては、構造材を湿らせないよう、防水・防湿に十分な配慮をする必要がある。特に生活上、常時水を使用する部分である水回りは、水仕舞に注意するとともに、周囲の防水工法についても十分配慮する必要がある箇所である。

防水・防湿に注意する部分には、下記のような箇所がある。
① 防水…浴室周囲・台所周囲・便所床、給排水管周辺など
② 防湿…結露の恐れある浴室周囲など

これらの箇所では、使用する木材に直接水が作用しないようにすることが大事なことである。そのためには、水を木材から遠ざけるように、各部位の排水、防水、防露を十分なものにすることが必要となる。特に、排水のための水勾配や、水が直接作用する材料間の目地接合部の防水は、入念

に施工しておく必要がある。浴室などでは、そのような箇所の防水が切れても、直ちに構造体への漏水につながらないような設計上の配慮をしておくことが望まれる。また、水分、湿分が各部位の仕上げ、下地を通って構造体に作用しないように十分な防水性、防湿性を有した仕上げないしは下地材料を使用することも重要になる。

　そこで、浴室、脱衣室などの水回り室から構造躯体へ水が作用することを防ぐ仕上げ材料の使用とともに、浴室ではユニットバスを採用する。また、上階に浴室などを設ける場合は、下地にも防水性ある材料を使用することとし、さらに1階と同様ユニットバスを用いる。しかし、それでも万が一、2階浴室からの漏水があった場合には、その被害範囲が大きくなることから、2階浴室下部には点検口を設けるべきである。

　なお、防水・防湿性の高い下地、仕上げ材料としては、シージングせっこうボードやビニルクロス、CFシート（クッションフロア）などが選択肢として挙げられる。また、床仕上げにフローリングを用いるような場合には目地の防水性が鍵になるが、下地材の防水性と合わせて考えることでより信頼性を高めることができる。

［7］小屋裏

　小屋裏に位置する部材は一般には気乾含水率程度に乾燥しており、ほとんどの場合腐朽することはない。しかし、雨漏りや結露が発生した場合には、小屋裏空間の換気がないとそれらが長期にわたって木材に作用することになり、腐朽に至ることがある。これを防ぐには、小屋裏空間に何らかの大きさの換気口を2箇所以上設けることが有効である。換気口は、このような小屋裏空間の湿気を外に逃がす機能以外に、小屋裏空間の温度を外気温に近づけることで屋根下地面や瓦下における結露を防止する機能ももっている。小屋裏換気口の設置は以下のとおりとする。

① 換気口は、独立した小屋裏ごとに2箇所以上、換気に有効な位置に設けること。
② 小屋裏（屋根断熱工法を用いていること、その他の措置が講じられていることにより、室内と同等の温熱環境にあると認められる小屋裏を除く）換気は、次の4種のいずれかの換気方式であること（図5-56イ～ニ）。

   a. 小屋裏の壁のうち屋外に面するものに換気上有効な位置に2以上の換気口が設けられ、かつ、換気口の有効面積の天井面積に対する割合が、300分の1以上であること。
   b. 軒裏に換気上有効な位置に2以上の換気口が設けられ、かつ、換気口の有効面積の天井面積に対する割合が、250分の1以上であること。
   c. 軒裏又は小屋裏の壁のうち屋外に面するものに給気口が設けられ、小屋裏の壁で屋外に面するものに換気上有効な位置に排気口が給気口と垂直距離で90cm以上離して設けられ、かつ、給気口及び排気口の有効面積の天井面積に対する割合がそれぞれ900分の1以上であること。
   d. 軒裏又は小屋裏の壁のうち屋外に面するものに給気口が設けられ、小屋裏の頂部に排気塔その他の器具を用いて排気口が設けられ、かつ、給気口の有効面積の天井面積に対する割合が900分の1以上であり、排気口の有効面積の天井面積に対する割合が1600分の1以上であること。
③ 点検口を独立した小屋裏ごとに1箇所以上、出入りに適切な位置に設けること。

　なお、小屋裏換気口には雨、雪、虫などの侵入を防ぐためのスクリーンなどを取り付ける。

イ		1/300 以上 （給排気両用）
ロ		1/250 以上 （給排気両用）
ハ		（給気口）　（排気口） 1/900 以上　1/900 以上
		（給気口）　（排気口） 1/900 以上　1/900 以上
ニ		（給気口）　（排気塔等） 1/900 以上　1/1,600 以上

図 5-56　小屋裏換気口の取り方

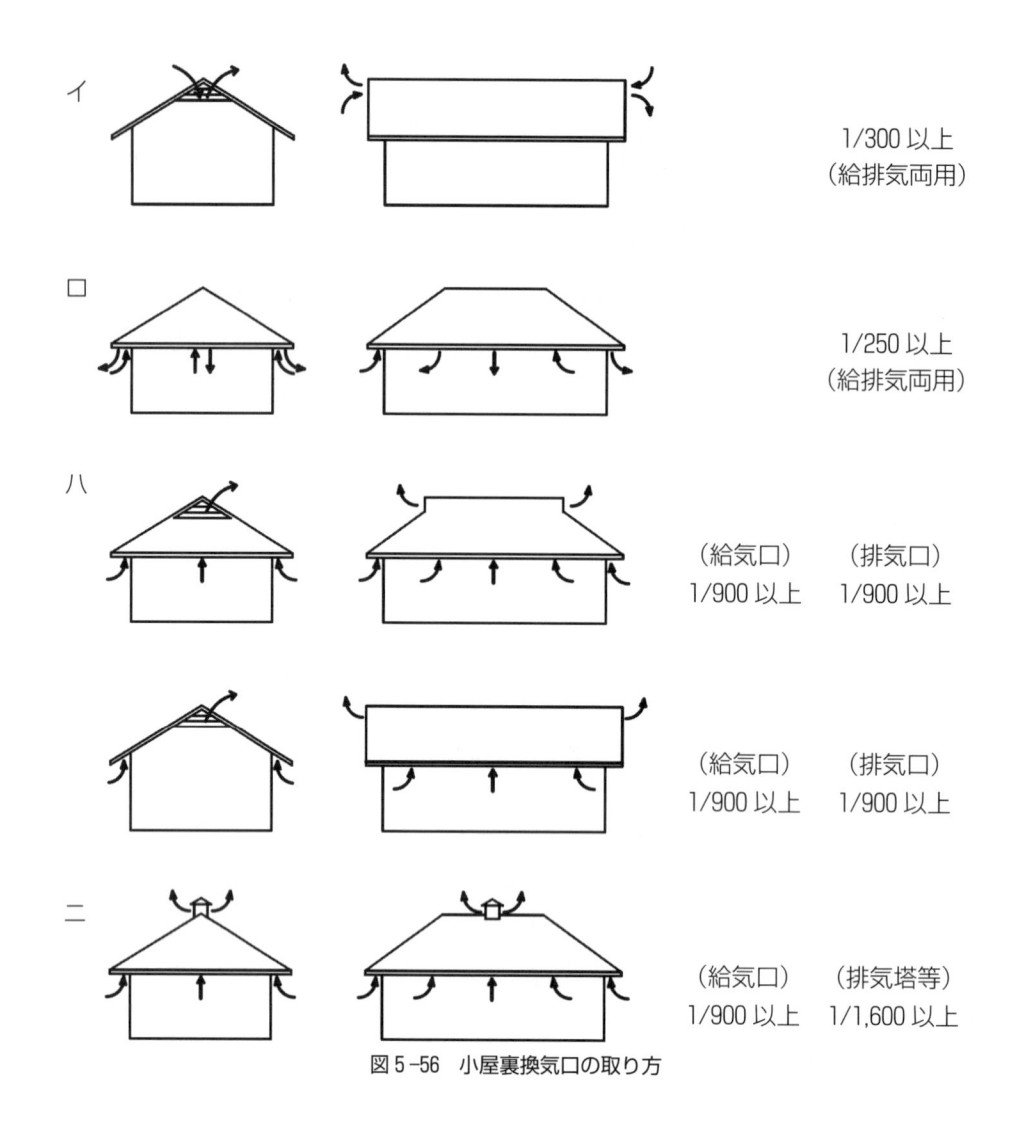

[8] 外壁開口部回り

外壁回りから構造体内への雨水漏水は、外壁仕上げ材の故障を除けば主に外壁仕上げ材間の接合部や外壁と開口部材との取り合い部から生じる。以前は窓開口部上に庇をつけるのが木造建物の雨仕舞上の慣習だったが、最近の建物では、敷地が狭小になって軒の出が少なくなったことや、意匠上の理由で窓上部の庇を省く傾向があるために、窓、出入口回りに対して雨掛りが激しくなり、建物外壁の耐久性上大きな課題になっている。外壁開口部回りの納め方に関する主な留意点は以下のとおりである。

① 住宅ではアルミサッシが使用されるが、製造者によってそれぞれの形態・取り付け方が示されており、ほぼ雨仕舞上の原則が守られている。一方、現場で加工・組み立て・取り付けがなされる木製の窓枠は、雨仕舞の原則にしたがって壁内に漏水をしないように窓枠の上下枠には十分な水はけ勾配をとるとともに、裏面には水切りのための措置を講ずる。

② 窓枠と外壁との取り合い部、とくに縦枠との納まりには、ちりじゃくり、見切り縁あるいはシーリング材などを用いて雨水が壁内に流入しないようシールする。

③ サッシ下枠裏面は吹き降りの雨の時に漏水が生じやすい箇所である。ここには通常シールが施されるが、それが切れたときには防水紙が2次シールの役目をする。この防水紙の上端部の納め

方が十分でないと、上端部に回り込んだ雨水が壁体内に浸入し雨漏りとなる。

このようなサッシ下枠と腰壁が取り合う箇所では、まず窓台を防水紙で包むように先張りし（増し張り）、その下に腰壁側の防水紙を差し込み、そこを上から防水テープで止める（図5–57）。

④ さらに、外壁と開口部周囲枠との取り合いとしては、以下のようなサッシ枠、換気扇枠との取り合いが重要である（図5–58）。

・壁仕上げ材（乾式、湿式両方）とサッシ枠との取り合い部には、シーリングを施す。この際、必ずボンドブレーカーとともにバックアップ材を挿入する。
・防水テープはサッシフィンの幅に合わせた寸法のものを使用する。
・サッシ枠回りの施工手順は、窓台への防水紙先張り→サッシ取り付け→透湿防水シート張り→防水テープ貼り→通気胴縁取り付け→仕上げ材施工→シーリング打ち、とする。
・防水テープは表面を流れる雨水が滞らないよう、上方に位置するテープが下方に位置するテープの上にくるように貼る。

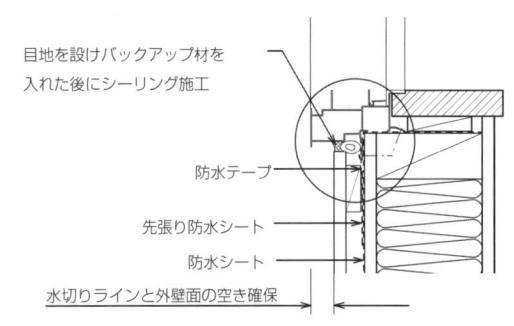

図5–57 開口部窓台への防水紙の施工法

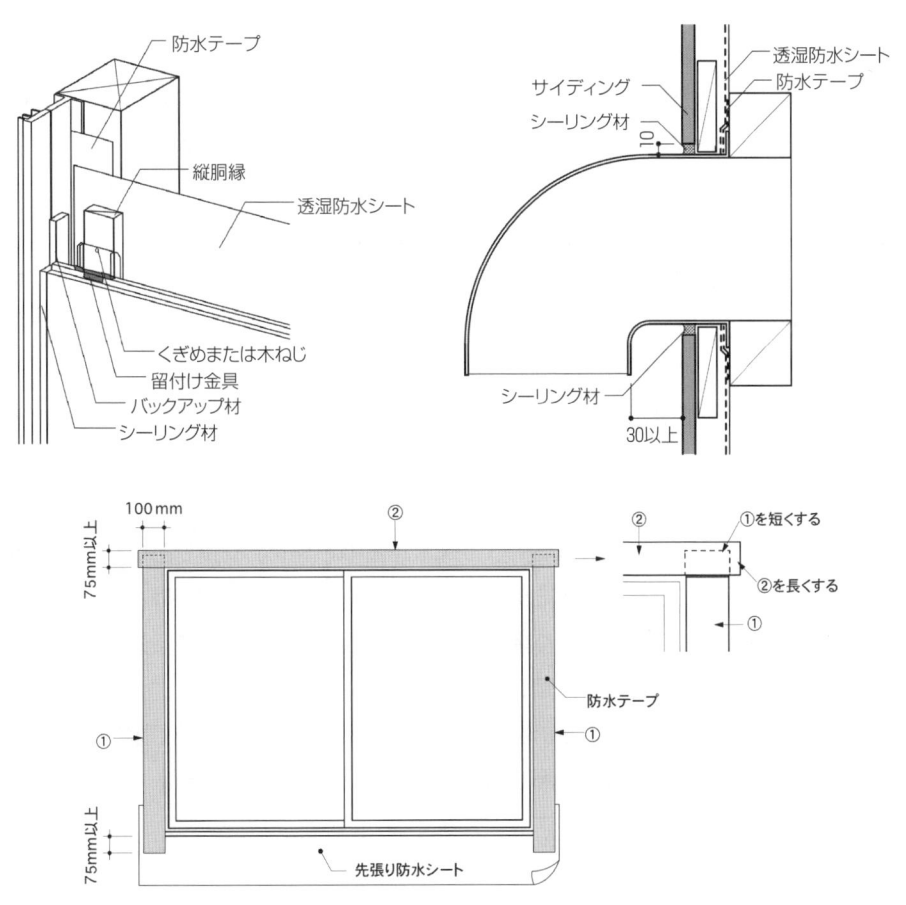

図5–58 サッシ枠および換気扇枠と外壁防水紙、防水テープとの取り合い

[9] 屋根回り

屋根は建物外装の中で最も雨水を受ける部位であり、防水設計および耐久設計上最も注意を払わねばならない。基本的には、単純な形状、適切な勾配、十分な軒の出などが大事になるが、各部納まりとしては以下の各部位ごとの注意点がある。

① 屋根防水材料および施工方法

　ⅰ）防水紙にはJIS A 6005アスファルトルーフィング940と同等以上の性能を有するもの（改質アスファルトルーフィングなど）を用いる。

　ⅱ）防水紙の重ね寸法は、流れ方向100mm以上、左右は200mm以上とする。

　ⅲ）谷部、棟部は谷底および棟頂部より両方向にそれぞれ250mm以上重ねる（図5-59）。

　ⅳ）屋根面と壁面立ち上がり部の巻き返し長さは、250mm以上かつ雨押さえ上端より50mm以上とする。

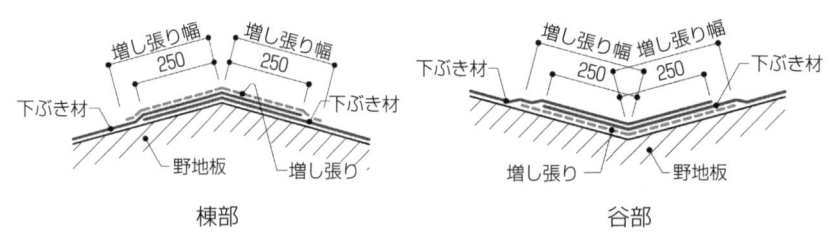

図5-59　屋根防水紙の各部位別の納まり
出典：財団法人住宅保証機構編「まもりすまい保険　設計施工基準・同解説（2012年版）」財団法人住宅保証機構

② 軒・けらば回りの納まり

　軒およびけらばでは、屋根面を流下してきた雨水を外壁や軒裏に回さない納め方が重要であり、金属板ぶきにあっては、各ふき工法に応じて軒先には「唐草」、けらばには「けらば唐草」を取り付け、かわらぶきにあっては、軒、けらばからの野地板、かわらの出寸法をそれぞれ適切にとる。

③ 1階屋根と2階外壁との取り合い部（平部および流れ部）

　1階屋根と2階外壁との取り合い部のポイントは、壁体内に屋根面からの雨水が浸入しないように取り合い部の雨仕舞いを確実にすることである。そのためにはまず、下ぶきのアスファルトルーフィングを金属板ぶきなどの場合には120mm以上、かわらぶきの場合には250mm以上立ち上げるようにする。その上で、金属板、かわらとも雨押さえ包み板（雨押さえ）を120mm以上立ち上げ、上端部を外側に曲げて水返しとしておく（図5-60、5-61）。

④ 屋根と外壁との取り合い部（軒先・けらばが外壁と取り合う部分）

　屋根の軒先やけらばが外壁と取り合う部分は、雨水が集中しやすい箇所でありながら防水の納め方に不手際が多く、往々にして漏水事故に繋がりやすい部位である。留意点は、

　ⅰ）屋根と外壁と間に捨て谷・軒止まり金物を入れるとともに、軒が接する外壁側にアスファルトルーフィングの捨て張りをする（図5-62）。

　ⅱ）軒、けらば端部と外壁との取り合い部には、外壁側に予め防水紙を捨て張りし、その上に屋根防水紙を張る。また、防水紙端部は防水テープで留める（図5-63）。

　などの点に注意する。

⑤ 谷部

　谷部は降雨時に雨水が集中するため、適切な構法をとっていないと直ちに雨漏りにつながりやす

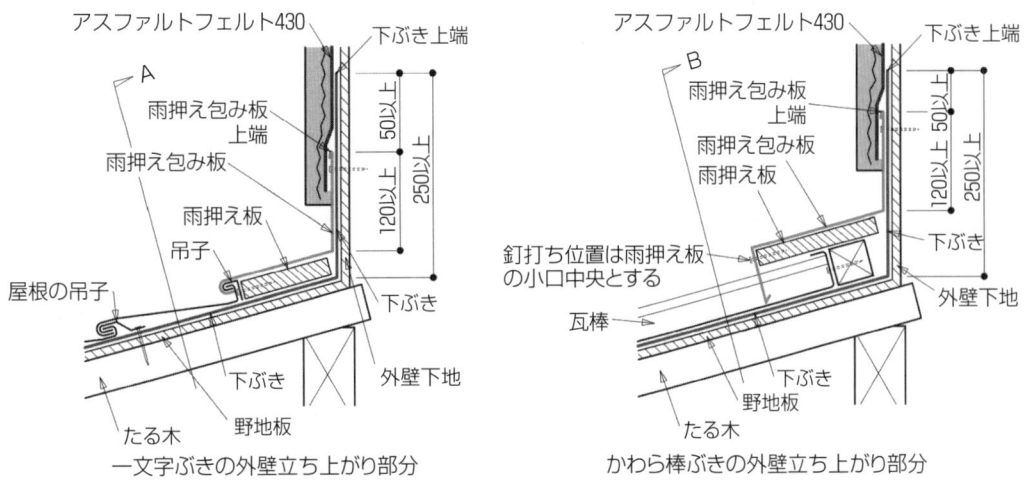

図5-60　金属板ぶきにおける屋根と外壁の取り合い部の納まり
出典：財団法人住宅保証機構編「まもりすまい保険　設計施工基準・同解説（2012年版）」財団法人住宅保証機構

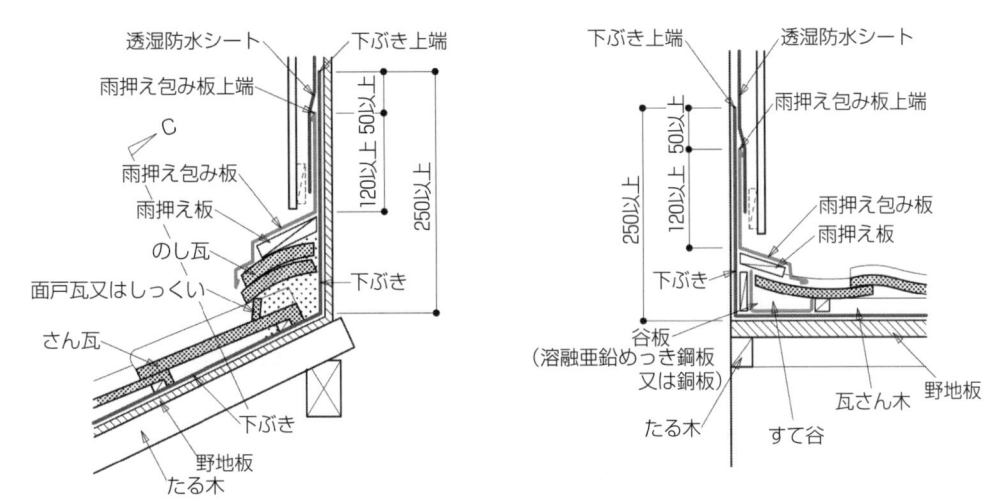

図5-61　瓦ぶきにおける屋根と外壁の取り合い部の納まり
出典：財団法人住宅保証機構編「まもりすまい保険　設計施工基準・同解説（2012年版）」財団法人住宅保証機構

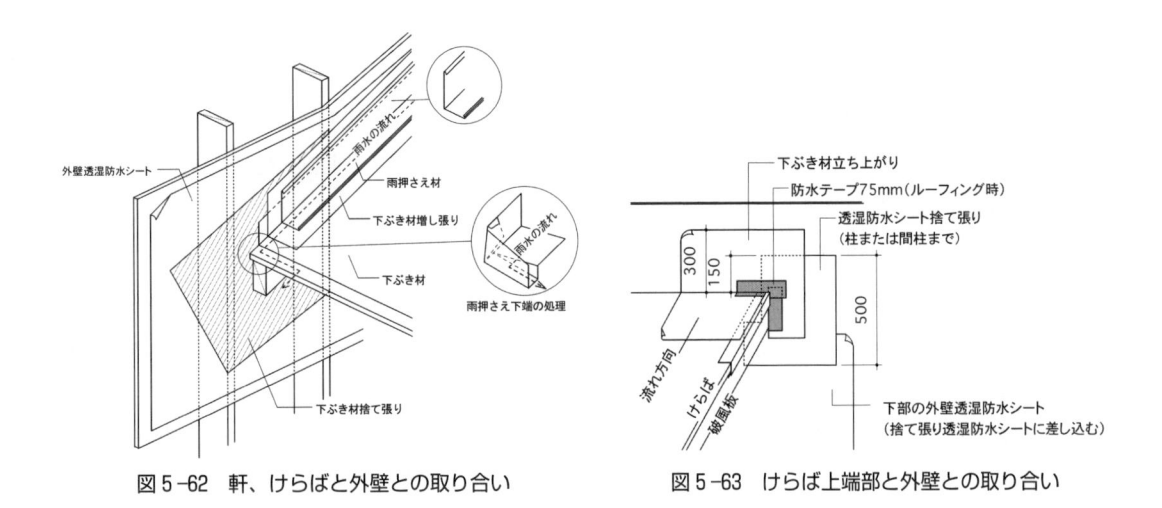

図5-62　軒、けらばと外壁との取り合い

図5-63　けらば上端部と外壁との取り合い

い箇所である。構法的には捨て谷、アスファルトルーフィングの増し張りなど2重、3重の防護策をとる。また、谷の溝は余裕をみて大きめとし、谷周辺からの雨水の溢れを防止する。具体的には、谷部のふき板は、全長を通しぶきとし、両耳2段はぜとする。また、アスファルトルーフィングの下ぶきの増し張りを行う（図5-64）。

なお、ひさしは壁面や開口部を降雨から保護する重要な部位である。最近は仕上げ材料などの防水性能がよくなった結果、軒やひさしの役割が軽視される傾向にある。しかし、どんな材料でも必ず経年劣化するから、思わぬ頃に思わぬ漏水を招かないようにするためにも、軒やひさしで構法的に雨水の作用を阻止しておくことが建物の耐久性上の信頼性を向上させるために重要なことである。

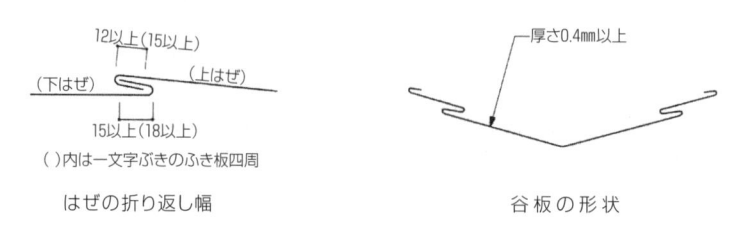

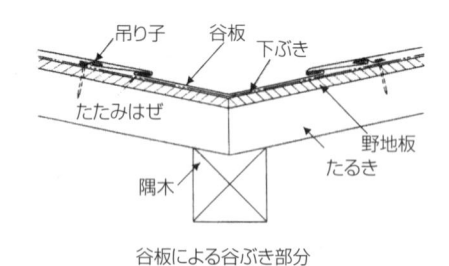

図5-64 谷部のふき方例
出典：財団法人住宅保証機構編「性能保証住宅設計施工基準・性能保証住宅標準仕様（平成16年改訂版）」財団法人住宅保証機構

[10] とい回り

屋根回りのみならず外壁その他の耐久性を維持するために重要な働きをする部分に、雨どいがある。雨どいには、軒どい、たてどい、呼びどい、谷どい、内どい、這いどいなど各種あるが、どれも屋根面の雨水をそれぞれのといに集め建物外へ早期に排水する役目を果たしている。そのため、といからの溢水、漏水は建物の各部に大きな被害を与えることになる。特に谷どい、内どいからの漏水は広範な被害を与え、その範囲は小屋組のみならず軸組にも及ぶ。といの寸法は、屋根面積、屋根勾配、降雨強度より排水量を決定し、といの勾配を考慮した上で決める。この際、落葉、塵挨、落下物などにより排水口がつまることを計算に入れて計算上の寸法より大きめのものとする。雨どい周辺は下見板張り・モルタル塗りにかかわらず非常に高い率で被害が発生している。この原因には、オーバーフロー水の浸入、たてどいのとい受け金物取り付け部からの浸入、たてどい下部の水仕舞の悪さや破損などがある。たてどい位置は通常、出隅・入隅部分であり構造上重要な箇所なので、施工にあたっては十分な注意をするとともに、適切な維持管理が行われることを必要とする。軒どい・たてどいの取り付けにあたり、注意すべき点は下記のとおりである。

① たてどいのとい受け金物の取り付け部分から壁内に雨水が浸入しないように、取り付けは壁から外に向けて勾配を付け、さらに金物取り付け箇所のシールなどに注意する。

② たてどいは必ず排水管もしくは排水孔に直結させる。たてどい下部の破損しやすい部分は、鋼管などを使用する。
③ 呼びどい落とし口には、金網またはドレーンを設けて異物の侵入を防ぐようにする。
④ 軒どいの勾配は、1/80から1/200程度を確保する。多雪地域では低めにかつ外壁寄りに取り付けて雪害を防ぐ。

軒どいには屋根に積もった落ち葉や土など様々な塵埃が長い間に堆積し、雨水の流れを阻害してしまい、結果的に接合部からの漏水につながりやすいため、勾配はできるだけ大きくとることとし、最低でも1/200以上とする。受け金物の取り付け間隔は、図5-65に示すような寸法とする。また、積雪地と一般地では軒どいの位置を図5-66に示すように若干変える必要がある。この取り付け間隔が空きすぎているととといのはずれや破損につながり、そこから雨水が外壁に直接作用して外壁の耐久性を損なうことになる。なお、たてどいの取り付け間隔は最大でも1,000mmとする。たてどいから溢れた雨水は、受け金物を伝わって壁内に浸入しがちなので、金物は外側に勾配をつけて取り付けるか外壁との取り合い部をシールする。

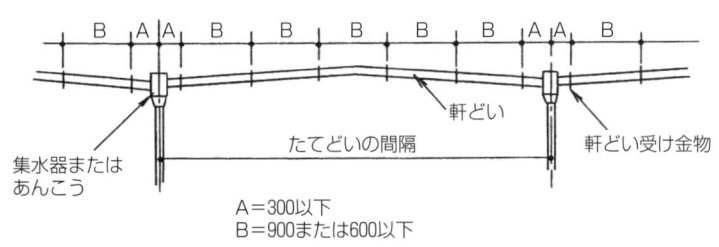

A=300以下
B=900または600以下

図5-65 軒どい受け金物の割り付け

出典：社団法人日本建築学会編「建築工事標準仕様書・同解説，JASS12屋根工事〔2004年改定〕」第2版1刷，2004年

地域	P寸法		H寸法
	金属屋根	瓦屋根	共通
一般地域	1/2～2/3D	1/3～1/2D	0 mm
積雪地域	1/3D	1/3D	約100 mm

図5-66 軒どいと軒先先端部分の位置関係

出典：社団法人日本建築学会編「建築工事標準仕様書・同解説，JASS12屋根工事〔2004年改定〕」第2版1刷，2004年

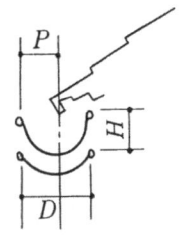

[11] 水回り設備と木部との取り合い

建物内で水を使用する部分には、浴室の他、洗面脱衣室、洗濯室、台所、便所などがある。これらの箇所には、浴槽、洗面台、洗濯機、流し台、便器、手洗い機器などの水を使用するための様々な設備機器が、床、壁などに何らかの方法で固定され、設置され、また水を供給・排出するための様々な大きさ、材質の管類と接続されている。このような給水、給湯、排水などの管類は、床下あるいは壁内、天井裏に敷設され、各箇所で木材と取り合っている。日常これらの部屋の機能を使用することによって、水の飛散、洗面器具、厨房器具と壁との取り合い部よりの漏水、管接合部あるいは蛇口と管接合部、さらには蛇口部分よりの漏水などにより、壁面、床面が濡れたり、壁内に漏水をみる場合が出てくる。

水回り諸室は平面計画上北側部分にとられることが多く、常に湿潤となる位置に置かれているた

め、壁内への水分の流入は、直ちに大きな劣化被害へとつながりやすくなるので、これらの部分からの漏水、結露などには特に以下のような注意をする必要がある。

① 蛇口・配管回りの防露措置、洗面器具、厨房器具と壁との取り合い部の防水に配慮する。給水管にあっては、夏季高湿時に冷たい水が水道管内を流れるために、水道管表面に結露を生じ、この結露水がシロアリを誘致し木材が食害される。このため給水管は屋外、屋内配管ともに壁内に敷設する際は無機質の絶縁材で包むなどの結露防止対策を行う。

② 長い期間にわたる使用のなかでは何らかの故障が発生することが考えられるので、設備配管の接合部や屈曲部には点検口を設けて、接続状態や管の劣化状態を検知しやすくしたり、保守管理が簡単にできるようにしておく。そのためには、木造建築物といえども、専用のパイプスペースを設ける。

[12] 金物回りの結露対策

金物に接合を頼る構法の場合、部材と部材の接点には必ず金物が使用される。これらの金物の中には、接合具が横架材を貫通、すなわち充填断熱の場合には外壁断熱層を貫通して、その端部が外壁下地に接する状態になるものがある。そこに熱橋が形成され、室内あるいは小屋裏、天井裏に露出している金物表面に結露が発生しさびに至ることがある。

一方、基礎に埋め込まれる土台アンカーボルトや柱脚金物用ボルトにあっては、基礎が冷えることによってボルトも冷え、そこに湿気を含んだ暖かい室内空気が入り込むと、やはり表面結露を生じることがある。

以上のような金物表面の結露量がひどい場合には、滴が垂れて木部が傷んでしまったりカビや変色が発生して、建物の居住性や機能性に影響を与えることがある。このような金物の表面結露を防ぐには、大きく分けて以下の2項を遵守することが求められる。

① アンカーボルトおよび柱脚金物露出部には、発泡ウレタンを吹き付ける。
② 熱橋を形成する位置にある金物には、外気側に発泡ウレタンなどを施工する。

ただし、ウレタンを吹き付ける場合は、接合具全体を断熱できるよう座金掘りを通常より深くする。

[13] 配管スリーブ

床下地盤面をコンクリートで覆う基礎構法では、基礎立ち上がり部や基礎底盤部を貫通して各種の設備配管類が戸外より屋内、屋内より戸外へ配管される。このような基礎を貫通する管類には冷暖房機器の各種配管、ガス管、給・排水管、屋外器よりの給湯管とそのリターンなどがあるが、これらの管類の貫通方法が不良だと外部からの水の浸入を招くばかりでなく、貫通箇所がシロアリの建物内への侵入口となることがあるので、次のような措置を講じる。

① 基礎を貫通して設ける配管スリーブの位置として、基礎にひび割れが生じにくい位置で、雨水が流入しない箇所に設ける。
② 配管を基礎コンクリート内にそのまま埋め込むと、交換時に大がかりな工事が必要になる。したがって、原則はコンクリート内部に管類を埋め込まないこととし、具体的には、図5-67(a)に示すように、基礎立ち上がり部から外に出す。
③ べた基礎の場合は、図5-67(b)に示すように基礎にさや管を設けその中に配管を敷設する。
④ 配管類のための穴とコンクリートとの間隙には、防蟻性のある材料（ルーフィング用コール

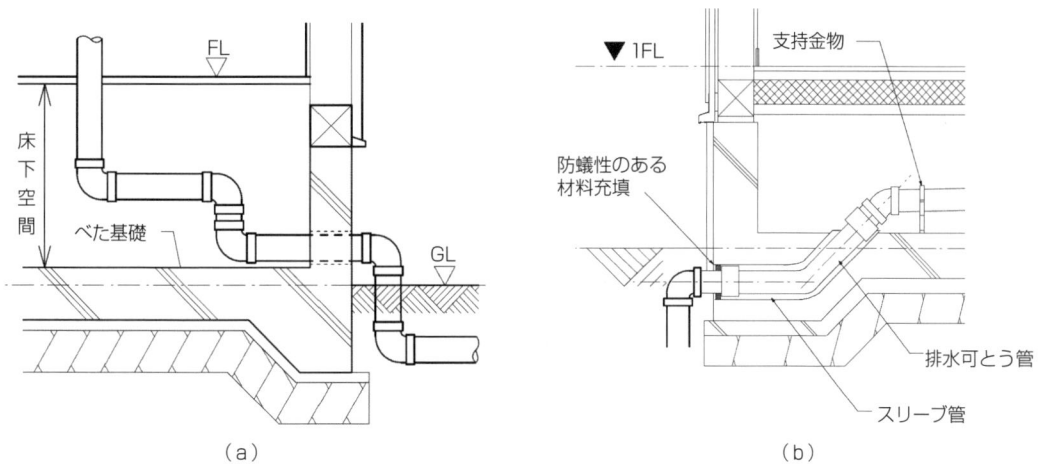

図5-67　基礎立ち上がり部の配管回りの納まり

タールピッチやゴム状の瀝青シール、防蟻剤が入ったコーキング状充填材など）を充填するなどシロアリ侵入防止のための措置をとる。

[14] 各部点検を容易にするための工夫

①　土台、床組材あるいは床下配管類の点検が容易にできるよう、1階床面には大きさ（450×450以上できれば600×600）の点検口を設ける。点検口は、劣化が生じやすい箇所に設けて初めてその意味が出てくるが、一般には1箇所だけ設けるケースが多いのが実態である。しかし、それだけではごく限られた範囲しか見ることができず、肝心の水回り諸室の床下や軸組下部が点検できない場合が多々出てくる。このようなことから、1階床下点検口は劣化が発生しやすいにもかかわらず点検が難しくなりがちな脱衣室・洗面所などの床を中心に2箇所以上設ける。

②　小屋裏各部の点検のために、小屋裏に人が簡単に入れる大きさの点検口を設ける。小屋裏も床下同様、雨漏りや結露によって腐朽や蟻害が生じやすい部位の1つである。特にイエシロアリの生息する地域では、小屋裏の点検が欠かせない。小屋裏はまた、各種設備配線類、断熱材、各室換気ダクトなどの敷設場所にもなっている。

③　1階床高さは、点検のために十分な高さを確保する。床の高さは基準法では450mm以上であるが、これは地盤面から床仕上上端面までの高さであり、これでは人が入ってメンテナンスを行うには不十分である。床下コンクリート仕上面から大引下端面までで330mm以上を確保する。

④　敷地条件が許す限り、建物外周には外壁を点検するのに十分なスペースをとる。

[15] 外部露出部材

張り出し式バルコニー下部、軒下、けらば下などにおいて外部露出状態で用いられる部材や常時露出状態となる部材には、以下の措置をとる。

①　屋根やひさしあるいは上階せり出し部分で保護されていて、吹き降りの時以外は雨水の作用をほとんど受けないと推定される集成材では、鼻隠しおよび破風板で保護するか、露出部材を塗装ないしは木口部分を銅板などで被覆する（図5-68）。なお、この場合、破風板や鼻隠し材は簡単に腐らないように薬剤処理をしておく。

②　常に屋外に常に露出しているアーチ材の端部やはりなどの場合には、集成材に直接日光や雨水

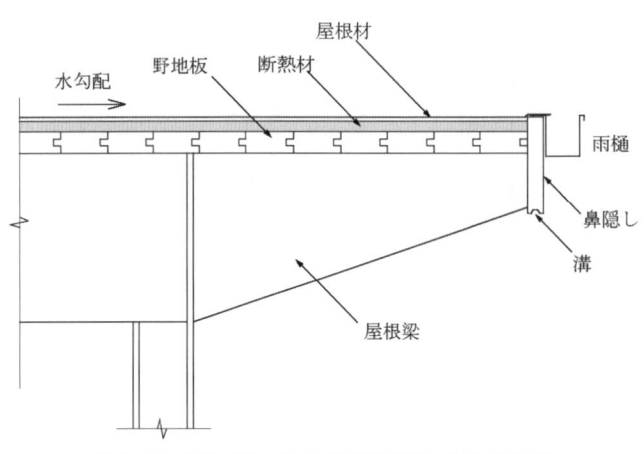

図5-68 軒を支えるはり端部の鼻隠しによる保護

が直接当たらないよう、また雨水が部材上面に滞留しないよう、それぞれの部材の上面を覆う金属製キャップを、約10mm程度の通気層を確保した上で取り付ける（図5-34参照）。
なお、この場合、屋外に露出される集成材部分は薬剤処理をしておく。

参考文献

1) ISO 21887 Durability of wood and wood-based products - Use classes
2) 土居修一「ISO 21887 木材および木質製品の耐久性－使用環境区分」について，木材保存，34，p231-233，2008年
3) 独立行政法人森林総合研究所監修「木材の耐朽性」木材工業ハンドブック改訂4版，丸善，p785-789，2004年
4) 独立行政法人森林総合研究所監修「木材を食害するシロアリと耐蟻性」木材工業ハンドブック改訂4版，丸善，p792-795，2004年
5) 独立行政法人住宅金融支援機構監修「木造住宅工事仕様書（平成22年改訂版）（解説付）」財団法人住宅金融普及協会，p44，2010年
6) 長寿命化住宅仕様書作成委員会編「加圧注入材を用いた長寿命化住宅仕様書（2010年版）」日本木材防腐工業組合，2010年
7) 中島正夫「全国の住宅建築を対象としたしろあり被害アンケート調査，2002.9，日本建築学会大会講演梗概集」
8) 石川廣三「雨仕舞いの仕組み」彰国社，2004年
9) 国土交通省住宅局住宅生産課監修「日本住宅性能表示基準・評価方法基準技術解説書（新築住宅）」工学図書，2010年
10) 財団法人住宅保証機構編「性能保証住宅設計施工基準・性能保証住宅標準仕様（平成16年改訂版）」財団法人住宅保証機構，2006年
11) 財団法人住宅保証機構編「まもりすまい保険設計施工基準・同解説（2012年版）」財団法人住宅保証機構
12) 社団法人日本建築学会編「建築工事標準仕様書・同解説　JASS12屋根工事」2004年
13) 独立行政法人住宅金融支援機構監修「木造住宅工事仕様書（平成20年版）」財団法人住宅金融普及協会，2008年
14) American Institute of Timber Construction，AITC Technical Note13，1986年

5節 鋼材部の防錆

1. 材料的対策

[1] 鋼材選択による防錆対策

集成材建築物に使用される鋼材およびボルトなどには、以下のようなものがある。

ⅰ）JIS G 3101（一般構造用圧延鋼材）
ⅱ）JIS G 3136（建築構造用圧延鋼材）
ⅲ）JIS B 1186（摩擦接合用高力六角ボルト・六角ナット・平座金のセット）
ⅳ）JSS*Ⅱ09（構造用トルシア形高力ボルト・六角ナット・平座金のセット）
ⅴ）JIS B 1180（六角ボルト）
ⅵ）JIS B 1181（六角ナット）

　＊　日本鋼構造協会規格（国土交通大臣認定品）

これらの鋼材の材質は炭素鋼であり、腐食に関する特性は同一と考えて問題ない。

図5-30では全国におけるキルド鋼の等腐食線を示したが、建築に使用される炭素鋼の大気環境中での腐食量については表5-11に示すような数値も示されている。

表5-11　各種大気環境条件における無処理炭素鋼材の腐食量
（単位：mm/year）

環境	無処理鋼材の年間平均減厚 (mm/年)
空気清浄な田園・山岳地	0.01〜0.03
一般市街地、軽度の工業地帯	0.03〜0.06
海岸近接地、工業地域	0.06〜0.12
化学工業地	0.12〜0.30

ただし、摩擦接合に使用されている高力ボルトに過大な軸力が作用したり、腐食が著しい場合には、ある時間経過した後に突然脆性的に破壊する「遅れ破壊」が生じる危険性がある。原因として、以下の現象が考えられる。

a. 水素脆性

　鋼材中の水素は鉄と化合物を作らずに鋼材の不連続部にガス状またはイオン状態で存在する。この不連続部を起点として発生する割れが水素脆性で、負荷応力が増えるにしたがい短時間で発生する。水素脆性の発生には下限応力があり、ベーキング処理により感受性が低下する。

b. 応力腐食割れ

　図5-29に示したように鋼材表面で局部電池が形成され、図

5-29の陽極側では鉄（Fe）が溶解してピットが生じ応力集中を受けて亀裂発生点となる。陰極側では水素が発生し水素脆性割れを誘発する。

［2］亜鉛めっき

亜鉛めっきの方法には溶融亜鉛めっきと電気亜鉛めっきがあるが、集成材建築物に使用される鋼材や接合金物などには溶融亜鉛めっきが使用される。溶融亜鉛めっき処理については JIS H 8641（溶融亜鉛めっき）に規定されている。また、溶融亜鉛めっき鋼材については JIS G 3302（溶融亜鉛めっき鋼板及び鋼帯）に規定されている。

溶融亜鉛めっきの防食性は亜鉛めっきの付着量に依存する。また、溶融亜鉛めっきでは図 5-69 に示すように鉄と亜鉛の間に合金層が生成する。

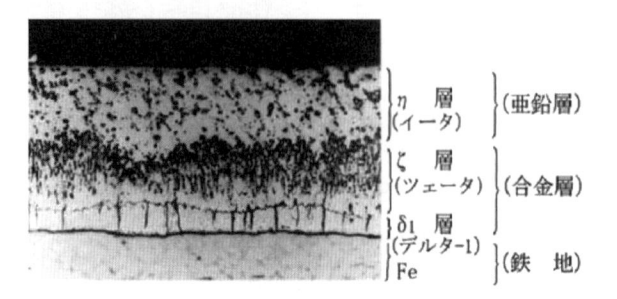

図 5-69　溶融亜鉛めっき層の構成
出典：社団法人日本溶融亜鉛鍍金協会資料

各合金層の特性は以下のとおりである。

① $δ_1$（デルタワン）層：めっき皮膜の最内部にある層で、緻密な組織を示し、複雑な六方晶形の構造を有している。じん性・延性に富んでおり、合金中の鉄の含有量は 6～11% である。

② $ζ$（ツェータ）層：皮膜中最も顕著な合金層で、単斜晶系に属し、柱状組織となっている。他の層に比べると対称性が低く、お互いの結合が強固ではないので比較的脆く、めっき後過酷な加工を受けるとこの層で亀裂を生じることがある。鉄の含有量は 6％程度である。

③ $η$（イータ）層：亜鉛層で、稠密六方晶系に属し、軟らかく展延性に富み変形加工を受けても破れることはない。

溶融亜鉛めっき処理された鋼材は、まず、亜鉛層が腐食して白さび（塩基性炭酸化亜鉛が主成分と言われている）が発生する。その後、合金層の腐食に至ると徐々に鉄の腐食による赤さびが発生し、美観性が低下する。

溶融亜鉛めっき処理した鋼材では亜鉛めっき付着量の90％が腐食した時点でめっき処理の寿命に達したと考えることが一般的であり、溶融亜鉛めっき処理の耐用年数は次式のように考えられる。

耐用年数＝亜鉛付着量（g/m²）÷腐食速度（g/m²·year）×0.9

表 5-12に各種大気環境条件下での亜鉛の腐食速度を示す。大気環境により亜鉛の腐食速度は異なるが、例えば、住宅性能表示制度における鉄骨造住宅の劣化対策等級の評価では、亜鉛の腐食速度を11g/m²·year と固定し、溶融亜鉛めっきの耐用年数を評価している。すなわち、住宅性能表示制度における鉄骨造住宅の溶融亜鉛めっきに関する耐用年数は以下の式から求められる。

耐用年数＝亜鉛付着量（g/m²）÷11（g/m²·year）×0.9

表5-12 各種大気環境条件下での亜鉛の腐食量

大気環境条件	腐食速度（g/m²・年）
都市・工業地帯	8.0
田園地帯	4.4
海岸地帯	19.6

また、亜鉛めっき処理鋼材の摩擦接合に関しては、摩擦係数を確保するため、表面粗度が50μmRz（十点平均粗さ）以上になるよう軽いブラスト処理を実施する。亜鉛めっき面にブラスト以外の特殊な処理（例えば、りん酸塩処理などの化学処理）を行う場合は、すべり耐力試験を実施してすべり荷重を確認する必要がある。

次に、施工中に亜鉛めっき層を損傷した場合は亜鉛による金属溶射やJIS K 5553による塗装で補修する。JIS K 5553以外のジンクリッチペイント系の塗装材料として、表5-13に示すような第三者認証を受けた特殊亜鉛塗料が塗付されることもある。

表5-13 財団法人日本建築センターの建設技術審査証明（建築技術）を取得した防食技術

審査証明番号および技術名称	技術保有会社
BCJ-審査証明-96 Cold Galvanizing ZRC工法	株式会社ゼットアールシージャパン
BCJ-審査証明-104 Cold Galvanizing ローバル工法	ローバル株式会社

[3] 塗装

① 素地調整

塗装は代表的な防錆技術の１つであり、鋼材や亜鉛めっき鋼材に適用される。ここでは、防錆塗装の代表的仕様として、国土交通省大臣官房官庁営繕部監修「公共建築工事標準仕様書（建築工事編）平成22年版」[4] に示されている塗装仕様を中心に解説する。

防錆塗装の工程は、本章２節３［２］で解説したように、素地調整＋下塗り（さび止め塗装）＋中塗り＋上塗りから構成される。素地調整は鋼材に対しては表5-14、亜鉛めっき鋼材に対しては表5-15に示したような内容が含まれる。

鋼材面の素地調整は工場で実施するものと建築現場で実施できるものに大別できる。

表5-14 鋼材に対する素地調整の種類

工程		種別 A種(注)	種別 B種(注)	種別 C種	塗料その他	面の処理	備考
1	汚れ、付着物除去	○	―	○	―	スクレーパー、ワイヤブラシなどで除去	―
2	油類除去	○	―	―	―	弱アルカリ性液で加熱処理後、湯または水洗い	―
		―	○	―	―	溶剤ぶき	
3	さび落し	○	―	―	―	酸漬け、中和、湯洗いにより除去	放置せず次の工程に移る。
		―	○	―	―	ブラスト法により除去	
		―	―	○	―	ディスクサンダーまたはスクレーパー、ワイヤブラシ、研磨紙P120〜220で除去	
4	化成皮膜処理	○	―	―	―	りん酸塩処理後、湯洗い乾燥	

（注）A種およびB種は製作工場で行うものとする。

素地調整A種は一般に化成皮膜処理と呼ばれる工程であり、工場で実施される。付着した油類

を80～100℃に加熱した弱アルカリ性溶液の中で分解して洗浄する。また、さび落としについても機械的除去ではなく、酸に浸漬して除去する。清浄になった鋼材にりん酸塩溶液を作用させると、化学結合により安定したりん酸塩鉄の皮膜が鋼材表面に生成する。なお、このような処理面は空気中の水分などにより塗装に有害な酸化皮膜を生じやすいため、直ちにさび止め塗装工程に移る必要がある。

素地調整B種はブラスト処理によるさび落としを含むもので、有機溶剤により油類を除去した後、ブラスト処理を行う。ブラスト処理は圧縮空気により砂や金属粒子などを鋼材面に衝突させることによりさびを除去する方法であり、その後は直ちにさび止め塗装工程に移る必要がある。

素地調整C種は建築現場で実施できる工程であり、有機溶剤による油類の除去、ディスクサンダー、スクレーパー（皮スキ）、ワイヤブラシ、研磨紙などにより機械的にさびを除去する。

表5-15　亜鉛めっき鋼材に対する素地調整の種類

工程		種別（注）A種	B種	C種	塗料その他	面の処理	塗付け量 (kg/m²)	備考
1	汚れ、付着物除去	○	○	○	―	スクレーパー、ワイヤブラシなどで除去	―	―
2	油類除去	○	―	―	―	弱アルカリ性液で加熱処理後、湯または水洗い	―	―
		―	○	○	―	溶剤ぶき		
3	化成皮膜処理	○	―	―	―	りん酸塩処理後、水洗い乾燥またはクロム酸処理もしくはクロメートフリー処理後、乾燥	―	―
4	エッチングプライマー塗り	―	○	―	JIS K 5633（エッチングプライマー）の1種	はけまたはスプレーによる1回塗り	0.05	2時間以上、8時間以内に次の工程に移る。

（注）A種は製作工場で行うものとする。

亜鉛めっき鋼材に対する素地調整A種は工場で実施する化成皮膜処理である。鋼材の場合と同様にりん酸塩溶液による化成皮膜処理の他に、クロム酸塩溶液による処理も用いられる。前者の場合にはりん酸亜鉛、後者の場合はクロム酸亜鉛の皮膜が亜鉛めっきの表面に形成され、皮膜が亜鉛めっき鋼面の発錆を抑制し、塗膜との付着性を向上させる。

なお、クロム酸塩溶液に含まれる六価クロムイオンは有害化学物質であるため、特別な事情がない限り避けることが望ましい。また、クロム酸鉛処理の場合は水洗いをしない。最近は、六価クロムを含まないクロメートフリー処理が開発されており、この処理もA種に含まれている。

素地調整B種はJIS K 5633（エッチングプライマー）を利用する方法である。エッチングプライマーは素地の金属と反応させるため、りん酸塩顔料またはクロム酸顔料をビニルブチラール樹脂のアルコール溶液に配合した塗料である。りん酸塩やクロム酸塩が金属と反応し、金属表面を粗面にして塗膜との付着性を向上させる効果がある。エッチングプライマーには1種（短ばく形）と2種（長ばく形）があり、表5-15では1種（短ばく形）が規定されており、エッチングプライマーの塗装後、2時間以上8時間以内に次の工程に移る必要がある。

また、エッチングプライマーは使用の直前に主剤と添加剤を混合する2液混合タイプの塗料であ

り、材料に規定されている可使時間内に塗装を終了する必要がある。

素地調整 C 種は建築現場で実施できる工程であり、スクレーパーやワイヤブラシによる汚れや付着物の除去、有機溶剤による油類の除去を行う。

② さび止め塗装

鋼材面へ適用するさび止め塗料の種類を表 5-16、亜鉛めっき鋼材面に適用するさび止め塗料を表 5-17に示す。

表 5-16 鋼材に適用するさび止め塗料の種類

種別	さび止め塗料その他			塗付け量 (kg/㎡)	標準膜厚 (μm)	適用
	規格番号	規格名称	種類			
A種	次のいずれかによる。			―	―	屋外、屋内
	JIS K 5625	シアナミド鉛さび止めペイント	2種	0.10	30	
	JIS K 5674	鉛・クロムフリーさび止めペイント	1種	0.10	30	
B種	次のいずれかによる。			―	―	屋内
	JASS 18 M-111	水系さび止めペイント	―	0.11	30	
	JIS K 5674	鉛・クロムフリーさび止めペイント	2種	0.11	30	

(注) 1. JASS 18 M-111は、日本建築学会材料規格である。
2. JIS K 5674の1種は溶剤系、2種は水系である。

表 5-17 亜鉛めっき鋼材に適用するさび止め塗料の種類

種別	さび止め塗料その他			塗付け量 (kg/㎡)	標準膜厚 (μm)	適用
	規格番号	規格名称	種類			
A種	JIS K 5629	鉛酸カルシウムさび止めペイント	―	0.10	30	屋外、屋内
B種	JASS 18 M-109	変性エポキシ樹脂プライマー	変性エポキシ樹脂プライマー	0.14	40	屋外、屋内
C種	JASS 18 M-111	水系さび止めペイント	―	0.11	30	屋内

(注) JASS 18 M-109およびM-111は、日本建築学会材料規格である。

鋼材面および亜鉛めっき鋼材の防錆を目的として下塗りに使用されるさび止め塗料は、含まれるさび止め顔料の種類によって以下のように分類できる。

① JIS K 5621（一般用さび止めペイント）
② JIS K 5623（亜酸化鉛さび止めペイント）
③ JIS K 5625（シアナミド鉛さび止めペイント）
④ JIS K 5629（鉛酸カルシウムさび止めペイント）
⑤ JIS K 5674（鉛・クロムフリーさび止めペイント）

なお、過去に使用されていた鉛丹さび止めペイント、塩基性クロム酸鉛さび止めペイントはJISが廃止されている。最近は、鉛やクロムによる環境汚染などが問題になっており、鉛やクロムなどの重金属を含むさび止めペイントなどは種類が減少している。

JIS K 5621、5623、5625、および JIS K 5629は塗料のビヒクル（塗膜形成主要素）の種類によっ

ても分類され、乾性油（ボイル油）をビヒクルとする油性系さび止めペイントを1種、合成樹脂ワニスをビヒクルとする合成樹脂系さび止めペイントを2種としている。なお、JIS K 5674の1種は溶剤系塗料（有機溶剤を揮発成分とする塗料）、2種は水系塗料（水を主要な揮発成分とする塗料）である

　表5-16および表5-17では上記さび止め塗料の中で、シアナミド鉛さび止めペイント、鉛酸カルシウムさび止めペイント、鉛・クロムフリーさび止めペイントが使用されている。さらに、日本建築学会材料規格に規定された変性エポキシ樹脂プライマー、水系さび止めペイントも使用されている。それぞれのさび止め塗料は以下のような特性を有する。

　シアナミド鉛さび止めペイントは硬化するとアンモニアを生成して弱アルカリ性になり、防錆効果を示す。色調は赤さび色で、鉛を含んではいるが屋外環境に多用される。

　鉛酸カルシウムペイントは、他の鉛系さび止めペイントと同様に気体や水分の透過性が低く、緻密で耐水性にすぐれた塗膜を形成する。亜鉛めっき面と反応して金属石けんの生成を抑制し、亜鉛めっき面との付着が良好であることから、亜鉛めっき鋼材のさび止め塗装に利用される。色調は白色から淡黄色である。

　鉛・クロムフリーさび止めペイントは鉛およびクロムを含まないさび止め顔料を配合した塗料である。さび止め顔料の種類は特定されていないが、りん酸亜鉛、亜りん酸亜鉛などの他にも種々の顔料を配合するとしている。りん酸イオンは鋼材面を不動態化させて、防錆効果を示す。色調は赤さび色である。

　変性エポキシ樹脂プライマーは日本建築学会材料規格 JASS 18 M-109に規定されており、変性樹脂を添加したエポキシ樹脂と顔料、分散剤を主成分とする主剤とポリアミド樹脂やアミンアダクト樹脂を主成分とする硬化剤から構成される2液形塗料である。純粋なエポキシ樹脂系プライマーと比較して、得られる塗膜性能が素地調整の程度に大きな影響を受けにくく、適用対象の広い下塗り塗料である。特に、亜鉛めっき面に対する付着性にすぐれている。

　水系さび止めペイントは日本建築学会材料規格 JASS 18 M-111に規定されている。この規格では、JIS K 5625（シアナミド鉛さび止めペイント）と同等の耐複合サイクル防食性を規定している。水系さび止めペイントの使用は屋内環境に限定され、特に有機溶剤の揮散を避けるような場合に使用されることが多い。

2. 構法的対策

[1] 小屋裏の配慮

　鋼材の腐食を抑制する上では、小屋裏換気は重要であり、結露防止や乾燥状態の保持に有効である。例えば、住宅性能表示制度における鉄骨造住宅の劣化対策等級の評価では最上位である劣化対策等級3とするためには、木造住宅と同様に小屋組形状に応じた換気措置を求めている。なお、小屋裏換気方法は本章4節2［7］により、図5-56を参照する。ただし、屋根断熱工法の採用やその他の措置により、小屋裏が室内と同等の温熱環境にあると認められる場合は除外する。

　なお、例えば、建設地が海岸地域などである場合は、直接的な外気の給気により海塩粒子が小屋裏に侵入することも考えられる。このような場合には、屋根断熱工法やその他の措置を工夫する必

要がある。

[2] 床下の配慮

　床下は、地面からの水蒸気などにより湿気がたまりやすく、結露を避けるためには床下の防湿措置および換気措置が重要である。住宅性能表示制度における鉄骨造住宅の劣化対策等級の評価では最上位である劣化対策等級3とするためには、木造住宅と同様に以下の措置を求めている。

① 厚さが60cm以上のコンクリート、厚さ0.1mm以上の防湿フィルムその他同等の防湿性能があると確かめられた材料で覆われていること。

② 外壁の床下部分には、壁の長さ4m以下ごとに有効面積300cm^{2}以上の換気口が設けられ、壁の全周にわたって壁の長さ1mあたり有効面積75cm^{2}以上の換気口が設けられ、または同等の換気性能があると確かめられた措置が講じられていること。ただし、基礎断熱工法を用いた場合で、床下が厚さ100mm以上のコンクリート、厚さ0.1mm以上の防湿フィルム（重ね幅を300mm以上とし、厚さ50mm以上のコンクリートまたは乾燥した砂で押さえたものに限る）その他同等の防湿性能があると確かめられた材料で覆われ、かつ、基礎に用いられる断熱材の熱抵抗が、表5-18の地域区分[2)]に応じてそれぞれに掲げる数値以上であるときは除外する。

表5-18　基礎断熱工法とする場合

地域区分	断熱材の熱抵抗の基準値（単位　m^2·K/W）
Ⅰ地域	1.2
Ⅱ、Ⅲ、ⅣおよびⅤ地域	0.6
Ⅵ地域	

　上記②に示したように基礎断熱工法を採用する場合は、換気措置を求めていない。そこで、地域区分[2)]に応じて所定の熱抵抗を有する断熱材の使用および床下の入念な防湿措置を講じるように求めている。

[3] ディテールの配慮

　ディテール上の配慮としては、水の停滞を排除すること、異種材料との接触部分では腐食が促進しないよう電気的絶縁などの配慮が必要である。表5-19に防錆上望ましい配慮例を示す。

　また、接触部の腐食を防止する例として、薄板軽量形鋼造建築物（いわゆるスチールハウス）では、木材防腐剤による防腐処理を施した木材その他の薄板軽量形鋼以外の材料との接触により腐食を生じやすい場合には、薄板軽量形鋼と薄板軽量形鋼以外との材料の間にゴムシートを使用した絶縁、その他これに類する有効な防食措置を講じることを求めている[3)]。

表 5-19 下地形状による塗膜劣化状況の差異

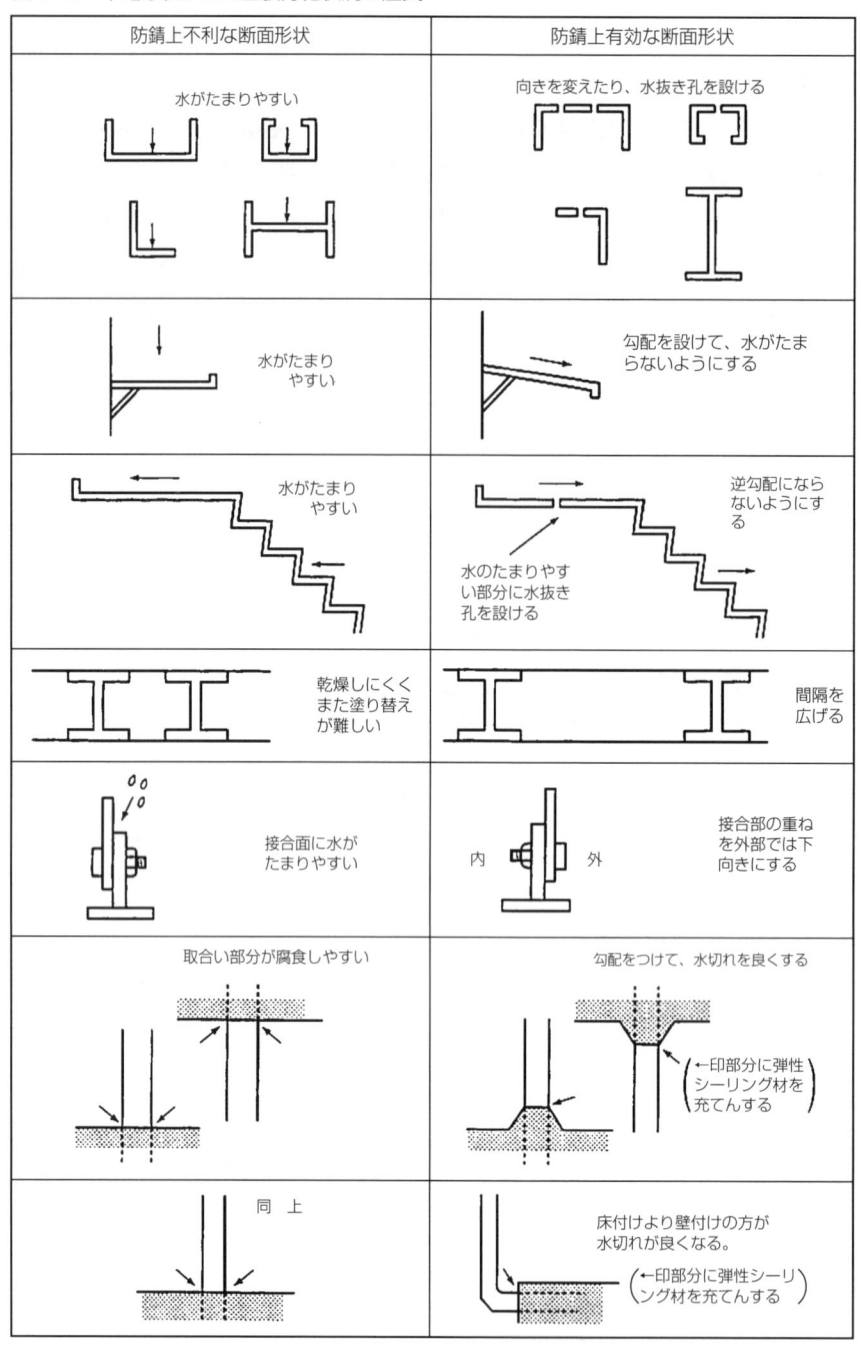

防錆上不利な断面形状	防錆上有効な断面形状
水がたまりやすい	向きを変えたり、水抜き孔を設ける
水がたまりやすい	勾配を設けて、水がたまらないようにする
水がたまりやすい	逆勾配にならないようにする／水のたまりやすい部分に水抜き孔を設ける
乾燥しにくくまた塗り替えが難しい	間隔を広げる
接合面に水がたまりやすい	内／外　接合部の重ねを外部では下向きにする
取合い部分が腐食しやすい	勾配をつけて、水切れを良くする（←印部分に弾性シーリング材を充てんする）
同　上	床付けより壁付けの方が水切れが良くなる。（←印部分に弾性シーリング材を充てんする）

参考文献

1) 社団法人日本溶融亜鉛鍍金協会資料
2) 平成18年経済産業省・国土交通省告示第3号「住宅に係るエネルギーの使用の合理化に関する建築主等及び特定建築物の所有者の判断の基準」
3) 国土交通省国土技術政策総合研究所・独立行政法人建築研究所監修「薄板軽量形鋼造建築物設計の手引き」技報堂出版，p36-38，2002年
4) 国土交通省大臣官房官庁営繕部監修「公共建築工事標準仕様書（建築工事編）平成22年版」

6節 維持保全・補修

1. 木部

[1] 干割れ

① 調査方法の例

　干割れについて特に確立された調査方法はないが、接着層近傍の割れの調査方法を応用するのが、一つの方法である。

　以下、非破壊による接着層近傍の調査方法の一例[1]を示す。

> 調査項目は以下のとおりとする。
> ・母材（ラミナ）の干割れ（長さ・深さ・幅・頻度）
> ・集成材の含水率（原則は高周波式・一部電気抵抗式）
> ・建物使用者などへの聴き取り（建物の用途・使用状況・空調および機械換気の有無と稼働状況・補修歴）
> ・メンテナンスの実施状況と頻度・気象条件（夏冬の最高最低気温・積雪状況）・被災経験（地震・台風・津波・浸水）・異音・その他気になる点
> ・調査時の温湿度環境（温湿度を屋内・屋外で2か所以上）
> ・集成材の製造条件（接着剤種類・ラミナ厚・たて継ぎ形状（フィンガー・スカーフ・バット）・樹種（聴き取り・鑑定も含む））
> ・構造形式（架構形式（ラーメン・アーチ・ドーム）・主要構造部材の寸法・スパン・接合方法・金物形状）
> ・写真記録（外観・内観・主要構造部材・異状部・敷地状況・周囲の環境・その他）

　微細な干割れについては、厚さ0.05mmのシクネス（すき間）ゲージが入るかどうかで判定する。同様に、シクネスゲージを用いて深さも測定するが、ある長さにわたって干割れが発生している場合は、ゲージをスライドさせるなどして最も深い位置を、その箇所の深さとする。

　樹種については、集成材製造時のデータがないと判断することが困難である。非破壊ではなくなるが、材のサンプリングができれば樹種鑑定は概ね可能である。

② 劣化程度の判定区分

　接着層近傍の干割れ程度の判定区分を行う必要がある場合には判定基準の例を表5-20に示す基準が一例となる。判定に用いる要素は、干割れの長さ、深さ、頻度とし、最も高く（厳しく）判定された等級をその部材の劣化等級とする。その際、わん曲集成材の全長については、通直材によるラーメン構造に比して有利にならないよ

う、便宜上、図5-70に示す方法で全長を仮定するものとする。

　表5-20中、干割れの長さについては劣化等級区分Ⅰ～Ⅲに、深さについては劣化等級区分Ⅰ～Ⅱに、それぞれ2つの基準が表示されている。この区分判定にあたっては、2基準のうち小さい（軽微な）等級に区分するものとする。例えば、「全長2,800mmの部材に長さ300mmのはく離」が見つかった場合、表5-20の長さで判定すると、等級Ⅱの「全長の10％以下」は超えているものの「または30cm以下」に該当するため、この劣化等級区分はⅡとなる。同様に、「全長2,800mmの部材に長さ350mmの干割れ」が見つかった場合、等級Ⅱの「全長の10％以下または30cm以下」のどちらにも該当しないため、等級Ⅲに区分される。

　また前述のように、判定に用いる3要素のうち、最も高く（厳しく）判定された等級をその部材の劣化等級とする。例えば、「全長2,800mm・材幅250mm・接着層数9の部材に、長さ300mmの干割れが見つかり、シクネスゲージで深さを測定したら40mmで、その干割れの近傍にはほか1カ所（計2カ所）に干割れがあった」とする。この場合、長さの判定はⅡ、深さの判定はⅢ、頻度の判定はⅡにそれぞれ分類され、最も高い（厳しい）等級に分類された深さのⅢが、この部材の劣化等級となる。

③　干割れなどによる劣化が強度に及ぼす影響について

　干割れなどにより劣化が発生した場合、補修が必要かどうかその程度に応じて判断する必要がある。しかし、日本国内には明確な基準はないため、ここではAITC（American Institute of Timber Construction）の文書[2]による判断手法を紹介するとともに、劣化の影響に関する実験的な検証を紹介する。

表5-20　集成材の接着面近傍の干割れに関する劣化等級判定基準

集成材の劣化等級	長さ*	深さ*	頻度*
Ⅰ	全長の5％以下または10cm以下	材幅の5％以下または5mm以下	接着層数の10％以下
Ⅱ	全長の10％以下または30cm以下	材幅の10％以下または20mm以下	接着層数の25％以下
Ⅲ	全長の25％以下または100cm以下	材幅の25％以下	接着層数の50％以下
Ⅳ	全長の50％以下	材幅の25％を超え、貫通なし	接着層数の75％以下
Ⅴ	全長の50％を超える	貫通	接着層数の75％を超える

*　長さ・深さとも2基準ある場合は、2つの基準によって判定した上、いずれか小さい等級を採用するものとする

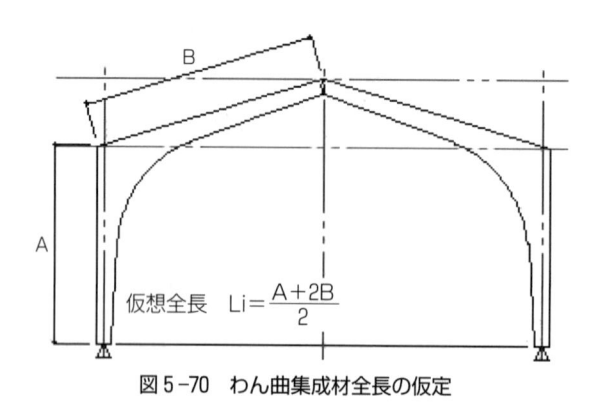

$$仮想全長\ L_i = \frac{A + 2B}{2}$$

図5-70　わん曲集成材全長の仮定

AITC Technical Note 18では、干割れが強度に及ぼす影響を判断する手法について、圧縮部材と曲げ部材の2つの場合に分類している。柱などの圧縮部材では、干割れが材を貫通した場合に強度の低下を検証する必要があり、貫通割れ部の細長比より強度を計算することとしている。はりなどの曲げ部材では、干割れにより水平せん断性能が低下する可能性があり、干割れの深さ、長さおよび発生した部位によって強度性能が低下するかどうかを検証する必要があるとしている。なお、最も危険な部位で干割れが発生したとしても、材の幅に対して15%以下の深さであれば問題はないとしている。また、それ以上の深さの場合は集成材の性能を計算により低減して設計上許容できる程度かどうか検証する必要があるとしている。

参考として AITC Technical Note 18に記載されている曲げ部材における干割れの水平せん断性能への影響について、詳細な検証手順を以下に示す。

ⅰ）図5-71にしたがって干割れの寸法を決定する。曲げ部材の干割れは側面干割れと端部干割れに分類され、端部干割れの場合は以下の式により有効端部干割れ長さを計算する。

$$l_0 = \frac{1}{3}\left[\frac{l_{01}+l_{02}}{2}\right]$$

ここで、D: 曲げ部材の高さ
W: 曲げ部材の幅
l_0: 有効端部干割れ長さ
$l_{01}・l_{02}$: 表・裏の端部干割れ長さ
d_1: 平均側部干割れ深さ
l_1: 側部干割れ長さ

$d_{allowable} = 0.15W$　（側部干割れ）
$l_{allowable} = 0.15W$　（端部干割れ）

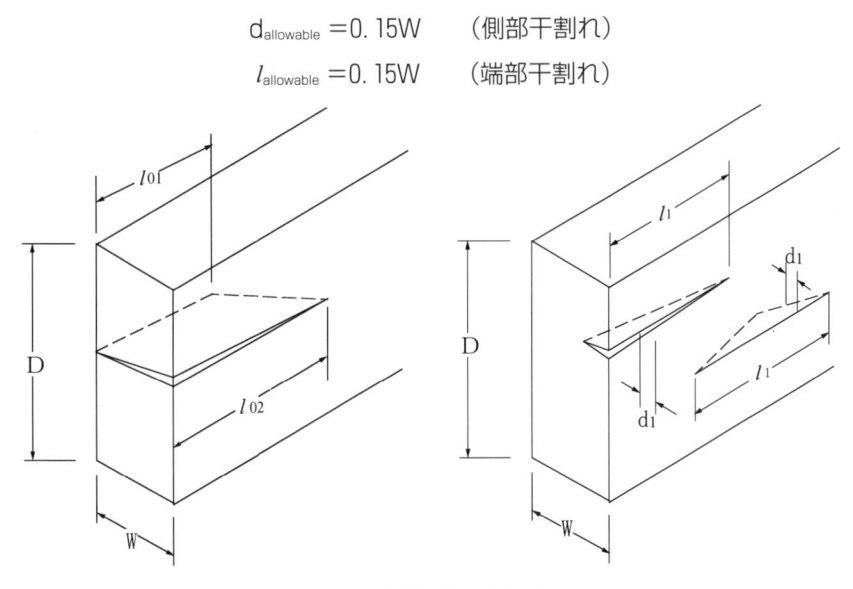

図5-71　有効干割れ寸法の決定

ⅱ）せん断危険域（最大水平せん断力の50%以上の応力が発生する部位、模式的には図5-72参照）に干割れが存在する場合は、以下の式で許容干割れ寸法を計算する。なお、側部干割れ長さ l_1 はせん断性能に影響しない。

ここで、L: 曲げ部材の支点間距離
　　　　$d_{allowable}$：せん断性能を低下させない許容有効側部干割れ深さ
　　　　$l_{allowable}$：せん断性能を低下させない許容有効端部干割れ長さ

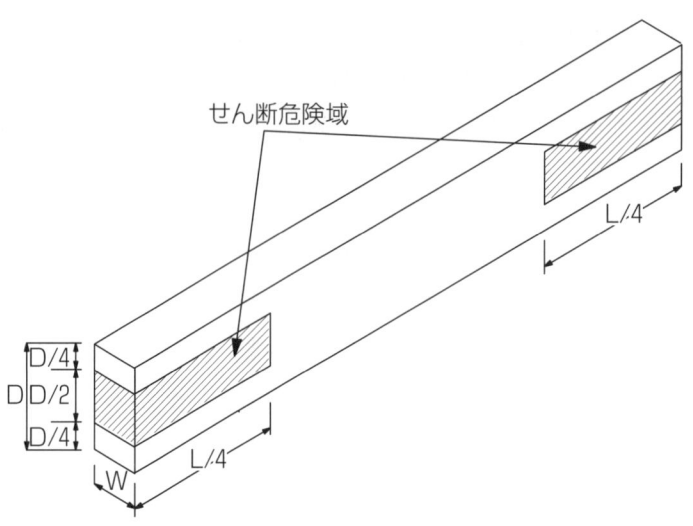

図5-72　せん断危険域の模式図（等分布荷重の場合）

ⅲ）せん断危険域の外（上下）における許容干割れ寸法は、はり高さの中立軸からの干割れの距離 y と曲げ部材の高さ D の比を求め、図5-73から得られるはり幅に対する許容干割れ寸法の比 F_w を求める。例えば、高さ240mm のはりに中立軸から90mm の位置に干割れが存在する場合は y/D=90/240=0.375であり、図5-73よりはり幅に対する許容干割れ寸法の比 F_w は0.56となる。この場合の許容干割れ寸法は下式で表される。

$$d_{allowable} = 0.56W \quad （側部干割れ）$$
$$l_{allowable} = 0.56W \quad （端部干割れ）$$

なお、はり幅に対する許容干割れ寸法の比 F_w は下式により計算できる。

$$0 \leq \left|\frac{y}{D}\right| \leq 0.25 のとき、F_w = 0.15$$

$$0.25 < \left|\frac{y}{D}\right| \leq 0.45 のとき、F_w = 3.25\left(\left|\frac{y}{D}\right|\right) - 0.66$$

$$0.45 < \left|\frac{y}{D}\right| \leq 0.50 のとき、F_w = 0.80$$

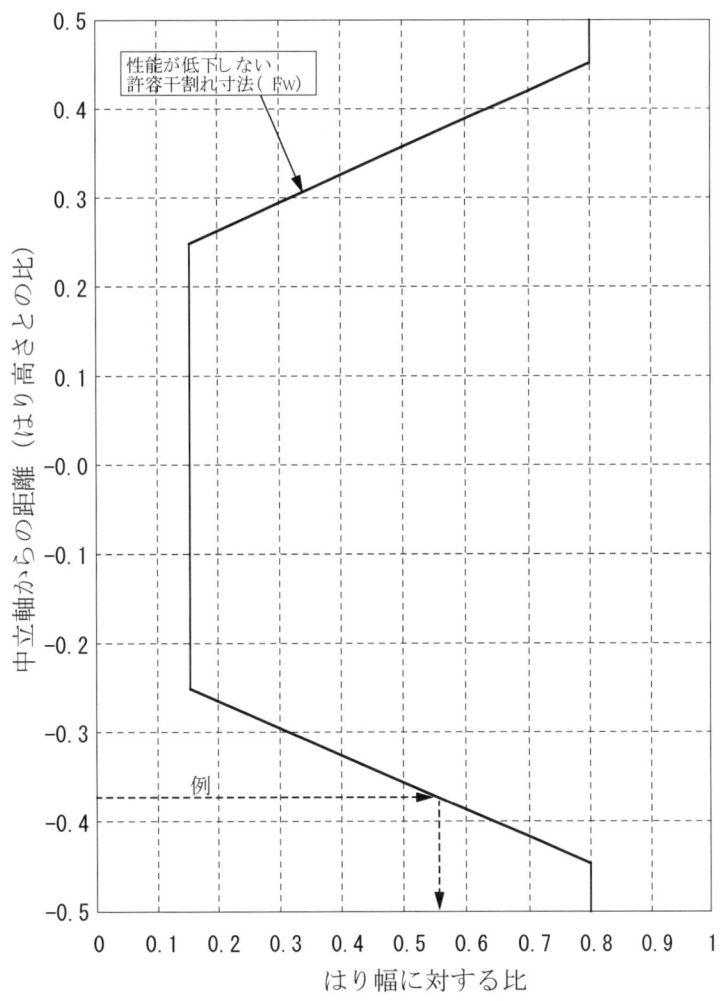

図5-73 干割れの高さと許容干割れ寸法の幅に対する比

ⅳ）以下の式を満たすとき、干割れは水平せん断性能に影響を及ぼさないと判断できる。

$$d_1 \leq d_{allowable} \quad (側部干割れ)$$
$$l_0 \leq l_{allowable} \quad (端部干割れ)$$

ⅴ）許容干割れ寸法を超える側部干割れ深さおよび端部干割れ長さが発生した場合は、以下の式により干割れの影響によるせん断低減係数 C_{vc} を求め、設計上必要なせん断性能を有しているか検証する必要がある。

$$C_{vc} = \frac{\left(1 - \dfrac{s}{W}\right)}{(1 - F_w)}$$

ここで、s：有効干割れ寸法
（側部干割れの場合：$s=d_1$、端部干割れの場合：$s=l_0$）

次に、干割れなどの劣化が強度に及ぼす影響を判断する上で、参考となる試験結果を例示する。
図5-74は、横架材端部の干割れを想定して人為的に接着を行わない部位（劣化想定部）を設定した集成材のせん断試験の結果[1), 3)]である。試験条件の概要は以下の通りである。

　試験体：カラマツ集成材（対称異等級構成 E105-F300、120×300×2,030mm）
　劣化想定部：片側端部に長さ558mm
　加力方法：支点間距離1,830mm の2点荷重式せん断試験（ASTM D3737-07に準拠）

この試験結果から劣化想定部が深くなるほど、強度の低下が起こり、外層側よりも内層側で劣化が起こると強度への影響が大きいことがわかる。内層側では劣化が幅の50%（外層側では100%）に達すると水平せん断強度の低下を考慮する必要があり、設計上必要なせん断性能を満足するかどうか検証が必要だと言える。

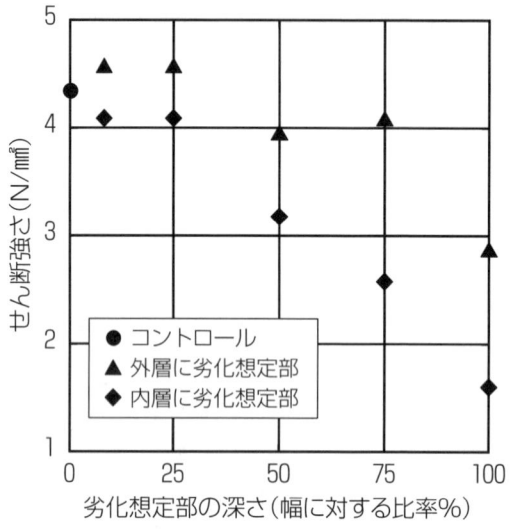

図5-74　劣化想定部を設けた集成材のせん断試験結果

④　干割れなどの劣化の補修方法について

AITCの手法や研究的知見などにより曲げ部材の水平せん断強度を回復する措置が必要と判断された場合、様々な補修方法が考えられる。もちろん部材を交換する手法もあるが、現実的に難しい場合もありここでは劣化した集成材を直接補修する手法を例示する。

③項で示した試験の手法により劣化を人為的に作り出した試験体に対して、いくつかの補修手法を試し、その効果をせん断試験により検証した結果[3), 4)]を図5-75に示す。各種補修手法の概要は以下の通りである。

　ⅰ）劣化想定部に幅2.5mmの鋸目を入れ、エポキシ樹脂を注入。
　ⅱ）ラグスクリューφ16・L240mm を劣化想定部の上面から2列 - 間隔120mm で留めつけ。
　ⅲ）ボルトM16・L260mm を先穴φ19mm（2列 - 間隔120mm）に挿入、エポキシ樹脂を注入。
　ⅳ）木ねじφ8・L380mm を45°で劣化想定部の上面から2列 - 間隔70mm で留めつけ。

どの手法も補修の効果を示したが、ラグスクリューについてはばらつきがあり、補修部でせん断変形が認められたため注意を要する。劣化していない部分と一体となる接合方法を選択すべきであり、補修部の耐力だけでなく十分な剛性を確保することが必要である。

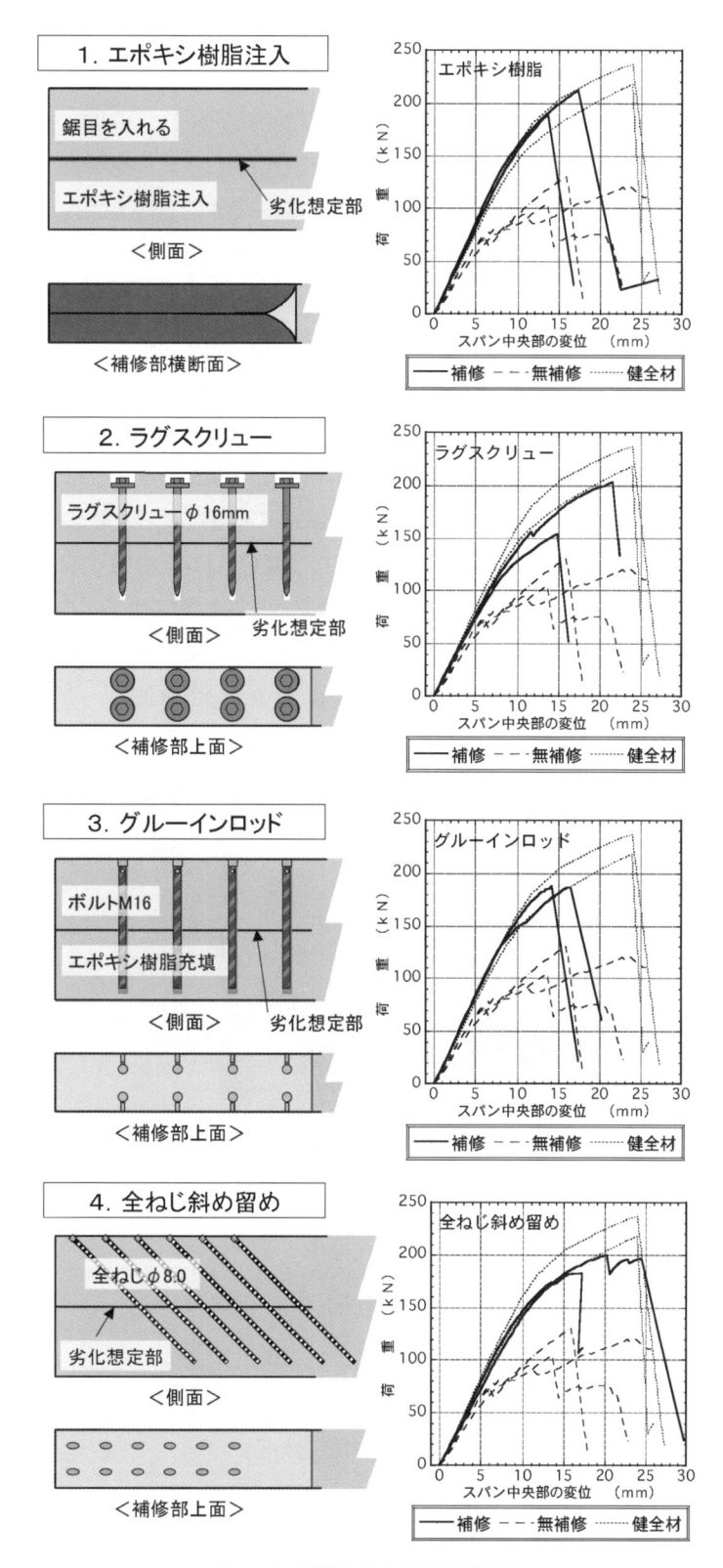

図5-75　補修方法の検証試験結果

[2] ウェザリングによる変色

　ウェザリングにより変色した木材表面は、全体が灰色になれば落ち着いた色調となるので、欧米ではこのような色調をウェザードカラー（weathered color）として一般的である（図5-76）。

わが国では、屋外でも木材の色調を茶色系にすることが好まれているので、灰色化したものは漂白あるいは塗装処理される場合が多い。漂白方法は、過酸化水素水や亜塩素酸ナトリウムなどの漂白剤で脱色後水洗する。著しい汚染には、過酸化水素水に10%アンモニア水を1～3％添加したもの、あるいは1％程度の水素化ホウ素ナトリウム水溶液で処理し水洗、乾燥する。水洗いした後の木材表面は毛羽立ちが激しいので、乾燥後にサンドペーパーで表面を仕上げる。

屋外で使用する木材の場合、光劣化に続くカビの繁殖による暗灰色化以外に、鉄汚染と呼ばれる金属汚染が発生することがある（図5-77）。鉄汚染は、微量の鉄イオンが木材中のタンニンあるいはフェノール性成分と反応することにより錯化合物を形成し発生する。ミズナラやウォールナットなどのタンニン含有量の多い樹種ほど、また鉄溶液の濃度が高いほど汚染が著しく、木材のpHも影響する。ヒノキやキリでは、鉄の濃度が0.01ppmでも発生する。鉄と接触している場合、木材含水率が繊維飽和点（28～30%）以上になると汚染が発生し、またベイマツのようにpHの低い材も汚染が現れやすい。予防法としては、金物を鉄以外のものに変えたり、鉄表面を塗装するなどして鉄と木材との接触を避ける。これらが困難な場合は、弱酸性リン化合物（第一リン酸ナトリウムなど）やキレート剤水溶液（0.5%以上のエチレンジアミン四酢酸二ナトリウム（EDTA）など）の塗布あるいは浸漬処理を行う。また、木材を常に乾燥させておくことも重要である。除去法としては、1～5％濃度のシュウ酸水溶液で汚染部を処理した後十分に水洗し、5～7％のリン酸水素一ナトリウム水溶液などにより中和することで再発が防止できる。

図5-76　灰色に塗装されている住宅の外壁　　　図5-77　鉄くぎによる鉄汚染

［3］腐朽・蟻害

① 点検箇所

まず腐朽の点検箇所について記す。腐朽と蟻害は同一箇所に共存することが多い。

腐朽は水が作用しやすく、乾きにくい箇所に発生しやすい。したがってまず点検すべき箇所は屋外露出使用の集成材であり、具体的には以下のとおりである。

　ⅰ）アーチ脚部または柱の基礎金物周辺およびその内部（図5-79）。
　ⅱ）屋外に露出したはりやアーチの上面。金属キャップが取り付けられている場合は、それをはずして点検する（図5-78）。
　ⅲ）はり、アーチ、柱の屋外に露出した垂直側面。辺材を含んでいて薬剤を処理していないラミナに腐朽被害が発生しやすい（図5-80）。
　ⅳ）表面に露出していない集成材相互の接合部もしくは集成材ではない建築部材との接合部。こ

れらの部分はしばしば水分を滞留させることがある（図5-80）。

ⅴ）屋外に露出した集成材木口面。木口面は柾目面、板目面よりも水分を吸収しやすく、腐朽が発生しやすい（図5-80）。

ⅵ）全般に接合金物周辺。接合部は水分が抜けにくく乾きにくい箇所となる（図5-81）。

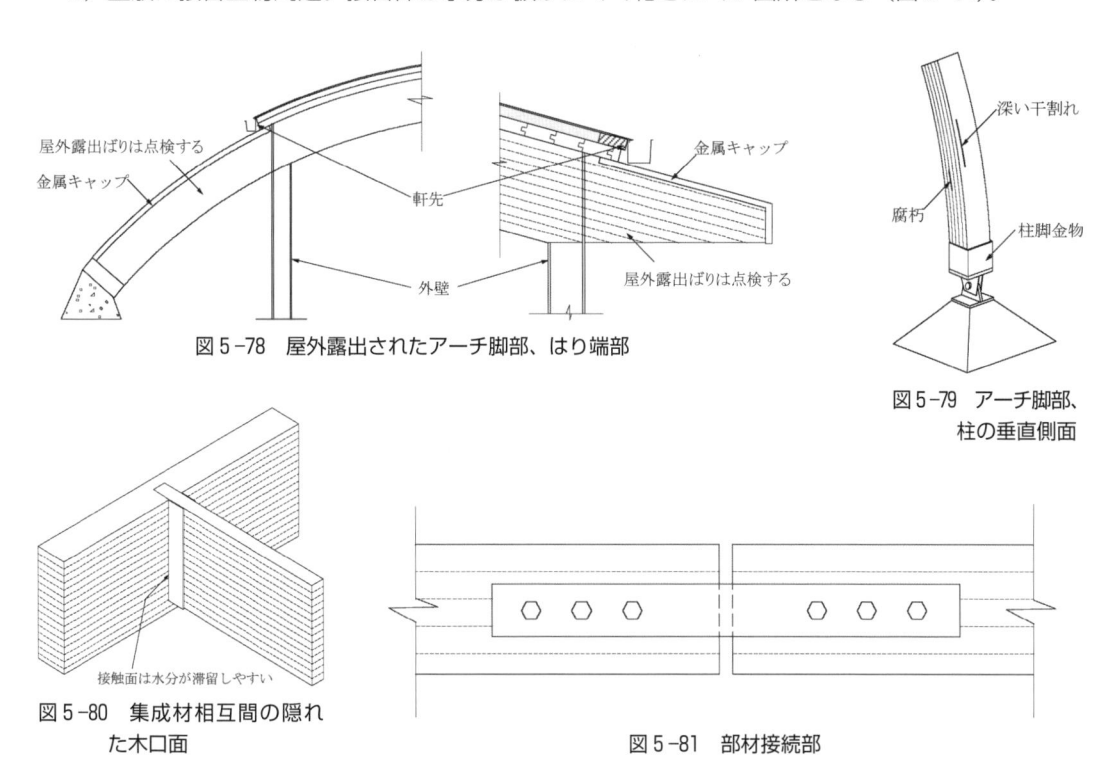

図5-78　屋外露出されたアーチ脚部、はり端部

図5-79　アーチ脚部、柱の垂直側面

図5-80　集成材相互間の隠れた木口面

図5-81　部材接続部

屋内露出使用の集成材に関しては、雨漏り、結露などの発生の有無を点検し、なければまず問題は発生していないと考えてよい。床下や小屋裏に隠れている集成材に関しても、床下、小屋裏に入り、直接雨水浸入の痕跡、結露発生の有無などを点検する。結露に関しては特に接合部を中心に点検する。

上記の各点検箇所に関しては、腐朽点検とともに蟻害点検も実施する。

なお、壁の中に隠れている集成材に関しては仕上げ材を傷つけずに直接点検する方法はないのが現状である。第1段階の点検としては、壁の変状（外部仕上げ材のひび割れ、変形、内部仕上げ部分のカビ、変色、変形など）を見て何か不審な点が見つかれば、局部的に孔をあけてファイバースコープで内部を観察する。

腐朽の点検箇所以外に、蟻害特有の点検箇所として以下のような部分がある。

ⅰ）シロアリの生息有無の点検箇所として、敷地内にある伐根、枯木、垣根、木杭、木製門柱、地面に接して置かれている木材など。

ⅱ）蟻道の有無の点検箇所として、基礎立ち上がり部（特に内側）、ウッドデッキ下部。

ⅲ）蟻土の有無の点検箇所として、基礎近くや床下部分に位置する集成材表面。

ⅳ）イエシロアリの生息する地域では上記に加えて、小屋組材およびそれらの接合部。

なお、各種シロアリの生息地域に関しては、図5-15を参照のこと。

② 点検方法

腐朽点検に関しては、次の手順で行う。

ⅰ）集成材表面に含水率計をあて、高含水箇所を特定していくと同時に材表面を目視観察し、材色変化、菌糸、子実体（きのこ）の有無を見る。

　ⅱ）腐朽が疑われる箇所がある場合には、その周辺も含めて集成材表面をハンマーなどで連続的に打診し、音が明らかに変化する箇所があれば、ドライバーや先のとがった器具でその箇所を刺してみて簡単に進入するか否かを見る。進入深さが大きい箇所があれば腐朽と判断し、次のステップに進む。

　ⅲ）ドリルやオーガーあるいは生長錐を用いて腐朽深さを確認する。

　ⅳ）当該集成材の健全部分の残存割合を確認する。

　蟻害点検に関しては、次の手順で行う。

　ⅰ）建物管理者や使用者にヒアリングを実施し、羽アリの群飛の有無と箇所の確認をする。

　ⅱ）羽アリの群飛の有無に関わらず、上で示した点検箇所について蟻道、蟻土の有無を確認する。

　ⅲ）蟻道や蟻土が確認された場合は、腐朽と同じく、打音診断、ドライバー圧入、ドリル、生長錐などによる部材への蟻害発生の有無、深さ、範囲を調べる。

　ⅳ）当該集成材の健全部分の残存割合を確認する。

③　点検時期・周期

　建物の腐朽・蟻害に関する定期点検は、原則として年１回実施する。それとは別に、台風通過後や強い吹き降りの降雨後には、臨時に上記点検箇所を中心に雨水の浸入、滞留状況を調べる。

④　点検結果の判定

　点検結果の判定は大略、以下による。

　ⅰ）建物全体に劣化（腐朽・蟻害）の兆候も実被害も一切ない場合・・・健全

　ⅱ）劣化の兆候（高い木部含水率や周辺湿度、軽い変色など）はあるが目視、打診、圧入点検などによる明確な被害が確認できない場合・・・経過観察とともに環境改善を検討

　ⅲ）表面強度の低下、菌糸の成長など、目視、打診、圧入点検などによる明確な被害は見られるものの、局所的かつ断面の表層である場合・・・表面補修を検討

　ⅳ）表面強度の低下、菌糸の成長など、目視、打診、圧入点検などによる明確な被害が部材の大半に見られ、その１箇所以上に材表面から断面のおよそ20％以上に達する被害がある場合・・・当該部材に作用する応力を検討した上で部分交換または全体交換を検討

　ⅴ）明確な劣化の兆候（蟻道、蟻土、羽アリ、長期にわたる雨漏り、水漏れ、それに伴う高含水・高湿気状態など）があるが、仕上げ材などで覆われていて直接木部を確認できない場合・・・仕上げ材などをはがした上で精密診断を検討

　なお、被害がある場合は、残存している健全部断面寸法などのデータを示した上で構造技術者などの専門家により当該部材の安全性を確認してもらう。

⑤　補修指針（AITC Technical Note 13に準拠[5]）

　劣化が表層で止まっているなど残存している健全部分が設計強度を有している場合は、以下の補修を行う。

　ⅰ）腐朽・蟻害部分を完全に除去した後、乾燥させる。

　ⅱ）除去した部分に保存処理木材またはエポキシ系充填剤を埋める。

　ⅲ）部材表面をサンドペーパーで磨く。

ⅳ）腐朽・蟻害の原因となった水分・湿分の作用が再発しないように措置する。

劣化が進行していて残存している健全部分が設計強度を有していない場合は、以下の部分交換を行う。

ⅰ）部材の劣化箇所を中心にその前後数十cmまでの範囲を除去する。

ⅱ）この箇所に、同寸法の新しい保存処理集成材を組み込み、金物で既存部分と接合する。

ⅲ）腐朽・蟻害の原因となった水分・湿分の作用が再発しないように措置する。

⑥　欧米における補修工法例

わが国では、腐朽や蟻害の補修例の蓄積は未だ十分ではないが、欧米では腐朽した構造用集成材の補修工法がほぼ確立されている。参考までに以下に具体例を示す。

ⅰ）鋼製ロッドによる工法（Property Repair Systems）

英国のProperty Repair Systems社が開発した補修工法で、主な用途は組積造と併用されて腐朽した集成材（小屋組材、床はり材など）の補修である。図5-82に示すように、予め補修用の集成材に鋼製ロッドをエポキシ樹脂で固定し、既存部材と接続する。

ⅱ）木ねじによる工法

スイスのSFS Intec GmbH社とドイツのAdolf Wurth GmbH社が開発した補修工法で、補強木ねじによる。図5-83は、本補修工法で用いられる木ねじを示しており、径8.2mm、長さ160～300mm、径6.5mm、長さ65～160mmの2種類が用意されている。補修法としては、同図右に示すように、重ねばりやはり端部ハンチ部の補修・補強に利用される。また、より高い強度が要求される補修では、図5-84に示すような全ねじタイプの接合具を使用し、専用の工具で直接構造用集成材にねじ込んで使用するものがある。全ねじはカーボンスチール製で、軸径が12mmと15mmの2種類があり、長さは3mとなっていて現場で必要な長さにカットして使用する。

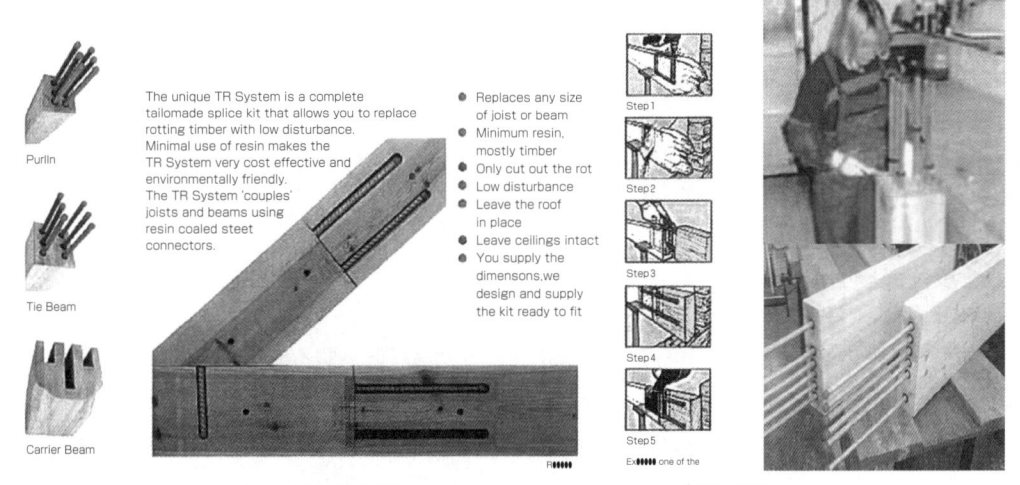

図5-82　英国Property Repair Systems社の補修工法

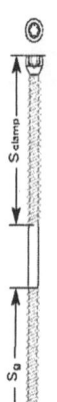

WT-T-8.2 x L fastener range						
Type		Material T = carbon steel	Diameter d₁ (mm)	Length (mm)	S_clamp (mm)	S_g (mm)
WT	-	T	-	8,2 x 160	65	65
WT	-	T	-	8,2 x 190	80	80
WT	-	T	-	8,2 x 220	95	95
WT	-	T	-	8,2 x 245	107	107
WT	-	T	-	8,2 x 300	135	135

WT-T-6.5 x L fastener range						
Type		Material T = carbon steel	Diameter d₁ (mm)	Length (mm)	S_clamp (mm)	S_g (mm)
WT	-	T	-	6,5 x 65	28	28
WT	-	T	-	6,5 x 90	40	40
WT	-	T	-	6,5 x 130	40	40
WT	-	T	-	6,5 x 160	65	65

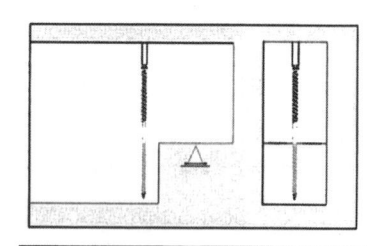

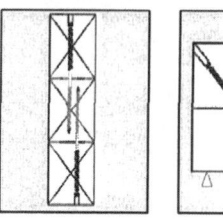

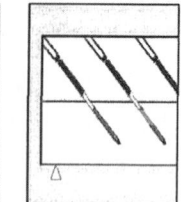

図5-83　木ねじによる補修工法

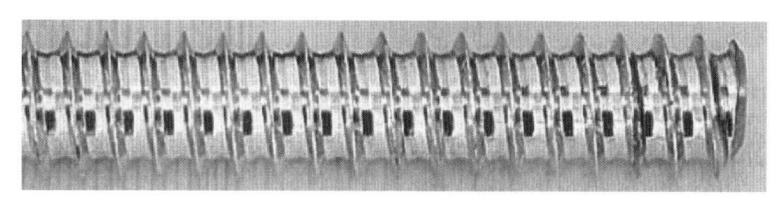

全ねじタイプの接合具

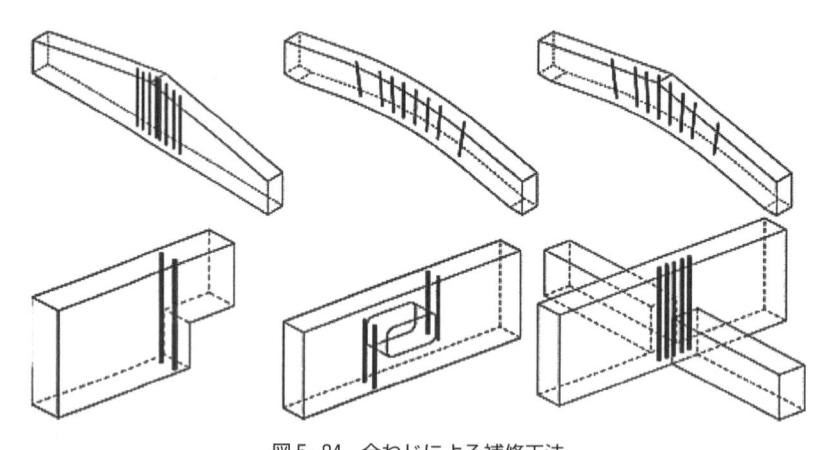

図5-84　全ねじによる補修工法

2. 木部表面塗装部

[1] 再塗装[6]

① 点検・補修の基準

　木材表面は太陽光により光劣化が生じ表面の機械的強度が低下するので、特に造膜形塗料の場合は塗装前に木材を長期間屋外に放置してはいけない。塗装した木材もまた光化学的劣化が進行するが、その劣化状態は含浸形と造膜形塗料では異なる。塗料中に顔料が添加されている含浸形の木材保護塗料の場合、顔料は部分的に太陽光をブロックするが、木材表面と塗料とは同時に劣化が進む

ので、屋外暴露により顔料がはがれ落ちてくる。また、表面から顔料がなくなってくると、木材の撥水性が低下するなど劣化速度が速くなる。そのため、含浸形塗装の場合の補修基準は、塗装表面から基材の木材が見え始める時期あるいは、塗装面に水をかけたとき水が材中にすばやく浸透するようならば補修（塗り替え）の時期と言える（図5-85）。

　エナメルペイントのように顔料が添加された造膜形塗料は、紫外線をブロックし木材表面を保護する性能が高い。特に、気象劣化環境から木材を護るように構造的に配慮された物件での着色造膜形塗装では、10～20年以上といった木材表面の長期間保護が期待できる。これらの例には、塗装部が屋根や軒などで保護されている外壁やポーチなどがある。造膜形塗料の劣化は塗膜表面においてゆっくりと進行するため、下塗り塗膜が現れた時点で上塗り塗料を塗れば、重ね塗りができる場合が多い。しかし、このタイミングを逃すと塗膜の劣化と塗膜付着力の低下によって塗膜剥離が開始し、このような状態になった場合には再塗装時に残存塗膜の除去が必要となり、メンテナンスのコストは非常に高くなってしまう。塗膜の劣化は美観に著しい影響をもたらすため、わずかでも塗膜剥離や塗膜割れが生じたら再塗装するべきである。塗膜の付着力は、絆創膏などの粘着テープを塗装面に貼った後に剥がしてみる。この時、テープに塗膜が付着するようであれば、再塗装が必要といえる。表5-21に塗装面の補修基準をまとめる。

② 含浸形塗料の再塗装

　含浸形塗料で塗装した木製品は、屋外でのウェザリングにより木材成分の溶出や表面の微細なクラックの発生によって表面がラフソーン仕上げしたように粗くなるため、再塗装時の塗料の吸収量が初回より2倍程度に増大する場合が多い。そのため、再塗装時には十分な塗料塗布量が確保できるので、次回の再塗装までの期間は初回より2倍程度延びることが期待できる（図5-86）。これはメンテナンス計画を立てる時に重要であり、例えば20年の使用を想定する物件において含浸形塗料で塗装した場合、3～4年後に再塗装を行い、2度目の再塗装はそれから6～8年後くらいに行え

表5-21　木材保護塗料の点検・補修基準

木材保護塗料	塗装面の補修基準	メンテナンス方法
含浸形塗料	下地の木材が見え始める頃	表面清掃 再塗装
造膜形塗料	塗膜割れ、塗膜剥離 粘着テープによる塗膜剥離	表面清掃後再塗装または残存塗膜除去後再塗装

図5-85　顔料が落ちて基材が見えだした物件

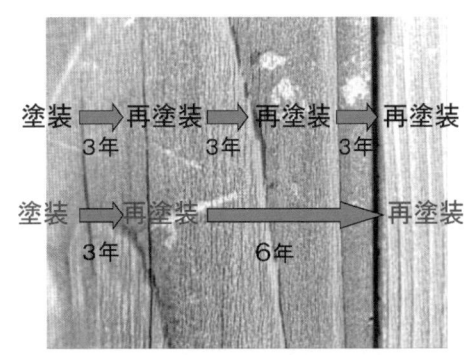

表面割れが増加し次回再塗装時には塗料浸透性が増加し塗装耐候性は最初の2倍程度に向上する。

図5-86　含浸形塗料の再塗装計画

ばよいことになり、この物件のトータルのメンテナンス（再塗装）は20年間で2回でよいことになる。これは、塗装基材中に塗料が浸透するという含浸形塗料特有の塗装技術といえる。表5-21に木材保護塗料の点検・補修基準をタイプ別に示す。

［2］樹種の影響

塗装性能に影響する木材の性質には、密度、晩材率、寸法安定性、耐朽性などがある。含浸形塗料は、スギやヒノキのような密度の低い樹種では塗料をよく吸収するが、イペやボンゴシのような高密度材では塗料は材中にほとんど浸透しないので、このような高密度材には含浸形塗料は使用しないことが一般的である。そのため、塗装した場合は頻繁なメンテナンスが要求される。

3. 防錆した鋼材の保全

［1］防錆処理をした鋼材の劣化診断

① 各種防錆処理をした鋼材の劣化調査

図5-87に各種防錆処理をした鋼材の劣化過程を示す。

無処理鋼材は表面に赤さびが発生し、その後、赤さびが進行して鋼材断面が減少していく。塗装鋼材では塗膜の劣化が進むと、塗膜の剥離部分に赤さびが発生する。劣化が進行すると塗膜の剥離部分が拡大し、赤さびの発生部分は断面欠損が大きくなる。

また、亜鉛めっき処理鋼材は、まず、亜鉛の腐食が進行し白さびが発生する。その後、亜鉛めっき層が少なくなると局部的に赤さびが発生し、さらに劣化が進行すると赤さびが増大し、鋼材の断面欠損が大きくなる。

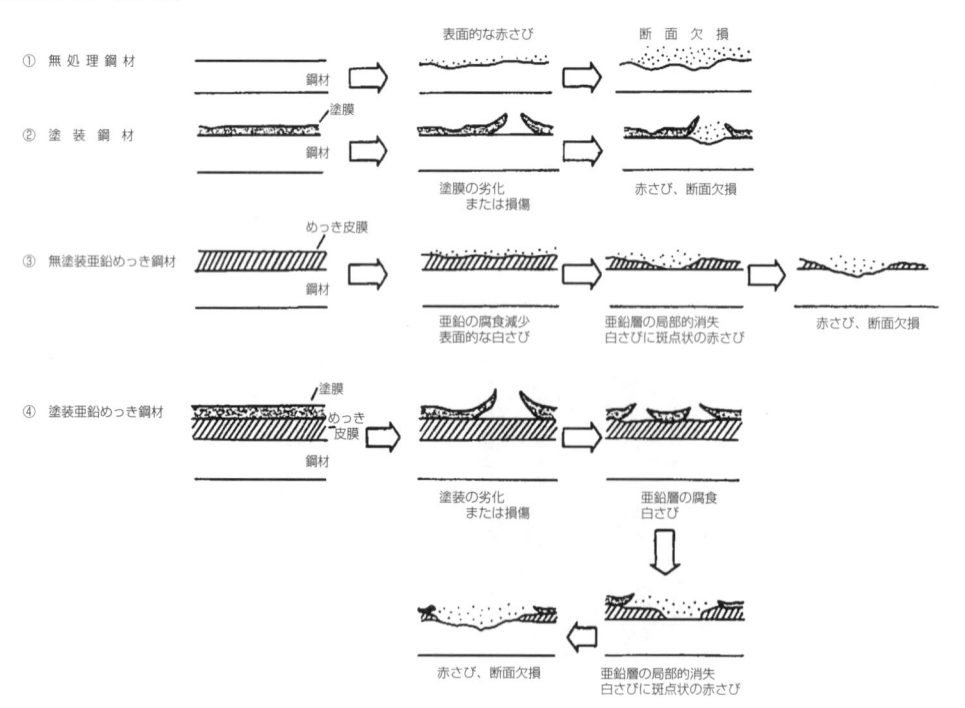

図5-87 各種防錆処理をした鋼材の劣化過程
出典：公益社団法人ロングライフビル推進協会（BELCA）「建築仕上診断技術者講習テキスト」p370, 2011年

通常、無処理鋼材の劣化に関しては、表面に赤さびが発生している段階であるか、断面欠損が進行している段階であるかを判断する必要がある。表面に赤さびが均一に薄く発生している段階では、美観性に支障はあるが耐力低下上の問題は少ない。しかし、断面欠損が進行すると耐力上も問題がある。

亜鉛めっき処理鋼材では亜鉛が腐食して白さびが発生している段階では問題は少ない。溶融亜鉛めっき処理鋼材では亜鉛めっき層厚の90%程度が腐食した段階で、赤さびが発生してくる。通常は、赤さびが発生した時点で、亜鉛めっき層による防錆効果は消失したと考え、防錆効果を持続させるためには、本章5節1で解説したように、亜鉛を溶射したり、亜鉛を多く含むジンクリッチペイントや特殊亜鉛塗料を塗装することになる。

② 塗膜の劣化調査

表5-22に塗装鋼材の劣化現象を示す。塗膜の劣化現象は塗膜表面の劣化、塗膜内部の劣化、および塗装素地の劣化に大別される。塗膜表面の劣化では美観性は低下しているが、塗装素地に対する保護効果は保持している。塗膜内部の劣化ではふくれ、割れ、はがれの部分は美観性だけでなく、保護効果も消失しており、この時点で補修塗装を実施しなければ塗装素地まで劣化することとなる。塗装素地の劣化は、塗膜の保護効果が消失してさびが発生する段階であり、塗膜の機能は失われている。

表5-22 塗装鋼材の劣化現象

部位	劣化現象	劣化の状態
塗膜表面	汚れ付着	塗膜表面に汚染物質が付着する
	光沢低下	塗膜表面がつやを失う
	変退色	塗膜の色調が変化したり、色があせる
	白亜化	顔料で着色した塗膜表面が劣化して離脱しやすい粉末になる
	磨耗	塗膜表面が劣化したり表面への外力の作用等によって塗膜厚が減少していく
塗膜内部	ふくれ（浮き）	気体、液体または腐食生成物等を含んで塗膜が盛り上がる
	割れ	塗膜に裂け目ができる ・浅割れ　checking：塗膜表面の浅い割れ ・深割れ　cracking：下塗り塗膜または下地が見える程度の深い割れ
	はがれ	塗膜が付着力を失って下地から離れる ・小はがれ　flaking, chipping ・大はがれ　scaling
塗装下地	赤さび	鉄鋼表面に鉄の水酸化物や酸化物を主成分とする腐食生成物ができる
	白さび	亜鉛めっき鋼表面に亜鉛の酸化物や炭酸塩を主成分とする腐食生成物ができる
	ふくれ、割れ、はがれ、さびの混在	塗膜のふくれ、割れ、はがれと下地の腐食が混在している
	断面欠損	腐食が進行して鋼材の板厚が減少する

一般に防錆塗装では塗膜内部の劣化が生じた時点で補修塗装を実施するのが基本的な考え方であり、そのような補修塗装を継続すれば塗装素地である鋼材の腐食は防止できる。補修塗装の判断基準は塗装部位の重要度にも依存するが、一例として、表5-23に塗装鋼材の劣化度判定基準の例、表5-24に塗装鋼材の補修要否の判断基準の例を示す。

表5-23　塗装鋼材の劣化度判定基準

劣化度	塗装鋼材の劣化状態
I	塗膜の劣化現象が局部的に発生しており、さびなどの劣化面積の合計が評価対象の塗膜全面積の0.3%未満の場合、または塗膜が変色し白亜化が発生している状態
II	塗膜の劣化現象が塗膜全面に発生しているが、活膜もありさびなどの劣化面積の合計が評価対象の塗膜全面積の0.3%以上10%未満の場合、または下塗がすけて見える程度に白亜化が著しく進行している状態
III	塗膜の劣化現象が塗膜全面に発生しており、さびなどの劣化面積の合計が評価対象の塗膜全面積の10%以上の場合

表5-24　塗装鋼材の補修要否の判断

劣化度	塗装鋼材の劣化状態
I	塗膜の劣化があまり進んでいないので、塗り替えない。
II	塗膜の劣化がかなり進んでおり、すみやかに塗り替える。
III	塗膜が既に著しく劣化しており、鋼材も腐食しているので直ちに塗り替えるか、部材を交換する。

［2］補修塗装

　亜鉛めっき鋼材の金属溶射による補修やジンクリッチペイント、特殊亜鉛塗料による塗装は一般的ではなく、亜鉛めっき鋼材に関しては本章5節1［2］で解説したように想定する耐用年数に合致しためっき付着量を有する亜鉛めっき鋼材を選定するのが一般的である。

　したがって、ここでは補修塗装について解説する。表5-25に既存塗膜の劣化程度に応じた下地調整レベル（既存塗膜の措置レベル）を示す。

表5-25　既存塗膜の劣化程度と下地調整レベル

	劣化位置	塗膜表面の劣化	塗膜内部の劣化	下地を含む劣化
既存塗膜	劣化現象	汚れ・変退色・光沢低下、白亜化・白化等	ふくれ・割れ・はがれ等	腐食・腐朽・クラック・エフロレッセンス等
下地調整レベル	下地調整	汚れ・付着物除去	既存塗膜の除去（劣化膜のみ除去）	既存塗膜の除去（劣化膜・活膜全面除去）
	面の処理	素地を傷つけないように、ワイヤブラシ・研磨紙等で塗膜表面の汚れ・付着物のみを除去する。	ディスクサンダー・スクレーパー・研磨紙等により劣化膜を除去し、活膜は残す。	ディスクサンダー・スクレーパー・研磨紙等により、既存塗膜（劣化膜・活膜）を全面除去する。

　既存塗膜の劣化が塗膜表面だった場合には、塗膜の美観性は低下しているが保護性能は確保されており、塗膜は鋼材に付着している。したがって、下地調整では塗膜表面の汚れや付着物をワイヤブラシや研磨紙などで除去する。

　塗膜内部の劣化が主体である場合には、ふくれ、割れ、はがれの生じている部分やその周辺は付着力も低下していると考えられる。したがって、ディスクサンダー、スクレーパー、研磨紙などにより汚れや付着物のみではなく、塗膜の劣化した部分（劣化塗膜）を除去する。ただし、ふくれ、割れ、はがれがなく付着力も確保された部分（活膜）は残す。

　塗膜素地の劣化は、塗膜劣化はかなり進行している状態であるため、既存塗膜は全面除去する。また、塗装素地が劣化している場合はさび落としなどの素地調整を行う必要がある。

　下地調整を実施した後、塗膜表面の劣化については上塗りの塗り替えを実施する。また、塗膜内部の劣化については、塗膜除去した部分には下塗りから、既存塗膜が残存している部分には中塗りまたは上塗りから補修塗装を実施する。全面除去した場合は、既存塗膜は残存していないので、新設工事と同様に下塗りから開始する。

　また、塗膜表面の劣化、塗膜内部の劣化に対する補修塗装では、既存塗膜が残存している部分がある。この場合、既存塗膜と新しく補修する塗膜との相性を考える必要がある。補修塗料の選択を

誤ると、既存塗膜と新規塗膜との間で、例えば、図5-88に示すような不具合現象が生じる。

不具合現象	模式図	原因および状況
はじき	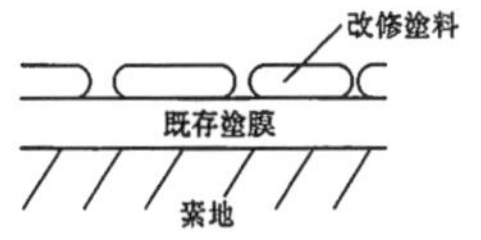 改修塗料／既存塗膜／素地	改修塗料の既存塗膜に対する濡れ性が悪く、改修塗料が塗装時にはじかれて均一に付着しない
リフティング（浮き）	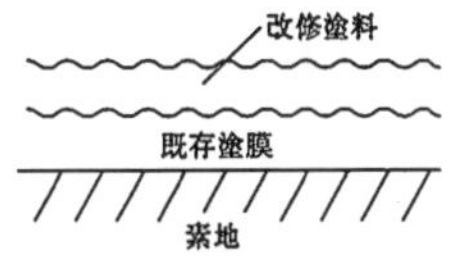 改修塗料／既存塗膜／素地	改修塗料中の溶剤により既存塗膜がおかされて、既存塗膜が縮み、浮いてくる
はがれ	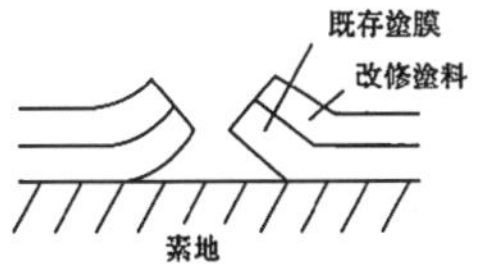 既存塗膜／改修塗料／素地	改修塗料の凝集力が既存塗膜より強い場合、改修塗料の硬化時に既存塗膜が一体となって引張られはがれてくる

図5-88　既存塗膜と新規塗膜との不具合現象例

4. 異種材料間の接合部

［1］点検対象部位

集成材架構では、部材の接合部において構造用集成材と鋼材や鉄筋コンクリートなどの異種材料と接触して用いられることが多く、構造用集成材と異種材料の挙動の違いにより問題が発生する恐れがある。点検対象の部位は、次のような箇所である。

① 金物を使用した接合部

構造用集成材同士や構造用集成材が基礎に緊結している接合部である。集成材建築物では、大スパンのアーチ構造やトラス構造など各種の構造方式が用いられるが、いずれの構造方式でも接合部は鋼製の接合金物とボルトやドリフトピンなどの接合具によって接合される場合が多い。具体的には、構造用集成材の仕口や継手部、アーチ材などの脚部が点検対象となる。

② 他の構造との取合い部

構造用集成材により構成される部位と鉄筋コンクリートなどの異種材料による部位とが接する箇所も材料の挙動の違いによる問題が生じやすい箇所である。屋内体育館のようにギャラリーまでRC造とし、屋根架構を集成材構造とした場合の柱脚部やRC併用構造の集成材架構との取り合い部などが点検対象の部位となる。

③ その他の部位

屋外に設けられたアーチ材脚部やはね出しばりなど外部に露出した部分も点検の対象となる。

［2］点検項目と点検方法

① 接合具の緩みやすき間

構造用集成材同士や構造用集成材が基礎に緊結している接合部では、応力の伝達に支障をきたす接合金物と構造用集成材間のすき間やボルトなどの接合具の緩み、がたつきがないかすき間ゲージによる測定、触診および目視で点検する。

② 継手部の通直性

　継手の通直性は、目視による点検のほか必要に応じスケールを使用する。

③ その他の項目

　必要に応じて接合部の周辺部材における変色部分を触診もしくは含水率を測定する。

［3］点検周期と補修

① 点検周期

　竣工後第1回目の点検は、構造用集成材の収縮などに起因する問題が現れてくる3年以内とし、それ以降は毎年1回とする。目視点検により問題の恐れがある箇所は、他の診断項目と組み合わせて行う。

② 補修基準と補修方法

　補修に先立ち、構造的な補強が必要か現状復帰だけでよいか検討する。構造的に補強が必要な場合は現状復帰程度の補修は、次による。

　ⅰ）接合具の緩み、がたつきなどは接合部の増し締めや接合具の交換など行う。

　ⅱ）構造集成材と接合金物とのすき間やがたつきは、すき間に薄い鉄板を挿入した上で、接合具の締め直しを行う。

　ⅲ）継手部の通直性は、ひずみ直しを行い初期状態に復帰させる。

　ⅳ）腐朽が確認された場合の処置は、本節1〔3〕腐朽・蟻害の項を参照のこと。

参考文献

1）「実使用環境下における集成材の耐久性・劣化診断・補修方法に関する調査研究報告書」日本集成材工業協同組合，2009年
2）American Institute of Timber Construction :AITC Technical Note 18，2004年
3）平松靖ら「実使用環境下における集成材の耐久性その4未接着部を設けた集成材試験体のせん断性能」日本建築学会学術講演梗概集，C-1構造Ⅲ，p31-34，2009年
4）清水庸介ら「実使用環境下における集成材の耐久性その6未接着部を設けた試験体の木ねじを用いた補修」日本建築学会学術講演梗概集，C-1構造Ⅲ，p15-16，2010年
5）American Institute of Timber Construction，AITC Technical Note13，1986年
6）「エクステリア塗装：木製外構材のメンテナンスマニュアル」社団法人日本木材保存協会，p38-39，2008年
7）「「建築仕上診断技術者」講習テキスト」公益社団法人ロングライフビル推進協会（BELCA）p370，2011年

第6章
集成材建築事例

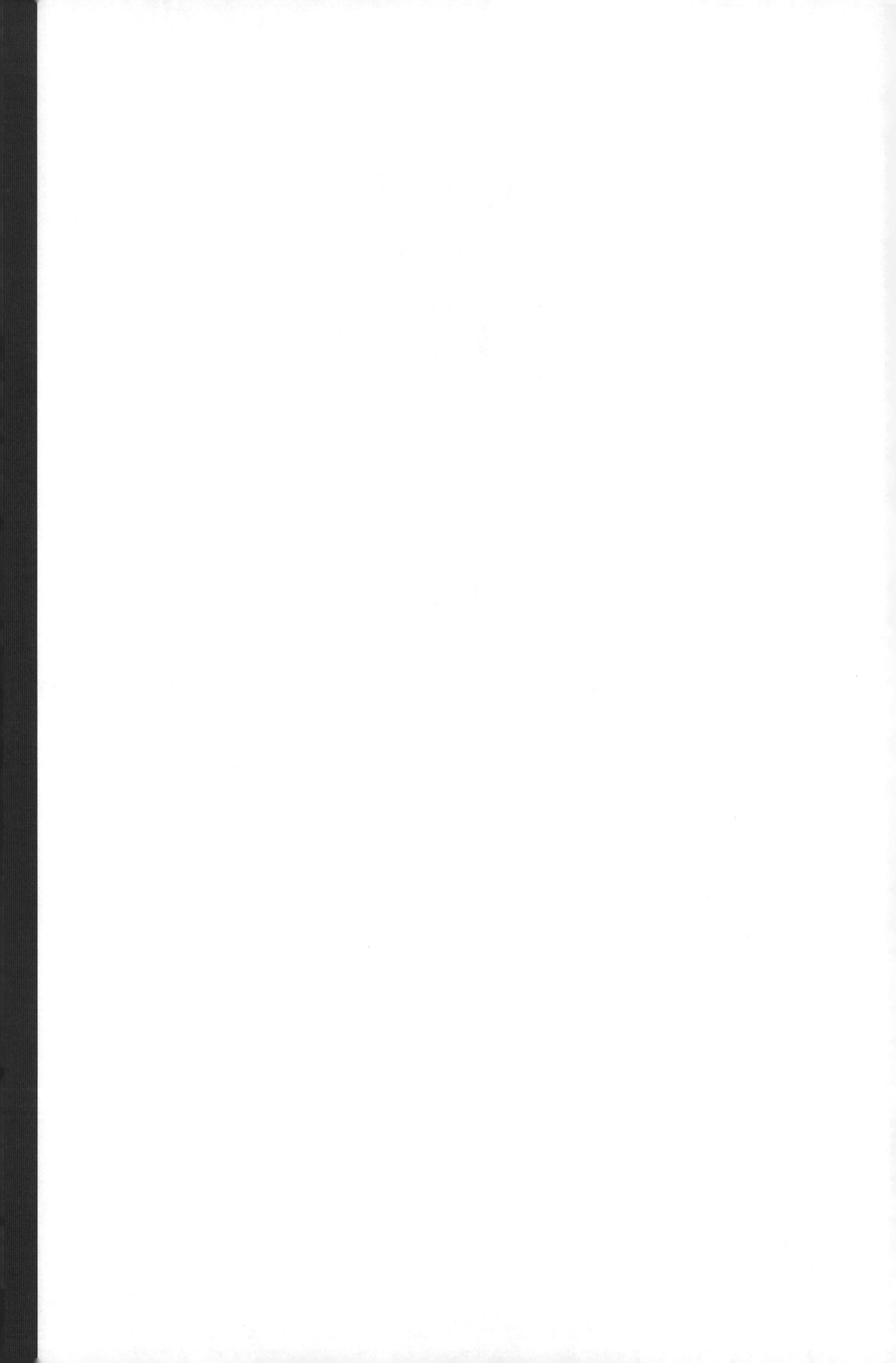

集成材建築物では大空間ドーム架構や多層構造等において木造建築の多様な可能性が実際に建設されているが、本章では、集成材建築物への取り組みの参考例を紹介するものである。公共建築物、医療・福祉施設、教育施設、事務所や共同住宅等を木造として、特に集成材を用いて設計するための手がかりとなると考えられる建築物の写真や構法図を事例として掲載した。

	用途	名称・建設地	規模（階数・概要面積）	構造・構法・防火	特徴
1	共同住宅	美弥・来福台県営住宅 山口県美弥市大嶺町	3階建て 1,003m²/棟（例）	木造軸組構法 準耐火建築物	接合部AKジョイント
2		県営住宅上新井団地 長野県下伊那郡松川町	3階建て 2,117m²	木造軸組構法 準耐火建築物	カラマツ集成材、二重軸組による界壁
3	事務所	宮代町庁舎 埼玉県南埼玉郡宮代町	2階建て 4,304m²	木造一部RC造 準耐火建築物	平面併用構造 木造大断面KES構法
4		宮崎県木材利用センター研究棟 宮崎県都城市花繰町	平屋 1,426m² （管理棟）	木造軸組構法 準耐火建築物	スギ大断面集成材による伝統的大工技術を活用した接合
5		山栄ホームビル 京都府長岡京市	3階建て 290m²	木造軸組構法 準耐火建築物	木造SE構法（半剛節接合） 中小断面集成材を用いた経済的効果
6	医療・福祉施設	熊本県こども総合療育センター（生活棟・医療棟） 熊本県宇城市松橋町	平屋 1,641m²	木造一部RC造	県産材スギ、ヒノキ集成材使用
7	教育施設（学校）	川上村立川上中学校 長野県南佐久郡川上村	2階建て 6,395m²	木造一部RC造 準耐火建築物	県産材カラマツ集成材使用
8		近畿大学英語村 e-cube 大阪府東大阪市小若江	平屋 401m²	木造・トラス構造	大断面集成材による菱垣状の壁構成
9	スポーツ施設	Kai・遊・パーク 山梨県甲斐市西八幡	平屋、地下1階 2,947m²	木造一部RC造 準耐火建築物	県産材カラマツ集成材＋ベイマツ集成材
10	集会所	一戸町コミュニティセンター 岩手県二戸郡一戸町	2階建て 2,689m²	木造一部RC造 耐火建築物	ハイブリッド ドーム屋根

01 共同住宅

美弥・来福台県営住宅

山口県最大の木造住宅団地

　県産材を活用した県営住宅づくりを通じて、山口県における効率的な木造流通ルート、良質かつ低コストな木造公営住宅設計手法を確立し、市町村営住宅において県産材利用が促進されることを期待し、県が木造公営住宅を直接建設したモデルプロジェクトである。
　柱、はりをスギ集成材としている。3階建て住棟は準耐火構造となるため耐火被覆が必要であるが、燃えしろ設計を採用することで、柱、はりの仕上げを集成材あらわしとすることができた。また、高性能耐力壁（20倍）や格子状耐力壁（10倍）を採用することにより、構造壁の集約化が可能となり、更新性・可変性の高い間取りが実現している。さらに接合部に個別認定工法を用いることで、コンクリート床を支えることができ、遮音性能・耐火性能を向上させている。
　集成材は県内業者で加工し、外装のスギ製材と合わせて全木材使用量の約6割に県産材を使用している。県営住宅において「地産地消」の団地づくりを実践した。

配置図

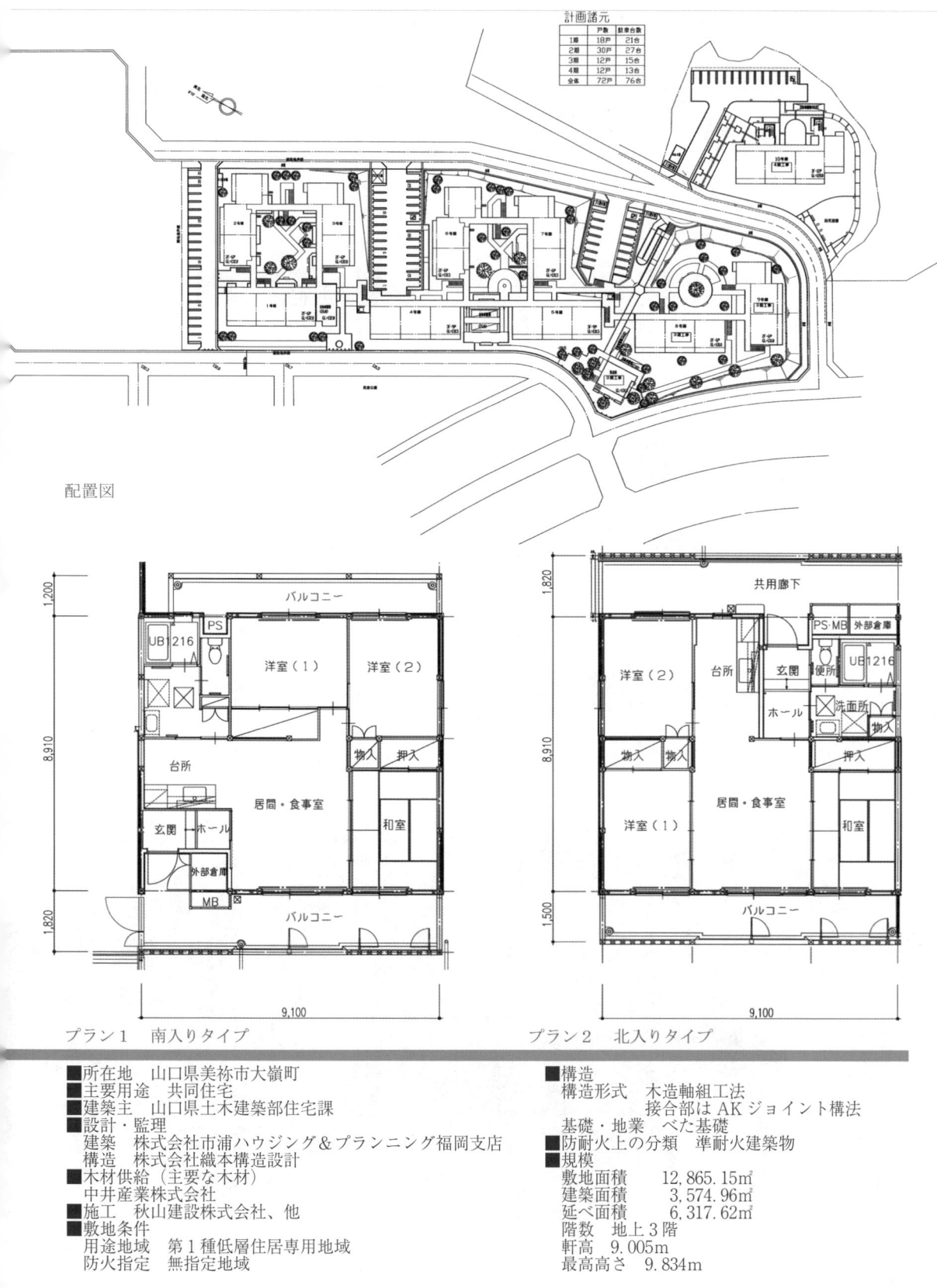

プラン1　南入りタイプ

プラン2　北入りタイプ

- ■所在地　山口県美祢市大嶺町
- ■主要用途　共同住宅
- ■建築主　山口県土木建築部住宅課
- ■設計・監理
  建築　株式会社市浦ハウジング＆プランニング福岡支店
  構造　株式会社織本構造設計
- ■木材供給（主要な木材）
  中井産業株式会社
- ■施工　秋山建設株式会社、他
- ■敷地条件
  用途地域　第1種低層住居専用地域
  防火指定　無指定地域

- ■構造
  構造形式　木造軸組工法
  　　　　　接合部はAKジョイント構法
  基礎・地業　べた基礎
- ■防耐火上の分類　準耐火建築物
- ■規模
  敷地面積　12,865.15㎡
  建築面積　3,574.96㎡
  延べ面積　6,317.62㎡
  階数　地上3階
  軒高　9.005m
  最高高さ　9.834m

第6章　集成材建築事例

２階建て住棟立面図

矩計図

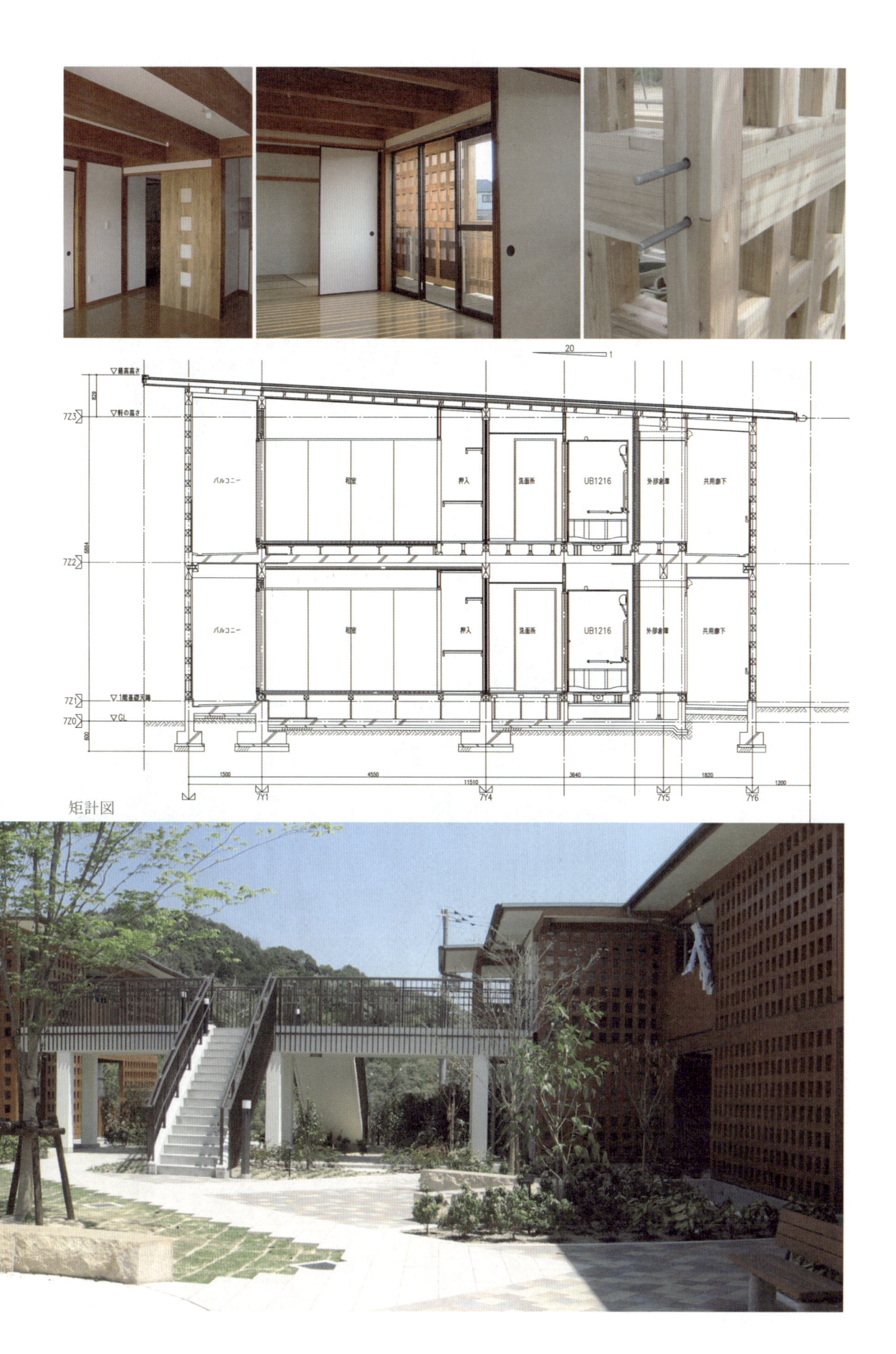

第6章 集成材建築事例

02 共同住宅

県営住宅 上新井団地

十字形耐力壁

外観（右上）／外廊下（右下）

　のどかな風景に囲まれた美しい周辺環境に見合う、自然と調和した機能的で人にやさしい建築を計画した。全体計画では、住棟を分節して民家に近いスケールとし、外部に木をあらわして木造らしい親しみのある建築としている。
　構造は木造軸組工法とし、主要構造部にはカラマツ集成材を使用している。耐力壁では、通し柱を多用して強固な構造とするとともに、各住戸の界壁と短手方向の内壁を2重の軸組とし、筋かいとせっこうボードにより構成した。床構造では、構造用合板をはりに釘打ちし、その上にメッシュ入りコンクリートをラグスクリューにより、はりと固定して、床の水平剛性および遮音性を向上させている。外廊下の床はデッキプレートの上にメッシュ入りコンクリートを設け、耐久性と遮音性を確保している。また、ＥＶ・階段室を鉄筋コンクリート造として、外廊下と一体化させるとともに、柱、はり間に方杖を設け、剛性および耐力を確保するとともに、外廊下と住戸棟はエキスパンションジョイントとし、振動を住戸に伝えない構造としている。

2階平面図

3階平面図

1階平面図

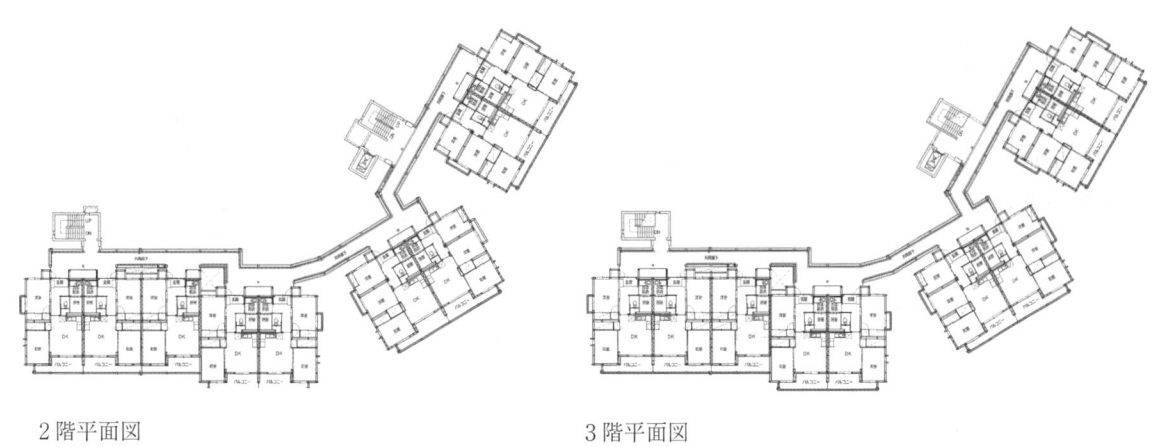

- ■所在地　長野県下伊那郡松川町
- ■主要用途　共同住宅
- ■建築主　長野県知事
- ■設計・監理
  建築　株式会社アーキディアック
  構造　遠山一級建築士事務所
- ■木材供給（主要な木材）　斎藤木材工業株式会社
- ■施工　株式会社岡谷組
- ■敷地条件
  用途地域　第1種住居地域
  防火指定　無指定地域
- ■構造
  構造形式　木造軸組工法
  基礎・地業　鉄筋コンクリート造布基礎
- ■防耐火上の分類　準耐火建築物
- ■規模
  敷地面積　4,149.00㎡
  建築面積　977.00㎡
  延べ面積　2117.00㎡
  階数　地上3階
  軒高　9.8m
  最高高さ　11.9m

立面図

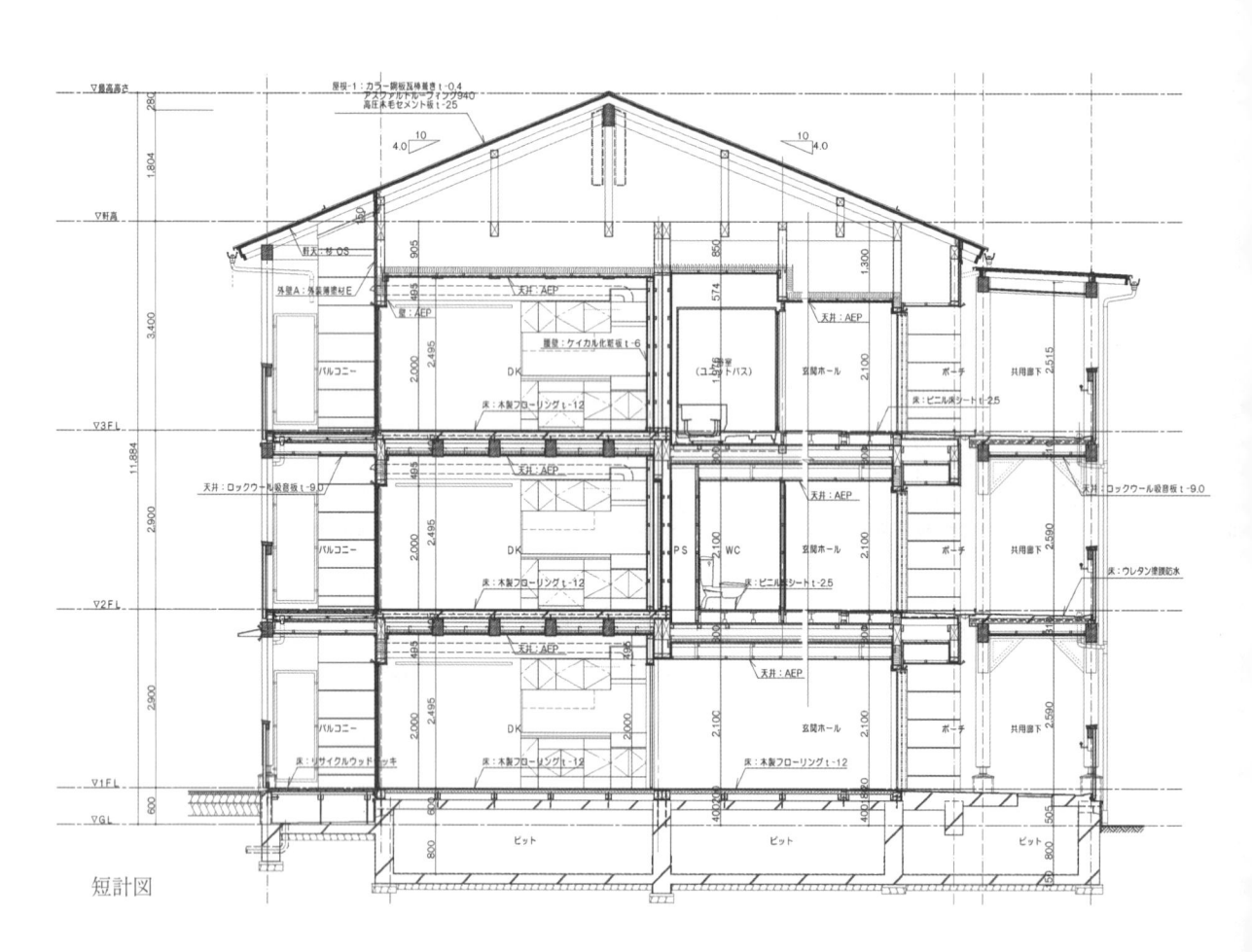

短計図

玄関（左上）／居室（左下）／軸組（右）

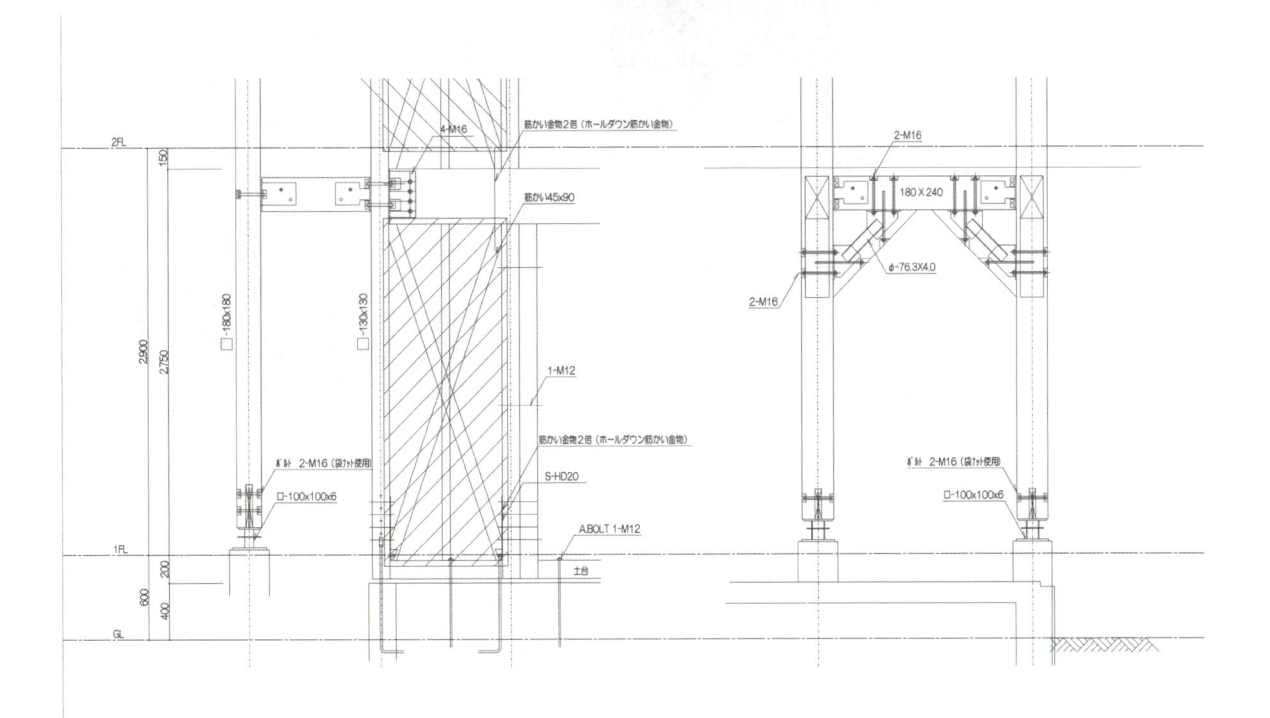

架構詳細図

第6章　集成材建築事例

03 事務所（庁舎）

宮代町庁舎

地域産材を用いた日本最大級の庁舎

ホール（右上）
南側外観（右下）

　本庁舎は、延べ面積が3,000㎡を超えるため、ＲＣ造の自立する耐火建築物を間に挟み、別棟扱い（平面併用構造）とし、4,304.63㎡の準耐火建築物を実現した。45分準耐火構造において燃えしろ設計（35㎜）を行うことで、柱、はりをあらわすことができ、木材の温もりが感じられる。

　桁の高さ8.3m、最高の高さ11.85m、1階階高3.8m、2階階高3.1mから10mまでを勾配天井とし、ゆったりとした空間を実現した。

　はりには国産材カラマツを、柱には地域産材である埼玉県産スギ材を活用しているため、地域の方々が愛着と誇りを持つことができるのではないかと考えている。

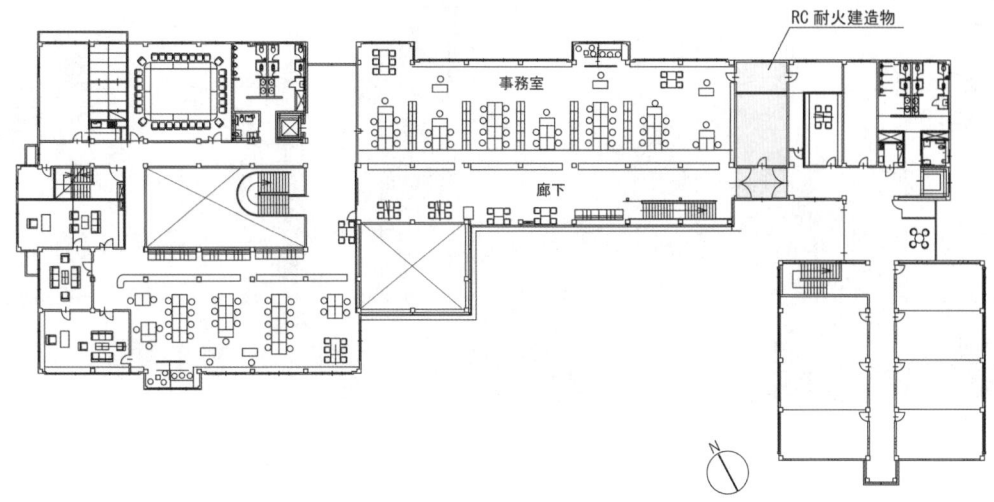

2階平面図

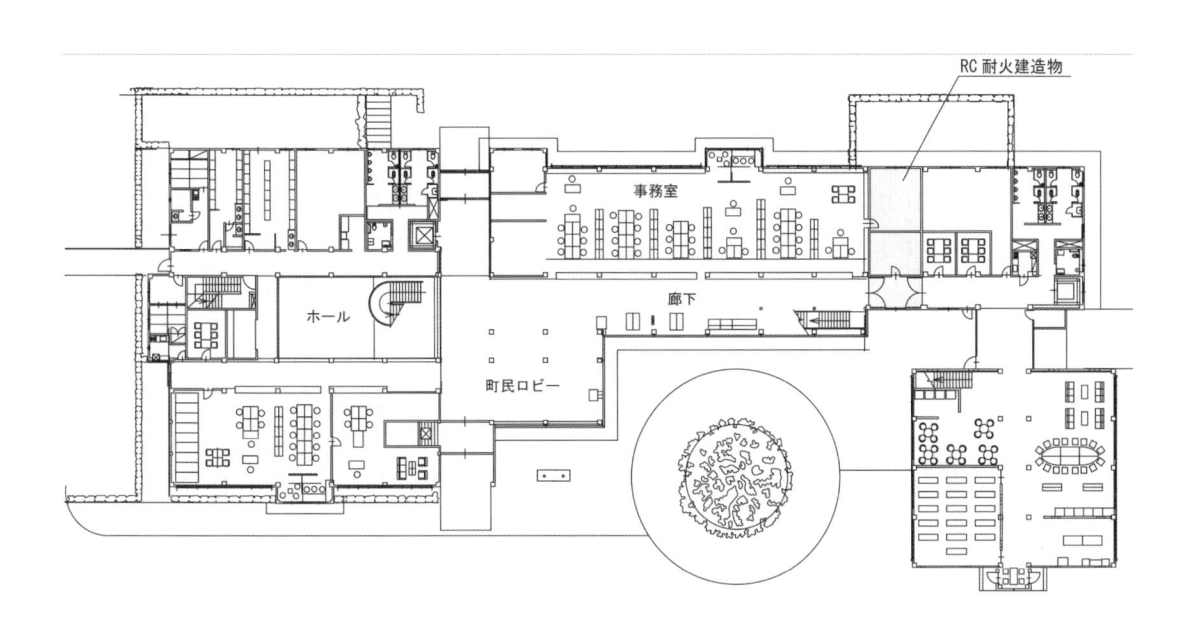

1階平面図

- ■所在地　埼玉県南埼玉郡宮代町笠原
- ■主要用途　庁舎
- ■建築主　宮代町長
- ■設計・監理
  - 建築　みやしろ設計連合共同企業体
  - 構造　株式会社シェルター
- ■木材供給（主要な木材）
  - 埼玉県森林組合連合会
- ■施工　三ツ和・中村特定建設工事共同企業体
- ■敷地条件
  - 用途地域　第1種中高層住居専用地域
  - 防火指定　無指定地域
- ■構造
  - 構造形式　KES構法（木造大断面構法）
  - 基礎・地業　鋼管杭
- ■防耐火上の分類　準耐火建築物
- ■規模　敷地面積　7,613.03㎡
  - 建築面積　2,494.97㎡
  - 延べ面積　4,304.63㎡
    - 1階　2,281.42㎡
    - 2階　2,023.21㎡
  - 階数　地上2階
  - 軒高　8.3m
  - 最高高さ　11.85（塔屋部13.8）m

大開口のカーテンウォール（左）／ホール越屋根のハイサイドライト（右）

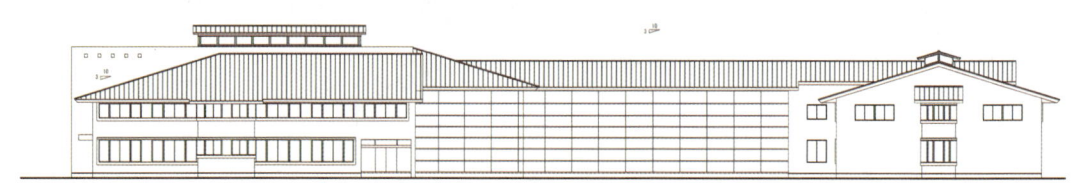

南側立面図

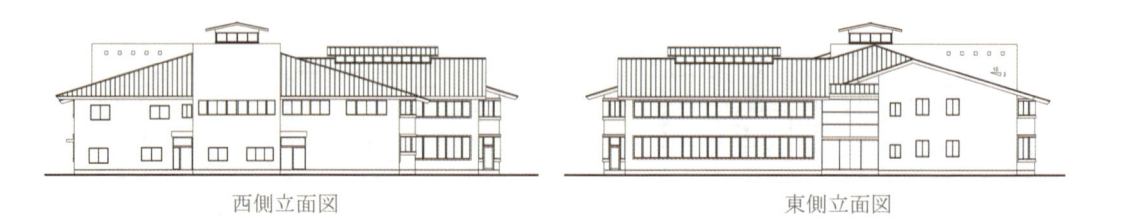

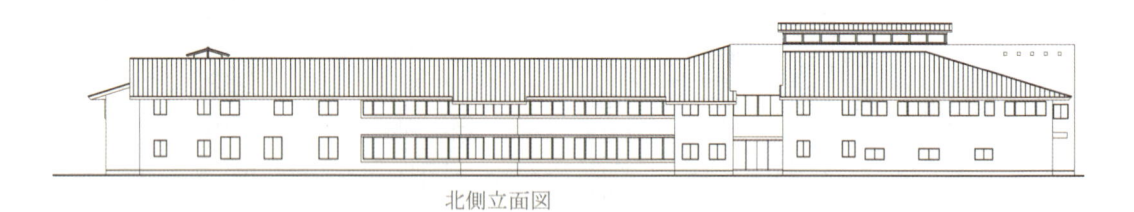

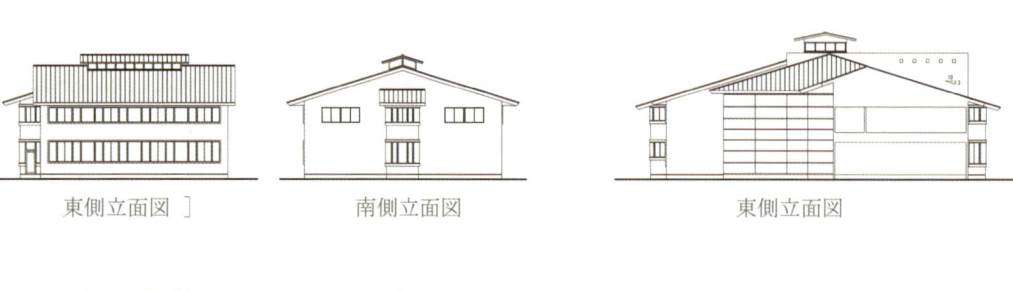

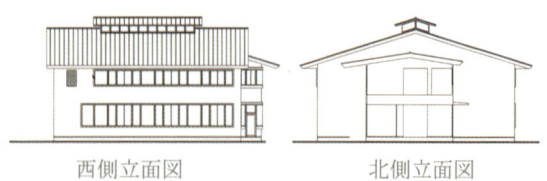

西側立面図　　　　　　　　東側立面図

北側立面図

東側立面図　　　南側立面図　　　　東側立面図

西側立面図　　　北側立面図　　　　　　　　　　　立面図

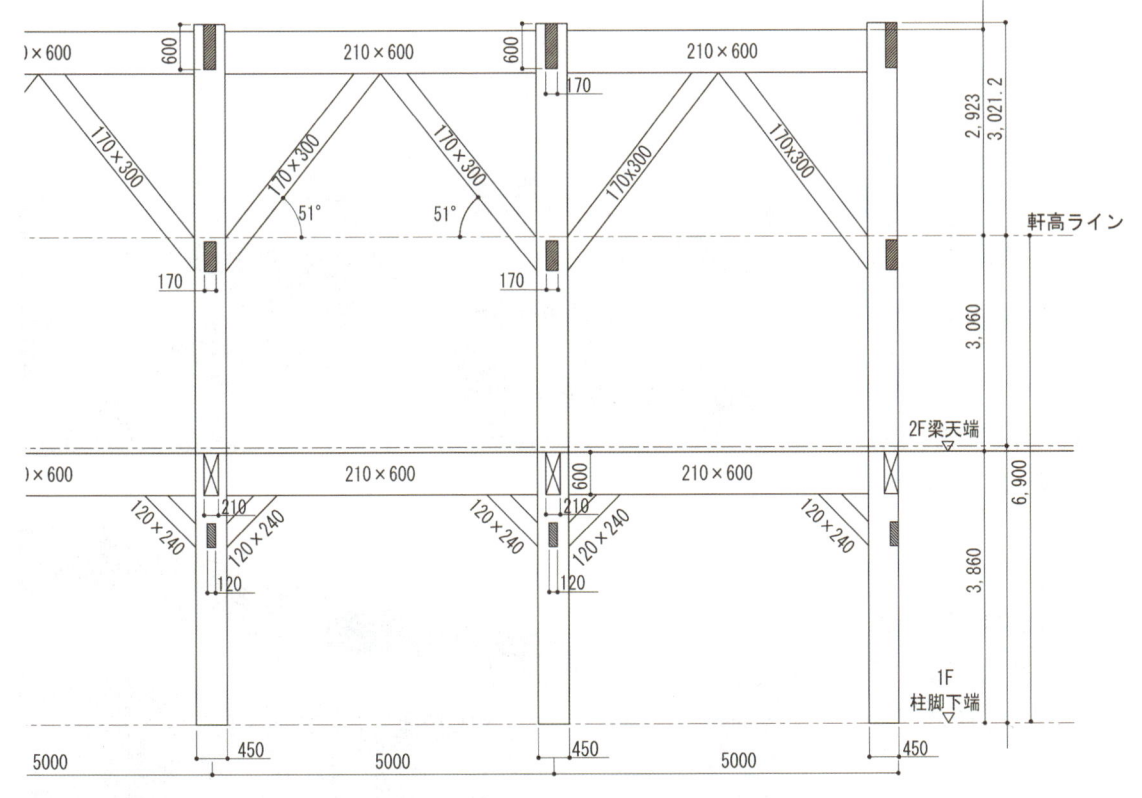

断面詳細図

2階事務室

第6章 集成材建築事例

04 事務所

宮崎県木材利用技術センター

金物を使わない嵌合仕口加工による接合の架構

北側全体俯瞰（上）
管理棟夜景（中）
加工実験棟南側外観（下）

　宮崎県のスギ生産量は全国1位で、中目材を中心に大幅な生産量の増加が見込まれる。県は林業、木材業、山村の活性化に寄与するため、その利用技術の開発や製品の高付加価値化などをサポートする試験研究施設を整備した。
　木材振興の先導的施設の建設に際し、材料、メーカー、工事者などの全てにおいて県内の物と人を用いることを要請された。
○地域性─宮崎の風土や気候になじんだ施設づくりとし、豊かな自然と調和した景観を形成した。
○モデル性─県の木材振興モデルとして、汎用性のある構法、材料、技術を用いた先進性のある木造施設とした。金物のない木材の嵌合仕口加工による接合の架構とし、汎用性の高い通直大断面構造用集成材の活用で伝統的大工技術による加工を可能とした。
○耐用性と経済性─木材の性質を活かし、木造建築を長持ちさせる所作を忠実に守ることで建物を風雨から保護し、維持管理費を軽減する配慮をしている。

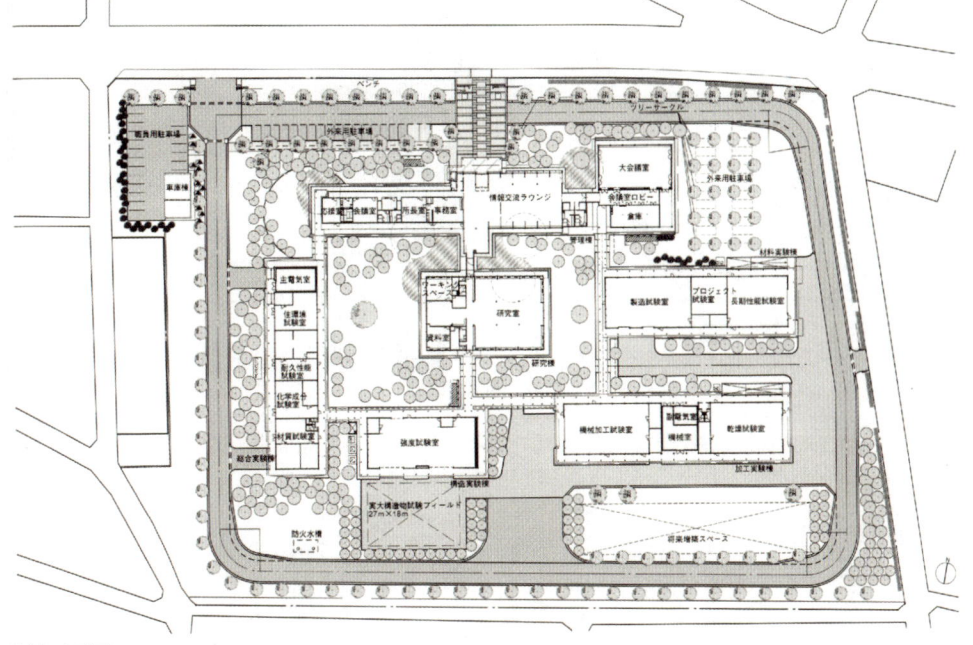

全体配置平面図

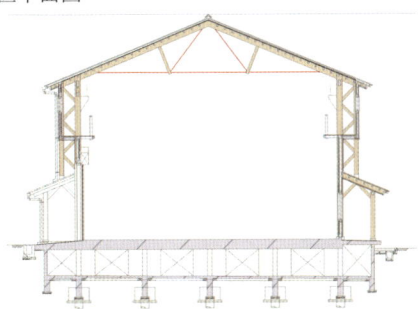

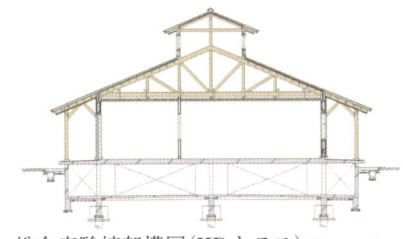

構造実験棟架構図（張弦ばり）　　　　総合実験棟架構図（KPトラス）

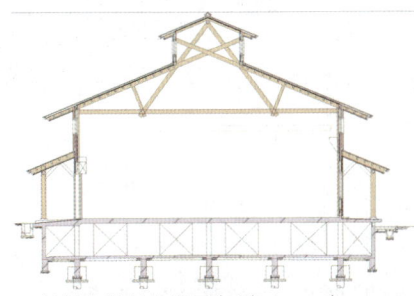

材料実験棟架構図（三角トラス）　　　加工実験棟架構図（２段方づえ）

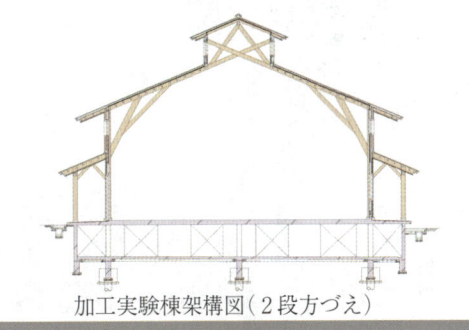

■所在地　宮崎県都城市花繰町
■主要用途　木材研究所
■建主　宮崎県
■設計・監理
　建築　アルセッド建築研究所
　構造　稲山建築設計事務所
　　　　安芸構造計画事務所
　設備　ピーエーシー
　外構　エキープ・エスパス
　積算　茜建築コンサルタント
■施工　宮崎県都城市周辺の29社
■規模
　敷地面積　32,110.10㎡

建築面積　6,812.76㎡
延床面積　5,147.98㎡
　管理棟　1,426.46㎡
　研究棟　724.71㎡
　総合実験棟　725.75㎡
　構造実験棟　482.76㎡
　加工実験棟　913.68㎡
　材料実験棟　777.60㎡
　車庫棟　97.02㎡
建蔽率　21.22％（許容：70％）
容積率　16.03％（許容：200％）
階数　平屋建＋床下設備ピット
最高高さ　12.44m

■敷地条件
　用途地域　第１種、第２種住居地域
　道路幅員　北15m　東８m　南４m
　　　　　　西６m
　駐車台数　64台＋身障者用２台
　防火指定　防火地域
■構造
　構造形式　木造（大断面構造用集成
　　　　　　材＋一般構造材）
　　　　　　一部鉄筋コンクリート造
　基礎・地業　高強度ＰＣ杭認定埋込
　　　　　　　み杭工法
■防耐火上の分類　準耐火建築物

第６章　集成材建築事例

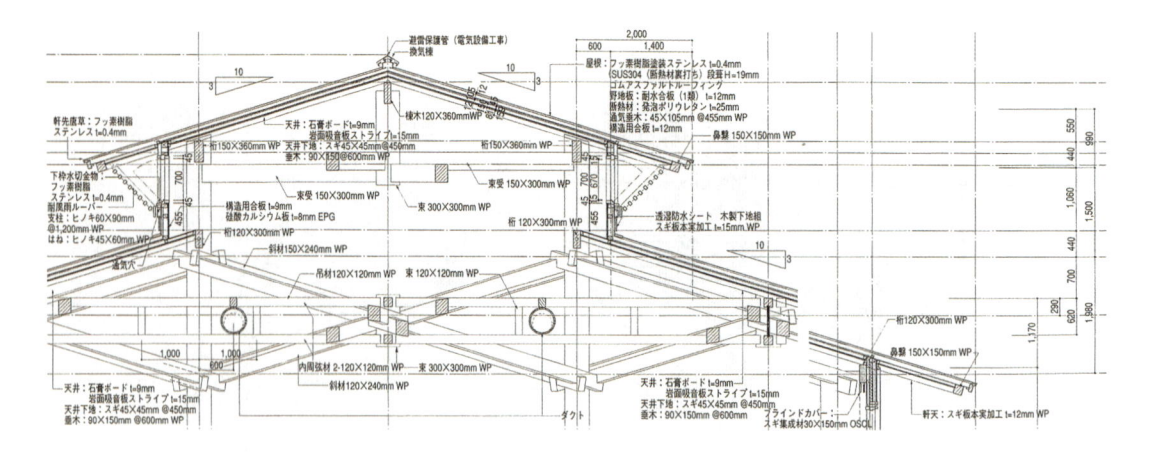

研究棟木組断面詳細図

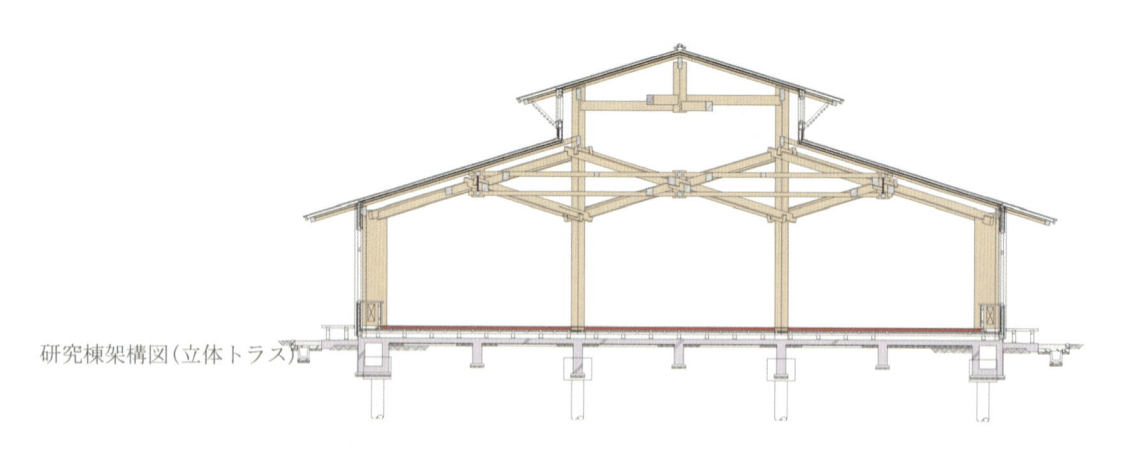

研究棟架構図(立体トラス)

研究棟内観

334

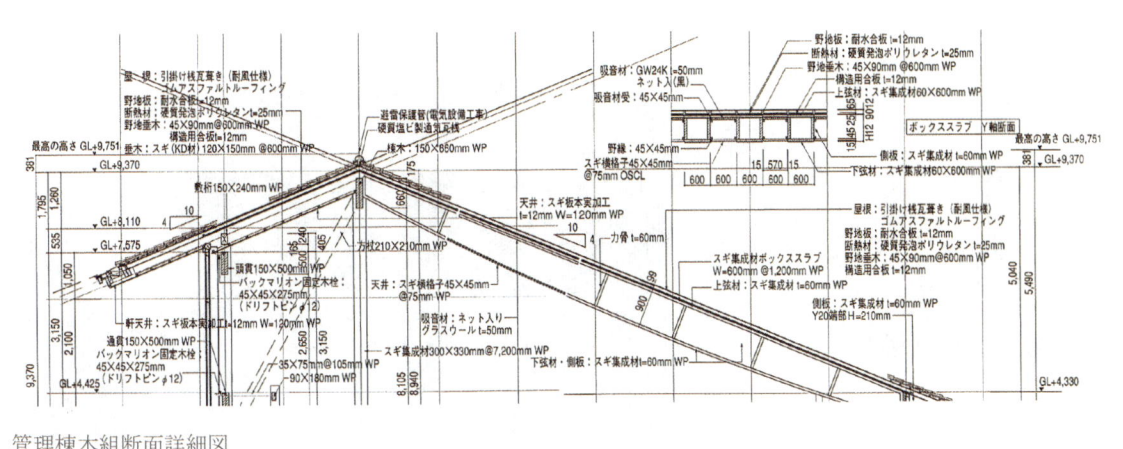

管理棟木組断面詳細図

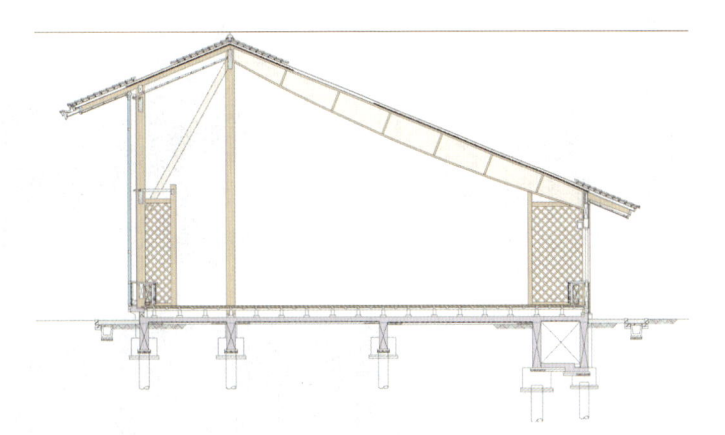

管理棟架構図（ボックスばり）

管理棟内観

第6章 集成材建築事例

335

05

事務所（展示場）

山栄ホームビル

半剛接合ラーメンと耐震面材の併用

正面外観（右上）
3階打合せルーム（右下）

　本建物は、住宅に使用される小・中断面の集成材で構成される構造でありながらも、耐力壁を集中配置し、170mm角柱を2本抱き合わせた半剛接合ラーメンフレームを併用することで、余計な柱・壁を設けず、ダイナミックな空間を実現しており、工務店を営む施主にとって下記に掲げた5つの特徴を持つ、あらゆる木質空間を体感できる格好のショールームとなっている。
5つの特徴
①2台並列 - 合計4台の駐車と通り抜けが可能なビルドインガレージ
②内部の木構造が覗える大開口と、奥行き10mもの壁のない事務所空間
③鉄骨階段とスキップフロアにより、リズミカルに誘導されるエントランス
④あらわしのわん曲ばりにより力の流れがわかるアール形状の天井
⑤長岡京を一望できるルーフバルコニー

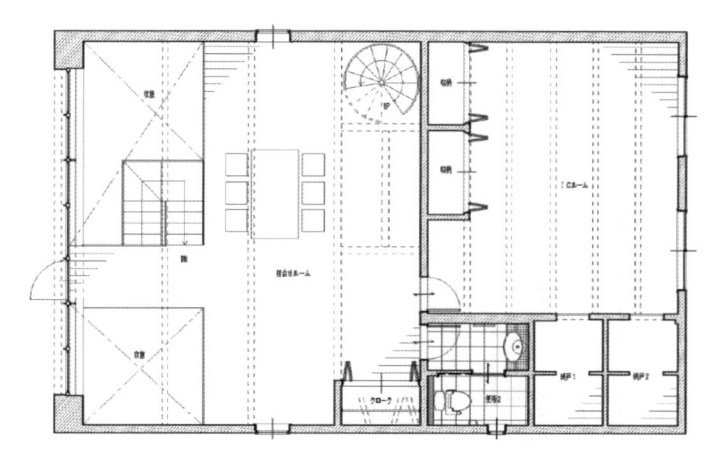

3階平面図

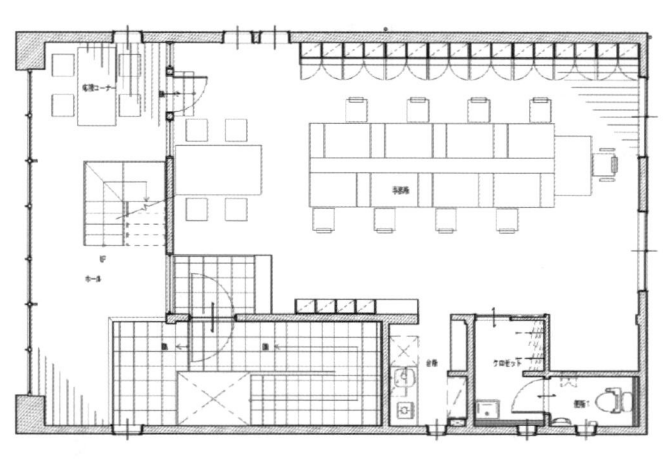

2階平面図

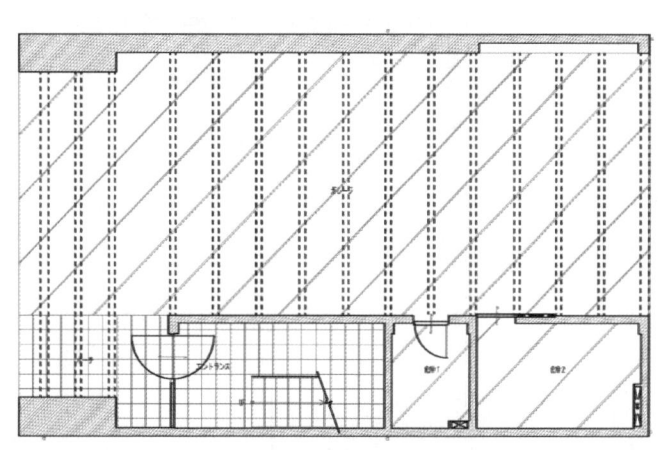

1階平面図

- ■所在地　京都府長岡京市
- ■主要用途　事務所兼ショールーム
- ■建築主　山栄ホーム株式会社
- ■設計・監理
  - 建築　山栄ホーム株式会社
  - 構造　株式会社エヌ・シー・エヌ
- ■木材供給（主要な木材）
  - 株式会社エヌ・シー・エヌ
- ■施工　山栄ホーム株式会社
- ■敷地条件
  - 用途地域　第1種中高層住居専用地域
  - 防火指定　準防火地域
- ■防耐火上の分類　準耐火建築物

- ■構造
  - 構造形式　SE構法（木質半剛節ラーメンフレームと面材架構との組合せ架構）
  - 基礎・地業　べた基礎・湿式柱状改良
- ■規模　敷地面積　173.81㎡
  - 建築面積　103.92㎡
  - 延べ面積　290.43㎡
    - 1階　97.14㎡
    - 2階　101.98㎡
    - 3階　86.67㎡
  - 階数　地上3階
  - 最高高さ　9.902（塔屋部11.42）m

第6章　集成材建築事例

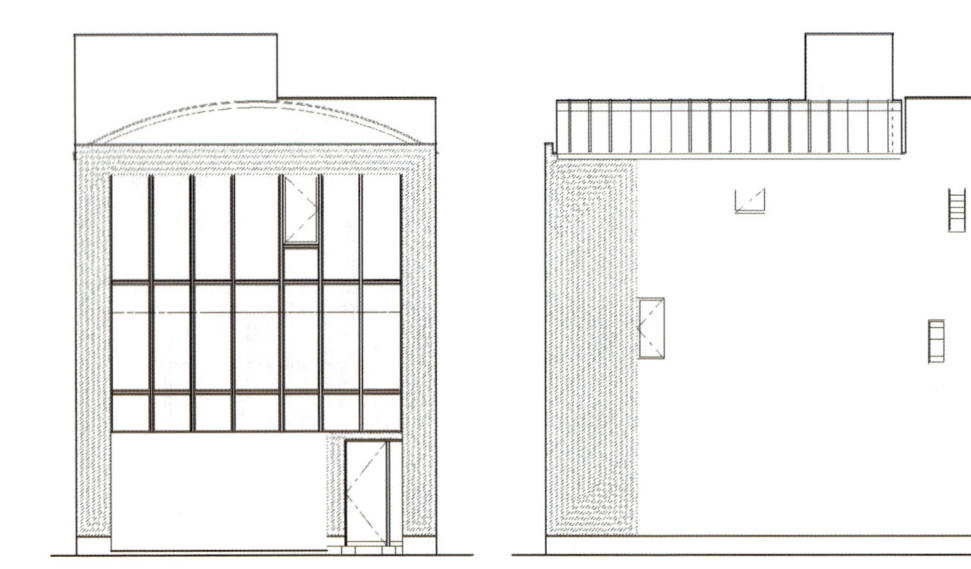

立面図

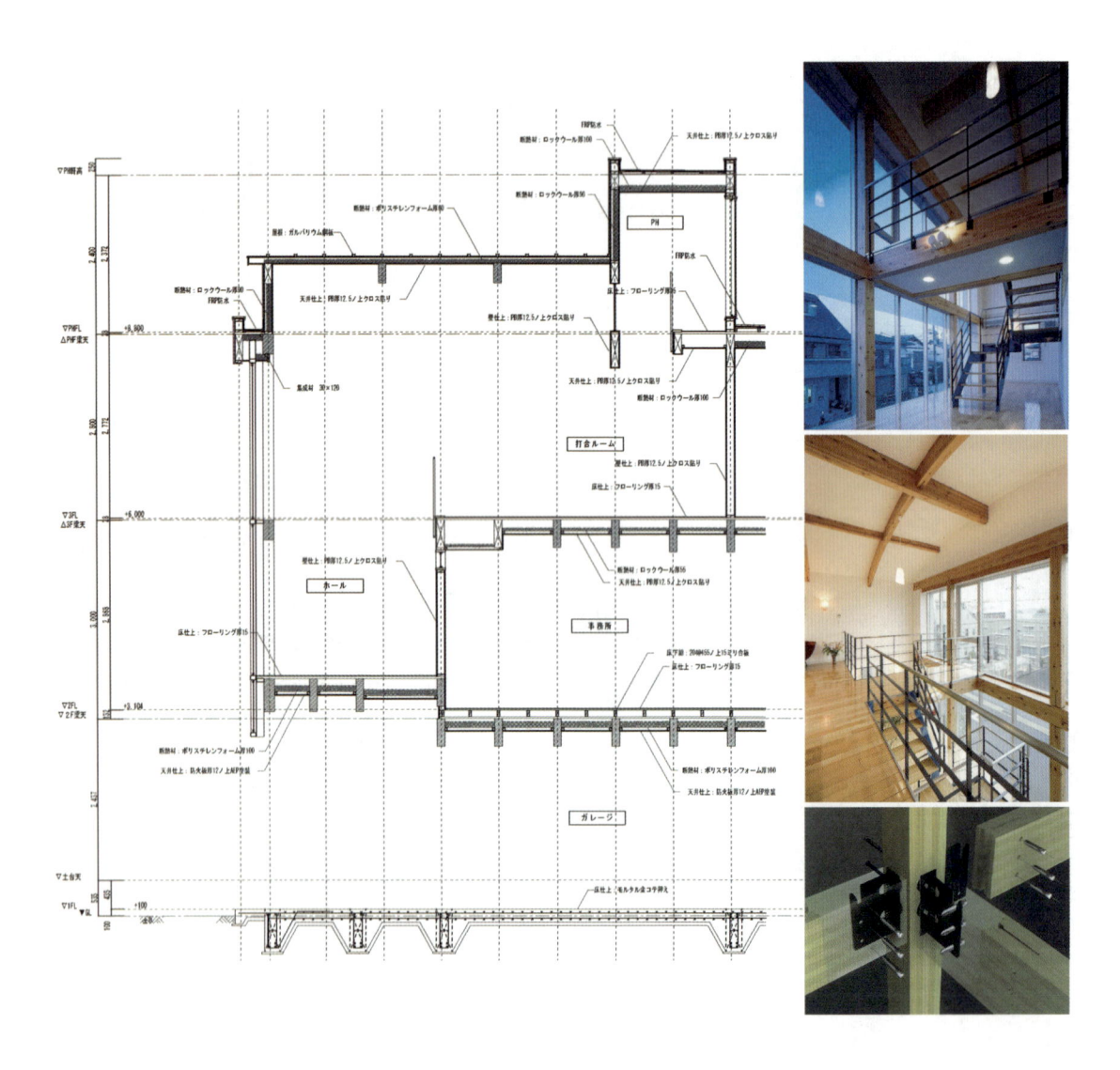

338

第6章 集成材建築事例

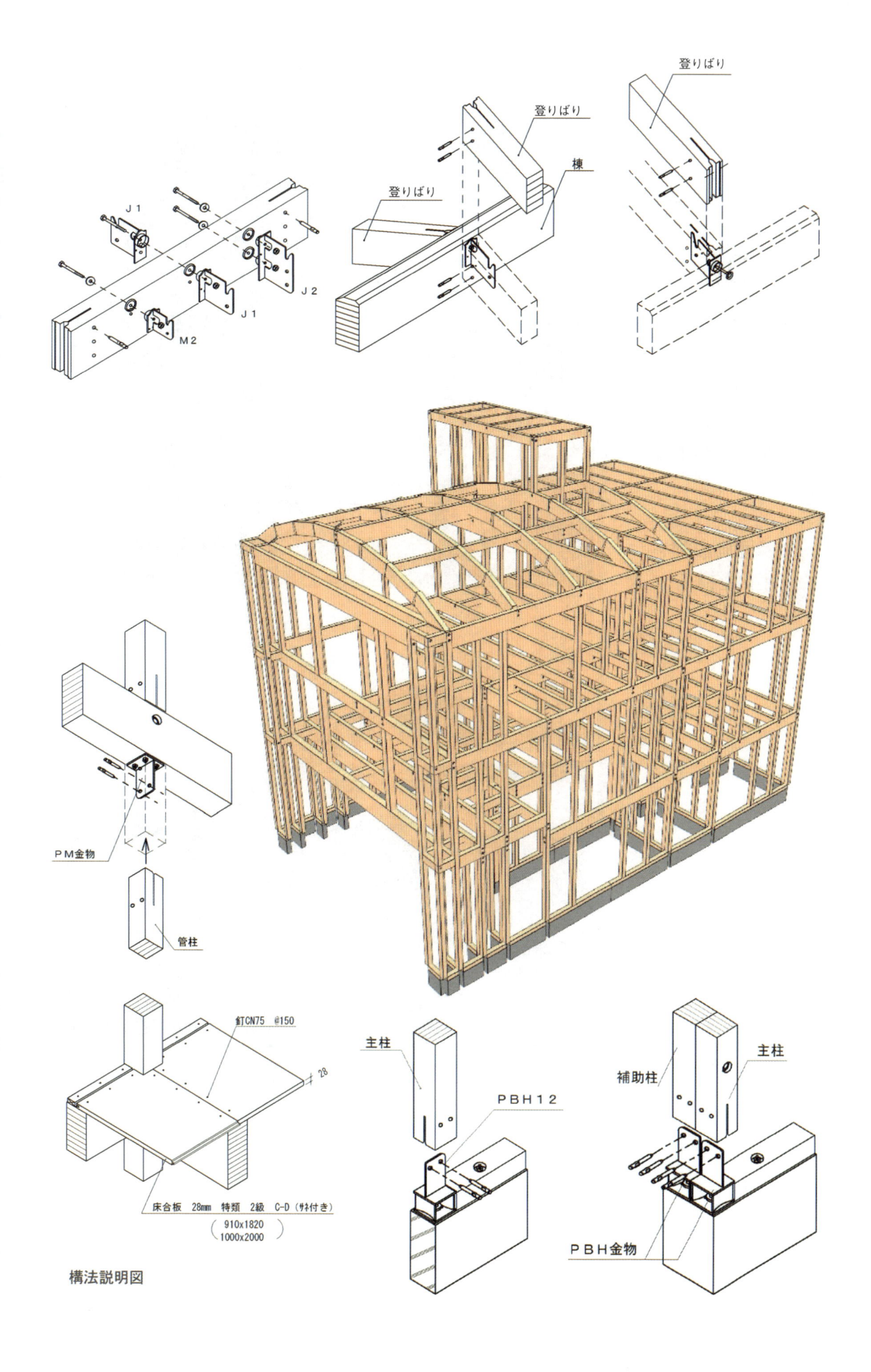

登りばり
登りばり
棟
登りばり
登りばり

J1
J2
J1
M2

PM金物
管柱

釘CN75 @150
28
床合板 28mm 特類 2級 C-D (サネ付き)
(910x1820 / 1000x2000)

構法説明図

主柱
PBH12

主柱
補助柱
PBH金物

339

06 医療・福祉施設

熊本県こども総合療育センター（生活棟・医療棟）

中断面集成材を用いた構造

　熊本県こども総合療育センターは、熊本県における肢体不自由児や知的障害児を対象として、診断、治療、訓練を行うための中核施設である。
　生活・医療棟において中断面集成材を用いた木構造を採用している。断面積が300cm²未満である中断面集成材は、多くの集成材加工業者が製作可能な部材であるので、設計段階では県内での製作が可能であるように計画をした。
　構造計画は、空間内に構造壁を設けないという自由度を有したものであるため、将来のプランの変化に柔軟に対応することが可能である。こどもたちの生活空間である床面から2.1mの高さまでは、筋かいを排除しており、設備上必要となる地下ピット部分を利用した床下と天井付近に方づえを配置している。
　構造上最も重要で耐久性が要求される柱にはヒノキ材を採用し、その他のはりなどには経済性も考慮したうえスギ材を採用している。柱をヒノキではなく、スギで設計した場合は、より大きな部材断面が必要となってしまうので、より細い部材で設計するため相対的に強度・剛性を有するヒノキ材を採用した。

第6章 集成材建築事例

平面図

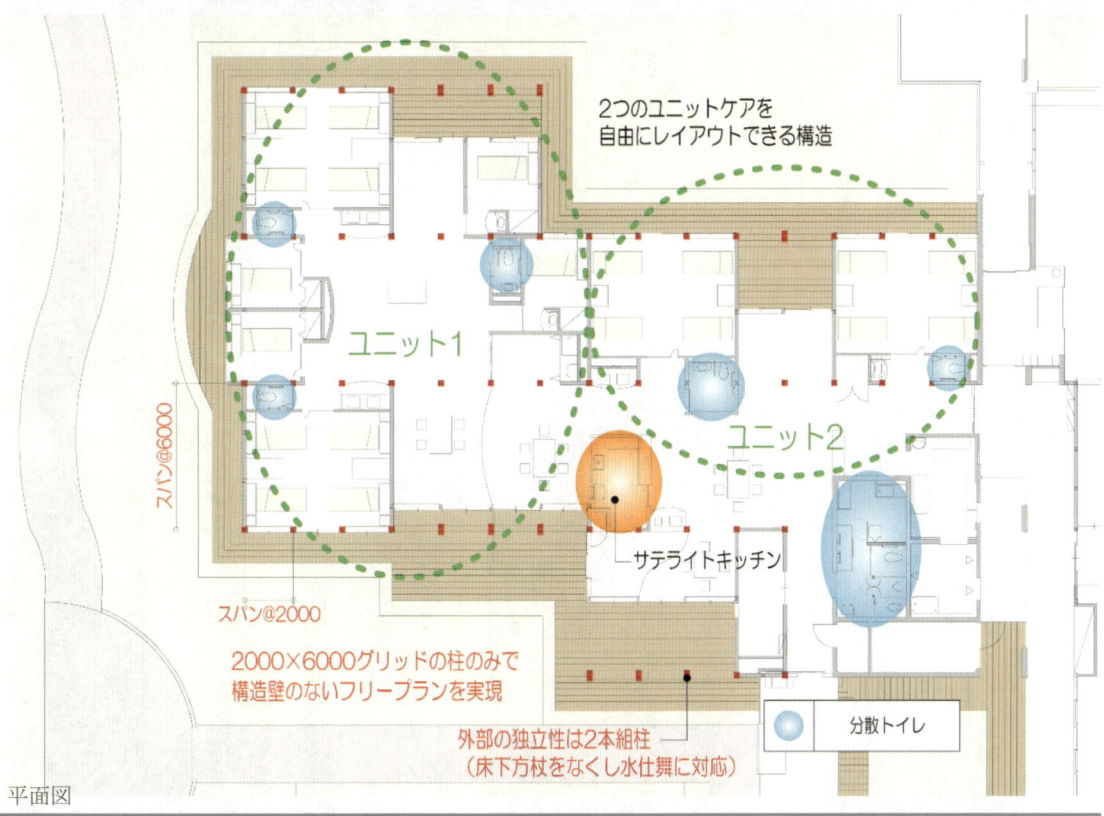

2つのユニットケアを自由にレイアウトできる構造

ユニット1
ユニット2

スパン@6000
スパン@2000

2000×6000グリッドの柱のみで構造壁のないフリープランを実現

外部の独立性は2本組柱
（床下方杖をなくし水仕舞に対応）

サテライトキッチン

分散トイレ

- ■所在地　熊本県宇城市松橋町
- ■主要用途　児童福祉施設・病院
- ■建築主　熊本県
- ■設計・監理　株式会社日建設計
- ■木材供給（主要な木材）
  トリスミ集成材、玉名荒尾木材事業共同組合、ウッディファーム
- ■施工　株式会社高橋建設
- ■敷地条件
  用途地域　無指定
  防火指定　指定なし

- ■構造
  構造形式　木質構造：方づえ付きラーメン構造、
  　　　　　鉄筋コンクリート造：耐震壁付きラーメン構造
  基礎・地業　直接基礎（べた基礎、連続基礎、独立基礎）
- ■防耐火上の分類　その他
- ■規模
  敷地面積　　23,661.31㎡
  建築面積　　 1,770.04㎡
  延べ面積　　 1,641.42㎡
  階数　平屋
  軒高　3.10m
  最高高さ　6.50m

軸組図

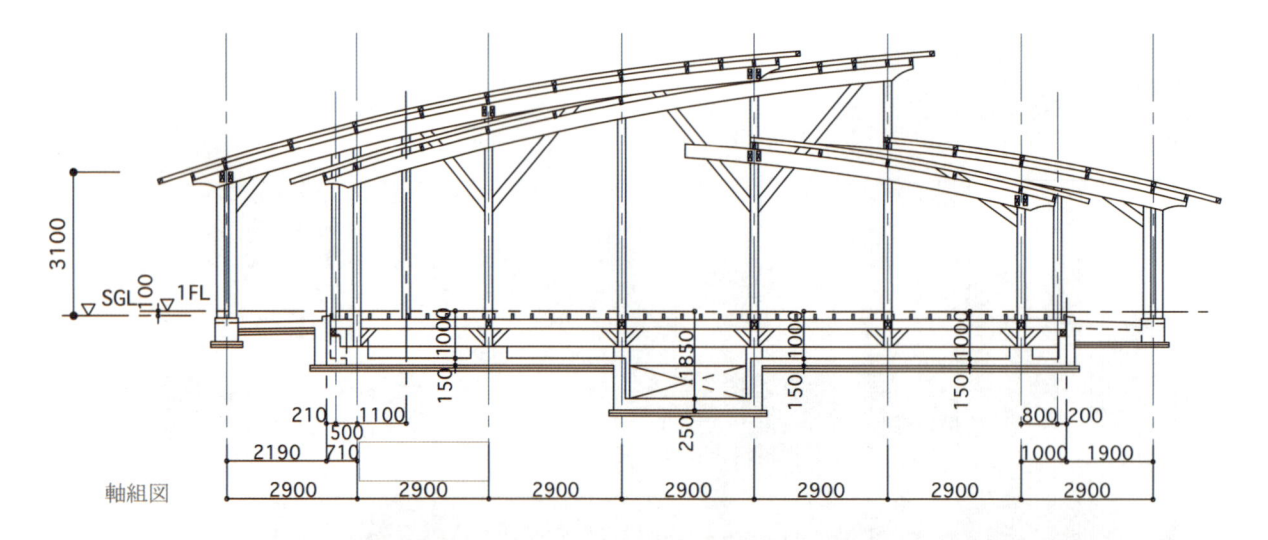

342

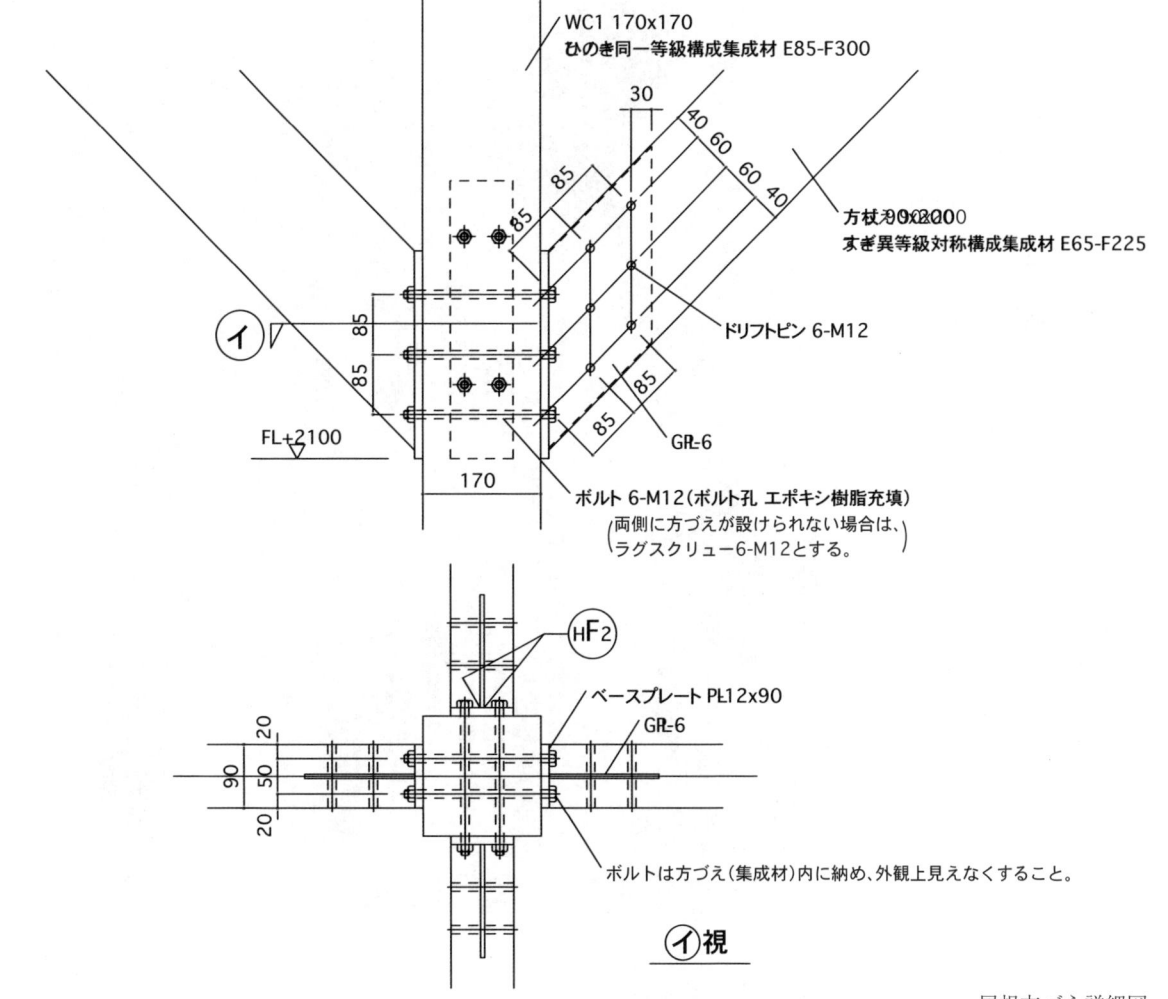

第6章 集成材建築事例

WC1 170×170
ひのき同一等級構成集成材 E85-F300

方杖90×200
すぎ異等級対称構成集成材 E65-F225

ドリフトピン 6-M12

GR-6

FL+2100

ボルト 6-M12（ボルト孔 エポキシ樹脂充填）
（両側に方づえが設けられない場合は、ラグスクリュー6-M12とする。）

HF2
ベースプレート PL12×90
GR-6

ボルトは方づえ（集成材）内に納め、外観上見えなくすること。

イ視

屋根方づえ詳細図

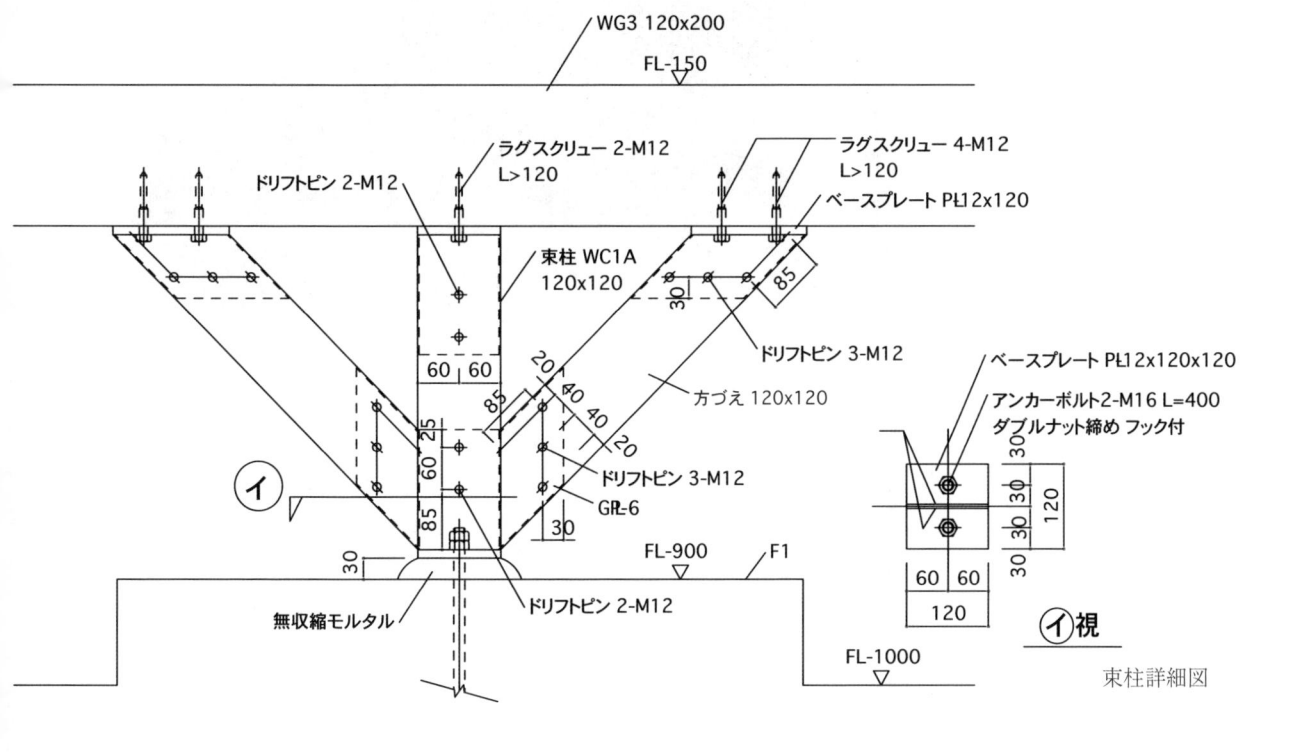

WG3 120×200
FL-150

ラグスクリュー 2-M12 L>120
ラグスクリュー 4-M12 L>120
ドリフトピン 2-M12
ベースプレート PL12×120
束柱 WC1A 120×120
ドリフトピン 3-M12
方づえ 120×120
ベースプレート PL12×120×120
アンカーボルト 2-M16 L=400 ダブルナット締め フック付
ドリフトピン 3-M12
GR-6
FL-900 F1
無収縮モルタル
ドリフトピン 2-M12
FL-1000

イ視

束柱詳細図

343

07

教育施設（学校）

川上村立 川上中学校

村産カラマツのわん曲・通直集成材

ギャラリー（上）
南側外観（下）

　この計画では、村の森林の64パーセントを占めるカラマツが50年の歳月を経て伐採期にあったことに着目し、カラマツの積極的利用を図ることで、豊かな自然環境と調和し、木のぬくもりや暖かさを感じられる空間を実現している。
　カラマツを構造用集成材として利用するにあたっては、事前に集成材強度の確保のため、ラミナのヤング係数を測定（「JAS E105-F300」の強度等級を採用）し、必要な強度を構造計算に反映させた。構造用集成材製造には約2,000㎥の丸太を集荷し、そこから、設計強度を満たした集成材を約600㎥製造することができた。
　本建築のシンボルであるカラマツの木立を柱で表現した「美林」は、構造的にはアーチ材を2～4本に束ね屋根荷重を支えると共に、水平力に対しては枝分かれしたアーチ材が方づえ構造として抵抗している。また、「美林」と松笠をイメージした音楽堂で使用したアーチ材の曲率を限定することで、コスト面にも配慮した。

2階平面図

1階平面図

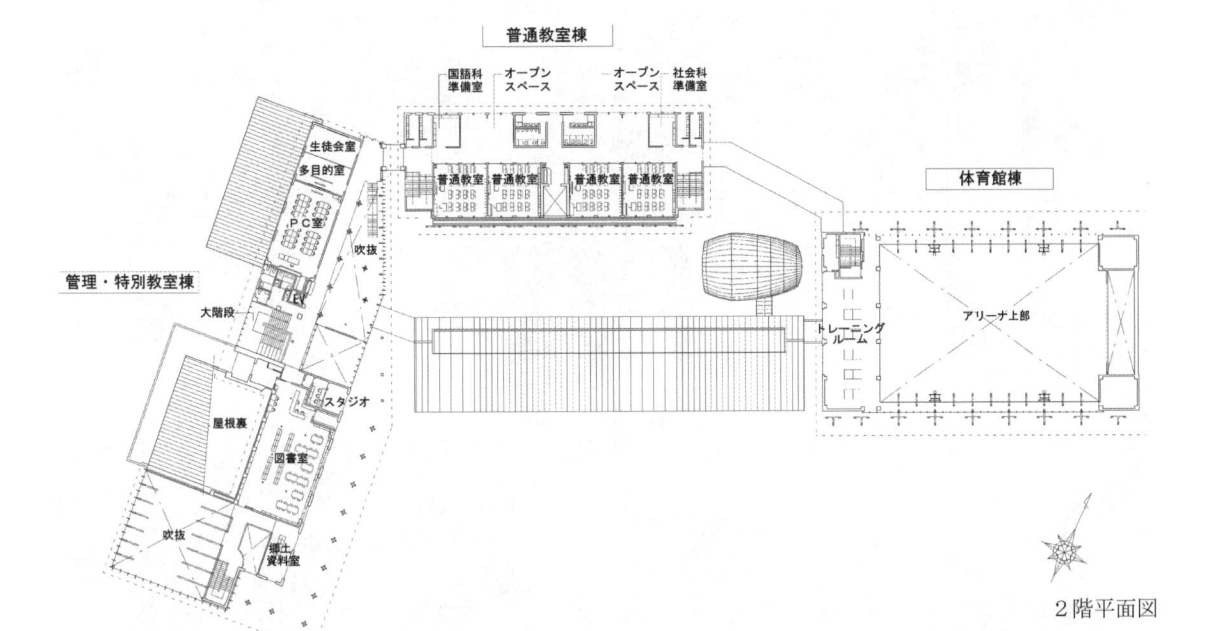

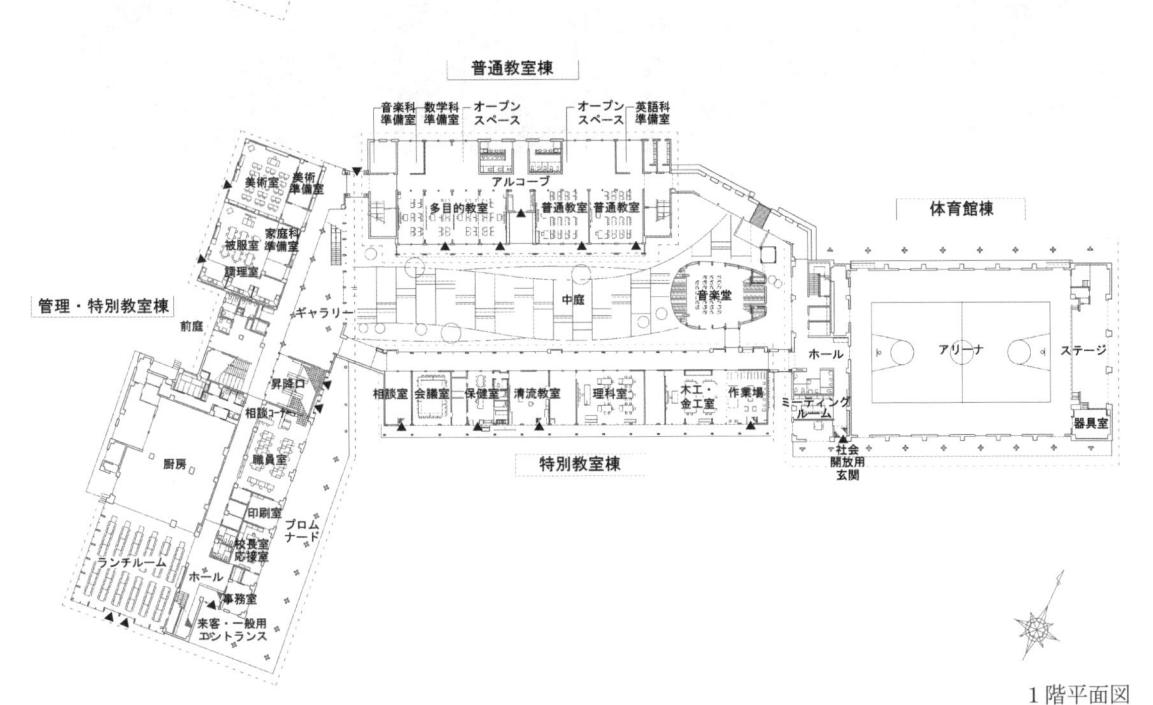

- ■所在地　長野県南佐久郡川上村
- ■主要用途　中学校
- ■建築主　川上村
- ■設計・監理　株式会社エーシーエ設計
- ■木材供給（主要な木材）
  　南佐久南部森林組合
- ■施工　株式会社新津組、銘建工業株式会社（協力）
- ■敷地条件
  　用途地域　都市計画区域外
  　防火指定　無指定地域
- ■構造
  　構造形式　木造一部鉄筋コンクリート造
  　基礎・地業　鉄筋コンクリート造　直接基礎
- ■防耐火上の分類
  　準耐火建築物（イ準耐）：管理・特別教室棟、普通教室棟、体育館棟
  　その他の建築物：特別教室棟、音楽堂、渡り廊下A～D
- ■規模
  　敷地面積　　26,719.57㎡
  　建築面積　　5,468.22㎡
  　延べ面積　　6,395.94㎡
  　　1階　　　4,520.55㎡
  　　2階　　　1,875.39㎡
  　階数　地上2階
  　軒高　7.70m
  　最高高さ　12.84m

第6章　集成材建築事例

特別教室棟廊下（左上）／音楽堂（左下）／ランチルーム（右）

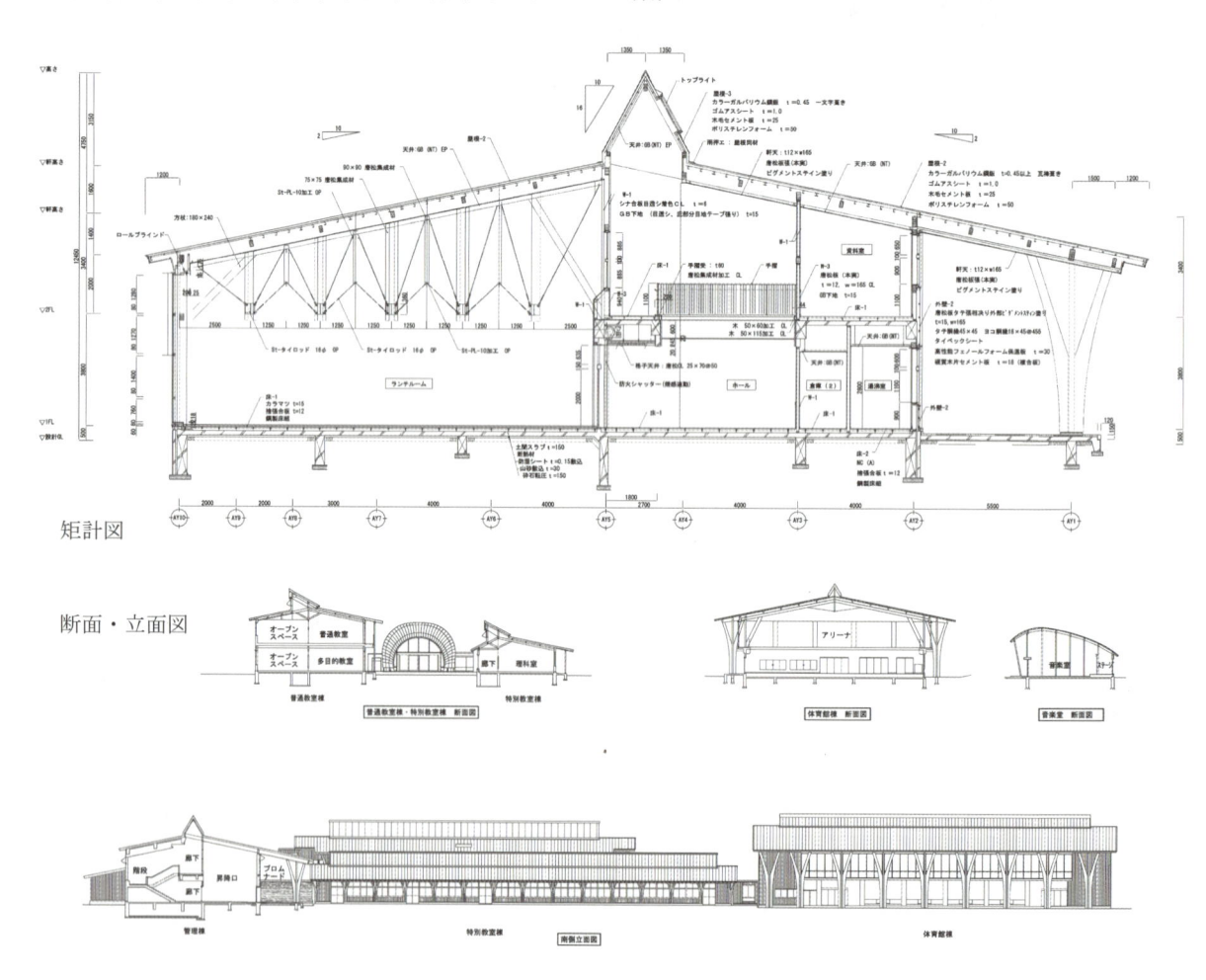

矩計図

断面・立面図

第6章 集成材建築事例

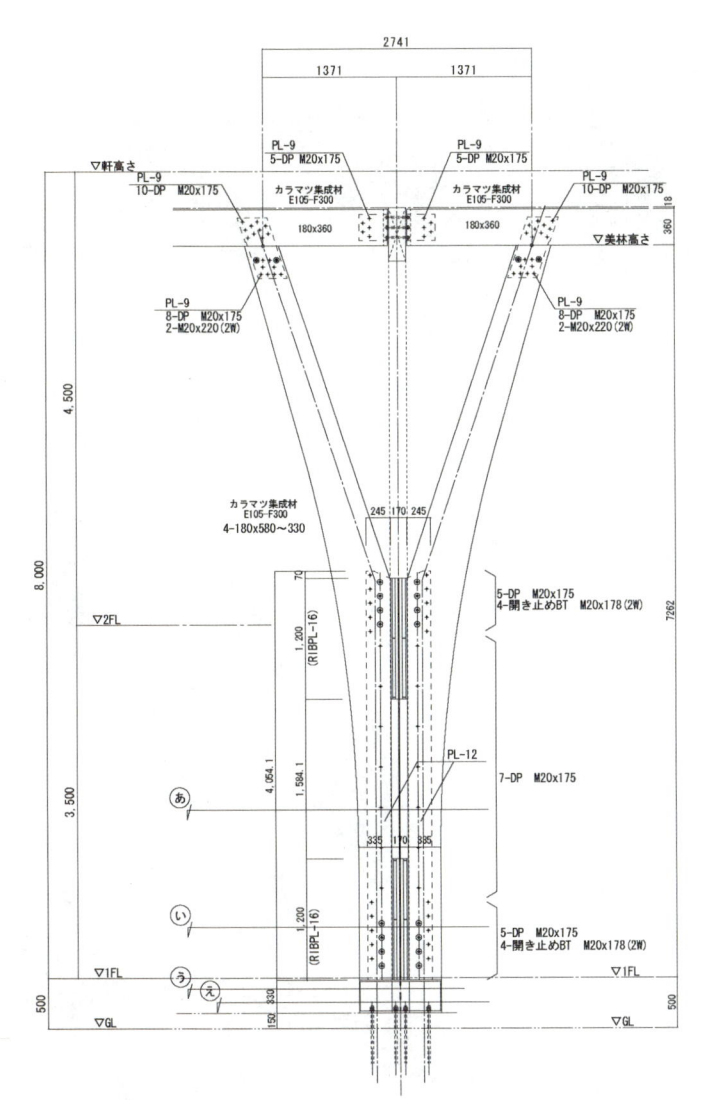

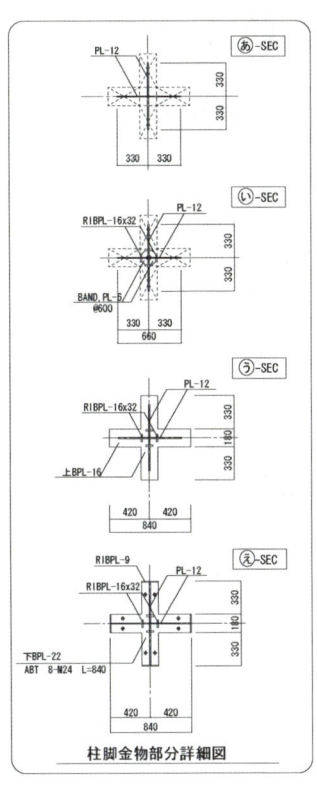

美林（体育館）詳細図

柱脚金物部分詳細図

プロムナード夜景

08
教育施設（学校）

近畿大学 英語村E3 [e-cube]

約18m四方の無柱空間

ホール（右上）
南側外観（右下）
写真（次頁の写真を含む）
提供：株式会社エスエス大阪

　この施設の名称のE3［e-cube］は"English""Enjoy""Education"の3つのEを表している。「笑顔で英語とふれあう空間」をコンセプトに、あらゆる活動を包み込む明るく開放的な大空間として計画した。
　この大空間を支える構造体は、もともと、はり材として使う大断面集成材を菱垣状に組み上げることによって壁面が構成され、1辺約18m四方、高さ約10mの大空間を1本の柱もなく成立させている。
　外観は無垢の松材によって菱形に編まれた籠を、ガラスのショーケースの中に収めたようなデザインとしている。このガラスによって木を激しい外部環境から保護し、その風合いを長い年月をかけてゆっくりと経年変化させていく。

第6章 集成材建築事例

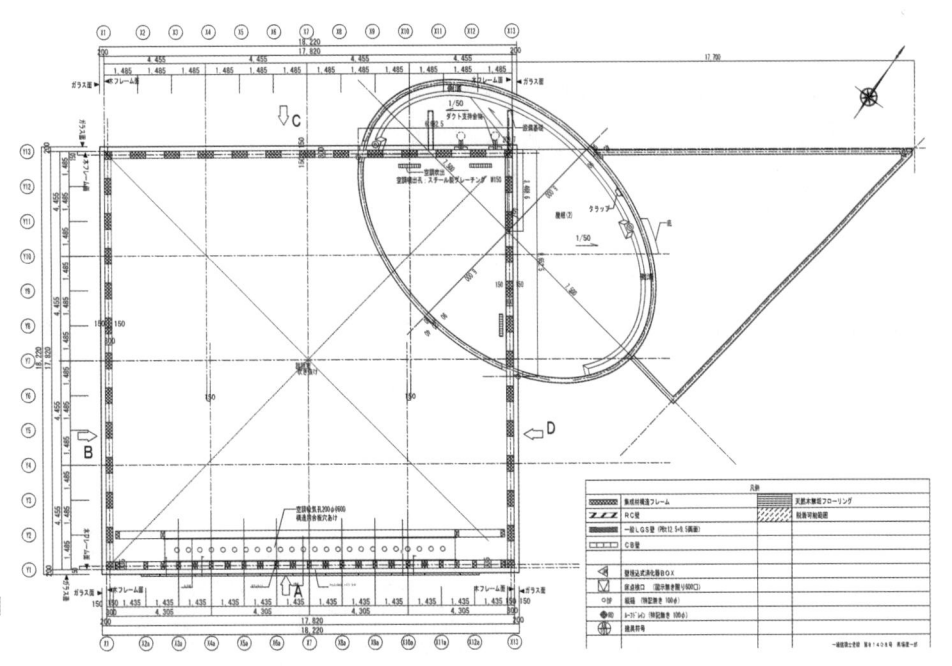

2階平面図

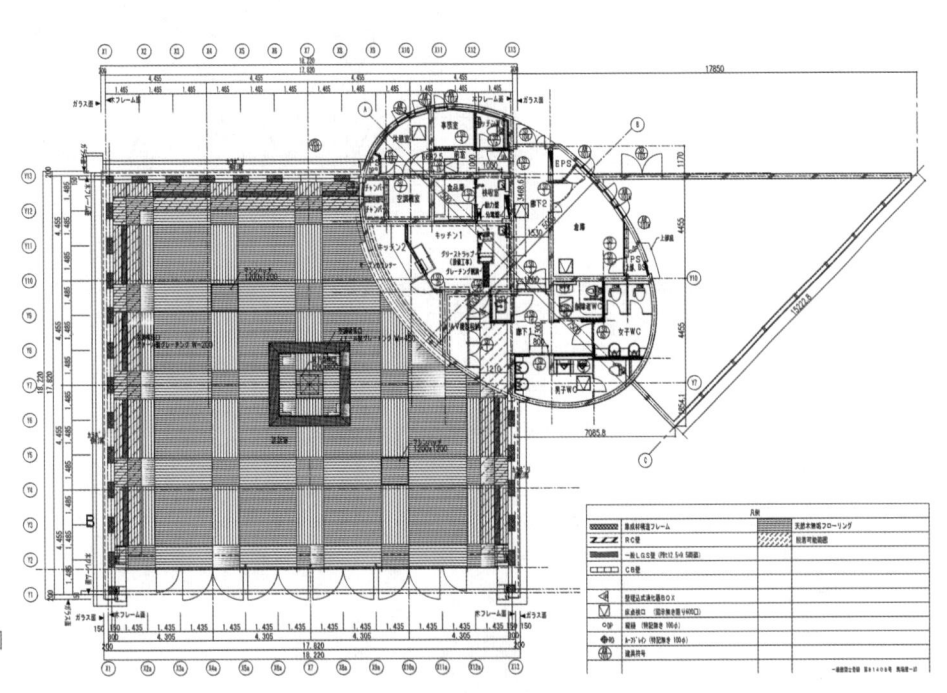

1階平面図

- ■所在地　大阪府東大阪市
- ■主要用途　大学内施設
- ■建築主　学校法人近畿大学
- ■計画・監修　岡本清文（近畿大学文芸学部芸術学科）
- ■設計・監理
  - 建築　株式会社類設計室
  - 構造　株式会社類設計室
  - 木構造設計　稲山建築設計事務所
- ■木材供給（主要な木材）　銘建工業株式会社
- ■施工　大林・大真共同企業体
- ■敷地条件
  - 用途地域　第2種住居地域
  - 防火指定　準防火地域
- ■構造
  - 構造形式　集成材トラス構造
  - 基礎・地業　鉄筋コンクリート造布基礎
- ■防耐火上の分類　その他
- ■規模
  - 敷地面積　70,548.00㎡
  - 建築面積　401.13㎡
  - 延べ面積　401.13㎡
  - 階数　地上1階
  - 軒高　8.92m
  - 最高高さ　10.04m

南側立面図

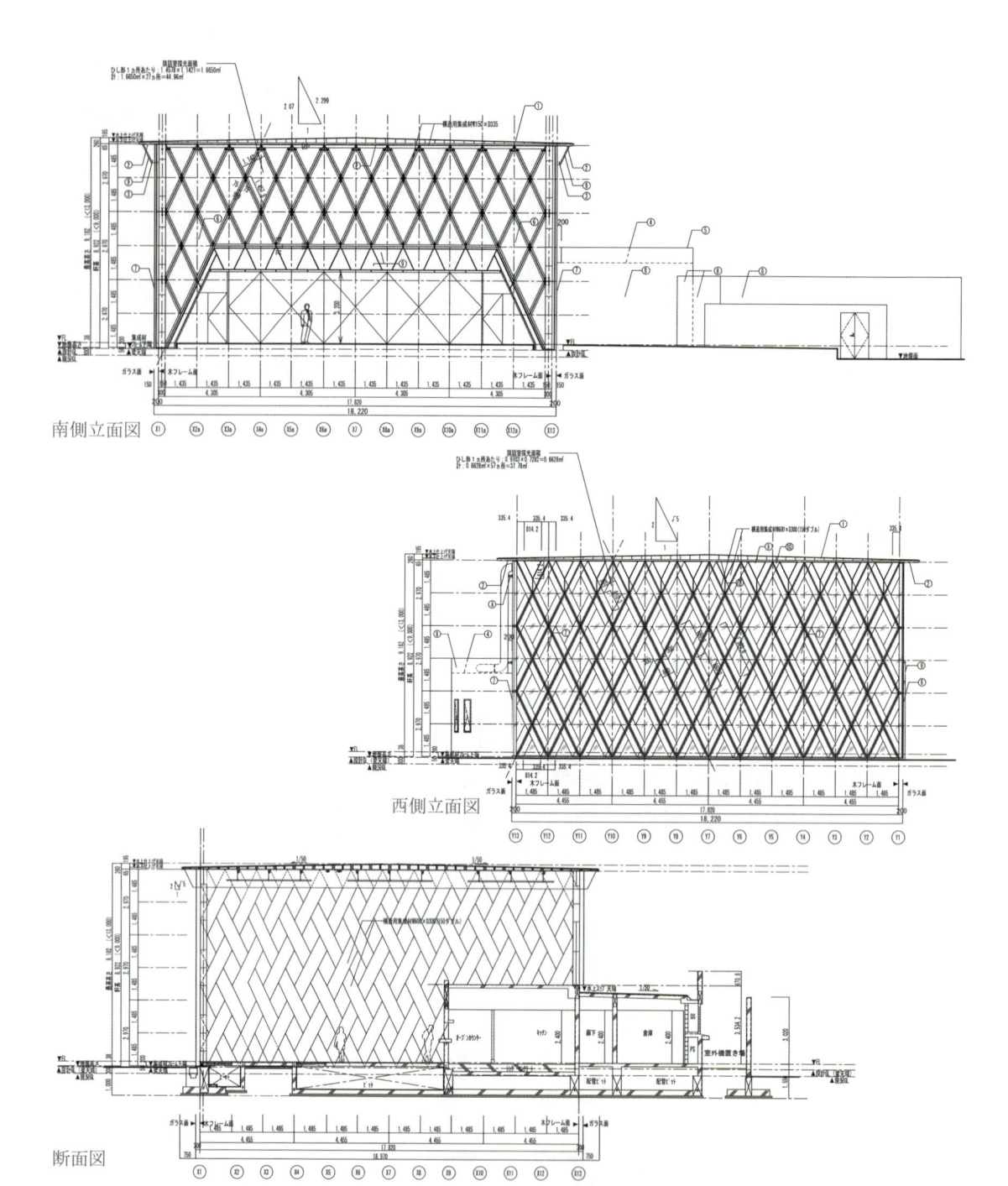

西側立面図

断面図

ファサード（左）／内部（右）

エントランスを開放した内部（左）／エントランス合板充腹ばり・斜め柱接合部（右）

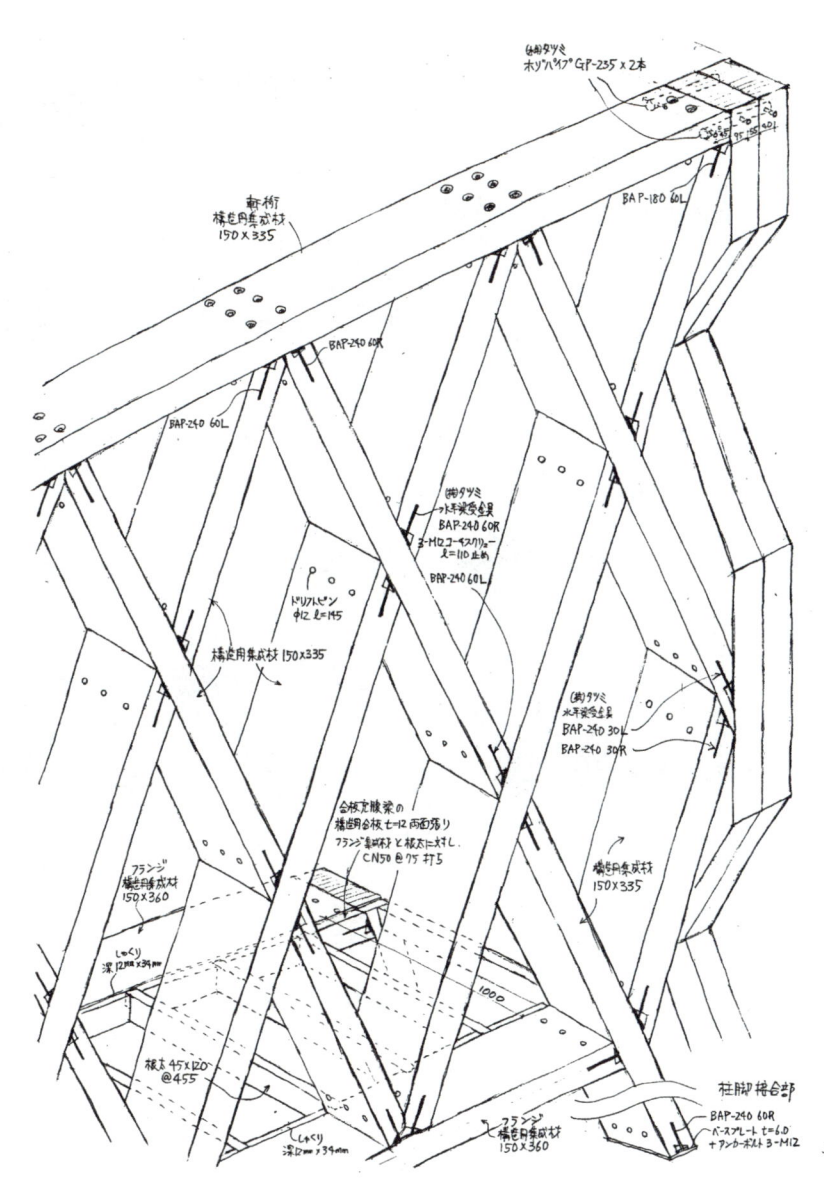

エントランス合板充腹ばり・斜め柱接合詳細図

第6章 集成材建築事例

09
スポーツ施設

甲斐市玉幡公園「Kai・遊・パーク」総合屋内プール

多様な架構のガーデンプール

　当プロジェクトは、地域住民のオープンスペースである公園と健康増進施設の屋内温水プールを、同一設計者が設計を行い、公園とプールが一体として互いに引きたて合い活かし合う、真のガーデンプールを目指した。そしてオープンスペースとしての公園のあり方を明確にし、プール周囲の公園化ではなくオープンスペースを主役とし、公園と調和した魅力あるプールづくりを行った。
　プール施設は公園の良好な環境の享受と、各プールの機能に相応しい空間づくりを目指した。周囲の緑や景観を享受できる透明性の高いデザインで、木立と調和する木造の建築物とした。25mのプールは泳ぐことが楽しい躍動感ある空間、ウォーキングプールは水の森林浴をイメージし、またリラクゼーションプールは富士山が望める眺望がよい場に癒しの空間として設けた。

配置図

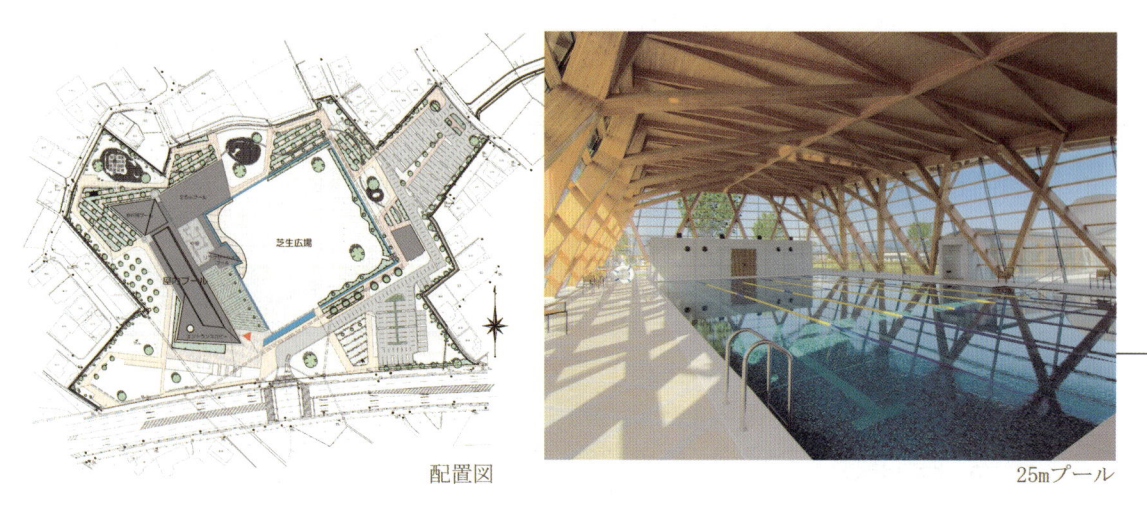

25mプール

平面図

- ■所在地　山梨県甲斐市西八幡
- ■主要用途　屋内プール
- ■建築主　甲斐市
- ■設計・監理　株式会社松田平田設計
- ■木材供給（主要な木材）
  銘建工業株式会社
- ■施工　清水建設・国際建設共同企業体
- ■敷地条件
  用途地域　指定なし
  防火指定　無指定地域
- ■構造
  構造形式　木質トラス構造
  基礎・地業　杭打ち基礎
- ■防耐火上の分類　準耐火建築物
- ■規模
  敷地面積　30,902.34㎡
  建築面積　2,902.78㎡
  延べ面積　2,947.57㎡
  階数　地上1階　地下1階
  軒高　3.8m
  最高高さ　9.3m

第6章　集成材建築事例

立面図・断面図

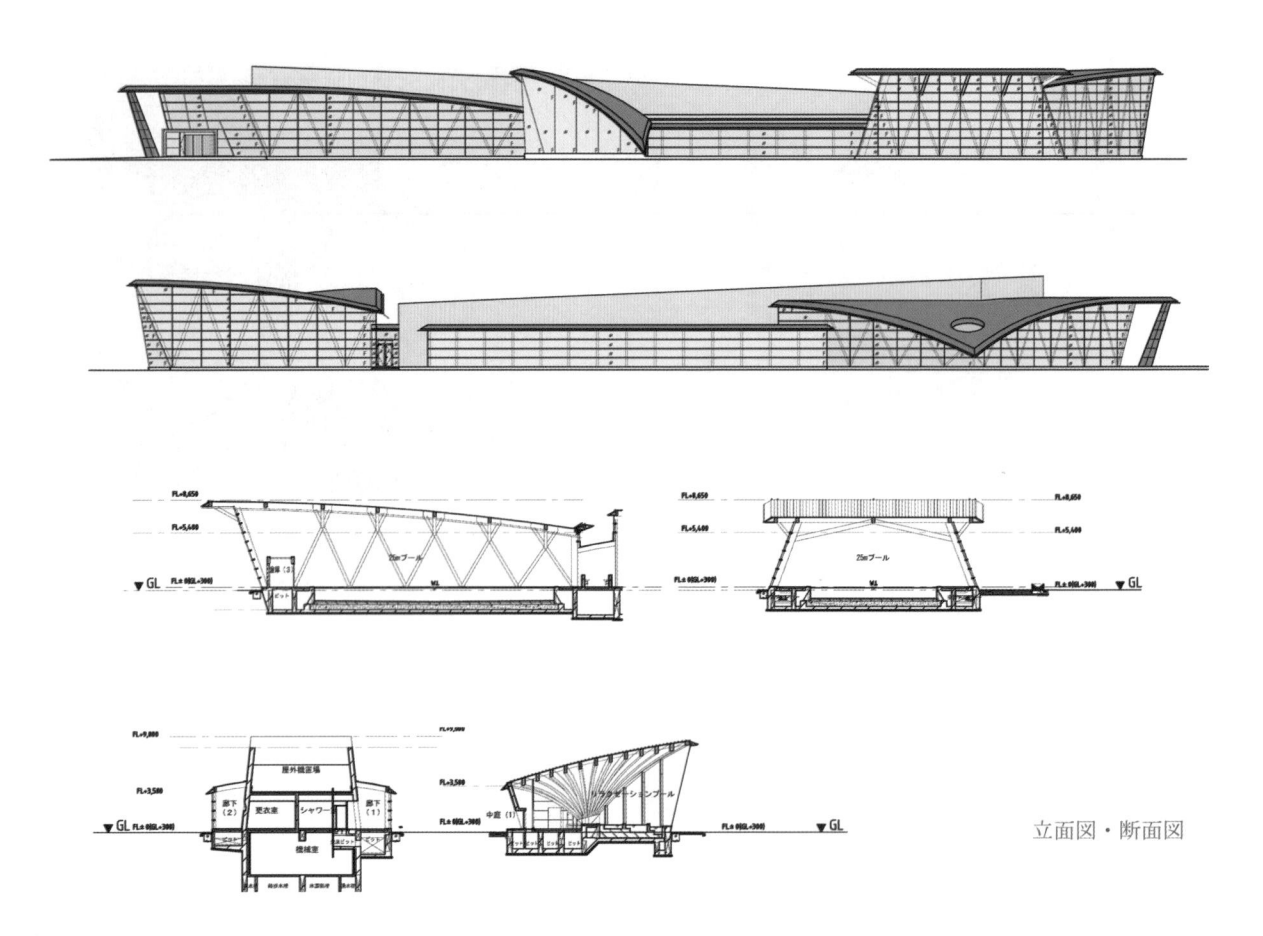

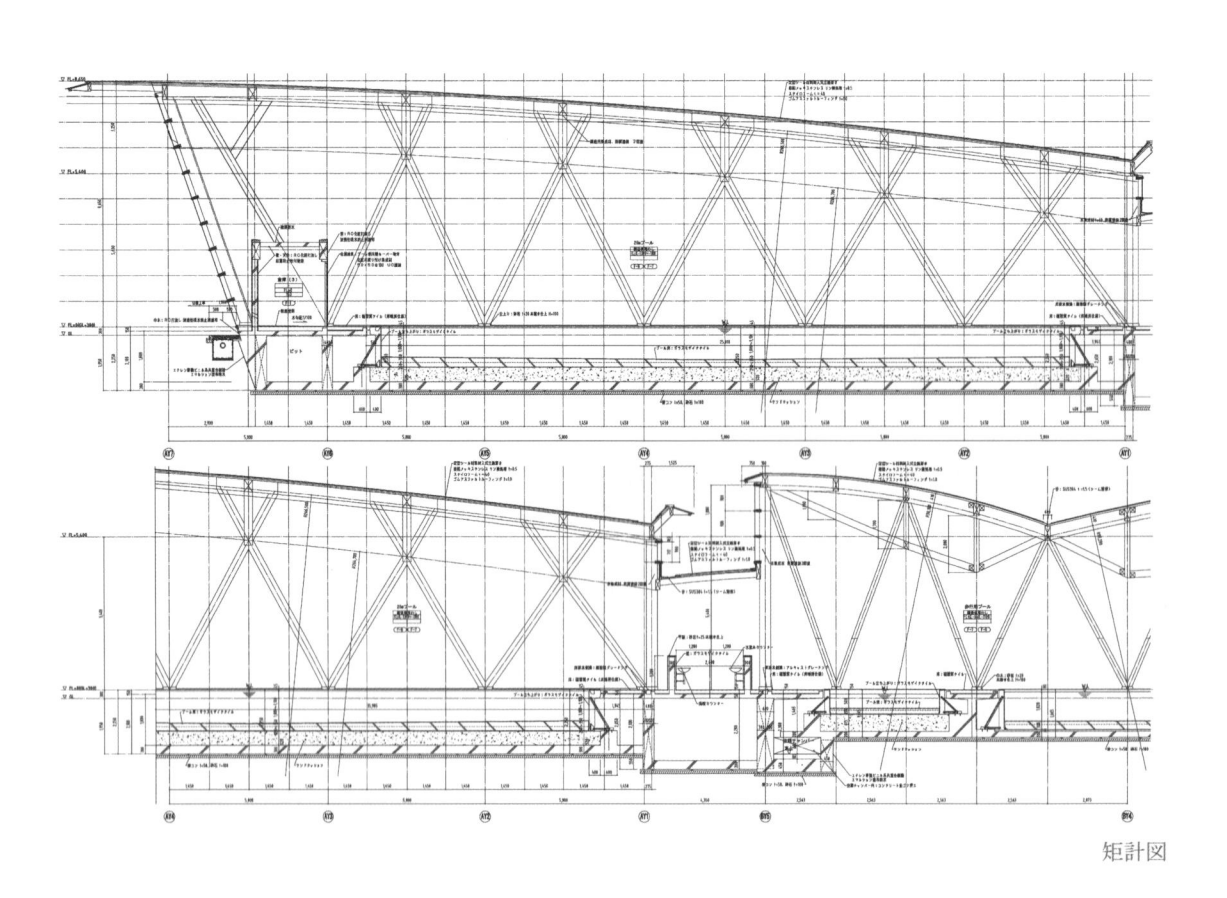

矩計図

25mプール木架構詳細図

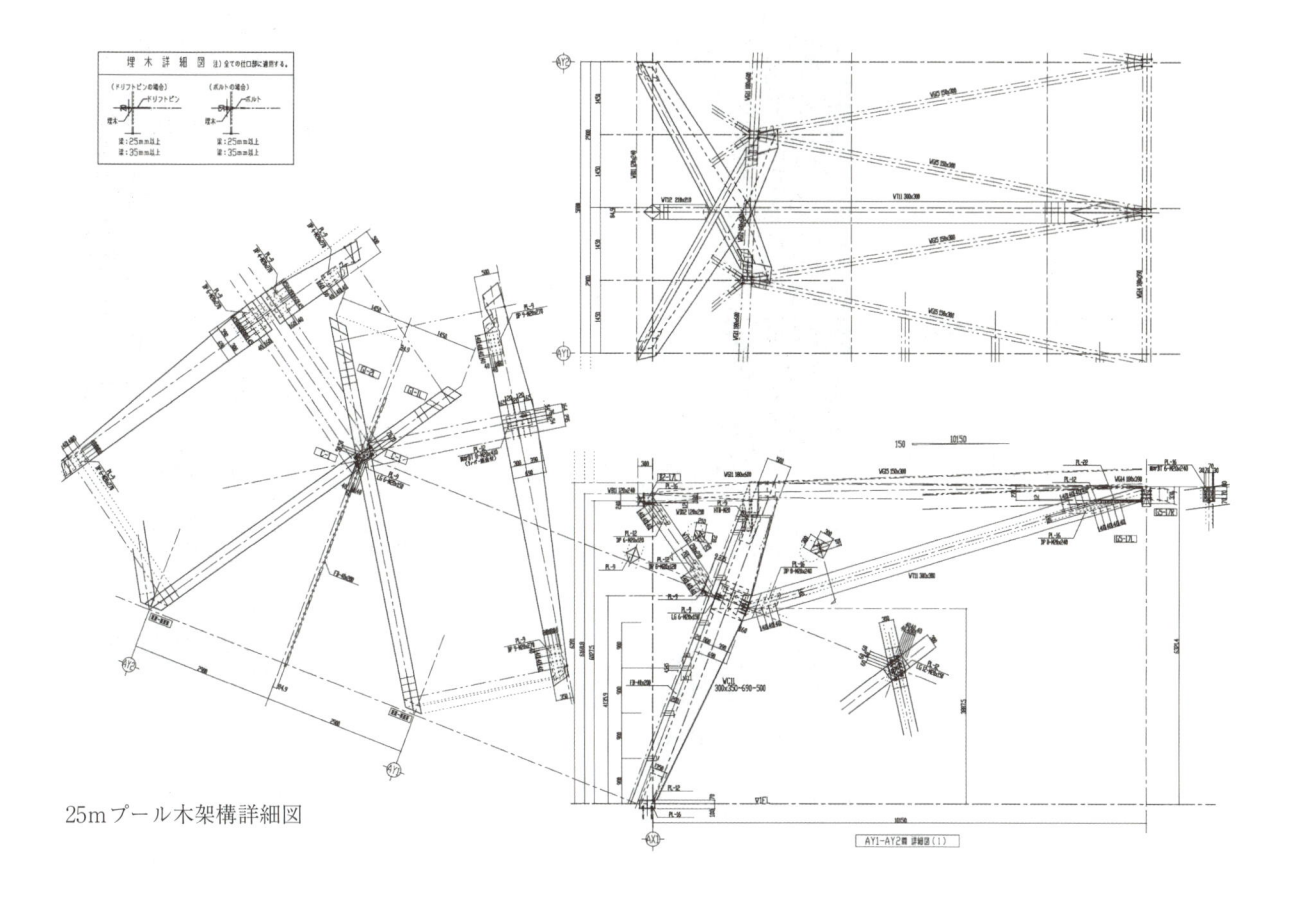

第6章 集成材建築事例

10 集会施設・図書館

一戸町コミュニティセンター

木造耐火建築物第一号

ホール全景（右上）
北東側外観（右下）

　このコミュニティセンターは「わわわのどぉーも」「ぶらぶららいぶらりぃ」と呼ばれ、町のシンボルとなっている。敷地は穏やかな里山に囲まれた馬淵川沿いの段丘を整備した一画で、国道に近く、交通の便もよい病院・福祉・商業の新市街地の中心施設である。
　ホットな木造をガラスで包む基壇の上に半球形の木造のドームを載せ、都市的な雰囲気と軽やかさを表現したのが造形の特徴である。
　計画の特徴は特異の敷地形状を利用した火炎状の平面形と、地元で製材可能なラミナ寸法に合わせた構造材寸法とスパンを決めたことである。構造材はもちろん造作材・家具も全て二戸地区産のカラマツ間伐材を採用した。
　設備の特徴は床冷暖房を採用したことである。
　集会施設であるドームは耐火建築が義務づけられている。これを2000年の建築基準法の改正により制定された耐火性能検証法により木造で可能とした。
　運用基準の公表と講習会が設計期間と重なったため試行錯誤と当局との協議が繰り返された。結果的に運用基準に準拠した一般の確認申請の木造耐火建築となった。

地階平面図

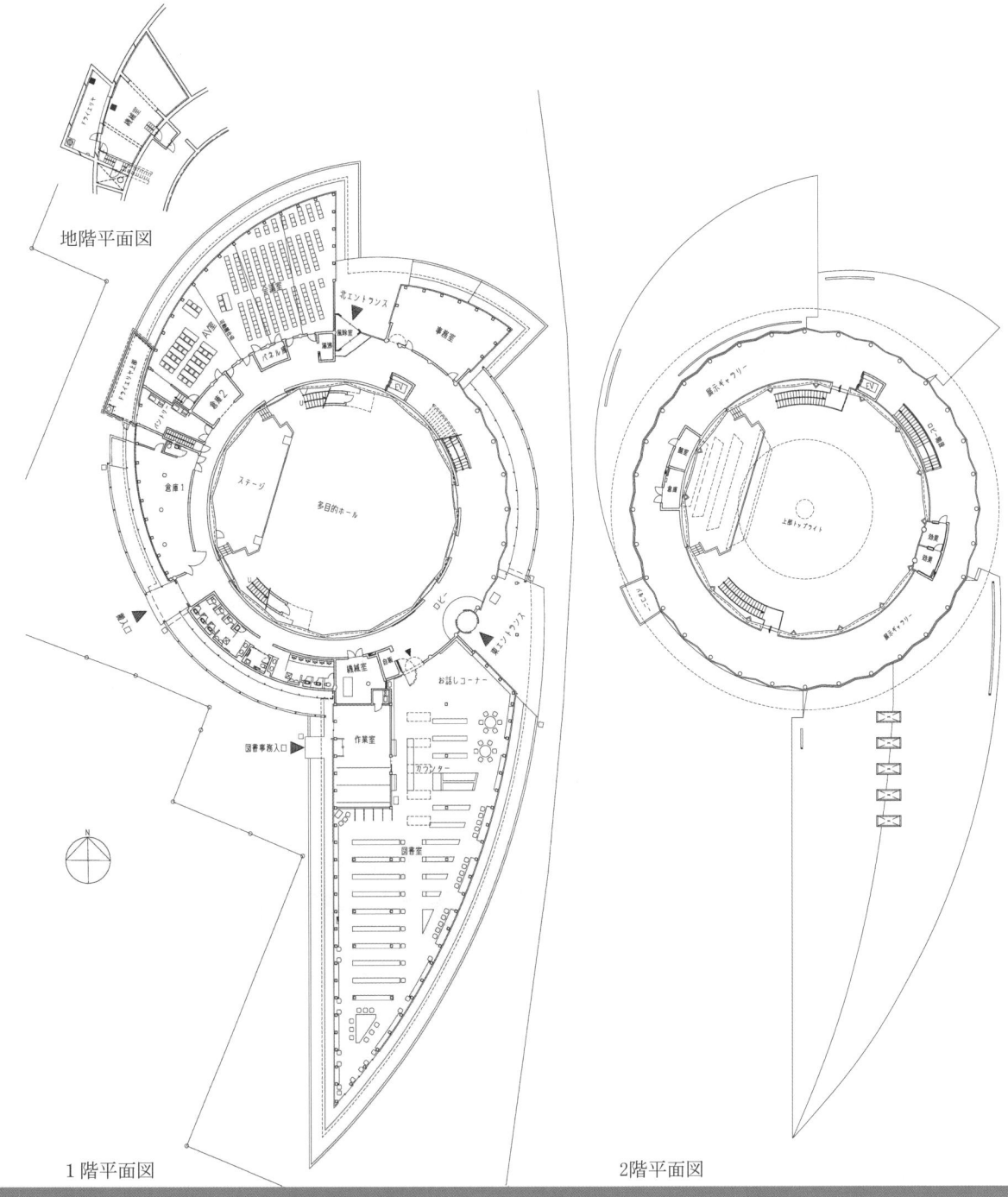

1階平面図

2階平面図

- ■所在地　岩手県二戸郡一戸町
- ■主要用途　集会施設・図書館
- ■建築主　一戸町
- ■設計・監理
　　建築　BAO設計室（長内健一建築設計事務所
　　　　　　　　　　　　　＋アトリエ・K＋播設計室JV）
　　構造　播設計室
- ■木材供給（主要な木材）　二戸地方森林組合会員
- ■施工　鹿島建設＋田中建設＋一戸建設JV
- ■敷地条件
　　用途地域　第2種住居地域
　　防火指定　無指定地域
- ■防耐火上の分類　耐火建築物

- ■構造
　　構造形式　集会施設：RC＋木軸張弦ばり構造
　　　　　　　図書館・ウィング部：木軸ラーメン構造
　　基礎・地業　直接基礎
- ■規模　敷地面積　　7,536.39㎡
　　　　　建築面積　　2,842.19㎡
　　　　　延べ面積　　2,689.78㎡
　　　　　　地下1階　　　96.00㎡
　　　　　　　1階　　2,047.82㎡
　　　　　　　2階　　　545.96㎡
　　　　　階数　地上2階地下1階
　　　　　軒高　6.3m
　　　　　最高高さ　22.5m

第6章　集成材建築事例

断面図

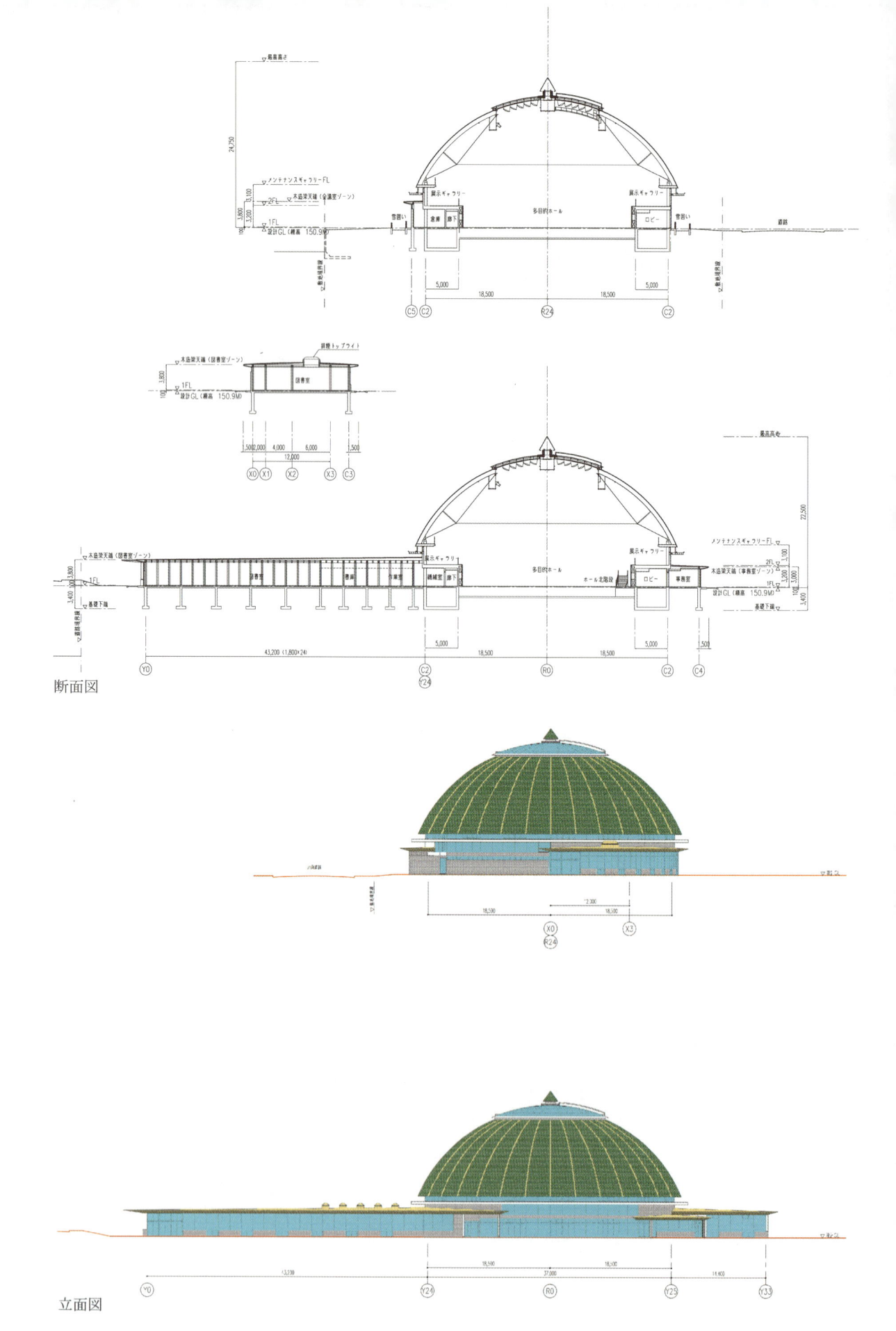

立面図

358

トップライト（左上）／2階ギャラリー（右上）
図書館（左中、下）

第6章 集成材建築事例

付　録

目　次

1. 集成材の日本農林規格 …………………………………………………………………… 364

2. 材料、構造、耐久性関連　法令抜粋 …………………………………………………… 404
2.1 建築基準法一部抜粋 …………………………………………………………………… 404
　第1章　総則
　　　　第6条（建築物の建築等に関する申請及び確認）
　第2章　建築物の敷地、構造及び建築設備
　　　　第20条（構造耐力）
2.2 建築基準法施行令一部抜粋 …………………………………………………………… 405
　第3章　構造強度
　　第1節　総則
　　　　第36条（構造方法に関する技術的基準）
　　　　第36条の2（地階を除く階数が4以上である鉄骨造の建築物等に準ずる建築物）
　　　　第36条の3（構造設計の原則）
　　第2節　構造部材等
　　　　第37条（構造部材の耐久）
　　　　第38条（基礎）
　　　　第39条（屋根ふき材等の緊結）
　　第3節　木造
　　　　第40条（適用の範囲）
　　　　第41条（木材）
　　　　第42条（土台及び基礎）
　　　　第43条（柱の小径）
　　　　第44条（はり等の横架材）
　　　　第45条（筋かい）
　　　　第46条（構造耐力上必要な軸組等）
　　　　第47条（構造耐力上主要な部分である継手又は仕口）
　　　　第48条（学校の木造の校舎）
　　　　第49条（外壁内部等の防腐措置等）
　　第8節　構造計算（略）
2.3 建築基準法及び施行令告示のうち、関連告示一部抜粋 ………………………………… 409
　　平成19年国土交通省告示第593号　第三号、第四号
　　建築基準法施行令第36条の2第五号の国土交通大臣が指定する建築物を定める件
　　平成12年建設省告示第1349号
　　木造の柱の構造耐力上の安全性を確かめるための構造計算の基準を定める件
　　平成12年建設省告示第1459号
　　建築物の使用上の支障が起こらないことを確かめる必要がある場合及びその確認方法を定める件
　　平成12年建設省告示第1460号
　　木造の継手及び仕口の構造方法を定める件
　　昭和62年建設省告示第1898号

　　　　構造耐力上主要な部分である柱及び横架材に使用する集成材その他の木材の品質の強度及び耐久性
　　　　に関する基準を定める件
　　　　平成13年国土交通省告示第1024号
　　　　特殊な許容応力度及び特殊な材料強度を定める件
　　第1　特殊な許容応力度
　　第2　特殊な材料強度
　　第3　基準強度
　　　　昭和55年建設省告示第1791号
　　　　建築物の地震に対する安全性を確かめるために必要な構造計算の基準を定める件
　　　　昭和62年建設省告示第1899号
　　　　木造若しくは鉄骨造の建築物又は建築物の構造部分の構造耐力上安全であることを確かめるための
　　　　構造計算の基準

3．防・耐火関連　法令抜粋 …………………………………………………………………………………… 422
3．1　建築基準法一部抜粋 ……………………………………………………………………………………… 422
　　　　第2条
　　第1章　総則
　　　　第2条第9号の二　第2条第9号の三
　　第2章　建築物の敷地、構造及び建築設備
　　　　第21条（大規模の建築物の主要構造部）
　　　　第22条（屋根）
　　　　第23条（外壁）
　　　　第24条（木造建築物等である特殊建築物の外壁等）
　　　　第25条（大規模の木造建築物等の外壁等）
　　　　第26条（防火壁）
　　　　第27条（耐火建築物又は準耐火建築物としなければならない特殊建築物）
　　　　第36条（この章の規定を実施し、又は補足するため必要な技術的基準）
　　　　第37条（建築材料の品質）
　　第3章　都市計画区域内等における建築物の敷地、構造、建築設備及び用途
　　　　第4節　特定街区
　　　　第61条（防火地域内の建築物）
　　　　第67条の2（特定防災街区整備地区）
　　別表第1
3．2　建築基準法施行令一部抜粋（目次のみ、本文は略）
　　　　第108条の3（耐火建築物の主要構造部に関する技術的基準）
　　　　第109条の2（遮炎性能に関する技術的基準）
　　　　第109条の3第一号（主要構造部を準耐火構造とした建築物と同等の耐火性能を有する建築物の技
　　　　術的基準）
　　　　第112条（防火区画）
　　　　第113条（木造等の建築物の防火壁）
　　　　第114条（建築物の界壁、間仕切壁及び隔壁）
　　　　第115条の2（防火壁の設置を要しない建築物に関する技術的基準等）
　　　　第115条の2の2（耐火建築物とすることを要しない特殊建築物の技術的基準等）

第118条の３（耐火建築物の主要構造部に関する技術的基準）
第126条の３（排煙設備の構造）
第128条の２（大規模な木造等の建築物の敷地内における通路）
第128条の４（制限を受けない特殊建築物等）
第129条（特殊建築物等の内装）
第129条の２（避難上の安全の検証を行う建築物の階に対する基準の適用）
第129条の２の２（避難上の安全の検証を行う建築物に対する基準の適用）
第129条の２の３（主要構造部を木造とすることができる大規模の建築物の技術的基準等）
第129条の２の５（給水、排水その他の配管設備の設置及び構造）
第136条の２（地階を除く階数が三である建築物の技術的基準）

3．3　建築基準法及び施行令告示のうち、関連告示一部抜粋（目次のみ、本文は略）

平成12年建設省告示第1358号
準耐火構造の構造を定める件

平成12年建設省告示第1359号
防火構造の構造を定める件

平成12年建設省告示第1360号
防火構造設備の構造を定める件

平成12年建設省告示第1367号
準耐火構造と同等の性能を有する建築物の屋根の構造を定める件

平成12年建設省告示第1368号
床又はその直下の天井の構造を定める件

平成12年国交省告示第1380号
耐火建築物とすることを要しない特殊建築物の主要構造部の構造方法を定める件

平成12年国交省告示第1399号
耐火構造の構造を定める件

1．集成材の日本農林規格

全部改正：平成19年９月25日農林水産省告示第1152号

（適用の範囲）
第１条　この規格は、ひき板、小角材等をその繊維方向を互いにほぼ平行にして、厚さ、幅及び長さの方向に集成接着をした一般材（以下「集成材」という。）に適用する。

（定義）
第２条　この規格において、次の表の左欄に掲げる用語の定義は、それぞれ同表の右欄に掲げるとおりとする。

用　語	定　義
造作用集成材	集成材のうち、素地のままのもの、素地の美観を表したもの（これらを二次接着したものを含む。）又はこれらの表面にみぞ切り等の加工若しくは塗装を施したものであって、主として構造物等の内部造作に用いられるものをいう。
化粧ばり造作用集成材	集成材のうち、素地の表面に美観を目的として薄板（薄板を保護するために、薄板と繊維方向を平行にした厚さが５mm未満の台板、薄板と繊維方向を直交させた厚さが２mm以下の単板又は厚さが３mm以下の合板を下貼りしたものを含む。）を貼り付けたもの又はこれらの表面にみぞ切り等の加工若しくは塗装を施したものであって、主として構造物等の内部造作に用いられるものをいう。
構造用集成材	集成材のうち、所要の耐力を目的として等級区分したひき板（幅方向に合わせ調整したもの、長さ方向にスカーフジョイント又はフィンガージョイントで接合接着して調整したものを含む。）をその繊維方向をお互いに平行して積層接着したもの（これらを二次接着したもの又はこれらの表面に集成材の保護等を目的とした塗装等を施したものを含む。）であって、主として構造物の耐力部材として用いられるもの（化粧ばり構造用集成柱を除く。）をいう。
化粧ばり構造用集成柱	集成材のうち、所要の耐力を目的として選別したひき板（幅方向に接着したもの及び長さ方向にスカーフジョイント又はフィンガージョイントで接合接着して調整したものを含む。）を積層接着し、その表面に美観を目的として薄板（薄板を保護するために、薄板と繊維方向を平行にした厚さが５mm未満の台板、薄板と繊維方向を直交させた厚さが２mm以下の単板又は厚さが３mm以下の合板を下貼りしたものを含む。）を貼り付けたもので、主として在来軸組工法住宅の柱材として用いられるもの（横断面の一辺の長さが90mm以上135mm以下のものに限る。）をいう。
短　辺	集成材の横断面における短い辺をいう。
長　辺	集成材の横断面における長い辺をいう。ただし、横断面が正方形のものにあっては、積層方向の辺をいう。
材　長	通直な集成材について両木口面を結ぶ最短直線の長さをいう。
仕上げ材	造作用集成材のうち、修正びき又は材面調整を行い、寸法仕上げをしたものをいう。
未仕上げ材	造作用集成材のうち、寸法仕上げをしないものをいう。
二次接着	造作用集成材にあっては集成材どうしのフィンガージョイントによる長さ方向の接合接着を、構造用集成材にあっては同一条件で製造された集成材どうしの幅方向又は積層方向の接着をいう。
ラミナ	集成材の構成層をなす材料又はその層をいう。
幅はぎ未評価ラミナ	構造用集成材に用いるラミナのうち、矩形であって、幅方向の接着に使用する接着剤が、第５条の接着の項に規定する各使用環境ごとの使用可能な接着剤以外の接着剤を使用したもの、又は幅方向に接着剤を使用せずに合わせたものをいう。
大断面集成材	構造用集成材のうち、短辺が15ｃm以上、断面積が300ｃm²以上のものをいう。
中断面集成材	構造用集成材のうち、短辺が7.5ｃm以上、長辺が15ｃm以上のものであって、大断面集成材以外のものをいう。
小断面集成材	構造用集成材のうち、短辺が7.5ｃm未満又は長辺が15ｃm未満のものをいう。
異等級構成集成材	構成するラミナの品質が同一でない構造用集成材であって、はり等高い曲げ性能を必要とする部分に用いられる場合に、曲げ応力を受ける方向が積層面に直角になるよう用いられるも

	のをいう。
同一等級構成集成材	構成するラミナの品質が同一の構造用集成材であって、ラミナの積層数が2枚又は3枚のものにあっては、はり等高い曲げ性能を必要とする部分に用いられる場合に、曲げ応力を受ける方向が積層面に平行になるよう用いられるものをいう。
対　称　構　成	異等級構成集成材のラミナの品質の構成が中心軸に対して対称であることをいう。
特 定 対 称 構 成	異等級構成集成材のラミナの品質の構成が中心軸に対して対称であり、かつ、曲げ性能を優先したラミナ構成であることをいう。
非 対 称 構 成	異等級構成集成材のラミナの品質の構成が中心軸に対して対称でないことをいう。
最外層用ラミナ	異等級構成集成材の積層方向の両外側からその方向の辺長の16分の1以内の部分に用いるラミナをいう。
外 層 用 ラ ミ ナ	異等級構成集成材の積層方向の両外側からその方向の辺長の16分の1を超えて離れ、かつ、8分の1以内の部分に用いる最外層用ラミナ以外のラミナをいう。
内 層 用 ラ ミ ナ	異等級構成集成材の積層方向の両外側からその方向の辺長の4分の1以上離れた部分に用いるラミナをいう。
中間層用ラミナ	異等級構成集成材のラミナのうち、最外層用ラミナ、外層用ラミナ及び内層用ラミナ以外のラミナをいう。
等 級 区 分 機	ラミナのヤング係数を測定するために用いる装置をいう。
Ｍ Ｓ Ｒ 区 分	等級区分機を用いて長さ方向に移動させながら連続してヤング係数を測定するとともに、ラミナの曲げ強さ若しくは引張り強さを保証して区分することをいう。
機 械 等 級 区 分	ＭＳＲ区分以外で等級区分機を用いてラミナの品質を区分することをいう。
目 視 等 級 区 分	等級区分機によらず、目視によりラミナの品質を区分することをいう。
使 用 環 境 Ａ	構造用集成材の含水率が長期間継続的に又は断続的に19％を超える環境、直接外気にさらされる環境、太陽熱等により長期間断続的に高温になる環境、構造物の火災時でも高度の接着性能を要求される環境その他の構造物の耐力部材として、接着剤の耐水性、耐候性又は耐熱性について高度な性能が要求される使用環境をいう。
使 用 環 境 Ｂ	構造用集成材の含水率が時々19％を超える環境、太陽熱等により時々高温になる環境、構造物の火災時でも高度の接着性能を要求される環境その他の構造物の耐力部材として、接着剤の耐水性、耐候性又は耐熱性について通常の性能が要求される使用環境をいう。
使 用 環 境 Ｃ	構造用集成材の含水率が時々19％を超える環境、太陽熱等により時々高温になる環境その他の構造物の耐力部材として、接着剤の耐水性、耐候性又は耐熱性について通常の性能が要求される使用環境をいう。

（造作用集成材の規格）

第3条　造作用集成材の規格は、次のとおりとする。

区　　分	基　　　準	
	1　等	2　等
品質	接着の程度	別記の3の(1)の浸せきはく離試験の結果、二次接着以外にあっては、両木口面におけるはく離率が10％以下であり、かつ、同一接着層におけるはく離の長さの合計がそれぞれの長さの3分の1以下であること。また、二次接着にあっては、当該部分の切断面における平均はく離率が10％以下であること。なお、平均はく離率は、2個の試験片を使用する場合には各試験片のはく離率の平均とし、1個の試験片を使用する場合には当該試験片のはく離率を平均はく離率とする。	同左
	含　水　率	別記の3の(5)の含水率試験の結果、同一試料集成材から採取した試験片の含水率の平均値が15％以下であること。	同左
	ホルムアルデヒド放散量	別記の3の(9)のホルムアルデヒド放散量試験において、別記の1により抜き取られた試料集成材のホルムアルデヒド放散量の平均値及び最大値が、性能区分に応じ、それぞれ次の表の	

	数値以下であること。ただし、ホルムアルデヒドを含む接着剤を使用していないことを登録認定機関又は登録外国認定機関が認めた場合にあっては、この限りでない。	

性 能 区 分	平 均 値	最 大 値
F☆☆☆☆	0.3mg／L	0.4mg／L
F☆☆☆	0.5mg／L	0.7mg／L
F☆☆	1.5mg／L	2.1mg／L
F☆S	3.0mg／L	4.2mg／L

	見付け材面の品質	次項に規定する見付け材面の品質の基準の1等に適合すること。	次項に規定する見付け材面の品質の基準の2等に適合すること。
	曲がり（通直材に限る。）、反り及びねじれ	矢高が、集成材の長さ1m当たり1mm以下であること。	同左
	塗装（塗装加工を施した旨の表示をしてあるものに限る。）	気泡、塗装むら等が目立たないこと。	同左
	みぞ付け加工、面取り加工及び切削加工	良好であること。	同左
	二 次 接 着	集成材どうしの長さ方向の接合接着部はフィンガージョイントとし、造作用材として利用上支障のない強度を有し、接着仕上げが良好であり、被着材の外観に調和がとれていること。	
	寸　　　　法	表示された寸法と測定した寸法との差が次の表の数値以下であること。 （単位：mm）<table><tr><th colspan="2">区　　　分</th><th>表示された寸法と測定した寸法との差</th><th></th></tr><tr><td rowspan="2">短辺及び長辺</td><td>仕上げ材</td><td>＋1.0</td><td>－0.5</td></tr><tr><td>未仕上げ材</td><td>＋3.0</td><td>－0</td></tr><tr><td colspan="2">材長</td><td>＋制限なし</td><td>－0</td></tr></table>	
表示	表 示 事 項	1　次の事項を一括して表示してあること。 　(1)　品名 　(2)　樹種名 　(3)　見付け材面 　(4)　寸法 　(5)　ホルムアルデヒド放散量（2又は3に規定する表示をする場合を除く。） 　(6)　製造業者又は販売業者（輸入品にあっては、輸入業者）の氏名又は名称及び所在地 2　塗装したものであって、ホルムアルデヒドを含む接着剤及びホルムアルデヒドを放散する塗料を使用していないことを登録認定機関又は登録外国認定機関が認めた場合にあっては、1に規定するもののほか、非ホルムアルデヒド系接着剤及びホルムアルデヒドを放散しない塗料を使用している旨を表示することができる。 3　塗装していないものであって、ホルムアルデヒドを含む接着剤を使用していないことを登録認定機関又は登録外国認定機関が認めた場合にあっては、1に規定するもののほか、非ホルムアルデヒド系接着剤を使用している旨を表示することができる。	
	表 示 の 方 法	1　表示事項の項の(1)から(5)までに掲げる事項の表示は、次に規定する方法により行われていること。 　(1)　品名 　　ア　仕上げ材にあっては「造作用集成材」と、未仕上げ材にあっては「造作用集成材（未仕上げ）」と記載すること。 　　イ　塗装したものにあっては、「造作用集成材（塗装）」と記載すること。 　　ウ　用途が特定しているものにあっては、「造作用集成材」、「造作用集成材（塗装）」又は「造作用集成材（未仕上げ）」の次に、括弧を付して、「（てすり）」等と用途を一般的な呼称で記載すること。 　(2)　樹種名 　　樹種名を使用量の多いものから順にその最も一般的な名称をもって記載すること。 　(3)　見付け材面 　　1面、2面、3面及び4面のいずれかを表す文字等を記載すること。	

	(4) 寸法 　寸法は、「短辺」、「長辺」及び「材長」の文字の次に、ミリメートル、センチメートル又はメートルの単位で、単位を明記して記載すること。ただし、等断面でないもの又は型取り加工を施したものであって、短辺又は長辺の表示が困難なものにあっては、短辺又は長辺の表示を、通直材以外のものにあっては材長の表示を省略することができる。この場合においては、「短辺」、「長辺」又は「材長」の文字の次に「略」と記載すること。 (5) ホルムアルデヒド放散量 　性能区分がF☆☆☆☆のものにあっては「F☆☆☆☆」と、性能区分がF☆☆☆のものにあっては「F☆☆☆」と、性能区分がF☆☆のものにあっては「F☆☆」と、性能区分がF☆Sのものにあっては「F☆S」と記載すること。 2　表示事項の項の2により、非ホルムアルデヒド系接着剤及びホルムアルデヒドを放散しない塗料を使用している旨の表示をする場合には「非ホルムアルデヒド系接着剤及びホルムアルデヒドを放散しない塗料使用」と記載すること。 3　表示事項の項の3により、非ホルムアルデヒド系接着剤を使用している旨の表示をする場合には、「非ホルムアルデヒド系接着剤使用」と記載すること。 4　表示事項の項に規定する事項の表示は、別記様式により、各個又は各こりごとに、見やすい箇所にしてあること。
表示禁止事項	次に掲げる事項は、これを表示していないこと。 (1)　表示事項の項の規定により表示してある事項の内容と矛盾する用語 (2)　その他品質を誤認させるような文字、絵その他の表示

2　前項の見付け材面の品質の基準は、次のとおりとする。

事　　項	基　　　　　　準	
	1　等	2　等
節	1　長径が10mm以下であること。 2　抜け節、腐れ節及び抜けやすい節のないこと。	1　長径が30mm以下であること。 2　抜け節、腐れ節及び抜けやすい節のないこと。
やにつぼ、やにすじ及び入り皮	極めて軽微であること。	軽微であること。
欠け及びきず	極めて軽微であること。	欠けにあっては、厚さが2mm以下、幅が3mm以下、長さが50mm以下であり、かつ、1個以下であること。 きずにあっては、軽微であること。
腐　　れ	ないこと。	木質部の破壊にまで達していないもの又は認知できる程度まで木材の硬度に変化を与えていないものであって、かつ、腐れの面積が極めて小部分であること。
割　　れ	極めて軽微であること。	軽微であること。
変色及び汚染	極めて軽微であること。	顕著でないこと。
穴	極めて軽微であること。	顕著でないこと。
逆　　目	極めて軽微であること。	顕著でないこと。
接合の透き間	極めて軽微であること。	顕著でないこと。
補　　修	材色又は木理が周囲の材とよく調和し、補修部分の透き間がなく、脱落又は陥没のおそれがないこと。	補修部分の透き間がなく、脱落又は陥没のおそれのないこと。
その他の欠点	極めて軽微であること。	顕著でないこと。

（注）1　みぞ付け加工を施したみぞの内部については、節及び補修であって美観を損ないものについては、欠点として取り扱わない。
　　　2　補修とは、埋木すること又は合成樹脂等を充てんすることをいう。

（化粧ばり造作用集成材の規格）
第4条　化粧ばり造作用集成材の規格は、次のとおりとする。

区　　　分		基　　準	
		１　等	２　等
品質	接着の程度	別記の３の(1)の浸せきはく離試験の結果、両木口面におけるはく離率が10％以下であり、かつ、同一接着層におけるはく離の長さの合計がそれぞれの長さの３分の１以下であること。	同左
	含水率	別記の３の(5)の含水率試験の結果、同一試料集成材から採取した試験片の含水率の平均値が15％以下であること。	同左
	表面割れに対する抵抗性	別記の３の(6)の表面割れに対する抵抗性試験の結果、試験片の表面に割れを生ぜず、又は生じても軽微であること。	同左
	ホルムアルデヒド放散量	前条第１項の表ホルムアルデヒド放散量の項に同じ。	同左
	見付け材面の品質	次項に規定する見付け材面の品質の基準の１等に適合すること。	次項に規定する見付け材面の品質の基準の２等に適合すること。
	塗装（塗装加工を施した旨の表示をしてあるものに限る。）	気泡、塗装むら等が目立たないこと。	同左
	曲がり（通直材に限る。）、反り及びねじれ	矢高が、集成材の長さ１ｍ当たり１mm以下であること。ただし、敷居及びかもいの反りにあっては、矢高が、集成材の長さ１ｍ当たり３mm以下であること。	同左
	みぞ付け加工、面取り加工及び切削加工	良好であること。	同左
	化粧薄板の厚さ	１　敷居、かまち及び階段板の上面にあっては、1.5mm以上であること。 ２　柱にあっては、1.2mm以上であること。 ３　敷居、かまち及び階段板の上面並びに柱以外のものにあっては、0.6mm以上であること。	同左
	寸　　法	表示された寸法と測定した寸法との差が次の表の数値以下であること。 （単位：mm） | 区　　分	表示された寸法と測定した寸法との差	
---	---	---
短辺及び長辺	＋1.0	－0.5
材長	＋制限なし	－0		
表示	表示事項	１　次の事項を一括して表示してあること。 　(1)　品名 　(2)　樹種名（芯材） 　(3)　樹種名（化粧薄板） 　(4)　化粧薄板の厚さ 　(5)　見付け材面 　(6)　寸法 　(7)　ホルムアルデヒド放散量（２又は３に規定する表示をする場合を除く。） 　(8)　製造業者又は販売業者（輸入品にあっては、輸入業者）の氏名又は名称及び所在地 ２　前条第１項の表表示事項の項の２に同じ。 ３　前条第１項の表表示事項の項の３に同じ。	
	表示の方法	１　表示事項の項の(1)から(7)までに掲げる事項の表示は、次に規定する方法により行われていること。 　(1)　品　名 　　ア　「化粧ばり造作用集成材」と記載すること。 　　イ　塗装したものにあっては、「化粧ばり造作用集成材（塗装）」と記載すること。	

	ウ 用途が特定しているものにあっては、「化粧ばり造作用集成材」又は「化粧ばり造作用集成材（塗装）」の次に、括弧を付して、「（なげし）」等と用途を一般的な呼称で記載すること。 (2) 樹種名（芯材） 　　樹種名を使用量の多いものから順にその最も一般的な名称をもって記載すること。 (3) 樹種名（化粧薄板） 　　樹種名を最も一般的な名称で記載すること。 (4) 化粧薄板の厚さ 　　ミリメートルの単位で、単位を明記して少数第1位までの数値を記載すること。 (5) 見付け材面 　　1面、2面、3面及び4面のいずれかを表す文字等を記載すること。 (6) 寸法 　　寸法は、「短辺」、「長辺」及び「材長」の文字の次に、ミリメートル、センチメートル又はメートルの単位で、単位を明記して記載すること。ただし、等断面でないもの又は型取り加工を施したものであって、短辺又は長辺の表示が困難なものにあっては短辺又は長辺の表示を、通直材以外のものにあっては材長の表示を省略することができる。この場合においては、「短辺」、「長辺」又は「材長」の文字の次に、「略」と記載すること。 (7) 前条第1項の表示の方法の項の1の(5)に同じ。 2 前条第1項の表表示の方法の項の2に同じ。 3 前条第1項の表表示の方法の項の3に同じ。 4 表示事項の項に規定する事項の表示は、別記様式により、各個又は各こりごとに、見やすい箇所にしてあること。
表示禁止事項	前条第1項の表表示禁止事項の項に同じ。

2 前項の見付け材面の品質の基準は、次のとおりとする。

事　項	基　準	
	1　等	2　等
節	ないこと。	1 長径が30mm以下であって、あまり美観を損じないこと。 2 抜け節、腐れ節及び抜けやすい節のないこと。
やにつぼ、やにすじ及び入り皮	極めて軽微であること。	軽微であること。
欠け及びきず	ないこと。	欠けにあっては、厚さが2mm以下、幅が3mm以下、長さが50mm以下であり、かつ、1個以下であること。きずにあっては、軽微であること。
腐　れ	ないこと。	木質部の破壊にまで達していないもの又は認知できる程度まで木材の硬度に変化を与えていないものであって、かつ、腐れの面積が小部分であること。
割　れ	ないこと。	軽微であること。
変色及び汚染	極めて軽微であること。	顕著でないこと。
穴	ないこと。	長径が2mm以下のもので集在していないこと。
逆　目	ないこと。	軽微であること。
ふくれ、しわ及び重なり	ないこと。	極めて軽微であること。
はぎ目の透き	ないこと。	透き間の幅が0.3mm以下のものであること。
色調及び木理の不整	見付け材面のそれぞれの材色及び木理の走向が、おおむね調和していること。	同左
補　修	補修部分が小部分で、材色又は木理が周囲の材とよく調和し、補修部分の透き間がなく、	材色又は木理が周囲の材とよく調和し、補修部分の透き間がなく、脱落又は陥没のおそれ

		脱落又は陥没のおそれがないこと。	のないこと。
	その他の欠点	極めて軽微であること。	顕著でないこと。

（注） 前条の造作用集成材の規格の見付け材面の品質の基準の（注）に同じ。

（構造用集成材の規格）
第5条　構造用集成材の規格は、次のとおりとする。

区　　分		基　　　　　準
品質	接着の程度（ラミナのうち、幅方向に接合したもので接着の程度の評価をしない部分を除く。）	接着層全体が一様に接着されているものであって、次の(1)、(2)及び(4)の要件を満たし、又は次の(3)及び(4)の要件を満たすこと。 (1) 別記の3の(1)の浸せきはく離試験の結果、試験片の両木口面におけるはく離率が5％以下であり、かつ、同一接着層におけるはく離の長さの合計がそれぞれの長さの4分の1以下であること。 (2) 別記の3の(2)の煮沸はく離試験の結果、試験片の両木口面におけるはく離率が5％以下であり、かつ、同一接着層におけるはく離の長さの合計がそれぞれの長さの4分の1以下であること。 (3) 別記の3の(3)の減圧加圧はく離試験の結果、試験片の両木口面におけるはく離率が5％以下であり、かつ、同一接着層におけるはく離の長さの合計がそれぞれの長さの4分の1以下であること。 (4) 別記の3の(4)のブロックせん断試験の結果、試験片のせん断強さ及び木部破断率が次の表の数値以上であること。ただし、1個の試験片についてのせん断強さ又は木部破断率の一方が次の表の数値以上であり、他方がそれ未満である場合には、当該接着層について再試験を行うことができる。 樹種区分の番号 |	樹　種　区　分	せん断強さ（MPa又はN/mm²）	木部破断率（％） | |---|---|---|---| | 1 | イタヤカエデ、カバ、ブナ、ミズナラ、ケヤキ及びアピトン | 9.6 | 60 | | 2 | タモ、シオジ及びニレ | 8.4 | | | 3 | ヒノキ、ヒバ、カラマツ、アカマツ、クロマツ、ベイヒ、ダフリカカラマツ、サザンパイン、ベイマツ及びホワイトサイプレスパイン | 7.2 | 65 | | 4 | ツガ、アラスカイエローシダー、ベニマツ、ラジアタパイン及びベイツガ | 6.6 | | | 5 | モミ、トドマツ、エゾマツ、ベイモミ、スプルース、ロッジポールパイン、ポンデローサパイン、オウシュウアカマツ、ジャックパイン及びラワン | 6.0 | | | 6 | スギ及びベイスギ | 5.4 | 70 |
	含水率	別記の3の(5)の含水率試験の結果、同一試料集成材から採取した試験片の含水率の平均値が15％以下であること。
	曲げ性能（曲げ性能試験を行った旨の表示をしてあるものに限る。）	別記の3の(7)のアの曲げA試験の結果、次の(1)から(3)までの要件を満たすこと。 (1) 別記の1により抜き取った試料集成材、試験片又はモデル試験体の曲げヤング係数の平均値が表1の強度等級の欄に掲げる強度等級のうち格付しようとするものに応じた同表の平均値の欄に掲げる数値以上であること。 (2) 別記の1により抜き取った試料集成材、試験片又はモデル試験体の95％以上の曲げヤング係数が、表1の強度等級の欄に掲げる強度等級のうち格付しようとするものに応じた同表の下限値の欄に掲げる数値以上であること。 (3) 別記の1により抜き取った試料集成材、試験片又はモデル試験体の95％以上の曲げ強さが、表1の強度等級の欄に掲げる強度等級のうち格付しようとするものに応じた同表の曲げ強さの欄に掲げる数値（非対称異等級構成集成材の圧縮側の試験片にあっては、表2の数値）に、異等級構成集成材にあっては表3の、同一等級構成集成材にあっては表4の左欄に掲げる区分に応じ、それぞれ右欄に掲げる係数を乗じて得た数値以上であること。

表1

	積層数	強度等級	曲げヤング係数 (GPa又は10³N/mm²) 平均値	曲げヤング係数 (GPa又は10³N/mm²) 下限値	曲げ強さ (MPa又は N/mm²)
対称異等級構成集成材		E170－F495	17.0	14.0	49.5
		E150－F435	15.0	12.5	43.5
		E135－F375	13.5	11.5	37.5
		E120－F330	12.0	10.0	33.0
		E105－F300	10.5	9.0	30.0
		E 95－F270	9.5	8.0	27.0
		E 85－F255	8.5	7.0	25.5
		E 75－F240	7.5	6.5	24.0
		E 65－F225	6.5	5.5	22.5
		E 65－F220	6.5	5.5	22.0
		E 55－F200	5.5	4.5	20.0
特定対称異等級構成集成材	4枚以上	ME120－F330	12.0	10.0	33.0
		ME105－F300	10.5	9.0	30.0
		ME 95－F270	9.5	8.0	27.0
		ME 85－F255	8.5	7.0	25.5
非対称異等級構成集成材		E160－F480	16.0	13.5	48.0
		E140－F420	14.0	11.5	42.0
		E125－F360	12.5	10.5	36.0
		E110－F315	11.0	9.0	31.5
		E100－F285	10.0	8.5	28.5
		E 90－F255	9.0	7.5	25.5
		E 80－F240	8.0	6.5	24.0
		E 70－F225	7.0	6.0	22.5
		E 60－F210	6.0	5.0	21.0
		E 60－F205	6.0	5.0	20.5
		E 50－F170	5.0	4.5	17.0
同一等級構成集成材	4枚以上	E190－F615	19.0	16.0	61.5
		E170－F540	17.0	14.0	54.0
		E150－F465	15.0	12.5	46.5
		E135－F405	13.5	11.5	40.5
		E120－F375	12.0	10.0	37.5
		E105－F345	10.5	9.0	34.5
		E 95－F315	9.5	8.0	31.5
		E 85－F300	8.5	7.0	30.0
		E 75－F270	7.5	6.5	27.0
		E 65－F255	6.5	5.5	25.5
		E 55－F225	5.5	4.5	22.5
	3枚	E190－F555	19.0	16.0	55.5
		E170－F495	17.0	14.0	49.5
		E150－F435	15.0	12.5	43.5
		E135－F375	13.5	11.5	37.5
		E120－F330	12.0	10.0	33.0
		E105－F300	10.5	9.0	30.0
		E 95－F285	9.5	8.0	28.5
		E 85－F270	8.5	7.0	27.0
		E 75－F255	7.5	6.5	25.5
		E 65－F240	6.5	5.5	24.0
		E 55－F225	5.5	4.5	22.5
	2枚	E190－F510	19.0	16.0	51.0
		E170－F450	17.0	14.0	45.0
		E150－F390	15.0	12.5	39.0
		E135－F345	13.5	11.5	34.5
		E120－F300	12.0	10.0	30.0
		E105－F285	10.5	9.0	28.5

	E 95－F270	9.5	8.0	27.0
	E 85－F255	8.5	7.0	25.5
	E 75－F240	7.5	6.5	24.0
	E 65－F225	6.5	5.5	22.5
	E 55－F200	5.5	4.5	20.0

表2

	強度等級	曲げ強さ（MPa又はN／mm²）
非対称異等級構成集成材	E160－F480	34.5
	E140－F420	28.5
	E125－F360	25.5
	E110－F315	24.0
	E100－F285	22.5
	E 90－F255	21.0
	E 80－F240	19.5
	E 70－F225	18.0
	E 60－F210	16.5
	E 60－F205	16.0
	E 50－F170	14.0

表3

異等級構成集成材に係る試料集成材、試験片又はモデル試験体の厚さ方向の辺長（mm）		係　　数
	100以下	1.13
100超	150以下	1.08
150超	200以下	1.05
200超	250以下	1.02
250超	300以下	1.00
300超	450以下	0.96
450超	600以下	0.93
600超	750以下	0.91
750超	900以下	0.89
900超	1050以下	0.87
1050超	1200以下	0.86
1200超	1350以下	0.85
1350超	1500以下	0.84
1500超	1650以下	0.83
1650超	1800以下	0.82
1800超		0.80

表4

同一等級構成集成材に係る試料集成材、試験片又はモデル試験体の厚さ方向の辺長（mm）		係　　数
	100以下	1.00
100超	150以下	0.96
150超	200以下	0.93
200超	250以下	0.90
250超	300以下	0.89
300超		0.85

| ホルムアルデヒド放散量（ホルムアルデヒド放散量についての表示をしてあるものに限る。） | 別記の3の(9)のホルムアルデヒド放散量試験において、別記の1により採取した試料集成材のホルムアルデヒド放散量の平均値及び最大値が、表示の区分に応じ、それぞれ次の数値以下であること。 |

表示の区分	平均値	最大値
F☆☆☆☆と表示するもの	0.3mg/L	0.4mg/L
F☆☆☆と表示するもの	0.5mg/L	0.7mg/L

| | | F☆☆と表示するもの | 1.5mg/L | 2.1mg/L |
| | | F☆Sと表示するもの | 3.0mg/L | 4.2mg/L |

ラミナの品質（曲げ性能試験を行った旨の表示をしてあるものを除く。）	次項に規定するラミナの品質の基準に適合すること。
積層接着するラミナの品質の構成	第3項に規定する積層接着するラミナの品質の構成の基準に適合すること。
ラミナの積層数	1　異等級構成集成材にあっては、4枚以上であること。 2　同一等級構成集成材にあっては、2枚以上であること。
材面の品質	第4項に規定する材面の品質の基準の1種、2種又は3種のいずれかに適合すること。
塗装仕上げ（塗装加工を施したものに限る。）	気泡、塗装むら等が目立たないこと。
曲がり（通直材に限る。）	矢高が、構造用集成材の長さ1mあたり、1mm以下であること。
反り及びねじれ	極めて軽微であること。
湾曲部の最小曲率半径（通直材を除く。）	第5項に規定する湾曲部の最少曲率半径の基準に適合すること。
隣接するラミナの長さ方向の接着部の間隔等（長さ方向に接着したラミナを互いに隣接して積層したものに限る。）	第6項に規定する隣接するラミナの長さ方向の接着部の間隔等の基準に適合すること。
幅方向に接合したラミナの品質等	当該部分の品質は、幅はぎ未評価ラミナを除き接着の程度の項に適合すること。
幅はぎ未評価ラミナの使用箇所等	部材として積層方向に荷重がかかることが明らかな異等級構成集成材（大断面集成材に限る。）の内層及び中間層についてのみで、使用箇所は1つのラミナに対し1箇所に限定し、かつ、ラミナとラミナの透き間が6mm以内であること。また、それが互いに隣接して積層するラミナに存在する場合、当該箇所が互いにラミナの厚さの1倍以上離れていること。
二次接着の仕上げ等	同一条件で製造された、集成材どうしの接着仕上げが良好であり、被着材の外観に調和がとれていること。

材料	ラミナの厚さ	1　ラミナは、厚さが5cm以下であり、原則として等厚であり、仕上げ加工後において中心軸に対して対称であること。ただし、実大強度試験又は実証試験を伴うシミュレーション計算等によって強度が確認された集成材にあっては、厚さが6cm以下とする。 2　仕上げ加工後において、最外層ラミナの厚さは他の等厚のラミナの厚さの80％以上であること。ただし、同一等級構成集成材及び実大強度試験又は実証試験を伴うシミュレーション計算によって強度が確認された異等級構成集成材にあっては、構成層中で最大となるラミナの厚さに対して3分の2以上の範囲で構成することができる。
	接着剤	1　使用環境Aの表示をしてあるものにあっては、第2条に定義する要求性能を満たした次に掲げる樹脂又はこれらと同等以上の性能を有するものであること。 (1)　ラミナの積層方向、幅方向の接着及び二次接着に用いる接着剤 　　レゾルシノール樹脂及びレゾルシノール・フェノール樹脂 (2)　長さ方向の接着に用いる接着剤 　　レゾルシノール樹脂及びレゾルシノール・フェノール樹脂、メラミン樹脂 2　使用環境Bの表示をしてあるものにあっては、第2条に定義する要求性能を満たした次に掲げる樹脂又はこれらと同等以上の性能を有するものであること。

		⑴ ラミナの積層方向、幅方向の接着及び二次接着に用いる接着剤 　　レゾルシノール樹脂及びレゾルシノール・フェノール樹脂 ⑵ 長さ方向の接着に用いる接着剤 　　レゾルシノール樹脂及びレゾルシノール・フェノール樹脂、メラミン樹脂 3　使用環境Cの表示をしてあるものにあっては、第2条に定義する要求性能を満たした次に掲げる樹脂又はこれらと同等以上の性能を有するものであること。 ⑴ ラミナの積層方向、幅方向の接着及び二次接着に用いる接着剤 　　レゾルシノール樹脂及びレゾルシノール・フェノール樹脂、水性高分子イソシアネート系樹脂（日本工業規格（以下「JIS」という。）K 6806に定める1種1号の性能を満足するもの。以下同じ。） ⑵ 長さ方向の接着に用いる接着剤 　　レゾルシノール樹脂及びレゾルシノール・フェノール樹脂、水性高分子イソシアネート系樹脂、メラミン樹脂、メラミンユリア共縮合樹脂		
	寸　　　法	表示された寸法と測定した寸法との差が次の表の数値以下であること。 | 区　　分		表示された寸法と測定した寸法との差
---	---	---
短辺	大断面	±1.5mm
	中断面及び小断面	＋1.5mm　　　－0.5mm
長辺	大断面	±1.5％（ただし、±5mmを超えないこと。）
	中断面及び小断面　300mm以下のもの	＋1.5mm　　　－0.5mm
	300mmを超えるもの	±0.5％（ただし、＋5.0mm、－3.0mmを超えないこと。）
材長		±5mm			
表 示	表　示　事　項	1　次の事項を一括して表示してあること。 ⑴ 品名 ⑵ 強度等級 ⑶ 材面の品質 ⑷ 接着性能 ⑸ 樹種名 ⑹ 寸法 ⑺ ラミナの積層数（薄板を貼り付けたものに限る。） ⑻ 検査方法（別記の3の⑺のアの曲げA試験を行うものに限る。） ⑼ 製造業者又は販売業者（輸入品にあっては、輸入業者）の氏名又は名称及び所在地 2　柱等高い圧縮強さを必要とする部分のみに用いられることが明らかであるもの以外のものにあっては、1に規定するもののほか、使用方向を表示してあること。 3　幅はぎ未評価ラミナを用いる場合にあっては、1又は2に規定するもののほか、当該ラミナを使用した構成層を表示してあること。 4　ホルムアルデヒド放散量についての表示をしてあるものにあっては、1から3までに規定するもののほか、ホルムアルデヒド放散量の表示記号を一括して表示してあること。 5　ラミナの厚さの項、第3項の⑴のイの表の（注）の5又は同項の⑵のイの表の（注）の1及び同項の⑶のイの表の（注）の5の実大強度試験又は実証試験を伴うシミュレーション計算等による強度確認を行ったものにあっては、1から4までに規定するもののほか、実大強度試験又は実証試験を伴うシミュレーション計算等を実施した旨の表示をしてあること。 6　第6項の表の（注）のプルーフローダによる強度確認を行ったものにあっては、1から5までに規定するもののほか、プルーフローダによる強度確認を行った旨の表示をしてあること。 7　塗装したものであって、ホルムアルデヒドを含む接着剤及びホルムアルデヒドを放散する塗料を使用していないことを登録認定機関又は登録外国認定機関が認めた場合にあっては、1から6までに規定しているもののほか、非ホルムアルデヒド系接着剤及びホルムアルデヒドを放散しない塗料を使用している旨を表示することができる。 8　塗装していないものであって、ホルムアルデヒドを含む接着剤を使用していないことを登録認定機関又は登録外国認定機関が認めた場合にあっては、1から6までに規定するもののほか、非ホルムアルデヒド系接着剤を使用している旨を表示することができる。		
	表　示　方　法	1　表示事項の項の1の⑴から⑻までに掲げる事項の表示は、次に規定する方法によって行われていること。		

⑴ 品名
　ア　異等級構成集成材のうち対称構成のもの（以下「対称異等級構成集成材」という。）にあっては「異等級構成集成材（対称構成）」とし、このうち特定対称構成のものにあっては「異等級構成集成材（特定対称構成）」と記載すること。異等級構成集成材のうち非対称構成のもの（以下「非対称異等級構成集成材」という。）にあっては「異等級構成集成材（非対称構成）」と、同一等級構成集成材にあっては「同一等級構成集成材」と記載すること。
　イ　大断面集成材にあっては「大断面」と、中断面集成材にあっては「中断面」と、小断面集成材にあっては「小断面」と記載すること。
　ウ　用いられる構造物の部分が特定しているものにあっては、括弧を付して、「小屋組」、「はり」、「柱」等とその用いられる構造物の部分を一般的な呼称で記載すること。
⑵ 強度等級
　別表の強度等級を記載すること。
⑶ 材面の品質
　「１種」、「２種」又は「３種」と記載すること。
⑷ 接着性能
　「使用環境Ａ」、「使用環境Ｂ」又は「使用環境Ｃ」と記載すること。
⑸ 樹種名
　樹種名をその最も一般的な名称をもって記載すること。ただし、複数の樹種を用いた場合は「樹種名」（最外層）、「樹種名」（外層）、「樹種名」（中間層）、「樹種名」（内層）と記載すること。なお、同一樹種が複数の層域にまたがる場合は該当する層をまとめて記載すること。
⑹ 寸法
　短辺、長辺及び材長（通直材以外のものにあっては、短辺及び長辺に限る。）をミリメートル、センチメートル又はメートルの単位で、単位を明記して記載すること。
⑺ ラミナの積層数
　ラミナの積層数を記載すること。
⑻ 検査方法
　別記の３の⑺のアの曲げＡ試験を行うものにあっては、曲げ強度試験を行った旨を記載すること。

２　表示事項の項の２により、使用方向を表示する場合には、上面（荷重を受ける面をいう。以下同じ。）の見やすい位置に、その面が上面である旨を記載すること。

３　表示事項の項の３により、幅はぎ未評価ラミナを使用する場合には「品名」の事項の後に、「（幅はぎ未評価ラミナ使用：中間層）」、「（幅はぎ未評価ラミナ使用：内層）」又は「（幅はぎ未評価ラミナ使用：中間層・内層）」と記載するとともに表示事項の項の２に従った表示を行うこと。

４　表示事項の項の４により、ホルムアルデヒド放散量の表示記号を表示する場合には、次の⑴から⑷までに規定するところにより記載してあること。
⑴ 別記の３の⑼のホルムアルデヒド放散量試験による試験結果がホルムアルデヒド放散量（ホルムアルデヒド放散量についての表示をしてあるものに限る。）の項基準の欄の表Ｆ☆☆☆☆と表示するものの項に該当するときは、「Ｆ☆☆☆☆」と記載すること。
⑵ 別記の３の⑼のホルムアルデヒド放散量試験による試験結果がホルムアルデヒド放散量（ホルムアルデヒド放散量についての表示をしてあるものに限る。）の項基準の欄の表Ｆ☆☆☆と表示するものの項に該当するときは、「Ｆ☆☆☆」と記載すること。
⑶ 別記の３の⑼のホルムアルデヒド放散量試験による試験結果がホルムアルデヒド放散量（ホルムアルデヒド放散量についての表示をしてあるものに限る。）の項基準の欄の表Ｆ☆☆と表示するものの項に該当するときは、「Ｆ☆☆」と記載すること。
⑷ 別記の３の⑼のホルムアルデヒド放散量試験による試験結果がホルムアルデヒド放散量（ホルムアルデヒド放散量についての表示をしてあるものに限る。）の項基準の欄の表Ｆ☆Ｓと表示するものの項に該当するときは、「Ｆ☆Ｓ」と記載すること。

５　表示事項の項の５により、実大強度試験又は実証試験を伴うシミュレーション計算による強度確認を行った旨の表示をする場合であって、実大曲げ試験を実施したものにあっては、「実大曲げ試験を伴うシミュレーション計算による強度確認を実施」等と、実証試験を伴うシミュレーション計算による強度確認を行ったものにあっては「実証試験を伴うシミュレーション計算による強度確認を実施」等と、実証試験を伴うシミュレーション計算の必要のないものにあっては、「実大曲げ試験による強度確認を実施」等と記載すること。

６　表示事項の項の６により、プルーフローダによる強度確認を行った旨の表示をする場合にあっては、「プルーフローダによる強度確認を実施」と記載すること。

７　表示事項の項の７により、非ホルムアルデヒド系接着剤及びホルムアルデヒドを放散しない塗料を使用している旨の表示をする場合には、「非ホルムアルデヒド系接着剤及びホルムアルデヒドを放散しない塗料を使用」と記載すること。

		8 表示事項の項の 8 により、非ホルムアルデヒド系接着剤である旨の表示をする場合には、「非ホルムアルデヒド系接着剤使用」と記載すること。 9 表示事項の項の 1 に規定する事項の表示は、別記様式により、各個又は各こりに見やすい箇所にしてあること。
	表示禁止事項	第 3 条第 1 項の表表示禁止事項の項に同じ。

2 前項のラミナの品質の基準は、次のとおりとする。
 (1) 目視区分によるもの
  ア ラミナの品質の基準

事　　項		基　　　　　　　　準			
		1 等	2 等	3 等	4 等
強度性能 (対称異等級構成集成材の外層用ラミナ、非対称異等級構成集成材の引張り側の外層用ラミナ及び同一等級構成集成材のラミナに限る。)		1 長さ方向に接着しないもの 　別記 1 により採取した試料ラミナについて、別記の 3 の(7)のイの曲げB試験の結果が次の(1)及び(2)の要件を満たすこと。 (1) 試料ラミナの曲げヤング係数の平均値がイの表の平均値の欄に掲げる数値以上であること。 (2) 試料ラミナの 95%以上の曲げヤング係数がイの表の下限値の欄に掲げる数値以上であること。 2 長さ方向に接着したもの 　別記 1 により採取した試料ラミナについて、別記の 3 の(7)のウの曲げC試験又は(8)の引張り試験の結果が次の(1)及び(2)又は(3)及び(4)の要件を満たすこと。 (1) 試験片の曲げ強さの平均値がイの表の平均値の欄に掲げる数値以上であること。 (2) 試験片の 95%以上の曲げ強さがイの表の下限値の欄に掲げる数値以上であること。 (3) 試験片の引張り強さの平均値がイの表の平均値の欄に掲げる数値にウの表の左欄に掲げる試験片の幅方向の辺長の区分に応じた同表の右欄に掲げる係数を乗じて得た数値以上であること。 (4) 試験片の 95%以上の引張り強さがイの表の下限値の数値にウの表の左欄に掲げる試験片の幅方向の辺長の区分に応じた同表の右欄に掲げる係数を乗じて得た数値以上であること。			
節及び穴	集中節径比	20%以下であること。	30%以下であること。	40%以下であること。	50%以下であること。
	幅面の材縁部の節径比	17%以下であること。	25%以下であること。	33%以下であること。	50%以下であること。
繊維走向の傾斜比		16 分の 1 以下であること。	14 分の 1 以下であること。	12 分の 1 以下であること。	8 分の 1 以下であること。
腐　　　　れ		ないこと。	同左	同左	同左
割　　　　れ		目立たない程度の微小の割れであること。	同左	同左	割れの幅が極めて小さく、長さが 50mm以下であること。
変　　　　色		目立たない程度であること。	同左	同左	同左
逆　　　　目		目立たない程度であること。	同左	同左	同左
平均年輪幅(ラジアタパインを除く。)		6mm 以下であること。	同左		
髄心部又は髄(ラジアタパイン	幅が 19cm 未満のもの	髄の中心から半径 50mm 以内の部分の年輪界がないこと。	同左	同左	厚さに係る材面における髄の長さが材の長さの 4 分の 1 以下であること。
	幅が 19cm 以上のもの	幅に係る材面における材縁から材幅の 3	同左	同左	厚さに係る材面における髄の長さが材の

に限る。)	分の1の距離までの部分において髄の中心から半径50mm以内の部分の年輪界がないこと。			長さの4分の1以下であること。
その他の欠点	極めて軽微であること。	同左	同左	軽微であること。

(注) 1　集中節径比とは、15cmの長さの材面に存する節及び穴の径のその存する材面の幅に対する百分率の合計をいう。
　　 2　繊維走向の傾斜比とは、ラミナの長さ方向に対する繊維走向の傾斜の高さの比をいう。
　　 3　材縁部とは、りょう線から10mm（幅方向に調整された乾燥済みラミナの場合は5mm）の距離までの範囲をいう。
　　 4　髄心部は、次の図に示す方法によって、透明なプラスチックの板等に半径が50mmから100mmまで5mm単位に半円を描いた器具等（以下「測定器具」という。）を用いて、木口面上の最も髄に近い年輪界の上に測定器具の半径が50mmの曲線の部分を合致させ、測定器具の半径が50mmから100mmまでの曲線の間における年輪界と測定器具の曲線とを対比して測定する。

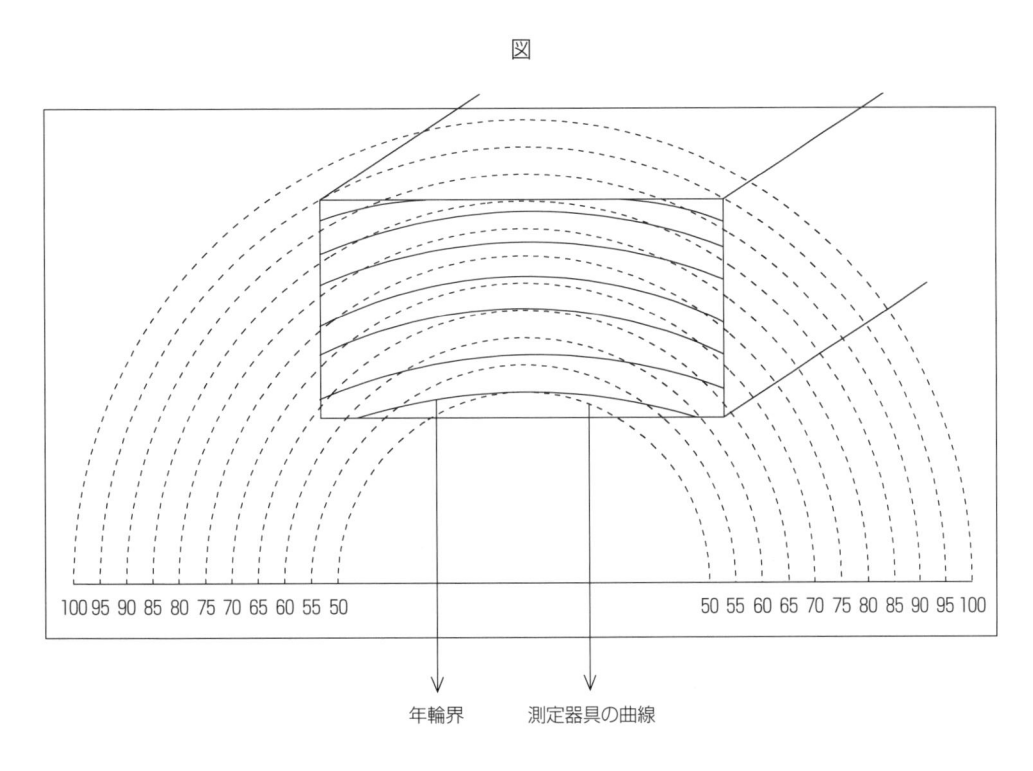

図

100 95 90 85 80 75 70 65 60 55 50　　　50 55 60 65 70 75 80 85 90 95 100

年輪界　　測定器具の曲線

イ　ラミナの強度性能の基準

樹種群	樹種名	目視等級区分ラミナ 上段　曲げヤング係数（GPa又は10³N/mm²） 中断　曲げ強さ（MPa又はN/mm²） 下段　引張り強さ（MPa又はN/mm²）					
		1等		2等		3等	
		平均値	下限値	平均値	下限値	平均値	下限値
A	アピトン	16.0 63.0 37.5	13.0 47.5 28.0	14.0 54.0 32.0	11.5 40.5 24.0	12.5 48.5 28.5	10.5 36.5 21.5
B	イタヤカエデ、カバ、ブナ、ミズナラ、ケヤキ、ダフリカカラマツ、サザンパイン及びベイマツ	14.0 54.0 32.0	11.5 40.5 24.0	12.5 48.5 28.5	10.5 36.5 21.5	11.0 45.0 26.5	9.5 34.0 20.0

C	ヒノキ、ヒバ、カラマツ、アカマツ、クロマツ及びベイヒ	12.5 48.5 28.5	10.5 36.5 21.5	11.0 45.0 26.5	9.5 34.0 20.0	10.0 42.0 24.5	8.5 31.5 18.5
D	ツガ、タモ、シオジ、ニレ、アラスカイエローシダー、ラジアタパイン及びベイツガ	11.0 45.0 26.5	9.5 34.0 20.0	10.0 42.0 24.5	8.5 31.5 18.5	9.0 39.0 23.5	7.5 29.5 17.5
E	モミ、トドマツ、エゾマツ、ベイモミ、スプルース、ロッジポールパイン、ベニマツ、ポンデローサパイン、オウシュウアカマツ、ジャックパイン及びラワン	10.0 42.0 24.5	8.5 31.5 18.5	9.0 39.0 23.5	7.5 29.5 17.5	8.0 36.0 21.5	6.5 27.0 16.0
F	スギ、ベイスギ及びホワイトサイプレスパイン	9.0 39.0 23.5	7.5 29.5 17.5	8.0 36.0 21.5	6.5 27.0 16.0	7.0 33.0 20.0	6.0 25.0 15.0

ウ 係数

試験片の幅方向の辺長（mm）	係　数
150以下	1.00
150超　　200以下	0.95
200超　　250以下	0.90
250超	0.85

(2) 等級区分機によるもの

ア　ラミナの品質の基準

事　項	基　　　　　準
強度性能	（MSR区分したもの） 1　区分されたラミナの全ての曲げヤング係数がイの表の左欄に掲げる機械区分による等級に応じ、それぞれ同表の中欄に掲げる数値以上であること。 2　対称異等級構成集成材の最外層用ラミナ及び外層用ラミナ、非対称異等級構成集成材の引張り側の最外層用ラミナ及び外層用ラミナ並びに同一等級構成集成材において、別記1により採取したラミナにあっては、1に加えて別記の3の(7)のウの曲げC試験又は(8)の引張り試験の結果、イの表の左欄に掲げる機械区分による等級に応じ、それぞれ同表の右欄に掲げる曲げ強さ又は引張り強さが以下の要件を満たすこと。 (1)　試験片の曲げ強さの平均値がイの表に掲げる数値以上であること。 (2)　試験片の95％以上の曲げ強さの下限値がイの表に掲げる数値以上であること。 (3)　試験片の引張り強さの平均値がイの表に掲げる数値にウの表の左欄に掲げる試験片の幅方向の辺長の区分に応じた同表の右欄に掲げる係数を乗じて得た数値以上であること。 (4)　試験片の95％以上の引張り強さの下限値がイの表に掲げる数値にウの表の左欄に掲げる試験片の幅方向の辺長の区分に応じた同表の右欄に掲げる係数を乗じて得た数値以上であること。 3　この区分によるラミナは、長さ方向の平均ヤング係数が、基準値以上であり、かつ、長さ方向の最小ヤング係数に対応した曲げ強さ又は引張り強さが基準以上であることを一定の採取頻度で検査を行って確認されたものとする。 （機械等級区分したもの） 4　1と同じ。 5　対称異等級構成集成材の最外層用ラミナ及び外層用ラミナ、非対称異等級構成集成材の引張り側の最外層用ラミナ及び外層用ラミナ並びに同一等級構成集成材において、長さ方向に接着したものにあっては、1に加えて別記1により採取した試料ラミナについて2の基準を満足すること。
腐　れ	ないこと。
割　れ	目立たない程度の微少の割れであること。
変　色	目立たない程度であること。
逆　目	目立たない程度であること。
材の両端部の品質 （MSR区分に限る。）	等級区分機による測定のできない両端部における節、穴等の強度を低減させる欠点の相当径比が、中央部（等級区分機による測定を行った部分）にあるものの相当径比より大きくないこと。又は、相当径比が次の表の右欄に掲げる数値以下であること。

	異等級構成集成材の最外層用、外層用ラミナ	17%
	異等級構成集成材の中間層用ラミナ	25%
	異等級構成集成材の内層用ラミナ	33%
	同一等級構成集成材のラミナ	17%
その他の欠点	極めて軽微であること。	

(注) 相当径比とは、欠点を木口面に投影したときの面積のその木口面に対する割合をいう。

イ ラミナの強度性能の基準

機械区分による等級	曲げヤング係数（GPa又は10^3N/mm^2）	曲げ強さ（MPa又はN/mm^2）		引張り強さ（MPa又はN/mm^2）	
		平均値	下限値	平均値	下限値
L200	20.0	81.0	61.0	48.0	36.0
L180	18.0	72.0	54.0	42.5	32.0
L160	16.0	63.0	47.5	37.5	28.0
L140	14.0	54.0	40.5	32.0	24.0
L125	12.5	48.5	36.5	28.5	21.5
L110	11.0	45.0	34.0	26.5	20.0
L100	10.0	42.0	31.5	24.5	18.5
L 90	9.0	39.0	29.5	23.5	17.5
L 80	8.0	36.0	27.0	21.5	16.0
L 70	7.0	33.0	25.0	20.0	15.0
L 60	6.0	30.0	22.5	18.0	13.5
L 50	5.0	27.0	20.5	16.5	12.0
L 40	4.0	24.0	18.0	14.5	10.5
L 30	3.0	21.0	16.0	12.5	9.5

ウ 係数

試験片の幅方向の辺長（mm）	係数
150以下	1.00
150超 200以下	0.95
200超 250以下	0.90
250超	0.85

3 第1項の積層接着するラミナの品質の構成の基準は、次のとおりとする。

(1) 対称異等級構成集成材

ア 最外層用ラミナ

別表の(1)の左欄に掲げる強度等級のうち格付しようとする強度等級に応じた同表の右欄に掲げる最外層用ラミナの機械区分による等級及び前項(1)のイの表の樹種群（以下「樹種群」という。）に応じ、最外層用ラミナを次の表のとおり1級から5級まで区分する。

等級区分機による等級	樹種群					
	A	B	C	D	E	F
L200	1級					
L180	2級	1級				
L160	3級	2級	1級			
L140	4級	3級	2級	1級		
L125		4級	3級	2級	1級	
L110			4級	3級	2級	1級
L100				4級	3級	2級

L 90					4級	3級
L 80						4級
L 70						5級
L 60						
L 50						
L 40						
L 30						

イ ラミナの品質の構成

ラミナの品質の構成の基準は、次の表のとおりとする。

		最外層用ラミナ	外層用ラミナ	中間層用ラミナ	内層用ラミナ
最外層用ラミナが1級の場合	目視区分によるもの	使用不可	使用不可	使用不可	3等以上
	等級区分機によるもの	G	△1G以上	△2G以上	△4G以上
	幅面の材縁部の節径比	17%以下	MSR区分以外は、17%以下	MSR区分以外は、25%以下	MSR区分以外は、33%以下
最外層用ラミナが2級の場合	目視区分によるもの	使用不可	使用不可	3等以上	4等以上
	等級区分機によるもの	G	△1G以上	△2G以上	△4G以上
	幅面の材縁部の節径比	17%以下	MSR区分以外は、25%以下	MSR区分以外は、33%以下	MSR区分以外は、50%以下
最外層用ラミナが3級の場合	目視区分によるもの	使用不可	2等以上	3等以上	4等以上
	等級区分機によるもの	G	△1G以上	△2G以上	△4G以上
	幅面の材縁部の節径比	17%以下	MSR区分以外は、25%以下	MSR区分以外は、33%以下	MSR区分以外は、50%以下
最外層用ラミナが4級の場合	目視区分によるもの	使用不可	3等以上	3等以上	4等以上
	等級区分機によるもの	G	△1G以上	△2G以上	△4G以上
	幅面の材縁部の節径比	25%以下	MSR区分以外は、33%以下	MSR区分以外は、33%以下	MSR区分以外は、50%以下
最外層用ラミナが5級の場合	目視区分によるもの	使用不可	3等以上	3等以上	4等以上
	等級区分機によるもの	G	△1G以上	△2G以上	△4G以上
	幅面の材縁部の節径比	25%以下	MSR区分以外は、33%以下	MSR区分以外は、33%以下	MSR区分以外は、50%以下

(注) 1 Gは、最外層用ラミナのアの表の機械区分による等級をいう。
   2 △1G、△2G、△3G及び△4Gは、Gよりそれぞれ1等級、2等級、3等級及び4等級下位のアの表の機械区分による等級をいう。
   3 等級区分機によるラミナのみを用いる場合は、アの表の各樹種群の1級より1つ上位の等級区分機による等級のラミナを最外層用ラミナに用い、最外層用ラミナが1級の場合のラミナの品質の構成に準じて構造用集成材を製造することができる。
   4 MSR区分によるラミナのみを用いる場合は、アの表の各樹種群にかかわらず、最外層用ラミナの等級区分機による等級に応じ、最外層用ラミナが1級の場合のラミナの品質の構成に準じて構造用集成材を製造することができる。なお、この場合、接着性能について実証試験により該当する使用環境に対する適合が確認されていること。
   5 構造用集成材の実大強度試験又は実証試験を伴うシミュレーション計算によって強度等級が確認されている場合は、当該構造用集成材は、この項の基準に適合したものとみなすことができる。

(2) 特定対称異等級構成集成材

ア MSR区分によるラミナ

別表の(2)に掲げる強度等級のうち格付しようとする強度等級に応じた同表に掲げる最外層用ラミナの等級区分機による等級に応じ、ラミナを次の表のとおりL200からL30までに区分する。

等級区分機による等級
L 200
L 180
L 160
L 140
L 125
L 110
L 100
L 90
L 80
L 70
L 60
L 50
L 40
L 30

　イ　ラミナの品質の構成

　　ラミナの品質の構成の基準は、次の表のとおりとする。

表示等級	最外層用ラミナ	外層用ラミナ	中間層用ラミナ	内層用ラミナ
ＭＥ120-Ｆ330	L 160以上	L 160以上	L 110以上	L 30以上
ＭＥ105-Ｆ300	L 140以上	L 140以上	L 100以上	L 30以上
ＭＥ 95-Ｆ270	L 125以上	L 125以上	L 90以上	L 30以上
ＭＥ 85-Ｆ255	L 110以上	L 110以上	L 80以上	L 30以上

（注）　1　構造用集成材の実大強度試験又は実証試験を伴うシミュレーション計算によって強度等級が確認されている場合は、当該構造用集成材は、この項の基準に適合したものとみなすことができる。
　　　　2　接着性能については、実証試験により該当する使用環境に対する適合が確認されていること。

(3)　非対称異等級構成集成材

　ア　引張り側最外層用ラミナ

　　別表の(1)の中欄に掲げる強度等級のうち格付しようとする強度等級に応じた同表の右欄に掲げる引張り側最外層用ラミナの機械区分による等級及び樹種群に応じ、引張り側最外層用ラミナを次の表のとおり1級から5級までに区分する。

等級区分機による等級	樹種群					
	A	B	C	D	E	F
L 200	1級					
L 180	2級	1級				
L 160	3級	2級	1級			
L 140	4級	3級	2級	1級		
L 125		4級	3級	2級	1級	
L 110			4級	3級	2級	1級
L 100				4級	3級	2級
L 90					4級	3級

L 80						4級
L 70						5級
L 60						
L 50						
L 40						
L 30						

イ　ラミナの品質の構成

ラミナの品質の構成の基準は、次の表のとおりとする。

		圧縮側				引張り側			
		最外層用ラミナ	外層用ラミナ	中間層用ラミナ	内層用ラミナ	内層用ラミナ	中間層用ラミナ	外層用ラミナ	最外層用ラミナ
引張り側最外層用ラミナが1級の場合	目視区分によるもの	2等以上	2等以上	3等以上	3等以上	3等以上	使用不可	使用不可	使用不可
	等級区分機によるもの	△2G以上	△2G以上	△3G以上	△4G以上	△4G以上	△2G以上	△1G以上	G
	幅面の材縁部の節径比	MSR区分以外は、25%以下	MSR区分以外は、25%以下	MSR区分以外は、33%以下	MSR区分以外は、33%以下	MSR区分以外は、33%以下	MSR区分以外は、25%以下	MSR区分以外は、17%以下	17%以下
引張り側最外層用ラミナが2級の場合	目視区分によるもの	3等以上	3等以上	4等以上	4等以上	4等以上	3等以上	使用不可	使用不可
	等級区分機によるもの	△2G以上	△2G以上	△3G以上	△4G以上	△4G以上	△2G以上	△1G以上	G
	幅面の材縁部の節径比	MSR区分以外は、33%以下	MSR区分以外は、33%以下	MSR区分以外は、50%以下	MSR区分以外は、50%以下	MSR区分以外は、50%以下	MSR区分以外は、33%以下	MSR区分以外は、25%以下	17%以下
引張り側最外層用ラミナが3級の場合	目視区分によるもの	3等以上	3等以上	4等以上	4等以上	4等以上	3等以上	2等以上	使用不可
	等級区分機によるもの	△2G以上	△2G以上	△3G以上	△4G以上	△4G以上	△2G以上	△1G以上	G
	幅面の材縁部の節径比	MSR区分以外は、33%以下	MSR区分以外は、33%以下	MSR区分以外は、50%以下	MSR区分以外は、50%以下	MSR区分以外は、50%以下	MSR区分以外は、33%以下	MSR区分以外は、25%以下	17%以下
引張り側最外層用ラミナが4級の場合	目視区分によるもの	3等以上	3等以上	4等以上	4等以上	4等以上	3等以上	3等以上	使用不可
	等級区分機によるもの	△2G以上	△2G以上	△3G以上	△4G以上	△4G以上	△2G以上	△1G以上	G
	幅面の材縁部の節径比	MSR区分以外は、33%以下	MSR区分以外は、33%以下	MSR区分以外は、50%以下	MSR区分以外は、50%以下	MSR区分以外は、50%以下	MSR区分以外は、33%以下	MSR区分以外は、33%以下	25%以下
引張り側最外層用ラミナが5級の場合	目視区分によるもの	3等以上	3等以上	4等以上	4等以上	4等以上	3等以上	3等以上	使用不可
	等級区分機によるもの	△2G以上	△2G以上	△3G以上	△4G以上	△4G以上	△2G以上	△1G以上	G
	幅面の材縁部の節径比	MSR区分以外は、33%以下	MSR区分以外は、33%以下	MSR区分以外は、50%以下	MSR区分以外は、50%以下	MSR区分以外は、50%以下	MSR区分以外は、33%以下	MSR区分以外は、33%以下	25%以下

（注）　1　Gは、引張り側最外層用ラミナのアの表の機械区分による等級をいう。
　　　　2　△1G、△2G、△3G及び△4Gは、Gよりそれぞれ1等級、2等級、3等級及び4等級下位のアの表の機械区分による等級をいう。

3 機械区分によるラミナのみを用いる場合は、アの表の各樹種群の1級より1つ上位の機械区分による等級のラミナを引張り側の最外層用ラミナに用い、引張り側最外層用ラミナが1級の場合のラミナの品質の構成に準じて構造用集成材を製造することができる。

4 MSR区分によるラミナのみを用いる場合は、アの表の各樹種群にかかわらず、引張り側の最外層用ラミナの機械区分による等級に応じ、引張り側最外層用ラミナが1級の場合のラミナの品質の構成に準じて構造用集成材を製造することができる。なお、この場合、接着性能について実証試験により該当する使用環境に対する適合が確認されていること。

5 構造用集成材の実大強度試験又は実証試験を伴うシミュレーション計算によって強度等級が確認されている場合は、当該構造用集成材は、この項の基準に適合したものとみなすことができる。

(4) 同一等級構成集成材

ア ラミナ

a 目視区分によるラミナ

別表の(3)に掲げる強度等級のうち格付しようとする強度等級に応じた同表に掲げるラミナの目視区分による等級及び樹種群に応じ、ラミナを次の表のとおり1級から3級までに区分する。

目視区分による等級	樹種群					
	A	B	C	D	E	F
1等	1級	1級	1級	1級	1級	1級
2等	2級	2級	2級	2級	2級	2級
3等	3級	3級	3級	3級	3級	3級

b 等級区分機によるラミナ

別表の(3)に掲げる強度等級のうち格付しようとする強度等級に応じた同表に掲げるラミナの等級区分機による等級及び樹種群に応じ、ラミナを次の表のとおり1級から4級までに区分する。

等級区分機による等級	樹種群					
	A	B	C	D	E	F
L200	1級					
L180	1級	1級				
L160	1級	1級	1級			
L140	2級	1級	1級	1級		
L125	3級	2級	1級	1級	1級	
L110		3級	2級	1級	1級	1級
L100			3級	2級	1級	1級
L 90				3級	2級	1級
L 80					3級	2級
L 70						3級
L 60						4級

イ ラミナの品質の構成

ラミナの品質の構成の基準は、次の表のとおりとする。

	ラ ミ ナ	
ラミナが1級の場合	目視区分によるラミナ	1等以上
	等級区分機によるラミナ	G
	幅面の材縁部の節径比	MSRラミナ以外は、17%以下
ラミナが2級の場合	目視区分によるラミナ	2等以上
	等級区分機によるラミナ	G

	幅面の材縁部の節径比	MSRラミナ以外は、25％以下
ラミナが3級の場合	目視区分によるラミナ	3等以上
	等級区分機によるラミナ	G
	幅面の材縁部の節径比	MSRラミナ以外は、33％以下
ラミナが4級の場合	目視区分によるラミナ	使用不可
	等級区分機によるラミナ	G
	幅面の材縁部の節径比	MSRラミナ以外は、33％以下

（注） Gは、ラミナのアのbの表の等級区分機による等級をいう。

4 第1項の材面の品質の基準は、次のとおりとする。

事　項	基　準		
	1 種	2 種	3 種
塗　装　の　状　態	良好であること。	同左	同左
節（生き節を除く。）、穴、やにつぼ、やにすじ、入り皮、割れ、逆目、欠け、きず及び接合の透き間	ないこと又は埋め木若しくは合成樹脂等を充てんすることにより巧みに補修されていること。	目立たず、利用上支障のない程度であること。	
変　色　及　び　汚　染	材固有の色沢に調和し、その様相が整っていること。	目立たない程度のものであること。	同左
削り残し、接着剤のはみ出し及び丸身	ないこと。	同左	1　削り残し及び接着剤のはみ出しについては、局部的で目立たない程度であること。 2　丸身については、その寸法が極めて小さく、目立たない程度であること。

5 第1項の湾曲部の最小曲率半径の基準は、次のとおりとする。

　湾曲部の最小曲率半径（湾曲部の最も内側のラミナの曲率半径が最小となっている部分における当該曲率半径をいう。）が次の表の数値以上であること。

（単位：mm）

最も厚いラミナの厚さ	湾曲部の最小曲率半径			
	ラミナの樹種が第1項接着の程度の項基準の欄の表の樹種区分の番号の5又は6に該当するもののみである場合		左以外の場合	
	部分的湾曲の場合	左以外の場合	部分的湾曲の場合	左以外の場合
5	500	525	600	625
10	1,080	1,300	1,280	1,540
15	1,770	2,280	2,070	2,670
20	2,480	3,400	3,000	4,000
25	3,500	4,750	4,125	5,625
30	4,650	6,300	5,490	7,440
35	5,950	8,050	7,140	9,450
40	7,480	9,920	9,000	11,600
45	9,360	11,925	11,115	13,950
50	11,750	14,000	13,500	16,500

（注） 部分的湾曲の場合とは、構造用集成材の長さ方向の湾曲部分が集成材の一部分であり、それ以外の部分は通直である場合をいう。

6 第1項の隣接するラミナの長さ方向の接着部の間隔等の基準は、次のとおりとする。

区　分　＼　ラミナの種類	スカーフジョイント（スカーフ傾斜比が1/7.5以下のものをいう。）を用いたもの	フィンガージョイント（スカーフ傾斜比が1/7.5以下、かん合度が0.1mm以上、フィンガー長さが10.5mm（内層用）又は12.0mm（内層用以外）以上のものをいう。）を用いたもの
はり等高い曲げ性能を必要とする部分のみに用いられるものであることが明らかである場合	最外層用ラミナ並びに外層用ラミナ（非対称異等級構成集成材にあっては、引張り側の最外層用ラミナ及び外層用ラミナに限る。）及びこれに隣接するラミナにおいて、それぞれのラミナの接着部が重ならないこと。	最外層用ラミナ並びに外層用ラミナ（非対称異等級構成集成材にあっては、引張り側の最外層用ラミナ及び外層用ラミナに限る。）及びこれに隣接するラミナにおいて、それぞれのラミナの接着部が15cm以上離れていること。
柱等高い圧縮強さを必要とする部分のみに用いられるものであることが明らかである場合	隣接するラミナにおいて、それぞれのラミナの接着部が重ならないこと。	同左
上記以外の場合	隣接するラミナにおいて、それぞれのラミナの接着部が重ならないこと。	隣接するラミナにおいて、それぞれのラミナの接着部が15ｃｍ以上離れていること。

（注）　長さ方向に接着されたラミナがプルーフローダによって十分な強度を有することが確認されている場合、当該構造用集成材は、この項の基準に適合したものとみなすことができる。

別表
(1) 異等級構成集成材（対称構成及び非対称構成）

対称異等級構成集成材の強度等級	非対称異等級構成集成材の強度等級	最外層用ラミナの等級区分機による等級
Ｅ170−Ｆ495	Ｅ160−Ｆ480	Ｌ200
Ｅ150−Ｆ435	Ｅ140−Ｆ420	Ｌ180
Ｅ135−Ｆ375	Ｅ125−Ｆ360	Ｌ160
Ｅ120−Ｆ330	Ｅ110−Ｆ315	Ｌ140
Ｅ105−Ｆ300	Ｅ100−Ｆ285	Ｌ125
Ｅ　95−Ｆ270	Ｅ　90−Ｆ255	Ｌ110
Ｅ　85−Ｆ255	Ｅ　80−Ｆ240	Ｌ100
Ｅ　75−Ｆ240	Ｅ　70−Ｆ225	Ｌ　90
Ｅ　65−Ｆ225	Ｅ　60−Ｆ210	Ｌ　80
Ｅ　65−Ｆ220	Ｅ　60−Ｆ205	Ｌ　80
Ｅ　55−Ｆ200	Ｅ　50−Ｆ170	Ｌ　70

（注）　1　Ｅ65−Ｆ225のラミナの品質の構成については、内層にＬ50を使用する場合に限る。
　　　　2　Ｅ60−Ｆ210のラミナの品質の構成については、圧縮側の内層及び引張り側の内層にＬ50を使用する場合に限る。

(2) 異等級構成集成材（特定対称構成）

特定対称異等級構成集成材の強度等級	最外層用ラミナの等級区分機による等級
ＭＥ120−Ｆ330	Ｌ160以上
ＭＥ105−Ｆ300	Ｌ140以上
ＭＥ　95−Ｆ270	Ｌ125以上
ＭＥ　85−Ｆ255	Ｌ110以上

(3) 同一等級構成集成材

4枚以上の同一等級構成集成材の強度等級	3枚の同一等級構成集成材の強度等級	2枚の同一等級構成集成材の強度等級	ラミナの等級						
			目視区分による等級						機械区分による等級
			樹種群A	樹種群B	樹種群C	樹種群D	樹種群E	樹種群F	
E190–F615	E190–F555	E190–F510							L200
E170–F540	E170–F495	E170–F450							L180
E150–F465	E150–F435	E150–F390	1等						L160
E135–F405	E135–F375	E135–F345	2等	1等					L140
E120–F375	E120–F330	E120–F300	3等	2等	1等				L125
E105–F345	E105–F300	E105–F285		3等	2等	1等			L110
E 95–F315	E 95–F285	E 95–F270			3等	2等	1等		L100
E 85–F300	E 85–F270	E 85–F255				3等	2等	1等	L 90
E 75–F270	E 75–F255	E 75–F240					3等	2等	L 80
E 65–F255	E 65–F240	E 65–F225						3等	L 70
E 55–F225	E 55–F225	E 55–F200							L 60

(化粧ばり構造用集成柱の規格)

第6条　化粧ばり構造用集成柱の規格は次のとおりとする。

区分		基　　　準
品質	接着の程度	1　化粧薄板の接着の程度については、別記の3の(1)の浸せきはく離試験の結果、両木口面におけるはく離率が10％以下であり、かつ、同一接着層におけるはく離の長さがそれぞれの長さの3分の1以下であること。 2　ラミナ（化粧薄板を除く。）の積層接着の程度については、次の(1)、(2)及び(4)の要件を満たし、又は次の(3)及び(4)の要件を満たすこと。 　(1)　別記の3の(1)の浸せきはく離試験の結果、両木口面におけるはく離率が5％以下であり、かつ、同一接着層におけるはく離の長さがそれぞれの長さの4分の1以下であること。 　(2)　別記の3の(2)の煮沸はく離試験の結果、両木口面におけるはく離率が5％以下であり、かつ、同一接着層におけるはく離の長さがそれぞれの長さの4分の1以下であること。 　(3)　別記の3の(3)の減圧加圧はく離試験の結果、両木口面におけるはく離率が5％以下であり、かつ、同一接着層におけるはく離の長さがそれぞれの長さの4分の1以下であること。 　(4)　別記の3の(4)のブロックせん断試験の結果、試験片のせん断強さ及び木部破断率が次の表の数値以上であること。ただし、1個の試験片についてのせん断強さ又は木部破断率の一方が次の表の数値以上であり、他方がそれ未満である場合には、当該接着層についての再試験を行うことができる。 | 樹種区分 | せん断強さ(MPa又はN/mm^2) | 木部破断率(％) | |---|---|---| | イタヤカエデ、カバ、ブナ、ミズナラ、ケヤキ及びアピトン | 9.6 | 60 | | タモ、シオジ及びニレ | 8.4 | | | ヒノキ、ヒバ、カラマツ、アカマツ、クロマツ、ベイヒ、ダフリカカラマツ、サザンパイン、ベイマツ及びホワイトサイプレスパイン | 7.2 | | | ツガ、アラスカイエローシダー、ベニマツ、ラジアタパイン及びベイツガ | 6.6 | 65 | | モミ、トドマツ、エゾマツ、ベイモミ、スプルース、ロッジポールパイン、ポンデローサパイン、オウシュウアカマツ、ジャックパイン及びラワン | 6.0 | | | スギ及びベイスギ | 5.4 | 70 |
	含水率	別記の3の(5)の含水率試験の結果、同一試料集成材から採取した試験片の含水率の平均値が15％以下であること。
	表面割れに対する抵抗性	別記の3の(6)の表面割れに対する抵抗性試験の結果、試験片の表面に割れを生ぜず、又は生じても軽微であること。

	ラミナの品質	第3項に規定するラミナの品質の基準に適合すること。
	曲げ性能	別記の3の(7)のエの化粧ばり構造用集成柱の曲げ試験の結果、試料集成材の曲げヤング係数及び曲げ強さが次の表の数値以上であること。 | 樹種群	曲げヤング係数（GPa又は10^3N/mm^2）	曲げ強さ（MPa又はN/mm^2）
アピトン	13.0	46.5
イタヤカエデ、カバ、ブナ、ミズナラ、ケヤキ、ダフリカカラマツ、サザンパイン及びベイマツ	11.5	40.5
ヒノキ、ヒバ、カラマツ、アカマツ、クロマツ及びベイヒ	10.5	37.5
ツガ、タモ、シオジ、ニレ、アラスカイエローシダー、ラジアタパイン及びベイツガ	9.5	34.5
モミ、トドマツ、エゾマツ、ベイモミ、スプルース、ロッジポールパイン、ベニマツ、ポンデローサパイン、オウシュウアカマツ、ジャックパイン及びラワン	8.5	31.5
スギ、ベイスギ及びホワイトサイプレスパイン	7.5	30.0	
	ホルムアルデヒド放散量	第3条第1項の表ホルムアルデヒド放散量の項に同じ。
	見付け材面の品質	第4項に規定する見付け材面の品質の基準に適合すること。
	曲がり、反り及びねじれ	矢高が、集成材の長さ3m当たり1mm以下であること。
	みぞ付け加工、面取り加工及び切削加工	良好であること。
	化粧薄板の厚さ	1.2mm以上であること。
材料	ラミナ	1　ラミナ（化粧薄板を除く。）の積層数が5枚以上であること。 2　ラミナ（化粧薄板を除く。）は等厚であること。ただし、ラミナの厚さの構成が中心軸に対して対称になるようラミナを配列し、かつ、構成層中で最大となるラミナの厚さに対して3分の2以上の範囲で構成する場合は、この限りでない。
	接着剤	1　ラミナ（化粧薄板を除く。）の積層に使用する接着剤が、第2条に定義する使用環境Cの要求性能を満たしているレゾルシノール樹脂及びレゾルシノール・フェノール樹脂、水性高分子イソシアネート系樹脂（JIS K 6806に定める1種1号の性能を満足するもの。以下同じ。）又はこれらと同等以上の性能を有するものであること。 2　ラミナ（化粧薄板を除く。）の長さ方向の接着に使用する接着剤が、使用環境Cの要求性能を満たしているレゾルシノール樹脂及びレゾルシノール・フェノール樹脂、水性高分子イソシアネート系樹脂、メラミン樹脂、メラミンユリア共縮合樹脂又はこれらと同等以上の性能を有するものであること。
	寸法	表示された寸法と測定した寸法との差が次の表の数値以下であること。 （単位：mm） | 区分	表示された寸法と測定した寸法との差	
短辺及び長辺	+1.5	−0.5
材長	+5.0	−0	
表示	表示事項	第4条第1項の表表示事項の項に同じ。
	表示の方法	第4条第1項の表表示の方法の項に同じ。ただし、品名及び樹種名（芯材）の表示は、次に規定する方法により行われていること。 (1)　品名 　　「化粧ばり構造用集成柱」と記載すること。 (2)　樹種名（芯材） 　　樹種名を最も一般的な名称で記載すること。

| 表示禁止事項 | 第3条第1項の表表示禁止事項の項に同じ。 |

2　ラミナを幅方向に接着したものが互いに隣接して積層する化粧ばり構造用集成柱にあっては、当該接着部が互いにラミナの厚さ以上離れていなければならない。

3　第1項のラミナの品質の基準は、次のとおりとする。

事　　項	基　　　　　準
節 及 び 穴	集中節径比が1/4以下であること。
やにつぼ、やにすじ及び入り皮	軽微であること。
繊維走向の傾斜比	1/14以下であること。
腐　　　　　　れ	ないこと。
割　　　　　　れ	極めて軽微であること。
変　　　　　　色	軽微であること。
逆　　　　　　目	軽微であること。
接 合 の 透 き 間	ないこと。
平均年輪幅（ラジアタパインを除く。）	6mm以下であること。
髄心部又は髄（ラジアタパインに限る。）	髄の中心から半径50mm以内の部分の年輪界がないこと。
心持ち（積層方向の両外側から1層のラミナに限る。）	ないこと。
補　　　　　　修	材色又は木理が周囲の材とよく調和し、補修部分の透き間がなく、脱落又は陥没のおそれのないこと。
そ の 他 の 欠 点	極めて軽微であること。

（注）1　集中節径比とは、15cmの長さの材面に存する節及び穴に係る径比の合計をいう。
　　　2　繊維走向の傾斜比とは、ラミナの長さ方向に対する繊維走向の傾斜の高さの比をいう。
　　　3　補修とは、埋木すること又は合成樹脂等を充てんすることをいう。
　　　4　スカーフジョイント又はフィンガージョイントの先端部分の微少な接合の透き間は、欠点として取り扱わない。
　　　5　髄心部は、前条第2項の(1)のアの（注）4図に示す方法によって、測定器具を用いて、木口面上の最も髄に近い年輪界の上に測定器具の半径が50mmの曲線の部分を合致させ、測定器具の半径が50mmから100mmまでの曲線の間における年輪界と測定器具の曲線とを対比して測定する。

4　第1項の見付け材面の品質の基準は、次のとおりとする。

事　　項	基　　　　　準
節	ないこと。
やにつぼ、やにすじ及び入り皮	極めて軽微であること。
欠 け 及 び き ず	ないこと。
腐　　　　　　れ	ないこと。
割　　　　　　れ	ないこと。
変 色 及 び 汚 染	極めて軽微であること。
穴	ないこと。
逆　　　　　　目	ないこと。
ふくれ、しわ、重なり及びはぎ目の透き	ないこと。

色調及び木理の不整	見付け材面のそれぞれの材色及び木理の走向が、おおむね調和していること。
補　　　　　修	補修部分が小部分で、材色又は木理が周囲の材とよく調和し、補修部分の透き間がなく、脱落又は陥没のおそれがないこと。
そ の 他 の 欠 点	極めて軽微であること。

（注）　第3条の造作用集成材の規格の見付け材面の品質の基準の（注）と同じ。

別記

1　試験試料の採取

(1)　浸せきはく離試験、煮沸はく離試験、減圧加圧はく離試験、ブロックせん断試験、含水率試験、表面割れに対する抵抗性試験、曲げA試験（実大試験（集成材をそのまま用いて行う試験をいう。以下同じ。）によるもの、モデル試験体（格付しようとする集成材とラミナの品質の構成を同一とし、縮小した集成材をいう。以下同じ。）によるものを除く。）に供する試験片を切り取るべき集成材又は実大試験による曲げA試験及び化粧ばり構造用集成柱の曲げ試験に供する集成材（以下「試料集成材」と総称する。）は、1荷口から次の表のア又はイの左欄に掲げる集成材の本数に応じ、それぞれ同表の右欄に掲げる本数を任意に抜き取るものとする。

ア　造作用集成材、化粧ばり造作用集成材、化粧ばり構造用集成柱（煮沸はく離試験、減圧加圧はく離試験、ブロックせん断試験及び曲げ試験を除く。）

荷口の集成材の本数		試料集成材の本数	
	200本以下	2本	再試験を行う場合は、左に掲げる本数の2倍の試料集成材を抜き取る。
201本以上	500本以下	3本	
501本以上	1,000本以下	4本	
1,001本以上	3,000本以下	5本	
3,001本以上		6本	

イ　構造用集成材、化粧ばり構造用集成柱（煮沸はく離試験、減圧加圧はく離試験、ブロックせん断試験及び曲げ試験に限る。）

荷口の集成材の本数		試料集成材の本数	
	10本以下	3本	再試験を行う場合は、左に掲げる本数の2倍の試料集成材を抜き取る。
11本以上	20本以下	4本	
21本以上	100本以下	5本	
101本以上	500本以下	6本	
501本以上		7本	

(2)　モデル試験体による曲げA試験に供するモデル試験体は、次の表の左欄に掲げる荷口の集成材の本数に応じ、それぞれ同表の右欄に掲げる本数を作成するものとする。

荷口の集成材の本数		モデル試験体の本数
	10本以下	3本
11本以上	20本以下	4本
21本以上	100本以下	5本
101本以上	500本以下	6本
501本以上		7本

(3)　曲げB試験、曲げC試験及び引張り試験に供するラミナ（以下「試料ラミナ」という。）は、1荷口から次の表の左欄に掲げる荷口のラミナの枚数の区分に応じ、それぞれ同表の右欄に掲げる枚数を任意に抜き取るものとする。

荷口のラミナの枚数	試料ラミナの枚数
90枚以下	5枚
91枚以上　280枚以下	8枚
281枚以上　500枚以下	13枚
501枚以上　1,200枚以下	20枚
1,201枚以上	32枚

(4)　ホルムアルデヒド放散量試験に供する試料集成材は、1荷口から次の表の左欄に掲げる集成材の本数に応じ、それぞれ同表の右欄に掲げる本数の試料集成材を任意に抜き取るものとする。

荷口の集成材の本数	試料集成材の本数
1,000本以下	2本
1,001本以上　2,000本以下	3本
2,001本以上　3,000本以下	4本
3,001本以上	5本

2　試験結果の判定

　　曲げA試験、曲げB試験、曲げC試験、引張り試験及びホルムアルデヒド放散量試験以外の試験にあっては、1荷口から採取された試料集成材から切り取った試験片（含水率試験及び化粧ばり構造用集成柱の曲げ試験にあっては1荷口から採取された試料集成材）のうち、当該試験に係る基準に適合するものの数が90％以上であるときは、その荷口の集成材は当該試験に合格したものとし、70％未満であるときは不合格とする。適合するものの数が70％以上90％未満であるときは、その荷口の集成材について改めて当該試験に要する試料集成材を抜き取って再試験を行い、その結果、適合するものの数が90％以上であるときは当該試験に合格したものとし、90％未満であるときは不合格とする。

3　試験の方法

(1)　浸せきはく離試験

　ア　試験片の作成

　　(ｱ)　造作用集成材、化粧ばり造作用集成材及び化粧ばり構造用集成柱

　　　　試験片は、各試料集成材から木口断面寸法をそのままとした長さ75mmのものを3個ずつ作成する。また、造作用集成材の二次接着部分の試験片にあっては、中央部に接着部を含む木口断面寸法をそのままとした長さ180mmのものを採取する。フィンガー長さが16mm以下の場合は、フィンガーの先端部を切断し、木口に接着層が露出した試験片を1個作成する。フィンガー長さが16mmを超える場合は、フィンガーの中央部を切断して試験片を2個作成する。

　　(ｲ)　構造用集成材

　　　　試験片は、各試料集成材の両端から木口断面寸法をそのままとした長さ75mmのものをそれぞれ1個ずつ作成する。なお、構造用集成材の試験片の積層方向の辺長が250mm以上でラミナの幅方向の辺長が125mm以上のものにあっては、試験片をラミナの厚さ方向の中央部分で接着層に平行に分割できるものとし、その場合、分割は、分割後の各試験片の積層方向の辺長がおおむね等しくなるように行うものとする。

　イ　試験の方法

　　(ｱ)　造作用集成材、化粧ばり造作用集成材及び化粧ばり構造用集成柱

　　　　試験片を室温（10℃～25℃）の水中に6時間浸せきした後、40±3℃（化粧ばり構造用集成柱（化粧薄板を除く。）にあっては、70±3℃）の恒温乾燥器中に入れ、器中の湿気がこもらないようにして質量が試験前の質量の100～110％の範囲となるように乾燥する。

　　　　その後、試験片の両木口面の接着層におけるはく離（はく離の透き間が0.05mm未満のもの及びはく離の長さが3mm未満のものを除く。以下同じ。）の長さを測定し、両木口面におけるはく離率（造作用集成材の二次接着部分の試験片については両木口面を木口面のフィンガージョイント

部分と読み替える。）及び同一接着層（幅はぎ接着層（階段板等製造時に積層接着したものを除く。）を除く。）におけるはく離の長さの合計を算出する。

(注) 1 はく離率は、次の式によって算出する。

$$はく離率（\%）＝\frac{両木口面のはく離の長さの合計}{両木口面の接着層の長さの合計}\times 100$$

2 はく離の長さの測定にあたっては、干割れ、節等による木材の破壊、節が存在する部分のはがれは、はく離とみなさない。

(ｲ) 構造用集成材

試験片を室温（10℃～25℃）の水中に24時間浸せきした後、70±3℃の恒温乾燥器中に入れ、器中に湿気がこもらないようにして質量が試験前の質量の100～110％の範囲となるように乾燥する。ただし、使用環境Aの表示をしてあるものにあっては、上記処理を2回繰り返すものとする。

その後、試験片の両木口面におけるはく離の長さを測定し、両木口面におけるはく離率及び同一接着層（幅はぎ接着層を除く。以下同じ。）におけるはく離の長さの合計を算出する。

(注) 1 はく離率は、次の式によって算出する。

$$はく離率（\%）＝\frac{両木口面のはく離の長さの合計}{両木口面の接着層の長さの合計}\times 100$$

2 はく離の長さの測定にあたっては、干割れ、節等による木材の破壊、節が存在する部分のはがれは、はく離とみなさない。

(2) 煮沸はく離試験

ア 試験片の作成

(1)のアに同じ。

イ 試験の方法

試験片を沸騰水中に4時間浸せきし、更に室温（10℃～25℃）の水中に1時間浸せきした後、水中から取り出した試験片を70±3℃の恒温乾燥器中に入れ、器中に湿気がこもらないようにして質量が試験前の質量の100～110％の範囲となるように乾燥する。ただし、使用環境Aの表示をしてあるものにあっては、上記処理を2回繰り返すものとする。

その後、試験片の両木口面におけるはく離の長さを測定し、両木口面におけるはく離率及び同一接着層におけるはく離の長さの合計を算出する。

(注) 1 はく離率は、次の式によって算出する。

$$はく離率（\%）＝\frac{両木口面のはく離の長さの合計}{両木口面の接着層の長さの合計}\times 100$$

2 はく離の長さの測定にあたっては、干割れ、節等による木材の破壊、節が存在する部分のはがれは、はく離とみなさない。

(3) 減圧加圧はく離試験

ア 試験片の作成

(1)のアに同じ。

イ 試験の方法

試験片を室温（10℃～25℃）の水中に浸せきし、0.085MPaの減圧を5分間行い、更に0.51±0.03MPaの加圧を1時間行う。この処理を2回繰り返した後、試験片を水中から取り出し、70±3℃の恒温乾燥器中に入れ、器中に湿気がこもらないようにして質量が試験前の質量の100～110％の範囲となるように乾燥する。ただし、使用環境Aの表示をしてあるものにあっては、上記処理を2回繰り返すものとする。

その後、試験片の両木口面におけるはく離の長さを測定し、両木口面におけるはく離率及び同一接着層におけるはく離の長さの合計を算出する。

(注) 1　はく離率は、次の式によって算出する。

$$はく離率（\%）＝\frac{両木口面のはく離の長さの合計}{両木口面の接着層の長さの合計}\times100$$

2　はく離の長さの測定にあたっては、干割れ、節等による木材の破壊、節が存在する部分のはがれは、はく離とみなさない。

(4)　ブロックせん断試験

ア　試験片の作成

(ｱ)　化粧ばり構造用集成柱

試験片は、各試料集成材から各積層部の接着層がすべて含まれるように次の図(1)又は図(2)に示す形の試験片を作成する。試験時の試験片の含水率は12%を標準とする。

(ｲ)　構造用集成材

試験片は、各試料集成材の両端からそれぞれ１個ずつ、積層方向にあってはすべての接着層について図(1)又は図(2)に示す形のものを、ラミナの幅方向にあってはすべての接着層について図(3)に示す形のものを作成する。ただし、ラミナの幅方向への荷重がかからないことが明らかな場合には、積層方向の接着層についてのみ作成するものとする。また、幅方向の二次接着にあっては、各試料集成材の両端から、二次接着前のラミナの幅10ｃｍあたり１個の割合で当該二次接着層から必要数を作成し、幅方向及び積層方向の両方の二次接着をしたものにあっては上記の幅方向の二次接着に加え、積層方向の二次接着層の当該長さ10ｃｍあたり１個の割合で当該二次接着層から必要数を作成する。試験時の試験片の含水率は12%を標準とする。

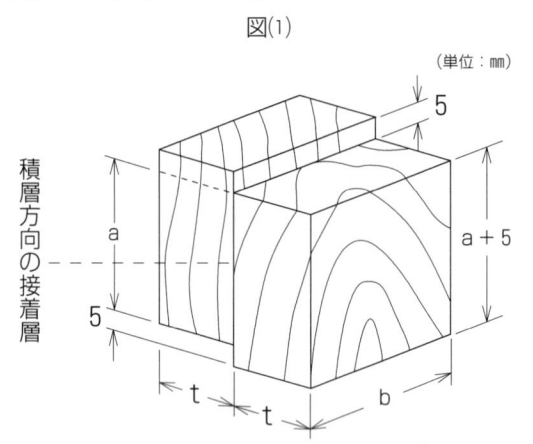

図(1)

（単位：mm）

（注）　a及びbは、25mm以上55mm以下の任意の長さとする。

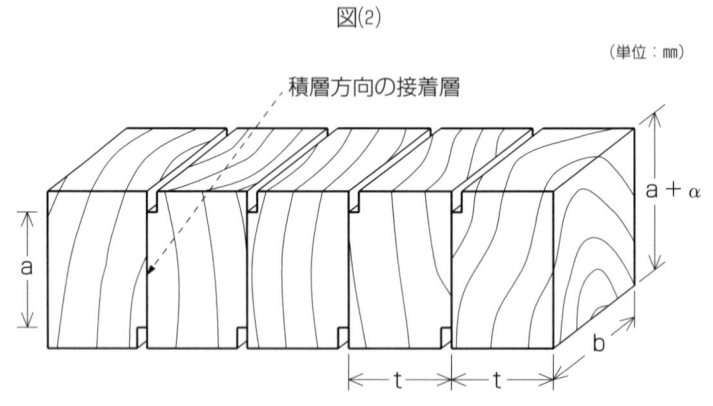

図(2)

（単位：mm）

（注）　aは25mm以上55mm以下の任意の長さとし、αは切り込み深さで使用する装置に合った深さとし、tはラミナの厚さとする。

図(3)

(単位：mm)

ラミナの幅方向の接着層

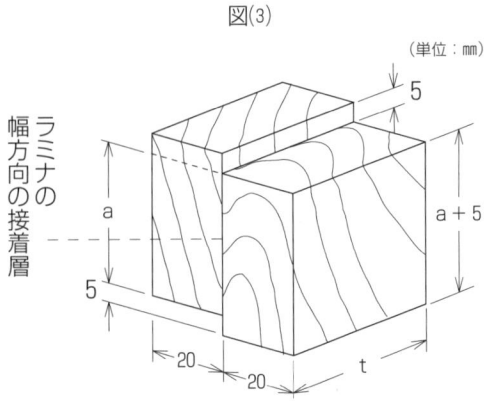

（注）　aは25mm以上55mm以下、tはラミナの厚さ又は厚さをそのままとできない形状のものにあっては、採取可能な最大の長さとする。

イ　試験の方法

　　試験片の破壊時の荷重が試験機の容量の15%から85%に当たる試験機及び試験片のせん断面と荷重軸が平行であって、試験片に回転モーメント等が生じないように設計されたせん断装置を用い、荷重速度毎分約9,800Nを標準として試験片を破断させ、次の式によりせん断強さ及び木部破断率を求める。

$$\text{せん断強さ（MPa又はN／mm}^2） = \frac{\text{試験片が破断したときの荷重（N）}}{\text{接着面積（a×b）(mm}^2)}$$

（注）　接着層に沿って測定部に節、やにつぼその他の欠点が存在する試験片は、測定から除外することができるが、除外された接着層については、その接着層の他の位置から試験片を採取して再試験を行い、その結果を測定するものとする。

(5)　含水率試験

　ア　試験片の作成

　　試験片は、各試料集成材から適当な大きさのものを２個ずつ作成する。

　イ　試験の方法

　　試験片の質量を測定し、これを乾燥器中で100℃から105℃で乾燥し、恒量に達したと認められるとき（６時間ごとに測定したときの質量の差が試験片質量の0.1%以下のとき、又はそれが判断できる状態をいう。）の質量（以下「全乾質量」という。）を測定する。次の式によって0.1%の単位まで含水率を算出し、同一試料集成材から作成された試験片の含水率の平均値を0.5%の単位まで算出する。ただし、これ以外の方法によって試験片の適合基準を満たすかどうかを明らかに判定できる場合は、その方法によることができる。

$$\text{含水率（\%）} = \frac{W_1 - W_2}{W_2} \times 100$$

　　W_1は、乾燥前の質量（g）

　　W_2は、全乾質量（g）

(6)　表面割れに対する抵抗性試験

　ア　試験片の作成

　　試験片は、各試料集成材から木口断面寸法をそのままとした長さ150mmのものを２個ずつ作成する。

　イ　試験の方法

　　　　　試験片の木口面にゴム系接着剤を用いてアルミ箔をはり付けた後、60±3℃の恒温乾燥器中で24時間乾燥する。
　(7)　曲げ試験
　　ア　曲げA試験
　　　(ｱ)　試験片又はモデル試験体の作成
　　　　　通直の集成材で等断面のもの（実大試験を行うことが困難なものを除く。）にあっては各試料集成材をそのまま用い、それ以外のものにあっては(a)の試験片を各試料集成材の厚さ方向の両外側からそれぞれ1個ずつ又は(b)のモデル試験体を作成する。試験時の試験片の含水率は12%を標準とする。
　　　　　a　試験片にあっては、次のとおりであること。
　　　　　　・　厚さは、試料集成材の厚さの1／2であること。
　　　　　　・　幅は、試料集成材の幅の1／2以上であること。
　　　　　　・　長さは、試験片の厚さの20倍以上であること。
　　　　　　・　試料集成材の最も外側のラミナに長さ方向の接着部分があるときは、当該接着部分を含めて試験片を作成すること。
　　　　　b　モデル試験体にあっては、次のとおりであること。
　　　　　　・　ラミナの品質の構成が試料集成材と同一のものであること。
　　　　　　・　厚さが300mm程度のものであること。
　　　　　　・　幅が試料集成材と同一のものであること。
　　　(ｲ)　試験の方法
　　　　　図(4)に示す方法によって、比例域における上限荷重及び下限荷重、これらに対応するたわみ並びに最大荷重を測定し、曲げヤング係数及び曲げ強さを求める。この場合、両荷重点に等しい荷重をかけるものとし、平均荷重速度は毎分14.7MPa以下とする。なお、使用方向を表示している場合には、上面を上にし、それ以外の場合には、対称異等級構成集成材にあっては荷重方向を積層面に直角になるようにし、非対称異等級構成集成材にあっては引張り側を下になるようにし、積層数が4枚以上の同一等級構成集成材にあっては荷重方向を積層面に直角になるようにし、積層数が2枚又は3枚の同一等級構成集成材にあっては荷重方向を積層面に平行になるようにするものとする。
　　　　（注）1　スパンは、試料集成材、試験片又はモデル試験体の厚さの18倍以上とする。
　　　　　　　2　曲げヤング係数及び曲げ強さは、それぞれ次の式により算出する。

$$\text{曲げヤング係数（MPa又はN／mm}^2) = \frac{\triangle P(\ell - S)(2\ell^2 + 2\ell S - S^2)}{8\triangle y b h^3}$$

$$\text{曲げ強さ（MPa又はN／mm}^2) = \frac{3 P b(\ell - S)}{2 b h^2}$$

　　　　　　　　△Pは、比例域における上限荷重と下限荷重との差（N）
　　　　　　　　△yは、△Pに対応するスパン中央のたわみ（mm）
　　　　　　　　　ℓは、スパン（mm）
　　　　　　　　　Sは、荷重点間の距離（mm）
　　　　　　　　　bは、試料集成材、試験片又はモデル試験体の幅（mm）
　　　　　　　　　hは、試料集成材、試験片又はモデル試験体の厚さ（mm）
　　　　　　　　Pbは、最大荷重（N）

図(4)

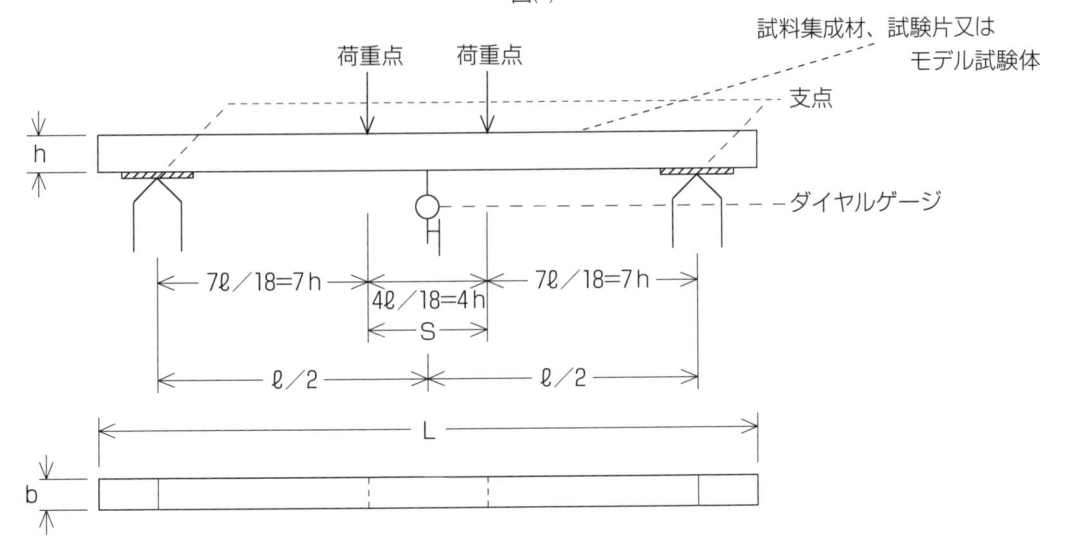

```
          荷重点   荷重点                    試料集成材、試験片又は
                                          モデル試験体
                                    支点
   h
                                          ダイヤルゲージ
       ← 7ℓ/18=7h → ← 7ℓ/18=7h →
              ← 4ℓ/18=4h →
                    S
       ←    ℓ/2    →←   ℓ/2    →
   ←              L              →
 b
```

- L：試料集成材、試験片又はモデル試験体の長さ
- ℓ：スパン
- h：試料集成材、試験片又はモデル試験体の厚さ
- S：荷重点間の距離
- b：試料集成材、試験片又はモデル試験体の幅

イ　曲げB試験

(ア)　試験の方法

　　図(5)に示す方法によって、適当な初期荷重を加えたときと最終荷重を加えたときのたわみの差を測定し、曲げヤング係数を求める。試験時の試料ラミナの含水率は12%を標準とする。

（注）　曲げヤング係数は、次の式により算出する。

$$\text{曲げヤング係数（MPa 又は N／mm}^2\text{）} = \frac{\triangle P \ell^3}{4bh^3 \triangle y}$$

△Pは、初期荷重と最終荷重との差（N）
△yは、△Pに対応するスパン中央のたわみ（mm）
　ℓは、スパン（mm）
　bは、ラミナの幅（mm）
　hは、ラミナの厚さ（mm）

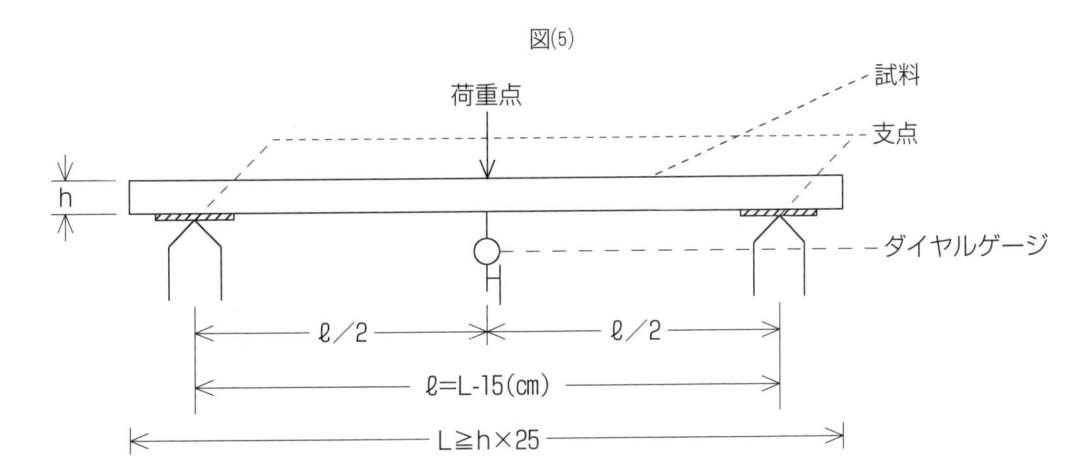

図(5)

```
              荷重点                      試料
                                          支点
   h
                                          ダイヤルゲージ
       ←    ℓ/2    →←   ℓ/2    →
       ←     ℓ=L-15(cm)         →
   ←          L≧h×25             →
```

L：試料の長さ
  ℓ：スパン
  h：試料の厚さ

ウ 曲げC試験
  (ア) 試験片の作成
    試験片は、試料ラミナから、ラミナの幅及び厚さをそのままとした長さが厚さの25倍以上のものを作成する。ただし、長さ方向に接着したラミナにあっては、その接着部分が当該試験片の中央に位置するように作成するものとする。試験時の試験片の含水率は12％を標準とする。
  (イ) 試験の方法
    図(6)に示す方法によって、最大荷重を測定し、曲げ強さを求める。この場合、両荷重点に等しい荷重をかけるものとし、平均荷重速度は毎分14.7MPa以下とする。
  (注) 曲げ強さは、次の式により算出する。

$$曲げ強さ（MPa又はN／mm^2）= \frac{Pb\ell}{bh^2}$$

      Pbは、最大荷重（N）
      ℓは、スパン（mm）
      bは、試験片の幅（mm）
      hは、試験片の厚さ（mm）

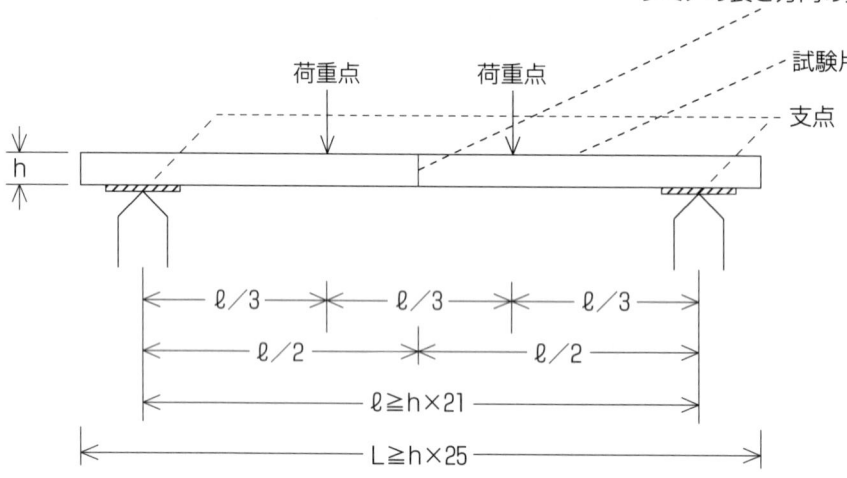

図(6)

  L：試験片の長さ
  ℓ：スパン
  h：試験片の厚さ

エ 化粧ばり構造用集成柱の曲げ試験
  (ア) 試験の方法
    曲げ試験は、図(4)又は図(7)に示す方法によって行い、荷重方向を積層方向に平行になるようにする。この場合の平均荷重速度は毎分14.7MPa以下とする。スパンは、図(4)に示す方法による場合は、試料集成材の厚さの18倍以上とし、図(7)に示す方法による場合は、試料集成材の厚さの14倍以上とする。試験時の試験片の含水率は、12％を標準とする。

図(7)

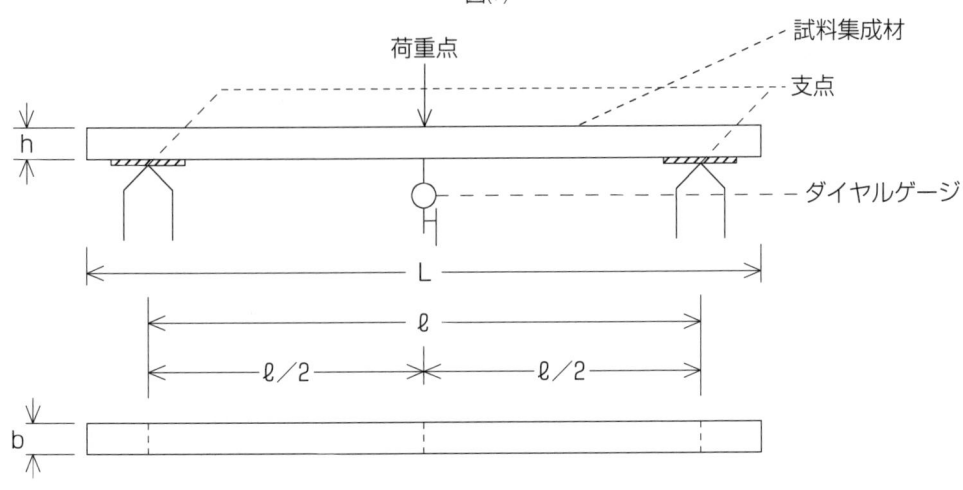

荷重点　　　　　試料集成材
　　　　　　　　支点
　　　　　　　　ダイヤルゲージ

L：試料集成材の長さ
ℓ：スパン
h：試料集成材の厚さ
b：試料集成材の幅

(注) 1　図(4)に示す方法によって試験を行う場合の曲げヤング係数及び曲げ強さは、それぞれ次の式により算出する。

$$\text{曲げヤング係数 (MPa 又は N/mm}^2) = \frac{\triangle P (\ell - S)(2\ell^2 + 2\ell S - S^2)}{8 \triangle y b h^3}$$

$$\text{曲げ強さ (MPa 又は N/mm}^2) = \frac{3 P_b (\ell - S)}{2 b h^2}$$

　　$\triangle P$ は、比例域における上限荷重と下限荷重との差 (N)
　　$\triangle y$ は、$\triangle P$ に対応するスパン中央のたわみ (mm)
　　ℓ は、スパン (mm)
　　S は、荷重点間の距離 (mm)
　　b は、試料集成材の幅 (mm)
　　h は、試料集成材の厚さ (mm)
　　P_b は、最大荷重 (N)

2　図(7)に示す方法によって試験を行う場合の曲げヤング係数及び曲げ強さは、それぞれ次の式により算出する。

$$\text{曲げヤング係数 (MPa 又は N/mm}^2) = \frac{\triangle P \ell^3}{4 b h^3 \triangle y}$$

$$\text{曲げ強さ (MPa 又は N/mm}^2) = \frac{3 P_b \ell}{2 b h^2}$$

　　$\triangle P$ は、比例域における上限荷重と下限荷重との差 (N)
　　$\triangle y$ は、$\triangle P$ に対応するスパン中央のたわみ (mm)
　　ℓ は、スパン (mm)
　　b は、試料集成材の幅 (mm)
　　h は、試料集成材の厚さ (mm)
　　P_b は、最大荷重 (N)

(8) 引張り試験
　ア　試験片の作成
　　　試験片は、各試料ラミナから、ラミナの幅及び厚さをそのままとした長さが両端のグリップの長さに60ｃｍ以上の長さを加えたものをそれぞれ１個ずつ作成する。ただし、長さ方向に接着したラミナにあっては、その接着部分が当該試験片の中央に位置するように作成するものとする。試験時の試験片の含水率は12％を標準とする。
　イ　試験の方法
　　　図(8)に示す方法によって、試験片の両端のグリップではさむ部分の長さを30cm 以上、スパンを60cm 以上とし、両端のグリップを通して引張り荷重をかける。この場合、平均荷重速度は毎分9.8MPa 以下とする。
　（注）　引張り強さは、次の式により算出する。

$$引張り強さ（MPa 又は N／mm^2）= \frac{P}{bh}$$

　　　Pは、最大荷重（N）
　　　bは、試験片の幅（mm）
　　　hは、試験片の厚さ（mm）

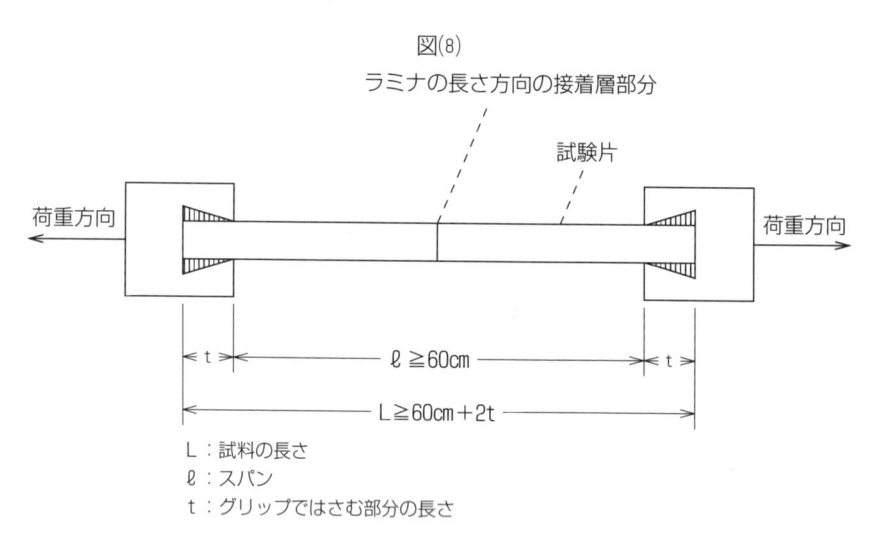

図(8)
ラミナの長さ方向の接着層部分
試験片
荷重方向　←　→　荷重方向
←t→　←　$\ell \geq 60cm$　→　←t→
←　$L \geq 60cm + 2t$　→
L：試料の長さ
ℓ：スパン
t：グリップではさむ部分の長さ

(9) ホルムアルデヒド放散量試験
　ア　試験片の作成
　　　試験片は、各試料集成材の長さ方向の端部から原則として５cm 以上離れた部分より木口寸法をそのままにして、表面積が450cm²（両木口を除く。）となるよう採取し、ホルムアルデヒドを透過しない自己接着アルミニウムテープ又はパラフィンを用いて、両木口面を密封する。なお、試験片の木口寸法又は長さが試験容器より大きくなる場合には、試験片を同一の形状の複数の試験片に切断し用いることができるものとする。この場合、切断面も密封するものとする。
　イ　試験の方法
　　(ｱ)　試験片の養生
　　　　同一試料集成材から採取した試験片ごとにビニール袋で密封し、温度を20±１℃に調整した恒温室等で１日以上養生する。
　　(ｲ)　試薬の調製
　　　　試薬は、次のａからｈまでによりそれぞれ調製する。
　　　ａ　よう素溶液（0.05mol/L）

よう化カリウム（JIS K 8913（よう化カリウム（試薬））に規定するものをいう。）40gを水25mLに溶かし、これによう素（JIS K 8920（よう素（試薬））に規定するものをいう。）13gを溶かした後、これを1,000mLの全量フラスコ（JIS R 3503（化学分析用ガラス器具）に規定するものをいう。以下同じ。）に移し入れ、塩酸（JIS K 8180（塩酸（試薬））に規定するものをいう。）3滴を加えた後、水で定容としたもの。

b　チオ硫酸ナトリウム溶液（0.1mol/L）

　　　チオ硫酸ナトリウム五水和物（JIS K 8637（チオ硫酸ナトリウム五水和物（試薬））に規定するものをいう。）26gと炭酸ナトリウム（JIS K 8625（炭酸ナトリウム（試薬））に規定するものをいう。）0.2gを溶存酸素を含まない水1,000mLに溶かし、2日間放置した後、よう素酸カリウム（JIS K 8005（容量分析用標準物質）に規定するものをいう。）を用いて、JIS K 8001（試薬試験方法通則）の4.5（滴定用溶液）(21.1) 0.1mol/L チオ硫酸ナトリウム溶液に規定する標定を行ったもの。

c　水酸化ナトリウム溶液（1mol/L）

　　　水酸化ナトリウム（JIS K 8576（水酸化ナトリウム（試薬））に規定するものをいう。）40gを200mLに溶かし、これを1,000mLの全量フラスコに移し入れ、水で定容としたもの。

d　硫酸溶液（1mol/L）

　　　硫酸（JIS K 8951（硫酸（試薬））に規定するものをいう。）56mLを水200mLに溶かし、これを1,000mLの全量フラスコに移し入れ、水で定容としたもの。

e　でんぷん溶液

　　　でんぷん（JIS K 8659（でんぷん（溶性）（試薬））に規定するものをいう。）1gを水10mLとよく混和し、熱水200mL中にかき混ぜながら加える。約1分間煮沸し、冷却した後、ろ過したもの。

f　ホルムアルデヒド標準原液

　　　ホルムアルデヒド液（JIS K 8872（ホルムアルデヒド液（試薬））に規定するものをいう。）1mLを1,000mLの全量フラスコに入れ、水で定容としたもの。

　　　この溶液のホルムアルデヒド濃度は、次の要領により求める。

　　　上記、ホルムアルデヒド標準原液20mLを100mLの共栓付き三角フラスコ（JIS R 3503（化学分析用ガラス器具）に規定するものをいう。以下同じ。）に分取し、aのよう素溶液25mL及びcの水酸化ナトリウム溶液10mLを加え、遮光した状態で15分間室温に放置する。次に、dの硫酸溶液15mLを加え、遊離したよう素を直ちにbのチオ硫酸ナトリウム溶液で滴定する。溶液が淡黄色になってから、eのでんぷん溶液1mLを指示薬として加え、更に滴定する。別に水20mLを用いて空試験を行い、次の式によってホルムアルデヒド濃度を求める。

　　　　C＝1.5×（B－S）×f×1,000／20

　　　　Cは、ホルムアルデヒド標準原液中のホルムアルデヒド濃度（mg/L）
　　　　Sは、ホルムアルデヒド標準原液の0.1mol/Lのチオ硫酸ナトリウム溶液の滴定量（mL）
　　　　Bは、空試験における0.1mol/Lのチオ硫酸ナトリウム溶液の滴定量（mL）
　　　　fは、0.1mol/Lのチオ硫酸ナトリウム溶液のファクター
　　　　1.5は、0.1mol/Lのチオ硫酸ナトリウム溶液1mLに相当するホルムアルデヒド量（mg）

g　ホルムアルデヒド標準溶液

　　　ホルムアルデヒド標準原液を水1,000mL中に5mg（標準溶液A）、50mg（標準溶液B）及び100mg（標準溶液C）のホルムアルデヒドをそれぞれ含むように、1,000mLの全量フラスコに適量採り、定容としたもの。

h　アセチルアセトン－酢酸アンモニウム溶液

アセチルアセトン-酢酸アンモニウム溶液は、150gの酢酸アンモニウム（JIS K 8359（酢酸アンモニウム（試薬））に規定するものをいう。）を800mLの水に溶かし、これに3mLの氷酢酸（JIS K 8355（酢酸（試薬））に規定するものをいう。）と2mLのアセチルアセトン（JIS K 8027（アセチルアセトン（試薬））に規定するものをいう。）を加え、溶液の中で十分混和させ、更に水を加えて1,000mLとしたもの。（直ちに測定ができない場合は、0から10℃の冷暗所に調整後3日を超えない間保管することができる。）

(ウ) ホルムアルデヒドの捕集

　図(9)のようにアクリル樹脂製で内容量が約40Lの試験容器（気密性が確保できるものに限る。）の底の中央部に20mLの蒸留水を入れた内径57mm、高さ50mmから60mmのポリプロピレン又はポリエチレン製の捕集水容器を置き、その上に試験片をのせ（複数枚の試験片がある場合は、図(9)のようにそれぞれが接触しないように支持金具等に固定する。）、20±1℃で24時間-0、+5分放置して、放散するホルムアルデヒドを蒸留水中に吸収させて試料溶液とする。

　また、バックグラウンドのホルムアルデヒド濃度を測定するために試験片を入れない状態で上記の操作を行い、これをバックグラウンド溶液とする。

　（注）ホルムアルデヒドの捕集、捕集水容器への蒸留水の挿入及び定量のための蒸留水の取り出し時以外に、気中のホルムアルデヒドが捕集水容器に吸着したり、その中の蒸留水に吸収されないよう、捕集水容器に中ふたを付ける。

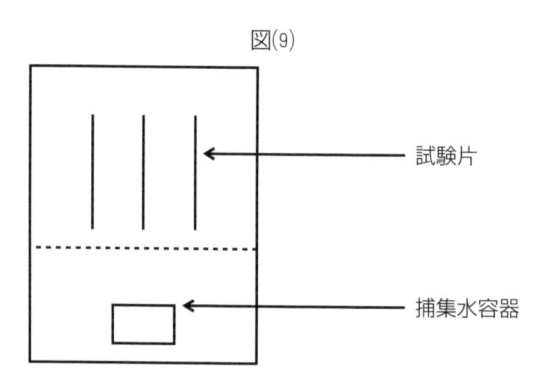

図(9)

← 試験片

← 捕集水容器

(エ) ホルムアルデヒドの濃度の定量方法

　試料溶液及びバックグラウンド溶液中のホルムアルデヒド濃度の測定は、アセチルアセトン吸光光度法によって測定する。(ウ)の試料溶液10mLを共栓付き容器に入れ、次に、アセチルアセトン-酢酸アンモニウム溶液10mLを加え、軽く栓をして混和する。共栓付き容器を、65±2℃の水中で10分間加温した後、この溶液を室温になるまで遮光した状態で静置する。この溶液を吸収セルにとり、水を対照として、波長412nmで分光光度計で吸光度を測定する。なお、試料溶液の濃度が濃く測定が困難な場合には、残った試料溶液から5mLを採り、4倍から5倍までに希釈したものを用いて上記に準じて測定する。

(オ) 検量線の作成

　検量線は、3種類のホルムアルデヒド標準溶液を、全量ピペット（JIS R 3505（ガラス製体積計）に規定するものをいう。）で0mL、2.0mL、4.0mL及び6.0mLずつ採り、それぞれ別々の100mLの全量フラスコに入れた後、水で定容とし、検量線作成用ホルムアルデヒド溶液とする。

　ホルムアルデヒド濃度を標準溶液Aについては0mg/L、0.1mg/L、0.2mg/L及び0.3mg/L、標準溶液Bについては0mg/L、1.0mg/L、2.0mg/L及び3.0mg/L、標準溶液Cについては0mg/L、2.0mg/L、4.0mg/L及び6.0mg/Lとし、それぞれ25mLを分取し(エ)の操作を行い、ホルムアルデヒド量と吸光度との関係線を作成する。その傾き（F）は、グラフ又は計算によって求め

る。

　　なお、標準溶液Ａ、標準溶液Ｂ及び標準溶液Ｃは、想定される試料溶液の濃度に応じてそれぞれ使い分けることとする。

　㈹　ホルムアルデヒド濃度の算出

　　試料溶液のホルムアルデヒド濃度は次の式により算出する。

　　　G＝F×(Ad－Ab)×(1/3.75)

　　　　Gは、試験片のホルムアルデヒド濃度（mg/L）

　　　Adは、試料溶液の吸光度

　　　Abは、バックグラウンド溶液の吸光度

　　　Fは、検量線の傾き（mg/L）

　　　(1/3.75)は、ホルムアルデヒド濃度の換算係数

別記様式（第3条、第4条、第6条関係）

品　　　　　　　名	
樹　　　種　　　名	芯材 化粧薄板
化 粧 薄 板 の 厚 さ	
見　付　け　材　面	
寸　　　　　　　法	短辺　　長辺　　材長
ホルムアルデヒド放散量	
使 用 接 着 剤 等 の 種 類	
製　　　造　　　者	

備考

1　この様式中、造作用集成材にあっては、「芯材」、「化粧薄板」及び「化粧薄板の厚さ」を、それぞれ省略すること。

2　ホルムアルデヒド放散量についての表示をしていないものにあっては、この様式中「ホルムアルデヒド放散量」を省略すること。

3　非ホルムアルデヒド系接着剤である旨の表示をしていないものにあっては、この様式中「使用接着剤等の種類」を省略すること。

4　表示を行う者が販売業者である場合にあっては、この様式中「製造者」を「販売者」とすること。

5　輸入品にあっては、4にかかわらず、この様式中「製造者」を「輸入者」とすること。

6　この様式は、縦書きとすることができる。

別記様式（第5条関係）

品　　　　　　　名	
強　　度　　等　　級	
材　面　の　品　質	
接　　着　　性　　能	
樹　　　種　　　名	
寸　　　　　　　法	
ラ ミ ナ の 積 層 数	
検　　査　　方　　法	
ホルムアルデヒド放散量	
実 大 強 度 試 験 等	
プ　ル　ー　フ　ロ　ー　ダ	
使 用 接 着 剤 等 の 種 類	
製　　　造　　　者	

備考
1 薄板をはり付けていないものにあっては、この様式中「ラミナの積層数」を省略すること。
2 曲げ性能試験を行った旨の表示をしていないものにあっては、この様式中「検査方法」を省略すること。
3 ホルムアルデヒド放散量についての表示をしていないものにあっては、この様式中「ホルムアルデヒド放散量」を省略すること。
4 実大強度試験又は実証試験を伴うシミュレーション計算を行った旨の表示をしていないものにあっては、この様式中「実大強度試験等」を省略すること。
5 プルーフローダによる強度確認を行った旨の表示をしていないものにあっては、この様式中「プルーフローダ」を省略すること。
6 非ホルムアルデヒド系接着剤である旨の表示をしていないものにあっては、この様式中「使用接着剤等の種類」を省略すること。
7 表示を行う者が販売業者である場合にあっては、この様式中「製造者」を「販売者」とすること。
8 輸入品にあっては、7にかかわらず、この様式中「製造者」を「輸入者」とすること。
9 この様式は、縦書きとすることができる。

　　附　則（平成19年９月25日農林水産省告示第1152号）
（施行期日）
第１条　この告示は、公布の日から起算して90日を経過した日から施行する。
（構造用集成材の日本農林規格の廃止）
第２条　構造用集成材の日本農林規格（平成８年１月29日農林水産省告示第111号）は、廃止する。
（集成材の日本農林規格の改正に伴う経過措置）
第３条　この告示の施行の際現にこの告示による改正前の集成材の日本農林規格により格付の表示が付された集成材については、なお従前の例による。
（構造用集成材の日本農林規格の廃止に伴う経過措置）
第４条　この告示の施行の際現にこの告示による廃止前の構造用集成材の日本農林規格により格付の表示が付された構造用集成材については、なお従前の例による。

（最終改正の施行期日）
　　平成19年９月25日農林水産省告示第1152号については、平成19年12月24日から施行する。

（注）
集成材の日本農林規格（平成19年９月25日農林水産省告示第1152号）の見直しが行われ、平成24年中に改正告示が出される見込みである。
　平成24年３月21日開催の農林物資規格調査会総会に集成材の日本農林規格の改正案の概要が提出されているので参考にそれを示す。
　なお、集成材の日本農林規格を参照する場合は、改正告示がなされているかどうか確認すること。

改正案の概要
（１）新たなタイプの構造用集成材の規格化
（現行）構造用集成材を構成する一層の厚さは６cm以下
（改正）構造用集成材を構成する層のうち、内層に限って一層の厚さが６cmを超えるタイプをＪＡＳ格付品として製造可能とするよう必要な要求事項について、第５条第５項に「内層特殊構成集成材」と

して新たに規定（併せて、定義、並びに「接着の程度」、「表示の方法」の基準等を改正）
（２）構造用集成材の二次接着の範囲の拡大
（現行）同一条件で製造された集成材同士の接着に限定
（改正）同一条件で製造されたものでない複数の集成材の構成要素に分けてＪＡＳ格付品として製造できるよう定義及び「二次接着」の基準を改正（併せて、「接着の程度」の基準を改正）
（３）構造用集成材のラミナの厚さの制限の緩和
（現行）構造用集成材を構成するラミナの厚さは、「６cm以下」かつ「構成層中最大となるラミナの厚さの２/３以上の範囲」
（改正）構造用集成材を構成するラミナの厚さは、「６cm以下」とし、構成層中最大となるラミナの厚さの２/３未満の厚さのラミナを使用する場合の要求事項について「ラミナの厚さ」の基準に追加（併せて、「ラミナの厚さ」の定義を追加）
（４）構造用集成材における使用できるラミナの範囲の拡大
（現行）樹種群（Ａ〜Ｆ）ごとに規定された強度等級のラミナを使用
（改正）樹種群（Ａ〜Ｆ）ごとに規定された強度等級以外（上位及び下位）のラミナを使用する場合の要求事項について「ラミナの品質の構成」の基準に追加
（５）構造用集成材及び化粧ばり構造用集成柱おける新たな樹種の追加
（現行）構造用集成材に使用できる樹種について、同等性能を有する樹種を樹種群Ａ〜Ｆに分類して規定
（改正）樹種群Ｂにウエスタンラーチを追加
（６）下貼り材（化粧ばり構造用集成柱、化粧ばり造作用集成材）の追加
（現行）使用できる下貼り材は、①５mm未満の台板、２mm以下の単板、３mm以下の合板
（改正）現行に加え、①紙、②厚さ３mm以下のＭＤＦ（ＪＩＳＡ5905に規定する品質に適合）、③厚さ３mm以下のハードボード（ＪＩＳＡ5905に規定する品質に適合）を使用できるよう化粧ばり構造用集成柱及び化粧ばり造作用集成材の定義を改正
（７）造作用集成材の見付け材面の品質
（現行）「節」、「やにつぼ、やにすじ及び入り皮」、「欠け及びきず」、「腐れ」、「割れ」、「変色及び汚染」、「穴」、「逆目」、「接合の透き間」、「補修」及び「その他の欠点」の基準を規定
（改正）木材そのものの欠点項目である「節」、「やにつぼ、やにすじ及び入り皮」、「変色及び汚染」、「穴」の基準を削除し、加工上の欠点項目のみとするとともに、「接合の透き間」の基準については、見付け材面に限らず、造作用集成材の全体の品質の基準に規定
（８）欠点の測定方法の基準の新設
（現行）一部の欠点を除き、欠点の測定方法の規定はない
（改正）規格に規定されている欠点の測定方法について、新たに第７条を新設して規定
（９）構造用集成材の規格の体系整理
　「内層特殊構成集成材」について新たに規定するに伴い、わかりやすい規格、使いやすい規格となるよう、構造用集成材全般に共通して要求される基準と各種構造用集成材に要求される基準とに組み替え
(10) その他
・国際規格との整合性又は試験実務等を勘案して、一部の試験方法（含水率、浸せきはく離）を改正
・規格に規定されているすべての表及び図について、それぞれ通し番号及びタイトルを明記
・字句等の修正
等の改正

2．材料、構造、耐久性関連　法令抜粋

2.1　建築基準法一部抜粋		
第6条	第1章　総則 （建築物の建築等に関する申請及び確認） 第6条　建築主は、第一号から第三号までに掲げる建築物を建築しようとする場合（増築しようとする場合においては、建築物が増築後において第一号から第三号までに掲げる規模のものとなる場合を含む。）、これらの建築物の大規模の修繕若しくは大規模の模様替をしようとする場合又は第四号に掲げる建築物を建築しようとする場合においては、当該工事に着手する前に、その計画が建築基準関係規定（この法律並びにこれに基づく命令及び条例の規定（以下「建築基準法令の規定」という。）その他建築物の敷地、構造又は建築設備に関する法律並びにこれに基づく命令及び条例の規定で政令で定めるものをいう。以下同じ。）に適合するものであることについて、確認の申請書を提出して建築主事の確認を受け、確認済証の交付を受けなければならない。当該確認を受けた建築物の計画の変更（国土交通省令で定める軽微な変更を除く。）をして、第一号から第三号までに掲げる建築物を建築しようとする場合（増築しようとする場合においては、建築物が増築後において第一号から第三号までに掲げる規模のものとなる場合を含む。）、これらの建築物の大規模の修繕若しくは大規模の模様替をしようとする場合又は第四号に掲げる建築物を建築しようとする場合も、同様とする。 　一　別表第1（い）欄に掲げる用途に供する特殊建築物で、その用途に供する部分の床面積の合計が100m²を超えるもの 　二　木造の建築物で3以上の階数を有し、又は延べ面積が500m²、高さが13m若しくは軒の高さが9mを超えるもの 　三　木造以外の建築物で2以上の階数を有し、又は延べ面積が200m²を超えるもの 　四　前三号に掲げる建築物を除くほか、都市計画区域若しくは準都市計画区域（いずれも都道府県知事が都道府県都市計画審議会の意見を聴いて指定する区域を除く。）若しくは景観法（平成16年法律第110号）第74条第1項の準景観地区（市町村長が指定する区域を除く。）内又は都道府県知事が関係市町村の意見を聴いてその区域の全部若しくは一部について指定する区域内における建築物 第2項～第15項　略	
第20条	第2章　建築物の敷地、構造及び建築設備 （構造耐力） 第20条　建築物は、自重、積載荷重、積雪荷重、風圧、土圧及び水圧並びに地震その他の震動及び衝撃に対して安全な構造のものとして、次の各号に掲げる建築物の区分に応じ、それぞれ当該各号に定める基準に適合するものでなければならない。 　一　高さが60mを超える建築物　当該建築物の安全上必要な構造方法に関して政令で定める技術的基準に適合するものであること。この場合において、その構造方法は、荷重及び外力によつて建築物の各部分に連続的に生ずる力及び変形を把握することその他の政令で定める基準に従つた構造計算によつて安全性が確かめられたものとして国土交通大臣の認定を受けたものであること。 　二　高さが60m以下の建築物のうち、第6条第1項第二号に掲げる建築物（高さが13m又は軒の高さが9mを超えるものに限る。）又は同項第三号に掲げる建築物（地階を除く階数が4以上である鉄骨造の建築物、高さが20mを超える鉄筋コンクリート造又は鉄骨鉄筋コンクリート造の建築物その他これらの建築物に準ずるものとして政令で定める建築物に限る。）次に掲げる基準のいずれかに適合するものであること。 　　イ　当該建築物の安全上必要な構造方法に関して政令で定める技術的基準に適合すること。この場合において、その構造方法は、地震力によつて建築物の地上部分の各階に生ずる水平方向の変形を把握することその他の政令で定める基準に従つた構造計算で、国土交通大臣が定めた方法によるもの又は国土交通大臣の認定を受けたプログラムによるものによつて確かめられる安全性を有すること。 　　ロ　前号に定める基準に適合すること。 　三　高さが60m以下の建築物のうち、第6条第1項第二号又は第三号に掲げる建築物その他その主要構造部（床、屋根及び階段を除く。）を石造、れんが造、コンクリートブロック造、無筋コンクリート造その他これらに類する構造とした建築物で高さが13m又は軒の高さが9mを超えるもの（前号に掲げる建築物を除く。）次に掲げる基準のいずれかに適合するものであること。 　　イ　当該建築物の安全上必要な構造方法に関して政令で定める技術的基準に適合すること。この場合において、その構造方法は、構造耐力上主要な部分ごとに応力度が許容応力度を超えないことを確かめることその他の政令で定める基準に従つた構造計算で、国土交通大臣が定めた方法によるもの又は国土交通大臣の認定を受けたプログラムによるものによつ	

　　　　　　　　　　　　て確かめられる安全性を有すること。
　　　　　　　　　　ロ　前二号に定める基準のいずれかに適合すること。
　　　　　　　四　前三号に掲げる建築物以外の建築物　次に掲げる基準のいずれかに適合するものであること。
　　　　　　　　　イ　当該建築物の安全上必要な構造方法に関して政令で定める技術的基準に適合すること。
　　　　　　　　　ロ　前三号に定める基準のいずれかに適合すること。

2.2　建築基準法施行令一部抜粋

第36条

第3章　構造強度

第1節　総則
（構造方法に関する技術的基準）
第36条　法第20条第一号の政令で定める技術的基準（建築設備に係る技術的基準を除く。）は、耐久性等関係規定（この条から第37条まで、第38条第1項、第5項及び第6項、第39条第1項、第41条、第49条、第70条、第72条（第79条の4及び第80条において準用する場合を含む。）、第74条から第76条まで（これらの規定を第79条の4及び第80条において準用する場合を含む。）、第79条（第79条の4において準用する場合を含む。）、第79条の3並びに第80条の2（国土交通大臣が定めた安全上必要な技術的基準のうちその指定する基準に係る部分に限る。）の規定をいう。以下同じ。）に適合する構造方法を用いることとする。

2　法第20条第二号イの政令で定める技術的基準（建築設備に係る技術的基準を除く。）は、次の各号に掲げる場合の区分に応じ、それぞれ当該各号に定める構造方法を用いることとする。
　一　第81条第2項第一号イに掲げる構造計算によつて安全性を確かめる場合　この節から第4節の2まで、第5節（第67条第1項（同項各号に掲げる措置に係る部分を除く。）及び第68条第4項（これらの規定を第79条の4において準用する場合を含む。）を除く。）、第6節（第73条、第77条第二号から第六号まで、第77条の2第2項、第78条（プレキャスト鉄筋コンクリートで造られたはりで2以上の部材を組み合わせるものの接合部に適用される場合に限る。）及び第78条の2第1項第三号（これらの規定を第79条の4において準用する場合を含む。）を除く。）、第6節の2、第80条及び第7節の2（第80条の2（国土交通大臣が定めた安全上必要な技術的基準のうちその指定する基準に係る部分に限る。）を除く。）の規定に適合する構造方法
　二　第81条第2項第一号ロに掲げる構造計算によつて安全性を確かめる場合耐久性等関係規定に適合する構造方法
　三　第81条第2項第二号イに掲げる構造計算によつて安全性を確かめる場合この節から第7節の2までの規定に適合する構造方法
3　法第20条第三号イ及び第四号イの政令で定める技術的基準（建築設備に係る技術的基準を除く。）は、この節から第7節の2までの規定に適合する構造方法を用いることとする。

第36条の2

（地階を除く階数が4以上である鉄骨造の建築物等に準ずる建築物）
第36条の2　法第20条第二号の政令で定める建築物は、次に掲げる建築物とする。
　一　地階を除く階数が4以上である組積造又は補強コンクリートブロック造の建築物
　二　地階を除く階数が3以下である鉄骨造の建築物であつて、高さが13m又は軒の高さが9mを超えるもの
　三　鉄筋コンクリート造と鉄骨鉄筋コンクリート造とを併用する建築物であつて、高さが20mを超えるもの
　四　木造、組積造、補強コンクリートブロック造若しくは鉄骨造のうち2以上の構造を併用する建築物又はこれらの構造のうち1以上の構造と鉄筋コンクリート造若しくは鉄骨鉄筋コンクリート造とを併用する建築物であつて、次のイ又はロのいずれかに該当するもの
　　イ　地階を除く階数が4以上である建築物
　　ロ　高さが13m又は軒の高さが9mを超える建築物
　五　前各号に掲げるもののほか、その安全性を確かめるために地震力によつて地上部分の各階に生ずる水平方向の変形を把握することが必要であるものとして、構造又は規模を限つて国土交通大臣が指定する建築物

第36条の3

（構造設計の原則）
第36条の3　建築物の構造設計に当たつては、その用途、規模及び構造の種別並びに土地の状況に応じて柱、はり、床、壁等を有効に配置して、建築物全体が、これに作用する自重、積載荷重、積雪荷重、風圧、土圧及び水圧並びに地震その他の震動及び衝撃に対して、一様に構造耐力上安全であるようにすべきものとする。
2　構造耐力上主要な部分は、建築物に作用する水平力に耐えるように、釣合い良く配置すべきものとする。
3　建築物の構造耐力上主要な部分には、使用上の支障となる変形又は振動が生じないような剛性及び瞬間的破壊が生じないような靱性をもたすべきものとする。

第 2 節　構造部材等

(構造部材の耐久)
第37条　第37条　構造耐力上主要な部分で特に腐食、腐朽又は摩損のおそれのあるものには、腐食、腐朽若しくは摩損しにくい材料又は有効なさび止め、防腐若しくは摩損防止のための措置をした材料を使用しなければならない。

(基礎)
第38条　第38条　建築物の基礎は、建築物に作用する荷重及び外力を安全に地盤に伝え、かつ、地盤の沈下又は変形に対して構造耐力上安全なものとしなければならない。
2　建築物には、異なる構造方法による基礎を併用してはならない。
3　建築物の基礎の構造は、建築物の構造、形態及び地盤の状況を考慮して国土交通大臣が定めた構造方法を用いるものとしなければならない。この場合において、高さ13m又は延べ面積3,000m^{2}を超える建築物で、当該建築物に作用する荷重が最下階の床面積1m^{2}につき100kNを超えるものにあつては、基礎の底部(基礎ぐいを使用する場合にあつては、当該基礎ぐいの先端)を良好な地盤に達することとしなければならない。
4　前2項の規定は、建築物の基礎について国土交通大臣が定める基準に従つた構造計算によつて構造耐力上安全であることが確かめられた場合においては、適用しない。
5　打撃、圧力又は振動により設けられる基礎ぐいは、それを設ける際に作用する打撃力その他の外力に対して構造耐力上安全なものでなければならない。
6　建築物の基礎に木ぐいを使用する場合においては、その木ぐいは、平家建の木造の建築物に使用する場合を除き、常水面下にあるようにしなければならない。

(屋根ふき材等の緊結)
第39条　第39条　屋根ふき材、内装材、外装材、帳壁その他これらに類する建築物の部分及び広告塔、装飾塔その他建築物の屋外に取り付けるものは、風圧並びに地震その他の震動及び衝撃によつて脱落しないようにしなければならない。
2　屋根ふき材、外装材及び屋外に面する帳壁の構造は、構造耐力上安全なものとして国土交通大臣が定めた構造方法を用いるものとしなければならない。

第 3 節　木造

(適用の範囲)
第40条　第40条　この節の規定は、木造の建築物又は木造と組積造その他の構造とを併用する建築物の木造の構造部分に適用する。ただし、茶室、あずまやその他これらに類する建築物又は延べ面積が10m^{2}以内の物置、納屋その他これらに類する建築物については、適用しない。

(木材)
第41条　第41条　構造耐力上主要な部分に使用する木材の品質は、節、腐れ、繊維の傾斜、丸身等による耐力上の欠点がないものでなければならない。

(土台及び基礎)
第42条　第42条　構造耐力上主要な部分である柱で最下階の部分に使用するものの下部には、土台を設けなければならない。ただし、当該柱を基礎に緊結した場合又は平家建ての建築物で足固めを使用した場合(地盤が軟弱な区域として特定行政庁が国土交通大臣の定める基準に基づいて規則で指定する区域内においては、当該柱を基礎に緊結した場合に限る。)においては、この限りでない。
2　土台は、基礎に緊結しなければならない。ただし、前項ただし書の規定によつて指定した区域外における平家建ての建築物で延べ面積が50m^{2}以内のものについては、この限りでない。

(柱の小径)
第43条　第43条　構造耐力上主要な部分である柱の張り間方向及びけた行方向の小径は、それぞれの方向でその柱に接着する土台、足固め、胴差、はり、けたその他の構造耐力上主要な部分である横架材の相互間の垂直距離に対して、次の表に掲げる割合以上のものでなければならない。ただし、国土交通大臣が定める基準に従つた構造計算によつて構造耐力上安全であることが確かめられた場合においては、この限りでない。

建築物 \ 柱		張り間方向又はけた行方向に相互の間隔が10m以上の柱又は学校、保育所、劇場、映画館、演芸場、観覧場、公会堂、集会場、物品販売業を営む店舗（床面積の合計が10m²以内のものを除く。）若しくは公衆浴場の用途に供する建築物の柱		左欄以外の柱	
		最上階又は階数が1の建築物の柱	その他の階の柱	最上階又は階数が1の建築物の柱	その他の階の柱
(1)	土蔵造の建築物その他これに類する壁の重量が特に大きい建築物	1/22	1/20	1/25	1/22
(2)	(1)に掲げる建築物以外の建築物で屋根を金属板、石板、木板その他これらに類する軽い材料でふいたもの	1/30	1/25	1/33	1/30
(3)	(1)及び(2)に掲げる建築物以外の建築物	1/25	1/22	1/30	1/28

2　地階を除く階数が2を超える建築物の1階の構造耐力上主要な部分である柱の張り間方向及びけた行方向の小径は、13.5cmを下回つてはならない。ただし、当該柱と土台又は基礎及び当該柱とはり、けたその他の横架材とをそれぞれボルト締その他これに類する構造方法により緊結し、かつ、国土交通大臣が定める基準に従つた構造計算によつて構造耐力上安全であることが確かめられた場合においては、この限りでない。

3　法第41条の規定によつて、条例で、法第21条第1項及び第2項の規定の全部若しくは一部を適用せず、又はこれらの規定による制限を緩和する場合においては、当該条例で、柱の小径の横架材の相互間の垂直距離に対する割合を補足する規定を設けなければならない。

4　前3項の規定による柱の小径に基づいて算定した柱の所要断面積の1/3以上を欠き取る場合においては、その部分を補強しなければならない。

5　階数が2以上の建築物におけるすみ柱又はこれに準ずる柱は、通し柱としなければならない。ただし、接合部を通し柱と同等以上の耐力を有するように補強した場合においては、この限りでない。

6　構造耐力上主要な部分である柱の有効細長比（断面の最小二次率半径に対する座屈長さの比をいう。以下同じ。）は、150以下としなければならない。

（はり等の横架材）

第44条　第44条　はり、けたその他の横架材には、その中央部附近の下側に耐力上支障のある欠込みをしてはならない。

（筋かい）

第45条　第45条　引張り力を負担する筋かいは、厚さ1.5cm以上で幅9cm以上の木材又は径9mm以上の鉄筋を使用したものとしなければならない。

2　圧縮力を負担する筋かいは、厚さ3cm以上で幅9cm以上の木材を使用したものとしなければならない。

3　筋かいは、その端部を、柱とはりその他の横架材との仕口に接近して、ボルト、かすがい、くぎその他の金物で緊結しなければならない。

4　筋かいには、欠込みをしてはならない。ただし、筋かいをたすき掛けにするためにやむを得ない場合において、必要な補強を行なつたときは、この限りでない。

（構造耐力上必要な軸組等）

第46条　第46条　構造耐力上主要な部分である壁、柱及び横架材を木造とした建築物にあっては、すべての方向の水平力に対して安全であるように、各階の張り間方向及びけた行方向に、それぞれ壁を設け又は筋かいを入れた軸組を釣合い良く配置しなければならない。

2　前項の規定は、次の各号のいずれかに該当する木造の建築物又は建築物の構造部分については、適用しない。

一　次に掲げる基準に適合するもの
　イ　構造耐力上主要な部分である柱及び横架材（間柱、小ばりその他これらに類するものを除く。以下この号において同じ。）に使用する集成材その他の木材の品質が、当該柱及び

　　　　横架材の強度及び耐久性に関し国土交通大臣の定める基準に適合していること。
　　ロ　構造耐力上主要な部分である柱の脚部が、一体の鉄筋コンクリート造の布基礎に緊結している土台に緊結し、又は鉄筋コンクリート造の基礎に緊結していること。
　　ハ　イ及びロに掲げるもののほか、国土交通大臣が定める基準に従つた構造計算によつて、構造耐力上安全であることが確かめられた構造であること。
　二　方づえ（その接着する柱が添木等によつて補強されているものに限る。）、控柱又は控壁があつて構造耐力上支障がないもの
3　床組及び小屋ばり組の隅角には火打材を使用し、小屋組には振れ止めを設けなければならない。ただし、国土交通大臣が定める基準に従つた構造計算によつて構造耐力上安全であることが確かめられた場合においては、この限りでない。
4　階数が2以上又は延べ面積が50m²を超える木造の建築物においては、第1項の規定によつて各階の張り間方向及びけた行方向に配置する壁を設け又は筋かいを入れた軸組を、それぞれの方向につき、次の表1の軸組の種類の欄に掲げる区分に応じて当該軸組の長さに同表の倍率の欄に掲げる数値を乗じて得た長さの合計が、その階の床面積（その階又は上の階の小屋裏、天井裏その他これらに類する部分に物置等を設ける場合にあつては、当該物置等の床面積及び高さに応じて国土交通大臣が定める面積をその階の床面積に加えた面積）に次の表2に掲げる数値（特定行政庁が第88条第2項の規定によつて指定した区域内における場合においては、表2に掲げる数値のそれぞれ1.5倍とした数値）を乗じて得た数値以上で、かつ、その階（その階より上の階がある場合においては、当該上の階を含む。）の見付面積（張り間方向又はけた行方向の鉛直投影面積をいう。以下同じ。）からその階の床面からの高さが1.35m以下の部分の見付面積を減じたものに次の表3に掲げる数値を乗じて得た数値以上となるように、国土交通大臣が定める基準に従つて設置しなければならない。

1

	軸組の種類	倍率
(1)	土塗壁又は木ずりその他これに類するものを柱及び間柱の片面に打ち付けた壁を設けた軸組	0.5
(2)	木ずりその他これに類するものを柱及び間柱の両面に打ち付けた壁を設けた軸組	1
	厚さ1.5cm以上で幅9cm以上の木材又は径9mm以上の鉄筋の筋かいを入れた軸組	
(3)	厚さ3cm以上で幅9cm以上の木材の筋かいを入れた軸組	1.5
(4)	厚さ4.5cm以上で幅9cm以上の木材の筋かいを入れた軸組	2
(5)	9cm角以上の木材の筋かいを入れた軸組	3
(6)	(2)から(4)までに掲げる筋かいをたすき掛けに入れた軸組	(2)から(4)までのそれぞれの数値の2倍
(7)	(5)に掲げる筋かいをたすき掛けに入れた軸組	5
(8)	その他(1)から(7)までに掲げる軸組と同等以上の耐力を有するものとして国土交通大臣が定めた構造方法を用いるもの又は国土交通大臣の認定を受けたもの	0.5から5までの範囲内において国土交通大臣が定める数値
(9)	(1)又は(2)に掲げる壁と(2)から(6)までに掲げる筋かいとを併用した軸組	(1)又は(2)のそれぞれの数値と(2)から(6)までのそれぞれの数値との和

2

建築物	階の床面積に乗ずる数値（単位　cm/m²）					
	階数が1の建築物	階数が2の建築物の1階	階数が2の建築物の2階	階数が3の建築物の1階	階数が3の建築物の2階	階数が3の建築物の3階
第43条第1項の表の(1)又は(3)に掲げる建築物	15	33	21	50	39	24
第43条第1項の表の(2)に掲げる建築物	11	29	15	46	34	18

この表における階数の算定については、地階の部分の階数は、算入しないものとする。

3

区域		見付面積に乗ずる数値（単位 cm/m²）
(1)	特定行政庁がその地方における過去の風の記録を考慮してしばしば強い風が吹くと認めて規則で指定する区域	50を超え、75以下の範囲内において特定行政庁がその地方における風の状況に応じて規則で定める数値
(2)	(1)に掲げる区域以外の区域	50

第47条

（構造耐力上主要な部分である継手又は仕口）
第47条　構造耐力上主要な部分である継手又は仕口は、ボルト締、かすがい打、込み栓打その他の国土交通大臣が定める構造方法によりその部分の存在応力を伝えるように緊結しなければならない。この場合において、横架材の丈が大きいこと、柱と鉄骨の横架材とが剛に接合していること等により柱に構造耐力上支障のある局部応力が生ずるおそれがあるときは、当該柱を添木等によつて補強しなければならない。
2　前項の規定によるボルト締には、ボルトの径に応じ有効な大きさと厚さを有する座金を使用しなければならない。

第48条

（学校の木造の校舎）
第48条　学校における壁、柱及び横架材を木造とした校舎は、次に掲げるところによらなければならない。
一　外壁には、第46条第4項の表1の（5）に掲げる筋かいを使用すること。
二　けた行が12mを超える場合においては、けた行方向の間隔12m以内ごとに第46条第4項の表1の（5）に掲げる筋かいを使用した通し壁の間仕切壁を設けること。ただし、控柱又は控壁を適当な間隔に設け、国土交通大臣が定める基準に従つた構造計算によつて構造耐力上安全であることが確かめられた場合においては、この限りでない。
三　けた行方向の間隔2m（屋内運動場その他規模が大きい室においては、4m）以内ごとに柱、はり及び小屋組を配置し、柱とはり又は小屋組とを緊結すること。
四　構造耐力上主要な部分である柱は、13.5cm角以上のもの（2階建ての1階の柱で、張り間方向又はけた行方向に相互の間隔が4m以上のものについては、13.5cm角以上の柱を2本合わせて用いたもの又は15cm角以上のもの）とすること。
2　前項の規定は、次の各号のいずれかに該当する校舎については、適用しない。
一　第46条第2項第一号に掲げる基準に適合するもの
二　国土交通大臣が指定する日本工業規格に適合するもの

第49条

（外壁内部等の防腐措置等）
第49条　木造の外壁のうち、鉄網モルタル塗その他軸組が腐りやすい構造である部分の下地には、防水紙その他これに類するものを使用しなければならない。
2　構造耐力上主要な部分である柱、筋かい及び土台のうち、地面から一メートル以内の部分には、有効な防腐措置を講ずるとともに、必要に応じて、しろありその他の虫による害を防ぐための措置を講じなければならない。

2.3　建築基準法及び施行令告示のうち、関連告示一部抜粋

平成19年国土交通省告示第593号第三号、第四号

○建築基準法施行令第36条の2第五号の国土交通大臣が指定する建築物を定める件

建築基準法施行令（昭和25年政令第338号。以下「令」という。）第36条の2第五号の規定に基づき、その安全性を確かめるために地震力によって地上部分の各階に生ずる水平方向の変形を把握することが必要であるものとして、構造又は規模を限って国土交通大臣が指定する建築物は、次に掲げる建築物とする。
三　木造、組積造、補強コンクリートブロック造及び鉄骨造のうち2以上の構造を併用する建築物又はこれらの構造のうち1以上の構造と鉄筋コンクリート造若しくは鉄骨鉄筋コンクリート造とを併用する建築物であって、次のイ又はロに該当するもの以外のもの（次号イからハまでのいずれかに該当するものを除く。）
イ　2以上の部分がエキスパンションジョイントその他の相互に応力を伝えない構造方法のみで接している建築物以外の建築物であって、次の(1)から(5)までに該当するもの
(1)　地階を除く階数が3以下であるもの
(2)　高さが13m以下で、かつ、軒の高さが9m以下であるもの
(3)　延べ面積が500m²以内であるもの
(4)　鉄骨造の構造部分を有する階が第一号イ(1)、(3)及び(4)に適合するもの
(5)　鉄筋コンクリート造及び鉄骨鉄筋コンクリート造の構造部分を有する階が前号イに適合するもの

ロ　2以上の部分がエキスパンションジョイントその他の相互に応力を伝えない構造方法のみで接している建築物であって、当該建築物の部分のいずれもが次の⑴から⑹までのいずれかに該当するもの
　⑴　高さが13m以下で、かつ、軒の高さが9m以下である木造のもの
　⑵　地階を除く階数が3以下である組積造又は補強コンクリートブロック造のもの
　⑶　地階を除く階数が3以下、高さが13m以下及び軒の高さが9m以下である鉄骨造のものであって、第一号イからハまでのいずれか（薄板軽量形鋼造のもの及び屋上を自動車の駐車その他これに類する積載荷重の大きな用途に供するものにあっては、同号イ又はハ）に該当するもの
　⑷　高さが13m以下である鉄筋コンクリート造（壁式ラーメン鉄筋コンクリート造、壁式鉄筋コンクリート造及び鉄筋コンクリート組積造を除く。）若しくは鉄骨鉄筋コンクリート造のもの又はこれらの構造を併用するものであって、前号イ又はロに該当するもの
　⑸　木造と鉄筋コンクリート造の構造を併用するものであって、次号イ⑴から⑼まで又は次号ロ⑴から⑷までに該当するもの
　⑹　木造、組積造、補強コンクリートブロック造及び鉄骨造のうち2以上の構造を併用するもの又はこれらの構造のうち1以上の構造と鉄筋コンクリート造若しくは鉄骨鉄筋コンクリート造とを併用するものであって、イ⑴から⑸までに該当するもの
四　木造と鉄筋コンクリート造の構造を併用する建築物であって、次のイからハまでのいずれかに該当するもの以外のもの（前号イ又はロに該当するものを除く。）
　イ　2以上の部分がエキスパンションジョイントその他の相互に応力を伝えない構造方法のみで接している建築物以外の建築物であって、次の⑴から⑼までに該当するもの
　　⑴　次の（ⅰ）又は（ⅱ）に該当するもの
　　　（ⅰ）　地階を除く階数が2又は3であり、かつ、1階部分を鉄筋コンクリート造とし、2階以上の部分を木造としたもの
　　　（ⅱ）　地階を除く階数が3であり、かつ、1階及び2階部分を鉄筋コンクリート造とし、3階部分を木造としたもの
　　⑵　高さが13m以下で、かつ、軒の高さが9m以下であるもの
　　⑶　延べ面積が500m²以内であるもの
　　⑷　地上部分について、令第82条の2に適合することが確かめられたもの
　　⑸　⑴（ⅰ）に該当するもののうち地階を除く階数が3であるものにあっては、2階及び3階部分について、令第82条の6第二号イに適合することが確かめられたもの。この場合において、同号イ中「当該建築物」とあるのは、「2階及び3階部分」と読み替えるものとする。
　　⑹　⑴（ⅱ）に該当するものにあっては、1階及び2階部分について、令第82条の6第二号イに適合することが確かめられたもの。この場合において、同号イ中「当該建築物」とあるのは、「1階及び2階部分」と読み替えるものとする。
　　⑺　地上部分について、各階の偏心率が令第82条の6第二号ロに適合することが確かめられたもの
　　⑻　鉄筋コンクリート造の構造部分について、昭和55年建設省告示第1791号第3第一号に定める構造計算を行ったもの
　　⑼　木造の構造部分について、昭和55年建設省告示第1791号第1に定める構造計算を行ったもの
　ロ　2以上の部分がエキスパンションジョイントその他の相互に応力を伝えない構造方法のみで接している建築物以外の建築物であって、次の⑴から⑷までに該当するもの
　　⑴　地階を除く階数が2であり、かつ、1階部分を鉄筋コンクリート造とし、2階部分を木造としたもの
　　⑵　イ⑵、⑷及び⑺から⑼までに該当するもの
　　⑶　延べ面積が3,000m²以内であるもの
　　⑷　2階部分の令第88条第1項に規定する地震力について、標準せん断力係数を0.3以上（同項ただし書の区域内における木造のもの（令第46条第2項第一号に掲げる基準に適合するものを除く。）にあっては、0.45以上）とする計算をし、当該地震力によって令第82条第一号から第三号までに規定する構造計算をした場合に安全であることが確かめられたもの又は特別な調査若しくは研究の結果に基づき当該建築物の振動特性を適切に考慮し、安全上支障のないことが確かめられたもの
　ハ　2以上の部分がエキスパンションジョイントその他の相互に応力を伝えない構造方法のみで接している建築物であって、当該建築物の部分のいずれもが次の⑴から⑶までのいずれかに該当するもの
　　⑴　高さが13m以下で、かつ、軒の高さが9m以下である木造のもの
　　⑵　高さが13m以下である鉄筋コンクリート造（壁式ラーメン鉄筋コンクリート造、壁式鉄筋コンクリート造及び鉄筋コンクリート組積造を除く。）のものであって、第二号イ又はロに該当するもの

平成12年建設省告示第1349号	(3) 木造と鉄筋コンクリート造の構造を併用するものであって、イ(1)から(9)まで又はロ(1)から(4)までに該当するもの ○木造の柱の構造耐力上の安全性を確かめるための構造計算の基準を定める件 建築基準法施行令（昭和25年政令第338号）第43条第1項ただし書き及び第2項ただし書きの規定に基づき、木造の柱の構造耐力上の安全性を確かめるために構造計算の基準を次のように定める。建築基準法施行令（以下「令」という。）第43条第1項ただし書き及び第2項ただし書きに規定する木造の柱の構造耐力上の安全性を確かめるための構造計算の基準は、次のとおりとする。 一　令第3章第8節第2款の規定による荷重及び外力によって当該柱に生ずる力を計算すること。 二　前号の当該柱の断面に生ずる長期及び短期の圧縮の各応力度を令第82条第二号の表に掲げる式によって計算すること。 三　前号の規定によって計算した長期及び短期の圧縮の各応力度が、平成13年国土交通省告示第1024号第1第一号ロに定める基準に従って計算した長期に生ずる力又は短期に生ずる力に対する圧縮材の座屈の各許容応力度を超えないことを確かめること。
平成12年建設省告示第1459号	○建築物の使用上の支障が起こらないことを確かめる必要がある場合及びその確認方法を定める件 建築基準法施行令（昭和25年政令第338号）第82条第四号の規定に基づき、建築物の使用上の支障が起こらないことを確かめる必要がある場合及びその確認方法を次のように定める。 第1　建築基準法施行令（以下「令」という。）第82条第四号に規定する使用上の支障が起こらないことを検証することが必要な場合は、建築物の部分に応じて次の表に掲げる条件式を満たす場合以外の場合とする。

建築物の部分		条件式
木造	はり（床面に用いるものに限る。以下この表において同じ。）	$\dfrac{D}{l} > \dfrac{1}{12}$
鉄骨造	デッキプレート版（床版としたもののうち平成14年国土交通省告示第326号の規定に適合するものに限る。以下同じ。）	$\dfrac{t}{lx} > \dfrac{1}{25}$
	はり	$\dfrac{D}{l} > \dfrac{1}{15}$
鉄筋コンクリート造	床版（片持ち以外の場合）	$\dfrac{t}{lx} > \dfrac{1}{30}$
	床版（片持ちの場合）	$\dfrac{t}{lx} > \dfrac{1}{10}$
	はり	$\dfrac{D}{l} > \dfrac{1}{10}$
鉄骨鉄筋コンクリート造	はり	$\dfrac{D}{l} > \dfrac{1}{12}$
アルミニウム合金造	はり	$\dfrac{D}{l} > \dfrac{1}{10}$
軽量気泡コンクリートパネルを用いた構造	床版	$\dfrac{t}{lx} > \dfrac{1}{25}$

この表においてD及びlは、t、lx、D及びlは、それぞれ以下の数値を表すものとする。
t　床版の厚さ（単位　mm）
lx　床版の短辺方向の有効長さ（デッキプレート版又は軽量気泡コンクリートパネルにあっては、支点間距離）（単位　mm）
D　はりのせい（単位　mm）
l　はりの有効長さ（単位　mm）

第2　令第82条第四号に規定する建築物の使用上の支障が起こらないことを確認する方法は、次のとおりとする。
一　当該建築物の実況に応じた固定荷重及び積載荷重によってはり又は床版に生ずるたわみの最大値を計算すること。ただし、令第85条の表に掲げる室の床の積載荷重については、同表（は）欄に定める数値によって計算することができる。
二　前号で求めたたわみの最大値に、構造の形式に応じて次の表に掲げる長期間の荷重により変形が増大することの調整係数（以下「変形増大係数」という。）を乗じ、更に当該部材の有効

長さで除して得た値が1/250以下であることを確認すること。ただし、変形増大係数を載荷実験により求めた場合においては、当該数値を用いることができる。

構造の形式		変形増大係数
木造		2
鉄骨造		1（デッキプレート版にあっては、1.5）
鉄筋コンクリート造	床版	16
	はり	8
鉄骨鉄筋コンクリート造		4
アルミニウム合金造		1
軽量気泡コンクリートパネルを用いた構造		1.6

平成12年建設省告示第1460号	○木造の継手及び仕口の構造方法を定める件 建築基準法施行令（昭和25年政令第338号）第47条第1項の規定に基づき、木造の継手及び仕口の構造方法を次のように定める。 建築基準法施行令（以下「令」という。）第47条に規定する木造の継手及び仕口の構造方法は、次に定めるところによらなければならない。ただし、令第82条第一号から第三号までに定める構造計算によって構造耐力上安全であることが確かめられた場合においては、この限りでない。 一 （仕様規定のため省略） 二 （仕様規定のため省略） 三 前二号に掲げるもののほか、その他の構造耐力上主要な部分の継手又は仕口にあっては、ボルト締、かすがい打、込み栓打その他の構造方法によりその部分の存在応力を伝えるように緊結したものでなくてはならない。
昭和62年建設省告示第1898号	○構造耐力上主要な部分である柱及び横架材に使用する集成材その他の木材の品質の強度及び耐久性に関する基準を定める件 建築基準法施行令（昭和25年政令第338号）第46条第2項第一号イの規定に基づき、構造耐力上主要な部分である柱及び横架材（間柱、小ばりその他これらに類するものを除く。）に使用する集成材その他の木材の品質の強度及び耐久性に関する基準を次のように定める。 構造耐力上主要な部分である柱及び横架材（間柱、小ばりその他これらに類するものを除く。）に使用する集成材その他の木材は、次のいずれかに適合すること。 一 集成材の日本農林規格（平成19年農林水産省告示第1152号）第5条に規定する構造用集成材の規格及び第6条に規定する化粧ばり構造用集成柱の規格 二 単板積層材の日本農林規格（平成20年農林水産省告示第701号）第4条に規定する構造用単板積層材の規格 三 平成13年国土交通省告示第1024号第3第三号の規定に基づき、国土交通大臣が基準強度の数値を指定した集成材 四 建築基準法（昭和25年法律第201号）第37条第二号の規定による国土交通大臣の認定を受け、かつ、平成13年国土交通省告示第1540号第2第三号の規定に基づき、国土交通大臣がその許容応力度及び材料強度の数値を指定した木質接着成形軸材料又は木質複合軸材料 五 製材の日本農林規格（平成19年農林水産省告示第1083号）第5条に規定する目視等級区分製材の規格又は同告示第6条に規定する機械等級区分構造用製材の規格のうち、含水率の基準が15%以下（乾燥割れにより耐力が低下するおそれの少ない構造の接合とした場合にあっては、20%以下）のもの 六 平成12年建設省告示第1452号第七号の規定に基づき、国土交通大臣が基準強度の数値を指定した木材のうち、含水率の基準が15%以下（乾燥割れにより耐力が低下するおそれの少ない構造の接合とした場合にあっては、20%以下）のもの
平成13年国土交通省告示第1024号	○特殊な許容応力度及び特殊な材料強度を定める件 （集成材該当のみ抜粋） 建築基準法施行令（昭和25年政令第338号）第94条の規定に基づき、木材のめりこみ及び木材の圧縮材の座屈の許容応力度、集成材及び構造用単板積層材（以下「集成材等」という。）の繊維方向、集成材等のめりこみ及び集成材等の圧縮材の座屈の許容応力度、【中略】（以下「特殊な許容応力度」という。）並びに同令第99条の規定に基づき、木材のめりこみ及び木材の圧縮材

の座屈の材料強度、集成材等の繊維方向、集成材等のめりこみ及び集成材等の圧縮材の座屈の材料強度、【中略】（以下「特殊な材料強度」という。）をそれぞれ次のように定める。

第1　特殊な許容応力度
一　木材のめりこみ及び木材の圧縮材（以下この号において単に「圧縮材」という。）の座屈の許容応力度は、次に掲げるものとする。
　イ　木材のめりこみの許容応力度は、その繊維方向と加力方向とのなす角度に応じて次に掲げる数値（基礎ぐい、水槽、浴室その他これらに類する常時湿潤状態にある部分に使用する場合においては、当該数値の70％に相当する数値）によらなければならない。
　　⑴　10度以下の場合　令第89条第1項の表に掲げる圧縮の許容応力度の数値
　　⑵　10度を超え、70度未満の場合　⑴と⑶とに掲げる数値を直線的に補間した数値
　　⑶　70度以上90度以下の場合　次の表に掲げる数値

建築物の部分		長期に生ずる力に対するめりこみの許容応力度（単位　N/mm²）		短期に生ずる力に対するめりこみの許容応力度（単位　N/mm²）	
		積雪時	積雪時以外	積雪時	積雪時以外
⑴	土台その他これに類する横架材（当該部材のめりこみによって他の部材の応力に変化が生じない場合に限る。）	$\dfrac{1.5\,Fcv}{3}$	$\dfrac{1.5\,Fcv}{3}$	$\dfrac{2\,Fcv}{3}$	$\dfrac{2\,Fcv}{3}$
⑵	⑴項に掲げる場合以外の場合	$\dfrac{1.43\,Fcv}{3}$	$\dfrac{1.1\,Fcv}{3}$	$\dfrac{1.6\,Fcv}{3}$	$\dfrac{2\,Fcv}{3}$

この表において、Fcv は、木材の種類及び品質に応じて第3第一号に規定するめりこみに対する基準強度（単位　N/mm²）を表すものとする

　ロ　圧縮材の座屈の許容応力度は、その有効細長比（断面の最小二次率半径に対する座屈長さの比をいう。以下同じ。）に応じて、次の表の各式によって計算した数値（基礎ぐい、水槽、浴室その他これらに類する常時湿潤状態にある部分に使用する場合においては、当該数値の70％に相当する数値）によらなければならない。ただし、令第82条第一号から第三号までの規定によって積雪時の構造計算をするに当たっては、長期に生ずる力に対する許容応力度は同表の数値に1.3を乗じて得た数値と、短期に生ずる力に対する許容応力度は同表の数値に0.8を乗じて得た数値としなければならない。

有効細長比	長期に生ずる力に対する座屈の許容応力度（単位　N/mm²）	短期に生ずる力に対する座屈の許容応力度（単位　N/mm²）
$\lambda \leq 30$ の場合	$\dfrac{1.1}{3}Fc$	$\dfrac{2}{3}Fc$
$30 < \lambda \leq 100$ の場合	$\dfrac{1.1}{3}(1.3-0.01\lambda)Fc$	$\dfrac{2}{3}(1.3-0.01\lambda)Fc$
$\lambda > 100$ の場合	$\dfrac{1.1}{3} \cdot \dfrac{3{,}000}{\lambda^2}Fc$	$\dfrac{2}{3} \cdot \dfrac{3{,}000}{\lambda^2}Fc$

この表において、λ及びFc は、それぞれ次の数値を表すものとする。
λ　有効細長比
Fc　令第89条第1項の表に掲げる圧縮に対する基準強度（単位　N/mm²）

二　集成材等の繊維方向、集成材等のめりこみ及び集成材等の圧縮材（以下この号において単に「圧縮材」という。）の座屈の許容応力度は、次に掲げるものとする。
　イ　集成材等の繊維方向の許容応力度は、次の表の数値（基礎ぐい、水槽、浴室その他これらに類する常時湿潤状態にある部分に使用する場合においては、当該数値の70％に相当する数値）によらなければならない。ただし、令第82条第一号から第三号までの規定によって積雪時の構造計算をするに当たっては、長期に生ずる力に対する許容応力度は同表の数値に1.3を乗じて得た数値と、短期に生ずる力に対する許容応力度は同表の数値に0.8を乗じて得た数値としなければならない。

長期に生ずる力に対する許容応力度 （単位　N/mm²）				短期に生ずる力に対する許容応力度 （単位　N/mm²）			
圧縮	引張り	曲げ	せん断	圧縮	引張り	曲げ	せん断
$\dfrac{1.1Fc}{3}$	$\dfrac{1.1Ft}{3}$	$\dfrac{1.1Fb}{3}$	$\dfrac{1.1Fs}{3}$	$\dfrac{2Fc}{3}$	$\dfrac{2Ft}{3}$	$\dfrac{2Fb}{3}$	$\dfrac{2Fs}{3}$

この表において、Fc、Ft、Fb及びFsは、それぞれ集成材等の種類及び品質に応じて第3第二号イに規定する圧縮、引張り、曲げ及びせん断に対する基準強度（単位　N/mm²）を表すものとする。

　ロ　集成材等のめりこみの許容応力度は、その繊維方向と加力方向とのなす角度に応じて次に掲げる数値（基礎ぐい、水槽、浴室その他これらに類する常時湿潤状態にある部分に使用する場合においては、当該数値の70％に相当する数値）によらなければならない。
(1)　10度以下の場合　イの表に掲げる圧縮の許容応力度の数値
(2)　10度を超え、70度未満の場合　(1)と(3)とに掲げる数値を直線的に補間した数値
(3)　70度以上90度以下の場合　次の表に掲げる数値

	建築物の部分	長期に生ずる力に対する めりこみの許容応力度 （単位　N/mm²）		短期に生ずる力に対する めりこみの許容応力度 （単位　N/mm²）	
		積雪時	積雪時以外	積雪時	積雪時以外
(1)	土台その他これに類する横架材（当該部材のめりこみによって他の部材の応力に変化が生じない場合に限る。）	$\dfrac{1.5\,Fcv}{3}$	$\dfrac{1.5\,Fcv}{3}$	$\dfrac{2\,Fcv}{3}$	$\dfrac{2\,Fcv}{3}$
(2)	(1)項に掲げる場合以外の場合	$\dfrac{1.43\,Fcv}{3}$	$\dfrac{1.1\,Fcv}{3}$	$\dfrac{1.6\,Fcv}{3}$	$\dfrac{2\,Fcv}{3}$

この表において、Fcvは、木材の種類及び品質に応じて第3第一号に規定するめりこみに対する基準強度（単位　N/mm²）を表すものとする

　ハ　圧縮材の座屈の許容応力度は、その有効細長比に応じて、次の表の各式によって計算した数値（基礎ぐい、水槽、浴室その他これらに類する常時湿潤状態にある部分に使用する場合においては、当該数値の70％に相当する数値）によらなければならない。ただし、令第82条第一号から第三号までの規定によって積雪時の構造計算をするに当たっては、長期に生ずる力に対する許容応力度は同表の数値に1.3を乗じて得た数値と、短期に生ずる力に対する許容応力度は同表の数値に0.8を乗じて得た数値としなければならない。

有効細長比	長期に生ずる力に対する 座屈の許容応力度 （単位　N/mm²）	短期に生ずる力に対する 座屈の許容応力度 （単位　N/mm²）
$\lambda \leq 30$の場合	$\dfrac{1.1}{3}Fc$	$\dfrac{2}{3}Fc$
$30 < \lambda \leq 100$の場合	$\dfrac{1.1}{3}(1.3 - 0.01\lambda)Fc$	$\dfrac{2}{3}(1.3 - 0.01\lambda)Fc$
$\lambda > 100$の場合	$\dfrac{1.1}{3} \cdot \dfrac{3{,}000}{\lambda^2}Fc$	$\dfrac{2}{3} \cdot \dfrac{3{,}000}{\lambda^2}Fc$

この表において、λ及びFcは、それぞれ次の数値を表すものとする。
λ　有効細長比
Fc　第3第二号イに規定する圧縮に対する基準強度（単位　N/mm²）

第1第三号〜第十八号　略

第2　特殊な材料強度
第2第一号　略

二 集成材等の繊維方向、集成材等のめりこみ及び集成材等の圧縮材(以下この号において単に「圧縮材」という。)の座屈の材料強度は、次に掲げるものとする。
　イ 集成材等の繊維方向の材料強度は、次の表の数値(基礎ぐい、水槽、浴室その他これらに類する常時湿潤状態にある部分に使用する場合においては、当該数値の70%に相当する数値)によらなければならない。ただし、土台その他これに類する横架材(当該部材のめりこみによって他の部材の応力に変化が生じない場合に限る。)以外について、令第82条の5第二号の規定によって積雪時の構造計算をするに当たっては、同表の数値に0.8を乗じて得た数値としなければならない。

材料強度(単位　N/mm²)			
圧縮	引張り	曲げ	せん断
Fc	Ft	Fb	Fs

この表において、Fc、Ft、Fb及びFsは、それぞれ第1第二号イの表に規定する基準強度を表すものとする。

　ロ 集成材等のめりこみの材料強度は、その繊維方向と加力方向とのなす角度に応じて次に掲げる数値(基礎ぐい、水槽、浴室その他これらに類する常時湿潤状態にある部分に使用する場合においては、当該数値の70%に相当する数値)によらなければならない。ただし、土台その他これに類する横架材(当該部材のめりこみによって他の部材の応力に変化が生じない場合に限る。)以外について、令第82条の5第二号の規定によって積雪時の構造計算をするに当たっては、同表の数値に0.8を乗じて得た数値としなければならない。
　(1) 10度以下の場合　イの表に掲げる圧縮の材料強度の数値
　(2) 10度を超え、70度未満の場合　(1)と(3)とに掲げる数値を直線的に補間した数値
　(3) 70度以上90度以下の場合　集成材等の種類及び品質に応じて第3第二号ロの表に掲げるめりこみに対する基準強度の数値

　ハ 圧縮材の座屈の材料強度は、その有効細長比に応じて、次の表の各式によって計算した数値(基礎ぐい、水槽、浴室その他これらに類する常時湿潤状態にある部分に使用する場合においては、当該数値の70%に相当する数値)によらなければならない。ただし、土台その他これに類する横架材(当該部材のめりこみによって他の部材の応力に変化が生じない場合に限る。)以外について、令第82条の5第二号の規定によって積雪時の構造計算をするに当たっては、同表の数値に0.8を乗じて得た数値としなければならない。

有効細長比	圧縮材の座屈の材料強度(単位　N/mm²)
$\lambda \leq 30$ の場合	Fc
$30 < \lambda \leq 100$ の場合	$(1.3 - 0.01\lambda)$ Fc
$\lambda > 100$ の場合	$(3,000/\lambda^2)$ Fc

この表において、λ及びFcは、それぞれ次の数値を表すものとする。
λ　有効細長比
Fc　第1第二号イに掲げる圧縮に対する基準強度(単位　N/mm²)

第2第三号～第十七号　略

第3　基準強度
一 第1第一号イ(3)に規定する木材のめりこみに対する基準強度Fcvは、その樹種に応じて、製材の日本農林規格(平成19年農林水産省告示第1083号)に適合する構造用集成材(ただし、円柱類にあってはすぎ、からまつ及びひのきに限る。)の目視等級区分若しくは機械等級区分によるもの又は無等級材(日本農林規格に定められていない木材をいう。)にあっては次の表1の数値と、枠組壁工法構造用製材の日本農林規格(昭和49年農林水産省告示第600号)に適合する枠組壁工法構造用製材、枠組壁工法構造用たて継ぎ材の日本農林規格(平成3年農林水産省告示第701号)に適合する枠組壁工法構造用たて継ぎ材又は機械による曲げ応力等級区分を行う枠組壁工法構造用製材の日本農林規格(平成3年農林水産省告示第702号)に適合する枠組壁工法用製材にあっては次の表2の数値とする。

表1

樹　種		基準強度(単位　N/mm²)
針葉樹	あかまつ、くろまつ及びべいまつ	9.0
	からまつ、ひば、ひのき及びべいひ	7.8

		つが、べいつが、もみ、えぞまつ、とどまつ、べにまつ、すぎ、べいすぎ及びスプルース	6.0
広葉樹		かし	12.0
		くり、なら、ぶな及びけやき	10.8

表2

樹種グループ	樹種	基準強度（単位　N/mm²）
SⅠ	DFir-L	9.0
	Hem-Tam	7.8
SⅡ	Hem-Fir	6.0
	S-P-F又はSpuruce-Pine-Fir	6.0
	W Ceder	6.0

二　第1第二号イに規定する集成材等の繊維方向の基準強度 Fc、Ft、Fb 及び Fs 並びに同号ロ(3)に規定する集成材等のめりこみに対する基準強度 Fcv は、それぞれ次に掲げるものとする。
　イ　第1第二号イに規定する集成材等の繊維方向の基準強度は、圧縮、引張り及び曲げの基準強度については集成材の日本農林規格（平成19年農林水産省告示1052号。以下「集成材規格」という。）第5条に規定する構造用集成材の規格に適合する対称異等級構成集成材、特定対称異等級構成集成材、非対称異等級構成集成材及び同一等級構成集成材及び同規格第6条に規定する化粧ばり構造用集成柱の規格に適合する化粧ばり構造用集成柱並びに単板積層材の日本農林規格（平成20年農林水産省告示第701号。以下「単板積層材規格」という。）第4条に規定する構造用単板積層材の規格に適合する構造用単板積層材の区分に応じて次の表1から表6までに掲げる数値と、せん断の基準強度については次の表7及び表8に掲げる数値とする。

表1　対称異等級構成集成材の圧縮、引張り及び曲げの基準強度

強度等級	基準強度（単位　N/mm²）			
	Fc	Ft	Fb	
			積層方向（それぞれの数値に、集成材の厚さ方向の辺長（単位　cm）が対応する集成材規格第5条表3の左欄の区分に応じて、同表右欄に掲げる数値を乗じたものとする。）	幅方向
E170-F495	38.4	33.5	49.5	35.4
E150-F435	33.4	29.2	43.5	30.6
E135-F375	29.7	25.9	37.5	27.6
E120-F330	25.9	22.4	33.0	24.0
E105-F300	23.2	20.2	30.0	21.6
E95-F270	21.7	18.9	27.0	20.4
E85-F255	19.5	17.0	25.5	18.0
E75-F240	17.6	15.3	24.0	15.6
E65-F225	16.7	14.6	22.5	15.0
E65-F220	15.3	13.4	22.0	12.6
E55-F200	13.3	11.6	20.0	10.2

この表において、強度等級は、集成材規格第5条表1に規定する強度等級を表すものとする。以下、表2、表3及び表4において同じ

表2 特定対称異等級構成集成材の圧縮、引張り及び曲げの基準強度

強度等級	基準強度（単位 N/mm²）			
^	Fc	Ft	Fb	
^	^	^	積層方向（それぞれの数値に、集成材の厚さ方向の辺長（単位 cm）が対応する集成材規格第5条表3の左欄の区分に応じて、同表右欄に掲げる数値を乗じたものとする。）	幅方向
ME120-F330	20.2	17.6	33.0	12.7
ME105-F300	17.9	15.6	30.0	11.7
ME95-F270	16.6	14.5	27.0	11.1
ME85-F255	15.9	13.9	25.5	11.0

表3 非対称異等級構成集成材の圧縮、引張り及び曲げの基準強度

強度等級	基準強度（単位 N/mm²）				
^	Fc	Ft	Fb			幅方向
^	^	^	積層方向（それぞれの数値に、集成材の厚さ方向の辺長（単位 cm）が対応する集成材規格第5条表3の左欄の区分に応じて、同表右欄に掲げる数値を乗じたものとする。）		^
^	^	^	正の曲げ	負の曲げ	^
E160-F480	36.5	31.8	48.0	34.5	31.8
E140-F420	31.7	27.7	42.0	28.5	27.0
E125-F360	28.2	24.6	36.0	25.5	24.0
E110-F315	24.5	21.3	31.5	24.0	21.6
E100-F285	22.1	19.3	28.5	22.5	19.2
E90-F255	20.7	18.1	25.5	21.0	18.0
E80-F240	18.5	16.2	24.0	19.5	15.0
E70-F225	16.6	14.5	22.5	18.0	13.8
E60-F210	15.7	13.7	21.0	16.5	13.2
E60-F205	14.3	12.5	20.5	16.0	10.8
E50-F170	12.2	10.6	17.0	14.0	8.4

この表において、正の曲げは、引張り側最外層用ひき板が接着されている側（以下、「引張り側」という。）において引張りの力が生じる場合の曲げを、負の曲げは、引張り側において圧縮の力が生じる場合の曲げを、それぞれ表すものとする。

表4　同一等級構成集成材の圧縮、引張り及び曲げの基準強度

ひき板の積層数	強度等級	基準強度（単位　N/mm²）		
^	^	Fc	Ft	Fb それぞれの数値に、集成材の厚さ方向の辺長（単位　cm）が対応する集成材規格第5条表3の左欄の区分に応じて、同表右欄に掲げる数値を乗じたものとする。
4枚以上	E190-F615	50.3	43.9	61.5
^	E170-F540	44.6	38.9	54.0
^	E150-F465	39.2	34.2	46.5
^	E135-F405	33.4	29.2	40.5
^	E120-F375	30.1	26.3	37.5
^	E105-F345	28.1	24.5	34.5
^	E95-F315	26.0	22.7	31.5
^	E85-F300	24.3	21.2	30.0
^	E75-F270	22.3	19.4	27.0
^	E65-F255	20.6	18.0	25.5
^	E55-F225	18.6	16.2	22.5
3枚	E190-F555	45.8	40.3	55.5
^	E170-F495	40.5	35.6	49.5
^	E150-F435	35.6	31.4	43.5
^	E135-F375	30.4	26.7	37.5
^	E120-F330	27.4	24.1	33.0
^	E105-F300	25.5	22.4	30.0
^	E95-F285	23.6	20.8	28.5
^	E85-F270	22.1	19.5	27.0
^	E75-F255	20.3	17.8	25.5
^	E65-F240	18.8	16.5	24.0
^	E55-F225	16.9	14.9	22.5
2枚	E190-F510	45.8	36.6	51.0
^	E170-F450	40.5	32.4	45.0
^	E150-F390	35.6	28.5	39.0
^	E135-F345	30.4	24.3	34.5
^	E120-F300	27.4	21.9	30.0
^	E105-F285	25.5	20.4	28.5
^	E95-F270	23.6	18.9	27.0
^	E85-F255	22.1	17.7	25.5
^	E75-F240	20.3	16.2	24.0
^	E65-F225	18.8	15.0	22.5
^	E55-F200	16.9	13.5	20.0

表5 化粧ばり構造用集成柱の圧縮、引張り及び曲げの基準強度

樹　種	基準強度（単位　N/mm²）		
	Fc	Ft	Fb
アピトン	36.6	32.4	45.6
いたやかえで、かば、ぶな、みずなら、けやき、ダフリカからまつ、ササンパイン及びべいまつ	31.8	28.2	40.2
ひのき、ひば、からまつ、あかまつ、くろまつ及びべいひ	29.4	25.8	37.2
つが、たも、しおじ、にれ、アラスカイエローシダー、ラジアタパイン及びべいつが	27.6	24.0	34.2
もみ、とどまつ、えぞまつ、べいもみ、スプルース、ロッジポールパイン、べにまつ、ポンデローサパイン、おうしゅうあかまつ、ジャックパイン及びラワン	25.2	22.2	31.2
すぎ、べいすぎ及びホワイトサイプレスパイン	24.0	21.0	29.4

表6 構造用単板積層材の圧縮、引張り及び曲げの基準強度

曲げヤング係数区分	等　級	基準強度（単位　N/mm²）		
		Fc	Ft	Fb
180E	特級	46.8	34.8	58.2
180E	1級	45.0	30.0	49.8
180E	2級	42.0	25.2	42.0
160E	特級	41.4	31.2	51.6
160E	1級	40.2	27.0	44.4
160E	2級	37.2	22.2	37.2
140E	特級	36.0	27.0	45.0
140E	1級	34.8	23.4	39.0
140E	2級	32.4	19.8	32.4
120E	特級	31.2	23.4	39.0
120E	1級	30.0	19.8	33.0
120E	2級	27.6	16.8	27.6
110E	特級	28.2	21.6	35.4
110E	1級	27.0	18.0	30.0
110E	2級	25.8	15.6	25.8
100E	特級	25.8	19.8	32.4
100E	1級	25.2	16.8	27.6
100E	2級	23.4	14.4	23.4
90E	特級	23.4	17.4	28.8
90E	1級	22.8	15.0	25.2
90E	2級	21.0	12.6	21.0
80E	特級	21.0	15.6	25.8
80E	1級	19.8	13.2	22.2
80E	2級	18.6	11.4	18.6
70E	特級	18.0	13.8	22.8
70E	1級	17.4	12.0	19.8
70E	2級	16.2	9.6	16.2
60E	特級	15.6	12.0	19.8
60E	1級	15.0	10.2	16.8
60E	2級	13.8	8.4	13.8

この表において、曲げヤング係数区分は、単板積層材規格第4条第1項の表中曲げ性能欄表中に掲げる曲げヤング係数区分を表すものとする。

表7　集成材のせん断の基準強度

樹　種	基準強度（単位　N/mm²）	
	積層方向	幅方向
いたやかえで、かば、ぶな、みずなら、けやき及びアピトン	4.8	4.2
たも、しおじ及びにれ	4.2	3.6
ひのき、ひば、からまつ、あかまつ、くろまつ、べいひ、ダフリカからまつ、サザンパイン、べいまつ及びホワイトサイプレスパイン	3.6	3.0
つが、アラスカイエローシダー、べにまつ、ラジアタパイン及びべいつが	3.3	2.7
もみ、とどまつ、えぞまつ、べいもみ、スプルース、ロジポールパイン、ポンデローサパイン、おうしゅうあかまつ、ジャックパイン及びラワン	3.0	2.4
すぎ及びべいすぎ	2.7	2.1
ただし、せん断面に幅はぎ未評価ラミナを含む構造用集成材にあっては、表中の数値に0.6を乗じた数値とする。		

表8　構造用積層材のせん断の基準強度

水平せん断性能	基準強度（単位　N/mm²）
65V-55H	4.2
60V-51H	3.6
55V-47H	3.6
50V-43H	3.0
45V-38H	3.0
40V-34H	2.4
35V-30H	2.4
この表において、水平せん断性能は、単板積層材規格第4条第1項の表中接着の程度欄2の表中に掲げる水平せん断性能を表すものとする。	

ロ　第1第二号ロ(3)に規定する集成材等のめりこみに対する基準強度 Fcv は、その樹種に応じてそれぞれ次の表の数値とする。

樹　種	基準強度（単位 N/mm²）
いたやかえで、かば、ぶな、みずなら、けやき、アピトン、たも、しおじ及びにれ	10.8
あかまつ、くろまつ、ダフリカからまつ、サザンパイン、べいまつ、ホワイトサイプレスパイン及びラワン	9.0
ひのき、ひば、からまつ及びべいひ	7.8
つが、アラスカイエローシダー、べにまつ、ラジアタパイン、べいつが、もみ、とどまつ、えぞまつ、べいもみ、スプルース、ロジポールパイン、ポンデローサパイン、おうしゅうあかまつ、すぎ、べいすぎ及びジャックパイン	6.0

三　前各号に掲げる木材及び集成材等以外の基準強度は、その樹種、区分及び等級に応じてそれぞれ国土交通大臣が指定した数値とする。

第3第四号～第八号　略

昭和55年建設省告示第1791号

○建築物の地震に対する安全性を確かめるために必要な構造計算の基準を定める件

昭和62年建設省告示第1899号	建築基準法施行令（昭和25年政令第338号）第82条の6第三号の規定に基づき、建築物の地震に対する安全性を確かめるために必要な構造計算の基準を次のように定める。

第1　木造の建築物等に関する基準
　木造の建築物又は木造とその他の構造とを併用する建築物については、次の各号に定める構造計算を行うこと。

一　水平力を負担する筋かいを設けた階（地階を除く。）を含む建築物にあつては、建築基準法施行令（以下「令」という。）第82条第一号の規定により計算した当該階の構造耐力上主要な部分に生ずる令第88条第1項の規定による地震力による応力の数値に次の表の数値以上の数値を乗じて得た数値を当該応力の数値として令第82条第二号及び第三号に規定する構造計算を行うこと。

$\beta \leq \frac{5}{7}$の場合	$1+0.7\beta$
$\beta > \frac{5}{7}$の場合	1.5

この表において、βは、令第88条第1項に規定する地震力により建築物の各階に生ずる水平力に対する当該階の筋かいが負担する水平力の比を表すものとする。

二　水平力を負担する筋かいで木材を使用したものについては、当該筋かいの端部又は接合部に木材のめりこみの材料強度に相当する応力が作用する場合において、当該筋かいに割裂き、せん断破壊等が生じないことを確かめること。
三　水平力を負担する筋かいでその軸部に専ら木材以外の材料を使用したものについては、当該筋かいの軸部が降伏する場合において、当該筋かいの端部及び接合部が破断しないことを確かめること。
四　建築物の地上部分の塔状比（計算しようとする方向における架構の幅に対する高さの比をいう。）が4を超えないことを確かめること。
五　前各号に掲げるもののほか、必要がある場合においては、構造耐力上主要な部分である柱若しくははり又はこれらの接合部が、割裂き、せん断破壊等によつて構造耐力上支障のある急激な耐力の低下を生ずるおそれのないことを確かめること。

○木造若しくは鉄骨造の建築物又は建築物の構造部分の構造耐力上安全であることを確かめるための構造計算の基準

　建築基準法施行令（昭和25年政令第338号）第46条第2項第一号ハ及び第3項、第48条第1項第二号ただし書並びに第69条の規定に基づき、木造若しくは鉄骨造の建築物又は建築物の構造部分が構造耐力上安全であることを確かめるための構造計算の基準を次のように定める。
　建築基準法施行令（以下「令」という。）第46条第2項第一号ハ及び第3項、第48条第1項第二号ただし書並びに第69条の規定に基づき、木造若しくは鉄骨造の建築物又は建築物の構造部分が構造耐力上安全であることを確かめるための構造計算の基準は、次のとおりとする。
一　令第82条各号に定めるところによること。
二　令第82条の2に定めるところによること。ただし、令第88条第1項に規定する標準せん断係数を0.3以上とした地震力によって構造耐力上主要な部分に生ずる力を計算して令第82条第一号から第三号までに規定する構造計算を行って安全性が確かめられた場合にあっては、この限りでない。
三　木造の建築物にあっては、令第82条の6第二号ロに定めるところにより張り間方向及びけた行方向の偏心率を計算し、それぞれ0.15を超えないことを確かめること。ただし、偏心率が0.15を超える方向について、次のいずれかに該当する場合にあってはこの限りでない。
　イ　偏心率が0.3以下であり、かつ、令第88条第1項に規定する地震力について標準層せん断係数を0.2に昭和55年建設省告示第1792号第7の表2の式によって計算したＦｅの数値を乗じて得た数値以上とする計算をして令第82条第一号から第三号までに規定する構造計算を行って安全性が確かめられた場合
　ロ　偏心率が0.3以下であり、かつ、令第88条第1項に規定する地震力が作用する場合における各階の構造耐力上主要な部分の当該階の剛心からの距離に応じたねじれの大きさを考慮して当該構造耐力上主要な部分に生ずる力を計算して令第82条第一号から第三号までに規定する構造計算を行って安全性が確かめられた場合
　ハ　令第82条の3の規定に適合する場合 |

3．防・耐火関連　法令抜粋

3.1　建築基準法一部抜粋

	第1章　総則
第2条	第2条　この法律において次の各号に掲げる用語の意義は、それぞれ当該各号に定めるところによる。
第2条第9号の二	九の二　耐火建築物　次に掲げる基準に適合する建築物をいう。 イ　その主要構造部が(1)又は(2)のいずれかに該当すること。 　(1)　耐火構造であること。 　(2)　次に掲げる性能（外壁以外の主要構造部にあつては、（ⅰ）に掲げる性能に限る。）に関して政令で定める技術的基準に適合するものであること。 　　（ⅰ）　当該建築物の構造、建築設備及び用途に応じて屋内において発生が予測される火災による火熱に当該火災が終了するまで耐えること。 　　（ⅱ）　当該建築物の周囲において発生する通常の火災による火熱に当該火災が終了するまで耐えること。 ロ　その外壁の開口部で延焼のおそれのある部分に、防火戸その他の政令で定める防火設備（その構造が遮炎性能（通常の火災時における火炎を有効に遮るために防火設備に必要とされる性能をいう。）に関して政令で定める技術的基準に適合するもので、国土交通大臣が定めた構造方法を用いるもの又は国土交通大臣の認定を受けたものに限る。）を有すること。
第2条第9号の三	九の三　準耐火建築物　耐火建築物以外の建築物で、イ又はロのいずれかに該当し、外壁の開口部で延焼のおそれのある部分に前号ロに規定する防火設備を有するものをいう。 イ　主要構造部を準耐火構造としたもの ロ　イに掲げる建築物以外の建築物であつて、イに掲げるものと同等の準耐火性能を有するものとして主要構造部の防火の措置その他の事項について政令で定める技術的基準に適合するもの
	第2章　建築物の敷地、構造及び建築設備
第21条	（大規模の建築物の主要構造部） 第21条　高さが13m又は軒の高さが9mを超える建築物（その主要構造部（床、屋根及び階段を除く。）の政令で定める部分の全部又は一部に木材、プラスチックその他の可燃材料を用いたものに限る。）は、第2条第九号の二イに掲げる基準に適合するものとしなければならない。ただし、構造方法、主要構造部の防火の措置その他の事項について防火上必要な政令で定める技術的基準に適合する建築物（政令で定める用途に供するものを除く。）は、この限りでない。 2　延べ面積が3,000m²を超える建築物（その主要構造部（床、屋根及び階段を除く。）の前項の政令で定める部分の全部又は一部に木材、プラスチックその他の可燃材料を用いたものに限る。）は、第2条第九号の二イに掲げる基準に適合するものとしなければならない。
第22条	（屋根） 第22条　特定行政庁が防火地域及び準防火地域以外の市街地について指定する区域内にある建築物の屋根の構造は、通常の火災を想定した火の粉による建築物の火災の発生を防止するために屋根に必要とされる性能に関して建築物の構造及び用途の区分に応じて政令で定める技術的基準に適合するもので、国土交通大臣が定めた構造方法を用いるもの又は国土交通大臣の認定を受けたものとしなければならない。ただし、茶室、あずまやその他これらに類する建築物又は延べ面積が10m²以内の物置、納屋その他これらに類する建築物の屋根の延焼のおそれのある部分以外の部分については、この限りでない。 2　特定行政庁は、前項の規定による指定をする場合においては、あらかじめ、都市計画区域内にある区域については都道府県都市計画審議会（市町村都市計画審議会が置かれている市町村の長たる特定行政庁が行う場合にあつては、当該市町村都市計画審議会。第51条を除き、以下同じ。）の意見を聴き、その他の区域については関係市町村の同意を得なければならない。
第23条	（外壁） 第23条　前条第1項の市街地の区域内にある建築物（その主要構造部の第21条第1項の政令で定める部分が木材、プラスチックその他の可燃材料で造られたもの（次条、第25条及び第62条第2項において「木造建築物等」という。）に限る。）は、その外壁で延焼のおそれのある部分の構造を、準防火性能（建築物の周囲において発生する通常の火災による延焼の抑制に一定の効

（木造建築物等である特殊建築物の外壁等）

第24条　第24条　第22条第1項の市街地の区域内にある木造建築物等である特殊建築物で、次の各号の一に該当するものは、その外壁及び軒裏で延焼のおそれのある部分を防火構造としなければならない。
　一　学校、劇場、映画館、演芸場、観覧場、公会堂、集会場、マーケット又は公衆浴場の用途に供するもの
　二　自動車車庫の用途に供するもので、その用途に供する部分の床面積の合計が50m²を超えるもの
　三　百貨店、共同住宅、寄宿舎、病院又は倉庫の用途に供するもので、階数が2であり、かつ、その用途に供する部分の床面積の合計が200m²を超えるもの

（大規模の木造建築物等の外壁等）

第25条　第25条　延べ面積（同一敷地内に2以上の木造建築物等がある場合においては、その延べ面積の合計）が1,000m²を超える木造建築物等は、その外壁及び軒裏で延焼のおそれのある部分を防火構造とし、その屋根の構造を第22条第1項に規定する構造としなければならない。

（防火壁）

第26条　第26条　延べ面積が1,000m²を超える建築物は、防火上有効な構造の防火壁によつて有効に区画し、かつ、各区画の床面積の合計をそれぞれ1,000m²以内としなければならない。ただし、次の各号の一に該当する建築物については、この限りでない。
　一　耐火建築物又は準耐火建築物
　二　卸売市場の上家、機械製作工場その他これらと同等以上に火災の発生のおそれが少ない用途に供する建築物で、イ又はロのいずれかに該当するもの
　　イ　主要構造部が不燃材料で造られたものその他これに類する構造のもの
　　ロ　構造方法、主要構造部の防火の措置その他の事項について防火上必要な政令で定める技術的基準に適合するもの
　三　畜舎その他の政令で定める用途に供する建築物で、その周辺地域が農業上の利用に供され、又はこれと同様の状況にあつて、その構造及び用途並びに周囲の状況に関し避難上及び延焼防止上支障がないものとして国土交通大臣が定める基準に適合するもの

（耐火建築物又は準耐火建築物としなければならない特殊建築物）

第27条　第27条　次の各号の一に該当する特殊建築物は、耐火建築物としなければならない。ただし、地階を除く階数が3で、3階を下宿、共同住宅又は寄宿舎の用途に供するもの（3階の一部を別表第1（い）欄に掲げる用途（下宿、共同住宅及び寄宿舎を除く。）に供するもの及び第二号又は第三号に該当するものを除く。）のうち防火地域以外の区域内にあるものにあつては、第2条第九号の三イに該当する準耐火建築物（主要構造部の準耐火性能その他の事項について、準防火地域の内外の別に応じて政令で定める技術的基準に適合するものに限る。）とすることができる。
　一　別表第1（ろ）欄に掲げる階を同表（い）欄の当該各項に掲げる用途に供するもの
　二　別表第1（い）欄に掲げる用途に供するもので、その用途に供する部分（同表(1)項の場合にあつては客席、同表(5)項の場合にあつては3階以上の部分に限る。）の床面積の合計が同表（は）欄の当該各項に該当するもの
　三　劇場、映画館又は演芸場の用途に供するもので、主階が1階にないもの
２　次の各号の一に該当する特殊建築物は、耐火建築物又は準耐火建築物（別表第一（い）欄(6)項に掲げる用途に供するものにあつては、第2条第九号の三ロに該当する準耐火建築物のうち政令で定めるものを除く。）としなければならない。

（この章の規定を実施し、又は補足するため必要な技術的基準）

第36条　第36条　居室の採光面積、天井及び床の高さ、床の防湿方法、階段の構造、便所、防火壁、防火区画、消火設備、避雷設備及び給水、排水その他の配管設備の設置及び構造並びに浄化槽、煙突及び昇降機の構造に関して、この章の規定を実施し、又は補足するために安全上、防火上及び衛生上必要な技術的基準は、政令で定める。

（建築材料の品質）

第37条　第37条　建築物の基礎、主要構造部その他安全上、防火上又は衛生上重要である政令で定める部分に使用する木材、鋼材、コンクリートその他の建築材料として国土交通大臣が定めるもの（以下この条において「指定建築材料」という。）は、次の各号の一に該当するものでなければ

　　　　　　ならない。
　　　　　一　その品質が、指定建築材料ごとに国土交通大臣の指定する日本工業規格又は日本農林規格に適合するもの
　　　　　二　前号に掲げるもののほか、指定建築材料ごとに国土交通大臣が定める安全上、防火上又は衛生上必要な品質に関する技術的基準に適合するものであることについて国土交通大臣の認定を受けたもの

　　　　第3章　都市計画区域内等における建築物の敷地、構造、建築設備及び用途

　　　　第4節　特定街区

　　　　（防火地域内の建築物）
第61条　第61条　防火地域内においては、階数が3以上であり、又は延べ面積が100m²を超える建築物は耐火建築物とし、その他の建築物は耐火建築物又は準耐火建築物としなければならない。ただし、次の各号の一に該当するものは、この限りでない。
　　　一　延べ面積が50m²以内の平家建の附属建築物で、外壁及び軒裏が防火構造のもの
　　　二　卸売市場の上家又は機械製作工場で主要構造部が不燃材料で造られたものその他これらに類する構造でこれらと同等以上に火災の発生のおそれの少ない用途に供するもの
　　　三　高さ2メートルを超える門又は塀で不燃材料で造り、又は覆われたもの
　　　四　高さ2メートル以下の門又は塀

　　　　（特定防災街区整備地区）
第67条の2　第67条の2　特定防災街区整備地区内にある建築物は、耐火建築物又は準耐火建築物としなければならない。ただし、第61条各号のいずれかに該当するものは、この限りでない。

別表第1　別表第1　耐火建築物又は準耐火建築物としなければならない特殊建築物

		（い）	（ろ）	（は）	（に）
		用途	（い）欄の用途に供する階	（い）欄の用途に供する部分（(1)項の場合にあつては客席、(5)項の場合にあつては3階以上の部分に限る。）の床面積の合計	（い）欄の用途に供する部分（(2)項及び(4)項の場合にあつては2階の部分に限り、かつ病院及び診療所についてはその部分に患者の収容施設がある場合に限る。）の床面積の合計
(1)		劇場、映画館、演芸場、観覧場、公会堂、集会場その他これらに類するもので政令で定めるもの	3階以上の階	200m²（屋外観覧席にあつては、1,000m²）以上	
(2)		病院、診療所（患者の収容施設があるものに限る。）、ホテル、旅館、下宿、共同住宅、寄宿舎その他これらに類するもので政令で定めるもの	3階以上の階		300m²以上
(3)		学校、体育館その他これらに類するもので政令で定めるもの	3階以上の階		2,000m²以上
(4)		百貨店、マーケット、展示場、キャバレー、カフェー、ナイトクラブ、バー、ダンスホール、遊技場その他これらに類するもので政令で定めるもの	3階以上の階	3,000m²以上	500m²以上
(5)		倉庫その他これに類するもので政令で定めるもの		200m²以上	1,500m²以上
(6)		自動車車庫、自動車修理工場その他これらに類するもので政令で定めるもの	3階以上の階		150m²以上

編集委員会委員名簿

(順不同・敬称略)

委員長	坂本　功	東京大学名誉教授（NPO 木の建築フォラム理事長）
委　員	大橋好光	東京都市大学工学部建築学科教授
	長谷見雄二	早稲田大学理工学術院創造理工学部建築学科教授
	中島正夫	関東学院大学工学部建築学科教授
	片岡泰子	木造建築環境設計所（NPO 木の建築フォラム理事）
	栗田紀之	建築環境ワークス協同組合理事

執筆分担

以下の分担で執筆した。

第1章　集成材と建築
- 1.1　木材の特徴　　　　　　　　　宮武　敦
- 1.2　集成材概説　　　　　　　　　宮武　敦、日集協
- 1.3　集成材建築の沿革　　　　　　栗田紀之
- 1.4　集成材建築の特徴　　　　　　栗田紀之、片岡泰子
- 1.5　設計の考え方　　　　　　　　中島正夫、朝川　剛、成瀬友宏、鈴木淳一
　　　　　　　　　　　　　　　　　　安井　昇、堀　長生、栗田紀之
- 1.6　施工に係わる留意点　　　　　宮林正幸

第2章　構造用集成材の特性
- 2.1　構造用集成材の定義　　　　　宮武　敦
- 2.2　構造用集成材について　　　　宮武　敦

第3章　構造設計
- 3.1　構造計画　　　　　　　　　　腰原幹雄
- 3.2　構造計算のルート　　　　　　河合直人
- 3.3　集成材の基準強度・許容応力度　槇本敬大
- 3.4　荷重　　　　　　　　　　　　大橋好光
- 3.5　鉛直荷重に対する計画　　　　五十田博
- 3.6　水平荷重に対する計画　　　　五十田博
- 3.7　燃えしろ設計の計算　　　　　腰原幹雄
- 3.8　部材の設計　　　　　　　　　青木謙治
- 3.9　接合部の設計　　　　　　　　青木謙治、中川貴文
- 3.10 構造形式別の設計　　　　　　腰原幹雄、五十田博、朝川　剛
- 3.11 各部構法　　　　　　　　　　腰原幹雄
- 3.12 基礎の設計　　　　　　　　　腰原幹雄

第4章　防火設計
- 4.1　防火規制の概要および防火設計上のポイント
　　　　　　　　　　　　　　　　　鈴木淳一、成瀬友宏、安井　昇、堀　長生
- 4.2　燃えしろ設計　　　　　　　　上川大輔

4．3　接合部の防・耐火設計　　　　　　宮林正幸
　4．4　部位別防火設計　　　　　　　　　山田　誠、遊佐秀逸、佐藤　章、安井　昇
　4．5　集成材による大空間建築物の性能的耐火設計　　　　長谷見雄二
第5章　耐久設計
　5．1　耐久計画　　　　　　　　　　　　中島正夫、中島史郎、宮武　敦
　5．2　耐久設計上考慮すべき劣化とその発生機構
　　　　　　　　　　　　　　　　　　　　中島正夫、本橋健司、木口　実、桃原郁夫
　　　　　　　　　　　　　　　　　　　　平松　靖、宮林正幸
　5．3　干割れ・ウェザリングの抑制　　　木口　実、平松　靖、新藤健太
　5．4　防腐・防蟻　　　　　　　　　　　中島正夫、桃原郁夫
　5．5　鋼材部の防錆　　　　　　　　　　本橋健司
　5．6　維持保全・補修　　　　　　　　　中島正夫、本橋健司、木口　実、新藤健太
　　　　　　　　　　　　　　　　　　　　清水庸介、宮林正幸
第6章　集成材建築事例
　6．1　集成材建築の事例　　　　　　　　片岡泰子、神田雅子、日集協

刊行に至るまでの経過

本書は平成22年度国土交通省「木造住宅・建築物等の整備促進に関する技術基盤強化を行う事業」により作成した「集成材建築物設計・施工マニュアル（報告書）」がベースになっています。

集成材建築物設計・施工マニュアルの作成に当たっては、木構造や木材の防・耐火、耐久性等を専門とする大学や試験研究機関等の研究者など35名の委員からなる集成材建築物設計・施工マニュアル検討委員会を組織化し、本委員会委員長として坂本 功 東京大学名誉教授にお願いをしました。

委員会のもとに、構造分科会、防火分科会、耐久性分科会の3分科会を設け、基本的には全ての委員がいずれかの分科会に所属していただきました。

それぞれの分科会で、マニュアルの章、節、項等の内容、執筆者等を決め、議論を重ねたうえで、分科会での課題、分科会間での調整が必要な事項や全体調整が必要な事項等を本委員会で論議をするかたちをとりました。

委員会構成及び分科会構成等は以下のとおりです。

委員会構成

集成材建築物設計・施工マニュアル検討委員会委員

（順不同・敬称略　平成23年2月現在）

委員長
坂 本　　功　　　東京大学名誉教授（NPO 木の建築フォラム理事長）

委員
菅 原 進 一　　　東京理科大学総合研究機構教授
大 橋 好 光　　　東京都市大学工学部建築学科教授
長谷見 雄 二　　　早稲田大学理工学術院　創造理工学部　建築学科教授
中 島 正 夫　　　関東学院大学工学部建築学科教授
安 村　　基　　　静岡大学農学部環境森林科学科教授
本 橋 健 司　　　芝浦工業大学工学部建築・土木学群建築工学科教授
五十田　　博　　　信州大学工学部建築学科准教授
腰 原 幹 雄　　　東京大学生産技術研究所准教授
槌 本 敬 大　　　国土技術政策総合研究所総合技術政策研究センター評価システム研究室室長
成 瀬 友 宏　　　国土技術政策総合研究所建築研究部防火基準研究室室長
宮 武　　敦　　　（独）森林総合研究所複合材料研究領域チーム長
桃 原 郁 夫　　　（独）森林総合研究所木材改質研究領域チーム長
河 合 直 人　　　（独）建築研究所構造研究グループ上席研究員
中 島 史 郎　　　（独）建築研究所建築生産研究グループ上席研究員
原 田 寿 郎　　　（独）森林総合研究所木材改質研究領域木材保存研究室室長
木 口　　実　　　（独）森林総合研究所木材改質研究領域機能化研究室室長
新 藤 健 太　　　（独）森林総合研究所複合材料研究領域主任研究員
平 松　　靖　　　（独）森林総合研究所複合材料研究領域主任研究員
青 木 謙 治　　　（独）森林総合研究所構造利用研究領域主任研究員
中 川 貴 文　　　（独）建築研究所材料研究グループ主任研究員

遊佐秀逸	（財）ベターリビングつくば建築試験研究センター環境・防耐火試験部部長
朝川　剛	（社）日本建築構造技術者協会（JSCA）（日建設計　構造設計室主管）
上川大輔	（独）森林総合研究所木材改質研究領域木材保存研究室研究員
鈴木淳一	（独）建築研究所防火研究グループ研究員
山田　誠	（財）日本住宅・木材技術センター試験研究所次長
佐藤　章	（財）日本住宅・木材技術センター試験研究所技術主任
清水庸介	（財）日本住宅・木材技術センター試験研究所技術主任
宮林正幸	（有）ティー・イー・コンサルティング代表
安井　昇	桜設計集団一級建築士事務所代表
堀　長生	株式会社大林組　技術本部　技術研究所　主席技師
貝本冨作	日本集成材工業協同組合（トリスミ集成材株式会社代表取締役社長）
伊東洋路	日本集成材工業協同組合（株式会社エヌ・シー・エヌ技術開発本部本部長）
清藤泰史	日本集成材工業協同組合（院庄林業株式会社品質保証部部長）
齋藤　潔	日本集成材工業協同組合（齋藤木材工業株式会社建築事業部課長）
片岡辰幸	事　務　局　日本集成材工業協同組合専務理事

分科会構成
構造分科会、防火分科会及び耐久性分科会を構成した。

構造分科会
分科会会長
大橋好光
委員
安村　基　　五十田　博　　腰原幹雄　　槌本敬大
宮武　敦　　河合直人　　青木謙治　　中川貴文
朝川　剛

防火分科会
分科会会長
長谷見雄二
委員
成瀬友宏　　遊佐秀逸　　原田寿郎　　上川大輔
鈴木淳一　　山田　誠　　佐藤　章　　宮林正幸
安井　昇　　堀　長生

耐久性分科会
分科会会長
中島正夫
委員

本橋健司　　宮武　敦　　桃原郁夫　　木口　実
中島史郎　　新藤健太　　平松　靖　　清水庸介
宮林正幸

※　転載に際し細心の注意を払い手続きを行いましたが、不備などございましたら大成出版社第2事業部までご連絡下さい。

集成材建築物設計の手引

2012年5月31日　第1版第1刷発行

編　著　　日本集成材工業協同組合

発行者　　松　林　久　行
発行所　　株式会社 大成出版社
　　　　　東京都世田谷区羽根木 1 – 7 – 11
　　　　　〒156-0042 電話03(3321)4131(代)
　　　　　http://www.taisei-shuppan.co.jp/

Ⓒ2012　日本集成材工業協同組合　　　　　　印刷　亜細亜印刷
　　　　落丁・乱丁本はおとりかえいたします。
　　　　ISBN978-4-8028-3043-0